KB184723

I can!

전산회계

1급

2025년
최신버전
KcLep 반영

written by 이원주 · 김진우
directed by 김윤주 · 김혜숙

SAMIL | 삼일회계법인
삼일인포마인

2025

머리말

과거에는 부기라는 명칭으로 수작업으로 회계정리를 하였으나, 현재는 정보화 시대의 흐름에 발맞춰 전산을 활용하고 있으며, 4차 산업의 등장과 함께 현대 사회가 보다 더 복잡해지는 배경 속에 기업의 경영정보를 제공하기 위한 회계정보의 중요성이 더욱 강조되고 있는 것이 지금의 현실이다.

회계는 기업의 경리담당자 혹은 세무사, 회계사들만이 하는 업무영역으로 전문지식이 필요하다는 편견 속에 "회계는 어렵다"라는 선입견을 가지고 있는 경우가 많지만, 회계는 많은 사람들이 생각하는 것처럼 그렇게 어려운 전문분야가 아니라, 우리의 일상적인 경제생활 모두와 밀접한 연관이 있다고 볼 수 있다.

국가공인 전산회계 자격시험은 한국세무사회에서 기업의 다양한 회계정보에 대한 실무처리 능력을 평가하기 위해 이론시험(30%)과 실기시험(70%)으로 구성되어 있으므로, 회계이론과 함께 실무처리능력을 동시에 갖추기 위해 수험생들은 반드시 이론과 실무를 병행해서 학습하여야 할 것이다.

"I CAN 전산회계 1급"의 특징은

첫 째, 체계화된 이론정리

전산회계 자격시험이 과거에 비해 체계적인 회계이론의 학습 없이는 합격하기 힘들게 출제되고 있다. 단순 암기식 혹은 요약만으로 전산회계 1급 시험에 합격하더라도, 향후 상위급수인 전산세무 자격시험에서 힘들어하는 수험생들의 고충을 많이 접하였기에, I CAN 전산회계 1급은 이론내용을 보다 충실히 정리하고 단원별 기출문제와 분개예제 연습문제를 통한 반복학습 및 자가평가를 진행할 수 있도록 구성하였다.

둘 째, 따라하기와 유형별 연습문제를 통한 실무처리 능력 향상

전산회계 수험용 프로그램인 케이랩(KcLep)의 설치에서 시작하여 기본적인 실무 작업과 함께 프로그램의 활용을 위한 '따라하기' 예제를 수록하였으며, 과거 기출문제의 출제빈도 분석을 통해 다양한 출제유형을 경험해 볼 수 있도록 '유형별 연습문제'를 수록하였다. 따라하기와 유형별 연습문제를 체계적으로 학습한다면 실무시험에 대한 출제유형을 파악할 수 있을 것이다.

셋 째, 최신 기출문제 학습을 통한 완벽한 시험대비

개정세법과 최근 출제경향을 반영한 최신 기출문제 학습을 통해 출제유형 파악은 물론 따라하기와 유형별 연습문제의 학습에 대한 자가평가를 바탕으로 전산회계 1급 자격시험을 완벽하게 준비할 수 있도록 하였다.

"I CAN 전산회계 1급"을 통해 전산회계 1급 자격시험을 준비하는 수험생들에게 합격의 기쁨과 함께, 회계정보의 실무처리능력을 갖춘 전문인으로 한걸음 도약하는 계기가 될 수 있기를 기원한다."I CAN 전산회계 1급"이 출간될 수 있게 도와주신 삼일피더블유씨솔루션 이희태 대표이사님 및 임직원분들과 바쁘신 일정 속에서 소중한 시간을 내시어 꼼꼼히 감수해주신 김윤주, 김혜숙 교수님께 깊은 감사를 드리고, 교재의 부족한 부분은 앞으로 계속 발전시키겠다는 약속과 함께 독자들의 충고와 질책을 바란다.

2025년 2월   저자 씀

전산회계 1급 자격시험의 개요

① 목적

　전산세무회계의 실무처리능력을 보유한 전문인력을 양성할 수 있도록 조세의 최고전문가인 1만여명 세무사로 구성된 한국세무사회가 엄격하고 공정하게 자격시험을 실시하여 그 능력을 등급으로 부여함으로써, 학교의 세무회계 교육방향을 제시하여 인재를 양성시키도록 하고, 기업체에는 실무능력을 갖춘 인재를 공급하여 취업의 기회를 부여하며, 평생교육을 통한 우수한 전문인력 양성으로 국가발전에 기여하고자 함

② 자격시험 시행 근거

- 법적근거: 자격기본법
- 공인번호: 고용노동부 제2021-1호
- 종목 및 등급: 전산세무회계(전산세무 1급 및 2급, 전산회계 1급 및 2급)
- 자격의 종류: 국가공인 민간자격
- 응시료: 30,000원
- 자격증 발급: 모바일자격증(무료) 혹은 실물 "플라스틱"자격증(발급비 5,000원)
- 자격관리기관: 한국세무사회

③ 검정기준 등

검정기준 (전산회계 1급)	중급수준의 회계원리와 원가회계, 세무회계(부가가치세 중 매입매출전표와 관련된 부분)에 관한 기본적 지식을 갖추고, 기업체의 회계실무자로서 전산세무회계프로그램을 활용한 세무회계 기본업무를 처리할 수 있는지에 대한 능력을 평가함
응시자격	응시자격은 제한이 없다. 다만, 부정행위자는 해당 시험을 중지 또는 무효로 하며 이후 2년간 시험에 응시할 수 없다.
원서접수	접수기간 중 한국세무사회 자격시험 홈페이지(http://license.kacpta.or.kr)로 접속하여 단체 및 개인별 접수(회원가입 및 사진등록 필수)
시험방법	• 이론: 객관식 4지선다형 필기시험(15문항) • 실무: 전산세무회계프로그램(케이렙: KcLep)을 이용한 실기작업
시험시간	60분(이론 및 실무 동시진행)
합격기준	100점 만점에 70점 이상(절대평가)
환불규정	원서접수기간 중에는 100% 환불. 원서접수 마감 후 5일 이내 50% 환불. 이후에는 환불 불가(상세 환불규정은 한국세무사회 자격시험 홈페이지 참고)

④ 전산회계 1급 평가범위

이론 (30%)	• 회계원리	당좌 및 재고자산, 유형 및 무형자산, 유가증권, 부채 및 자본금, 잉여금, 수익과 비용 등 (8문항 16점)
	• 원가회계	원가의 개념, 요소별 및 부문별 원가계산, 개별 및 종합원가계산 등 (4문항 8점)
	• 세무회계	부가가치세법(과세표준과 세액 등) (3문항 6점)
실무 (70%)	• 기초정보관리 및 전기분재무재표 작성 (3문항 10점)	
	• 일반전표입력 (6문항 18점)	
	• 매입매출전표입력 (6문항 18점)	
	• 전표의 오류수정 (2문항 6점)	
	• 결산 수정분개 입력 (3문항 9점)	
	• 장부조회 (3문항 9점)	

참고 ✓전체적인 문항수와 배점은 거의 동일하지만, 자격시험 회차에 따라 약간의 차이가 있을 수 있음
✓정답풀이매체로는 문제 USB메모리가 주어지며, 이 USB메모리에는 전산세무회계 실무과정을 폭넓게 평가하기 위하여 회계처리대상회사의 기초등록사항 및 1년간의 거래자료가 전산수록되어 있음
✓정답풀이수록은 문제 USB메모리의 기본DATA를 이용하여 수험프로그램상에서 주어진 문제의 해답을 입력하고 USB메모리에 일괄 수록(저장)하면 됨

5 2025년 자격시험 일정

회차	시험시행일	원서접수일	합격자발표일
제118회	02. 09 (일)	01. 02 ~ 01. 08	02. 27 (목)
제119회	04. 05 (토)	03. 06 ~ 03. 12	04. 24 (목)
제120회	06. 07 (토)	05. 02 ~ 05. 08	06. 26 (목)
제121회	08. 02 (토)	07. 03 ~ 07. 09	08. 21 (목)
제122회	09. 28 (일)	08. 28 ~ 09. 03	10. 23 (목)
제123회	12. 06 (토)	10. 30 ~ 11. 05	12. 24 (수)

참고 자격시험의 상세일정은 한국세무사회 자격시험 홈페이지(http://license.kacpta.or.kr)에서 확인 가능하며, 원서접수기간에는 24시간 접수가능하지만, 마지막날은 18:00까지 이다. (문의: 한국세무사회 ☎ 02-521-8398)

6 자격시험 필수 준비항목

1. 신분증

다음의 신분증 중에 하나는 반드시 있어야 시험에 응시할 수 있다.

① 주민등록증(분실시 임시발급확인서)
② 청소년증(분실시 임시발급확인서)
③ 생활기록부 사본(학교직인이 찍혀있고 사진이 부착되어 있어야함)
④ 여권, 운전면허증, 공무원증, 장애인카드(복지카드)
⑤ 중고등학생의 경우 학생증(대학생 및 대학원생의 경우 학생증으로 응시 불가)

참고 여권의 경우 만료기간 이내여야 하며, 신분증 미 지참시 자격시험에 응시할 수 없으며, 모바일 신분증의 경우 신분확인용으로 사용이 불가하다.

2. 수험표

• 수험표가 없다고 해서 시험을 볼 수 없는 것은 아니지만, 시험장소 확인을 위해 시험일 이전에 출력해 두어야 한다.(시험이 있는 주의 월요일부터 출력가능)
• 수험표에는 인적사항, 시험장소 및 시험시 주의사항 및 시험요령 등이 기록되어 있다.

3. 전자계산기

• 전자계산기는 일반계산기를 사용해야 한다.(공학용 계산기는 사용할 수 없다.)
• 스마트폰의 계산기 앱을 사용할 수 없으며, 시험 시 스마트폰은 종료하여야 한다.

- 전자계산기를 미리 준비하지 못한 경우는 KcLep 프로그램에 내장되어 있는 계산기를 사용해도 무방하다.

4. 손목시계

- 전산회계 자격시험은 60분 이라는 한정된 시간에 시험(이론 및 실무)을 마쳐야 하므로, 문제를 푸는 과정에 대한 시간관리가 중요하다. PC에도 시계가 내장되어 있지만 별도의 전자시계를 준비하는 것이 자격시험에 도움이 된다.

  [참고] 탁상용 시계는 사용할 수 있지만, 문자전송 기능이 있는 스마트워치의 경우는 사용이 불가능 하다.

5. 필기구

- 컴퓨터용 펜은 필요 없으며, 전산회계 자격시험은 이론과 실무 모두 KcLep 프로그램에 입력하도록 되어 있어 필기구가 반드시 필요한 것은 아니지만, 계산문제를 풀거나 메모 등을 위해서 간단한 필기구를 준비하는 것이 자격시험에 도움이 된다.

7 자격시험 정답풀이작성

[참고] 자격시험의 문제유형은 A형과 B형으로 구분되며, 문항수와 내용은 동일하고 순서만 상이하다.

- 실기작업을 완료한 후 [이론문제 답안] 메뉴를 통해 이론정답과 장부조회 답안을 입력한다.
- 입력에 이상이 없다면 [답안저장(USB로 저장)] 메뉴를 실행하여 시험을 종료한다.

참고 답안저장 후 정답풀이 수정 등 추가 작업을 진행하였을 경우 답안을 다시 저장한 후 감독관에게 USB를 제출하며, 시험지는 제출하지 않아도 된다.

8 전산회계 자격시험 수험절차

시험전	• 시험시작 시간을 숙지하고, 수험표를 비롯한 자격시험 필수 항목을 준비한다. • 자격시험 20분 전까지 시험장소에 도착하여 고사실을 확인한다. • 지정된 좌석을 확인하고 키보드, 마우스 등의 장비를 확인한다. [참고] 신분증이 없거나, 유효기간이 만료된 신분증은 자격시험 응시가 불가능하다.
USB 수령	• 감독관으로부터 응시종목별 기초백데이타 설치용 USB를 수령한다. • **USB 꼬리표가 본인의 응시종목을 확인하고, 뒷면에 수험정보를 기재**한다. ⊖ **한국세무사회** / 수험번호 / 감독관확인 / `<전산회계 1급>` / 성 명 / 생년월일 / 국가공인 전산세무회계자격시험 / ※ 뒷면을 반드시 기재하시기 바랍니다. / 문제유형 A형 □ B형 □ KcLep
USB 설치	• USB를 컴퓨터의 **USB 포트에** 삽입하여 인식된 해당 **USB** 드라이브로 이동한다. • USB드라이브에서 기초백데이타설치프로그램인 **'Tax.exe'** 파일을 실행한다. [참고] USB는 처음 설치이후, 시험 중 임의로 절대 재설치(초기화)하지 않아야 한다.
수험정보입력	• [수험번호(8자리)]와 [성명]을 정확히 입력한 후 [설치]버튼을 클릭한다. ※ 입력한 수험정보는 이후 절대 수정이 불가하니 정확히 입력해야 한다.
시험지 수령	• 시험지와 본인의 응시종목(급수) 일치 여부 및 문제유형(A 또는 B)을 확인한다. • 문제유형(A 또는 B)을 프로그램에 입력한다. • 시험지의 상태와 파본 여부를 확인한다.
시험 시작	• 감독관이 불러주는 **'감독관확인번호'를 정확히 입력**하고, 시험에 응시한다.
(시험을 마치면) USB 저장	• **이론문제의 답**은 메인화면에서 이론문제 답안작성 을 클릭하여 입력한다. • **실무문제의 답**은 문항별 요구사항을 수험자가 파악하여 각 메뉴에 입력한다. • 이론과 실무문제의 **답을 모두 입력한 후** 답안저장(USB로 저장) 을 클릭하여 정답풀이를 저장한다. • **저장완료** 메시지를 확인한다. [참고] USB 저장 이후, 정답풀이을 수정하는 경우 최종 제출전 다시 저장 하여야 한다.
USB 제출	• 정답풀이이 수록된 USB 메모리를 빼서, 〈감독관〉에게 제출 후 조용히 퇴실한다.

전산세무회계자격시험은 컴퓨터에 수험용 프로그램(KeLep)이 설치된 상태에서, 수험자가 직접 배부받은 정답풀이매체(USB메모리) 내의 문제 데이터프로그램(Tax.exe)을 설치하고, **본인 스스로 프로그램 사용법 및 세무회계 지식을 기반으로 제한된 시간 내에 문제를 풀어서 입력하고,** 시험 종료시 본인의 입력 자료를 정답풀이매체에 수록하여 제출하여야 합니다.

📋 전산회계 1급 자격시험의 가답안과 확정답안

가답안	• 시험당일 오후 8시경에 한국세무사회 자격시험 홈페이지에 [가답안]이 공개되며, [가답안]에 대해 시험 종료 후 3일이내에 이의신청이 가능하다.
확정답안	• 확정답안은 시험당일 공개된 [가답안]의 이의신청에 대한 검토와 심사를 거쳐 최종발표하며, [기출문제] 메뉴에서 확인할 수 있다.
부분점수 및 채점기준	• 실무처리능력을 검증하는 자격시험의 특성상 부분점수는 원칙적으로 없지만, 출제의도, 풀이과정, 배점 및 난이도 등을 감안하여 [확정답안] 범위 내에서 소폭의 부분점수(감점처리)를 부여하고 있으나, 배점이 큰 문항이나 [확정답안] 내에서 소폭 적용해 온 부분점수(감점처리)는 단계적으로 축소 또는 폐지를 추진하고 있다.

📋 전산회계 1급 자격시험 관련 각종 확인서 발급

한국세무사회 에서는 국가공인 전산세무회계자격시험의 수험생 편의를 위해 [접수확인서], [응시확인서], [자격취득확인서]를 비롯해 인터넷에서 발급된 확인서의 진위여부를 확인할 수 있는 메뉴까지 제공하고 있다.

접수확인서

현재까지 접수한
접수내역을
출력할 수 있습니다.
―――――――
접수마감 8일 이후부터 가능

응시확인서

현재까지 응시한 응시내역을
출력할 수 있습니다.
(미응시 수험생은 출력불가)
―――――――
합격자발표 이후부터 가능

자격취득확인서

현재 취득한 자격내역을
출력할 수 있습니다.
(자격증 발급신청 후 출력가능)
―――――――
합격자발표 이후부터 가능

확인서 진위여부

인터넷에서 발급한 확인서의
진위여부를
확인할 수 있습니다.
―――――――
발급일로부터 3개월간

📋 전산세무회계 자격증 발급

자격증발급	• 국가공인 전산세무회계 시험의 자격증은 합격자발표일로부터 한국세무사회 홈페이지에서 신청가능하다.(자격증 발급 수수료발생) • 전산세무회계 자격증은 카드형태로 발급되며, 자격증을 발급받지 않고 자격취득확인서로 자격취득을 증명할 수 있다.

전산세무회계 자격시험의 보수교육

보수교육	• 국가공인 전산세무회계 자격증의 유효기간은 합격일로부터 5년이며, 매 5년 단위로 갱신하여야 한다. • 보수교육을 이수하고 자격증이 갱신등록되면 유효기간이 5년 연장된다.
자격증갱신	• 자격증은 유효기간 만료일 3개월 전부터 만료일까지 보수교육을 받고 유효기간을 갱신하여야 한다. • 보수교육을 이수하지 않은 경우, 그 자격이 일시정지되고 자격증 발급이 제한된다. 단, 교육기간이 지나더라도 언제든지 보수교육을 이수할 수 있고 이수하면 자격 갱신이 가능해진다.
보수교육절차	갱신대상 조회 → 교재 다운로드 → 평가시험 → 60점 이상 자동갱신등록 종목별 교재 공부 60점 미만은 재시험

참고 전산세무회계 자격증의 갱신대상 조회 및 보수교육은 한국세무사회 자격시험 홈페이지에서 확인 가능하다.

9 전산세무회계 자격시험 최근 합격율

회차	시험일자	전산세무 1급	전산세무 2급	전산회계 1급	전산회계 2급
117회	24.12.07.	18.33%	27.77%	46.84%	51.98%
116회	24.10.06.	30.97%	21.01%	43.95%	51.85%
115회	24.08.03.	10.08%	28.44%	48.81%	64.91%
114회	24.06.01.	21.62%	55.92%	37.78%	53.07%
113회	24.04.06.	14.50%	28.52%	42.89%	59.11%
112회	24.02.04.	4.05%	50.79%	40.16%	56.62%
111회	23.12.02.	9.10%	27.75%	39.55%	48.63%
110회	23.10.08.	24.21%	46.44%	30.02%	56.95%
109회	23.08.05.	9.32%	47.01%	33.26%	58.84%
108회	23.06.03.	22.93%	25.51%	29.25%	53.93%
107회	23.04.09.	23.29%	19.06%	33.18%	72.82%
106회	23.02.12.	25.57%	40.67%	44.14%	53.26%
105회	22.12.03.	11.63%	48.57%	51.07%	55.36%
104회	22.10.02.	14.87%	44.45%	46.15%	31.38%
103회	22.08.06.	11.07%	43.50%	38.91%	66.58%
102회	22.06.04.	4.17%	40.53%	34.47%	66.50%
101회	22.04.10.	9.30%	33.91%	51.63%	71.30%
100회	22.02.13.	16.25%	34.66%	50.68%	51.08%

10 전산회계 자격취득자 우대사항

1. 공무원 및 군 기술행정병 가산점 인정

공무원	• 경찰청 경찰공무원: 가산점 2점(전산세무 1급, 2급 및 전산회계 1급) • 해양경찰청 경찰공무원: 가산점 2점(전산세무 1급, 2급), 가산점 1점 (전산회계 1급)
군 기술행정병	• 육군: 가산점 30점(전산세무, 전산회계 모든 급수) • 해군·공군·해병대: 가산점 44점(전산세무, 전산회계 모든 급수)

2. 평생교육진흥원 학점은행제 학점인정

• 국가공인 전산세무 1급: 16학점(2009년 이전 취득자는 24학점)
• 국가공인 전산세무 2급: 10학점(2009년 이전 취득자는 12학점)
• 국가공인 전산회계 1급: 4학점(2011년 이전 취득자는 해당 없음)
• 국가공인 세무회계: 1급(9학점), 2급(6학점), 3급(3학점)

3. 공기업 및 공공기관 자격활용

공기업	대한석탄공사, 부산항만공사, 울산항만공사, 인천국제공항공사, 인천항만공사, 제주국제자유도시개발센터, 한국공항공사, 한국광물자원공사, 한국남동발전(주), 한국도로공사, 한국동서발전㈜, 한국마사회, 한국석유공사, 한국수자원공사, 한국조폐공사, 한국철도공사, 해양환경관리공단 외 다수
준정부기관	공무원연금공단, 교통안전공단, 국립공원관리공단, 국립생태원, 국민건강보험공단, 근로복지공단, 농업기술실용화재단, 대한무역투자진흥공사, 도로교통공단, 사회보장정보원, 선박안전기술공단, 예금보험공사, 우체국물류지원단, 중소기업기술정보진흥원, 축산물안전관리인증원, 축산물품질평가원, 한국가스안전공사, 한국국제협력단, 한국국토정보공사, 한국노인인력개발원, 한국농수산식품유통공사, 한국디자인진흥원, 한국방송통신전파진흥원, 한국보건복지인력개발원, 한국보건산업진흥원, 한국보훈복지의료공단, 한국산업단지공단, 한국석유관리원, 한국세라믹기술원, 한국승강기안전기술원, 한국언론진흥재단, 한국연구재단, 한국원자력환경공단, 한국임업진흥원, 한국전기안전공사, 한국지식재산전략원, 한국청소년상담복지개발원, 한국청소년활동진흥원 외 다수
공사	강릉관광개발공사, 강원도개발공사, 경기관광공사, 경기평택항만공사, 경남개발공사, 고양도시관리공사, 광주광역시도시공사, 구리도시공사, 남양주도시공사, 당진항만관광공사, 대전광역시도시철도공사, 대전도시공사, 부산관광공사, 성남도시개발공사, 안산도시공사, 여수시도시공사, 인천도시공사, 장수한우지방공사, 제주관광공사, 제주에너지공사, 제주특별자치도개발공사, 창녕군개발공사, 청송사과유통공사, 통영관광개발공사, 함안지방공사, 화성도시공사 외 다수
공단	가평군시설관리공단, 강동구도시관리공단, 강서구시설관리공단, 강화군시설관리공단, 광명시시설관리공단, 구로구시설관리공단, 노원구서비스공단, 대구광역시시설관리공단, 대구환경공단, 도봉구시설관리공단, 동대문구시설관리공단, 문경관광진흥공단, 보령시시설관리공단, 부산지방공단스포원, 부천시시설관리공단, 부평구시설관리공단, 서구시설관리공단, 시흥시시설관리공단, 안동시시설관리공단, 양주시시설관리공단, 양천구시설관리공단, 연천군시설관리공단, 영월군시설관리공단, 용산구시설관리공단, 의정부시시설관리공단, 이천시시설관리공단, 인천광역시시설관리공단, 중구시설관리공단, 중랑구시설관리공단, 창원경륜공단, 파주시시설관리공단 외 다수
기타 공공기관	(재)APEC기후센터, (재)국악방송, (재)우체국시설관리단, (재)한국스마트그리드사업단, (재)한국장애인개발원, (재)한국형수치예보모델개발사업단, (재)한식재단, 가축위생방역지원본부, 강릉원주대학교치과병원, 건설근로자공제회, 경제인문사회연구회, 과학기술정책연구원, 국립광주과학관, 국립문화재연구소, 국립중앙의료원, 국방전직교육원, 국제식물검역인증원, 국토연구원, 그랜드코리아레저(주), 남북하나재단, 노사발전재단, 농업정책보험금융원, 대구경북과학기술원, 대구경북첨단의료산업진흥재단 외 다수

참고 전산세무 및 전산회계 자격취득 사항을 직원채용 및 인사평가 반영, 자격수당 지급 등 다양하게 활용하고 있으며, 일반기업체 관련 내용은 한국세무사회 자격시험 홈페이지에서 확인 가능하다.

11 'I can 전산회계 1급'과 NCS

- 대분류 : 02. 경영·회계·사무
- 중분류 : 03. 재무·회계
- 소분류 : 02. 회계
- 세분류 : 01. 회계·감사, 02. 세무

제1편 이론 I. 재무회계 이론

목차	능력단위	수준	능력단위요소
1. 재무회계 기본	0203020101_20v4 전표관리	2	• 회계상 거래 인식하기 • 전표작성하기
	0203020112_23v5 재무제표작성	3	• 재무상태표 작성하기 • 손익계산서 작성하기
2. 유동자산	0203020101_20v4 전표관리	2	• 회계상 거래 인식하기 • 전표작성하기
3. 투자자산	0203020102_20v4 자금관리	2	• 현금시재관리하기 • 예금관리하기 • 어음수표관리하기
4. 유형자산	0203020101_20v4 전표관리	2	• 회계상 거래 인식하기 • 전표작성하기
5. 무형자산 및 기타비유동자산	0203020101_20v4 전표관리	2	• 회계상 거래 인식하기 • 전표작성하기
6. 부채	0203020101_20v4 전표관리	2	• 회계상 거래 인식하기 • 전표작성하기
7. 자본	0203020101_20v4 전표관리	2	• 회계상 거래 인식하기 • 전표작성하기
8. 수익과 비용	0203020101_20v4 전표관리	2	• 회계상 거래 인식하기 • 전표작성하기

제1편 이론 Ⅱ. 원가회계

목차	능력단위	수준	능력단위요소
1. 원가회계의 개념	0203020103_20v4 원가계산	2	• 원가요소 분류하기
2. 원가의 흐름과 기장	0203020103_20v4 원가계산	2	• 원가요소 분류하기
3. 원가배부	0203020103_20v4 원가계산	2	• 원가배부하기
4. 부문별원가계산	0203020103_20v4 원가계산	2	• 원가배부하기 • 원가계산하기
5. 제품별원가계산	0203020103_20v4 원가계산	2	• 원가배부하기 • 원가계산하기

제1편 이론 Ⅲ. 부가가치세

목차	능력단위	수준	능력단위요소
1. 부가가치세 총론	0203020205_23v6 부가가치세 신고	3	• 부가가치세 신고하기
2. 부가가치세 과세 거래	0203020205_23v6 부가가치세 신고	3	• 부가가치세 신고하기
3. 영세율과 면세	0203020205_23v6 부가가치세 신고	3	• 부가가치세 부속서류 작성하기 • 부가가치세 신고하기
4. 세금계산서	0203020205_23v6 부가가치세 신고	3	• 세금계산서 발급·수취하기
5. 과세표준과 매출 세액	0203020205_23v6 부가가치세 신고	3	• 부가가치세 부속서류 작성하기 • 부가가치세 신고하기
6. 매입세액	0203020205_23v6 부가가치세 신고	3	• 부가가치세 부속서류 작성하기 • 부가가치세 신고하기

제2편 실무 1. KcLep 실무 따라하기 및 유형별 연습

목차	능력단위	수준	능력단위요소
1. 기초정보관리	0203020112_23v5 재무제표작성	3	• 재무상태표 작성하기 • 손익계산서 작성하기
	0203020105_20v4 회계정보시스템 운용	2	• 회계프로그램 운용하기 • 회계정보 활용하기
2. 일반전표입력	0203020101_20v4 전표관리	2	• 회계상 거래 인식하기 • 전표작성하기 • 증빙서류 관리하기
	0203020105_20v4 회계정보시스템 운용	2	• 회계프로그램 운용하기 • 회계정보 활용하기
3. 매입매출전표 입력	0203020101_20v4 전표관리	2	• 회계상 거래 인식하기 • 전표작성하기 • 증빙서류 관리하기
	0203020105_20v4 회계정보시스템 운용	2	• 회계프로그램 운용하기 • 회계정보 활용하기
	0203020205_23v6 부가가치세 신고	3	• 부가가치세 부속서류 작성하기
4. 오류수정	0203020101_20v4 전표관리	2	• 회계상 거래 인식하기 • 전표작성하기 • 증빙서류 관리하기
	0203020105_20v4 회계정보시스템 운용	2	• 회계프로그램 운용하기 • 회계정보 활용하기
	0203020205_23v6 부가가치세 신고	3	• 부가가치세 부속서류 작성하기
5. 기말수정분개	0203020104_23v5 결산처리	2	• 결산준비하기 • 결산분개하기
	0203020105_20v4 회계정보시스템 운용	2	• 회계프로그램 운용하기 • 회계정보 활용하기
6. 장부조회	0203020105_20v4 회계정보시스템 운용	2	• 회계관련 DB마스터 관리하기 • 회계프로그램 운용하기 • 회계정보 산출하기

목차	능력단위	수준	능력단위요소
1. 기출문제	0203020101_20v4 전표관리	2	• 회계상 거래 인식하기 • 전표작성하기 • 증빙서류 관리하기
	0203020104_23v5 결산처리	2	• 결산준비하기 • 결산분개하기
	0203020205_23v6 부가가치세 신고	3	• 부가가치세 부속서류 작성하기
	0203020105_20v4 회계정보시스템 운용	2	• 회계관련 DB마스터 관리하기 • 회계프로그램 운용하기 • 회계정보 산출하기

목차

3부   실무문제 유형별 연습

4부   최신 기출문제(106~117회)

5부   정답 및 해설

1부

기본이론 정리

I Can!
전산회계 1급

I Can!
전산회계 1급

1장

재무회계 이론

I Can!

전산회계 1급

1. 재무회계 기본

01 회계의 기본개념

1 회계의 이해

회계란 회계정보이용자가 합리적인 의사결정을 할 수 있도록 기업의 경제적 정보를 식별, 인식, 측정, 기록 및 전달하는 과정을 말한다. 이는 회계의 목적과도 유사하며, 기업에서 이루어지는 수많은 "경영활동을 숫자로 표현하는 기업의 언어"라고 표현 하기도 한다.

회계의 정의	회계정보이용자가 합리적인 의사결정을 할 수 있도록 기업의 경제적 정보를 식별, 인식, 측정, 기록 및 전달하는 과정
회계의 목적	정보이용자가 경제적 의사결정을 하는 데 유용한 정보 제공
회계정보이용자	기업과 관련된 모든 사람(경영자, 직원, 투자자, 주주, 채권자, 거래처, 정부 등)

I CAN 기출문제

다음 중 회계의 목적에 대한 설명으로 바르지 않은 것은?

① 일정시점의 재무상태를 파악한다.
② 일정기간 동안의 경영성과를 측정한다.
③ 종업원의 근무 성적을 산출하여 승진에 반영한다.
④ 이해관계자들에게 의사결정에 필요한 정보를 제공한다.

👆 **정답풀이**

③ 회계의 주된 목적은 기업의 회계정보(재무상태 및 경영성과)를 바탕으로 기업의 이해관계자들에게 의사결정에 필요한 유용한 정보를 제공하기 위한 것이다.

---

2 회계의 분류

재무회계는 외부공표용 재무제표를 작성하기 위한 것이므로 기업회계기준에서 정하는 규정을 준수하여야 하지만, 원가관리회계는 내부관리용이므로 기업 내부에서 정한 기준으로 자유롭게 작성할 수 있다.

구 분	재무회계 Financial Accounting	원가(관리)회계 Cost(Management) Accounting	세무회계 Tax Accounting
목 적	일반목적 재무제표 작성	경영자가 경영활동에 필요한 재무정보 생성, 분석	법인세, 소득세, 부가가치세 등의 세무보고서를 작성
정보 이용자	외부정보이용자, 주주, 투자자, 채권자 등	내부정보이용자, 경영자, 근로자 등	과세관청, 국세청 등
작성 기준	일반적으로 인정된 회계원칙에 따라 작성	특별한 기준이나 일정한 원칙없이 작성	법인세법, 소득세법, 부가가치세법에 따라 작성

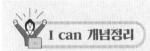

I can 개념정리

단식부기와 복식부기

• 단식부기: 일정한 원리원칙 없이 단순한 장부형태로 작성
• 복식부기: 일정한 원리원칙(거래의 이중성, 대차평균의 원리)에 따라 작성하여 자기검증능력을 가지고 있음

3 일반기업회계기준이 정하는 재무제표

일반기업회계기준	상장회사 및 금융회사 이외의 회사에 적용됨 (전산세무회계 시험은 일반기업회계기준으로 출제되고 있음)
한국채택국제회계기준	상장회사 및 금융회사는 반드시 준수해야 하고 그 외의 회사들도 한국채택 국제회계기준을 선택할 수 있음

기업회계기준에는 몇 가지 종류가 있지만 주로 일반기업회계기준과 한국채택국제회계기준이 사용되며, 일반기업회계기준이 정하는 재무제표는 다음과 같다.

재무상태표	일정시점의 재무상태(자산·부채·자본에 대한 정보)
손익계산서	일정기간의 경영성과(수익·비용에 대한 정보)
자본변동표	자본 구성항목의 기초 및 기말잔액과 회계기간의 변화를 표시
현금흐름표	현금의 유입과 유출(영업활동, 재무활동, 투자활동)
주 석	각 재무제표의 내용에 대한 추가적인 정보 제공

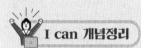

I can 개념정리

🖎 **재무보고는 다음 4가지를 목적으로 한다.**
• 투자자 및 채권자의 의사결정에 유용한 정보 제공
• 미래현금흐름을 예측하는데 유용한 정보 제공
• 재무상태, 현금흐름, 자본변동 등에 대한 유용한 정보 제공
• 경영자의 수탁책임평가에 유용한 정보 제공

④ 회계의 기본가정

회계는 일정한 가정 하에 이루어지며, 기본가정 중 가장 중요한 것은 다음과 같다.

기업실체의 가정	• 기업을 소유주와는 독립적으로 존재하는 회계단위로 간주 • 하나의 기업을 하나의 회계단위의 관점에서 재무정보를 측정, 보고 • 소유주와 별도의 회계단위로서 기업실체를 인정하는 것 참고 회계단위: 기업의 경영활동을 기록 계산하기 위한 장소적 범위(본점, 지점) ex) 회계처리는 주주 등의 입장이 아닌 기업실체 입장에서 해야 한다.
계속기업의 가정	• 일반적으로 기업이 예상 가능한 기간 동안 영업을 계속할 것이라는 가정 • 기업은 그 경영활동을 청산하거나 중요하게 축소할 의도나 필요성을 갖고 있지 않다는 가정을 적용 참고 건물의 내용연수를 20년 등으로 하여 감가상각을 할 수 있는 것은 계속기업의 가정이며, 자산의 가치를 역사적 원가에 따라 평가하는 기본 전제이다.
기간별 보고의 가정	• 기업실체의 존속기간을 일정한 기간 단위로 분할하여 각 기간별로 재무제표를 작성 • 기업의 경영활동을 영업이 시작되는 날부터 폐업하는 날까지 전체적으로 파악하기는 어려우므로, 인위적으로 6개월 또는 1년 등으로 구분하여 재무제표를 작성(기말 결산정리의 근거) 참고 회계연도는 1년을 넘지 않는 범위 내에서 기업의 임의대로 설정할 수 있다.

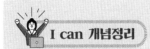

I can 개념정리

기본용어

- 기초: 보고기간의 시작시점
- 기말: 보고기간의 종료시점
- 당기: 현재의 보고기간
- 전기: 이전의 보고기간
- 차기: 다음의 보고기간
- 이월: 다음 보고기간으로 넘기는 것
- 전기이월: 전기에서 당기로 이월된 것
- 차기이월: 당기에서 차기로 이월된 것

회계기간이 1년이고, 1월 1일이 기초인 경우

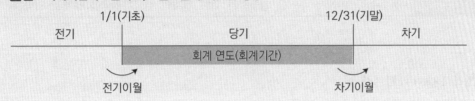

I CAN 기출문제

재무제표는 일정한 기본가정 하에서 작성 된다. 회계의 기본가정에 해당하지 않는?

① 계속기업의 가정
② 기업실체의 가정
③ 기간별 보고의 가정
④ 발생과 이연의 가정

 정답풀이

④ 회계의 기본가정은 기업실체, 계속기업, 기간별 보고의 가정이 있다.

5 현금주의와 발생주의

현금주의는 현금이 유입될 때 수익을 인식하고 현금이 유출될 때 비용을 인식하는 것을 말하고, 발생주의는 거래나 사건의 발생을 기준으로 수익과 비용을 인식하는 것을 말한다.

발생주의	거래나 사건이 발생하는 기간에 수익과 비용을 인식하는 것
현금주의	현금이 유입될 때 수익, 현금이 유출될 때 비용을 인식하는 것

발생주의 회계는 다음과 같은 발생과 이연의 개념을 포함한다.

발생	• 미수수익: 현재 발생하였지만, 미래에 수취할 금액에 대한 수익을 자산으로 인식 • 미지급비용: 현재 발생하였지만, 미래에 지급할 금액에 대한 비용을 부채로 인식
이연	• 선급비용: 미래에 비용을 인식하기 위해 현재의 현금유출액을 자산으로 인식 • 선수수익: 미래에 수익을 인식하기 위해 현재의 현금유입액을 부채로 인식

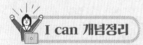

I can 개념정리

현금주의와 발생주의 비교 사례

20×1년 1월 1일 향후 2년간의 자동차보험료 200,000원을 일시에 현금 지급 하였을 경우, 20×1년 자동차 보험료로 기록해야 할 금액은 얼마일까?

회계연도	20X1년 보험료	20X2년 보험료	판단내용
현금주의	200,000원	-	20×1년에 현금 200,000원을 지급하였으므로 20×1년의 보험료는 200,000원이다.
발생주의	100,000원	100,000원	20×1년에 발생하는 보험료와 20×2년에 발생하는 보험료는 각각 100,000원이다.

I CAN 기출문제

발생주의 회계는 발생과 이연의 개념을 포함한다. 다음 중 이와 관련된 계정과목에 해당하지 않는 것은?

① 선급금
② 선수수익
③ 미수수익
④ 미지급비용

정답풀이

① 발생은 미수수익과 미지급비용, 이연은 선급비용과 선수수익이 해당된다.

6 회계정보의 질적특성

회계정보의 질적특성이란 회계정보가 유용하기 위해 갖추어야 할 주요 속성을 말한다. 가장 중요한 질적특성은 목적적합성과 신뢰성이 있다. 또한, 비교가능성은 목적적합성과 신뢰성만큼 중요한 질적특성은 아니지만, 목적적합성과 신뢰성을 갖춘 정보가 기업실체 간에 비교가능하며, 기간별 비교가 가능할 경우 회계정보의 유용성이 제고된다고 할 수 있으며, 회계정보의 질적특성을 요약하면 다음과 같다.

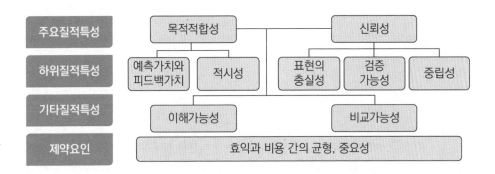

I CAN 기출문제

다음은 재무제표의 질적 특성에 관련된 내용이다. 성격이 다른 하나는?

① 표현의 충실성   ② 검증가능성
③ 중립성   ④ 적시성

 정답풀이

④ 적시성은 목적적합성의 하위 질적특성이며, 나머지는 신뢰성의 하위 질적특성이다.

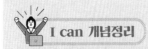

유용한 재무제표정보가 되기 위한 주요 속성

목적적합성	예측가치	• 회계정보이용자가 기업의 미래 재무상태, 경영성과, 순현금흐름 등을 예측하는데에 그 정보가 활용될 수 있는 능력 **예** 반기 재무제표에 의한 반기 이익은 연간 이익을 예측하는데 활용
	피드백 가치	• 제공되는 회계정보가 정보이용자의 당초 기대치(예측치)를 확인 또는 수정되게 함으로써 의사결정에 영향을 미칠 수 있는 능력 **예** 어떤 기업의 투자자가 특정 회계연도의 재무제표가 발표되기 전에 그 해와 그 다음 해의 이익을 예측하였으나 재무제표가 발표된 결과 당해 연도의 이익이 자신의 이익 예측치에 미달하는 경우, 투자자는 그다음 해의 이익 예측치를 하향 수정
	적시성	• 의사결정시점에서 정보이용자에게 필요한 회계정보가 제공되지 않는다면, 동 정보는 의사결정에 이용될 수 없게 되어 목적적합성을 상실하게 된다. **예** A기업이 2분기 손익계산서를 공시하기 전까지 1분기 손익계산서를 공시하지 않았다면 이는 적시성을 훼손한 것
신뢰성	표현의 충실성	• 회계정보가 신뢰성을 갖기 위해서는 그 정보가 기업의 경제적 자원과 의무 그리고 이들의 변동을 초래하는 거래나 사건을 충실하게 표현해야 한다.
	검증 가능성	• 동일한 경제적 사건이나 거래에 대하여 동일한 측정방법을 적용할 경우, 다수의 독립적인 측정자가 유사한 결론에 도달할 수 있어야 한다.
	중립성	• 회계정보가 신뢰성을 갖기 위해서는 편의 없이 중립적이어야 한다. • 의도된 결과를 유도할 목적으로 재무제표에 특정 회계정보를 표시함으로써 정보이용자의 의사결정에 영향을 미친다면 중립적이라 할 수 없다.
비교가능성		• 기업실체의 재무상태, 경영성과, 현금흐름 및 자본변동의 추세 분석과 기업실체 간의 상대적 평가를 위하여 회계정보는 기간별 비교가 가능해야 하고 기업실체 간의 비교가능성도 있어야 한다.

피드백 가치 칸 내 그림:

예측가치

6.30.   12.30.   예측가치
                                예측가치
실적   피드백가치   예측가치

참고 목적적합성과 신뢰성 중 하나가 완전히 상실된 경우, 그 정보는 유용한 정보가 될 수 없다.

회계정보의 제약요인

비용과 효익 간의 균형	• 질적특성을 갖춘 정보라도 정보제공 및 이용에 소요될 사회적 비용이 사회적 효익을 초과한다면, 그러한 정보의 제공은 정당화될 수 없다. (비용 〈 효익)
중요성	• 목적적합성과 신뢰성을 갖춘 항목이라도 중요하지 않다면, 반드시 재무제표에 표시되는 것은 아니다.(중요성은 정보가 제공되기 위한 최소한의 요건) • 특정 정보가 생략되거나 잘못 표시된 재무제표가 정보이용자의 판단이나 의사결정에 영향을 미칠 수 있다면, 그 정보는 중요한 정보라 할 수 있다. **예** • 재무제표를 공시할 때 회사규모가 크고 재무제표 이용자의 오해를 줄 염려가 없다면, 천 원 또는 백만 원 미만 금액은 생략할 수 있다. • 기업에서 사무용 소모성 물품을 구입시에 소모품 계정이 아닌 소모품비 계정으로 회계처리할 수 있다.
질적특성 간의 상충관계	• 목적적합성 있는 정보를 위해 신뢰성을 희생하는 경우가 있고, 신뢰성 있는 정보 제공을 위해서 목적적합성을 희생해야 하는 경우가 있다. 즉, 정보의 적시성과 신뢰성 간의 균형을 고려하여야 한다. 표 • 유형자산을 취득원가로 기록하는 역사적 원가주의는 신뢰성은 제고되지만, 목적적합성은 저하될 수 있다.

표 (질적특성 간의 상충관계):

구분	목적적합성	신뢰성
자산의 평가	공정가치법(시가법)	원가법
수익의 인식	진행기준	완성기준
손익의 인식	발생주의	현금주의
재무제표 보고	반기 재무제표	연차 재무제표
유가증권 투자	지분법	원가법

 I CAN 기출문제

다음 중 역사적 원가주의와 가장 관련성이 적은 것은?

① 회계정보의 목적적합성과 신뢰성을 모두 높일 수 있다.
② 기업이 계속하여 존재할 것이라는 가정 하에 정당화되고 있다.
③ 취득 후에 그 가치가 변동하더라도 역사적원가는 그대로 유지된다.
④ 객관적이고 검증 가능한 회계정보를 생산하는데 도움이 된다.

👆 **정답풀이**

① 역사적 원가주의의 경우 신뢰성은 제고되지만, 목적적합성은 저하될 수 있다.

I can 실전문제(회계의 기본개념)

※ I can 실전문제에 수록된 문제들은 모두 전산회계 1급 시험에 다수 출제되었던 내용입니다.

01 다음 중 재무보고의 목적이 아닌 것은?

① 투자 및 신용의사결정에 유용한 정보 제공
② 미래 현금흐름 예측에 유용한 정보 제공
③ 경영자의 장기적 의사결정의 성과평가에 관한 환경적 정보의 제공
④ 재무상태, 현금흐름, 자본변동 등의 재무정보의 제공

02 서로다른 두 회사의 회계정보를 비교하고자 하는 경우 회계정보가 갖추어야 할 속성으로 가장 적합한 것은?

① 비교가능성 　　　　　　　② 신뢰성
③ 목적적합성 　　　　　　　④ 중립성

03 기말결산정리를 하게 되는 근거가 되는 가정으로 가장 적절한 것은?

① 기업실체의 가정 　　　　　② 기간별보고의 가정
③ 화폐단위의 가정 　　　　　④ 계속기업의 가정

04 다음 설명의 괄호 안에 들어갈 것으로 옳은 것은?

> 이연이란 (　　)과 같이 미래에 수익을 인식하기 위해 현재의 현금유입액을 부채로 인식하거나, (　　)과 같이 미래에 비용을 인식하기 위해 현재의 현금유출액을 자산으로 인식하는 회계과정을 의미한다.

① 미수수익, 선급비용 　　　　② 선수수익, 선급비용
③ 미수수익, 미지급비용 　　　④ 선수수익, 미지급비용

05 다음 중 기말 결산시 비용의 이연과 가장 관련 있는 거래는?

① 공장건물에 선급보험료 100,000원을 계상하다.
② 공장건물에 대한 선수임대료 1,000,000원을 계상하다.
③ 정기예금에 대한 미수이자 100,000원을 계상하다.
④ 단기차입금에 대한 미지급이자 100,000원을 계상하다.

06 회사는 미래에도 계속적으로 정상적인 영업활동을 영위할 것이라는 전제 하에 역사적 원가주의의 근간이 되는 회계의 기본가정은?

① 기업실체의 가정　　　　　　② 계속기업의 가정
③ 기간별보고의 가정　　　　　④ 발생주의

07 재무제표의 질적 특성(회계정보의 질적 특성)간 균형에 대한 설명 중 잘못된 것은?

① 신뢰성과 목적적합성은 서로 상충관계가 발생될 수 있다.
② 완성기준을 적용하면 목적적합성은 향상되는 반면 신뢰성은 저하될 수 있다.
③ 현행원가를 적용하면 목적적합성은 향상되는 반면 신뢰성은 저하될 수 있다.
④ 중간보고의 경우 목적적합성은 향상되는 반면 신뢰성은 저하될 수 있다.

08 회계정보가 유용하기 위해 갖추어야 할 속성 중 가장 중요한 것은?

① 목적적합성, 신뢰성　　　　② 피드백 가치, 예측가치
③ 비교가능성, 표현의 충실성　④ 검증가능성, 중립성

09 다음 중 재무제표의 질적특성 중 신뢰성과 가장 관련성이 없는 것은?

① 회계정보를 생산하는데 있어서 객관적인 증빙자료를 사용하여야 한다.
② 동일한 거래에 대해서는 유사한 결과를 예측할 수 있도록 회계정보를 제공하여야 한다.
③ 유용한 정보를 위해서 필요한 정보는 재무제표에 충분히 표시하여야 한다.
④ 의사결정에 제공된 회계정보는 기업의 미래에 대한 예측가치를 높일 수 있어야 한다.

10 다음은 회계의 기본가정(공준) 중 무엇에 대한 설명인가?

> 기업실체는 그 경영활동을 청산하거나 중대하게 축소시킬 의도가 없을 뿐 아니라 청산이
> 요구되는 상황도 없다고 가정된다.

① 계속기업의 가정   ② 기업실체의 가정

③ 연결재무제표   ④ 발생주의 가정

11 회계정보의 질적특성인 목적적합성의 구성요소가 아닌 것은?

① 표현의 충실성   ② 피드백가치   ③ 적시성   ④ 예측가치

12 다음 중 회계정보의 질적 특성인 '신뢰성'과 직접 관련이 적은 것은?

① 예측가치와 피드백가치   ② 표현의 충실성

③ 검증가능성   ④ 중립성

13 다음은 회계정보의 질적특성 중 무엇에 대한 설명인가?

> 회계정보가 기업실체의 재무상태, 경영성과, 순현금흐름, 자본변동 등에 대한 정보이용자
> 의 당초 기대치(예측치)를 확인 또는 수정하게 함으로써 의사결정에 영향을 미칠 수 있는
> 능력을 말한다.

① 예측가치   ② 피드백가치   ③ 적시성   ④ 신뢰성

02 재무제표의 이해

재무제표는 기업의 외부 정보이용자에게 재무정보를 전달하는 핵심적인 재무보고 수단으로, 회계의 순환과정에서 나타나는 최종 산출물이며 다양한 정보이용자의 공통요구를 위해 작성되는 일반목적의 재무보고서를 의미한다.

1 재무제표의 개념 및 종류

재무제표의 개념	재무제표란 기업의 회계정보를 정보이용자에게 전달하기 위해 작성하는 보고서를 말한다.
재무제표의 종류	일반기업회계기준이 정하는 재무제표는 재무상태표, 손익계산서, 현금흐름표, 자본변동표, 주석이 해당된다.
기재 내용	각 재무제표의 명칭과 함께 기업명, 보고기간종료일 또는 회계기간, 보고통화 및 금액단위를 함께 기재하여야 한다.

I CAN 기출문제

다음 중 일반기업회계기준이 정하는 재무제표의 종류에 해당하지 않는 것은?

① 재무상태표　　　　　　　　　② 손익계산서
③ 현금흐름표　　　　　　　　　④ 이익잉여금처분계산서

정답풀이

④ 이익잉여금처분계산서는 일반기업회계기준이 정하는 재무제표에 해당하지 않는다.

2 재무제표 작성과 표시의 일반원칙

재무제표를 작성하기 위해서는 일반적인 원칙이 있으며, '작성과 표시의 일반원칙'은 다음과 같다.

계속기업	재무제표 작성 시 계속기업으로서의 존속가능성을 평가해야 한다.
작성책임	재무제표의 작성과 표시에 대한 책임은 경영진에게 있다.
공정한 표시	일반기업회계기준에 따라 적정하게 작성된 재무제표는 공정하게 표시된 재무제표로 본다.
구분과 통합	중요한 항목은 그 내용을 가장 잘 나타낼 수 있도록 구분하여 표시하며, 중요하지 않은 항목은 유사한 항목과 통합하여 표시할 수 있다.
비교가능성	기간별 비교가능성을 제고하기 위하여 전기 재무제표의 모든 계량정보를 당기와 비교하는 형식으로 표시하며, 재무제표 항목의 표시와 분류는 매기 동일하게 적용하는 것을 원칙으로 한다.
계정과목	일반기업회계기준에 예시된 명칭보다 내용을 잘 나타내는 계정과목명이 있을 때는 그 계정과목명을 사용할 수 있다.

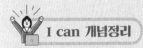

I can 개념정리

📑 **재무제표의 특성과 한계**

• 재무제표는 화폐단위로 측정된 정보를 주로 제공한다.
• 재무제표는 대부분 과거에 발생한 거래나 사건에 대한 정보를 나타낸다.
• 재무제표는 추정에 의한 측정치를 포함하고 있다.
• 재무제표는 특정기업실체에 관한 정보를 제공하며, 산업경제 전반에 관한 정보를 제공하지는 않는다.

I CAN 기출문제

각 재무제표의 명칭과 함께 기재해야 할 사항으로 틀린 것은?

① 기업명   ② 보고기간종료일
③ 금액단위   ④ 기능통화

👆 **정답풀이**

④ 재무제표는 재무상태표, 손익계산서, 현금흐름표, 자본변동표 및 주석으로 구분하여 작성하며, 다음의
   사항을 각 재무제표의 명칭과 함께 기재한다.
   (1) 기업명, (2) 보고기간종료일 또는 회계기간, (3) 보고통화 및 금액단위

---

3 각 재무제표의 상관관계

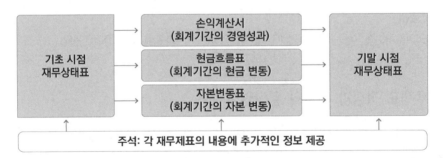

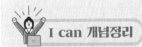

I can 개념정리

📑 **재무제표 작성시 측정 기준**

역사적원가	취득시점에 지급한 대가(과거에 지급한 원가)
현행원가	보유하고 있는 자산과 유사한 자산을 현재 시점에 취득할 경우 지급해야 하는 대가
실현가능가치	보유하고 있는 자산을 정상적으로 처분하는 경우에 수취할 수 있는 대가
현재가치	보유하고 있는 자산이 창출할 것으로 기대되는 미래의 순현금유입액의 현재가치

④ 재무상태표

재무상태표는 일정시점의 기업의 재무상태를 보여주는 보고서이다. 재무상태라는 것은 기업이 소유하고 있는 자산(현금, 상품, 건물 등)과 타인에게 갚아야 하는 부채(외상매입금, 차입금등) 그리고 자산에서 부채를 차감한 자본(순자산)으로 나누어진다.

재무상태표 작성기준과 등식
• 자산과 부채는 1년 또는 정상적인 영업주기 기준으로 유동과 비유동으로 분류
• 자산과 부채는 유동성이 큰 항목부터 배열하는 것이 원칙
• 자산과 부채는 총액으로 표시(원칙적으로 상계하여 표시하지 않는다.)
• 주주와의 거래로 발생하는 자본잉여금과 영업활동에서 발생하는 이익잉여금으로 구분표시

재무상태표 등식

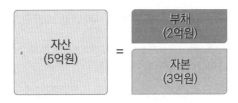

자본등식

자산(5억원) − 부채(2억원) = 자본(3억원)

재무상태표 예시

재무상태표

제11기 20×1년 12월 31일 현재
제10기 20×0년 12월 31일 현재

(주) I CAN   (단위: 원)

과목	당기(제11기)		전기(제10기)	
자산				
I. 유동자산		× × ×		× × ×
(1) 당좌자산		× × ×		× × ×
1. 현금및현금성자산	× × ×		× × ×	
2. 단기투자자산	× × ×		× × ×	
⋮	⋮		⋮	
(2) 재고자산		× × ×		× × ×
1. 상품	× × ×		× × ×	
⋮	⋮		⋮	

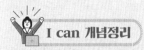

I can 개념정리

재무상태표 계정

구분표시			계정과목
자산	유동자산	당좌자산	현금및현금성자산(당좌예금, 보통예금, 현금성자산), 현금과부족, 단기금융상품(정기예금, 정기적금, 기타단기금융상품), 단기매매증권, 매출채권(외상매출금, 받을어음), 단기대여금, 미수금, 선급금, 미수수익, 선급비용, 가지급금
		재고자산	상품, 원재료, 재공품, 반제품, 제품, 미착품, 소모품
	비유동자산	투자자산	장기성예금, 장기금융상품, 특정현금과예금, 매도가능증권, 만기보유증권, 장기대여금, 투자부동산
		유형자산	토지, 건물, 구축물, 기계장치, 차량운반구, 비품, 건설중인자산
		무형자산	영업권, 산업재산권(특허권, 실용신안권, 디자인권, 상표권), 광업권, 개발비, 소프트웨어
		기타비유동자산	임차보증금, 장기외상매출금, 장기미수금
부채	유동부채		매입채무(외상매입금, 지급어음), 미지급금, 미지급비용, 선수금, 선수수익, 예수금, 단기차입금, 가수금, 유동성장기부채
	비유동부채		사채, 장기차입금, 임대보증금, 퇴직급여충당부채, 장기미지급금
자본	자본금		보통주자본금, 우선주자본금
	자본잉여금		주식발행초과금, 감자차익, 자기주식처분이익
	자본조정		주식할인발행차금, 감자차손, 자기주식처분손실, 자기주식, 미교부주식배당금
	기타포괄손익누계액		매도가능증권평가손익, 해외사업환산손익, 현금흐름위험회피파생상품평가손익, 재평가잉여금
	이익잉여금		이익준비금(법정적립금), 임의적립금, 미처분이익잉여금

유동성 배열법

유동성 배열법이란 계정과목의 배열을 현금화가 빠른 것부터 순서대로 표시하는 것이며, 재무상태표의 자산은 유동성배열법에 따라, 유동자산(당좌자산, 재고자산), 비유동자산(투자자산, 유형자산, 무형자산, 기타비유동자산) 순으로 배열한다는 의미이다.

I CAN 기출문제

다음 설명 중 가장 옳은 것은?

① 자산이 증가하고 부채가 증가하면 자본이 반드시 증가한다.
② 자산이 증가하고 부채가 감소하면 자본이 반드시 증가한다.
③ 자산이 증가하고 부채가 고정되면 자본이 반드시 감소한다.
④ 자산이 감소하고 부채가 증가하면 자본이 반드시 증가한다.

정답풀이

② 자산 = 부채 + 자본, 자본 = 자산 – 부채
  ✓ 자산이 증가하고 부채가 증가하면 자본은 변동이 없다.
  ✓ 자산이 증가하고 부채가 고정되면 자본은 증가한다.
  ✓ 자산이 감소하고 부채가 증가하면 자본은 감소한다.

5 손익계산서

손익계산서는 일정 기간 기업의 경영성과를 보여주는 보고서이다. 경영성과는 일정 기간
동안 벌어들인 수익(상품매출, 임대료, 이자수익 등)에서 일정 기간 동안 지출한 비용(급여,
복리후생비, 임차료, 이자비용 등)을 차감하여 계산된 이익이나 손실을 말한다.

손익계산서 작성기준
  • 수익과 비용은 그것이 발생한 기간에 정당하게 배분되도록 처리하여야 한다.
    (비용은 발생주의를 적용하며, 수익의 구체적인 인식은 실현주의를 적용한다.)
  • 수익과 비용은 총액에 의해 기재됨을 원칙(총액주의)으로 한다.
  • 모든 수익과 비용은 발생한 시기에 정당하게 배분되어야 하며, 미실현 수익은 당기 손익계산서에
    산입하지 않아야 한다.

손익계산서 예시

손익계산서

제11기 20×1년 1월 1일 부터 20×1년 12월 31일 까지
제10기 20×0년 1월 1일 부터 20×0년 12월 31일 까지

(주) I CAN   (단위: 원)

과목	당기(제11기)		전기(제10기)	
Ⅰ. 매출액		×××		×××
Ⅱ. 매출원가		×××		×××
1. 기초상품재고액	×××		×××	
2. 당기상품매입액	×××		×××	
3. 기말상품재고액	(×××)		×××	
Ⅲ. 매출총이익		×××		×××
Ⅳ. 판매비와관리비		×××		×××
1. 급여	×××		×××	
⋮	⋮		⋮	

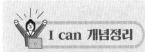

I can 개념정리

손익계산서 계정

구분표시	계정과목
매출액	상품매출, 제품매출 (상품매출과 제품매출의 차감계정: 매출에누리와 환입, 매출할인)
(-) 매출원가	상품매출원가, 제품매출원가
매출총손익	
(-) 판매비와관리비	급여, 퇴직급여, 복리후생비, 여비교통비, 접대비(기업업무추진비), 통신비, 수도광열비, 세금과공과금, 감가상각비, 임차료, 수선비, 보험료, 차량유지비, 운반비, 도서인쇄비, 소모품비, 수수료비용, 광고선전비, 대손상각비 등
영업손익	
(+) 영업외수익	이자수익, 단기매매증권평가이익, 단기매매증권처분이익, 외환차익, 수수료수익, 외화환산이익, 유형자산처분이익, 투자자산처분이익, 자산수증이익, 채무면제이익, 잡이익 등
(-) 영업외비용	이자비용, 외환차손, 기부금, 외화환산손실, 매출채권처분손실, 단기매매증권평가손실, 단기매매증권처분손실, 재해손실, 유형자산처분손실, 투자자산처분손실, 잡손실 등
법인세차감전순손익	
(-) 법인세비용	법인세등
당기순손익	

참고 기업이 업무와 관련이 있는 자와 업무를 원활하게 진행하기 위하여 지출한 금액을 "접대비"라는 용어로 처리하고 있으나, 세법에서는 "접대비"라는 용어의 부정적 의미로 인해 "기업업무추진비"라는 용어로 변경(2024.01.01.부터 시행)되었다. 다만, 기업회계기준에서는 현행 "접대비"라는 용어를 그대로 사용하고 있다.

기업의 당기순손익 계산

(1) 재산법: 기업의 재무상태 중 회계연도 초의 기초자본과 회계연도 말의 기말자본의 증감변화를 비교하여 기업의 순손익(순손실과 순이익)을 계산하는 방법

재산법 ➡ 기초자본 〈 기말자본 = 당기순이익
기초자본 〉 기말자본 = 당기순손실

(2) 손익법: 기업의 일정 기간의 경영성과인 비용과 수익의 발생액을 비교하여 기업의 순손익을 계산하는 방법

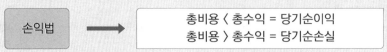

손익법 ➡ 총비용 〈 총수익 = 당기순이익
총비용 〉 총수익 = 당기순손실

재산법과 손익법에서 계산된 당기순손익은 반드시 일치하여야 한다.

다음의 빈칸에 알맞은 금액을 채워 넣으시오. (당기순손익계산)

(단위: 원)

구분	기 초			기 말			총수익	총비용	당기순이익
	자 산	부 채	자 본	자 산	부 채	자 본			
1	600,000	400,000	(①)	900,000	300,000	(②)	(③)	100,000	(④)
2	(⑤)	800,000	300,000	(⑥)	700,000	200,000	200,000	(⑦)	(⑧)
3	600,000	(⑨)	200,000	700,000	(⑩)	400,000	(⑪)	100,000	(⑫)

정답

① 200,000   ② 600,000   ③ 500,000   ④ 400,000   ⑤ 1,100,000   ⑥ 900,000
⑦ 300,000   ⑧ −100,000   ⑨ 400,000   ⑩ 300,000   ⑪ 300,000   ⑫ 200,000

I CAN 기출문제

다음 중 재무상태표 및 손익계산서에 대해 잘못 설명한 것은?

① 자산은 유동자산과 비유동자산으로 구분되고, 비유동자산은 투자자산, 유형자산, 무형자산 및 기타비유동자산으로 구분된다.
② 부채는 유동부채와 비유동부채로 구분되며, 사채·장기차입금·퇴직급여충당부채계정은 비유동부채에 속한다.
③ 손익계산서는 매출총손익·영업손익·경상손익·법인세차감전순손익 및 당기순손익으로 구분 표시하여야 한다.
④ 재무상태표는 유동성배열법에 따라 유동성이 큰 항목부터 먼저 나열한다.

정답풀이

③ 손익계산서는 매출총손익, 영업손익, 법인세차감전순손익, 당기순손익으로 구분 표시된다. 경상손익은 손익계산서의 구성항목이 아니다.

6 현금흐름표, 자본변동표, 주석

현금흐름표	기업의 현금흐름을 나타내는 보고서이며, 현금의 흐름을 영업활동·투자활동·재무활동으로 구분하여 파악한다.
자본변동표	기업이 보유한 자본의 크기와 변동을 나타낸다.
주 석	각 재무제표의 본문 내용을 자세하게 설명하는 별지를 말한다. 재무제표를 이해하는데 도움을 준다.

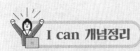 **I can 개념정리**

■■ 제조기업의 재무제표 작성순서

제조원가명세서	→	손익계산서	→	이익잉여금처분계산서	→	재무상태표

I CAN 기출문제

다음 보기의 제조기업 재무제표의 작성하는 순서로 올바른 것은?

㉠ 제조원가명세서	㉡ 손익계산서
㉢ 이익잉여금처분계산서	㉣ 재무상태표

① ㉠ → ㉢ → ㉣ → ㉡   ② ㉡ → ㉢ → ㉣ → ㉠

③ ㉠ → ㉡ → ㉢ → ㉣   ④ ㉢ → ㉣ → ㉠ → ㉡

 정답풀이

③ 제조기업의 재무제표작성은 다음과 같다.

(1) 제조원가명세서에서 당기제품제조원가가 산출

(2) 손익계산서에서 당기순손익 계산

(3) 이익잉여금처분계산서에서 미처분이익잉여금이 결정

(4) 이월이익잉여금을 반영한 재무상태표 작성

I can 실전문제(재무제표의 이해)

01 재무제표 작성과 표시의 일반원칙으로 가장 틀린 것은?

① 전기 재무제표의 모든 계량정보를 당기와 비교하는 형식으로 표시한다.
② 재무제표의 작성과 표시에 대한 책임은 회계담당자에게 있다.
③ 재무제표는 이해하기 쉽도록 간단하고 명료하게 표시하여야 한다.
④ 재무제표는 재무상태, 경영성과, 현금흐름 및 자본변동을 공정하게 표시하여야 한다.

02 재무제표를 통해 제공되는 정보에 관한 내용 중 올바르지 않은 것은?

① 화폐단위로 측정된 정보를 주로 제공한다.
② 특정기업실체에 관한 정보를 제공하며, 산업 또는 경제 전반에 관한 정보를 제공하지는 않는다.
③ 대부분 과거에 발생한 거래나 사건에 대한 정보를 나타낸다.
④ 추정에 의한 측정치는 포함하지 않는다.

03 다음은 재무상태표의 기본구조에 대한 설명이다. 틀린 것은?

① 유동자산은 당좌자산과 재고자산으로 구분한다.
② 비유동자산은 투자자산, 유형자산, 무형자산, 기타비유동자산으로 구분한다.
③ 자산과 부채는 유동성이 작은 항목부터 배열하는 것을 원칙으로 한다.
④ 자본은 자본금, 자본잉여금, 자본조정, 기타포괄손익누계액 및 이익잉여금으로 구분한다.

04 다음 중 재무상태표가 제공할 수 있는 정보로서 가장 적합하지 않은 것은?

① 경제적 자원에 관한 정보
② 경영성과에 관한 정보
③ 유동성에 관한 정보
④ 지급능력에 관한 정보

05 다음 중 재무제표의 작성과 표시의 일반원칙에 관한 내용으로 틀린 것은?

① 재무제표의 작성과 표시에 대한 책임은 경영진에게 있다.

② 재무제표는 기업의 재무상태, 경영성과, 현금흐름 및 자본변동을 공정하게 표시하여야 한다.

③ 중요하지 않은 항목이라 할지라도 성격이나 기능이 유사한 항목과 통합하여 표시할 수 없다.

④ 주식회사의 잉여금은 자본잉여금과 이익잉여금으로 구분하여 표시하여야 한다.

06 다음 중 재무제표에 대한 설명으로 잘못 설명된 것은?

① 현금흐름표는 영업활동, 투자활동, 재무활동으로 인한 현금흐름으로 구분하여 표시한다.

② 손익계산서는 일정기간 동안 기업의 경영성과에 대한 정보를 제공한다.

③ 재무상태표, 손익계산서, 현금흐름표, 이익잉여금처분계산서로 구성되며, 주석을 포함한다.

④ 주석은 우발상황과 같이 재무제표에 인식되지 않는 항목에 대한 추가 정보를 포함하여야 한다.

07 일반기업회계기준에 의한 재무상태표에 관한 설명이다. 틀린 것은?

① 유동자산은 당좌자산과 재고자산으로 구분하고, 비유동자산은 금융자산, 유형자산, 무형자산, 기타비유동자산으로 구분한다.

② 부채는 유동부채와 비유동부채로 구분한다.

③ 자본은 자본금, 자본잉여금, 자본조정, 기타포괄손익누계액 및 이익잉여금(또는 결손금)으로 구분한다.

④ 재무상태는 정보이용자들이 기업의 유동성, 재무적 탄력성, 수익성과 위험 등을 평가하는 데 유용한 정보를 제공한다.

08 다음의 재무상태표 작성기준 중 그 내용이 가장 적절한 항목은?

① 자산과 부채는 유동성이 작은 항목부터 배열한다.

② 자산, 부채, 자본은 총액으로 표기하지 않고 순액으로 기재한다.

③ 자산과 부채는 결산일 기준 1년 또는 정상영업주기를 기준으로 구분 표시한다.

④ 자본항목 중 잉여금은 주주와의 거래인 이익잉여금과 영업활동의 결과인 자본잉여금으로 구분하여 표시한다.

09 다음 중 재무회계에 관한 설명으로 가장 적절하지 않는 것은?

① 재무제표에는 재무상태표, 손익계산서, 자본변동표, 현금흐름표 등이 있다.
② 일정기간 동안 기업의 경영성과에 대한 정보를 제공하는 보고서는 재무상태표이다.
③ 기업의 외부정보이용자에게 유용한 정보를 제공하는 것을 주된 목적으로 한다.
④ 회계연도는 1년을 초과할 수 없다.

10 다음 중 재무상태표의 설명으로 틀린 것은?

① 정보이용자들이 기업의 유동성, 재무적 탄력성, 수익성과 위험 등을 평가하는 데 유용한 정보를 제공한다.
② 일정 기간 동안 기업의 경영성과에 대한 정보를 제공한다.
③ 자산, 부채, 자본으로 구성된다.
④ 자본은 자본금, 자본잉여금, 자본조정, 기타포괄손익누계액 및 이익잉여금(또는 결손금)으로 구분한다.

03 회계의 순환과정

1 회계상 거래의 식별

거래의 일반적인 의미는 사고파는 것 이라 할 수 있는데, 회계상 거래는 이와는 다르게 표현된다. 회계상 거래는 기업의 경영활동에서 자산, 부채, 자본, 비용, 수익의 증가와 감소 등의 변화를 가져오는 것을 말한다. 즉, 회계에서는 재무상태표와 손익계산서에 영향을 미치는 것만 거래로 인식한다.

I can 개념정리

회계상 거래에 해당되는 것과 해당되지 않는 것을 예시하면 다음과 같다.

회계상 거래에 해당되는 것	회계상 거래에 해당되지 않는 것
• 화재, 도난, 분실, 파손 등 • 매출, 매입 • 채무의 지급, 채권의 회수 • 이자의 지급, 급여의 지급 등	• 직원채용 • 담보의 제공 • 원재료의 주문 등 각종 주문 • 계약(계약금을 주고받으면 거래임)

다음 중 회계상 거래인 것은 (○), 거래가 아닌 것은 (X)를 표기하시오.

① 현금 500,000원을 출자하여 영업을 개시하다. (   )
② 회계상사에 상품을 판매하기로 하고 계약을 체결하였다. (   )
③ 화재로 인하여 창고건물이 소실되다. (   )
④ 급여 2,000,000원을 주기로 하고 종업원을 채용하였다. (   )
⑤ 합격상사에 상품 300,000원을 매입하기 위하여 주문을 하였다. (   )
⑥ 종업원의 실수로 금고에 보관중이던 현금 500,000원을 도난당하였다. (   )
⑦ 2년 뒤에 상환하기로 하고, 대출은행에서 현금을 차입하였다. (   )

정답

① (○)   ② (X)   ③ (○)   ④ (X)   ⑤ (X)   ⑥ (○)   ⑦ (○)

I CAN 기출문제

다음 중 회계상 거래에 해당하지 않는 것은?

① 상품의 구매계약을 체결하였다.
② 신용카드로 우편요금을 지급하였다.
③ 사무실 임대료 2개월분을 받지 못하였다.
④ 직원 급여를 미지급 하였다.

정답풀이

① 회계상 거래는 자산, 부채, 자본의 증감변화(비용&수익 포함)를 일으키는 모든 현상을 포함하며, 구매계약의 결정 및 일정 급여를 지급하기로 하고 종업원을 채용한 경우 등은 회계상 거래로 인식하지 않는다.

2 거래의 8요소

재무상태표와 손익계산서 요소에서 차변(왼쪽)에 위치하는 것은 자산과 비용이며, 대변(오른쪽)에 위치하는 것은 부채, 자본 및 수익이다.

회계상 모든 거래는 차변(왼쪽) 요소와 대변(오른쪽) 요소가 결합되어 발생하는데, 차변 요소는 자산의 증가·부채의 감소·자본의 감소·비용의 발생이며, 대변 요소는 자산의 감소·부채의 증가·자본의 증가·수익의 발생이다.

재무상태표와 손익계산서 요소의 결합관계

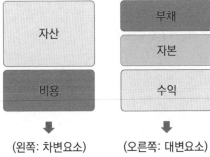

(왼쪽: 차변요소)

자산의 증가
부채의 감소
자본의 감소
비용의 발생

(오른쪽: 대변요소)

자산의 감소
부채의 증가
자본의 증가
수익의 발생

※ 증가와 감소
재무상태표 요소와 손익계산서 요소가 같은 방향에 기록이 되면 증가(+)로 표시되며, 반대 방향에 기록이 되면 감소(−)로 표시된다.

※ 거래의 이중성(복식부기의 원리)
회계상 거래가 발생하면 재무제표의 차변과 대변에 동시에 영향을 미치게 된다.

※ 대차평균의 원리
거래의 이중성에 의해 기록하기 때문에 차변합계와 대변합계는 항상 일치한다.

I CAN 기출문제

다음 거래의 결합관계에서 성립할 수 없는 것은?

① (차) 자산의 감소   (대) 자산의 증가
② (차) 부채의 감소   (대) 부채의 증가
③ (차) 부채의 감소   (대) 수익의 발생
④ (차) 자산의 증가   (대) 수익의 발생

정답풀이

① 자산의 감소는 대변에 발생하며, 자산의 증가는 차변에 발생한다.

3 분개와 전기

기업의 경영활동에서 회계상 거래가 발생하면 차변계정과 대변계정에 어떤 계정과목으로 얼마의 금액을 기록할 것인지 결정하는 절차를 분개라고 하며, 분개를 기록한 장부를 분개장 이라 한다.

1. 분개절차

① 어떤 '계정과목'에 기입할 것인가?
② 그 계정의 '차변', '대변' 중 어느 쪽에 기입할 것인가?
③ '금액'은 얼마를 기입할 것인가?

예제 '상품 200,000원을 현금으로 구입하였다.'라는 거래의 분개

① 상품과 현금 계정과목을 찾아낼 수 있다.
② 상품이라는 자산이 증가하였으며, 자산의 증가는 차변에 기입한다.
   현금이라는 자산이 감소하였으며, 자산의 감소는 대변에 기입한다.
③ 상품의 금액은 200,000원이며, 현금의 금액도 200,000원이다.
   따라서 분개는

차 변	상품(자산의 증가)	200,000원	대 변	현금(자산의 감소)	200,000원

분개장에 분개한 후 분개한 것을 계정과목별로 구분하여 옮겨 적는데, 이 과정을 '전기'라고 하며, 이때 옮겨 적는 장부를 총계정원장(또는 원장)이라고 한다.

분개	회계상 거래 내용을 차변과 대변으로 나누어서 기록하는 것
전기	분개장에 분개한 것을 계정과목별로 옮겨서 정리하는 것 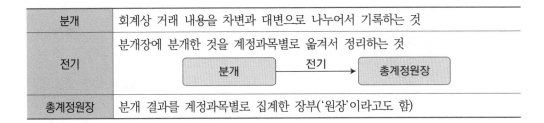
총계정원장	분개 결과를 계정과목별로 집계한 장부('원장'이라고도 함)

2. 전기절차

① 분개할 때 기록된 분개의 해당 계정을 찾는다.

② 차변계정에 분개된 금액을 총계정원장의 해당 계정 차변에 기입한다.

③ 대변계정에 분개된 금액을 총계정원장의 해당 계정 대변에 기입한다.

④ 금액 앞에 상대 계정과목을 기입한다.(상대 계정과목 두 개 이상 '제좌')

예 '상품 200,000원을 현금으로 구입하였다.'의 분개와 전기는 다음과 같다.

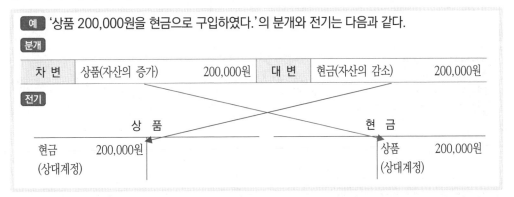

I CAN 기출문제

다음 계정 기업에 대한 설명으로 옳은 것은?

① 원인불명의 송금수표 100,000원이 입금되었다.

② 상품을 매입하기로 하고 계약금 100,000원을 현금 지급하였다.

③ 상품을 매출하기로 하고 계약금 100,000원을 현금 수령하였다.

④ 업무용 비품을 매각하고 그 대금 100,00원을 현금으로 지급하였다.

정답풀이

③ 선수금 계정에 대한 회계처리를 추정하면 아래와 같으며, 상품매출 관련 계약금을 현금으로 수령한 거래이다.

(차) 현금 100,000원 　　　　　　 (대) 선수금 100,000원

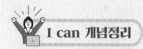
I can 개념정리

주요부와 보조부

회계장부에는 다음과 같이 주요부와 보조부가 있다.

주요부	분개장, 총계정원장(원장)
보조부	보조기입장: 현금출납장, 당좌예금출납장, 소액현금출납장 등
	보조원장: 매출처원장, 매입처원장, 상품재고장, 적송품원장 등

거래의 이중성과 대차평균의 원리

거래의 이중성	회계상 거래가 발생하면 재무제표의 차변과 대변에 동시에 영향을 미치게 되는 성질
대차평균의 원리	거래가 발생하면 거래의 이중성에 의하여 차변과 대변에 동시에 영향을 미치며, 차변합계와 대변합계가 항상 일치하는 원리

거래의 이중성과 대차평균의 원리는 복식부기의 특징이며, 회계의 자기검증능력의 대표적인 예이다.

I CAN 기출문제

회계는 기록, 계산하는 방법에 따라서 단식부기와 복식부기로 나눌 수가 있다. 다음 중 복식부기의 특징과 거리가 먼 것은?

① 자기검증이 불가능하다
② 재무상태와 손익을 파악하기가 쉽다.
③ 자산, 부채, 자본 등 모든 변화를 기록할 수 있다.
④ 일정한 원리에 따라 기록한다.

정답풀이

① 자기검증이 불가능한 것은 단식부기이다.

---

4 거래의 종류

교환거래	자산, 부채, 자본의 증가와 감소만 있고, 수익과 비용의 발생은 없는 거래
	예 '상품 200,000원을 현금으로 구입하다.' (차) 상품(자산의 증가) 200,000원 (대) 현금(자산의 감소) 200,000원
손익거래	거래 총액이 수익 또는 비용의 발생으로 이루어진 거래
	예 '예금에 대한 이자 100,000원을 현금으로 받다.' (차) 현금(자산의 증가) 100,000원 (대) 이자수익(수익의 발생) 100,000원
혼합거래	자산, 부채, 자본의 증감과 수익과 비용의 발생이 혼합되어 이루어진 거래
	예 '대여금 200,000원과 그에 대한 이자 20,000원을 현금으로 받다.' (차) 현금(자산의 증가) 220,000원 (대) 대여금(자산의 감소) 200,000원 이자수익(수익의 발생) 20,000원

5 결산

1. 결산의 의의

기업은 경영활동에서 발생한 거래를 분개장에 분개하고 총계정원장에 전기하는 행위를 기중에 반복하게 되고, 보고기간 말에는 기중에 기록된 내용을 토대로 기업의 재무상태와 경영성과를 파악하여야 한다. 이와 같이 일정 시점에 자산, 부채, 자본의 재무상태를 파악하고 일정기간 동안 발생한 수익과 비용을 통해 경영성과를 파악하는 절차를 결산이라 한다.

2. 결산의 절차

예비절차	본절차	재무제표 작성
• 수정전시산표 작성 • 재고조사표 작성 • 수정분개 • 수정후시산표 작성 • 정산표 작성	• 집합손익계정 설정 • 수익비용 계정 마감 • 당기순손익 확정 • 자산부채자본 계정 마감 • 이월시산표 작성	• 기말재무상태표 작성 • 손익계산서 작성 • 자본변동표 작성 • 현금흐름표 작성 • 주석 작성

I CAN 기출문제

다음 중 밑줄 친 (가)의 결산 절차에 대한 내용으로 옳은 것은?

결산절차: (가) ➡ 본 절차 ➡ 보고서 작성

① 시산표 작성   ② 재무상태표 작성
③ 분개장 마감   ④ 총계정원장의 마감

정답풀이

① (가)는 결산절차중 예비절차를 의미하며, 결산의 예비절차는 분개장 및 총계정원장, 시산표 등의 장부 작성이 해당된다.

6 시산표

1. 시산표의 개념

시산표란 총계정원장에서 계정과목별로 집계된 금액을 한 곳에 모은 표를 말하는데. 시산표의 차변합계와 대변합계는 대차평균의 원리에 의하여 일치하여야 한다.

시산표의 종류에는 합계시산표, 잔액시산표, 합계잔액시산표가 있으며, 현재 실무에서는 합계잔액시산표를 주로 사용하고 있다.

잔액시산표	계정과목별 총계정원장의 잔액만을 기록한 시산표
합계시산표	계정과목별 총계정원장의 차변합계와 대변합계를 기록한 시산표
합계잔액시산표	잔액시산표와 합계시산표를 하나의 표로 기록한 시산표

 합계잔액시산표

(단위: 원)

차 변		계정과목	대 변	
잔 액	합 계		합 계	잔 액
200,000	1,400,000	현 금	1,200,000	
100,000	1,000,000	보 통 예 금	900,000	
500,000	500,000	상 품		
500,000	500,000	외 상 매 출 금		
100,000	100,000	비 품		
		자 본 금	1,000,000	1,000,000
300,000	300,000	임 차 료		
200,000	200,000	급 여		
		상 품 매 출	900,000	900,000
1,900,000	4,000,000	합 계	4,000,000	1,900,000

합계시산표

(단위: 원)

차 변	계정과목	대 변
1,400,000	현 금	1,200,000
1,000,000	보 통 예 금	900,000
500,000	상 품	
500,000	외상매출금	
100,000	비 품	
	자 본 금	1,000,000
300,000	임 차 료	
200,000	급 여	
	상 품 매 출	900,000
4,000,000	합 계	4,000,000

잔액시산표

(단위: 원)

차 변	계정과목	대 변
200,000	현 금	
100,000	보 통 예 금	
500,000	상 품	
500,000	외상매출금	
100,000	비 품	
	자 본 금	1,000,000
300,000	임 차 료	
200,000	급 여	
	상 품 매 출	900,000
1,900,000	합 계	1,900,000

 I can 개념정리

시산표등식

기말자산 + 총비용 = 기말부채 + 기초자본 + 총수익

시산표의 또다른 이름 일계표, 월계표

시산표는 회계연도 말에만 작성하는 것은 아니며, 필요할 때마다 작성할 수 있는데, 매일 작성하면 일계표, 월단위로 작성하면 월계표라고 한다.

I CAN 기출문제

다음 중 분개장에 분개된 거래가 총계정원장에 바르게 전기 되었는지의 정확성여부를 대차평균의 원리에 따라 검증하기 위해 작성하는 것은?

① 정산표
② 시산표
③ 손익계산서
④ 재무상태표

 정답풀이

② 분개장에서 총계정원장으로 전기가 정확하게 되었는지 검사하기 위해 작성하는 것은 시산표이다.

I CAN 기출문제

다음 중 시산표등식으로 올바른 것은?

① 기말자산 + 총비용 = 기말부채 + 기말자본 + 총수익
② 기말자산 + 총비용 = 기말부채 + 기초자본 + 총수익
③ 기말자산 + 총비용 = 기말부채 + 기초자본 + 총수익 – 순손실
④ 기말자산 + 총비용 + 순이익 = 기말부채 + 기초자본 + 총수익

정답풀이

② 시산표 등식은 "기말자산 + 총비용 = 기말부채 + 기초자본 + 총수익" 이다.

2. 시산표의 오류수정

만약 시산표의 차변합계와 대변합계가 일치하지 않는다면 장부에 오류가 발생한 것인데, 이때는 장부 작성의 역순으로 검토하여 오류를 찾아내서 수정해야 한다. 장부 작성의 역순은 다음의 순서를 말한다.

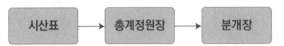

시산표 → 총계정원장 → 분개장

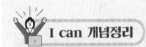

I can 개념정리

 합계잔액시산표의 오류 원인

• 거래의 누락이나 중복, 분개의 누락이나 중복, 전기의 누락이나 중복
• 전기한 금액의 잘못 기입, 다른 계정으로 잘못 전기, 서로 반대로 전기 등

시산표에서 검증할 수 있는 오류	시산표에서 검증할 수 없는 오류
• 차변과 대변의 금액이 불일치한 경우 • 차변과 대변 중 한 쪽만 전기를 누락하거나 한 쪽만 전기한 경우 • 시산표의 합계오류	• 분개누락, 이중분개 • 전기누락, 이중전기 • 차변과 대변 모두 동일하게 잘못된 금액으로 분개하거나 전기한 경우 • 계정과목을 잘못 기록한 경우

I CAN 기출문제

다음은 시산표에서 발견할 수 없는 오류를 나열한 것이다. 이에 해당하지 않는 것은?

① 동일한 금액을 차변과 대변에 반대로 전기한 경우
② 차변과 대변의 전기를 동시에 누락한 경우
③ 차변과 대변에 틀린 금액을 똑같이 전기한 경우
④ 차변만 이중으로 전기한 경우

정답풀이

④ 차변만 이중으로 전기한 경우, 차변 합계금액이 대변 합계금액 보다 커지므로 오류를 발견할 수 있다.

손익계산서 및 재무상태표 계정의 장부마감

손익계산서 계정인 수익과 비용계정은 당기의 경영성과를 보여주는 것으로, 차기의 경영활동에 영향을 미치지 않는다. 따라서 수익과 비용계정 잔액은 손익(집합손익)계정을 설정하여 '0'으로 만들어 마감하게 되며, 그 절차는 다음과 같다.

① 총계정원장에 손익계정을 설정한다.
② 수익계정의 잔액을 손익(집합손익)계정의 대변에 대체한다.

차 변	수익계정	×××	대 변	손익계정	×××

③ 비용계정의 잔액을 손익계정의 차변에 대체한다.

차 변	손익계정	×××	대 변	비용계정	×××

④ 손익계정의 잔액을 자본계정에 대체한다.
  ▶ 당기순이익이 발생한 경우

차 변	손익계정	×××	대 변	미처분이익잉여금	×××

  ▶ 당기순손실이 발생한 경우

차 변	미처리결손금	×××	대 변	손익계정	×××

⑤ 수익과 비용계정의 총계정원장을 마감한다.
  차변과 대변의 합계를 확인한 후 두 줄을 긋고 마감한다.

재무상태표 계정인 자산, 부채, 자본계정은 당기의 재무상태가 보고된 이후에도 잔액이 '0'으로 되지 않고 계속해서 이월되어 차기의 재무상태에 영향을 미치게 된다. 따라서 자산, 부채, 자본계정은 다음과 같은 절차로 마감한다.

① 자산계정은 차변에 잔액이 남게 되므로 대변에 차변잔액만큼 차기이월로 기입하여 일치시킨 후, 다시 차변에 그 금액만큼 전기이월로 기입한다.
② 부채와 자본계정은 대변에 잔액이 남게 되므로 차변에 대변잔액만큼 차기이월로 기입하여 일치시킨 후, 다시 대변에 그 금액만큼 전기이월로 기입한다.

자산, 부채, 자본계정의 잔액을 이용하여 재무상태표를 작성하고, 수익과 비용계정을 이용하여 손익계산서를 작성한다.

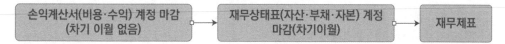

8 회계의 순환과정

회계는 회계기간 내에서 다음과 같은 일정한 작업이 반복되는데 이를 회계의 순환이라 한다.

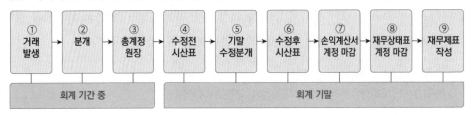

> **I CAN 기출문제**
>
> 다음 중 회계의 순환과정의 순서로 올바른 것은?
>
> ① 기말수정분개 → 수정후시산표 → 수익·비용계정 마감 → 자산·부채·자본계정 마감 → 재무제표 작성
> ② 기말수정분개 → 수정후시산표 → 자산·부채·자본계정 마감 → 수익·비용계정 마감 → 재무제표 작성
> ③ 수정후시산표 → 기말수정분개 → 수익·비용계정 마감 → 자산·부채·자본계정 마감 → 재무제표 작성
> ④ 수정후시산표 → 기말수정분개 → 자산·부채·자본계정 마감 → 수익·비용계정 마감 → 재무제표 작성
>
> 👆 **정답풀이**
> ① 거래식별 → 분개 → 총계정원장 → 수정전시산표 작성 → 기말수정분개 → 수정후시산표 →
>   수익·비용계정 마감 → 집합손익계정 마감 → 자산·부채·자본계정 마감 → 재무제표 작성

9 기말수정분개

기말 결산시점에서 자산, 부채, 자본의 현재액과 당기에 발생한 수익과 비용을 정확하게 파악하기 위해 자산, 부채, 자본, 수익, 비용에 대한 수정분개를 하여야 한다. 이러한 기말수정사항을 분개장에 분개하고, 그 내용을 총계정원장에 전기한 뒤 기말수정사항을 반영한 수정후시산표를 작성하게 된다.

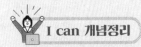

I can 개념정리

📋 **결산보고서(재무제표)**
결산보고서는 재무제표라고도 하며, 결산일에 기업이 일정시점의 재무상태와 일정기간 동안의 경영성과 등을 명백히 파악하기 위해서 작성하는 재무상 보고서를 말한다.
일반기업회계기준이 인정하는 결산보고서(재무제표)는 재무상태표, 손익계산서, 현금흐름표, 자본변동표로 구성되며, 주석을 포함한다.

1. 비용과 수익의 이연(선급비용 & 선수수익)

선급비용 (자산)	지급한 비용 중에서 당기에 귀속되는 것이 아니라 차기에 귀속되는 비용이 있는 경우에 차기에 귀속되는 부분을 선급비용으로 계상한다.
선수수익 (부채)	수취한 수익 중에서 당기에 귀속되는 것이 아니라 차기에 귀속되는 수익이 있는 경우에 차기에 귀속되는 부분을 선수수익으로 계상한다.

I can 분개 선급비용

다음의 거래 내용에 대하여 10월 1일과 12월 31일의 분개를 하시오.

매장을 4개월간(10월 1일 ~ 1월 31일) 임차하고 10월 1일에 4개월분 임차료 4,000,000원을 현금으로 지급하면서 전액 비용으로 회계처리 하였다.

【답안】

10월 1일 지출한 4개월분 임차료 4,000,000원 중 3개월분(10월~12월) 3,000,00원만 당기에 귀속되는 비용이다. 따라서 나머지 1개월분(1,000,000원)은 결산수정분개시 선급비용으로 계상해서 차기의 비용으로 인식해야 한다.

10/01	(차) 임 차 료	4,000,000원	(대) 현 금	4,000,000원
12/31	(차) 선급비용	1,000,000원	(대) 임 차 료	1,000,000원

• 결과적으로 당기의 임차료는 3,000,000원으로 인식되며, 차기 귀속분 1,000,000원은 선급비용으로 인식된다.
• 차기에 반대분개[(차) 임차료 1,000,000원 (대) 선급비용 1,000,000원]를 통해 임차료로 인식된다.

I can 개념정리

임차료 지급시 자산으로 처리하는 경우의 회계처리

10/01	(차) 선급비용	4,000,000원	(대) 현 금	4,000,000원
12/31	(차) 임 차 료	3,000,000원	(대) 선급비용	3,000,000원

• 전체 금액을 선급비용(자산)으로 처리하고, 기말수정분개시 당기 귀속분만큼 선급비용을 감소시켜 당기의 임차료(비용)로 인식하는 방법이다.
• 당기 임차료는 3,000,000원으로 인식되고, 선급비용은 1,000,000원으로 인식되므로, 결과적으로는 비용으로 처리하는 경우와 동일한 결과를 가져온다.

I can 분개 선수수익

다음의 거래 내용에 대하여 11월 1일과 12월 31일의 분개를 하시오.

건물을 3개월간(11월초~1월말) 임대하고 11월 1일에 3개월분 임대료 3,000,000원을 현금으로 수취하면서 전액 수익으로 회계처리 하였다.

답안

11월 1일 지출한 3개월분 임대료 3,000,000원 중 2개월분(11월~12월) 2,000,000원만 당기에 귀속되는 수익이다. 따라서 나머지 1개월분(1,000,000원)은 결산수정분개 시 선수수익으로 계상해서 차기의 수익으로 인식해야 한다.

11/01	(차) 현 금	3,000,000원	(대) 임 대 료	3,000,000원
12/31	(차) 임 대 료	1,000,000원	(대) 선수수익	1,000,000원

- 결과적으로 당기의 임대료는 2,000,000원으로 인식되며, 차기 귀속분 1,000,000원은 선수수익으로 인식된다.
- 차기에 반대분개[(차) 선수수익 1,000,000원 (대) 임대료 1,000,000원]를 통해 임대료로 인식된다.

I can 개념정리

📑 임대료 수령시 부채로 처리하는 경우의 회계처리

11/01	(차) 현 금	3,000,000원	(대) 선수수익	3,000,000원
12/31	(차) 선수수익	2,000,000원	(대) 임 대 료	2,000,000원

- 현금 수취 시 전액을 선수수익(부채)으로 처리하고, 기말수정분개시 당기 귀속분 만큼 선수수익을 감소시켜 당기의 수익으로 인식하는 방법이다.
- 당기 임대료는 2,000,000원으로 인식되고, 선수임대료는 1,000,000원으로 인식되므로, 결과적으로 수익으로 처리하는 경우와 동일한 결과를 가져온다.

2. 비용과 수익의 발생(미수수익 & 미지급비용)

미수수익 (자산)	수익이 이미 발생 했지만 대가를 받지 못했을 때 이를 미수수익으로 인식한다.
미지급비용 (부채)	비용이 이미 발생 했지만 대가를 지급하지 않았을 때 이를 미지급비용으로 인식한다.

I can 분개 미지급비용

다음의 거래 내용에 대하여 10월 1일과 12월 31일의 분개를 하시오.

10월 1일 은행으로부터 1,000,000원을 10개월 뒤에 갚기로 하고 차입하였다. 이자는 연 12% 로 원금 상환일에 지급하기로 하였다.

답안

10월 1일에 차입하였고, 12월 31일에 당기에 귀속되는 3개월분 이자(10월~12월)가 발생하여 미지급 비용을 인식한다. 차입기간이 1년 이내이므로 단기차입금 계정을 사용한다.

10/01	(차) 현 금	1,000,000원	(대) 단기차입금	1,000,000원
12/31	(차) 이자비용	30,000원	(대) 미지급비용	30,000원

당기 발생이자: $1,000,000원 \times 12\% \times \dfrac{3개월}{12개월} = 30,000원$

I can 분개 미수수익

다음의 거래 내용에 대하여 10월 1일과 12월 31일의 분개를 하시오.

10월 1일 거래처에 현금 1,000,000원을 10개월 뒤 상환받는 조건으로 대여하고 연 10%의 이자를 상환일에 수취하기로 약정하였다.

답안

10월 1일에 자금을 대여하였고, 12월 31일에는 당기에 귀속되는 3개월분 이자(10월~12월)가 발생하여 미수수익을 인식한다. 대여기간이 1년 이내이므로 단기대여금 계정을 사용한다.

10/01	(차) 단기대여금	1,000,000원	(대) 현 금	1,000,000원
12/31	(차) 미수수익	25,000원	(대) 이자수익	25,000원

당기 발생이자: $1,000,000원 \times 10\% \times \dfrac{3개월}{12개월} = 25,000원$

3. 소모품(소모품비)의 회계처리

사무용장부 및 볼펜 등 소모품을 구입한 후에 사용한 소모품은 소모품비(비용)로 계상하고, 아직 사용하지 않은 소모품은 소모품(자산)으로 구분한다. 소모품은 구입할 때 소모품(자산)으로 처리할 수도 있고, 소모품비(비용)로 처리할 수도 있다. 구입 시 어떻게 처리하는지에 따라 결산분개가 달라진다.

구입 시 자산으로 처리	구입 시 소모품으로 계상	▶	결산 시 소모품 사용분을 소모품비로 대체
구입 시 비용으로 처리	구입 시 소모품비로 계상	▶	결산 시 소모품 미사용분을 소모품으로 대체

 I can 분개 취득시 자산으로 처리

다음 거래에 대하여 소모품 취득 시와 기말결산 시 분개를 하시오.

소모품 1,000,000원을 현금으로 구입하였으며, 기말에 사용되지 않고 남아있는 소모품은 200,000원이다.(취득 시 자산으로 처리)

답안

취득시	취득 시 자산으로 처리하는 경우, 소모품 계정을 사용한다. (차) 소모품　　　　　1,000,000원　　　　(대) 현금　　　　　　　　1,000,000원
결산시	미사용분이 200,000원 이므로 사용된 소모품은 800,000원 이며, 소모품의 사용액을 소모품비로 대체한다. (차) 소모품비　　　　　800,000원　　　　(대) 소모품　　　　　　　　800,000원

→ 결산분개로 인하여 당기순이익이 800,000원(비용의 발생) 감소한다.

 I can 분개 취득시 비용으로 처리

다음 거래에 대하여 소모품 취득 시와 기말결산 시 분개를 하시오.

소모품 1,000,000원을 현금으로 구입하였으며, 기말에 사용되지 않고 남아있는 소모품은 200,000원이다.(취득 시 비용으로 처리)

답안

취득시	취득 시 비용으로 처리하는 경우, 소모품비 계정을 사용한다. (차) 소모품비　　　　　1,000,000원　　　　(대) 현금　　　　　　　　1,000,000원
결산시	미사용분 200,000원 이므로 사용되 소모품은 800,000원 이며, 소모품의 미사용분을 소모품으로 대체한다. (차) 소모품　　　　　　200,000원　　　　(대) 소모품비　　　　　　　200,000원

→ 결산분개로 인하여 당기순이익이 200,000원(비용의 소멸) 증가한다.

4. 가수금과 가지급금

가수금은 입금된 금액 중 그 원인을 모르는 금액을 말하며, 가지급금은 원인을 모르는 지급액을 말한다. 가지급금은 주로 출장비 등의 분개에 사용된다.

구 분	개 념	사후관리
가수금	원인을 모르는 입금액 (원인모를 보통예금 입금액 등)	추후 원인을 판명하여 해당 계정과목으로 대체
가지급금	원인을 모르는 지급액 (출장 시 출장비 지급 등)	사용된 후에 사용 계정과목으로 대체하고 정산

I can 분개 가수금과 가지급금

다음 거래를 분개하시오.

(가) 보통예금에 50,000원이 입금되었는데, 입금된 이유를 알지 못한다.
(나) 가수금 50,000원은 거래처에 대한 외상매출금액으로 판명되었다.
(다) 직원이 출장 갈 때 출장비 100,000원을 현금으로 가지급하다.
(라) 출장에서 식대 50,000원과 교통비 40,000원을 사용하고 잔액은 반납하다.

답안

(가)	(차) 보통예금	50,000원	(대) 가수금	50,000원
	✓ 원인 모를 입금액은 가수금(부채)으로 처리한다.			
(나)	(차) 가수금	50,000원	(대) 외상매출금	50,000원
	✓ 가수금은 원인이 판명되면 해당 계정과목으로 대체한다.			
(다)	(차) 가지급금	100,000원	(대) 현금	100,000원
	✓ 출장비를 지급할 때는 가지급금(자산)으로 처리한다.			
(라)	(차) 여비교통비	90,000원	(대) 가지급금	100,000원
	현금	10,000원		
	✓ 식대와 교통비를 합해서 여비교통비로 처리하고, 남은 금액은 회사에 입금된다.			

I can 실전문제(회계의 순환과정)

※ I can 실전문제에 수록된 문제들은 모두 전산회계 1급 시험에 다수 출제되었던 내용입니다.

01 회계상 거래가 발생하면 재무제표의 차변과 대변에 동시에 영향을 미치게 되는데, 이는 회계의 어떤 특성 때문인가?

① 거래의 이중성　　　　　　　② 중요성
③ 신뢰성　　　　　　　　　　④ 유동성

02 다음 중 시산표에서 발견할 수 없는 오류가 아닌 것은?

① 대차 양편에 틀린 금액을 같이 전기　② 대차 반대로 전기한 금액
③ 전기를 누락하거나 이중전기　　　　④ 대차 어느 한 쪽의 전기를 누락

03 다음 중 시산표등식으로 맞는 것은?

① 기말자산 + 총비용 = 기말부채 + 기말자본 + 총수익
② 기말자산 + 총비용 = 기말부채 + 기초자본 + 총수익
③ 기말자산 + 총비용 = 기말부채 + 기초자본 + 총수익 - 순손실
④ 기말자산 + 총비용 + 순이익 = 기말부채 + 기초자본 + 총수익

04 다음 중 회계상의 거래에 해당하지 않는 것은?

① 상품구매계약을 체결하였다.
② 신용카드로 우편요금을 지급하였다.
③ 사무실 임대료 2개월분을 받지 못했다.
④ 직원 급여를 미지급하였다.

05 다음 중 회계상의 거래에 해당되는 것은?

① 광고료 170,000원을 현금으로 지급하다.
② 사무실을 월세 700,000원으로 임대차계약을 맺기로 구두로 약속하다.
③ 제품 3,000,000원의 주문을 받다.
④ 종업원을 월급 2,300,000원으로 채용하다.

06 결산과정에서 시산표를 작성하였는데, 차변합계는 491,200원이고 대변합계는 588,200원이었다. 다음과 같은 오류만 있다고 가정한다면 시산표의 올바른 합계금액은 얼마인가?

- 당기 중 소모품비로 지급한 45,500원을 복리후생비로 기입하였다.
- 미수금 23,500원을 대변에 잘못 기록하였다.
- 상품재고 50,000원이 누락되었다.

① 588,200원　　　② 564,700원　　　③ 541,200원　　　④ 538,200원

07 다음 중 기말결산 시의 결산정리사항과 관련 없는 것은?

① 선급보험료　　　② 선수이자　　　③ 선수수수료　　　④ 선수금

08 다음 합계잔액시산표상 A, B, C에 들어갈 금액의 합은?

차 변		계정과목	대 변	
잔 액(원)	합 계(원)		합 계(원)	잔 액(원)
10,000	(A)	현　　　금	240,000	
20,000	(B)	외 상 매 출 금	310,000	
	110,000	외 상 매 입 금	(C)	10,000
		자　본　금	500,000	500,000
250,000	250,000	여 비 교 통 비		
		이 자 수 익	110,000	110,000

① 560,000원　　　② 620,000원　　　③ 680,000원　　　④ 700,000원

2. 유동자산

01 유동자산의 이해

자산이란 과거의 거래나 사건의 결과로서 현재 기업실체에 의해 지배되고 미래에 경제적 효익을 창출할 것으로 기대되는 자원을 말한다. 자산은 크게 유동자산과 비유동자산으로 분류하며, 각각에 속하는 항목은 다음과 같다.

유동자산	당좌자산, 재고자산
비유동자산	투자자산, 유형자산, 무형자산, 기타비유동자산

자산의 항목 중 유동자산으로 분류되는 항목은 아래와 같으며, 유동자산에 해당하지 않는 경우는 모두 비유동자산으로 분류된다.

① 사용의 제한이 없는 현금 및 현금성자산
② 정상적인 영업주기 내 실현될 것으로 예상되거나, 판매 및 소비 목적으로 보유중인 자산
③ 단기매매 목적으로 보유하는 자산
④ 보고기간 종료일로부터 1년 이내에 실현될 것으로 예상되는 자산

참고 사용에 제한이 있는 현금성자산은 비유동자산으로 분류된다.

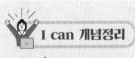

I can 개념정리

📵 유동자산의 판단
정상적인 영업주기 내에 판매되거나 사용되는 재고자산과 회수되는 매출채권 등은 보고 기간종료일로부터 1년 이내에 실현되지 않더라도 유동자산으로 분류하고, 이 경우 1년 이내에 실현되지 않을 금액을 주석으로 기재한다.

유동성 배열법

자산을 재무상태표에 표시할 경우 유동성이 큰 항목부터 순서대로 배열하여야 한다는 원칙을 의미하며, 배열순서는 다음과 같다.

> **유동자산**
>   당좌자산
>   재고자산
> **비유동자산**
>   투자자산
>   유형자산
>   무형자산
>   기타비유동자산

I CAN 기출문제

유동성 배열법에 따라 재무상태표를 작성할 때 그 순서를 바르게 나열한 것은?

ㄱ. 유형자산	ㄴ. 투자자산	ㄷ. 당좌자산	ㄹ. 재고자산

① ㄴ → ㄷ → ㄹ → ㄱ   ② ㄴ → ㄷ → ㄱ → ㄹ

③ ㄷ → ㄹ → ㄴ → ㄱ   ④ ㄷ → ㄴ → ㄹ → ㄱ

정답풀이

③ 유동성배열법따라 당좌자산 ➡ 재고자산 ➡ 투자자산 ➡ 유형자산 ➡ 무형자산 ➡ 기타비유동자산의 순서로 배열된다.

---

02   당좌자산

당좌자산은 유동자산 중에서 판매과정을 거치지 않고 1년 이내에 현금화가 가능한 자산을 말하며, 대표적인 항목은 다음과 같다.

현금및현금성자산	통화, 통화대용증권, 보통예금 등 현금성자산
단기매매증권	단기매매목적으로 취득한 시장성 있는 유가증권
매출채권	상거래에서 발생하는 채권(외상매출금, 받을어음)
선급비용	당기에 지급하였지만 당기의 비용이 아니라 미래의 비용
단기대여금	타인에게 빌려준 금액으로 상환 기한이 1년 내인 것

미수금	상거래 이외의 거래에서 발생하는 채권
선급금	매입계약 시 지급하는 계약금
미수수익	당기에 수취하지는 않았지만 당기에 귀속되는 금액
단기금융상품	만기가 1년 이내에 도래하는 금융상품으로 현금성자산이 아닌 것

I CAN 기출문제

다음 중 당좌자산에 해당하지 않는 것은?

① 보통예금　　　　　　　② 외상매출금
③ 단기대여금　　　　　　④ 장기대여금

 정답풀이
④ 장기대여금은 비유동자산에 해당한다.

1　현금 및 현금성자산

통화 및 통화대용증권, 은행예금 중 요구불예금, 취득당시 만기 3개월 이내의 유가증권 및 단기금융상품을 현금 및 현금성자산으로 분류하며, 재무상태표에 '현금 및 현금성자산' 이라는 하나의 통합된 계정과목으로 표현하기도 하고, 현금, 보통예금, 당좌예금 등 세부 계정과목으로 분리해서 표현하기도 한다.

1. 현금(통화 및 통화대용증권)

현금은 재화나 용역 구입시 사용하는 가장 대표적인 수단으로, 유동성이 가장 높은 자산이다. 일상생활에서는 지폐나 동전 등 화폐성통화만을 현금으로 생각하지만, 회계에서는 통화가 아니지만 통화와 같은 효력으로 사용되는 통화대용증권을 포함한다.

통 화	지폐와 주화
통화대용증권	은행발행 자기앞수표, 타인발행 당좌수표, 송금수표, 우편환증서, 배당금 지급 통지표, 만기도래한 공채 및 사채이자표 등

참고 우표 및 수입인지는 통화대용증권에 해당하지 않으므로, 통신비 혹은 세금과공과 계정으로 처리하여야 한다.

2. 보통예금

은행예금 중 만기가 정해져 있지 않고 입출금이 자유로운 요구불예금을 말한다.

3. 당좌예금과 당좌차월

기업에서는 현금거래의 번거로움과 위험을 막기 위해 거래대금을 수표를 발행하여 지급하게 되는데, 이때 발행되는 수표가 당좌수표이다.

당좌예금	기업이 은행과 당좌거래의 약정을 맺고 일정한 현금을 입금한 후 당좌수표를 통해서만 인출되는 예금
당좌차월	이미 발행한 수표와 어음에 대해 예금 잔액이 부족해도 부도처리 하지 않고 정상적으로 지급하도록 은행과 약정을 맺은 경우 처리되는 부채계정으로 일시적 가계정에 해당하며, 결산시 단기차입금으로 대체되어 유동부채로 표기

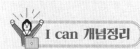

▣📋 당좌수표관련 계정과목

- 우리기업(당점)이 당좌수표를 발행하여 지급하는 경우: 당좌예금(대변)
- 우리기업(당점)이 발행하여 지급한 당좌수표를 수취하는 경우: 당좌예금(차변)
- 타인(동점)이 발행한 당좌수표를 지급하는 경우: 현금(대변)
- 타인(동점)이 발행한 당좌수표를 수취하는 경우: 현금(차변)
- 당좌예금 잔액을 초과하여 당좌수표를 발행하는 경우: 당좌차월(대변) 또는 단기차입금(대변)
- 당좌거래를 위해 지급한 당좌거래개설보증금: 특정현금과예금(차변)

 I can 분개 당좌예금과 당좌차월

당좌예금의 기초잔액 400,000원 이다. 다음 연속된 거래를 분개하시오.

12/01 원재료 300,000원을 매입하고 당좌수표를 발행하여 지급하였다.
12/05 제품 150,000원을 매출하고 거래처가 발행한 당좌수표를 수취하였다.
12/08 원재료 150,000원을 매입하고 당좌수표를 발행하여 지급하였다.
12/10 제품 70,000원을 매출하고 자기앞수표를 수취하여 당좌예입 하였다.

답안

12/01	(차) 원재료	300,000원	(대) 당좌예금	300,000원
	✓ 당좌수표를 발행하였으므로, 당좌예금(대변)으로 분개하고, 당좌예금 잔액은 100,000원으로 감소한다.			
12/05	(차) 현금	150,000원	(대) 제품매출	150,000원
	✓ 타인발행 당좌수표를 수취하는 경우 현금 계정으로 처리한다.			
12/08	(차) 원재료	150,000원	(대) 당좌예금	100,000원
			당좌차월	50,000원
	✓ 당좌예금 잔액을 초과하여 발행된 당좌수표는 당좌차월(단기차입금) 계정으로 처리한다.			

12/10	(차) 당좌차월	50,000원	(대) 제품매출	70,000원
	당좌예금	20,000원		
	✓ 현금의 당좌예입시 당좌차월(단기차입금)이 있다면 상계처리 하여야 한다.			

4. 현금성자산

현금성자산이란 큰 거래비용 없이 현금으로 전환이 용이하고 이자율 변동에 따른 가치변동의
위험이 경미한 금융상품으로서 취득 당시 만기일(또는 상환일)이 3개월 이내인 것을 말한다.

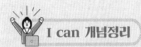
I can 개념정리

▣ 현금성자산(통화대용증권)에 포함되지 않는 것
• 차용증서: 단기대여금 혹은 장기대여금 계정으로 처리
• 우표 및 엽서: 통신비(비용) 혹은 소모품(자산) 계정으로 처리
• 타인이 발행한 약속어음 및 선일자수표: 받을어음 계정으로 처리
• 당점이 발행한 약속어음 및 선일자수표: 지급어음 계정으로 처리
• 급여 지급시 처리되는 가불금: 임직원등단기채권 계정으로 처리

▣ 선일자수표
선일자수표란 실제 발행일 이후의 날을 수표발행일로 기록하고 그 날에 지급할 것을 약정하는 수표를
말하며, 이는 사실상 채권이므로 매출채권 또는 미수금으로 분류한다.

I CAN 기출문제

다음 중 일반기업회계기준에서 현금및현금성자산에 해당하지 않는 것은?

① 취득 당시 만기가 3개월 이내에 도래하는 채권 및 단기금융상품
② 우편환증서, 전신환증서 등 통화대용증권
③ 당좌거래개설보증금
④ 통화

🖐 정답풀이

③ 당좌거래개설보증금은 사용이 제한된 예금으로 사용제한 기간에 따라 단기금융상품 또는 장기금융상품
으로 분류하며, 특정현금과예금 계정으로 처리한다.

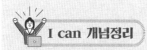

I can 개념정리

📝 **다음 자료를 토대로 기업회계기준상 현금및현금성자산을 계산하면 얼마인가?**

- 지폐와 동전: 20,000원
- 우편환증서: 50,000원
- 자기앞수표: 150,000원
- 단기대여금: 150,000원
- 양도성예금증서(취득당시 만기 120일): 500,000원
- 취득당시 만기일이 3개월 이내 환매채: 300,000원
- 당좌개설보증금: 80,000원
- 배당금지급통지표: 120,000원
- 정기적금(만기 1년 도래):   300,000원
- 선일자 수표: 500,000원

✍️ **정답풀이**

640,000원(당좌거래 개설보증금, 정기적금, 단기대여금, 선일자수표, 양도성예금증서 제외)

② 현금과부족

현금과부족은 장부의 현금계정 잔액이 실제의 현금잔액과 일치하여야 하지만, 계산이나 기록상 오류, 분실, 도난 등의 이유로 일치하지 않을 수 있는데, 이러한 경우에 일시적으로 사용하는 계정이다.

구 분		분 개			
장부상 현금잔액 < 실제 현금잔액	현금과잉	(차) 현금	×××	(대) 현금과부족	×××
	결산일	(차) 현금과부족	×××	(대) 잡이익	×××
장부상 현금잔액 > 실제 현금잔액	현금부족	(차) 현금과부족	×××	(대) 현금	×××
	결산일	(차) 잡손실	×××	(대) 현금과부족	×××

참고 현금과부족은 가계정으로 결산시에는 재무제표에 반영될 수 없으며, 결산시까지 내역이 밝혀지지 않는 경우 잡손실 혹은 잡이익 계정으로 대체된다.

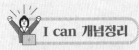

I can 개념정리

현금 보유액 부족시 회계처리

구 분	차 변		대 변	
현금의 오차발견 (장부 80,000원 / 실제 60,000원)	현금과부족	20,000원	현금	20,000원
전화요금(10,000원) 지급의 기장 누락 판명	통신비	10,000원	현금과부족	10,000원
결산일까지 원인 불명	잡손실	10,000원	현금과부족	10,000원
기간 중이 아닌 결산 당일 실제잔액 부족	잡손실	20,000원	현금	20,000원

현금 보유액 초과시 회계처리

구 분	차 변		대 변	
현금의 오차발견 (장부 70,000원 / 실제 85,000원)	현금	15,000원	현금과부족	15,000원
임대료(10,000원) 수입의 기장 누락 판명	현금과부족	10,000원	임대료	10,000원
결산일까지 원인 불명	현금과부족	5,000원	잡이익	5,000원
기간 중이 아닌 결산 당일 장부잔액 부족	현금	15,000원	잡이익	15,000원

I can 분개 현금과부족

다음의 연속된 거래를 분개하시오.

10월 10일: 현금의 실제 보유액은 50,000원인데, 장부상 잔액은 70,000원이다.
10월 15일: 현금 부족분 20,000원은 여비교통비를 지출한 것으로 밝혀졌다.
11월 12일: 현금의 실제 보유액은 68,000원인데, 장부상 잔액은 50,000원이다.
11월 20일: 현금의 차액 18,000원은 외상매출금 회수액으로 밝혀졌다.
12월 22일: 현금의 실제 보유액은 100,000원인데, 장부상 잔액은 105,000원이다.
12월 31일: 결산 시 까지 현금 부족분 5,000원의 원인이 밝혀지지 않았다.

답안

10/10	(차) 현금과부족	20,000원	(대) 현금	20,000원
10/15	(차) 여비교통비	20,000원	(대) 현금과부족	20,000원
11/12	(차) 현금	18,000원	(대) 현금과부족	18,000원
11/20	(차) 현금과부족	18,000원	(대) 외상매출금	18,000원

| 12/22 | (차) 현금과부족 | 5,000원 | (대) 현금 | 5,000원 |
| 12/31 | (차) 잡손실 | 5,000원 | (대) 현금과부족 | 5,000원 |

참고 만약, 12월 결산 시 실제 현금의 오차를 발견한 경우, 현금과부족 계정 대신 잡손실 혹은 잡이익 계정으로 처리 하여야 한다.

I CAN 기출문제

아래 현금과부족 계정에 대한 설명중 옳은 것은?

현금과부족

| 10/31 현 금 100,000원 | 11/15 통신비 30,000원 |
| | 12/31 ( ) 70,000원 |

① 현금의 시재액이 장부보다 100,000원이 많았다.
② 현금과부족 30,000원은 통신비 누락으로 판명되었다.
③ 현금과부족 100,000원을 잡손실로 회계처리 하였다.
④ 결산시 현금과부족 잔액 70,000원을 잡이익으로 회계처리 하였다.

정답풀이

② 장부상 현금 초과액 100,000원을 현금과부족으로 처리하였으며, 통신비 누락 30,000원을 제외한 잔액을 결산시 잡손실로 대체 하였다.

10/31	(차) 현금과부족	100,000원	(대) 현금	100,000원
11/15	(차) 통신비	30,000원	(대) 현금과부족	30,000원
12/31	(차) 잡손실	70,0000원	(대) 현금과부족	70,000원

I can 분개연습(당좌자산)

※ I can 분개연습에 수록된 문제들은 모두 전산회계 1급 시험에 다수 출제되었던 내용입니다.

01 주차장으로 사용할 토지를 20,000,000원에 구입하고 대금은 당좌수표를 발행하여 지급하다. 당좌예금 잔액은 충분하다.

02 상품 6,000,000원(300개, 개당 20,000원)을 매입하고 당좌예금 계좌에서 이체하다. 당좌예금 잔액은 5,500,000원이 있다.

03 외상매출금 25,800,000원이 보통예금 계좌에 입금되었다.

04 판매용 복사기 구입과 관련하여 지급하지 못한 외상매입금 중 1,000,000원을 다른 거래처가 발행한 당좌수표로 지급하다.

05 당사는 보유하고 있던 토지(취득원가 30,000,000원)를 50,000,000원에 매각하고 대금 중 10,000,000원은 구매자 발행 당좌수표로 지급받았으며, 나머지는 다음달 10일 수령하기로 하였다.

06 7월 19일 현금 시재를 확인하던 중 실제 현금이 장부상 현금보다 20,000원 많은 것을 발견하였으나 그 원인을 파악할 수 없다.

07 12월 14일 현금 시재를 확인하던 중 실제 현금이 장부상 현금보다 10,000원 적은 것을 발견하였으나 그 원인을 파악할 수 없다.

08 결산일 현재 장부상 현금 잔액이 현금 실제액보다 30,000원 많은 것으로 확인되었으나, 그 원인은 밝혀지지 않았다.

09 결산일 현재 현금과부족 계정으로 처리되어 있는 실제현금 부족액(현금과부족 차변잔액) 60,000원에 대한 원인이 밝혀지지 않고 있다.

10 결산일 현재 현금과부족 계정으로 처리되어 있는 실제현금 과다액(현금과부족 대변잔액) 40,000원에 대한 원인이 밝혀지지 않고 있다.

👆 정답

01	(차) 토지	20,000,000원	(대) 당좌예금	20,000,000원
02	(차) 상품	6,000,000원	(대) 당좌예금	5,500,000원
			당좌차월(단기차입금)	500,000원
03	(차) 보통예금	25,800,000원	(대) 외상매출금	25,800,000원
04	(차) 외상매입금	1,000,000원	(대) 현금	1,000,000원
05	(차) 현금	10,000,000원	(대) 토지	30,000,000원
	미수금	40,000,000원	유형자산처분이익	20,000,000원
06	(차) 현금	20,000원	(대) 현금과부족	20,000원
07	(차) 현금과부족	10,000원	(대) 현금	10,000원
08	(차) 잡손실	30,000원	(대) 현금	30,000원
	참고 결산일에 원인모를 현금차이가 발생하면 잡손실 또는 잡이익으로 처리한다.			
09	(차) 잡손실	60,000원	(대) 현금과부족	60,000원
10	(차) 현금과부족	40,000원	(대) 잡이익	40,000원

I can 실전문제(당좌자산)

※ I can 실전문제에 수록된 문제들은 모두 전산회계 1급 시험에 다수 출제되었던 내용입니다.

01 다음 중 유동자산이 아닌 것은?

① 장기미수금 중 1년 이내에 실현되는 부분
② 기업의 정상적인 영업주기 내에 실현될 것으로 예상되는 재고자산
③ 사용의 제한이 있는 현금및현금성자산
④ 단기매매 목적으로 보유하는 자산

02 다음 중 현금및현금성자산에 해당하지 않는 것은?

① 우편환증서
② 배당금지급통지표
③ 타인발행약속어음
④ 만기도래한 국채이자표

03 다음 중 재무상태표에 유동자산으로 분류될 수 있는 현금및현금성자산은?

① 우표, 수입인지
② 만기가 6개월인 타인발행 약속어음
③ 질권 설정된 보통예금
④ 은행발행 자기앞수표

04 다음 중 재무상태표의 현금및현금성자산에 포함되지 않는 것은?

① 통화 및 타인발행수표 등 통화대용증권
② 단기매매증권
③ 취득 당시 만기일(또는 상환일)이 3개월 이내인 금융상품
④ 당좌예금과 보통예금

05 다음 항목 중 반드시 현금성자산에 해당하는 것은?

① 지급기일 도래한 사채이자표
② 결산시점 만기 6개월 양도성예금증서
③ 선일자수표
④ 결산시점 만기 3개월 양도성예금증서

06 다음 중 현금 및 현금성자산 금액을 모두 합하면 얼마인가?

- 취득 당시 만기가 2개월인 채권: 500,000원
- 타인발행 당좌수표: 200,000원
- 당좌개설보증금: 100,000원
- 당좌차월: 500,000원
- 보통예금: 300,000원

① 1,000,000원   ② 1,100,000원
③   500,000원   ④   900,000원

03 단기금융상품

단기금융상품은 기업이 보유중인 만기가 1년 이내에 도래하는 금융상품으로 현금성자산이 아닌 것을 말하며, 정기예금과 정기적금, 기타단기금융상품, 단기매매증권 등으로 분류된다.

정기예금과 정기적금	만기가 1년 이내에 도래하는 정기예금과 정기적금
기타단기금융상품	만기가 1년 이내에 도래하는 금융기관에서 판매하고 있는 기타의 금융상품으로 양도성예금증서(CD), 종합자산관리계좌(CMA), 머니마켓펀드(MMF), 환매채(RP), 기업어음(CP) 등
단기매매증권	단기간 내에 매매차익을 얻기 위한 목적으로 시장성 있는(매수와 매도가 적극적이고 빈번함) 유가증권(주식, 사채, 공채 등)을 구입하는 경우

[참고] 취득당시 만기 3개월 이내의 금융상품은 현금성자산으로 처리하여야 한다.

1 단기매매증권(유가증권)

단기매매증권이란 유가증권 중에서 단기 매매차익을 목적으로 취득하는 시장성이 있는 것으로, 유가증권은 형태에 따라 지분증권과 채무증권으로 구분되며, 보유목적에 따라 단기매매증권, 만기보유증권, 매도가능증권, 지분법적용투자주식으로 구분된다.

지분증권	회사의 소유 지분을 나타내는 것으로 향후 배당금을 수령 (주식)
채무증권	발행자에 대하여 청구할 수 있는 것으로 향후 이자를 수령 (사채, 공채)

단기매매증권	단기매매차익 목적으로 취득하고, 시장성이 있는 유가증권 (유동)
만기보유증권	채무증권으로 만기까지 보유할 의사와 능력이 있는 유가증권 (유동&비유동)
매도가능증권	만기보유증권 및 단기매매증권에 해당하지 않는 유가증권 (유동&비유동)
지분법적용투자주식	타 회사에 중대한 영향력을 행사할 목적으로 취득(20% 이상)한 유가증권

[참고] 유가증권 취득시 지급하는 수수료는 유가증권의 취득부대비용으로 해당 유가증권의 취득원가에 가산한다. 단, 단기매매증권의 취득수수료는 취득원가에 가산하지 않고 수수료비용(영업외비용)으로 인식 하여야 한다.

2 단기매매증권의 회계처리

1. 단기매매증권 취득시

단기매매증권의 취득원가는 해당 유가증권의 액면금액이 아니라 구입금액으로 처리하며 취득시 발생하는 매입수수료는 취득원가에 가산하지 않고 당기비용(영업외비용)으로 처리한다.

차 변	단기매매증권 수수료비용(영업외비용)	××× ×××	대 변	현금	×××

2. 결산시 단기매매증권의 평가

단기매매증권은 기말 결산시 장부금액과 공정가치를 비교하여 그 차액을 단기매매증권평가손익으로 처리하여야 한다.

• 공정가치가 장부금액을 초과하는 경우

차 변	단기매매증권	×××	대 변	단기매매증권평가이익	×××

• 공정가치가 장부금액보다 낮아진 경우

차 변	단기매매증권평가손실	×××	대 변	단기매매증권	×××

3. 단기매매증권의 처분

단기매매증권의 처분 시 장부금액과 처분금액의 차액은 단기매매증권처분손익으로 처리하며, 처분시 발생하는 수수료 등의 비용은 단기매매증권처분손익에 가(+) 감(-) 하여야 한다.

• 장부금액 보다 처분금액이 높은 경우

차 변	현금(처분금액)	×××	대 변	단기매매증권 단기매매증권처분이익	××× ×××

• 장부금액 보다 처분금액이 낮은 경우

차 변	현금(처분금액) 단기매매증권처분손실	××× ×××	대 변	단기매매증권	×××

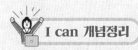

I can 개념정리

자산 취득 시 부대비용의 처리

자산을 취득하는 경우 지출 되는 수수료 등 부대비용은 원칙적으로 해당 자산의 취득원가에 가산 하여야 한다. 단, 단기매매증권을 취득하는 경우에 지출하는 수수료 등 부대비용은 취득원가에 가산하지 않고, 수수료비용(영업외비용)으로 처리한다.

예	건물 1,000,000원을 취득하고, 수수료 10,000원과 함께 현금으로 지급하다.			
차 변	건물	1,010,000원	현금	1,010,000원

예	단기매매증권 1,000,000원을 취득하고, 수수료 10,000원과 함께 현금으로 지급하다.			
차 변	단기매매증권 수수료비용(영업외비용)	1,000,000원 10,000원	현금	1,010,000원

I can 분개 단기매매증권

다음의 연속된 거래를 분개하시오.

20×1.10.10: 주식 100주를 주당 10,000원에 단기투자목적 구입하고, 수수료 10,000원과 함께 현금으로 지급하였다.
20×1.12.31: 결산시 위 주식의 공정가치가 주당 9,000원으로 확인되었다.
20×2.11.10: 위 주식에 대한 배당금 100,000원이 보통예입 되었다.
20×2.11.20: 위 주식 중 50주를 주당 11,000원에 매각하고 현금 수령하였다.
20×2.12.31: 결산시 잔여주식의 공정가치가 주당 11,000원으로 확인되었다.

답안

20×1.10.10	(차) 단기매매증권 1,000,000원 수수료비용(영업외비용) 10,000원	(대) 현금 1,010,000원
20×1.12.31	(차) 단기매매증권평가손실 100,000원	(대) 단기매매증권 100,000원
20×2.11.10	(차) 보통예금 100,000원	(대) 배당금수익 100,000원
20×2.11.20	(차) 현금 550,000원	(대) 단기매매증권 450,000원 단기매매증권처분이익 100,000원
20×2.12.31	(차) 단기매매증권 100,000원 ✓ 장부금액: 50주 × 9,000원 = 450,000원 ✓ 공정가치: 50주 × 11,000원 = 550,000원 (평가이익 100,000원)	(대) 단기매매증권평가이익 100,000원

I can 분개연습(단기매매증권)

01 단기 운용목적으로 주식 100주(1주당 액면 4,000원)를 1주당 7,000원에 구입하다. 취득 시 수수료 30,000원을 포함한 대금은 보통예금에서 지급하다.

02 단기 운용목적으로 1주당 7,000원에 100주 구입했던 주식의 기말 평가액이 주당 7,500 원이 되었다.

03 단기 운용목적으로 1주당 7,000원에 100주 구입했던 주식의 기말 평가액이 주당 6,000 원이 되었다.

04 장기투자목적으로 주식 100주(1주당 액면 4,000원)를 1주당 7,000원에 구입하다. 취득 시 수수료 30,000원을 포함한 대금은 보통예금에서 지급하다.

05 단기매매차익 목적으로 보유하고 있는 주식 100주를 1주당 10,000원에 처분하고 대금은 수수료 등 10,000원을 차감한 금액이 보통예금계좌에 입금되었다. 단, 주식 1주당 취득원 가는 5,000원 이다.

06 보유하고 있던 매도가능증권의 발행법인으로부터 배당금 600,000원을 보통예금으로 수령 하다.

07 보유하고 있던 만기보유증권에 대한 이자 50,000원이 보통예금 계좌에 입금되다.

08 장부금액 200,000원인 단기매매증권을 현금 180,000원에 처분하다.

09 만기보유 목적으로 채권 300,000원을 취득하면서 매입수수료 2,000원을 모두 보통예금으 로 지급하다.

10 만기보유증권으로 분류된 채권의 만기일이 도래하여 원금 300,000원과 이자 5,000원을 합산하여 보통예금으로 수령하다.

정답

01	(차) 단기매매증권 수수료비용(영업외비용)	700,000원 30,000원	(대) 보통예금	730,000원
	✓ 단기매매증권 취득 시 지출하는 수수료는 수수료비용으로 처리한다.			
02	(차) 단기매매증권	50,000원	(대) 단기매매증권평가이익	50,000원
	✓ (7,500원 − 7,000원) × 100주 = 50,000원			
03	(차) 단기매매증권평가손실	100,000원	(대) 단기매매증권	100,000원
	✓ (7,000원 − 6,000원) × 100주 = 100,000원			
04	(차) 매도가능증권	730,000원	(대) 보통예금	730,000원
	✓ 장기투자목적의 주식이므로 매도가능증권으로 분류된다. ✓ 매도가능증권 취득 시 지출하는 수수료는 취득금액에 포함한다.			
05	(차) 보통예금	990,000원	(대) 단기매매증권 단기매매증권처분이익	500,000원 490,000원
	✓ 단기매매증권: 100주 × 5,000원 = 500,000원(공정가치) ✓ 보통예금: 100주 × 10,000원 − 10,000원 = 990,000원(처분금액)			
06	(차) 보통예금	600,000원	(대) 배당금수익	600,000원
07	(차) 보통예금	50,000원	(대) 이자수익	50,000원
08	(차) 현금 단기매매증권처분손실	180,000원 20,000원	(대) 단기매매증권	200,000원
09	(차) 만기보유증권	302,000원	(대) 보통예금	302,000원
10	(차) 보통예금	305,000원	(대) 만기보유증권 이자수익	300,000원 5,000원

I can 실전문제(단기매매증권)

※ I can 실전문제에 수록된 문제들은 모두 전산회계 1급 시험에 다수 출제되었던 문제입니다.

01 다음 중 단기매매증권에 관한 설명으로 옳지 않은 것은?

① 단기매매차익 목적으로 보유하는 유가증권이다.
② 단기매매증권은 투자자산으로 분류된다.
③ 기말에 공정가치로 평가한다.
④ 기말에 발생하는 평가이익 또는 평가손실은 당기손익에 반영한다.

02 다음 중 계정과목의 분류가 다른 것은?

① 단기매매증권
② 만기가 3년 후 만기보유증권
③ 3년 후 매도 예정인 매도가능증권
④ 지분법적용투자주식

03 기업회계기준상 단기시세차익 목적으로 시장성있는 사채를 취득하는 경우 가장 적합한 계정과목은 무엇인가?

① 만기보유증권   ② 매도가능증권
③ 단기매매증권   ④ 지분법적용투자주식

04 시장성 있는 ㈜A의 주식 10주를 단기매매차익 목적으로 1주당 56,000원에 구입하고, 거래수수료 5,600원을 포함하여 보통예금계좌에서 결제하였다. 일반기업회계기준에 따라 회계처리하는 경우 발생하는 계정과목으로 적절하지 않은 것은?

① 단기매매증권   ② 만기보유증권
③ 수수료비용   ④ 보통예금

05 당기에 구입하여 보유하고 있는 단기매매증권이다. 기말 단기매매증권 평가시 올바른 손익은 얼마인가?

종 류	액면금액	취득금액	공정가치
㈜어디야	50,000원	100,000원	80,000원
㈜스벅이	30,000원	20,000원	35,000원

① 단기매매증권평가손익 없음
② 단기매매증권평가손실 5,000원
③ 단기매매증권평가이익 5,000원
④ 단기매매증권평가이익 35,000원

06 다음 유가증권 거래로 인하여 20×1년 당기손익에 미치는 영향을 바르게 설명한 것은?

- 20×1년 3월 1일 단기시세차익을 얻을 목적으로 취득한 주식 1,000주를 주당 10,000원 (액면금액 5,000원)에 현금 취득하였다.
- 20×1년 6월 30일 상기 주식중 300주를 주당 9,000원에 처분하였다.

① 당기순이익이 1,200,000원 감소한다.
② 당기순이익이 300,000원 감소한다.
③ 당기순이익이 1,350,000원 감소한다.
④ 당기순이익이 1,050,000원 감소한다.

04 매출채권과 대손

매출채권은 기업의 정상적인 주된 영업활동에서 발생하는 받을 권리를 말하며, 외상매출금과 받을어음이 해당된다.

1 외상매출금

상품 또는 제품을 외상으로 매출하고 대금을 나중에 받기로 하면 외상매출금으로 처리한다.

외상매출금 발생 시	• 상품이나 제품 등을 외상으로 매출하면 외상매출금계정 차변으로 회계처리
	(차) 외상매출금 ××× (대) 상품매출(또는 제품매출) ×××
외상매출금 회수 시	• 외상매출금을 회수하게 되면 외상매출금계정 대변으로 회계처리
	(차) 현금 ××× (대) 외상매출금 ×××

2 받을어음

약속어음은 발행인(채무자)이 수취인(채권자)에게 자기의 채무를 갚기 위하여 일정한 금액(외상대금)을 약정기일(만기일)에 약정한 장소(은행)에서 지급할 것을 약속한 증권이다. 상품이나 제품을 매출하고 대금을 약속어음으로 받으면 받을어음으로 처리한다.

보관	• 상품이나 제품을 매출하고 약속어음을 수령하면 받을어음계정 차변으로 회계처리
	(차) 받을어음 ××× (대) 상품매출(제품매출) ×××
만기 (추심)	• 받을어음의 만기가 도래하면 거래은행에 어음대금을 받아 줄 것을 의뢰(추심의뢰) • 어음대금을 받게 되면(추심) 받을어음계정 대변으로 회계처리 • 추심관련 수수료는 당기비용(판매비와관리비)으로 처리
	(차) 당좌예금 ××× (대) 받을어음 ××× 　　수수료비용(판관비) ×××
배서 양도	• 받을어음 뒷면에 배서하고 양도하면 받을어음계정 대변으로 회계처리
	(차) 외상매입금 ××× (대) 받을어음 ×××
할인 (매각거래)	• 받을어음의 만기가 되기 전에 은행에 배서양도하고 자금을 조달하는 것 • 할인료는 매출채권처분손실로 처리하고 받을어음계정 대변으로 회계처리
	(차) 당좌예금 ××× (대) 받을어음 ××× 　　매출채권처분손실 ×××
부도	• 받을어음의 만기가 되기 전에 거래처의 부도가 확정된 경우
	(차) 부도어음과수표 ××× (대) 받을어음 ×××

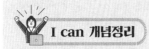

I can 개념정리

▣ 받을어음 회계처리 예제

거래내용		차 변		대 변	
거래처로부터 물품대금으로 받은 약속어음 1,000,000원을 만기일에 은행에 추심의뢰하고, 추심수수료 20,000원을 현금으로 지급하다.		수수료비용	20,000원	현금	20,000원
거래처로부터 물품대금으로 받은 약속어음 1,000,000원을 만기일에 은행에 추심의뢰하여, 추심수수료 20,000원 제외한 금액이 보통예금 통장에 입금되었다.		수수료비용 보통예금	20,000원 980,000원	받을어음	1,000,000원
울산상사에 상품 800,000원을 매입하고 대금은 부산상사로부터 받은 약속어음을 배서양도하였다.		상품	800,000원	받을어음	800,000원
물품대금으로 받은 약속어음 (2,000,000원)을 만기일 전에 거래은행에서 할인받고, 할인료 100,000원을 제외한 금액이 보통예금 통장으로 이체되었다.	매각 거래	매출채권처분손실 보통예금	100,000원 1,900,000원	받을어음	2,000,000원
	차입 거래	이자비용 보통예금	100,000원 1,900,000원	단기차입금	2,000,000원
소유 중인 받을어음 800,000원이 만기되어 은행에 추심의뢰 하였으나 지급거절로 인해 부도처리되어, 발행인에게 상환청구 하였으며, 지급거절증서 작성비용 30,000원을 현금으로 지급하였다.		부도어음	830,000원	받을어음 현금	800,000원 30,000원
전기에 부도처리한 약속어음에 대해 법정이자 20,000원과 함께 850,000원을 보통예금 통장으로 수취하였다.		보통예금	850,000원	부도어음 이자수익	830,000원 20,000원

[참고] 일반적인 상거래 이외의 거래에서 발생하는 외상거래 혹은 약속어음 관련 거래는 외상매출금·받을어음 계정 대신 미수금 계정으로, 외상매입금·지급어음 대신 미지급금 계정으로 처리 하여야 한다.

I CAN 기출문제

다음 중 재무상태표에 당좌자산으로 계상되는 항목이 아닌 것은?

① 현금및현금성자산　　　　　　② 매출채권
③ 보통예금　　　　　　　　　　④ 지분법적용투자주식

 정답풀이

④ 지분법적용투자주식은 투자자산이며, 당좌자산으로 분류될 수 없다.

I can 분개연습(매출채권)

※ I can 분개연습에 수록된 문제들은 모두 전산회계 1급 시험에 다수 출제되었던 내용입니다.

01 상품 2,000,000원을 외상으로 매출하다.

02 외상으로 매출한 상품매출대금 중 1,000,000원을 보통예금으로 회수하다.

03 외상으로 매출한 상품매출대금 중 1,000,000원을 거래처 발행 어음으로 회수하다.

04 500,000원에 취득해서 사용하던 토지를 800,000원에 매각하고, 대금은 1개월 후에 받기로 하다.

05 사업에 사용할 기계장치를 400,000원에 매입하고, 대금은 1개월 후에 지급하기로 하다.

06 외상매출금 중 1,500,000원은 약속어음으로 받고, 500,000원은 당사 보통예금계좌로 입금 받다.

07 외상매입금 5,000,000원을 결제하기 위해 매출거래처로부터 받아서 보관 중인 약속어음 5,000,000원을 배서양도 하였다.

08 상품을 3,500,000원에 판매하고 대금은 6개월 만기의 약속어음을 받았다.

09 거래처로부터 받은 받을어음 9,000,000원이 만기가 도래하여 은행에 추심의뢰 하고, 수수료 30,000원을 차감한 잔액이 보통예금계좌에 입금되었음을 통보받다.

10 보유 중인 받을어음 600,000원을 은행에 할인하고, 할인료 및 수수료 40,000원을 차감한 후 잔액을 당좌예금에 입금하다. 본 할인거래는 매각거래로 본다.

🖐 정답

01	(차) 외상매출금	2,000,000원	(대) 상품매출	2,000,000원
02	(차) 보통예금	1,000,000원	(대) 외상매출금	1,000,000원
03	(차) 받을어음	1,000,000원	(대) 외상매출금	1,000,000원
04	(차) 미수금	800,000원	(대) 토지	500,000원
			유형자산처분이익	300,000원
	✔ 상거래가 아닌 외상매출이므로 미수금 계정으로 처리한다.			
05	(차) 기계장치	400,000원	(대) 미지급금	400,000원
06	(차) 받을어음	1,500,000원	(대) 외상매출금	2,000,000원
	보통예금	500,000원		
07	(차) 외상매입금	5,000,000원	(대) 받을어음	5,000,000원
08	(차) 받을어음	3,500,000원	(대) 상품매출	3,500,000원
09	(차) 보통예금	8,970,000원	(대) 받을어음	9,000,000원
	수수료비용	30,000원		
10	(차) 당좌예금	560,000원	(대) 받을어음	600,000원
	매출채권처분손실	40,000원		
	✔ 받을어음의 할인거래(매각거래)시 발생하는 수수료와 할인료는 매출채권처분손실로 처리한다.			

3 매출채권의 대손

대손이란 외상매출금, 받을어음 등의 채권을 거래처의 파산 등의 이유로 인해 회수하지 못하게 되는 상황을 의미한다. 기업이 채권의 가치를 정확하게 인식하기 위해서는 대손예상금액을 채권에서 차감하는 절차가 필요하며 대손상각비라는 계정을 통해 비용처리 하고, 대손충당금 계정으로 채권에서 차감하는 형식으로 표시한다.

• 매출채권(외상매출금 및 받을어음)이 대손되는 경우: 대손상각비(판매관리비)
• 매출채권 이외의 채권(대여금, 미수금, 선급금 등)이 대손되는 경우: 기타의 대손상각비(영업외비용)

대손충당금은 채권의 차감적 평가계정으로 재무상태표에 표시되며, 외상매출금이 40,000,000원이고 외상매출금 중 회수하지 못할 것으로 예상되는 대손충당금이 400,000원인 경우 외상매출금의 실질적인 회수가능액은 39,600,000원이다.

재 무 상 태 표

㈜ I can (단위: 원)

과 목	제 XX 기 (20XX.12.31)	
자 산		
⋮		
외상매출금	40,000,000	
대손충당금	400,000	39,600,000

1. 결산시 대손충당금 설정

대손충당금은 일반적으로 채권 잔액비율법(보충법)을 주로 사용하며, 기말 결산시 재무상태표의 채권 잔액에 대손추정률을 곱하여 산출하고, 대손충당금 잔액을 차감후 처리한다.

대손충당금 설정액 = 대손추산액(기말채권잔액 × 대손추정률) − 대손충당금잔액

• 대손추산액이 대손충당금 잔액보다 큰 경우 (대손추산액 〉 결산시 대손충당금잔액)

차 변	대손상각비	×××	대 변	대손충당금	×××

• 대손추산액이 대손충당금 잔액보다 작은 경우 (대손추산액 〈 결산시 대손충당금잔액)

차 변	대손충당금	×××	대 변	대손충당금환입	×××

참고 대손충당금환입 계정은 판매비와관리비의 부(−)의 금액으로 표시한다.

2. 매출채권의 대손발생시

기업이 채권을 회수하기 위한 노력을 게을리 하지 않았음에도 불구하고 거래처의 파산 등의 이유로 인해 채권이 회수할수 없는 상황을 대손의 확정이라고 하며, 대손이 확정되면 기업은 결산시 설정해놓은 대손충당금을 우선 상계시키고 부족한 금액은 대손상각비 계정을 통해 비용으로 처리한다.

• 매출채권 500,000원이 대손발생 (대손충당금 잔액 200,000원이 있는 경우)

차 변	대손충당금 대손상각비	200,000원 300,000원	대 변	매출채권	500,000원

• 매출채권 500,000원이 대손발생 (대손충당금 잔액이 없는 경우)

차 변	대손상각비	500,000원	대 변	매출채권	500,000원

I CAN 기출문제

거래처의 파산으로 외상매출금 500,000원이 회수불능되어 대손처리한 경우의 적절한 회계처리는?
(단, 합계잔액시산표상 대손충당금 잔액은 200,000원 이다.)

① (차) 대손상각비   500,000원   (대) 외상매출금   500,000원

② (차) 대손충당금   500,000원   (대) 외상매출금   500,000원

③ (차) 대손상각비   200,000원   (대) 외상매출금   500,000원
       대손충당금   300,000원

④ (차) 대손충당금   200,000원   (대) 외상매출금   500,000원
       대손상각비   300,000원

 정답풀이
④ 매출채권의 대손발생시 대손충당금을 우선 상계후 부족액은 대손상각비로 처리한다.

---

3. 대손이 확정된 채권의 회수

기업이 채권을 회수할 수 없다고 판단하여 대손을 확정하는 회계처리를 하였으나, 향후 해당 채권이 회수되는 경우가 있다. 이 경우 대손처리 하였던 거래를 취소시키기 위한 분개가 필요하며, 당기에 발생하였던 대손금을 회수하는 경우에는 당기 대손발생 분개의 취소분개를 하여야 하지만, 전기 이전에 대손처리 하였던 대손금을 회수하는 경우에는 대손발생시의 분개와는 무관하게 대손충당금을 증가시키는 회계처리를 하여야 한다.

• 매출채권 500,000원이 대손발생 (대손충당금 잔액 300,000원이 있는 경우)

차 변	대손충당금 대손상각비	300,000원 200,000원	대 변	매출채권	500,000원

• 당기에 대손처리한 상기 대손금중 400,000원을 전액 현금으로 회수

차 변	현금	400,000원	대 변	대손상각비 대손충당금	200,000원 200,000원

• 전기에 대손처리한 대손금 400,000원을 전액 현금으로 회수

차 변	현금	400,000원	대 변	대손충당금	400,000원

참고 당기에 대손처리한 대손금을 회수하는 경우는 대손발생 분개의 역순으로 처리하며, 전기 이전에 대손처리한 대손금을 회수하는 경우는 대손충당금으로 처리하여야 한다.

I CAN 기출문제

전기에 거래처의 부도로 대손처리한 외상매출금 250,000원을 현금으로 회수한 경우의 회계처리는?

① (차) 현금   250,000원   (대) 대손상각비   250,000원
② (차) 현금   250,000원   (대) 대손충당금   250,000원
③ (차) 현금   250,000원   (대) 외상매출금   250,000원
④ (차) 대손상각비   250,000원   (대) 대손충당금   250,000원

정답풀이

② 전기 이전에 대손처리한 대손금을 회수하는 경우, 대손충당금 계정으로 처리한다.

I can 분개 채권의 대손

다음의 연속된 거래를 분개하시오. 단, 매년 결산시 대손 추정률은 1% 이다.

20×1.12.31. 외상매출금 잔액은 10,000,000원이고, 외상매출금에 대한 대손충당금 잔액은 50,000원이다. 받을어음 잔액은 20,000,000원이고, 받을어음에 대한 대손 충당금 잔액은 300,000원이다.
20×2.05.10. 외상매출금 150,000원이 대손 확정되었다.
20×2.06.10. 받을어음 150,000원이 대손 확정되었다.
20×2.12.31. 외상매출금과 받을어음 잔액은 15,000,000원, 18,000,000원이다.
20×3.03.10. 전기에 대손 처리한 외상매출금 5,000원이 현금으로 회수되었다.

답안

20×1.12.31.	• 외상매출금 대손설정(10,000,000원 × 1% - 결산전 충당금잔액 50,000원) (차) 대손상각비　　　　　　　50,000원　　(대) 대손충당금(외상)　　　　50,000원 • 받을어음 대손설정(20,000,000원 × 1% - 결산전 충당금잔액 300,000원) (차) 대손충당금(받을)　　　100,000원　　(대) 대손충당금환입　　　　100,000원 참고 결산후 외상매출금의 대손충당금 잔액: 100,000원 　　　결산후 받을어음의 대손충당금 잔액: 200,000원
20×2.05.10.	(차) 대손충당금(외상)　　　100,000원　　(대) 외상매출금　　　　　　150,000원 　　　대손상각비　　　　　　50,000원
20×2.06.10.	(차) 대손충당금(받을)　　　150,000원　　(대) 받을어음　　　　　　　150,000원
20×2.12.31.	• 외상매출금 대손설정(15,000,000원 × 1% - 결산전 충당금잔액 0원) (차) 대손상각비　　　　　　150,000원　　(대) 대손충당금(외상)　　　150,000원 • 받을어음 대손설정(18,000,000원 × 1% - 결산전 충당금잔액 50,000원) (차) 대손상각비　　　　　　130,000원　　(대) 대손충당금(받을)　　　130,000원
20×3.03.10.	(차) 현금　　　　　　　　　5,000원　　(대) 대손충당금(외상)　　　　5,000원

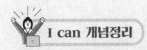

기말잔액비율법에 의한 대손충당금 설정

기말잔액비율법(보충법)은 매출채권의 잔액에 대하여 대손률을 적용하여 대손추산액을 계산하는 방법이다. 결산일의 합계잔액시산표가 아래와 같고, 당기말 매출채권(외상매출금, 받을어음)의 잔액에 대하여 1%를 보충법으로 설정하는 경우의 회계처리는 다음과 같다.

차 변		계정과목	대 변	
잔액	합계		합계	잔액
33,400,000	611,150,000	외 상 매 출 금	577,750,000	
		대 손 충 당 금	126,000	126,000
10,100,000	40,600,000	받 을 어 음	30,500,000	
		대 손 충 당 금	30,000	30,000

※ 외상매출금의 대손충당금: 33,400,000원 × 1% - 126,000원 = 208,000원
※ 받을어음의 대손충당금: 10,100,000원 × 1% - 30,000원 = 71,000원
※ 결산시 회계처리

차 변	대손상각비	279,000원	대 변	대손충당금(외상매출금)	208,000원
				대손충당금(받을어음)	71,000원

연령분석법에 의한 대손충당금 설정

연령분석법은 각각의 매출채권을 경과일수에 따라 몇 개의 집단으로 분류하여 연령분석표를 만들고, 각각의 집단에 대한 과거 경험률 등에 대한 별도의 대손추정률을 적용하여 대손충당금을 계상하는 방법이다.

경과일수	매출채권잔액	추정 대손율	대손충당금 계상액	
1일~30일	20,000,000원	1%	20,000,000원 × 1% =	200,000원
31일~60일	10,000,000원	5%	10,000,000원 × 5% =	500,000원
61일~180일	8,000,000원	10%	8,000,000원 ×10% =	800,000원
181일 이상	7,000,000원	30%	7,000,000원 ×30% =	2,100,000원
계	45,000,000원			3,600,000원

I can 분개연습(매출채권과 대손)

※ I can 분개연습에 수록된 문제들은 모두 전산회계 1급 시험에 다수 출제되었던 내용입니다.

01 거래처의 파산으로 외상매출금 100,000원이 회수불가능하게 되어 대손처리하다.
단, 대손충당금 잔액 150,000원이 있다.

02 거래처의 파산으로 외상매출금 700,000원이 회수불가능하게 되어 대손처리 하다.
단, 대손충당금 잔액은 525,000원이다.

03 전기에 거래처의 파산으로 대손처리 하였던 외상매출금 300,000원을 보통예금으로 회수
하였다.

04 대손충당금은 기말 매출채권(외상매출금, 받을어음) 잔액의 1%를 보충법으로 설정한다.
단. 외상매출금 잔액은 68,560,000원, 받을어음 잔액은 38,800,000원이며, 외상매출금
에 대한 대손충당금 잔액은 485,000원, 받을어음에 대한 대손충당금 잔액은 318,000원
이 있다.

05 기말 매출채권(외상매출금, 받을어음) 잔액의 1%를 대손충당금으로 설정하다. 단, 외상매
출금 잔액은 65,470,000원, 받을어음 잔액은 30,700,000원이며, 외상매출금에 대한 대
손충당금 잔액은 없고, 받을어음에 대한 대손충당금 잔액은 110,000원이 있다.

정답

01	(차) 대손충당금(외상매출금)	100,000원	(대) 외상매출금	100,000원
02	(차) 대손충당금(외상매출금) 대손상각비	525,000원 175,000원	(대) 외상매출금	700,000원
03	(차) 보통예금	300,000원	(대) 대손충당금(외상매출금)	300,000원
04	(차) 대손상각비	270,600원	(대) 대손충당금(외상매출금) 대손충당금(받을어음)	200,600원 70,000원
	✓ 외상매출금: (68,560,000원 × 1%) − 485,000원 = 200,600원 ✓ 받을어음: (38,800,000원 × 1%) − 318,000원 = 70,000원			
05	(차) 대손상각비	851,700원	(대) 대손충당금(외상매출금) 대손충당금(받을어음)	654,700원 197,000원
	✓ 외상매출금: (65,470,000원 × 1%) − 0원 = 654,700원 ✓ 받을어음: (30,700,000원 × 1%) − 110,000원 = 197,000원			

I can 실전문제(매출채권과 대손)

※ I can 실전문제에 수록된 문제들은 모두 전산회계 1급 시험에 다수 출제되었던 내용입니다.

01 다음 중에서 대손충당금 설정대상자산으로 적합한 것은?

① 미지급금   ② 미수금   ③ 선수금   ④ 예수금

02 다음 결산 시 매출채권에 대한 대손충당금을 계산하는 예로 틀린 것은?

	결산전 대손충당금잔액	기말 매출채권잔액 (대손율 1%)	회계처리의 일부	
①	10,000원	100,000원	(대) 대손충당금환입	9,000원
②	10,000원	1,000,000원	회계처리 없음	
③	10,000원	1,100,000원	(차) 대손상각비	1,000원
④	10,000원	1,100,000원	(차) 기타의대손상각비	1,000원

03 결산 시 대손충당금을 과소설정 하였다. 정상적으로 설정한 경우와 비교할 때, 어떠한 차이가 있는가?

① 당기순이익이 많아진다.   ② 당기순이익이 적어진다.
③ 자본이 과소표시 된다.   ④ 자산이 과소표시 된다.

04 다음의 거래에 대한 분개로 맞는 것은?

> 8월 31일 거래처의 파산으로 외상매출금 100,000원이 회수불능이 되다.(단, 8월 31일 이전에 설정된 대손충당금 잔액은 40,000원이 있다)

① (차) 대손상각비   100,000원   (대) 외상매출금   100,000원
② (차) 대손충당금   40,000원   (대) 외상매출금   100,000원
      대손상각비   60,000원
③ (차) 대손충당금   60,000원   (대) 외상매출금   100,000원
      대손상각비   40,000원
④ (차) 대손충당금환입   40,000원   (대) 외상매출금   100,000원
      대손상각비   60,000원

05 다음 중 매출채권에 대한 설명으로 틀린 것은?

① 매출채권이란 영업활동으로 제품이나 서비스를 제공하고 아직 대금을 받지 못한 경우의 금액을 말한다.
② 매출채권에는 외상매입금과 지급어음이 있다.
③ 매출채권에 대한 대손충당금 설정은 순실현가능가치로 평가하고, 매출채권에 대한 자산 평가를 적정하게 한다.
④ 매출채권에 대한 대손충당금 설정은 대손이 예상되는 회계연도에 대손예상액만큼을 대손충당금으로 적립하였다가 실제로 대손이 확정되는 시점에 대손충당금과 상계처리 한다.

06 당사는 대손충당금을 보충법에 의해 설정하고 있으며, 매출채권 잔액의 1%로 설정하고 있다. 기말 재무상태표상 매출채권의 장부금액은 얼마인가?

매출채권	(단위: 원)		대손충당금	(단위: 원)	
기초 50,000	회수 등 200,000		대손 8,000	기초 10,000	
발생 500,000					

① 346,500원   ② 347,000원   ③ 347,500원   ④ 348,000원

07 다음 매출채권에 대한 설명 중 잘못된 것은?

① 회수가 불확실한 매출채권에 대하여 합리적이고 객관적인 기준에 따라 산출한 대손추산액을 대손충당금으로 설정한다.
② 매출채권 등의 이전거래가 차입거래에 해당하면 처분손익을 인식하여야 한다.
③ 대손추산액에서 대손충당금잔액을 차감한 금액을 대손상각비로 계상한다.
④ 회수가 불가능한 채권은 대손충당금과 상계하고 대손충당금이 부족한 경우에는 그 부족액을 대손상각비로 처리한다.

08 다음 중 대손에 대한 설명으로 옳지 않은 것은?

① 기말에 대손추산액에서 대손충당금잔액을 차감한 금액을 대손상각비로 계상한다.
② 기말에 대손상각비를 설정하는 경우 모든 대손상각비는 판매비와 관리비로만 처리한다.
③ 회수가 불가능한 채권은 대손충당금과 상계하고, 대손충당금이 부족한 경우에는 그 부족액을 대손상각비로 처리한다.
④ 회수가 불확실한 금융자산은 합리적인 기준에 따라 산출한 대손추산액을 대손충당금으로 설정한다.

09 매출채권 기말잔액 28,000,000원에 대하여 1%의 대손충당금을 설정한다. 전기말 대손충당금 잔액은 300,000원이었으며, 기중에 전기 대손발생액 중 200,000원이 회수되어 회계처리 하였다. 기말 분개로 올바른 것은?

① (차) 대손상각비　　280,000원　　(대) 대손충당금　　　280,000원
② (차) 대손충당금　　 20,000원　　(대) 대손충당금환입　 20,000원
③ (차) 대손충당금　　220,000원　　(대) 대손충당금환입　220,000원
④ (차) 대손상각비　　180,000원　　(대) 대손충당금　　　180,000원

10 유형자산 처분에 따른 미수금 기말잔액 45,000,000원에 대하여 2%의 대손충당금을 설정하려 한다. 기초 대손충당금 400,000원이 있었고 당기 중 320,000원 대손이 발생되었다면 보충법에 의하여 기말 대손충당금 설정 분개로 올바른 것은?

① (차) 대손상각비　　　820,000원　　(대) 대손충당금　　820,000원
② (차) 기타의 대손상각비　820,000원　　(대) 대손충당금　　820,000원
③ (차) 대손상각비　　　900,000원　　(대) 대손충당금　　900,000원
④ (차) 기타의 대손상각비　900,000원　　(대) 대손충당금　　900,000원

④ 기타의 당좌자산

유동자산에 포함되는 당좌자산은 앞에서 살펴본 자산 이외에 단기대여금, 임직원등 단기채권, 미수금, 선급금, 가지급금, 선급비용, 미수수익, 선납세금 등이 있다.

1. 단기대여금

회수기간이 1년 이내에 상환받기로 하고 자금을 대여한 경우 단기대여금으로 처리하며, 보고기간 종료일로부터 1년 이후에 상환받는 대여금은 장기대여금으로 처리한다.

• 거래처의 요청으로 5,000,000원을 3년만기(이율 연 5%)로 대여하기로 하고, 보통예금 계좌에서 이체하였다.

차 변	장기대여금	5,000,000원	대 변	보통예금	5,000,000원

• 거래처의 요청으로 2,000,000원을 1년만기(이율 연 5%)로 대여하기로 하고, 보통예금 계좌에서 이체하였다.

차 변	단기대여금	2,000,000원	대 변	보통예금	2,000,000원

• 단기대여금 2,000,000원과 이자 10,000원이 보통예금 계좌에 입금되었다.

차 변	보통예금	2,010,000원	대 변	단기대여금 이자수익	2,000,000원 10,000원

2. 미수금

주요 상거래인 상품매출, 제품매출 이외의 외상거래(비품, 기계장치 등의 매각)에서 대금을 나중에 받기로 하면 미수금으로 처리한다.

• 사무실 에어컨을 2,000,000원에 매각하고 대금은 외상으로 하였다.

차 변	미수금	2,000,000원	대 변	비품	2,000,000원

참고 상품과 제품 등 재고자산을 외상으로 매출한 경우는 외상매출금으로 처리한다.

• 외상으로 매각한 사무실 에어컨 대금 2,000,000원을 현금으로 수령하였다.

차 변	현금	2,000,000원	대 변	미수금	2,000,000원

3. 선급금

선급금은 계약금 성격으로 대금의 일부를 미리 지급하는 경우에 처리하며, 지급한 대금
만큼 자산을 청구할 권리가 발생하므로 자산계정에 해당한다.

• 상품 500,000원을 주문하고, 계약금 10%를 현금으로 지급하였다.

차 변	선급금	50,000원	대 변	현금	50,000원

• 주문한 상품 500,000원을 납품받고, 계약금 10%를 제외한 잔액은 외상으로 하였다.

차 변	상품	500,000원	대 변	선급금 외상매입금	50,000원 450,000원

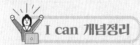

I can 개념정리

📋 선급금과 선수금

매입거래시에 계약금을 먼저 지급하는 경우 선급금 계정을 사용하며, 매출거래시에 계약금을 먼저 수령
하는 경우 선수금 계정을 사용한다.

구 분	매입할 때 지급하는 계약금	매출할 때 받는 계약금
계약 시	선급금(자산)	선수금(부채)
거래 시	상품 등 매입계정에 대체	상품매출 등 매출계정에 대체

※ 선급금은 지급시 추후 자산 등을 받을 권리가 발생하므로 자산계정에 해당한다.
※ 선수금은 수령시 추후 자산 등을 지급할 의무가 발생하므로 부채계정에 해당한다.

4. 가지급금

가지급금은 출장비 지급 등으로 인하여 현금 등이 지급되었으나, 구체적인 사용내역을 모르는
경우에 사용하며, 가지급금은 임시 계정이므로 재무제표에 표시될 수 없는 가계정이다.

• 종업원에게 지방출장을 명하고 출장여비 300,000원을 현금으로 지급하였다.

차 변	가지급금	300,000원	대 변	현금	300,000원

• 종업원의 출장여비 220,000원을 정산하고, 잔액 80,000원은 현금으로 수령하였다.

차 변	여비교통비 현금	220,000원 80,000원	대 변	가지급금	300,000원

[참고] 교통비, 숙박비, 식대 등의 출장여비는 여비교통비 계정으로 처리한다.

• 종업원의 출장여비 340,000원을 정산하고, 부족액 40,000원은 현금으로 지급하였다.

차 변	여비교통비	340,000원	대 변	가지급금 현금	300,000원 40,000원

5. 선급비용

선급비용은 당기에 이미 지급한 비용 중에서 차기에 속하는 부분을 계산하여 차기로 이연시키기 위하여 처리하는 자산계정이며, 차변에는 '선급비용(자산)'으로, 대변에는 당기의 비용에서 차감하는 비용계정과목으로 처리한다.

• 1년분 임차료(기간: X1.10.01.~X2.09.30.) 1,200,000원을 현금으로 지급하였다.

차 변	임차료	1,200,000원	대 변	현금	1,200,000원

• 결산시(12/31) 임차료 선급분을 정리하다.

차 변	선급비용	900,000원	대 변	임차료	900,000원

※ 차기분 임차료 9개월분: 1,200,000원 × (9/12) = 900,000원

6. 미수수익

미수수익은 당기에 속하는 수익이지만 결산시 까지 수령하지 못한 금액을 의미하는 자산 계정이며, 차변에는 '미수수익(자산)'으로, 대변에는 당기에 인식할 수익계정과목으로 처리한다.

• 결산 시 단기대여금에 대한 당기 귀속분 미수이자 50,000원을 계상하였다.

차 변	미수수익	50,000원	대 변	이자수익	50,000원

• 단기대여금에 대한 이자 100,000원(전기 미수분 50,000원 포함)을 현금으로 수령하였다.

차 변	현금	100,000원	대 변	미수수익 이자수익	50,000원 50,000원

7. 선납세금

선납세금은 법인세중간예납 또는 원천세납부 등의 이유로 회계연도 중에 법인세의 일부를 미리 납부하는 경우에 사용하는 자산 계정이며, 법인세 납부시 법인세비용과 상계된다.

• 예금계좌에 이자가 300,000원 발생하였으며, 원천징수액 42,000원을 제외한 잔액이 보통예금 계좌에 입금되었다.(단, 원천징수액은 자산 계정으로 처리한다.)

차 변	선납세금 보통예금	42,000원 258,000원	대 변	이자수익	300,000원

• 결산일(12/31) 기준 당기 법인세 추산액은 500,000원 이다.(단, 선납세금으로 계상된 원천
  납부세액 42,000원이 있다.)

| 차 변 | 법인세등 | 500,000원 | 대 변 | 선납세금 | 42,000원 |
| | | | | 미지급세금 | 458,000원 |

8. 임직원등 단기채권

주주, 임원, 종업원에게 급여 지급시 공제하기로 하고, 자금을 대여(가불)해준 회수기간이
1년 이내인 금품을 말하며, 종업원 가불금 혹은 주.임.종 단기채권으로 표현되기도 한다.

9. 가수금

가수금이란 금전 등을 수취하였으나 수취한 원인이 확인되지 않아서 특정 계정과목을 사용하
기 어려울 때 사용하는 가계정이며, 원인이 확인되면 해당 계정과목으로 대체하여야 한다.

• 보통예금 계좌에 500,000원이 입금되었으나, 그 원인을 알 수 없다.

| 차 변 | 보통예금 | 500,000원 | 대 변 | 가수금 | 500,000원 |

• 가수금으로 처리하였던 500,000원은 외상매출금 회수액으로 확인되었다.

| 차 변 | 가수금 | 500,000원 | 대 변 | 외상매출금 | 500,000원 |

참고 가수금, 인출금, 현금과부족 등의 가계정은 결산시에 재무제표에 나타날 수 없는 임시계정에 해당된다.

> **I CAN 기출문제**
>
> 내용 불명의 송금액 150,000원이 상품 매출에 대한 주문 대금으로 밝혀진 경우 대변의 계정과목으로
> 옳은 것은?
>
> ① 가수금   ② 선수금
> ③ 선급금   ④ 미수금
>
> 👆 **정답풀이**
> ② • 내용 불명의 송금액이 입금된 경우의 회계처리:
>   (차) 현금   ×××   (대) 가수금   ×××
>   • 내용 불명의 송금액이 상품 매출에 대한 주문 대금으로 밝혀진 경우의 회계처리:
>   (차) 가수금   ×××   (대) 선수금   ×××

I can 분개연습(기타의 당좌자산)

※ I can 분개연습에 수록된 문제들은 모두 전산회계 1급 시험에 다수 출제되었던 내용입니다.

01 영업부 사원의 지방 출장 시 경비에 사용하기 위해 500,000원을 현금으로 지급하다.

02 영업부 사원이 12월 5일부터 12월 7일까지 부산 출장 시 지급받은 가지급금 400,000원에 대해 아래와 같이 사용하고 잔액은 현금으로 정산하다.

왕복교통비 및 숙박비 350,000원

03 기말 합계잔액시산표의 가지급금 잔액 710,000원은 은행의 차입금에 대한 이자를 지급한 것으로 판명되다.

04 상품을 6,000,000원에 매입하기로 계약하고, 계약금(판매액의 10%)을 현금으로 지급하다.

05 상품 6,000,000원을 매입하였으며, 계약금으로 지급한 600,000원을 제외한 잔액은 보통예금에서 지급하였다.

06 매입계약이 해지되어 지급하였던 계약금 600,000원이 당사 보통예금계좌에 입금되었다.

07 영업용으로 사용하던 비품(디지털 복사기) 150,000원을 외상으로 매각하다.

08 상품 6,000,000원을 매출하기로 계약하고, 계약금(판매액의 10%)을 현금으로 수령하다.

09 상품 6,000,000원을 매출하였으며, 계약금으로 수령한 600,000원을 제외한 잔액은 보통예금으로 입금받았다.

10 판매계약이 해지되어 수령하였던 계약금 600,000원을 당사 보통예금계좌에서 반환하였다.

11 보통예금 계좌에 2,000,000원이 입금되었으나, 그 내역을 확인할 수 없다.

12 기말합계잔액시산표의 가수금 잔액 500,000원은 거래처에 대한 외상매출금 회수액으로 판명되었다.

👆 정답

01	(차) 가지급금	500,000원	(대) 현금	500,000원
02	(차) 여비교통비	350,000원	(대) 가지급금	400,000원
	현금	50,000원		
03	(차) 이자비용	710,000원	(대) 가지급금	710,000원
04	(차) 선급금	600,000원	(대) 현금	600,000원
05	(차) 상품	6,000,000원	(대) 선급금	600,000원
			보통예금	5,200,000원
06	(차) 보통예금	600,000원	(대) 선급금	600,000원
07	(차) 미수금	150,000원	(대) 비품	150,000원
08	(차) 현금	600,000원	(대) 선수금	600,000원
09	(차) 선수금	600,000원	(대) 상품매출	6,000,000원
	보통예금	5,200,000원		
10	(차) 선수금	600,000원	(대) 보통예금	600,000원
11	(차) 보통예금	2,000,000원	(대) 가수금	2,000,000원
12	(차) 가수금	500,000원	(대) 외상매출금	500,000원

05 재고자산

1 재고자산의 이해

재고자산은 정상적인 영업활동 과정에서 판매를 위하여 보유하거나 생산 중에 있는 자산 및 생산 또는 서비스 제공 과정에 투입될 원재료나 소모품 등을 의미하며, 재고자산의 종류는 다음과 같다.

상 품	완성품을 외부에서 구입하여 추가 가공 없이 재판매하는 것을 말한다.
제 품	판매를 목적으로 원재료, 노무비, 경비를 투입하여 완성된 것을 말한다.
반제품	현재 상태로 판매 가능한 재공품을 말한다.
재공품	제품이 완성되기 전의 상태인 제조과정 중에 있는 재고자산을 말한다.
원재료	제품 생산과정이나 서비스를 제공하는데 투입되는 원료 및 재료를 말한다.
미착품	상품이나 원재료 등을 주문하였으나 아직 회사에 입고되지 않은 것을 말한다.
소모품	소모성 물품 중 아직 사용하지 않은 자산상태의 소모품을 말한다.

참고 상품매매기업은 상품, 미착상품이 주요 재고자산이며, 제조기업은 원재료, 미착원재료, 재공품, 반제품, 제품이 주요재고자산이다. 부동산매매업을 주업으로 하는 기업이 보유하고 있는 부동산은 판매를 목적으로 하므로 재고자산이다.

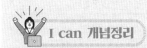

I can 개념정리

건물 구입시 발생할 수 있는 계정과목의 종류
- 기업이 영업에 사용할 목적으로 구입한 건물 ➔ 건물(유형자산)
- 일반기업이 투자를 목적으로 구입한 건물 ➔ 투자부동산(투자자산)
- 주업종코드가 부동산매매업인 기업이 판매를 목적으로 구입한 건물 ➔ 상품(재고자산)

2 재고자산의 취득원가

재고자산의 취득원가는 매입금액에 매입부대비용을 합한 총매입액에서 매입할인·매입에누리·매입환출은 차감한 잔액을 의미하며, 순매입액 이라고도 한다.

취득원가 = 매입금액 + 매입 부대비용 – 매입할인 – 매입에누리 – 매입환출

1. 재고자산의 매입

재고자산 매입대금 및 매입과 관련하여 지불한 운반비, 매입수수료, 하역비, 보험료, 취득세, 등록세 등의 구입 부대비용은 모두 자산의 취득원가에 포함한다.

차 변	재고자산(상품, 원재료 등)	×××	대 변	외상매입금(또는 현금)	×××

[참고] 재고자산 구입 시 발생하는 운반비 등은 재고자산의 취득원가에 가산하지만, 재고자산의 매출 시 발생하는 운반비 등은 별도 비용계정으로 처리한다.

2. 매입에누리와 환출

매입에누리는 매입한 재고자산 중 파손이나 이상이 있는 자산에 대해 가격을 인하받는 것을 말하며, 매입환출은 매입한 재고자산 중 파손이나 이상이 있는 자산을 반품하는 것을 말한다.

차 변	외상매입금(또는 현금)	×××	대 변	매입환출및에누리 (자산 차감계정)	×××

3. 매입할인

재고자산의 구매자가 판매대금을 정해진 일자보다 조기에 지급하는 경우, 약정에 의해 일정 금액을 할인받는 것을 말한다.

차 변	외상매입금(또는 현금)	×××	대 변	매입할인(자산 차감계정)	×××

I CAN 기출문제

다음 중 재고자산의 원가에 대한 설명으로 옳지 않은 것은?

① 매입원가는 매입금액에 취득과정에서 정상적으로 발생한 부대비용을 가산한 금액이다.
② 제조원가는 보고기간 종료일까지 제조과정에서 발생한 직접재료비, 직접노무비, 제조와 관련된 변동제 조간접비 및 고정제조간접비의 체계적인 배부액을 포함한다.
③ 매입원가에서 매입과 관련된 에누리는 차감하나 할인은 차감하지 않는다.
④ 제조원가 중 비정상적으로 낭비된 부분은 원가에 포함될 수 없다.

🖐 정답풀이

③ 재고자산의 매입원가는 매입금액에 매입운임, 하역료 및 보험료 등 취득과정에서 정상적으로 발생한 부대원가를 가산한 금액이다. 매입과 관련된 할인, 에누리 및 기타 유사한 항목은 매입원가에서 차감한다.

3 재고자산의 포함여부 판단

기말 결산시점에 기업의 재고자산 포함여부를 판단하여 금액을 보고하여야 한다.

1. 미착품

매입하였으나 운송 중에 있어 아직 도착하지 않은 자산으로, 판매조건에 따라 재고자산의
귀속 시점이 달라질 수 있다.

선적지 인도조건	선적하는 시점에 매입자의 재고자산이므로, 기말 결산시점에 선적이 완료되었으면 매입자의 재고자산으로 본다.
도착지 인도조건	도착하는 시점에 매입자의 재고자산이므로 기말 결산시점에 도착이 완료되었으면 매입자의 재고자산으로, 아직 운송 중이라면 판매자의 재고자산으로 본다.

운반 중(미착상품)
선적지 인도조건: 구매자의 재고자산
도착지 인도조건: 판매자의 재고자산
판매자   구매자

2. 위탁상품(적송품)

판매를 위탁하여 수탁자에게 적송한 재고자산으로 수탁자가 판매하기 전까지는 위탁자의
재고자산으로 보며, 수탁자의 판매시 위탁자의 수익으로 인식하게 된다.

3. 시송품

시용매출로 매입자에게 인도한 재고자산으로, 매입자가 구입의사 표시를 하기 전까지는 판매
자의 재고자산으로 본다.

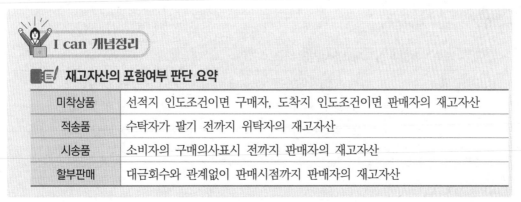

I can 개념정리

재고자산의 포함여부 판단 요약

미착상품	선적지 인도조건이면 구매자, 도착지 인도조건이면 판매자의 재고자산
적송품	수탁자가 팔기 전까지 위탁자의 재고자산
시송품	소비자의 구매의사표시 전까지 판매자의 재고자산
할부판매	대금회수와 관계없이 판매시점까지 판매자의 재고자산

I CAN 기출문제

다음은 기말재고자산에 포함될 항목의 결정에 대한 설명이다. 가장 올바르지 않은 것은?

① 적송품은 수탁자가 판매한 경우 위탁자의 재고자산에서 제외한다.
② 시송품은 매입자가 매입의사표시를 하면 판매자의 재고자산에서 제외한다.
③ 할부판매상품은 인도기준으로 매출을 인식하므로 대금회수와 관계없이 인도시점에서 판매자의 재고자산에서 제외한다.
④ 도착지 인도조건인 경우 도착시점에서 판매자의 재고자산에 포함한다.

정답풀이

④ 미착품이 도착지 인도조건인 경우, 도착시점에 매입자의 재고자산에 포함한다.

④ 기말 재고자산의 평가

1. 수량결정방법

상품이나 제품 등 재고자산은 판매 또는 매입 등이 빈번하게 발생하므로 정확한 재고를 파악하기 어렵다. 따라서 입고와 출고를 계속 기록할 것인지, 아니면 기말에 실사를 할 것인지에 따라서 계속기록법·실지재고조사법·혼합법에 의해서 수량을 파악한다.

계속기록법	• 상품의 입고, 출고를 모두 기록하여 장부에 의하여 수량을 파악한다.
실지재고조사법	• 상품의 입고만 기록하고 출고는 기록하지 않는다. • 입고란에 기록된 수량에서 직접 조사한 상품의 실제 수량을 차감하여 판매된 수량을 파악한다.
혼합법	• 계속기록법과 실지재고조사법을 병행하여 파악한다. • 장부상 수량과 실제 수량의 차이인 감모손실을 파악할 수 있다.

I can 개념정리

계속기록법과 실지재고조사법의 비교

구 분	계속기록법	실지재고조사법
장 점	• 장부상 재고수량 파악 용이	• 실제 재고수량을 알 수 있음
단 점	• 실제 재고수량 파악 불가 • 감모수량이 기말재고에 포함됨	• 기중에 재고수량 파악 불가 • 감모수량이 매출원가에 포함됨

2. 단가결정방법

상품을 매입할 때마다 단가가 계속하여 변동하는 경우가 대부분이므로, 판매되는 재고자산의
단가흐름을 어떻게 가정할 것인지를 결정하여야 하며, 재고자산의 성격에 따라 개별법, 선입
선출법, 후입선출법, 평균법 등을 적용하게 되는데, 현재의 재고수량과 금액을 장부상으로
항상 확인할 수 있도록 상품을 매입매출할 때마다 종류별로 기입하는 보조원장을 상품재고장
이라 한다.

개별법	• 개별 상품 각각에 단가표를 붙여서 개별적 단가를 결정 ✓ 장점: 실제 물량의 흐름과 동일하여 가장 정확 　　　　 수익비용대응의 원칙에 가장 가까운 방법 ✓ 단점: 거래가 많을 경우 적용하기 어려움
선입선출법 (FIFO)	• 먼저 입고된 상품을 먼저 출고한다는 가정 하에 출고단가를 결정 ✓ 장점: 일반적으로 실제 물량의 흐름과 일치 　　　　 재고자산금액이 현재의 공정가치를 나타냄 ✓ 단점: 현재 수익과 과거 원가가 대응하여 수익비용대응의 원칙에 부적합 　　　　 물가상승 시 이익이 과대가 되어 법인세 부담이 큼
후입선출법 (LIFO)	• 나중에 입고된 상품을 먼저 출고한다는 가정 하에 출고단가를 결정 ✓ 장점: 현재 수익에 현재 원가가 대응되어 수익비용대응의 원칙에 부합 ✓ 단점: 일반적으로 실제 물량의 흐름과 동일하지 않음 　　　　 재고자산금액이 현재의 공정가치를 나타내지 못함
이동평균법	• 매입할 때마다 이동평균단가를 구하여 이동평균단가로 출고 단가를 결정 ✓ 장점: 변동하는 화폐가치를 단가에 반영함 ✓ 단점: 매입이 자주 발생하는 경우 매번 새로운 단가를 계산해야 함
총평균법	• 기말에 총 입고금액을 총 입고수량으로 나누어 총 평균단가로 출고단가 결정 ✓ 장점: 가장 간편하고 이익조작의 가능성이 낮음 ✓ 단점: 기초재고가 기말재고의 단가에 영향을 줌

참고 이동평균법과 총평균법은 가중평균법이라고도 한다.

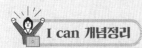

I can 개념정리

재고자산의 평가 = 수량 × 단가

[수량 파악방법]		[단가 산정방법]
• 계속기록법: 입고와 출고 모두 기록 • 실지재고조사법: 입고만 기록하고 　　　　　　　 재고는 실지조사 • 혼합법: 계속기록법과 실지재고조사법을 　　　　　 병행하는 방법	×	• 개별법: 각각 가격표 붙여 개별산정 • 선입선출법: 먼저 입고된 상품 먼저 출고 • 후입선출법: 나중 입고된 상품 먼저 출고 • 가중평균법 ┌ 이동평균법: 구입시마다 평균단가 산정 └ 총평균법: 구입한 총액의 평균단가 산정

재고자산의 소매재고법

대형마트 및 백화점 등 대량의 재고자산을 유통하는 업종의 경우에는 물량의 흐름을 파악하기 어렵다. 따라서 매출가격에 원가율을 곱해서 기말재고금액을 추정하는 방법을 사용하는데 이를 소매재고법 또는 매출가격환원법이라고 한다.

기말 재고자산의 평가 중 인플레이션(물가상승)시 인식되는 금액비교

• 기말재고액: 선입선출법 > 이동평균법 ≥ 총평균법 > 후입선출법
• 매출원가: 선입선출법 < 이동평균법 ≤ 총평균법 < 후입선출법
• 매출총이익: 선입선출법 > 이동평균법 ≥ 총평균법 > 후입선출법

　※ 기말재고액이 과다계상될 경우 매출원가가 과소계상되어 매출총이익이 과다계상 된다.
　※ 기말재고액이 과소계상될 경우 매출원가가 과다계상되어 매출총이익이 과소계상 된다.

I CAN 기출문제

다음 중 회계담당자의 실수로 결산작업시 기말재고액을 과소계상한 경우 회계정보에 미치는 영향으로 올바른 것은?

	(매출원가)	(매출총이익)	(당기순이익)
①	과다계상	과소계상	과소계상
②	과소계상	과다계상	과다계상
③	과다계상	과다계상	과다계상
④	과소계상	과소계상	과소계상

정답풀이

① 기말재고액이 과소계상될 경우 매출원가가 과다계상되어 매출총이익이 과소계상 된다.

I CAN 기출문제

다음 중 재고자산의 평가시 인플레이션하에서 재고자산의 수량도 계속 증가할 경우 손익계산서에 반영되는 매출원가의 크기를 정확하게 표시하는 것은 어느 것인가?

① 선입선출법 〈 이동평균법 ≤ 총평균법 〈 후입선출법
② 선입선출법 〈 이동평균법 = 총평균법 〈 후입선출법
③ 선입선출법 〉 이동평균법 ≥ 총평균법 〉 후입선출법
④ 선입선출법 〉 이동평균법 = 총평균법 〉 후입선출법

정답풀이

① 매입가격 상승(인플레이션) 시 매출원가 크기는 다음과 같다.
　선입선출법 〈 이동평균법 ≤ 총평균법 〈 후입선출법

I CAN 기출문제

다음 재고자산의 단가결정방법에 대한 설명 중 옳지 않은 것은?

① 선입선출법은 가장 최근에 매입한 상품이 기말재고로 남아있다.
② 평균법에는 총평균법과 이동평균법이 있다.
③ 성격·용도면에서 차이가 있는 재고자산이더라도 모두 같은 방법을 적용하여야만 한다.
④ 기초재고와 기말재고의 수량이 동일하다는 전제하에 인플레이션 발생시 당기순이익이 가장 적게 나타나는 방법은 후입선출법이다.

정답풀이

③ 성격·용도면에서 차이가 있는 재고자산에 대하여는 서로 다른 취득단가 결정방법을 적용할 수 있으나, 특정 방법을 선택하면 정당한 사유없이 이를 변경할 수 없다.

I can 재고자산 단가결정

상품의 매입매출 내역이 다음과 같은 경우에 계속기록법 하에서 선입선출법과 후입선출법에 의한 매출원가와 기말재고액을 구하시오.

- 기초재고: 상품 500개 보유하고 있으며 개당 원가는 1,000원이다.
- 03월 08일: 상품 600개를 개당 1,100원에 매입하였다.
- 06월 10일: 상품 400개를 개당 1,400원에 매출하였다.
- 08월 20일: 상품 300개를 개당 1,400원에 매출하였다.
- 10월 20일: 상품 100개를 개당 1,200원에 매입하였다.
- 12월 10일: 상품 300개를 개당 1,400원에 매출하였다.

정답풀이

※ 매입매출 내역 분석: (기초재고 + 매입수량) = (매출수량 + 기말재고)

상 품

기초재고	500개	매출(06/10)	400개
매입(03/08)	600개	매출(08/20)	300개
매입(10/20)	100개	매출(12/10)	300개
		기말재고	200개
합계:	1,200개	합계:	1,200개

※ 기초재고와 매입액을 합해서 판매가능재고라 한다.(판매가능재고는 1,200개)
※ 선입선출법과 후입선출법의 상품에 대한 총계정원장을 나타내면 다음과 같다.

상품(선입선출법)				상품(후입선출법)			
기초재고	500,000원	매출원가	1,050,000원	기초재고	500,000원	매출원가	1,080,000원
매 입	780,000원	기말재고	230,000원	매 입	780,000원	기말재고	200,000원
합 계	1,280,000원	합 계	1,280,000원	합 계	1,280,000원	합 계	1,280,000원

선입선출법	기말재고	100개×1,100원 + 100개×1,200원 = 230,000원
	매출원가	1,280,000원 − 230,000원 = 1,050,000원
후입선출법	기말재고	200개×1,000원 = 200,000원
	매출원가	1,280,000원 − 200,000원 = 1,080,000원

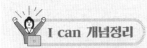

▣目 상품의 매출원가

상품매출원가 = 기초상품재고액 + <u>당기상품(순)매입액</u> - 기말상품재고액

• 당기상품(순)매입액 = 당기상품(총)매입액 - 매입에누리 및 환출 - 매입할인

▣目 제품의 매출원가

제품매출원가 = 기초제품재고액 + <u>당기제품제조원가</u> - 기말제품재고액

• 당기제품제조원가 = 기초재공품재고액 + 당기총제조비용 - 기말재공품재고액

• 당기총제조비용 = 직접재료비 + 직접노무비 + 제조간접비

• 제조간접비 = 간접재료비 + 간접노무비 + 간접제조경비

▣目 매출총이익률

매출총이익률(%) = 매출총이익 ÷ 매출액

매출이란 기업이 재고자산을 판매함으로써 벌어들이는 수익이며, 매출원가는 해당 자산을 구입하거나 만드는 비용을 의미한다. 매출액에서 매출원가를 차감한 금액인 매출총이익은 기업이 판매한 재고자산에서 어느 정도의 이윤을 남기는지를 나타내며, 수치가 높을수록 수익성이 높으며, 이윤이 높음을 의미한다.

5 재고자산의 감모손실과 평가손실

1. 재고자산 감모손실(수량차이)

재고자산의 감모손실은 재고자산의 장부상 재고수량과 실제의 재고수량과의 차이에서 발생하는 것으로, 정상적인 조업 과정에서 발생한 감모손실은 매출원가에 가산하고 비정상적으로 발생한 감모손실은 영업외비용으로 처리한다.

정상적 감모	(차) 매출원가	×××	(대) 재고자산	×××
비정상적 감모	(차) 재고자산감모손실 　　　(영업외비용)	×××	(대) 재고자산	×××

참고) 재고자산감모손실은 재고자산의 수량결정 방법에서 계속기록법과 실지재고조사법을 혼용하여 사용하는 경우에만 확인이 가능하다.

2. 재고자산 평가손실(금액차이)

재고자산은 저가법으로 평가하는데, 저가법(Lower of Cost or Market)이란 취득원가와 시가를 비교하여 낮은 금액으로 표시하는 방법이다.

다음과 같은 사유가 발생하면 재고자산의 시가가 원가 이하로 하락할 수 있다.

- 손상을 입은 경우
- 보고기간 말로부터 1년 또는 정상영업주기 내에 판매되지 않았거나 생산에 투입할 수 없어 장기체화된 경우
- 진부화하여 정상적인 판매시장이 사라지거나 기술 및 시장 여건 등의 변화에 의해서 판매가치가 하락한 경우
- 완성하거나 판매하는데 필요한 원가가 상승한 경우

재고자산의 시가가 장부금액 이하로 하락하여 발생한 평가손실은 매출원가에 가산하며, 재고자산의 차감계정인 재고자산평가충당금으로 회계처리한다.

재고자산의 기말재고 금액(저가법): Min(취득원가, 순실현가치)					
차 변	재고자산평가손실 (매출원가 가산)	×××	대 변	재고자산평가충당금 (재고자산 차감계정)	×××

[참고] 재고자산을 저가법으로 평가하는 경우 재고자산의 시가는 순실현가능가치를 의미하며, 공정가치(판매하면 받을 수 있는 금액)에서 판매에 소요되는 비용을 차감한 금액을 말한다. 단, 원재료의 경우에는 현행대체원가(동등한 자산을 현재시점에서 취득할 경우 그 대가)를 의미한다.

저가법의 적용에 따른 평가손실을 초래했던 상황이 해소되어 새로운 시가가 장부금액보다 상승한 경우에는, 최초의 장부금액을 초과하지 않는 범위 내에서 평가손실을 환입한다. 재고자산평가손실의 환입은 매출원가에서 차감한다.

차 변	재고자산평가충당금	×××	대 변	재고자산평가충당금환입 (매출원가에서 차감)	×××

[참고] 최초의 장부금액을 초과하지 않는 범위 내에서 환입한다.

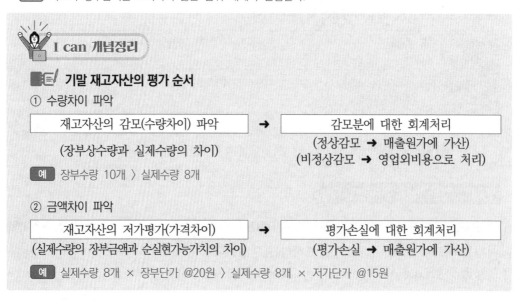

I can 개념정리

기말 재고자산의 평가 순서

① 수량차이 파악

재고자산의 감모(수량차이) 파악	➡	감모분에 대한 회계처리
(장부상수량과 실제수량의 차이)		(정상감모 ➡ 매출원가에 가산) (비정상감모 ➡ 영업외비용으로 처리)

예 장부수량 10개 〉 실제수량 8개

② 금액차이 파악

재고자산의 저가평가(가격차이)	➡	평가손실에 대한 회계처리
(실제수량의 장부금액과 순실현가능가치의 차이)		(평가손실 ➡ 매출원가에 가산)

예 실제수량 8개 × 장부단가 @20원 〉 실제수량 8개 × 저가단가 @15원

기출문제

일반기업회계기준의 재고자산감모손실에 대한 설명으로 올바른 것은?

① 정상적으로 발생한 감모손실은 매출원가에 가산한다.
② 재고자산감모손실은 시가가 장부금액보다 하락한 경우에 발생한다.
③ 비정상적으로 발생한 감모손실은 판매비와관리비 항목으로 분류한다.
④ 재고자산감모손실은 전액 제조원가에 반영하여야 한다.

정답풀이

① 정상감모는 매출원가에 가산하고, 비정상감모는 영업외비용으로 처리한다.
재고자산의 시가가 장부금액보다 하락(저가법)하는 경우는 평가손실을 인식한다.

 I can 분개 감모손실

다음은 재고자산(제품)과 관련된 사항이다. 매출원가에 가산되는 금액과 영업외비용으로 처리되는 금액을 구하시오.

- 장부상 수량: 10,000개
- 실제 재고수량: 8,000개
- 정상적인 감모: 감모수량 중 75%
- 비정상적 감모: 감모수량 중 25%
- 단위당 원가: 400원
- 단위당 시가: 300원

답안

1. 재고자산감모손실

- 400원 × 감모수량(2,000개) = 800,000원
- 정상적인 감모손실: 800,000원 × 75% = 600,000원 ➔ 매출원가에 가산
- 비정상적인 감모손실: 800,000원 × 25% = 200,000원 ➔ 영업외비용으로 처리

2. 재고자산평가손실

- 8,000개 ×(400원 – 300원) = 800,000원 ➔ 매출원가에 가산

3. 매출원가에 가산되는 금액: 600,000원(정상감모) + 800,000원(평가손실) = 1,400,000원

영업외비용으로 처리되는 금액: 200,000원(비정상감모)

※ 위 사례를 회계처리하면 다음과 같다.

(차) 매출원가	600,000원	(대) 제품(적요 8.타계정으로 대체)	800,000원
재고자산감모손실(영업외비용)	200,000원		
(차) 재고자산평가손실(매출원가)	800,000원	(대) 재고자산평가충당금	800,000원

6 소모품의 정리

소모성 물품은 구입 시 자산(소모품)으로 처리할 수도 있고 비용(소모품비)으로 처리할 수도 있는데, 결산시 소모품의 당기 사용분을 비용으로 처리하여야 한다.

1. 자산처리법

소모성 물품의 구입 시 자산계정인 '소모품'으로 처리하며, 기말에 당기 사용분을 비용으로 처리하기 위하여 차변에는 '소모품비' 계정으로 대변에는 '소모품' 계정으로 처리한다.

구입시	• 소모성 물품 100,000원을 현금으로 구입하다.			
	(차) 소모품	100,000원	(대) 현금	100,000원
결산시	• 결산시 소모품 미사용액은 30,000원으로 확인 되었다.			
	(차) 소모품비	70,000원	(대) 소모품	70,000원

※ 구입 시 자산처리한 소모성 물품은 결산시 사용액을 비용(소모품비)으로 대체한다.

2. 비용처리법

소모성 물품 구입 시 비용계정인 '소모품비'로 처리하며, 기말에 당기 미사용분을 자산으로 처리하기 위하여 차변에는 '소모품' 계정으로 대변에는 '소모품비' 계정으로 분개한다.

구입시	• 소모성 물품 100,000원을 현금으로 구입하다.			
	(차) 소모품비	100,000원	(대) 현금	100,000원
결산시	• 결산시 소모품 사용액은 70,000원으로 확인되었다.			
	(차) 소모품	30,000원	(대) 소모품비	30,000원

※ 구입 시 비용처리한 소모성 물품은 결산시 미사용액을 자산(소모품)으로 대체한다.

I can 분개연습(재고자산)

01 단가 1,000원인 상품 200개를 매입하면서 대금은 1개월 후에 지급하기로 하였으며, 매입 시 운반비 5,000원은 현금으로 지급하였다.

02 외상매입금 100,000원을 조기에 현금으로 상환하여 약정에 따라 5%를 할인받았다.

03 외상매입한 상품 중 일부가 불량으로 판명되어 대금 중 10,000원을 할인하기로 하였다.

04 상품을 100,000원에 외상으로 매출하면서 운반비 10,000원을 현금으로 지급하다.

05 외상매출대금 중 1,000,000원을 조기에 회수하여 약정에 의해 5% 할인된 금액이 보통 예입 되었다.

06 외상매출한 상품 100,000원 중 하자가 발생하여 상품 2,000원을 반품 처리 후 5,000원 은 에누리 받고, 잔액은 현금으로 회수 하였다.

07 단위당 원가 100원인 상품의 장부상 수량은 100개인데 실제 수량은 80개이다. 감모된 수 량 중 12개는 원가성이 있다.

08 기말에 단위당 원가 100원인 상품 80개를 보유하고 있다. 이 상품의 기말 결산 시 시가는 90원으로 하락하였다.

정답

01	(차) 상품	205,000원	(대) 외상매입금		200,000원
			현금		5,000원
	✓ 상품 매입액: 1,000원 × 200개 + 5,000원 = 205,000원				
02	(차) 외상매입금	100,000원	(대) 현금		95,000원
			매입할인		5,000원
	✓ 매입할인액: 100,000원 × 5% = 5,000원				
03	(차) 외상매입금	10,000원	(대) 매입환출및에누리		10,000원
04	(차) 외상매출금	100,000원	(대) 상품매출		100,000원
	운반비	10,000원	현금		10,000원
05	(차) 매출할인	50,000원	(대) 외상매출금		1,000,000원
	보통예금	950,000원			
	✓ 매출할인액: 1,000,000원 × 5% = 50,000원				
06	(차) 매출환입및에누리	7,000원	(대) 외상매출금		100,000원
	현금	93,000원			
07	(차) 매출원가	1,200원	(대) 상품(타계정 대체)		2,000원
	재고자산감모손실	800원			
	✓ 매출원가: 12개 × 100원 = 1,200원				
	✓ 재고자산감모손실: 8개 × 100원 = 800원				
08	(차) 재고자산평가손실	800원	(대) 재고자산평가충당금		800원
	✓ 80개 × 10원(원가 100원 − 시가 90원) = 800원				

I can 실전문제(재고자산)

01 다음 중 재고자산으로 분류되는 경우는?

① 제조업을 운영하는 회사가 공장이전으로 보유 중인 토지
② 도매업을 운영하는 회사가 단기 시세차익을 목적으로 보유하는 유가증권
③ 서비스업을 운영하는 회사가 사용목적으로 구입한 컴퓨터
④ 부동산매매업을 운영하는 회사가 판매를 목적으로 보유하는 건물

02 다음 중 재고자산의 취득원가에 포함시켜야 하는 항목으로 가장 맞는 것은?

① 판매수수료   ② 판매시의 운송비용
③ 재고자산 매입시 수입관세   ④ 인수 후 판매까지의 보관료

03 다음 항목 중 기말재고자산에 포함될 항목을 모두 더하면 얼마인가?

- 12개월 할부 조건으로 판매한 재화: 30,000원
- 시용판매용으로 고객에게 제공한 재화(구매자의 매입의사표시 없음): 100,000원
- 위탁판매용으로 수탁자에게 제공한 재화 중 수탁자가 현재 보관중인 재화: 10,000원
- 도착지 인도조건으로 판매한 운송중인 재화: 20,000원

① 100,000원   ② 110,000원   ③ 120,000원   ④ 130,000원

04 재고자산 평가와 관련한 다음의 방법 중 그 성격이 다른 것은?

① 선입선출법   ② 후입선출법   ③ 계속기록법   ④ 가중평균법

05 다음 중 재고자산 평가방법이 아닌 것은?

① 실지재고조사법   ② 후입선출법
③ 가중평균법   ④ 선입선출법

06 다음 (가), (나)의 거래를 분개할 때 대변에 기입되는 계정과목으로 바르게 짝지은 것은?

> (가) 신제품을 생산하기 위하여 기계를 1,000,000원에 구입하고, 대금은 1개월 후에 지급하기로 한다.
> (나) 신제품을 공급해 주기로 하고 계약금 100,000원을 현금으로 받다.

① (가) 미지급금   (나) 선급금   ② (가) 미지급금   (나) 선수금
③ (가) 외상매입금 (나) 선수금   ④ (가) 외상매입금 (나) 선급금

07 기말재고자산금액을 실제보다 높게 계상한 경우 재무제표에 미치는 영향으로 잘못된 것은?

① 매출원가가 실제보다 감소한다.
② 매출총이익이 실제보다 증가한다.
③ 당기순이익이 실제보다 증가한다.
④ 자본총계가 실제보다 감소한다.

08 기초재고와 기말재고가 동일하다는 가정하에 물가가 상승하고 있다면 다음 중 어떤 재고평가방법이 가장 높은 순이익과 가장 높은 매출원가를 기록하게 하는가?

	가장 높은 순이익	가장 높은 매출원가
①	선입선출법	후입선출법
②	선입선출법	선입선출법
③	후입선출법	선입선출법
④	후입선출법	후입선출법

09 다음은 재고자산의 원가배분에 관한 내용이다. 선입선출법의 특징이 아닌 것은?

① 일반적인 물량흐름은 먼저 매입한 것이 먼저 판매되므로 물량흐름과 원가흐름이 일치한다.

② 기말재고는 최근에 구입한 것이므로 기말재고자산은 공정가치에 가깝게 보고된다.

③ 물가상승시 현재의 매출수익에 오래된 원가가 대응되므로 수익·비용대응이 잘 이루어지지 않는다.

④ 물가상승시 이익을 가장 적게 계상하므로 가장 보수적인 평가방법이다.

10 다음 주어진 자료로 매출원가를 계산하면 얼마인가?

• 기초상품재고액: 100,000원
• 기말상품재고액: 150,000원
• 판매가능상품액: 530,000원

① 580,000원 ② 480,000원 ③ 380,000원 ④ 280,000원

11 재고자산과 관련된 문제이다. 선입선출법에 의하여 평가할 경우 매출총이익은 얼마인가? (다른 원가는 없다고 가정한다.)

일 자	매입매출구분	수 량	단 가
10월 1일	기초재고	10개	개당 100원
10월 8일	매 입	30개	개당 110원
10월 15일	매 출	25개	개당 140원
10월 30일	매 입	15개	개당 120원

① 850원 ② 2,650원 ③ 3,500원 ④ 6,100원

12 다음 주어진 재고자산 자료를 이용하여 매출원가를 계산하면 얼마인가?

> • 기초재고액: 300,000원 　　　• 당기총매입액: 　1,200,000원
> • 기말재고액: 200,000원 　　　• 매출환입: 　　　　50,000원
> • 매입환출: 　80,000원 　　　• 매입에누리: 　　　100,000원

① 1,070,000원　　　② 1,120,000원　　　③ 1,200,000원　　　④ 1,300,000원

13 다음 자료를 이용하여 매출총이익을 계산하면 얼마인가?

> • 매출액: 　250,000원 　　• 매출할인: 　　30,000원 　　• 매입할인: 10,000원
> • 기말재고액: 7,000원 　　• 매출에누리: 　50,000원 　　• 매입액: 190,000원
> • 매입환출: 15,000원 　　• 타계정으로 대체: 30,000원

① 42,000원　　　② 52,000원　　　③ 62,000원　　　④ 72,000원

14 다음 중 매출원가에 영향을 미치지 않는 비용은?

① 원재료 구입에 따른 운반비　　　② 화재로 소실된 원재료
③ 재고자산평가손실　　　　　　　④ 정상적인 재고자산감모손실

15 다음 중 재고자산 취득원가 측정에 대한 내용으로 올바른 것은?

① 매입과 관련된 할인, 에누리는 취득원가에서 차감하지 않는다.
② 취득과정에서 정상적으로 발생한 부대비용은 취득원가에 포함하지 않는다.
③ 제조원가 중 비정상적으로 낭비된 부분은 취득원가에 포함하지 않는다.
④ 제조원가 중 추가 생산단계에 투입하기 전에 보관이 필요한 경우 외의 보관비용은 취득원가에 포함한다.

16 다음 중 재고자산의 기말평가 시 저가법을 적용하는 경우로 틀린 것은?

① 가격하락시: (차) 재고자산평가손실　　×××　(대) 재고자산평가충당금　　×××
② 가격회복시: (차) 재고자산평가충당금　×××　(대) 재고자산평가충당금환입×××
③ 재고자산평가충당금환입은 영업외수익으로 분류한다.
④ 재고자산평가충당금은 해당 재고자산에서 차감하는 형식으로 기재한다.

17 다음 중 기말재고자산의 변동과 관련하여 계정설정에 영향을 주는 요소로 성격이 가장 다른 하나는?

① 도난　　　　　　② 진부화　　　　　　③ 증발　　　　　　④ 파손

18 다음은 재고자산의 평가에 대한 설명이다. 틀린 것은?

① 재고자산의 평가손실누계액은 재고자산의 차감계정으로 표시한다.
② 재고자산의 평가손실은 영업외비용으로 처리한다.
③ 재고자산의 감모손실이 정상적인 범위 내에 해당하는 경우에는 매출원가에 가산한다.
④ 재고자산의 감모손실이 비정상적인 것으로 판단되는 경우에는 영업외비용으로 처리한다.

19 다음은 ㈜회계의 제7기(1.1.~12.31.)재고자산 관련 자료이다. 총평균법에 의한 기말재고자산 계산시의 단가로 옳은 것은?

일 자	적 요	수 량	단 가
1월　1일	기초재고	10개	100원
1월 14일	매입	30개	120원
9월 29일	매출	20개	140원
10월 17일	매입	10개	110원

① 125원　　　　　② 120원　　　　　③ 114원　　　　　④ 110원

20 기말재고액이 기초재고액 보다 200,000원 증가되었고, 매출액은 2,700,000원으로 매출원가에 20% 이익을 가산한 금액이라 한다면, 당기 매입금액은 얼마인가?

① 2,150,000원   ② 2,250,000원

③ 2,350,000원   ④ 2,450,000원

21 거래처로부터 받은 상품매출과 관련한 계약금을 매출액으로 잘못 처리하였다. 이의 회계처리가 재무상태표와 손익계산서에 미치는 영향은 어떠한가?

① 자산이 과대계상되고, 부채가 과대계상되었다.

② 자산이 과대계상되고, 수익이 과대계상되었다.

③ 부채가 과소계상되고, 수익이 과대계상되었다.

④ 자산이 과소계상되고, 부채가 과소계상되었다.

3. 투자자산

01 투자자산의 이해

투자자산이란 비유동자산 중에서 기업의 판매활동 이외의 장기간에 걸쳐 투자이익을 얻을 목적으로 보유하고 있는 자산을 말한다. 건물이나 토지를 사업에 사용할 목적으로 매입하면 유형자산으로 분류하고, 투자목적으로 매입하면 투자자산으로 분류하여야 하며, 그 종류는 다음과 같다.

장기금융상품	결산일부터 만기가 1년 후에 도래하는 금융상품(장기성예금 등)
투자부동산	투자목적으로 소유하는 토지 및 건물 등 부동산
장기대여금	대여금 중 만기가 1년 이내에 도래하지 않은 것
특정현금과예금	만기가 1년 이후에 도래하는 사용이 제한된 금융상품으로 당좌거래 체결시 예치하는 당좌거래개설보증금
장기투자증권	비유동자산으로 분류되는 매도가능증권과 만기보유증권을 통합하여 장기투자증권으로 표시할 수 있음
기 타	퇴직연금운용자산, 지분법적용투자주식 등

• 영업부 업무용 창고로 사용하기 위한 건물을 취득하고 대금은 현금으로 지급하다.

차 변	건물(유형자산)	×××	대 변	현금	×××

• 장기투자목적으로 건물을 취득하고 대금은 현금으로 지급하다.

차 변	투자부동산(투자자산)	×××	대 변	현금	×××

• 은행과 당좌거래 계약을 체결하고, 당좌거래개설보증금을 현금으로 지급하다.

차 변	특정현금과예금(투자자산)	×××	대 변	현금	×××

02 유가증권

유가증권 취득시 단기매매증권, 매도가능증권, 만기보유증권, 지분법적용투자주식 중 하나로 분류되고, 단기매매증권은 당좌자산, 나머지는 투자자산으로 처리된다. 만기보유증권과 매도가능증권은 일반적으로 투자자산에 해당되지만, 결산일로부터 1년 이내에 만기가 도래하거나 처분할 예정인 경우 당좌자산으로 분류한다.

단기매매증권	단기매매차익을 목적으로 취득하고, 매매가 빈번하게 이루어지는 채무증권 및 지분증권
만기보유증권	채무증권으로서 만기까지 보유할 의도와 능력이 있는 유가증권
매도가능증권	만기보유증권 및 단기매매증권에 해당되지 않는 채무증권 및 지분증권
지분법적용 투자주식	유의적인 영향력 행사를 목적으로 상대방 주식의 20% 이상을 보유하여 실질적인 영향력을 행사할 수 있는 지분증권

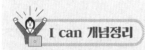

I can 개념정리

유가증권의 취득

유가증권 취득시 지급하는 수수료는 유가증권의 취득부대비용으로 해당 유가증권의 취득원가에 가산한다. 단, 단기매매증권의 취득수수료는 취득원가에 가산하지 않고 수수료비용(영업외비용)으로 인식하여야 한다.

예 A사 주식 100주(액면 10,000원)를 20,000원에 매입하고, 수수료 10%와 함께 현금으로 지급하였다.

단기매매증권	(차) 단기매매증권 2,000,000원 수수료비용(영업외비용) 200,000원	(대) 현금 2,200,000원
매도가능증권	(차) 매도가능증권 2,200,000원	(대) 현금 2,200,000원

유가증권의 재분류

원칙적으로 단기매매증권을 매도가능증권이나 만기보유증권으로 재분류할 수 없지만, 시장성을 상실한 경우에는 매도가능증권 및 만기보유증권으로 재분류 할 수 있다.
매도가능증권 및 만기보유증권은 단기매매증권으로 재분류할 수 없다.

단기매매증권 ➡ 매도가능증권, 만기보유증권	시장성을 상실한 경우
매도가능증권, 만기보유증권 ➡ 단기매매증권	불가(손익조작 방지 목적)
매도가능증권 ➡ 만기보유증권	채무증권인 경우
만기보유증권 ➡ 매도가능증권	채무증권인 경우

1. 유가증권의 기말 평가

단기매매증권과 매도가능증권은 결산시에 원칙적으로 공정가치로 평가 하여야 하며, 매도가능증권 중 시장성이 없는 지분증권의 공정가치를 신뢰성 있게 측정할 수 없는 경우 취득원가로 평가한다. 만기보유증권은 공정가치로 평가하지 않고, 상각후원가로 평가한다.

결산시에 단기매매증권을 평가하여 발생하는 단기매매증권평가손익은 당기손익으로 처리되어 손익계산서에 표시되지만, 매도가능증권을 평가하여 발생하는 매도가능증권평가손익은 기타포괄손익누계액(자본)으로 처리되어 재무상태표에 표시된다.

단기매매증권평가손익	영업외손익(당기손익) ➔ 손익계산서
매도가능증권평가손익	기타포괄손익누계액(자본) ➔ 재무상태표

I CAN 기출문제

다음 빈칸에 들어 갈 내용으로 알맞은 것은?

구 분	계 정	재무제표
단기매매증권평가손실(이익)	(가)	손익계산서
매도가능증권평가손실(이익)	기타포괄손익누계액	(나)

① (가) 영업외비용(수익) (나) 손익계산서   ② (가) 자본조정 (나) 현금흐름표
③ (가) 영업외비용(수익) (나) 재무상태표   ④ (가) 자본조정 (나) 재무상태표

정답풀이

③ 단기매매증권의 공정가치와 장부금액과의 차액은 영업외손익(손익계산서), 매도가능증권의 공정가치와 장부금액의 차액은 기타포괄손익누계액(재무상태표)으로 반영한다.

---

2. 결산시 매도가능증권의 평가

• 시장성 있는 매도가능증권의 공정가치가 장부금액을 초과하는 경우

차 변	매도가능증권	×××	대 변	매도가능증권평가이익	×××

• 시장성 있는 매도가능증권의공정가치가 장부금액보다 낮아진 경우

차 변	매도가능증권평가손실	×××	대 변	매도가능증권	×××

참고 매도가능증권평가손익은 기타포괄손익누계액(자본)으로 분류되어 당기손익에 반영되지 않고, 재무상태표에 표시되며, 향후 처분시에 매도가능증권평가손익을 상계처리 후 매도가능증권처분손익으로 처리되어 당기손익에 반영된다.

I CAN 기출문제

다음 유가증권에 대한 설명으로 틀린 것은?

① 단기매매증권과 매도가능증권은 원칙적으로 공정가치로 평가한다.
② 매도가능증권은 보유목적에 따라 유동자산이나 투자자산으로 분류된다.
③ 단기매매증권과 매도가능증권의 미실현보유이익은 당기순이익항목으로 처리한다.
④ 단기매매증권이 시장성을 상실한 경우에는 매도가능증권으로 분류하여야 한다.

정답풀이

③ 매도가능증권에 대한 미실현보유손익은 기타포괄손익누계액으로 처리한다.

 I can 분개 매도가능증권 평가

다음의 매도가능증권 관련 자료를 거래 일자별로 분개하시오.

20×1.2.01. 매도가능증권 100,000원을 구입하고, 수수료 20,000원과 함께 현금으로 지급하다.
20×1년말과 20×2년말, 20×3말 공정가치는 다음과 같다.

20×1년말	20×2년말	20×3말
140,000원	110,000원	130,000원

정답풀이

20×1.12.01.	(차) 매도가능증권	120,000원	(대) 현금	120,000원
20×1.12.31.	(차) 매도가능증권	20,000원	(대) 매도가능증권평가이익	20,000원
20×2.12.31.	(차) 매도가능증권평가이익 매도가능증권평가손실	20,000원 10,000원	(대) 매도가능증권	30,000원
20×3.12.31.	(차) 매도가능증권	20,000원	(대) 매도가능증권평가손실 매도가능증권평가이익	10,000원 10,000원

I CAN 기출문제

기말현재 보유하고 있는 유가증권의 현황이 다음과 같을 경우 결산일의 회계처리로 옳은 것은?

- 취득원가 1,000,000원 A주식(단기보유목적), 기말공정가치 1,200,000원
- 취득원가 9,000,000원 B주식(장기투자목적, 시장성 있음), 기말공정가치 8,500,000원

① (차)	유가증권평가손실	300,000원	(대)	유가증권	300,000원
② (차)	단기매매증권	200,000원	(대)	단기매매증권평가이익	200,000원
	매도가능증권평가손실	500,000원		매도가능증권	500,000원
③ (차)	단기매매증권	200,000원	(대)	단기매매증권평가이익	200,000원
	매도가능증권평가손실	200,000원		매도가능증권평가손실충당금	200,000원
④ (차)	유가증권평가손실	300,000원	(대)	유가증권평가손실충당금	300,000원

 정답풀이

② 단기매매증권평가손익은 당기손익으로 처리한다. 매도가능증권평가손익은 기타포괄손익누계액이며, 처분하거나 손상차손을 인식할 때 당기손익에 반영한다.

3. 매도가능증권의 처분

매도가능증권의 처분 시 장부금액과 처분금액의 차액은 매도가능증권평가손익 상계처리 후 매도가능증권처분손익(당기손익)으로 처리하며, 처분시 발생하는 수수료 등의 비용은 매도가능증권처분손익에 가(+) 감(-) 하여야 한다.

- 매도가능증권의 장부금액 보다 처분금액이 높은 경우(매도가능증권평가이익 있음)

차 변	현금(처분금액)	×××	대 변	매도가능증권	×××
	매도가능증권평가이익	×××		매도가능증권처분이익	×××

- 매도가능증권의 장부금액 보다 처분금액이 낮은 경우(매도가능증권평가이익 있음)

차 변	현금(처분금액)	×××	대 변	매도가능증권	×××
	매도가능증권평가이익	×××			
	매도가능증권처분손실	×××			

I can 분개 매도가능증권

다음의 매도가능증권 관련 자료를 거래 일자별로 분개하시오.

20×1.12.01. 매도가능증권을 구입하고, 현금 300,000원을 지급 하였다.
20×1.12.31. 매도가능증권의 기말 공정가치가 280,000원으로 평가되었다.
20×2.01.31. 보유중인 매도가능증권 전부를 350,000원에 현금 매각하였다.

답안

20×1.12.01.	(차) 매도가능증권	300,000원	(대) 현금	300,000원
20×1.12.31.	(차) 매도가능증권평가손실	20,000원	(대) 매도가능증권	20,000원
20×2.01.31.	(차) 현금	350,000원	(대) 매도가능증권	280,000원
			매도가능증권평가손실	20,000원
			매도가능증권처분이익	50,000원

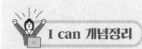

I can 개념정리

■ 유가증권보유에 따른 수익 인식

보유중인 지분증권(주식)에 대하여 현금배당이 결정되면 영업외수익 항목의 배당금수익으로 처리하고, 채무증권(사채·공채)에 대하여 일정 기간분의 이자를 수령하면 영업외수익 항목의 이자수익으로 처리한다.

구 분	회계처리
지분증권 (주식)	(차) 현금 ××× (대) 배당금수익(현금배당) ×××
	참고 주식배당을 받은 경우: 회계처리는 하지 않고 주식수를 증가시키고 취득단가를 조정하는 내용을 주석으로 표시한다.
채무증권 (국·공채, 사채)	(차) 현금 ××× (대) 이자수익 ×××

I can 분개연습(유가증권)

01 만기보유 목적으로 채권 3,000,000원을 보통예금을 지급하고 취득하다.

02 만기보유 목적으로 채권 3,000,000원을 취득하면서 매입수수료 20,000원을 모두 보통예금으로 지급하다.

03 만기보유증권에서 발생한 이자수익 100,000원을 보통예금으로 수령하다.

04 만기보유증권으로 분류된 채권의 만기가 되어 원금 3,000,000원과 이자 100,000원을 합산하여 보통예금으로 수령하다.

05 장기투자 목적으로 주식 9,000,000원을 당좌예금을 지급하고 취득하다.

06 장기투자 목적으로 주식 9,000,000원을 당좌예금으로 이체하여 취득하면서 수수료 20,000원은 현금으로 지급하다.

07 매도가능증권에서 발생한 배당금 200,000원을 당좌예금으로 수령하다.

08 9,000,000원에 취득한 매도가능증권의 기말평가액이 9,300,000원으로 상승하다.

09 장부금액 9.300,000원인 매도가능증권의 기말 평가액이 9,200,000원으로 하락하다.
(단, 재무상태표에 매도가능증권평가이익 잔액 300,000원이 있다고 가정한다.)

10 9,000,000원에 취득한 매도가능증권의 기말평가액이 8,800,000원으로 하락하다.
(단, 재무상태표에 매도가능증권평가이익 잔액은 없다고 가정한다.)

11 장부금액 8,800,000원인 매도가능증권의 기말 평가액이 9,100,000원으로 상승하였다.
(단, 재무상태표에 매도가능증권평가손실 잔액 200,000원이 있다고 가정한다.)

12 장부금액 8,800,000원인 매도가능증권의 기말 평가액이 8,100,000원으로 하락하였다.
(단, 재무상태표에 매도가능증권평가이익 잔액 200,000원이 있다고 가정한다.)

13 장부금액 1,200,000원인 매도가능증권을 1,500,000원에 현금으로 처분하였다.
(단, 재무상태표에 매도가능증권평가손실 잔액 150,000원이 있다고 가정한다.)

14 장부금액 1,200,000원인 매도가능증권을 1,500,000원에 처분하고, 수수료 50,000원을 제외한 잔액은 현금으로 수령하였다.
(단, 재무상태표에 매도가능증권평가손실 잔액 150,000원이 있다고 가정한다.)

🖐 정답

No	(차변)	금액	(대변)	금액
01	(차) 만기보유증권	3,000,000원	(대) 보통예금	3,000,000원
02	(차) 만기보유증권	3,020,000원	(대) 보통예금	3,020,000원
03	(차) 보통예금	100,000원	(대) 이자수익	100,000원
04	(차) 보통예금	3,100,000원	(대) 만기보유증권 이자수익	3,000,000원 100,000원
05	(차) 매도가능증권	9,000,000원	(대) 당좌예금	9,000,000원
06	(차) 매도가능증권	9,020,000원	(대) 당좌예금 현금	9,000,000원 20,000원
07	(차) 당좌예금	200,000원	(대) 배당금수익	200,000원
08	(차) 매도가능증권	300,000원	(대) 매도가능증권평가이익	300,000원
09	(차) 매도가능증권평가이익	100,000원	(대) 매도가능증권	100,000원
	✓ 매도가능증권평가손실 발생시 매도가능증권평가이익 잔액을 우선 상계처리 하여야 한다.			
10	(차) 매도가능증권평가손실	200,000원	(대) 매도가능증권	200,000원
11	(차) 매도가능증권	300,000원	(대) 매도가능증권평가손실 매도가능증권평가이익	200,000원 100,000원
	✓ 매도가능증권평가이익 발생시 매도가능증권평가손실 잔액을 우선 상계처리 하여야 한다.			
12	(차) 매도가능증권평가이익 매도가능증권평가손실	200,000원 500,000원	(대) 매도가능증권	700,000원
13	(차) 현금	1,500,000원	(대) 매도가능증권 매도가능증권평가손실 매도가능증권처분이익	1,200,000원 150,000원 150,000원
	✓ 매도가능증권처분시 매도가능증권평가손익을 우선 상계처리 한후 처분손익을 인식하여야 한다.			
14	(차) 현금 매도가능증권평가이익	1,450,000원 150,000원	(대) 매도가능증권 매도가능증권처분이익	1,200,000원 400,000원
	✓ 매도가능증권서분시 발생하는 수수료는 별도의 비용으로 인식하지 않고 처분손익에서 가감한다.			

I can 실전문제(유가증권)

※ I can 실전문제에 수록된 문제들은 모두 전산회계 1급 시험에 다수 출제되었던 내용입니다.

01 다음 중 나머지 셋과 계정과목의 성격이 다른 하나는?

① 단기매매증권평가손실
② 단기매매증권처분손실
③ 매도가능증권평가손실
④ 매도가능증권처분손실

02 유가증권에 대한 설명이다. 옳은 것은?

① 유가증권 중 채권은 취득한 후에 단기매매증권이나 매도가능증권 중의 하나로 분류한다.
② 단기매매증권이 시장성을 상실한 경우에는 매도가능증권으로 분류하여야 한다.
③ 단기매매증권과 만기보유증권은 원칙적으로 공정가치로 평가한다.
④ 매도가능증권은 주로 단기간 내의 매매차익을 목적으로 취득한 유가증권이다.

03 유가증권과 관련한 다음의 설명 중 적절치 않은 것은?

① 유가증권에는 지분증권과 채무증권이 포함된다.
② 만기가 확정된 채무증권을 만기까지 보유할 적극적인 의도와 능력이 있는 경우에는 만기보유증권으로 분류한다.
③ 만기보유증권으로 분류되지 아니하는 채무증권은 매도가능증권으로만 분류된다.
④ 주로 단기간 내의 매매차익을 목적으로 취득한 유가증권으로서 매수와 매도가 적극적이고 빈번하게 이루어지는 것은 단기매매증권으로 분류한다.

04 다음 괄호 안에 들어갈 내용을 순서대로 적은 것으로 옳은 것은?

> (   )에 대한 미실현보유손익은 당기손익항목으로 처리한다. (   )에 대한 미실현보유손익은 기타포괄손익누계액으로 처리한다.

① 단기매매증권, 만기보유증권
② 단기매매증권, 매도가능증권
③ 매도가능증권, 만기보유증권
④ 매도가능증권, 지분법적용투자주식

05 다음의 계정과목 중 미실현이익에 해당하는 것은?

① 배당금수익   ② 외환차익
③ 매도가능증권처분이익   ④ 단기매매증권평가이익

06 다음 중 유동자산과 투자자산에 속하는 유가증권의 처분과 평가시 발생(증감)할 수 있는 것으로 틀린 것은?

① 손익의 발생   ② 자산의 증감
③ 부채의 증감   ④ 자본의 증감

07 보고기간 종료일에 당사의 결산시 당기순이익이 100,000원이었다. 다음과 같은 오류가 포함되었을 경우, 수정 후 당기순이익은 얼마인가?

> • 감자차익 과소계상액: 10,000원
> • 매도가능증권평가손실 과대계상액: 20,000원
> • 이자비용 과대계상액: 15,000원
> • 단기투자자산처분이익 과대계상액: 25,000원

① 90,000원   ② 100,000원
③ 120,000원   ④ 130,000원

08 다음 중 기업회계기준에 의한 유가증권에 관한 설명이다. 옳지 않은 것은?

① 만기보유증권으로 분류되지 아니하는 채무증권은 단기매매증권이나 매도가능증권으로 분류된다.
② 단기매매증권, 매도가능증권, 만기보유증권은 원칙적으로 공정가치로 평가한다.
③ 단기매매증권이 시장성을 상실한 경우에는 매도가능증권으로 분류하여야 한다.
④ 만기가 확정된 채무증권을 만기까지 보유할 적극적인 의도와 능력이 있는 경우에는 만기보유증권으로 분류한다.

09 다음의 매도가능증권 거래에서 당기손익에 미치는 영향으로 옳은 것은?

> ㈜I can은 1월 16일에 ㈜회계의 주식 100주를 주당 10,000원에 취득(매도가능증권으로 회계처리함)하고, 취득 관련 수수료비용 20,000원을 포함하여 현금을 지급하였다. 그리고 다음날인 1월 17일에 ㈜회계의 주식 50주를 주당 9,000원에 현금 처분하였다.

① 당기순이익 40,000원 감소한다.　　② 당기순이익 50,000원 감소한다.
③ 당기순이익 60,000원 감소한다.　　④ 당기순이익 70,000원 감소한다.

10 다음 중 유가증권에 대한 설명으로 옳지 않은 것은?

① 단기시세차익이 목적인 유가증권은 단기매매증권으로 분류한다.
② 시장성이 있는 매도가능증권은 공정가치로 평가하며, 평가손익은 기타포괄손익누계액(자본)으로 처리한다.
③ 매도가능증권은 무조건 공정가치로 평가하여야 한다.
④ 유가증권의 매매로 발생하는 처분손익은 영업외손익으로 처리한다.

4. 유형자산

01 유형자산의 이해

유형자산이란 판매를 목적으로 하지 않고, 1년이상 장기간에 걸쳐 영업활동에 사용되는 토지, 건물, 비품, 차량운반구, 기계장치, 건설중인 자산, 구축물 등 물리적 형태가 있는 자산이 해당 되며 비유동자산으로 분류된다. 유형자산의 종류는 다음과 같다.

토 지	대지, 임야, 전, 답 등
건 물	공장, 사무실, 창고 등
구축물	건물 이외의 교량, 도로포장, 부속설비 등
차량운반구	승용차, 화물차, 버스, 오토바이 등
기계장치	제조설비, 운송설비 등 기계장비
비 품	사무 집기비품으로 컴퓨터, 복사기, 책상, 에어컨, 냉장고 등
건설중인자산	유형자산의 건설을 위해 지출한 금액(완성되면 건물 등으로 대체)

영업활동에 사용하지 않는 자산 즉, 투자를 목적으로 취득한 비영업용 토지와 건물 등은 투자자산(투자부동산)으로 분류되므로, 토지와 건물이라는 유형자산 계정을 사용 할 수 없으며, 부동산업자나 건설업자가 판매용으로 취득한 부동산 역시 유형자산계정이 아니라 재고자산(상품)계정으로 처리하여야 한다.

I CAN 기출문제

다음 중 유형자산으로 분류되지 않는 항목은?

① 제조공장의 부지　　　　　　　　② 투자목적으로 보유하는 토지
③ 건설중인 제조공장의 건물　　　　④ 출퇴근용 사내(社內)버스

정답풀이

② 투자목적으로 보유하는 토지는 유형자산이 아닌 투자부동산(투자자산)으로 분류된다.

---

02 유형자산의 취득원가

유형자산은 최초 취득시 취득원가로 측정한다. 단, 유형자산을 현물출자, 증여, 기타 무상으로 취득하는 경우 그 공정가치를 취득원가로 하며, 취득원가는 구입원가 또는 제작원가 및 경영진이 의도하는 방식으로, 자산을 가동하는데 필요한 장소와 상태에 이르게 하는데 직접 관련되는 원가 등으로 구성된다.

> **유형자산의 취득원가 = 매입금액 + 구입 시 취득원가에 가산하는 지출**

① 외부에서 구입하는 경우의 취득원가

외부에서 구입하는 자산의 취득원가는 매입금액에 매입부대비용을 합한 금액으로 처리하며, 매입부대비용의 유형은 다음과 같다.

- 설치장소 준비를 위한 지출, 운송비, 취급비, 설치비
- 취득 및 설치관련 수수료, 시운전비
- 자본화대상 차입원가, 취득세 등 취득과 관련된 제세공과금
- 취득 시 매입해야 하는 국·공채 등의 매입금액과 공정가치의 차액

1. 취득세 등의 처리

세금 중에서 재산세 및 자동차는 세금과공과(비용)로 처리하지만, 취득세 및 등록세는 자산의 매입부대비용으로 해당 자산의 취득원가에 가산한다.

- 건물을 5,000,000원에 취득 후 대금을 익월에 지급 하기로 하고, 취득세 150,000원과 중개수수료 100,000원을 현금지급 하였다.

차 변	건물	5,250,000원	대 변	미지급금 현금	5,000,000원 250,000원

- 건물의 재산세 80,000원을 현금으로 지급하였다.

차 변	세금과공과	80,000원	대 변	현금	80,000원

2. 유형자산 관련 공채 취득

유형자산 취득 시 매입해야 하는 국·공채는 공정가치로 기록하고, 매입금액과 공정가치의 차액을 해당 유형자산의 취득원가에 산입한다.

• 승용차를 4,000,000원에 취득하면서 대금은 1개월 후에 지급하기로 하고, 차량구입과 관련된 공채(액면 100,000원, 공정가치 60,000원)를 현금으로 매입하였으며, 공채는 만기까지 보유하기로 하였다.

| 차 변 | 차량운반구 | 4,040,000원 | 대 변 | 미지급금 | 4,000,000원 |
| | 만기보유증권 | 60,000원 | | 현금 | 100,000원 |

I CAN 기출문제

유형자산의 취득원가 구성으로 틀린 것은?

① 새로운 상품을 소개하는데 발생한 광고선전비
② 자본화대상인 차입원가
③ 취득세 등 유형자산의 취득과 직접 관련된 제세공과금
④ 유형자산의 취득과 관련하여 국·공채 등을 불가피하게 매입하는 경우 당해 채권의 매입금액과 일반기업 회계기준에 따라 평가한 현재가치와의 차액

 정답풀이

① 광고선전비는 유형자산의 취득원가가 아니라 판매비와관리비에 해당된다.

---

2 증여(무상취득)로 자산을 취득하는 경우의 취득원가

유형자산을 증여에 의하여 무상으로 취득하는 경우에는 유형자산의 공정가치에 매입부대비용을 가산한 금액을 취득원가로 하고, 자산의 공정가치를 자산수증이익으로 처리한다.

• 대주주로부터 공정가치 20,000,000원의 건물을 증여받고 건물 취득에 따른 취득세 400,000원을 현금으로 납부하였다.

| 차 변 | 건물 | 20,400,000원 | 대 변 | 자산수증이익 | 20,000,000원 |
| | | | | 현금 | 400,000원 |

③ 현물출자로 자산을 취득하는 경우의 취득원가

유형자산을 현물출자에 의하여 취득하는 경우에는 자산의 공정가치에 매입부대비용을 가산한 금액을 취득원가로 하고 발행한 주식의 액면금액을 자본금으로 한다.

• 대표자로부터 공정가치 2,000,000원의 건물을 현물출자 받고, 회사의 주식 200주 (주당 액면금액 8,000원)를 발행하여 지급하였다.

차 변	건물	2,000,000원	대 변	자본금 주식발행초과금	1,600,000원 400,000원

참고 현물출자 받은 현물의 공정가치 중 주식의 액면금액을 자본금으로, 액면금액을 초과하는 금액을 주식발행초과금으로 처리한다.

④ 자가 건설하는 경우의 취득원가

유형자산을 자가 건설하는 경우에는 건설과 관련된 지출을 집계하여 우선 건설중인자산으로 계상한 후 건설이 완료되면 건물, 기계장치 등 해당 유형자산으로 처리한다.

• 창고건물을 신축하기로 하고 계약금 5,000,000원을 현금으로 지급 하였다.

차 변	건설중인자산	5,000,000원	대 변	현금	5,000,000원

• 신축중인 창고의 건설관련 중도금 3,000,000원을 현금으로 지급 하였다.

차 변	건설중인자산	3,000,000원	대 변	현금	3,000,000원

• 신축중인 창고의 건설이 완료되어 잔금 12,000,000원을 현금으로 지급 하였다.

차 변	건물	20,000,000원	대 변	건설중인자산 현금	8,000,000원 12,000,000원

참고 건설공사관련 계약금 및 중도금은 건설중인자산 계정으로 처리하였다가, 공사 완료시 건물 계정으로 대체하여야 한다.

⑤ 유형자산을 일괄구입하는 경우의 취득원가

토지와 건물을 함께 구입하면서 토지와 건물의 대가가 구분되지 않는 경우에는 지급액을 공정가치 비율로 안분하여 각각의 취득원가를 계산한다.

• 토지와 건물을 2,000,0000원에 일괄 취득하였으며, 토지와 건물의 공정가치는 각각 400,000원과 600,000원 이다.

차 변	토지 건물	800,000원 1,200,000원	대 변	현금	2,000,000원

✓ 토지: 2,000,000원 × $\dfrac{400,000원}{(400,000원 + 600,000원)}$ = 800,000원

✓ 건물: 2,000,000원 × $\dfrac{600,000원}{(400,000원 + 600,000원)}$ = 1,200,000원

6 사용 중인 건물을 철거하는 경우

기존에 사용하던 건물을 철거하는 경우에는 장부금액과 관련비용을 유형자산처분손실로 계상한다.

• 건물을 신축하기 위하여 사용하던 건물(취득금액 3,000,000원, 감가상각누계액 1,800,000원)을 철거하고 철거비용 100,000원은 현금으로 지급하였다.

차 변	감가상각누계액 유형자산처분손실	1,800,000원 1,300,000원	대 변	건물 현금	3,000,000원 100,000원

7 토지와 건물을 일괄취득 후 건물을 철거하는 경우

토지만 사용할 목적으로 토지와 건물을 일괄취득한 후 건물을 철거하는 경우에는 건물 가격과 철거비용 모두 토지의 취득원가에 산입한다.

• 건물 신축을 위하여 건물이 있는 토지를 취득하면서 건물과 토지의 일괄취득 대가로 5,000,000원을 보통예금에서 이체하여 지급하고, 건물의 철거비용 200,000원을 현금으로 지급하다.

차 변	토지	5,200,000원	대 변	보통예금 현금	5,000,000원 200,000원

8 교환으로 취득한 유형자산의 취득원가

1. 이종자산의 교환

자산의 교환시 동종자산인지 이종자산인지에 따라 취득원가 계산방법이 다른데, 이종자산이란 서로 다른 종류의 자산을 말하며, 동종자산이란 서로 같은 종류의 자산을 말한다. 이종자산 간의 교환 시에는 취득하는 자산의 취득금액은 제공한 자산의 공정가치로 측정하고, 제공한 자산의 장부금액과 공정가치의 차액을 유형자산처분손익으로 인식한다.

• 이종자산간 교환으로 기계장치(취득금액 2,000,000원, 감가상각누계액 1,200,000원, 공정가치 1,000,000원)를 지급하고, 차량운반구를 취득하다.

| 차 변 | 차량운반구 | 1,000,000원 | 대 변 | 기계장치 | 2,000,000원 |
| | 감가상각누계액 | 1,200,000원 | | 유형자산처분이익 | 200,000원 |

2. 동종자산의 교환

동종자산 간의 교환시에는 취득하는 자산의 취득금액은 제공한 자산의 장부금액으로 측정하고 유형자산처분손익을 인식하지 않는다.

• 동종자산간 교환으로 기계장치A(취득금액 2,000,000원, 감가상각누계액 1,200,000원, 공정가치 1,000,000원)를 지급하고, 기계장치B를 취득하다.

| 차 변 | 기계장치B | 800,000원 | 대 변 | 기계장치A | 2,000,000원 |
| | 감가상각누계액 | 1,200,000원 | | | |

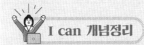

I can 개념정리

📑 **동종 자산과 이종 자산의 교환 요약**

취득하는 자산의 취득금액	동종자산	제공하는 자산의 장부금액
	이종자산	제공하는 자산의 공정가치
처분손익	동종자산	처분손익 인식하지 않음
	이종자산	장부금액과 공정가치의 차액을 처분손익으로 인식

I CAN 기출문제

다음은 유형자산의 취득시 회계처리를 설명한 것이다. 옳지 않은 것은?

① 유형자산에 대한 건설자금이자는 취득원가에 포함할 수 있다.
② 무상으로 증여받은 건물은 취득원가를 계상하지 않는다.
③ 이종자산의 교환으로 취득한 자산의 금액은 제공한 자산의 공정가치를 취득원가로 한다.
④ 유형자산 취득시 그 대가로 주식을 발행하는 경우 주식의 발행금액을 그 유형자산의 취득원가로 한다.

👆 **정답풀이**
② 무상으로 증여받은 유형자산은 공정가치로 취득원가를 계상한다.

03 유형자산 취득 후의 지출

유형자산을 취득한 이후에 수선 및 증설 등과 같이 추가로 지출이 발생할 수 있는데, 지출의 성격에 따라 자본적지출과 수익적지출로 구분하며, 자본적지출은 해당 자산의 원가에 포함되고, 수익적지출은 당기 비용(수선비)으로 처리하여야 한다.

1. 자본적 지출

유형자산을 취득한 후에 발생하는 지출이 내용연수의 증가, 생산능력의 증대, 원가절감, 품질향상, 엘리베이터 및 냉난방기설치 등의 경우로 미래의 경제적 효익을 증가시키면 해당자산으로 처리한다.

• 본사 건물의 가치증진 및 내용연수 연장을 위한 증설비용 5,000,000원을 보통예금에서 이체하여 지급하였다.

차 변	건물	5,000,000원	대 변	보통예금	5,000,000원

2. 수익적 지출

유형자산을 취득한 후에 발생하는 지출이 해당 자산의 원상회복, 능률유지 등 수선유지를 위한 것으로, 수선유지, 외벽도색, 파손된 유리교체 등의 경우로 비용(수선비 등)으로 처리한다.

• 건물 외벽의 도장비용 2,000,000원을 현금으로 지급하였다.

차 변	수선비	2,000,000원	대 변	현금	2,000,000원

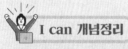

I can 개념정리

자본적지출과 수익적지출 구분

어떤 특정한 지출을 수익적 지출로 처리하느냐, 아니면 자본적 지출로 처리하느냐에 따라 기업의 재무상태와 경영성과가 크게 달라질 수 있다.

즉, 수익적 지출로 처리하여야 할 것을 자본적 지출로 처리하게 되면 그 사업연도의 이익이 과대계상(비용의 과소계상)될 뿐만 아니라 유형자산이 과대계상된 부분이 발생하게 되며, 반대로 자본적 지출로 처리하여야 할 것을 수익적 지출로 처리하게 되면 이익의 과소계상(비용의 과대계상)과 유형자산이 과소평가되는 결과를 초래하게 된다.

오류의 유형	자 산	비 용	당기순이익
수익적 지출을 자본적 지출로 잘못 처리한 경우	과대계상	과소계상	과대계상
자본적 지출을 수익적 지출로 잘못 처리한 경우	과소계상	과대계상	과소계상

I CAN 기출문제

다음 보기의 유형자산관련 지출 내역중 자본적지출에 해당하는 것은?

① 건물의 도색작업
② 건물 내 엘리베이터 설치
③ 자동차의 타이어 교체
④ 건물 내 형광등 교체

정답풀이

② 냉난방장치 및 엘리베이터 설치 등은 자산의 가치를 증가시키는 자본적지출에 해당하며. 나머지는 자산의 능률유지 및 원상회복과 관련된 수익적지출에 해당한다.

 I CAN 기출문제

자본적 지출 1,500,000원을 수익적 지출로 회계처리한 경우, 재무상태 또는 경영성과에 미치는 영향은 무엇인가?

① 자산은 증가하고 비용은 감소하게 된다.
② 자산은 감소하고 이익도 감소하게 된다.
③ 자산은 감소하고 이익은 증가하게 된다.
④ 자산은 변화가 없으나 비용은 증가하게 된다.

정답풀이

② 자산으로 처리해야 하는 것을 비용으로 계상하였으므로, 자산과 이익은 모두 감소한다.

04 유형자산의 감가상각

유형자산은 사용하거나 시간의 경과에 따라 물리적 혹은 경제적으로 그 가치가 점차 감소되는데 이를 감가라고 하며, 이러한 현상을 측정하여 유형자산의 사용기간 동안 비용으로 배분하는 절차를 감가상각이라고 한다. 감가상각누계액은 해당 자산의 차감적 평가계정으로, 건물의 취득

재 무 상 태 표

과 목	제 XX 기 (20XX.12.31.)	
자 산		
⋮		
건 물	10,000,000	
감가상각누계액	3,000,000	7,000,000

㈜ I can (단위: 원)

원가가 10,000,000원이고 감가상각누계액이 3,000,000원일 경우 장부금액(취득원가 - 감가상각누계액)은 7,000,000원이다.

참고 토지와 건설중인자산은 감가상각을 하지 않는다.

1 감가상각의 3요소

취득원가	매입금액에 취득부대비용을 더한 것(자본적지출액 포함)
잔존가치	내용연수 종료시점에 기대되는 가치(처분금액에서 처분비용을 차감)
내용연수	영업활동에 사용될 것으로 기대되는 예상 사용기간

2 감가상각 방법

감가상각 방법으로 정액법과 정률법을 많이 사용하며, 업종에 따라서는 연수합계법과 생산량비례법 등의 방법을 사용하기도 한다.

1. 정액법

정액법은 감가상각대상금액을 매년 동일한 금액으로 배분하여 감가상각비로 인식한다.
(정액상각, 균등상각)

$$\text{정액법 감가상각비} = (\text{취득원가} - \text{잔존가치}) \div \text{내용연수}$$

2. 정률법

정률법은 미상각잔액(취득원가-감가상각누계액)에 정률을 곱한 금액을 감가상각비로 인식한다. 정률법은 내용연수 초기에 감가상각비가 많이 계상되고 갈수록 적어지므로 가속상각방법의 일종이다.

$$\text{정률법 감가상각비} = (\text{취득원가} - \text{감가상각누계액}) \times \text{정률}$$

3. 연수합계법

연수합계법은 감가상각대상금액에 잔여내용연수를 곱하고 내용연수의 합계를 나눈 금액을 감가상각비로 인식한다. 내용연수 초기에 감가상각비가 많이 계상되고 갈수록 적어지므로 가속상각방법의 일종이다.

$$\text{연수합계법 감가상각비} = (\text{취득원가} - \text{잔존가치}) \times \frac{\text{잔여 내용연수}}{\text{내용연수의 합계}}$$

4. 생산량 비례법

생산량비례법은 감가상각대상금액에 총생산가능량에 대한 실제 생산량의 비율을 곱한 금액을 감가상각비로 인식한다.

$$\text{생산량비례법 감가상각비} = (\text{취득원가} - \text{잔존가치}) \times \frac{\text{당기 실제 생산량}}{\text{추정 총생산량}}$$

I CAN 기출문제

다음은 유형자산의 감가상각방법을 나타낸 것이다. A와 B에 해당하는 것은?

- 정액법 = (취득원가 – A) ÷ 내용연수　　• 정률법 = (취득원가 – B) × 감가상각률

	A	B			A	B
①	잔존가치	감가상각누계액		②	잔존가치	내용연수
③	감가상각누계액	잔존가치		④	내용연수	잔존가치

정답풀이

① 정액법: (취득원가 – 잔존가치) ÷ 내용연수
　　정률법: 미상각잔액(취득원가 – 감가상각누계액) × 감가상각률

3　감가상각비 회계처리(간접법)

회계기말에 감가상각비를 계산한 후 다음과 같이 차변에 감가상각비, 대변에 감가상각누계액으로 회계처리 한다. 유형자산의 감가상각비는 일반적으로 판매비와관리비로 분류되지만, 제조공정에서 사용되는 유형자산의 감가상각비는 제조원가로 분류된다.

차 변	감가상각비	×××	대 변	감가상각누계액 (유형자산의 차감계정)	×××

I CAN 기출문제

유형자산의 감가상각과 관련한 다음 설명 중 가장 옳지 않은 것은?

① 감가상각대상금액은 취득원가에서 잔존가치를 차감하여 결정한다.
② 감가상각의 주목적은 취득원가의 배분에 있다.
③ 감가상각비는 다른 자산의 제조와 관련된 경우 관련자산의 제조원가로 계상한다.
④ 정률법은 내용연수동안 감가상각비를 매 기간 동일하게 계산하는 방법이다.

👆 **정답풀이**

④ 정액법에 대한 설명이다.

I can 분개 감가상각

다음은 기계장치에 대한 내용이다. 정액법, 정률법, 연수합계법, 생산량비례법을 이용하여 20×1년부터 20×3년까지의 감가상각비를 계산하여 회계처리 하고, 20×3년말 기계장치의 장부금액을 계산하시오.

1. 취득금액: 1,000,000원(잔존가치 200,000원, 내용연수 5년)
2. 취득일: 20×1년 1월 1일
3. 정률법 사용 시 적용되는 상각률: 40%(0.4)
4. 총예정생산량은 100톤이며, 20×1년 20톤, 20×2년 40톤, 20×3년 25톤을 생산한다고 가정한다.

답안

ⓐ 정액법

감가상각비	(1,000,000원 − 200,000원) ÷ 5년 = 160,000원
회계처리	(차) 감가상각비　160,000원　　　　　　(대) 감가상각누계액　160,000 참고 정액법은 매년 감가상각비가 동일하므로 회계처리도 매년 동일함
장부금액	20×3년말 감가상각누계액: 160,000원 × 3년(×1, ×2, ×3) = 480,000원 20×3년말 장부금액: 1,000,000원 − 480,000원 = 520,000원

ⓑ 정률법

감가상각비	20×1년: 1,000,000원 × 0.4 = 400,000원 20×2년: (1,000,000원 − 400,000원) × 0.4 = 240,000원 20×3년: (1,000,000원 − 400,000원 − 240,000원) × 0.4 = 144,000원
회계처리	20×1년: (차) 감가상각비　400,000원　　　(대) 감가상각누계액　400,000원 20×2년: (차) 감가상각비　240,000원　　　(대) 감가상각누계액　240,000원 20×3년: (차) 감가상각비　144,000원　　　(대) 감가상각누계액　144,000원
장부금액	20×3년말 감가상각누계액: 400,000원 + 240,000원 + 144,000원 = 784,000원 20×3년말 장부금액: 1,000,000원 − 784,000원 = 216,000원

© 연수합계법

감가 상각비	20×1년: (1,000,000원 – 200,000원) × $\dfrac{5}{1+2+3+4+5}$ = 266,667원
	20×2년: (1,000,000원 – 200,000원) × $\dfrac{4}{1+2+3+4+5}$ = 213,333원
	20×3년: (1,000,000원 – 200,000원) × $\dfrac{3}{1+2+3+4+5}$ = 160,000원
회계처리	20×1년: (차) 감가상각비 266,667원 (대) 감가상각누계액 266,667원 20×2년: (차) 감가상각비 213,333원 (대) 감가상각누계액 213,333원 20×3년: (차) 감가상각비 160,000원 (대) 감가상각누계액 160,000원
장부금액	20×3년말 감가상각누계액: 266,667원 + 213,333원 + 160,000원 = 640,000원 20×3년말 장부금액: 1,000,000원 – 640,000원 = 360,000원

② 생산량비례법

감가 상각비	20×1년: (1,000,000원 – 200,000원) × $\dfrac{20}{100}$ = 160,000원
	20×2년: (1,000,000원 – 200,000원) × $\dfrac{40}{100}$ = 320,000원
	20×3년: (1,000,000원 – 200,000원) × $\dfrac{25}{100}$ = 200,000원
회계처리	20×1년: (차) 감가상각비 160,000원 (대) 감가상각누계액 160,000원 20×2년: (차) 감가상각비 320,000원 (대) 감가상각누계액 320,000원 20×3년: (차) 감가상각비 200,000원 (대) 감가상각누계액 200,000원
장부금액	20×3년말 감가상각누계액: 160,000원 + 320,000원 + 200,000원 = 680,000원 20×3년말 장부금액: 1,000,000원 – 680,000원 = 320,000원

I CAN 기출문제

20X1년 1월 1일에 건물 5,000,000원을 구입하고, 취득세 500,000원을 현금으로 지급하였다.
20X1년 12월 31일 결산시 정액법에 의한 감가상각비는 얼마인가?
(단, 내용연수 10년, 잔존가치 0원, 결산 연 1회)

① 50,000원   ② 450,000원   ③ 500,000원   ④ 550,000원

 정답풀이

④ 건물의 취득원가: 취득원가(5,000,000원) + 취득세(500,000원) = 5,500,000원
   정액법 상각비: (취득원가 5,500,000원 – 잔존가치 0원) ÷ 내용연수(10년) = 550,000원

I CAN 기출문제

유형자산의 감가상각과 관련한 다음 설명 중 가장 옳지 않은 것은?

① 연수합계법은 자산의 내용연수 동안 동일한 금액의 감가상각비를 계상하는 방법이다.
② 감가상각의 주목적은 원가의 합리적이고 체계적인 배분에 있다.
③ 감가상각비가 제조와 관련된 경우 재고자산의 원가를 구성한다.
④ 유형자산의 잔존가치가 유의적인 경우 매 보고기간 말에 재검토한다.

정답풀이

① 연수합계법은 내용연수동안 감가상각액이 매 기간 감소하는 방법이다.

---

4 연도 중에 취득한 자산의 감가상각

현실적으로 유형자산을 연초에 취득하는 경우 보다는 연중에 취득하는 경우가 많으며, 유형자산을 연중에 취득하는 경우에는 월 단위로 감가상각하는데 이를 월할상각이라 한다.

• 취득금액 1,000,000원(잔존가치 100,000원, 내용연수 5년, 취득일 20×1.09.01.)인 기계장치의 20×1년 감가상각비를 정액법과 정률법(정률 0.3)으로 계산하시오

정액법 감가상각비	$(1,000,000원 - 100,000원) ÷ 5 \times \dfrac{4개월}{12개월} = 60,000원$
정률법 감가상각비	$1,000,000원 \times 0.3 \times \dfrac{4개월}{12개월} = 100,000원$

I CAN 기출문제

20X1년 7월 1일 1,000,000원에 취득한 비품을 정액법으로 감가상각할 경우 재무상태표에 표시되는 순장부금액(취득원가 - 감가상각누계액)은 얼마인가?
(단, 내용연수 10년, 잔존가치는 취득원가의 10%, 결산 연 1회)

① 45,000원   ② 90,000원   ③ 955,000원   ④ 910,000원

정답풀이

③ 감가상각액: (취득원가 1,000,000원 - 잔존가치 100,000원) ÷ 10년 × 6/12 = 45,000원
　 순장부금액: 취득원가 1,000,000원 - 감가상각누계액 45,000원 = 955,000원
　 참고 7월 1일 취득하였으므로 감가상각시 6개월분만 반영

---

05 유형자산의 처분

유형자산을 외부에 매각하거나 폐기하는 등 처분하는 경우에는 유형자산의 취득원가와 감가상각누계액을 제거하고 처분손익을 인식한다.

1. 장부금액 〈 처분금액

• 취득금액 1,000,000원(감가상각누계액 800,000원)인 기계장치를 현금 300,000원을 받고 매각하였다.

차 변	감가상각누계액 현금	800,000원 300,000원	대 변	기계장치 유형자산처분이익	1,000,000원 100,000원

2. 장부금액 〉 처분금액

• 취득금액 1,000,000원(감가상각누계액 800,000원)인 기계장치를 현금 50,000원을 받고 매각하였다.

차 변	감가상각누계액 현금 유형자산처분손실	800,000원 50,000원 150,000원	대 변	기계장치	1,000,000원

I CAN 기출문제

20X1년 1월 1일 구입한 차량을 20X3년 1월 1일에 5,000,000원에 처분한 경우 유형자산처분손익은 얼마인가? (단, 상각방법은 정액법이다)

• 취득원가: 10,000,000원	• 내용연수: 5년	• 잔존가치: 1,000,000원

① 유형자산처분이익 1,000,000원   ② 유형자산처분손실 1,000,000원
③ 유형자산처분이익 1,400,000원   ④ 유형자산처분손실 1,400,000원

👆 **정답풀이**

④ 20X1년 감가상각비: (10,000,000원 − 1,000,000원) ÷ 5년 = 1,800,000원
  20X2년 감가상각비: (10,000,000원 − 1,000,000원) ÷ 5년 = 1,800,000원
  20X3년 1월 1일 기준 차량의 장부금액 6,400,000원(10,000,000원 − 3,600,000원)
∴ 장부금액 6,400,000원인 차량을 5,000,000원에 매각하였으므로, 유형자산처분손실 1,400,000원이 발생한다.

I can 분개연습(유형자산)

01 하나가구로부터 사무실 책상(내용연수 5년)을 2,000,000원에 구입하고 대금은 월말에 지급하기로 하였다.

02 업무용 컴퓨터를 1,500,000원에 구입하고, 대금은 운임 30,000원과 함께 현금으로 지급하였다.

03 회사의 업무용 건물을 15,000,000원에 구입후 대금은 3개월 후 지급하기로 하고, 취득세 500,000원은 현금으로 지급하였다.

04 매장 건물을 신축하기 위하여 토지를 취득하고 그 대금 50,000,000원을 우리은행 앞 당좌수표를 발행하여 지급하였다. 또한 부동산 중개수수료 500,000원과 취득세 600,000원은 현금으로 지급하였다.

05 현대자동차에서 업무용승용차 1대(20,000,000원)를 24개월 할부로 구입하고 차량구입에 따른 취득세 등 1,100,000원은 현금으로 지급하였다.

06 본사 건물에 엘리베이터를 설치하고 대금 10,000,000원은 월말에 지급하기로 하였다.

07 당사 영업부 건물을 수리하고 수선비 5,000,000원을 보통예금 통장에서 이체하였다. 수선비 중 4,000,000원은 냉난방장치 설치와 관련된 것이고, 잔액은 외벽도색과 관련된 지출이다.

08 사용중인 상품 배달용 화물차(취득금액 6,000,000원, 감가상각누계액 4,200,000원)를 서울중고상사에 1,500,000원에 매각하고 대금은 월말에 받기로 하였다.

09 사용중인 에어컨(취득금액 2,000,000원, 감가상각누계액 1,200,000원)을 제일중고상사에 1,000,000원에 매각하고, 매각대금은 1개월 후에 받기로 하였다.

10 결산시 차량(800,000원)과 비품(300,000원)에 대한 감가상각을 계상하다.

정답

01	(차) 비품	2,000,000원	(대) 미지급금	2,000,000원
02	(차) 비품	1,530,000원	(대) 현금	1,530,000원
03	(차) 건물	15,500,000원	(대) 미지급금 현금	15,000,000원 500,000원
04	(차) 토지	51,100,000원	(대) 당좌예금 현금	50,000,000원 1,100,000원
05	(차) 차량운반구	21,100,000원	(대) 미지급금 현금	20,000,000원 1,100,000원
06	(차) 건물	10,000,000원	(대) 미지급금	10,000,000원
07	(차) 건물 수선비	4,000,000원 1,000,000원	(대) 보통예금	5,000,000원
	✓ 건물의 냉난방장치는 자본적지출(건물)이고, 외벽도색은 수익적지출(수선비)에 해당한다.			
08	(차) 감가상각누계액 미수금 유형자산처분손실	4,200,000원 1,500,000원 300,000원	(대) 차량운반구	6,000,000원
09	(차) 감가상각누계액 미수금	1,200,000원 1,000,000원	(대) 비품 유형자산처분이익	2,000,000원 200,000원
10	(차) 감가상각비	1,100,000원	(대) 감가상각누계액(차량) 감가상각누계액(비품)	800,000원 300,000원

I can 실전문제(유형자산)

※ I can 실전문제에 수록된 문제들은 모두 전산회계 1급 시험에 다수 출제되었던 내용입니다.

01 다음 중 차량운반구의 취득원가에 해당하는 것은?

① 취득세   ② 자동차 보험료

③ 유류대   ④ 자동차세

02 다음 중 유형자산의 취득원가의 구성항목에 해당하지 않는 것은?

① 설치장소 준비를 위한 지출   ② 관리 및 기타 일반간접원가

③ 자본화대상인 차입원가   ④ 설치비

03 다음 중 유형자산의 취득원가에 해당하지 않는 것은?

① 유형자산의 매입 또는 건설과 직접적으로 관련되어 발생한 비용

② 유형자산의 취득과 직접 관련된 제세공과금

③ 유형자산의 설치장소 준비를 위한 지출

④ 유형자산 취득 후 발생한 이자비용

04 다음은 유형자산의 취득원가와 관련된 내용이다. 틀린 것은?

① 유형자산은 최초 취득원가로 측정한다.

② 현물출자, 증여, 기타 무상으로 취득한 자산은 공정가치를 취득원가로 한다.

③ 취득원가는 구입원가 또는 경영진이 의도하는 방식으로 자산을 가동하는데 필요한 장소와 상태에 이르게 하는데 지출된 직접원가와 간접원가를 포함한다.

④ 유형자산이 정상적으로 작동되는지 여부를 시험하는 과정에서 발생하는 원가도 취득원가에 포함한다.

05 다음은 감가상각에 대한 설명이다. 옳지 않은 것은?

① 유형자산의 감가상각은 자산이 사용가능한 때부터 시작한다.
② 토지와 건물을 동시에 취득하는 경우에는 토지 구입액도 감가상각 대상이 된다.
③ 유형자산의 감가상각방법에는 정액법, 정률법, 연수합계법, 생산량비례법 등이 있다.
④ 감가상각방법은 자산의 성격에 따라 선택 가능하고, 매기 계속 적용한다.

06 유형자산에 대한 감가상각을 하는 가장 중요한 목적으로 맞는 것은?

① 유형자산의 정확한 가치평가 목적
② 사용가능한 연수를 매년마다 확인하기 위해서
③ 현재 판매할 경우 예상되는 현금흐름을 측정할 목적으로
④ 자산의 취득원가를 체계적인 방법으로 기간배분하기 위해서

07 다음 중 유형자산의 감가상각에 대한 내용으로 옳지 않은 것은?

① 감가상각은 자산이 사용가능한 시점부터 시작한다.
② 자산의 내용연수 동안 감가상각액이 매 기간 감소하는 상각방법은 정률법이다.
③ 제조공정에서 사용된 유형자산의 감가상각액은 당기비용으로 처리한다.
④ 유형자산의 내용연수는 자산으로부터 기대되는 효용에 따라 결정된다.

08 다음 중 유형자산으로 분류하기 위한 조건으로서 가장 부적합한 것은?

① 영업활동에 사용할 목적으로 취득하여야 한다.
② 물리적인 실체가 있어야 한다.
③ 사업에 장기간 사용할 목적으로 보유하여야 한다.
④ 생산 및 판매목적으로 보유하고 있어야 한다.

09 다음의 거래로 인한 설명 중 맞는 것은?

> 보유중인 기계장치를 장부금액보다 낮은 금액을 받고 처분하였다.

① 자산의 감소와 부채의 감소 ② 자산의 감소와 자본의 증가
③ 자산의 감소와 부채의 증가 ④ 자산의 감소와 자본의 감소

10 정률법으로 감가상각할 경우 2차 회계연도에 계상될 감가상각비로 맞는 것은?

> • 취득원가: 10,000,000원   • 잔존가치: 1,000,000원
> • 내용연수: 5년   • 상각율: 0.45

① 1,800,000원   ② 2,227,500원
③ 2,475,000원   ④ 2,677,500원

11 연초에 취득하여 영업부서에 사용한 소형승용차(내용연수 5년, 잔존가치 "0")를 정률법으로 감가상각 할 경우, 정액법과 비교하여 1차년도의 당기순이익 및 1차년도 말 유형자산(차량운반구)의 순액에 미치는 영향으로 올바른 것은?

① 당기순이익은 과대계상 되고, 유형자산은 과대계상 된다.
② 당기순이익은 과대계상 되고, 유형자산은 과소계상 된다.
③ 당기순이익은 과소계상 되고, 유형자산은 과대계상 된다.
④ 당기순이익은 과소계상 되고, 유형자산은 과소계상 된다.

12 ㈜| CAN은 20×1. 7. 18. 구입하여 사용 중인 기계장치를 20×2. 6. 1. 37,000,000원에 처분하였다. 당기분에 대한 감가상각 후 처분시점의 감가상각누계액은 8,000,000원이며, 처분이익 5,000,000원이 발생하였다. 내용연수 5년, 정액법으로 월할상각한다. 기계장치의 취득원가는?

① 32,000,000원   ② 40,000,000원
③ 45,000,000원   ④ 50,000,000원

13 사용 중인 유형자산에 대한 수익적 지출을 자본적 지출로 회계처리한 경우, 재무제표에 미치는 영향으로 올바른 것은?

① 자산의 과소계상   ② 당기순이익의 과대계상

③ 부채의 과소계상   ④ 비용의 과대계상

14 다음 자료에 의하여 감가상각하는 경우에 정액법, 정률법 및 연수합계법 각각에 의한 2차년도말까지의 감가상각누계액 크기를 바르게 비교한 것은?

- 기계장치 취득원가: 2,000,000원(1월 1일 취득) • 잔존가치: 취득원가의 10%
- 내용연수: 5년   • 정률법 상각률: 0.4

① 연수합계법 〉 정률법 〉 정액법   ② 연수합계법 〉 정액법 〉 정률법

③ 정률법 〉 정액법 〉 연수합계법   ④ 정률법 〉 연수합계법 〉 정액법

15 다음 자료를 이용하여 유형자산에 대한 감가상각을 실시하는 경우 연수합계법에 의한 3차년도말 현재의 장부금액으로 맞는 것은?

- 기계장치 취득원가: 50,000,000원(1월 1일 취득) • 잔존가치: 취득원가의 10%
- 내용연수: 5년   • 정률법 상각률: 0.45

①   8,318,750원   ② 10,000,000원

③ 14,000,000원   ④ 23,000,000원

16 다음 중 감가상각에 대한 설명으로 옳지 않은 것은?

① 정액법의 경우 금액이 정해져 있으므로 상각액은 매년 일정하다.

② 정률법의 경우 상각율이 정해져 있으므로 상각액은 매년 일정하다.

③ 연수합계법의 경우 내용연수를 역순으로 적용하므로 상각액은 매년 감소한다.

④ 이중체감법의 경우 미상각잔액에 대하여 상각율을 적용하므로 상각액은 매년 감소한다.

17 결산마감시 당기분 감가상각누계액으로 1,000,000원을 계상하였다. 재무제표에 미치는 영향을 바르게 설명한 것은?

① 자본이 1,000,000원 증가한다.　　② 부채가 1,000,000원 증가한다.

③ 당기순이익이 1,000,000원 감소한다.　④ 자산이 1,000,000원 증가한다.

18 당기에 취득한 유형 자산의 감가상각을 정률법이 아닌 정액법으로 회계 처리한 경우 당기 재무제표에 상대적으로 미치는 영향으로 올바른 것은?

① 자산의 과소계상　　　　　　　② 당기순이익의 과대계상

③ 부채의 과소계상　　　　　　　④ 비용의 과대계상

19 유형자산과 관련한 다음의 지출 중 발생기간의 비용으로 처리해야 하는 것은?

① 원상회복을 위한 수선유지 지출

② 상당한 원가절감 또는 품질향상을 가져오는 경우의 지출

③ 생산능력 증대를 위한 지출

④ 내용연수 연장을 위한 지출

20 다음 중 일반적인 재무제표의 계정과목 분류가 옳지 않은 것은?

① 저장품: 재고자산

② 건설중인자산: 투자자산

③ 장기제품보증충당부채: 비유동부채

④ 매도가능증권평가손익: 기타포괄손익누계액

21 유형자산의 감가상각방법 중 정액법, 정률법 및 연수합계법 각각에 의한 1차년도말 계상된 감가상각비가 큰 금액부터 나열한 것은?

> • 기계장치 취득원가: 1,000,000원(1월 1일 취득) • 잔존가치: 취득원가의 10%
>
> • 내용연수: 5년　　　　　　　　　　　• 정률법 상각률: 0.4

① 정률법 〉 정액법 〉 연수합계법　　② 정률법 〉 연수합계법 〉 정액법

③ 연수합계법 〉 정률법 〉 정액법　　④ 연수합계법 〉 정액법 〉 정률법

5. 무형자산 및 기타비유동자산

01 무형자산의 이해

기업의 영업활동과정에서 장기간에 걸쳐 사용되어 미래의 경제적 효익이 기대되는 자산으로 물리적 실체가 없으며, 법률적으로 권리가 인정된 것 뿐만 아니라 영업권, 산업재산권 등과 같이 법률적 권리가 관계되는 것도 포함된다. 다만, 무형자산은 물리적 형태가 없으므로, 재무상태표에 기록되기 위해서는 재화의 생산이나 용역의 제공, 타인에 대한 임대 또는 관리에 사용할 목적으로 기업이 보유하고 있으며, 개별적으로 식별가능하고, 미래에 경제적 효익이 있어야 한다.

참고 물리적 형태가 없는 판매용 자산은 재고자산인 상품 계정으로 처리하여야 한다.

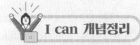

I can 개념정리

무형자산의 인식 요건

• 물리적 실체가 없지만 식별가능	• 기업이 통제	• 미래 경제적 효익

참고 유형자산과 무형자산의 시장가치가 급격히 하락하는 경우 감액손실(장부가액과 회수가능액이 차이)을 인식할 수 있다.

02 무형자산의 종류

1. 영업권

영업권이란 기업의 우수한 경영진, 숙련된 기술, 특유의 제조기법, 탁월한 입지조건 등으로 인하여 나타나는 장점 또는 초과수익력을 말하며, 영업권은 외부에서 구입한 경우(합병 등)에만 인정된다. 즉, 내부적으로 창출한 영업권(자가창설영업권)은 인정되지 않는다.

[참고] 내부적으로 창출된 영업권은 무형자산으로 인식되지 않는다.

2. 개발비

개발비란 신제품, 신기술 등의 개발과 관련하여 발생한 지출을 말하며, 내부적으로 창출된 무형자산에 해당되며, 연구개발과 관련된 지출은 연구단계와 개발단계로 구분해야 하여야 하는데, 연구단계와 개발단계 중 어느 단계에서 지출하는지에 따라 다음과 같이 회계 상 취급이 달라진다.

연구단계 지출	• 연구비(판매비와관리비)
개발단계 지출	• 무형자산 인식요건 충족: 개발비(무형자산) • 무형자산 인식요건 미충족: 경상개발비(판매비와관리비)

[참고] 연구단계 지출인지 개발단계 지출인지 명확하지 않는 경우는 연구비(판매비와관리비)로 처리한다.

3. 기타무형자산

산업재산권	• 일정기간 동안 독점적, 배타적으로 이용할 수 있는 권리 • 특허권, 실용신안권, 의장권, 상표권, 상호권, 상품명 등
기 타	• 라이선스, 프랜차이즈, 저작권, 소프트웨어, 임차권리금, 어업권 등

I CAN 기출문제

다음 설명 중 가장 올바른 회계처리 방법을 설명한 것은?

① 기계장치를 구입하는 과정에서 발생된 보험료는 판매비와관리비에 포함된다.
② 연구비와 개발비는 전액 비용으로 처리한다.
③ 자가 창설(내부창출)된 영업권(goodwill)은 무형자산으로 계상할 수 없다.
④ 무형자산은 진부화되거나 시장가치가 급격히 하락해도 감액손실을 인식할 수 없다.

👆 정답풀이

① 기계장치를 구입하는 과정에서 발생하는 보험료는 취득원가에 산입한다. (X)
② 연구비는 판매관리비이며, 개발비는 무형자산에 해당한다. (X)
③ 사업결합으로 취득한 영업권만 인정한다. (O)
④ 유형자산과 무형자산의 경우 시장가치가 급격히 하락하는 경우 감액손실을 인식 할 수 있다. (X)

다음 중 일반기업회계기준상 무형자산으로 계상할 수 없는 것은?

① 합병 등으로 인하여 유상으로 취득한 영업권
② 기업의 프로젝트 연구단계에서 발생하여 지출한 연구비
③ 일정한 광구에서 부존하는 광물을 독점적·배타적으로 채굴하여 취득할 수 있는 광업권
④ 일정기간동안 독점적·배타적으로 이용할 수 있는 산업재산권

정답풀이

② 연구단계에서 발생하여 지출한 연구비는 당기비용(연구비"판매비와관리비")으로 처리 한다.

---

03 무형자산의 감가상각

무형자산의 잔존가치는 원칙적으로 없는 것으로 보며, 법령이나 계약에서 정한 경우를 제외하고는 20년을 초과할 수 없으며, 사용가능한 시점부터 매기말에 직접법(자산에서 직접차감)으로 상각한다.

1 감가상각 방법

무형자산은 정액법, 정률법, 연수합계법, 생산량비례법 등 합리적인 방법을 사용할 수 있는데, 합리적인 상각방법을 정할 수 없는 경우에는 정액법을 사용하며, 제조공장에서 사용되는 무형자산의 감가상각비는 제조원가로 분류된다.

2 감가상각비 회계처리

감가상각비 회계처리 방법인 직접법과 간접법 중에 유형자산은 간접법(감가상각누계액)을 사용하며, 무형자산은 직접법과 간접법을 모두 사용가능하지만 일반적으로는 직접법을 사용한다.

1. 직접법

차 변	무형자산상각비	×××	대 변	개발비	×××

참고 감가상각액을 해당 무형자산에서 직접 차감하는 방법

2. 간접법

차 변	무형자산상각비	×××	대 변	무형자산상각누계액	×××

참고 감가상각누계액을 사용하여 간접적으로 무형자산에서 차감하는 방법

I CAN 기출문제

무형자산의 합리적인 상각방법을 정할 수 없는 경우에는 어떤 상각방법을 사용하는가?

① 정액법　　　　　　　　　　　② 체감잔액법
③ 연수합계법　　　　　　　　　④ 생산량비례법

정답풀이

① 합리적인 상각방법을 정할 수 없는 경우에는 정액법을 사용한다.

 I can 분개 무형자산

다음의 독립된 상황에 대한 회계처리를 하시오.(단, 모든 지출은 현금이다)

1. 새로운 분야의 기술을 연구하기 위하여 5,000,000원을 지출하였다.
2. 연구 또는 개발을 위한 지출 1,000,000원이 발생하였는데, 이 지출이 연구단계에 해당되는지 개발단계에 해당되는지 구분하기가 어렵다.
3. 신제품의 개발을 위한 지출 7,000,000원이 발생하였는데, 신제품 개발에 성공하여 미래의 경제적 효익이 발생할 가능성이 높다.
4. 신제품의 개발을 위한 지출 2,000,000원이 발생하였는데, 이는 개발비의 인식요건을 충족하지 못한다.
5. 결산 시 작년 초에 계상된 개발비 잔액이 4,000,000원 있다. 내용연수 5년이고, 정액법으로 직접상각하며, 작년에는 적절하게 상각하였다.

답안

1	(차) 연구비　　5,000,000원　　(대) 현금　　5,000,000원
2	(차) 연구비　　1,000,000원　　(대) 현금　　1,000,000원 ✓ 연구단계 혹은 구분이 명확하지 않은 지출은 연구단계로 보고 비용처리 한다.
3	(차) 개발비　　7,000,000원　　(대) 현금　　7,000,000원
4	(차) 경상개발비　　2,000,000원　　(대) 현금　　2,000,000원 ✓ 무형자산인 개발비의 인식요건을 충족하지 못하므로 비용처리 한다.
5	(차) 무형자산상각비　　1,000,000원　　(대) 개발비　　1,000,000원 ✓ 작년 초에 계상되어 5년간 정액상각하고, 작년에는 적절하게 상각하였다. 따라서, 현재 잔액 4,000,000원을 향후 4년간 균등상각하여야 한다. 잔존가치는 없으므로 4,000,000원의 1/4인 1,000,000원을 직접법으로 상각한다.

04 기타비유동자산

기타 비유동자산에 해당하는 항목은 다음과 같다.

임차보증금	월세를 지급하는 조건으로 타인의 부동산 등을 사용하기 위하여 임차인이 지급하는 보증금
전세권	월세를 지급하지 않고 타인의 부동산 등을 사용하기 위하여 임차인이 지급하는 보증금
장기매출채권	외상매출금 또는 받을어음의 만기가 결산일로부터 1년 이후에 도래하는 매출채권(장기외상매출금 또는 장기받을어음)
장기미수금	만기가 1년 이후에 도래하는 미수금
부도어음과 수표	부도어음이란 어음의 만기가 도래하여 어음금액의 지급을 청구할 때 지급이 거절된 어음을 말하며, 부도 발생 시 받을어음을 부도어음과수표로 대체함 (차) 부도어음과수표　　　×××　　(대) 받을어음　　　×××

I CAN 기출문제

다음 항목 중 재무상태표상 기타비유동자산에 해당하는 계정과목은?

① 만기보유증권　　　　　　　② 투자부동산
③ 임차보증금　　　　　　　　④ 지분법적용투자주식

 정답풀이

③ 임차보증금은 기타비유동자산에 해당한다.

I can 실전문제(무형자산 및 기타비유동자산)

※ I can 실전문제에 수록된 문제들은 모두 전산회계 1급 시험에 다수 출제되었던 내용입니다.

01 다음 항목들 중에서 무형자산으로 인식할 수 없는 것은?

① 향후 5억원의 가치창출이 확실한 개발단계에 2억원을 지출하여 성공한 경우
② 내부창출한 상표권으로서 기말시점에 자체적으로 평가한 금액이 1억원인 경우
③ 통신기술과 관련한 특허권을 출원하는 데 1억원을 지급한 경우
④ 12억원인 저작권을 현금으로 취득한 경우

02 소프트웨어 개발을 위하여 연구단계에서 현금 1억원을 지출하였다. 올바른 회계처리는?

① (차) 연구비(무형자산)	1억원	(대) 현금	1억원
② (차) 연구비(판매비와관리비)	1억원	(대) 현금	1억원
③ (차) 개발비(무형자산)	1억원	(대) 현금	1억원
④ (차) 개발비(기타비유동자산)	1억원	(대) 현금	1억원

03 다음 중 무형자산에 해당하는 것의 개수는?

• 특허권	• 내부적으로 창출된 영업권	• 컴퓨터소프트웨어
• 상표권	• 임차권리금	• 경상개발비

① 3개   ② 4개   ③ 5개   ④ 6개

04 다음 계정과목 중 분류가 다른 것은?

① 임차권리금   ② 개발비   ③ 상표권   ④ 전세권

05 다음 중 무형자산에 대한 설명으로 옳지 않는 것은?

① 무형자산은 영업권 및 개발비를 제외하고 대부분 산업재산권, 광업권 등 독점적 배타적 이용권을 표방하는 권리를 말한다.

② 연구활동으로 인한 창업비, 개업비 등의 지출은 미래경제적효익을 나타내므로 당해연도에 무형자산으로 인식하여야 한다.

③ 무형자산의 미래경제적효익을 확보할 수 있고 그 효익에 대한 제3자의 접근을 제한할 수 있다면 자산을 통제하고 있는 것이다.

④ 무형자산의 미래경제적효익은 재화의 매출이나 용역수익, 원가절감, 또는 자산의 사용에 따른 기타 효익의 형태로 발생한다.

06 유형자산과 무형자산에 대한 설명으로 틀린 것은?

① 유형자산과 무형자산 모두 업무용으로 사용하기 위하여 보유하고 있는 자산이다.

② 유형자산과 무형자산 모두 비용인식방법으로 감가상각방법을 이용한다.

③ 유형자산과 무형자산 모두 자본적 지출을 인식할 수 있다.

④ 유형자산과 무형자산 모두 합리적인 상각방법을 정할 수 없을 때는 정액법을 사용한다.

07 무형자산에 대한 설명으로 옳지 않은 것은?

① 내부적으로 창출한 무형자산의 창출과정은 연구단계와 개발단계로 구분한다.

② 무형자산을 창출하기 위한 과정을 연구단계와 개발단계로 구분할 수 없는 경우에는 모두 개발단계에서 발생한 것으로 본다.

③ 상각대상금액은 추정내용연수 동안 체계적인 방법에 의하여 비용으로 배분한다.

④ 무형자산의 상각기간은 독점적, 배타적인 권리를 부여하고 있는 관계 법령이나 계약에 정해진 경우를 제외하고는 20년을 초과할 수 없다.

08 다음은 무형자산을 창출하기 위해 지출한 내부 프로젝트의 경비 항목이다. 이 항목들에 대하여 연구단계와 개발단계를 구분할 수 없는 경우, 무형자산으로 인식할 수 있는 금액은 얼마인가?

> • 관련자료 구입비: 3,000,000원 　　　• 행정수수료: 1,200,000원
> • 기타 경비: 800,000원 　　　　　　　• 인건비: 6,500,000원

① 0원　　　　　　② 3,000,000원　　　　③ 4,200,000원　　　　④ 11,500,000원

6. 부채

부채는 과거의 거래나 사건의 결과로서 현재 기업실체가 부담하고 그 이행에 자원의 유출이 예상되는 현재시점의 의무이다. 부채는 크게 유동부채와 비유동부채로 분류하며, 각각에 속하는 항목은 다음과 같다.

유동부채	외상매입금, 지급어음, 미지급금, 미지급비용, 선수금, 선수수익, 예수금, 단기차입금, 가수금, 유동성 장기부채, 미지급세금, 미지급배당금
비유동부채	사채, 퇴직급여충당부채, 장기차입금, 임대보증금, 장기미지급금

I can 개념정리

상환기간에 따른 유동부채와 비유동부채의 구분

유동부채	• 상환기간이 결산일로부터 1년 이내인 부채 • 정상적인 영업주기 내에 소멸될 것으로 예상되는 매입채무 및 미지급비용은 1년의 기준을 적용하지 않는다.
비유동부채	• 유동부채에 해당하지 않는 모든 부채

01 유동부채

1 매입채무(외상매입금 & 지급어음)

매입채무는 매매거래가 성립되어 상품의 인수, 서비스 등을 제공받았으나 대금을 일정기간 후에 결제하는 거래로 인해 발생하는 향후 자원이 유출되리라고 예상되는 부채이다. 매입채무는 매출채권(외상매출금 & 받을어음)의 상대적인 계정이라고 볼 수 있다.

1. 외상매입금

상품이나 원재료 등의 재고자산을 매입하고 대금을 나중에 지급하기로 하면 외상매입금으로 처리한다.

• 상품 200,000원을 구입하고, 160,000원은 현금으로 지급후 잔액은 외상으로 하였다.

차 변	상품	200,000원	대 변	현금 외상매입금	160,000원 40,000원

• 외상매입금 40,000원을 보통예금에서 이체하여 결제하다.

차 변	외상매입금	40,000원	대 변	보통예금	40,000원

2. 지급어음

약속어음은 발행인(채무자)이 수취인(채권자)에게 자기의 채무를 갚기 위하여 일정한 금액(외상대금)을 약정기일(만기일)에 약정한 장소(은행)에서 지급할 것을 약속한 증권이다. 상품이나 원재료 등의 재고자산을 매입하고 대금을 약속어음으로 발행하여 지급하였을 경우 지급어음으로 처리한다.

• 상품 200,000원을 구입하고 대금은 약속어음으로 지급하였다.

차 변	상품	200,000원	대 변	지급어음	200,000원

• 지급어음 200,000원의 만기가 도래하여 보통예금계좌에서 이체하였다.

차 변	지급어음	200,000원	대 변	보통예금	200,000원

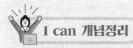 **I can 개념정리**

채권과 채무의 회계처리

[매출] • 재고자산매출시 외상거래 ➡ 외상매출금   • 재고자산외 자산 매각시 외상거래 ➡ 미 수 금
       • 재고자산매출시 어음수령 ➡ 받을어음   • 재고자산외 자산 매각시 어음수령 ➡ 미 수 금
[매입] • 재고자산매입시 외상거래 ➡ 외상매입금   • 재고자산외 자산구입시 외상거래 ➡ 미지급금
       • 재고자산매입시 어음지급 ➡ 지급어음   • 재고자산외 자산구입시 어음지급 ➡ 미지급금

2 미지급금과 미지급비용

1. 미지급금

주요 상거래인 상품매입 이외의 외상거래(비품, 기계장치 등의 구입과 복리후생비 등의 지급)에서 대금을 1년 이내의 기간에 지급하기로 하면 미지급금으로 처리한다.

• 사무실 에어컨을 2,000,000원에 외상구입(또는 약속어음으로 지급)하였다.

차 변	비품	2,000,000원	대 변	미지급금	2,000,000원

• 외상으로 구입한 사무실 에어컨 대금 2,000,000원을 현금으로 지급하였다.

차 변	미지급금	2,000,000원	대 변	현금	2,000,000원

참고 상품이나 원재료 등의 재고자산을 외상으로 매입하는 경우는 외상매입금으로 처리한다.

2. 미지급비용

미지급비용은 일정한 계약에 따라 계속적으로 용역의 제공을 받는 경우, 이미 제공된 용역에 대하여 아직 그 대가를 지급하지 못하고 있는 비용이다. 특정계약에 의해 채무가 확정되었지만 미지급 상태인 경우에 처리하는 미지급금과 달리 미지급비용은 채무가 확정되지 않은 상태로 계속적으로 용역의 제공을 받고 있는 것이며, 결산시에 발생한다.

• 결산 시 단기차입금에 대한 당기 귀속분 미지급이자 50,000원을 계상하였다.

차 변	이자비용	50,000원	대 변	미지급비용	50,000원

• 단기차입금에 대한 이자 100,000원(전기 미지급분 50,000원 포함)을 현금으로 지급하였다.

차 변	미지급비용 이자비용	50,000원 50,000원	대 변	현금	100,000원

3 선수금과 선수수익

1. 선수금

선수금은 계약금 성격으로 대금의 일부를 미리 수령한 경우에 처리하며, 수령한 대금만큼 자산을 지급할 의무가 발생하므로 부채계정에 해당한다.

• 제품 500,000원의 주문을 받으면서 계약금 10%를 현금으로 수령 하였다.

차 변	현금	50,000원	대 변	선수금	50,000원

• 주문받은 제품 500,000원을 납품하면서 계약금 10%를 제외한 잔액을 외상으로 하였다.

차 변	선수금 외상매출금	50,000원 450,000원	대 변	제품매출	500,000원

2. 선수수익

선수수익은 당기에 수령한 수익 중에서 차기에 속하는 부분을 계산하여 차기로 이연시키기 위하여 처리하는 부채계정이며, 차변에는 당기의 수익에서 차감하는 수익계정과목으로, 대변에는 '선수수익(부채)'으로 처리한다.

• 1년분 임대료(기간: 20×3.10.01.~20×4.09.30.) 1,200,000원을 현금으로 수령하였다.

차 변	현금	1,200,000원	대 변	임대료	1,200,000원

• 결산시(12/31) 임대료 선수분을 정리하다.

차 변	임대료	900,000원	대 변	선수수익	900,000원

※ 차기분 임대료 9개월분: 1,200,000원 × 9/12 = 900,000원

4 예수금

일시적으로 잠시 보관하고 있는 성격으로 급여 지급 시 원천징수한 소득세와 지방소득세, 4대 보험의 근로자부담금 등의 금액을 말한다.

• 급여 1,000,000원을 지급하면서 소득세 등 120,000원을 원천징수하고 나머지 금액을 보통예금에서 지급하였다.

차 변	급여	1,000,000원	대 변	예수금 보통예금	120,000원 880,000원

• 급여지급시 원천징수한 소득세 등 120,000원을 보통예금에서 이체하여 납부하였다.

차 변	예수금	120,000원	대 변	보통예금	120,000원

참고 기업이 원천징수의무이행을 위해 지급할 금액에서 일정액을 차감 후 지급 ➜ 예수금(부채)
기업이 받을 금액에서 일정액을 원천징수 후 차감액을 수령 ➜ 선납세금(자산)

I can 분개 급여관련 처리

다음의 연속된 거래를 분개하시오.

1) 영업부 사원의 당월분 급여를 보통예금 통장에서 지급하였다.

성 명	총급여	국민연금	건강보험	소득세	지방소득세	차감지급액
김나영	1,500,000원	130,000원	60,000원	20,000원	2,000원	1,288,000원

2) 급여 지급시 원천징수한 소득세와 지방소득세를 현금으로 납부하였다.

3) 건강보험료 120,000원을 현금으로 납부하였다. 건강보험료 금액의 50%는 급여지급시 원천징수한 금액이며, 50%는 회사부담분이다. 당사는 건강보험료 회사부담분에 대해 복리후생비 계정으로 처리하고 있다.

4) 국민연금 260,000원을 현금으로 납부하였다. 국민연금 금액의 50%는 급여지급시 원천징수한 금액이며, 50%는 회사부담분이다. 당사는 국민연금 회사부담분에 대해 세금과공과 계정으로 처리하고 있다.

답안

1) 급여지급	(차) 급여	1,500,000원	(대) 예수금	212,000원
			보통예금	1,288,000원
2) 소득세와 지방소득세 납부	(차) 예수금	22,000원	(대) 현금	22,000원
3) 건강보험료 납부	(차) 예수금	60,000원	(대) 현금	120,000원
	복리후생비	60,000원		
	✓ 직원부담분 건강보험료: 예수금, 회사부담분 건강보험료: 복리후생비			
4) 국민연금 납부	(차) 예수금	130,000원	(대) 현금	260,000원
	세금과공과	130,000원		
	✓ 직원부담분 국민연금: 예수금, 회사부담분 국민연금: 세금과공과			

5 단기차입금

단기차입금이란 금융기관에서 발생한 당좌차월과 1년 이내에 상환하여야 하는 차입금을 말하며, 보고기간 종료일부터 1년 이후에 상환하여야 하는 차입금은 장기차입금으로 처리한다.

• 기업 운영자금 5,000,000원을 10개월 만기로 차입하여 보통예금에 입금하였다.

| 차 변 | 보통예금 | 5000,000원 | 대 변 | 단기차입금 | 5,000,000원 |

• 단기차입금 5,000,000원을 이자 10,000원과 함께 보통예금에서 이체하여 상환하였다.

| 차 변 | 단기차입금
이자비용 | 5,000,000원
10,000원 | 대 변 | 보통예금 | 5,010,000원 |

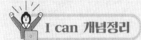

I can 개념정리

자금 대여시 선이자 회계처리
• 거래처에 현금 500,000원을 2년간 대여하기로 하고, 선이자 2,000원을 공제한 금액을 보통예금 통장에서 이체하였다.

| 차 변 | 장기대여금 | 500,000원 | 대 변 | 이자수익
보통예금 | 2,000원
498,000원 |

자금 차입시 선이자 회계처리
• 거래처에서 현금 500,000원을 2년간 차입하기로 하고, 선이자 2,000원을 공제한 금액이 보통예금 통장에 입금하였다.

| 차 변 | 이자비용
보통예금 | 2,000원
498,000원 | 대 변 | 장기차입금 | 500,000원 |

6 가수금

가수금이란 금전 등을 수취하였으나 수취한 원인이 확인되지 않아서 특정 계정과목을 사용하기 어려울 때 사용하는 가계정이며, 원인이 확인되면 해당 계정과목으로 대체하여야 한다.

• 보통예금 계좌에 500,000원이 입금되었으나, 그 원인을 알 수 없다.

| 차 변 | 보통예금 | 500,000원 | 대 변 | 가수금 | 500,000원 |

• 가수금으로 처리하였던 500,000은 외상매출금 회수액으로 밝혀졌다.

| 차 변 | 가수금 | 500,000원 | 대 변 | 외상매출금 | 500,000원 |

7 유동성장기부채

장기차입금 중에서 상환기간이 결산일로부터 1년 이내에 도래하는 것은 이를 유동성장기부채로 대체한다.

• 20×1.11.20. 36개월 후 상환조건으로 2,000,000원을 차입하여 보통예금통장에 입금하였다.

| 차 변 | 보통예금 | 2,000,000원 | 대 변 | 장기차입금 | 2,000,000원 |

• 20×3.12.31. 결산시 장기차입금 2,000,000원의 상환기일이 내년으로 도래하여 유동성대체하다.

| 차 변 | 장기차입금 | 2,000,000원 | 대 변 | 유동성장기부채 | 2,000,000원 |

• 유동성대체한 장기차입금 2,000,000원의 상환기일이 도래하여 현금으로 상환하였다.

| 차 변 | 유동성장기부채 | 2,000,000원 | 대 변 | 현금 | 2,000,000원 |

8 기타 유동부채

미지급세금	아직 납부하지 않은 세금
미지급배당금	배당 결의된 현금배당 중 지급되지 않은 배당금
부가세예수금	거래상대방으로부터 거래징수한 부가가치세(부가가치세 매출세액)로 납부하거나 부가세대급금과 상계할 금액

I CAN 기출문제

다음 중 유동부채의 계정과목별 설명으로 틀린 것은?

① 매입채무는 일반적 상거래에서 발생한 외상매입금과 지급어음으로 한다.
② 선수금은 수주공사 및 기타 일반적 상거래에서 발생한 선수액으로 한다.
③ 단기차입금은 금융기관으로부터의 당좌차월과 1년 이내에 상환될 차입금으로 한다.
④ 미지급금은 일반적 상거래에서 발생한 지급기일이 도래한 확정채무를 말한다.

👆 **정답풀이**
④ 미지급금은 일반적 상거래 이외에서 발생한 확정채무를 말한다.

02 비유동부채

부채는 유동부채와 비유동부채로 분류하며, 유동부채에 해당하지 않는 모든 부채는 비유동부채로 분류한다.

1 사채

사채는 주식회사가 거액의 장기자금을 조달하기 위하여 이사회의 결의를 거쳐 발행하고, 일반인들로부터 자금을 차입하는 것으로 정해진 기간후에 원금을 상환하며, 정기적으로 액면이자율에 따라 이자를 지급하기로 약정한 증서이다.

1. 사채의 흐름

사채는 장기자금을 조달하기 위하여 사채발행자(회사)가 사채임을 증명하는 사채권을 발행하여 주고, 만기까지의 기간 동안 정해진 이자율(액면이자율, 표시이자율)에 따라 이자를 지급하고, 만기에 원금을 상환하는 것을 약정한 비유동부채이다.

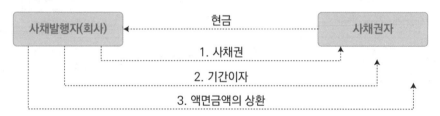

2. 사채의 발행

사채의 발행가격은 미래현금흐름을 유효이자율로 할인한 현재가치를 말하며, 시장이자율과 표시이자율에 의해 액면발행, 할인발행, 할증발행으로 나누어진다.

사채의 발행가격 = 만기금액의 현재가치 + 이자지급액의 현재가치

액면발행 (액면이율=시장이율)	액면이자율과 시장이자율이 같은 경우에 사채의 가치는 액면금액과 동일하므로 액면발행 한다.
할인발행 (액면이율<시장이율)	액면이자율이 시장이자율보다 낮은 경우에는 사채의 가치가 낮아져서 사채를 할인하여 발행한다.
할증발행 (액면이율>시장이율)	액면이자율이 시장이자율보다 큰 경우에는 사채의 가치가 높아져서 사채를 할증하여 발행한다.

[참고] 사채를 할인발행하는 경우에는 사채할인발행차금, 할증발행하는 경우에는 사채할증발행차금 계정을 사용한다.

• 액면 500,000원인 사채(액면이자율 8%, 시장이자율 8%)를 500,000원에 액면발행 하면서 보통예금에 입금하다.

차 변	보통예금	500,000원	대 변	사채	500,000원

• 액면 500,000원인 사채(액면이자율 8%, 시장이자율 10%)를 400,000원에 할인발행 하면서 보통예금에 입금하다.

차 변	보통예금 사채할인발행차금	400,000원 100,000원	대 변	사채	500,000원

• 액면 500,000원인 사채(액면이자율 8%, 시장이자율 6%)를 600,000원에 할증발행 하면서 보통예금에 입금하다.

차 변	보통예금	600,000원	대 변	사채 사채할증발행차금	500,000원 100,000원

3. 사채발행비

사채를 발행할 때 사채액면의 인쇄비용 또는 법률비용 등 비용이 발생하는데 이 비용을 사채발행비라 한다. 사채발행비가 있는 경우에 그 금액은 사채할인발행차금 및 사채할증발행차금에 반영한다.

• 액면 500,000원인 사채를 500,000원에 액면발행하면서 사채 발행과 관련된 비용 10,000원을 제외한 잔액을 보통예금에 입금하다.

차 변	보통예금 사채할인발행차금	490,000원 10,000원	대 변	사채	500,000원

• 액면 500,000원인 사채를 400,000원에 발행하면서 사채 발행과 관련된 비용 10,000원을 제외한 잔액을 보통예금에 입금하다.

차 변	보통예금 사채할인발행차금	390,000원 110,000원	대 변	사채	500,000원

• 액면 500,000원인 사채를 600,000원에 발행하면서 사채 발행과 관련된 비용 10,000원을 제외한 잔액을 보통예금에 입금하다.

차 변	보통예금	590,000원	대 변	사채 사채할증발행차금	500,000원 90,000원

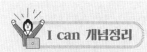

I can 개념정리

📋 사채의 액면금액

사채의 표면에 기재된 금액으로, 만기일에 사채권자들에게 상환할 금액이다.

📋 사채의 액면이자율

사채에 기록되어 있는 이자율로, 표시이자율이라고도 하며, 사채에 대한 이자 지급시 액면이자율에 따라 지급한다.

> 이자지급일에 지급할 현금지급이자 = 액면금액 × 액면(표시)이자율

📋 사채의 시장이자율

사채구입 대신 다른 곳에 돈을 빌려주면 정상적으로 받을 수 있는 이자율을 의미하며, 일반적으로 금융시장에서의 이자율을 말한다.

📋 사채할인(할증)발행차금의 상각과 관련된 비교

구 분	사채할인발행 상각 시	사채할증발행 상각 시
매기 상각액	증가	증가
매기 사채의 장부금액	증가	감소
매기 이자비용(유효이자율법) (사채의 장부금액 × 유효이자율)	증가	감소
매기 지급해야 하는 이자 (사채의 액면금액 × 액면이자율)	일정금액	일정금액

I CAN 기출문제

다음 중 사채에 대한 설명으로 올바르지 않은 것은?

① 사채발행비용은 사채의 발행금액에서 차감한다.
② 유효이자율법 적용시 사채할증발행차금 상각액은 매년 증가한다.
③ 유효이자율법 적용시 사채할인발행차금 상각액은 매년 감소한다.
④ 사채할인발행차금은 당해 사채의 액면금액에서 차감하는 형식으로 기재한다.

정답풀이

③ 유효이자율법 적용시 사채할증발행차금 상각액과 사채할인발행차금 상각액 모두 매년 증가한다.

---

2 충당부채

충당부채란 금액 및 시기 등 구체적인 사항은 불확실하지만 다음 요건을 모두 충족하여 부채로 인식할 수 있는 것을 말하며, 다음의 요건을 모두 충족하는 경우에 인식한다.

① 과거사건이나 거래의 결과로 현재의 의무가 존재한다.
② 당해 의무를 이행하기 위하여 자원이 유출될 가능성이 매우 높다.
③ 그 의무를 이행하기 위하여 소요되는 금액을 신뢰성 있게 추정할 수 있다.

참고 퇴직급여충당부채 또는 제품보증충당부채 등이 해당한다.

1. 충당부채와 우발부채

충당부채	• 발생가능성이 매우 높고, 금액을 신뢰성 있게 추정할 수 있음 • 재무제표에 부채로 인식함
우발부채	• 어느 정도 발생가능성이 있으나, 금액을 신뢰성 있게 추정할 수 없음 • 재무제표 본문에 인식하지 않고, 주석으로 공시하고, 발생가능성이 거의 없는 경우에는 주석으로도 공시하지 않음

2. 퇴직급여 충당부채

퇴직급여충당부채는 퇴직금추계액과 매년 말 퇴직급여충당금잔액을 비교하여 부족분을 퇴직급여충당부채로 추가 설정한다.

퇴직급여충당부채 계상액 = 퇴직금추계액 − 퇴직급여충당부채 잔액

※ 퇴직금추계액: 기말에 전 임직원이 일시에 퇴사할 경우 지급할 퇴직금 상당액
※ 퇴직급여충당부채 잔액 = 퇴직급여충당부채 기초잔액 − 당기 퇴직금지급액

구 분	차 변		대 변	
퇴직급여충당부채 설정시	퇴직급여	×××	퇴직급여충당부채	×××
퇴사로 인한 퇴직금 지급시	퇴직급여충당부채 (충당부채 부족시 퇴직급여)	×××	보통예금	×××

• 종업원이 퇴사하여 퇴직금 700,000원을 보통예금에서 이체하여 지급하였다.
  (퇴직급여충당부채 잔액은 1,000,000원이다.)

차 변	퇴직급여충당부채	700,000원	대 변	보통예금	700,000원

[참고] 퇴직급여충당부채 잔액이 없을 경우 퇴직급여 계정으로 처리한다.

• 결산일 현재 종업원들의 퇴직급여추계액은 5,000,000원이다.
  (퇴직급여충당부채 잔액은 300,000원이다.)

차 변	퇴직급여	4,700,000원	대 변	퇴직급여충당부채	4,700,000원

[참고] 결산시 퇴직급여 추가계상액 = 퇴직급여추계액 − 퇴직급여충당부채 잔액

• 종업원이 퇴사하여 퇴직금 5,500,000원을 보통예금에서 이체하여 지급하였으며, 소득세 등
  원천징수액은 없다고 가정한다.(퇴직급여충당부채 잔액은 5,000,000원이다.)

차 변	퇴직급여충당부채 퇴직급여	5,000,000원 500,000원	대 변	보통예금	5,500,000원

[참고] 퇴직급여 지급시 퇴직급여충당부채 잔액을 우선 처리하여야 하며, 소득세 등을 원천징수 할 경우 예수금
(부채)계정으로 처리한다.

3. 퇴직연금 제도

퇴직연금제도는 사용자가 근로자의 노후소득보장과 생활안정을 위해 근로자 재직기간 중
퇴직금 지급재원을 외부의 금융기관에 적립, 운용하게 함으로써, 근로자 퇴직 시 연금 또는
일시금으로 지급한다. 퇴직연금제도는 확정급여형(DB)과 확정기여형(DC)이 있다.

구 분	확정급여형(DB) 퇴직연금	확정기여형(DC) 퇴직연금
의 미	퇴직연금 적립금 운용의 책임과 권한이 모두 회사에게 있음	퇴직연금 적립금 운용의 책임과 권한이 모두 종업원에게 있음
납입시	(차) 퇴직연금운용자산××× 　　　　　　(대) 현금 ×××	(차) 퇴직급여 ××× 　　　　　　(대) 현금 ×××
지급시	(차) 퇴직급여충당부채 ××× 　　(퇴직급여) 　　　　　(대) 퇴직연금운용자산 ×××	회계처리 없음

- 확정기여형(DC) 퇴직연금제도를 설정하고 있으며 퇴직연금의 부담금(기여금) 1,500,000원 (제조 1,000,000원, 관리 500,000원)을 은행에 현금으로 납부하였다.

차 변	퇴직급여(제조) 퇴직급여(판관)	1,000,000원 500,000원	대 변	현금	1,500,000원

- 퇴직연금 자산에 이자 300,000원이 입금되다. 당사는 전임직원의 퇴직금 지급 보장을 위하여 신한금융에 확정급여형(DB) 퇴직연금에 가입되어 있다.

차 변	퇴직연금운용자산(신한금융)	300,000원	대 변	퇴직연금운용수익	300,000원

참고 퇴직연금운용수익 계정의 경우 실무적으로 이자수익 계정으로 처리하는 경우도 있다.

- 확정급여형(DB) 퇴직연금제도를 실시하는 당사는 생산직 직원 김수현의 퇴직시 보통예금에서 20,000,000원과 퇴직연금운용사(신한금융)에서 6,000,000원을 지급하였다. 퇴직일 현재 퇴직급여충당부채의 잔액은 49,000,000원이다.(퇴직소득에 대한 원천징수는 생략 하기로 한다.)

차 변	퇴직급여충당부채 (퇴직급여)	26,000,000원	대 변	보통예금 퇴직연금운용자산(신한금융)	20,000,000원 6,000,000원

참고 퇴직급여충당부채를 우선 상계처리 하며, 잔액 부족시 퇴직급여 계정으로 처리한다.

③ 기타 비유동부채

장기차입금	보고기간말에 만기가 1년 이후이면 장기차입금으로, 만기가 1년 이내이면 유동성장기부채로 분류한다.
임대보증금	임대보증금은 임대인(건물주)이 임차인(세입자)으로부터 받는 보증금을 말한다. 추후 돌려줘야 하는 금액이고, 일반적으로 계약기간이 1년 이상이므로 비유동부채에 해당된다.
장기미지급금	장기미지급금은 상거래 이외의 거래에서 발생한 채무 중 상환일이 보고기간 종료일부터 1년 이후에 도래하는 채무를 말한다.

I CAN 기출문제

다음 중 재무상태표의 비유동부채에 해당하는 것은?

① 퇴직급여충당부채　　　　　　② 외상매입금
③ 유동성장기부채　　　　　　　④ 단기차입금

👆 **정답풀이**

① 퇴직급여충당부채를 제외한 나머지 계정과목의 분류는 유동부채이다.

I can 실전문제(부채)

01 기업회계기준서상 충당부채를 부채로 인식하기 위한 요건으로 틀린 것은?

① 우발부채도 충당부채와 동일하게 부채로 인식하여야 한다.

② 과거사건이나 거래의 결과로 현재의무가 존재해야 한다.

③ 당해 의무를 이행하기 위하여 자원이 유출될 가능성이 매우 높아야 한다.

④ 그 의무 이행에 소요되는 금액을 신뢰성있게 추정할 수 있어야 한다.

02 다음 중 유동부채에 해당하는 금액을 모두 합하면 얼마인가?

- 외상매입금: 50,000원
- 장기차입금: 1,000,000원(유동성장기부채 200,000원 포함)
- 단기차입금: 200,000원
- 미지급비용: 70,000원
- 선수금: 90,000원
- 퇴직급여충당부채: 80,000원

① 410,000원   ② 520,000원   ③ 530,000원   ④ 610,000원

03 다음 자료는 기말자산과 기말부채의 일부분이다. 기말재무상태표에 표시될 항목과 금액이 올바른 것은?

- 받을어음: 100,000원
- 미 수 금: 160,000원
- 외상매출금: 130,000원
- 지급어음: 150,000원
- 보통예금: 170,000원
- 외상매입금: 180,000원
- 자기앞수표: 110,000원
- 정기예금: 190,000원
- 미지급금: 120,000원

① 현금및현금성자산 470,000원   ② 매출채권 330,000원

③ 매입채무 230,000원   ④ 유동부채 450,000원

04 다음 중 유동부채에 속하는 계정들의 금액을 모두 합하면 얼마인가?

• 장기차입금: 30,000원	• 단기차입금: 10,000원
• 미지급비용: 3,000원	• 예수금: 6,000원
• 퇴직급여충당부채: 15,000원	• 선수수익: 10,000원
• 유동성장기부채: 17,000원	

① 29,000원   ② 36,000원
③ 46,000원   ④ 59,000원

05 재무상태표상 자산, 부채 계정에 대한 분류가 잘못 연결된 것은?

① 미수수익: 당좌자산
② 퇴직급여충당부채: 유동부채
③ 임차보증금: 기타비유동자산
④ 장기차입금: 비유동부채

06 다음 중 부채에 대한 설명으로 가장 옳지 않은 것은?

① 부채는 과거의 거래나 사건의 결과로 현재 기업실체가 부담하고 있고 미래에 자원의 유출 또는 사용이 예상되는 의무이다.
② 유동성장기부채는 유동부채로 분류한다.
③ 부채는 1년을 기준으로 유동부채와 비유동부채로 분류한다.
④ 정상적인 영업주기 내에 소멸할 것으로 예상되는 매입채무와 미지급비용 등이 보고기간 종료일로부터 1년 이내에 결제되지 않으면 비유동부채로 분류한다.

7. 자본

01 자본의 이해

자본은 기업이 소유하고 있는 자산에서 갚아야 하는 부채를 차감한 순자산을 의미하고, 법인 기업의 자본은 자본금, 자본잉여금, 자본조정, 기타포괄손익누계액, 이익잉여금 으로 분류할 수 있다.

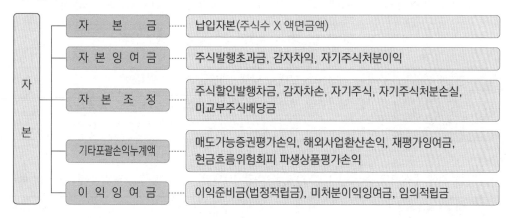

	자 본 금	┄┄	납입자본(주식수 X 액면금액)
	자 본 잉 여 금	┄┄	주식발행초과금, 감자차익, 자기주식처분이익
자본	자 본 조 정	┄┄	주식할인발행차금, 감자차손, 자기주식, 자기주식처분손실, 미교부주식배당금
	기타포괄손익누계액	┄┄	매도가능증권평가손익, 해외사업환산손익, 재평가잉여금, 현금흐름위험회피 파생상품평가손익
	이 익 잉 여 금	┄┄	이익준비금(법정적립금), 미처분이익잉여금, 임의적립금

I CAN 기출문제

다음 자본의 분류 중 자본잉여금에 해당하지 않는 것은?

① 주식발행초과금　　　　　　② 감자차익
③ 이익준비금　　　　　　　　④ 자기주식처분이익

 정답풀이

③ 이익준비금은 이익잉여금에 해당한다.

I CAN 기출문제

다음 자본의 분류 중 이익잉여금에 해당하지 않는 것은?

① 이익준비금   ② 임의적립금
③ 주식발행초과금   ④ 미처분이익잉여금

 정답풀이
③ 주식발행초과금은 자본잉여금에 해당한다.

---

02   자본금

주식회사의 자본금은 법정자본금으로서 주당 액면금액에 발행주식수를 곱한 금액이다.
법인의 자금조달을 위해 주식을 발행하여 자본을 증가시키는 것을 유상증자라고 하며,
액면금액과 발행금액의 차이에 따라 액면발행, 할증발행, 할인발행으로 구분된다.

자본금(법정자본금) = 발행주식수 × 주당 액면금액

액면발행	주식을 액면금액 그대로 발행 (액면금액 = 발행금액)
할증발행	주식을 액면금액 보다 높은금액으로 발행 (액면금액 〈 발행금액)
할인발행	주식을 액면금액 보다 낮은금액으로 발행 (액면금액 〉 발행금액)

• 증자를 위해 주식 100주(액면 10,000원)를 주당 10,000원에 발행하고 납입금은 보통예입하다.

차 변	보통예금	1,000,000원	대 변	자본금	1,000,000원

• 증자를 위해 주식 100주(액면 10,000원)를 주당 12,000원에 발행하고 납입금은 보통예입하다.

차 변	보통예금	1,200,000원	대 변	자본금 주식발행초과금	1,000,000원 200,000원

• 증자를 위해 주식 100주(액면 10,000원)를 주당 8,000원에 발행하고 납입금은 보통예입하다.

차 변	보통예금 주식할인발행차금	800,000원 200,000원	대 변	자본금	1,000,000원

참고 주식발행시 주식발행비가 발생하는 경우 주식의 발행금액에서 차감한다. 즉 주식발행초과금에서 차감(−)하고,
주식할인발행차금에 가산(+)한다.

03   자본잉여금

자본잉여금은 자본거래에서 발생하는 자본을 증가시키는 잉여금으로 주식발행초과금, 감자차익, 자기주식처분이익 등이 해당한다.

1. 주식발행초과금

주식발행초과금은 주식발행금액이 액면금액을 초과하는 경우 그 초과금액을 말하며, 만약 기존에 주식할인발행차금(자본조정) 잔액이 있다면 그 잔액을 먼저 상계하고, 주식할인발행차금 잔액을 초과하는 금액만 주식발행초과금(자본잉여금)으로 처리한다.

• 자본금 증자를 위해 주식 100주(액면 10,000원)를 주당 12,000원에 발행하고 납입금은 보통예입한다.(장부에 주식할인발행차금 120,000원이 있다)

차 변	보통예금	1,200,000원	대 변	자본금	1,000,000원
				주식할인발행차금	120,000원
				주식발행초과금	80,000원

2. 감자차익

자본금 감소 시 그 감소액이 주식의 소각, 주금의 반환에 의한 금액 또는 결손 보전에 충당한 금액을 초과하는 경우 그 초과액을 말한다.

• 자사의 주식 100주(주당 액면 10,000원)를 주당 8,000원에 현금으로 매입하여 소각하였다.

차 변	자본금	1,000,000원	대 변	현금	800,000원
				감자차익	200,000원

3. 자기주식처분이익

자기주식을 구입한 후 다시 처분할 경우 취득금액보다 처분금액이 높은 경우 그 초과액을 말한다.

• 주당 장부금액 12,000원인 자기주식 100주를 주당 13,000원에 처분하고 현금을 수령하였다.

차 변	현금	1,300,000원	대 변	자기주식	1,200,000원
				자기주식처분이익	100,000원

참고   자사의 주식을 구입하는 경우 자기주식으로 처리하며, 자기주식을 장부금액보다 초과하여 처분시 자기주식처분손실(자본조정) 잔액이 있다면, 그 잔액을 우선 상계처리 후 자기주식처분손실을 초과하는 금액만 자기주식처분이익(자본잉여금)으로 처리한다.

04 자본조정

자본조정은 자본거래에서 발생하는 자본을 감소시키는 잉여금으로 주식할인발행차금, 감자차손, 자기주식처분손실, 자기주식, 미교부주식배당금 등이 해당한다.

1. 주식할인발행차금

주식할인발행차금은 주식을 액면금액 이하로 발행한 경우, 발행금액과 액면금액의 차이를 말하며, 만약 기존에 주식발행초과금(자본잉여금) 잔액이 있다면 그 잔액을 먼저 상계하고, 주식발행초과금 잔액을 초과하는 금액만 주식할인발행차금(자본조정)으로 처리한다.

- 자본금 증자를 위해 주식 100주(액면 10,000원)를 주당 7,000원에 발행하고 납입금은 보통예입하다.(단, 주식발행초과금 200,000원이 있다)

차 변	보통예금	700,000원	대 변	자본금	1,000,000원
	주식발행초과금	200,000원			
	주식할인발행차금	100,000원			

2. 감자차손

자본금의 감소 시 나타나는 것으로, 주식을 매입하여 소각하는 경우 취득금액이 액면금액보다 큰 경우에 그 차이를 말한다.

- 자사의 주식 100주(주당 액면 10,000원)를 주당 12,000원에 현금으로 매입하여 소각하였다.

차 변	자본금	1,000,000원	대 변	현금	1,200,000원
	감자차손	200,000원			

3. 자기주식

자사의 주식을 구입하는 경우 자기주식으로 처리한다.

- 자기주식 100주(주당 액면 10,000원)를 주당 12,000원에 현금으로 매입하였다.

차 변	자기주식	1,200,000원	대 변	현금	1,200,000원

4. 자기주식처분손실

자기주식을 구입한 후 다시 처분할 경우 취득금액보다 처분금액이 낮은 경우 그 초과액을 말한다.

• 주당 장부금액 12,000원인 자기주식 100주를 주당 11,000원에 처분하고 현금을 수령 하였다.(자기주식처분이익 30,000원이 있다.)

차 변	현금 자기주식처분이익 자기주식처분손실	1,100,000원 30,000원 70,000원	대 변	자기주식	1,200,000원

> 참고 자사의 주식을 구입하는 경우 자기주식으로 처리하며, 자기주식을 장부금액에 미달하게 처분시 자기주식처분이익(자본잉여금) 잔액이 있다면, 그 잔액을 우선 상계처리 후 자기주식처분이익을 초과하는 금액만 자기주식처분손실(자본조정)로 처리한다.

5. 미교부주식배당금

이익잉여금 처분과정에서 주식배당을 결의하였다면 미처분이익잉여금이 감소하면서 미교부주식배당금을 인식한다.

차 변	이익잉여금	×××	대 변	미교부주식배당금(자본조정)	×××

05 기타포괄손익누계액

기타포괄손익누계액은 재무상태표일 현재의 기타포괄손익 잔액으로, 당기순이익에 포함되지 않는 평가손익의 누계액이다.

매도가능증권평가손익	매도가능증권의 공정가치 평가시 발생하는 미실현손익
해외사업환산손익	해외지점, 해외사업소 또는 해외소재 관계 및 종속 기업의 자산과 부채를 외화환산시 발생하는 손익
현금흐름위험회피 파생상품평가손익	가격변동에 따른 손익을 회피하기 위하여 선도, 선물, 스왑, 옵션 등 파생상품거래를 한 경우, 파생상품을 공정가치로 평가해야 한다. 공정가치로 평가 시 발생하는 평가손익 중 효과적인 부분만 기타포괄손익으로 인식 (비효과적인 부분은 당기손익으로 인식)
재평가잉여금	유형자산을 재평가모형에 따라 공정가치로 평가할 경우 공정가치가 상승하여 발생하는 재평가이익 (공정가치 하락으로 발생하는 재평가손실은 당기손익으로 인식)

I CAN 기출문제

다음 중 손익계산서 작성에 영향을 주는 거래는 무엇인가?

① 자기주식처분이익
② 감자차손
③ 매도가능증권평가이익
④ 단기매매증권처분이익

정답풀이

④ 자기주식처분이익, 감자차익, 매도가능증권평가이익은 자본항목으로 재무상태표의 구성요소이다.

---

06 이익잉여금(잉여금의 처분)

이익잉여금은 영업활동의 결과 손익거래에서 얻어진 이익이 사내에 유보되어 생기는 잉여금이며, 그 종류는 다음과 같다.

이익준비금 (법정적립금)	상법의 규정에 의하여 자본금의 1/2에 달할 때까지 매 결산기 금전 이익배당 금액의 1/10 이상을 적립
기타법정적립금	기타 법령에 따라 적립된 금액
임의적립금	채권자와의 계약, 기업의 특정목적을 달성하기 위해 정관의 규정이나 주주총회의 결의로 배당가능한 이익잉여금의 일부를 유보한 금액
미처분이익잉여금 (이월이익잉여금)	전기말 미처분이익잉여금 + 당기순이익 - 주주에 대한 배당 - 자본금으로의 전입 - 자본조정항목의 상각액

1. 이익잉여금의 변동

손익계산서에서 계산되는 당기순이익은 재무상태표의 이익잉여금으로 대체되어서 매년 합산되고, 당기순손실이 발생하는 경우에는 이익잉여금에서 차감된다. 이렇게 조성된 이익잉여금은 주주들에게 배당되거나 여러 가지 사업을 위한 적립금 등으로 처분된다. 이익잉여금을 배당하거나 적립하는 등 처분에 관한 사항은 이익잉여금처분계산서에서 확인할 수 있다.

이 익 잉 여 금 처 분 계 산 서
20 × 3년 1월 1일부터 20 × 3년 12월 31일까지
처분확정일 20 × 4. 2. 28.

과 목	금	액
Ⅰ. 미 처 분 이 익 잉 여 금		193,600,000
1. 전기이월미처분이익잉여금	153,004,000	
2. 회 계 변 경 의 기 준 효 과	0	
3. 전 기 오 류 수 정 이 익	0	
4. 전 기 오 류 수 정 손 실	0	
5. 당 기 순 이 익	40,596,000	
Ⅱ. 임 의 적 립 금 등 의 이 입 액		0
1.	0	
2.	0	
합 계		193,600,000
Ⅲ. 이 익 잉 여 금 처 분 액		(88,000,000)
1. 이 익 준 비 금	(5,000,000)	
2. 기 업 합 리 화 적 립 금		
3. 배 당 금		
가. 현 금 배 당	(50,000,000)	
나. 주 식 배 당	(30,000,000)	
4. 사 업 확 장 적 립 금	(3,000,000)	
5. 감 채 적 립 금		
6. 배 당 평 균 적 립 금		
Ⅳ. 차 기 이 월 이 익 잉 여 금		(105,600,000)

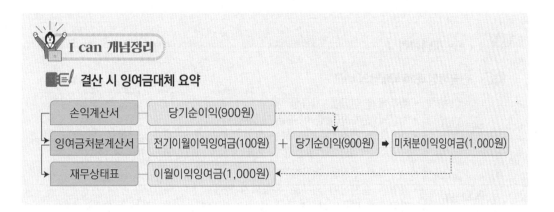

2. 현금배당

주주총회에서 이익잉여금의 일부를 주주들에게 현금으로 배당할 것을 결의하면 미처분이익 잉여금 중 일부를 미지급배당금(유동부채)으로 대체하는 분개를 하여야 한다.

주주총회에서 현금배당을 결의한 때에는 현금배당액의 1/10 이상을 자본금의 1/2에 달할 때까지 법정적립금인 이익준비금으로 적립하여야 한다.

• 주주총회에서 미처분이익잉여금 중 1,000,000원을 현금배당하고, 배당액의 10%를 이익준 비금으로 적립하기로 결의하였다.

| 차 변 | 이월이익잉여금 | 1,100,000원 | 대 변 | 미지급배당금
이익준비금 | 1,000,000원
100,000원 |

※ 이익준비금: 미지급배당금(1,000,000원) × 10% = 100,000원

• 주주총회에서 지급 결의한 현금배당액 1,000,000원을 현금으로 지급하였다.

| 차 변 | 미지급배당금 | 1,000,000원 | 대 변 | 현금 | 1,000,000원 |

3. 주식배당

주주총회에서 주주들에게 주식으로 배당할 것을 결의하면 미처분이익잉여금을 미교부주식배 당금(자본조정)으로 대체하는 분개를 한다. 주주총회에서 결의한 주식배당을 실제로 지급할 때는 대변에 자본금 계정을 기록해서 자본금을 증가시킨다.

• 주주총회에서 미처분이익잉여금 1,000,000원을 주식배당하기로 결의하였다.

| 차 변 | 이월이익잉여금 | 1,000,000원 | 대 변 | 미교부주식배당금 | 1,000,000원 |

• 주주총회에서 결의한 주식배당을 위해 1,000,000원의 주식을 발행하여 교부하였다.

| 차 변 | 미교부주식배당금 | 1,000,000원 | 대 변 | 자본금 | 1,000,000원 |

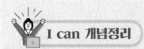

I can 개념정리

현금배당과 주식배당의 비교

현금배당	• 주주에게 현금을 지급함 • 기업의 순자산(현금)이 외부로 유출됨 • 자본총액 감소, 자본금 불변(이익잉여금 감소, 현금 감소) ※ 주주: 배당금수익 발생 [(차) 현금 ××× (대) 배당금수익 ×××]
주식배당	• 주주에게 주식을 지급함 • 기업의 순자산이 외부로 유출되지 않음 • 자본총액 변동없고, 자본금 증가(이익잉여금 감소, 자본금 증가) ※ 주주: 주식 수 증가, 주식 단위당 금액 하락 ➡ 회계처리 없음

유상증자와 무상증자

유상증자란 법인설립 후 자금이 필요할 경우 자금조달 방법으로 주식을 발행하여 자본을 증가시키는 것을 말하며, 무상증자란 자본잉여금 또는 이익잉여금 중에서 배당이 불가능한 법정적립금(이익준비금 등)을 자본금으로 대체하는 것으로 자본 전체의 금액 변동은 없으나, 자본금은 증가(자본잉여금 등은 감소)하게 되는 것을 의미한다.

4. 이익준비금

상법에 의거 회사는 자본금의 1/2에 달할 때까지 매 결산기의 금전에 의한 배당액의 1/10이상의 금액을 이익준비금으로 적립하여야한다. 이에 따른 이익준비금은 결손보전과 자본전입에만 처분할수 있다.

• 이익준비금 500,000원을 자본으로 전입하였다.

차 변	이익준비금	500,000원	대 변	자본금	500,000원

※ 이익준비금의 자본전입을 통해 이익잉여금이 감소하면서 자본금이 증가하여 자본에는 변화가 없으며, 이를 무상증자(내부거래) 혹은 형식적증자라고 한다.

I CAN 기출문제

다음 중 자산의 증가도 없고, 자본의 증가도 없는 경우에 해당하는 것은?

① 유상증자　　　　　　　　② 무상증자
③ 주식의 할인발행　　　　　④ 주식의 할증발행

정답풀이

② 무상증자는 동일한 금액의 자본 감소와 자본 증가를 가져오므로, 자산의 증감도 없고, 자본의 증감도 없다.

> **I CAN 기출문제**
>
> 다음 보기 중 이익잉여금으로 분류하는 항목을 모두 고른 것은 무엇인가?
>
> | ㄱ. 현금배당의 1/10 이상의 금액을 자본금의 2분의 1에 달할 때까지 적립해야 하는 금액 |
> | ㄴ. 액면을 초과하여 주식을 발행한 때 그 액면을 초과하는 금액 |
> | ㄷ. 감자를 행한 후 주주에게 반환되지 않고 불입자본으로 남아있는 금액 |
>
> ① ㄱ   ② ㄴ   ③ ㄱ, ㄷ   ④ ㄴ, ㄷ
>
> **정답풀이**
>
> ① ㄱ은 이익잉여금(이익준비금)으로, ㄴ(주식발행초과금)과 ㄷ(감자차익)은 자본잉여금으로 분류한다.

07   임의적립금

법정적립금 이외에 기업이 임의로 적립하는 것을 임의적립금이라 한다. 여기에는 사업확장적립금, 배당평균적립금 등이 있다.

• 정기 주주총회에서 미처분이익잉여금 중 400,000원을 사업확장적립금으로 적립하기로 결의하였다.

차 변	이월이익잉여금	400,000원	대 변	사업확장적립금	400,000원

> **I CAN 기출문제**
>
> 다음 중 자본거래에 관한 설명으로 가장 틀린 것은?
>
> ① 자기주식은 취득원가를 자기주식의 과목으로 하여 자본조정으로 회계처리한다.
> ② 자기주식을 처분하는 경우 처분금액이 장부금액보다 크다면 그 차액을 자기주식처분이익으로 하여 자본조정으로 회계처리한다.
> ③ 처분금액이 장부금액보다 작다면 그 차액을 자기주식처분이익의 범위내에서 상계처리하고, 미상계된 잔액이 있는 경우에는 자본조정의 자기주식처분손실로 회계처리한다.
> ④ 이익잉여금(결손금) 처분(처리)로 상각되지 않은 자기주식처분손실은 향후 발생하는 자기주식처분이익과 우선적으로 상계한다.
>
> **정답풀이**
>
> ② 자기주식을 처분하는 경우 처분금액이 장부금액보다 크다면 그 차액을 자기주식처분이익으로 하여 자본잉여금으로 회계처리한다.

I can 실전문제(자본)

※ I can 실전문제에 수록된 문제들은 모두 전산회계 1급 시험에 다수 출제되었던 내용입니다.

01 주식 1,000주(1주당 액면금액 1,000원)를 1주당 1,500원에 증자하면서 주식발행관련 제비용으로 100,000원을 지출하였다. 이에 대한 결과로 올바른 것은?

① 주식발행초과금 400,000원 증가
② 자본금 1,400,000원 증가
③ 주식발행초과금 500,000원 증가
④ 자본금 1,500,000원 증가

02 이익잉1,000여금처분계산서에서 확인할 수 없는 항목은 무엇인가?

① 기타법정적립금
② 배당금
③ 주식할인발행차금
④ 당기순이익

03 자본금이 100,000,000원인 회사가 이월결손금 18,000,000원을 보전하기 위하여 유통 중인 주식 중 1/5에 해당하는 부분을 무상 소각하였다. 이 경우 분개에서 사용하여야 할 자본항목과 금액 중 옳은 것은?

① 감자차손 2,000,000원
② 주식발행초과금 2,000,000원
③ 감자차익 2,000,000원
④ 합병차익　　 2,000,000원

04 이익배당을 주식으로 하는 경우(주식배당) 배당 후 상태변화로 가장 옳지 않은 것은?

① 배당 후 이익잉여금은 증가한다.
② 배당 후 자본금은 증가한다.
③ 배당 후 총자본은 불변이다.
④ 배당 후 발행주식수는 증가한다.

05 당사의 20×1. 1. 1. 자본금은 50,000,000원(주식수 50,000주, 액면금액 1,000원)이다. 20×1. 7. 1. 주당 1,200원에 10,000주를 유상증자 하였다. 20×1년 기말자본금은 얼마인가?

① 12,000,000원   ② 50,000,000원
③ 60,000,000원   ④ 62,000,000원

06 다음 자료에 의하여 자본총계를 계산하면 얼마인가?

• 현금:	500,000원	• 단기대여금:	250,000원
• 이익준비금:	20,000원	• 선수금:	200,000원
• 감가상각누계액:	50,000원	• 기계장치:	250,000원
• 미지급금:	60,000원	• 퇴직급여충당부채:	90,000원
• 임대보증금:	100,000원		

① 400,000원   ② 450,000원   ③ 480,000원   ④ 500,000원

07 자본에 대한 설명이다. 틀린 것은?

① 자본금은 우선주자본금과 보통주자본금으로 구분하며, 발행주식수×주당 발행금액으로 표시된다.
② 잉여금은 자본잉여금과 이익잉여금으로 구분 표시한다.
③ 주식의 발행은 할증발행, 액면발행 및 할인발행이 있으며, 어떠한 발행을 하여도 자본금은 동일하게 표시된다.
④ 자본은 자본금·자본잉여금·이익잉여금·자본조정·기타포괄손익누계액으로 구분표시한다.

08 전기말 자본금은 60,000,000원(주식수 12,000주, 액면금액 5,000원)이다. 기중에 주당 4,000원에 2,000주를 유상증자 하였으며, 그 외의 자본거래는 없었다. 기말자본금은 얼마인가?

① 60,000,000원   ② 70,000,000원
③ 68,000,000원   ④ 48,000,000원

09 주주총회에서 현금배당이 결의된 당일의 거래요소 결합관계로 옳은 것은?

	차 변	대 변
①	자본의 감소	자본의 증가
②	부채의 감소	부채의 증가
③	자산의 증가	수익의 발생
④	자본의 감소	부채의 증가

10 다음은 자본에 대한 설명이다. 옳지 않은 것은?

① 이익잉여금을 자본금에 전입하여 무상주를 발행하는 경우에 액면금액을 주식의 발행금액으로 한다.

② 기업이 취득한 자기주식은 취득원가를 자본조정으로 회계처리한다.

③ 자기주식의 처분금액이 장부금액보다 큰 경우 차액은 자기주식처분이익으로 하여 자본잉여금으로 회계처리한다.

④ 기업이 소각을 목적으로 자기주식을 취득하는 경우 주식의 취득원가가 액면금액 보다 작다면 그 차액을 감자차익으로 하여 자본조정으로 회계처리한다.

11 자본의 분류에 대한 다음 설명 중 잘못된 것은?

① 자본금은 법정자본금으로 한다.

② 주식발행초과금, 자기주식처분이익, 주식할인발행차금은 모두 자본잉여금에 해당한다.

③ 자본조정은 당해 항목의 성격으로 보아 자본거래에 해당하나 최종 납입된 자본으로 볼 수 없거나 자본의 가감 성격으로 자본금이나 자본잉여금으로 분류할 수 없는 항목이다.

④ 자본잉여금은 증자나 감자 등 주주와의 거래에서 발생하여 자본을 증가시키는 잉여금이다.

12 다음 중 자본잉여금으로 분류하는 항목을 모두 고른 것은?

> 가. 주식을 할증발행하는 경우에 발행금액이 액면금액을 초과하는 부분
> 나. 자기주식을 처분하는 경우 취득원가를 초과하여 처분할 때 발생하는 이익
> 다. 주식 발행금액이 액면금액에 미달하는 경우 그 미달하는 금액
> 라. 상법규정에 따라 적립된 법정적립금

① 가, 나　　　　　② 가, 다　　　　　③ 다, 라　　　　　④ 가, 나, 다

13 액면 10,000원인 주식 1주를 12,000원에 발행하였을 때, 재무제표에 미치는 영향은?

① 자산총액이 10,000원 증가한다.　　　② 자본총액이 10,000원 증가한다.
③ 자본금이 10,000원 증가한다.　　　　④ 당기순이익이 2,000원 증가한다.

14 다음은 재무상태표 항목의 구분과 통합표시에 대한 설명이다. 가장 틀린 것은?

① 중요한 항목은 재무상태표 본문에 별도 항목으로 구분하여 표시한다.
② 현금및현금성자산은 별도 항목으로 구분하여 표시한다.
③ 자본잉여금은 법정적립금, 임의적립금으로 구분하여 표시한다.
④ 자본금은 보통주자본금과 우선주자본금으로 구분하여 표시한다.

15 20×2년 중에 보통주 10,000주(1주당 액면금액 1,000원)를 1주당 500원에 발행하였다. 20×1년 기말 재무상태표상 자본상황이 다음과 같을 경우, 20×2년 기말 재무상태표에 표시되는 자본상황으로 올바른 것은?

> • 자본금 90,000,000원　　　　　• 주식발행초과금 10,000,000원

① 자본금 95,000,000원
② 주식발행초과금 5,000,000원
③ 주식할인발행차금 5,000,000원
④ 총자본 100,000,000원

16 유가증권을 보유함에 따라 무상으로 주식을 배정받은 경우 회계처리방법은?

① 배당금수익(영업외수익)으로 처리한다.
② 장부금액을 증가시키는 회계처리를 하지 않고, 수량과 단가를 새로 계산한다.
③ 장부금액을 증가시키는 회계처리를 하고, 수량과 단가를 새로 계산한다.
④ 장부금액을 증가시키는 회계처리를 하고, 수량과 단가를 새로 계산하지 않는다.

17 다음의 자료에서 20×2년 5월 5일 현재 주식수와 주당금액을 계산한 것으로 맞는 것은?

- 20×1년 8월 5일 ㈜갑의 주식 100주를 주당 10,000원(액면금액 5,000원)에 취득하였다. 회계처리시 계정과목은 단기매매증권을 사용하였다.
- 20×1년 12월 31일 ㈜갑의 주식 주당 공정가치는 7,700원이었다.
- 20×2년 5월 5일 ㈜갑으로부터 무상으로 주식 10주를 수령하였다.

① 100주, 7,000원/주   ② 100주, 7,700원/주
③ 110주, 7,000원/주   ④ 110주, 7,700원/주

8. 수익과 비용

기업의 주요 영업활동인 상품 및 제품의 매출 활동과 관련된 수익을 영업수익이라 하고, 그 외의 수익을 영업외수익이라 한다. 영업수익인 매출액에 대응하는 비용을 매출원가라 하고 판매와 관리활동에 관련된 비용을 판매비와관리비라고 하며, 그 외의 비용을 영업외비용이라 한다. 수익과 비용은 손익계산서에 표시되며, 손익계산서의 구성은 다음과 같다.

	Ⅰ. 매출액	(총매출액 – 매출할인, 매출환입, 매출에누리)
–	Ⅱ. 매출원가	(기초재고 + 당기매입 또는 제조 – 기말재고)
=	Ⅲ. 매출총손익	(매출액 – 매출원가)
–	Ⅳ. 판매비와관리비	(매출원가 외에 판매관리활동에서 발생하는 비용)
=	Ⅴ. 영업손익	(매출총손익 – 판매비와관리비)
+	Ⅵ. 영업외수익	
–	Ⅶ. 영업외비용	
=	Ⅷ. 법인세차감전순손익	(영업손익 + 영업외수익 – 영업외비용)
–	Ⅸ. 법인세비용	
=	Ⅹ. 당기순손익	(법인세차감전순이익 – 법인세비용)

I CAN 기출문제

다음 손익항목 중 영업이익을 산출하는데 반영되는 항목들의 합계액은?

• 상품매출원가: 10,000,000원	• 기부금: 400,000원
• 복리후생비: 300,000원	• 매출채권처분손실: 350,000원
• 접대비(기업업무추진비):500,000원	• 이자비용: 150,000원

① 11,350,000원   ② 11,200,000원
③ 10,800,000원   ④ 10,300,000원

정답풀이

③ 영업이익 계산과정에는 매출원가와 판매관리비가 포함된다.
   (10,000,000원 + 300,000원 + 500,000원 =10,800,000원)

01 수익

수익은 기업의 경영활동에서 재화의 판매 또는 용역의 제공 과정으로 획득된 경제적 가치로서 자산의 증가 또는 부채의 감소에 따라 자본의 증가를 초래하는 경제적 효익의 총유입을 의미하며, 매출액과 영업외수익이 해당된다.

1 매출액(영업수익)

1. 상품매출(제품매출)

기업의 경영활동에서 판매를 목적으로 외부에서 구입한 상품 및 제조공정에서 완성된 제품에 일정한 이익을 가산하여 매출하게 되는데, 상품의 매출이 발생하면 상품매출(제품매출)계정 대변에 기입한다.

매출액은 기업의 주된 영업활동에서 발생하는 수익을 말하며, 총매출액에서 매출환입, 매출에누리, 매출할인을 차감한 금액을 순매출액이라 한다.

> **매출액(순매출액) = 총매출액 – 매출환입 – 매출에누리 – 매출할인**

2. 매출에누리와 매출환입

매출에누리는 매출한 상품 중 하자나 파손이 있는 상품에 대해 값을 깎아 주는 것을 말하고, 매출환입은 매출한 상품 중 하자나 파손이 있는 상품에 대해 반품받는 것을 말하며, 매출액에서 차감한다.

• 매출한 상품 중 일부 제품에 불량이 발생하여 외상매출금 중 200,000원과 상계시켰다.

차 변	매출환입및에누리	200,000원	대 변	외상매출금	200,000원

3. 매출할인

매출할인은 외상매출금을 조기에 회수하는 경우 약정에 의해 할인해주는 금액을 말하며, 매출액에서 차감한다.

• 외상매출금 2,000,000원을 조기상환하여 약정에 따라 외상매출금 중 200,000원을 할인해 주고 나머지는 현금으로 수령 하였다.

차 변	매출할인 현금	200,000원 1,800,000원	대 변	외상매출금	2,000,000원

수익의 인식

일반적으로 수익은 판매시점에 인식하는데, 재화의 판매로 인한 수익은 다음 조건이 모두 충족될 때 인식한다.

1. 재화의 소유에 따른 유의적인 위험과 보상이 구매자에게 이전된다.
2. 판매자는 판매한 재화에 대하여 소유권이 있을 때 통상적으로 행사하는 정도의 관리나 효과적인 통제를 할 수 없다.
3. 수익금액을 신뢰성있게 측정할 수 있다.
4. 경제적 효익의 유입 가능성이 매우 높다.
5. 거래와 관련하여 발생했거나 발생할 원가를 신뢰성 있게 측정할 수 있다.

수익은 원칙적으로 실현주의에 의해 인식하고, 판매유형별로 수익을 인식하는 시점이 다를수 있으며 관련내용은 다음과 같다.

일반매출	할부매출을 포함한 일반적인 매출은 제품(또는 상품)을 인도하는 때
시용판매	구매자가 구매의사를 표시한 때
위탁판매	수탁자가 판매한 때
상품권매출	상품권이 회수되고 상품을 인도하는 때 (상품권 판매한 때에 발생하는 상품권 판매대금은 선수금으로 부채에 해당한다.)

참고 일반할부매출은 제품(또는 상품)을 인도하는 때 수익을 인식하지만, 1년이상의 장기할부매출은 제품 (또는 상품)의 대가를 받기로 한 때 수익을 인식한다.

I CAN 기출문제

다음 중 재화의 판매에 대한 수익인식기준으로 틀린 것은?

① 비용금액을 신뢰성 있게 측정할 수 있다.
② 경제적 효익의 유입 가능성이 매우 높다.
③ 재화의 소유에 따른 유의적인 위험과 보상이 구매자에게 이전된다.
④ 거래와 관련하여 발생했거나 발생할 원가를 신뢰성 있게 측정할 수 있다.

정답풀이

① 비용이 아니라 원가를 신뢰성 있게 측정할 수 있어야 한다.

I CAN 기출문제

다음 중 일반기업회계기준에 의한 수익의 인식시점이 올바르지 않은 것은?

① 위탁매출은 수탁자가 상품을 판매한 시점
② 상품권매출은 상품권이 고객으로부터 회수된 시점
③ 할부매출은 할부금이 회수된 시점
④ 시용매출은 매입자의 의사표시가 있는 시점

정답풀이

③ 일반할부매출은 할부금 회수 시가 아닌 판매(인도)시에 수익을 인식한다.

---

2 영업외수익

영업외수익이란 주된 영업활동 이외의 활동에서 발생한 수익을 말하며, 대표적인 예는 다음과 같다.

이자수익	금융기관 등에 대한 예금이나 대여금 등에 대하여 받은 이자
단기매매증권평가이익	결산 시 단기매매증권을 공정가치로 평가할 때 장부금액보다 공정가치가 높은 경우 그 차액
단기매매증권처분이익	단기매매증권을 처분할 때 장부금액보다 처분금액이 높은 경우 그 차액
매도가능증권처분이익	매도가능증권을 처분할 때 장부금액보다 처분금액이 높은 경우 그 차액
외환차익	외화자산 회수와 외화부채 상환 시 환율의 차이 때문에 발생하는 이익
수수료수익	용역을 제공하고 그 대가를 받은 경우
외화환산이익	결산 시 외화 자산과 외화 부채를 결산일 환율로 평가할 때 발생하는 이익
유형자산처분이익	유형자산을 장부금액(취득원가 - 감가상각누계액)보다 높은 금액으로 처분할 때 발생하는 이익
투자자산처분이익	투자자산을 장부금액보다 높은 금액으로 처분할 때 발생하는 이익
자산수증이익	타인으로부터 자산을 무상으로 증여받게 되는 경우 그 금액
채무면제이익	채무를 면제받는 경우의 그 금액
잡이익	영업활동 이외의 활동에서 발생한 금액이 적은 이익이나 빈번하지 않은 이익

참고 매도가능증권평가이익은 기타포괄손익누계액(자본)에 해당되어 당기손익에 영향을 주지 않는다.

02 　비용

비용이란 재화의 판매 또는 용역의 제공 등에 따라 발생하는 자산의 유출이나 사용 또는 부채의 증가를 말한다. 비용에는 매출원가, 판매비와관리비, 영업외비용 등이 해당된다.

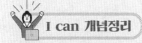

I can 개념정리

비용의 인식

비용은 원칙적으로 관련 수익이 인식되는 회계기간에 인식하는데, 이를 수익·비용 대응원칙이라 한다. 여기에는 직접대응과 간접대응이 있다.

직접 대응		• 비용이 수익과 직접적인 인과관계가 있는 경우에 그 인과관계에 따라 수익과 같이 비용을 인식하는 것 • 매출원가, 판매수수료, 매출운임 등
간접 대응	체계적이고 합리적인 배분	• 수익과 직접적인 관계는 없지만 해당 자산이 수익창출에 기여하는 기간 동안 비용을 배분하는 것 • 감가상각비, 무형자산상각비
	기간비용	• 수익과 직접적인 관계가 없고, 미래의 경제적 효익의 가능성이 불확실한 경우에 비용으로 인식하는 것 • 광고선전비, 도서인쇄비, 소모품비 등

I CAN 기출문제

다음 중 특정 수익에 직접 관련되어 발생하지는 않지만 일정기간 동안 수익창출활동에 기여할 것으로 판단하여 합리적이고 체계적으로 일정 기간에 배분하는 원가 또는 비용에 해당하는 것은?

① 판매수수료　　　　② 광고선전비　　　　③ 감가상각비　　　　④ 매출원가

정답풀이

③ 비용 배분은 수익·비용 대응원칙, 합리적이고 체계적인 방법, 당기비용 방법으로 인식한다. 합리적이고 체계적인 방법의 대표적인 비용이 감가상각비이다.

1 　매출원가

매출원가란 매출에 직접 대응되는 비용을 말하며, 다음과 같이 계산한다.

> • 매출원가 = 기초재고액 + 당기상품매입액(또는 제품제조원가) – 기말재고액
> • 당기상품매입액 = 총매입액 + 매입부대비용 – 할인·환출·에누리

기말재고액이 결정되면 기초재고와 당기매입액을 더한 금액에서 기말재고를 차감한 금액을
매출원가로 처리한다.

• 상품의 기초재고액은 1,000,000원, 당기상품매입액은 10,000,000원, 기말재고는 800,000원
  이다.

차 변	매출원가	10,200,000원	대 변	상품	10,200,000원

※ 상품매출원가 = 판매가능한 상품(기초재고 + 상품매입) - 기말상품재고액

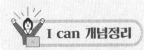

I can 개념정리

도·소매업과 제조업의 매출원가

매출총이익은 매출액에서 매출원가를 차감해서 계산한다. 여기서 업종에 따라 재고자산의 당기증가액을
다르게 표시하는데, 재고자산의 당기 증가액으로 도소매업에서는 당기상품매입액을, 제조업에서는 당기
제품제조원가를 사용한다.

도소매업 손익계산서		제조업 손익계산서	
Ⅰ. 매출액	×××	Ⅰ. 매출액	×××
Ⅱ. 매출원가	×××	Ⅱ. 매출원가	×××
1. 기초상품재고액 ×××		1. 기초제품재고액 ×××	
2. 당기상품매입액 ×××		**2. 당기제품제조원가** ×××	
3. 기말상품재고액 (×××)		3. 기말제품재고액 (×××)	
Ⅲ. 매출총손익	×××	Ⅲ. 매출총손익	×××

② 판매관리비

판매비와관리비는 제품, 상품 등의 판매활동과 기업의 관리활동에서 발생하는 비용으로서
매출원가에 속하지 않는 모든 영업비용을 포함하며, 대표적인 예는 다음과 같다.

급 여	종업원에 대한 급여와 제수당 등(급여, 임금, 잡급, 상여금 등으로 구분)
퇴직급여	종업원이 퇴직을 할 경우 발생하는 퇴직금이나 결산 시 퇴직급여충당부채를 설정할 경우의 퇴직금 등
복리후생비	종업원의 복리와 후생을 위한 비용으로 식대, 경조사비, 직장체육대회, 야유회비 등을 말하며, 또한 종업원을 위해 회사가 부담하는 건강보험료, 고용보험료, 산재보험료 등
여비교통비	종업원의 업무와 관련한 교통비와 출장 여비 등
접대비 (기업업무추진비)	업무와 관련하여 거래처에 접대한 비용으로 식대, 경조사비, 선물대금 등

통신비	업무와 관련하여 발생한 전화, 핸드폰, 팩스, 인터넷 등의 요금 등
수도광열비	업무와 관련하여 발생한 수도, 가스, 난방 등의 요금 등
전력비	업무와 관련해서 발생한 전기요금 등
세금과공과금	업무와 관련하여 발생한 세금인 재산세, 자동차세 등과 공과금인 대한상공회의소회비, 조합회비, 협회비 등
감가상각비	업무와 관련된 유형자산인 건물, 기계장치, 차량운반구 등의 감가상각금액
임차료	업무와 관련하여 발생한 토지, 건물, 기계장치, 차량운반구 등의 임차비용 등
수선비	업무와 관련하여 발생한 건물, 기계장치 등의 현상유지를 위한 수리비용을 말한다. 단, 차량운반구에 관련된 현상유지를 위한 수리비용은 차량유지비 등
보험료	업무와 관련된 유형자산(건물, 기계장치 등)과 재고자산 등에 대한 보험료
차량유지비	업무와 관련된 차량운반구의 유지, 수선(유류대, 오일교체비 등)을 위한 비용
운반비	상품을 매출하고 지출한 운송료
도서인쇄비	업무와 관련된 도서구입비, 신문과 잡지구독료, 인쇄비 등
소모품비	업무와 관련된 복사용지, 문구류 등 소모성 물품비 등(사무용품비)
수수료비용	업무와 관련된 용역을 제공받고 그에 대한 대가를 지불한 것으로 은행의 송금수수료, 어음의 추심수수료, 청소와 경비용역비 등
광고선전비	업무와 관련하여 광고목적으로 신문, 방송, 잡지 등에 지출한 광고비용
대손상각비	매출채권(외상매출금, 받을어음)이 회수가 불가능하게 되었거나, 결산 시 대손에 대비하여 대손충당금을 설정하는 경우

3 영업외비용

이자비용	금융기관에 대한 차입금, 당좌차월 등 자금의 차입대가로 지불하는 이자
외환차손	외화자산의 회수와 외화부채의 상환시 환율의 차이 때문에 발생하는 손실
기부금	아무런 대가를 바라지 않고 무상으로 금전이나 물건 등을 기증한 경우
외화환산손실	결산 시 외화 자산과 외화 부채를 결산일 환율로 평가할 때 발생하는 손실
매출채권 처분손실	받을어음의 만기가 되기 전에 은행에 어음을 할인할 경우 그 할인료 등
단기매매증권 평가손실	결산 시 공정가치로 평가할 때 장부금액보다 공정가치가 낮은 경우 그 차액
단기매매증권 처분손실	단기매매증권을 처분할 때 장부금액보다 처분금액이 낮은 경우 그 차액
재해손실	천재지변이나 도난 등의 예측치 못한 상황으로 발생한 손실

유형자산처분 손실	유형자산을 장부금액(취득원가 - 감가상각누계액)보다 낮은 금액으로 처분할 때 발생하는 손실
투자자산처분 손실	투자자산을 장부금액보다 낮은 금액으로 처분할 때 발생하는 손실
잡손실	영업활동 이외 활동에서 금액이 적은 비용이나 빈번하지 않은 지출
기타의 대손상각비	매출채권(외상매출금, 받을어음)이외의 채권의 회수가 불가능하게 되었거나, 결산 시 대손에 대비하여 대손충당금을 설정하는 경우
재고자산 감모손실	재고자산의 장부상 재고수량과 실제의 재고수량과의 차이가 조업과 무관하게 비정상적으로 발생하는 경우

참고 판매관리비는 영업이익에 영향을 주지만, 영업외비용은 영업이익에 영향을 주지 않는다.

 기출문제

다음 중 계정과목 중 분류가 다른 것은?

① 기타의 대손상각비
② 이자비용
③ 소모품비
④ 외환차손

 정답풀이

③ 소모품비는 판매관리비 이며. ①, ②, ④는 영업외비용이다.

I CAN 기출문제

다음 중 손익계산서상 구분표시가 다른 것은?

① 복리후생비
② 유형자산처분손실
③ 기부금
④ 이자비용

정답풀이

① 복리후생비는 판매비와관리비 이며, ②, ③, ④는 영업외비용이다.

I CAN 기출문제

도매업을 영위하는 ㈜I can의 비용관련 자료이다. 영업외비용 합계액은 얼마인가?

• 광고선전비: 1,000,000원
• 감가상각비: 1,000,000원
• 재고자산감모손실(비정상적 발생): 1,000,000원
• 기부금: 1,000,000원

① 1,000,000원   ② 2,000,000원
③ 3,000,000원   ④ 4,000,000원

 정답풀이

② 광고선전비와 감가상각비는 판매비와관리비 이며, 비정상적인 재고자산감모손실과 기부금은 영업외비용으로 처리한다.

1. 이자수익 & 이자비용

• 대여금의 이자 10,000원이 보통예금통장에 이체되었다.

차 변	보통예금	10,000원	대 변	이자수익	10,000원

• 차입금의 이자 10,000원이 보통예금통장에서 이체되었다.

차 변	이자비용	10,000원	대 변	보통예금	10,000원

2. 자산수증이익 & 채무면제이익

• 대주주로부터 공정가치 7,000,000원인 토지를 무상 증여받았다.

차 변	토지	7,000,000원	대 변	자산수증이익	7,000,000원

• 거래처로부터 외상매입금 500,000원의 상환을 면제받았다.

차 변	외상매입금	500,000원	대 변	채무면제이익	500,000원

3. 재해손실 & 보험금수익

• 화재가 발생하여 건물 2,000,000원이 소실되었고, 이에 관련된 보험금을 청구하였다.

차 변	재해손실	2,000,000원	대 변	건물	2,000,000원

- 보험회사는 화재에 대하여 보험금 1,800,000을 지급하기로 결정하였다.

차 변	미수금	1,800,000원	대 변	보험금수익	1,800,000원

- 보험회사로부터 보험금 1,800,000을 보통예금으로 수령하였다.

차 변	보통예금	1,800,000원	대 변	미수금	1,800,000원

4. 단기매매증권 평가 및 처분손익

- 단기시세차익 목적으로 시장성 있는 주식 500주(액면금액 10,000원)를 주당 12,000원에 취득하면서 대가는 보통예금으로 이체하였다.

차 변	단기매매증권	6,000,000원	대 변	보통예금	6,000,000원

- 결산일에 상기주식의 공정가치가 주당 13,000원으로 평가되었다.

차 변	단기매매증권	500,000원	대 변	단기매매증권평가이익	500,000원

- 보유중인 주식 500주 중에서 200주를 주당 14,000원에 현금을 받고 처분하였다.

차 변	현금	2,800,000원	대 변	단기매매증권 단기매매증권처분이익	2,600,000원 200,000원

5. 외화환산이익 & 외화환산손실 & 외환차익 & 외환차손

외화자산 또는 외화부채가 발생할 때는 발생 시의 환율로 평가하고, 결산 시에는 결산시의 환율로 환산하고, 회수 또는 상환 시의 환율을 적용한다.

발생시	거래 발생일의 기준환율로 계상
기말결산시	결산일의 기준환율로 평가 ➜ 외화환산이익, 외화환산손실
회수(상환)시	회수(상환)시 환율로 평가 ➜ 외환차익, 외환차손

I can 분개 외화평가 1

다음의 거래에 관하여 각 일자별로 분개를 하시오.

20×1.10.01. 상품을 수출하고 대금 1,000달러를 20×2. 1. 31. 받기로 하였다.
20×2.01.31. 외상매출금 1,000달러를 회수하여 원화로 환전하였다.
　　　　　각 일자별 적용환율은 다음과 같다. 결산일은 12월 31일이다.

20×1.10.01. 적용환율: 1,000원/$
20×1.12.31. 적용환율: 1,100원/$
20×2.01.31. 적용환율: 1,200원/$

답안

20×1.10.01.	(차) 외상매출금	1,000,000원	(대) 상품매출	1,000,000원
20×1.12.31.	(차) 외상매출금	100,000원	(대) 외화환산이익	100,000원
	✓ 외상매출금 장부금액 = 1,000,000원 ✓ 외상매출금 공정가치: 1,000달러 × 1,100원 = 1,100,000원 ✓ 외화환산이익: 100,000원(장부금액 〈 공정가치)			
20×2.01.31.	(차) 현금	1,200,000원	(대) 외상매출금 외환차익	1,100,000원 100,000원

I can 분개 외화평가 2

다음의 거래에 관하여 각 일자별로 분개를 하시오.

20×1. 10. 1. 상품을 수입하고 대금 1,000달러를 20×2. 1. 31. 지급하기로 하였다.
20×2. 1. 31. 외상매입금 1,000달러를 현금으로 지급하였다.
　　　　　　각각 일자별 적용환율은 다음과 같으며, 결산일은 12월 31일이다.

20×1.10.01. 적용환율: 1,000원/$
20×1.12.31. 적용환율: 1,100원/$
20×2.01.31. 적용환율: 1,200원/$

답안

20×1.10.01.	(차) 상품　　　　　　　　　1,000,000원　(대) 외상매입금　　　　　　1,000,000원
20×1.12.31.	(차) 외화환산손실　　　　　　100,000원　(대) 외상매입금　　　　　　　100,000원 　✓ 외상매입금 장부금액 = 1,000,000원 　✓ 외상매입금 공정가치: 1,000달러 × 1,100원 = 1,100,000원 　✓ 외화환산손실: 100,000원(장부금액 〈 공정가치)
20×2.01.31.	(차) 외상매입금　　　　　　1,100,000원　(대) 현금　　　　　　　　　1,200,000원 　　　외환차손　　　　　　　　100,000원

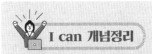

손익의 이연 & 손익의 발생

• 선급비용: 당기 지급한 비용중 차기에 속하는 금액이 포함 (비용의 이연)
• 선수수익: 당기에 받은 수익중 차기에 속하는 금액이 포함 (수익의 이연)
• 미수수익: 당기에 속하는 수익이지만 결산시 까지 받지 못한 금액 (수익의 발생)
• 미지급비용: 당기에 발생한 비용이지만 결산시 까지 지급하지 못한 금액 (비용의 발생)

구 분	차 변		대 변		결산조정결과
비용의 이연	선급비용	×××	이자비용	×××	비용의 감소 ➜ 이익의 증가
수익의 이연	이자수익	×××	선수수익	×××	수익의 감소 ➜ 이익의 감소
수익의 발생	미수수익	×××	이자수익	×××	수익의 증가 ➜ 이익의 증가
비용의 발생	이자비용	×××	미지급비용	×××	비용의 증가 ➜ 이익의 감소

손익계정에 대해 결산수정을 해야하는 이유

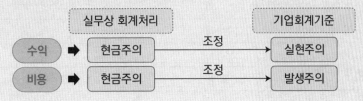

6. 결산수정분개 유형

기업은 인위적인 회계기간에 대하여 경영성과를 보고하게 된다. 당기의 경영성과를 정확하게 측정하기 위해서는 발생기준에 의해서 당기에 실현된 수익과 발생된 비용이 정확하게 반영되어야 하지만, 실무상 회계처리는 현금의 수입 혹은 지출시에 처리하는 현금주의 기준에 의해서 수익과 비용을 기록하기 때문에 발생기준과의 차이가 생기게 된다.

수익과 비용을 실현주의(수익)와 발생주의(비용)에 의하여 정확하게 조정하기위해 수정분개를 하여야 한다. 이러한 수정분개에는 앞서 학습한 손익의 이연과 발생 이외에도 자산의 평가와 관련된 것과 결산시에 재무제표에 있을 수 있는 임시계정의 정리 분개가 있으며, 그 예는 다음과 같다.

구 분		차 변		대 변	
①	비용이 이연	선급비용	×××	비 용	×××
②	비용의 발생	비 용	×××	미지급비용	×××
③	수익의 이연	수 익	×××	선수수익	×××
④	수익의 발생	미수수익	×××	수 익	×××
⑤	소모품의 사용액 혹은 미사용액정리	소모품비	×××	소 모 품	×××
		소 모 품	×××	소모품비	×××
⑥	현금과부족 잔액의 정리	잡 손 실	×××	현금과부족	×××
		현금과부족	×××	잡 이 익	×××
⑦	단기매매증권의 평가	단기매매증권	×××	단기매매증권평가이익	×××
		단기매매증권평가손실	×××	단기매매증권	×××
⑧	외화금액의 환율평가	외화자산&부채	×××	외화환산이익	×××
		외화환산손실	×××	외화부채&자산	×××
⑨	인출금의 정리(개인기업)	자본금	×××	인출금	×××
⑩	유형자산의 감가상각 반영	감가상각비	×××	감가상각누계액	×××
⑪	매출채권의 대손충당금 설정	대손상각비	×××	대손충당금	×××
⑫	기말재고자산의 이용한 매출원가 처리	상품매출원가 (제품매출원가)	×××	상 품 (제 품)	×××
⑬	퇴직급여충당부채 설정	퇴직급여	×××	퇴직급여충당부채	×××
⑭	법인세계상	법인세등	×××	선납세금 미지급세금	××× ×××

I can 분개연습(결산정리사항)

※ I can 분개연습에 수록된 문제들은 모두 전산회계 1급 시험에 다수 출제되었던 내용입니다.

01 5월에 납부한 보험료 2,400,000원중 당기분은 1,800,000원 이다.

02 4월에 납부한 건물의 임차료중 기간미경과액이 900,000원이 포함되어 있다.

03 3월에 수취하고 임대료 계정으로 처리한 3,600,000원은 당해 4월부터 내년 3월까지에 대한 내용이다.(월할계산하시오)

04 대여금에 대한 이자 48,000원이 아직 미계상되었다.

05 당월분 급여 2,500,000원이 발생하였으나 아직 미지급상태이다.(급여지급일은 매월 말일)

06 12월 16일~12월 31일까지의 급여 2,500,000원이 발생하였으나 아직 미지급 상태이다. (급여지급일은 다음달 15일)

07 7월 1일에 공장에서 사용중인 화물차의 자동차 보험료 1년분 720,000원을 현금으로 납부 하면서 모두 자산계정으로 처리하였다. 보험료를 월할계산하여 결산에 반영하시오.

08 7월 1일에 사무실을 1년간 임대하기로 하고 1년분 임대로 1,200,000원을 자기앞수표로 수령하고 전액 선수수익으로 회계처리 하였다. 기말결산시에 수정분개를 하시오.

09 거래은행에 예금된 정기예금에 대하여 당기분 경과이자를 계상하다.
(단, 월할계산 하며, 원 미만버림)

• 정기예금 금액: 40,000,000원	• 예금기간: 20x1.06.01. ~ 20x3.05.31.
• 이율: 5%	• 이자지급일: 연 1회(매년 5월 31일)

10 사무용 장부 900,000원을 구입하고 자산처리한 내역을 확인한 결과 현재 200,000원이 미사용 상태이다.

11 지난 6월에 구입한 소모품 중 당기 사용액은 800,000원 이다.
(구입액은 1,000,000원 이며 구입시 비용처리 하였다.)

12 현금과부족 차변잔액 120,000원의 내용이 결산일까지 확인되지 않았다.

13 결산일 현재 현금출납장의 잔액보다 실제 현금잔액이 50,000원 많음을 발견하였다.

14 당사가 보유중인 유형자산에 대해 다음과 같이 감가상각비를 계상하다.
(차량운반구 800,000원, 비품 400,000원)

15 외상매출금 잔액 33,400,000원에 대해 대손충당금을 보충법으로 설정한다.
(결산시 합계잔액시산표상 대손충당금은 134,000원이며, 대손률은 1%라 가정한다.)

16 받을어음 잔액 10,100,000원에 대해 대손충당금을 보충법으로 설정한다.
(결산시 합계잔액시산표상 대손충당금은 31,000원이며, 대손률은 1%라 가정한다.)

17 수출시 발생한 외상매출금 10,000,000원($10,000)의 결산일 현재 적용환율은 1$당 1,100원 이다.

18 수입시 발생한 외상매입금 10,000,000원($10,000)의 결산일 현재 적용환율은 1$당 1,100원 이다.

19 장기차입금 50,000,000원 중 20,000,000원의 상환기일이 내년으로 도래하였다.

정답

01	(차) 선급비용	600,000원	(대) 보험료	600,000원
02	(차) 선급비용	900,000원	(대) 임차료	900,000원
03	(차) 임대료	900,000원	(대) 선수수익	900,000원
	✔ 1년분 임대료중 3개월(1월~3월)분에 대한 선급분(차기분)을 선수수익으로 처리한다. (3,600,000원 × 3/12)			
04	(차) 미수수익	48,000원	(대) 이자수익	48,000원
05	(차) 급여	2,500,000원	(대) 미지급금	2,500,000원
	✔ 급여에 대한 채무가 확정되었으므로 미지급금 계정으로 처리한다.			
06	(차) 급여	2,500,000원	(대) 미지급비용	2,500,000원
	✔ 급여에 대한 채무가 확정되지 않았으므로 미지급비용 계정으로 처리한다.			
07	(차) 보험료	360,000원	(대) 선급비용	360,000원
	✔ 보험료 지급시 자산(선급비용)으로 회계처리 하였으므로, 결산시 당기분을 비용(보험료)으로 처리한다.			
08	(차) 선수수익	600,000원	(대) 임대료	600,000원
	✔ 임대료 수령시 자산(선수수익)으로 회계처리 하였으므로, 결산시 당기분을 수익(임대료)으로 처리한다.			
09	(차) 미수수익	1,166,666원	(대) 이자수익	1,166,666원
	✔ 예금에 대한 1년분 이자중 7개월(6월~12월)분에 대한 이자를 미수수익으로 처리한다. (40,000,000원 × 5% × 7/12)			
10	(차) 소모품비	700,000원	(대) 소모품	700,000원
11	(차) 소모품	200,000원	(대) 소모품비	200,000원
12	(차) 잡손실	120,000원	(대) 현금과부족	120,000원
13	(차) 현금	50,000원	(대) 잡이익	50,000원
14	(차) 감가상각비	1,200,000원	(대) 감가상각누계액(차량)	800,000원
			감가상각누계액(비품)	400,000원
15	(차) 대손상각비	200,000원	(대) 대손충당금(외상)	200,000원
	✔ 외상매출금 잔액(30,400,000원) × 1% = 대손추산액(334,000원) 대손추산액(334,000원) − 대손충당금 잔액(134,000원) = 대손 추가설정액(200,000원)			
16	(차) 대손상각비	70,000원	(대) 대손충당금(받을)	70,000원
	✔ 받을어음 잔액(10.100,000원) × 1% = 대손추산액(101,000원) 대손추산액(101,000원) − 대손충당금 잔액(31,000원) = 대손 추가설정액(70,000원)			
17	(차) 외상매출금	1,000,000원	(대) 외화환산이익	1,000,000원
	✔ 외상매출금 장부금액(10,000,000원) 〈 결산시 공정가치(11,000,000원)			
18	(차) 외화환산손실	1,000,000원	(대) 외상매입금	1,000,000원
	✔ 외상매입금 장부금액(10,000,000원) 〈 결산시 공정가치(11,000,000원)			
19	(차) 장기차입금	20,000,000원	(대) 유동성장기부채	20,000,000원

I can 실전문제(수익과 비용)

※ I can 실전문제에 수록된 문제들은 모두 전산회계 1급 시험에 다수 출제되었던 내용입니다.

01 다음 중 판매비와관리비 계정에 속하지 않는 계정과목은?

① 기타의 대손상각비   ② 접대비(기업업무추진비)
③ 복리후생비   ④ 여비교통비

02 결산 결과 손익계산서에 당기순이익이 100,000원으로 계상되어 있으나, 다음 사항들을 발견하고 수정하였다. 수정 후의 당기순이익으로 옳은 것은?

- 손익계산서에 계상된 보험료 중 5,000원은 차기 비용이다.
- 손익계산서에 계상된 이자수익 중 4,000원은 차기 수익이다.

① 99,000원   ② 100,000원   ③ 101,000원   ④ 109,000원

03 20×1년에 자동차 보험료 24개월분(20×1. 3. ~ 20×3. 2.) 480,000원을 현금으로 지급하고 미경과분을 선급비용처리 한 경우 20×2년 비용으로 인식할 보험료는?

① 200,000원   ② 220,000원   ③ 240,000원   ④ 260,000원

04 결산시 미지급 이자비용을 계상하지 않을 경우 당기 재무제표에 미치는 영향으로 틀린 것은?

① 부채가 과소계상   ② 순이익이 과대계상
③ 비용이 과소계상   ④ 자본이 과소계상

05 A사로부터 갑상품을 12월 10일에 주문받고, 주문받은 갑상품을 12월 24일에 인도하였다. 갑상품 대금 100원을 다음과 같이 받을 경우, 갑상품의 수익인식시점은?

> • 12월 31일: 50원 • 다음해 1월 2일: 50원

① 12월 10일 ② 12월 24일
③ 12월 31일 ④ 다음해 1월 2일

06 수익과 비용의 직접적인 인과관계에 따라 비용을 인식하는 방법으로 가장 적절한 것은?

① 감가상각비 ② 무형자산상각비
③ 매출원가 ④ 직원급여

07 다음 회계처리로 인하여 재무제표에 미치는 영향을 바르게 설명한 것은?

> 차량을 취득하기로 하고 지급한 선급금 2,000,000원을 차량유지비로 회계처리 하였다.

① 수익이 2,000,000원 과대계상 된다.
② 비용이 2,000,000원 과대계상 된다.
③ 자본이 2,000,000원 과대계상 된다.
④ 자산이 2,000,000원 과대계상 된다.

08 기초상품재고자산 65,000원, 기말상품재고자산 100,000원이며, 판매가능상품액 250,000원이라면 매출원가는 얼마인가?

① 150,000원 ② 165,000원 ③ 285,000원 ④ 350,000원

09 현행 기업회계기준서에 의한 손익계산서의 작성기준으로 올바른 것은?

① 손익계산서상 수익과 비용은 순액에 의해 기재함을 원칙으로 한다.
② 손익계산서상 영업손익은 매출액에서 매출원가를 차감하여 표시한다.
③ 매출액은 총매출액에서 매출할인, 매출환입 및 매출에누리를 차감한 금액이다.
④ 손익계산서상 매출원가는 기초상품재고액에서 당기순매입액을 가산한 금액에서 기말상품재고액을 가산한 금액이다.

10 다음 자료에 의한 매출총이익은 얼마인가?

• 총매출액:	35,000,000원	• 총매입액:	18,000,000원
• 매입할인:	300,000원	• 이자비용:	200,000원
• 매입에누리와환출:	250,000원	• 복리후생비:	1,000,000원
• 매출에누리와환입:	200,000원	• 매출할인:	200,000원
• 기초상품재고액:	500,000원	• 기말상품재고액:	450,000원

① 17,500,000원 ② 17,450,000원
③ 17,100,000원 ④ 17,000,000원

11 다음 발생하는 비용 중 영업비용에 해당하지 않는 것은?

① 거래처 사장인 김수현에게 줄 선물을 구입하고 50,000원을 현금 지급하다.
② 회사 상품 홍보에 50,000원을 현금 지급하다.
③ 외상매출금에 대해 50,000원의 대손이 발생하다.
④ 회사에서 국제구호단체에 현금 50,000원을 기부하다.

12 대형마트에서 상품권 500,000원을 소비자에게 현금으로 판매하면서 상품권 판매시점에서 상품매출로 회계처리 하였을 경우 나타난 효과로 가장 올바른 것은?

① 자본 과소계상 ② 자산 과소계상
③ 수익 과소계상 ④ 부채 과소계상

13 거래처로부터 받은 판매계약금을 매출액으로 잘못 처리하였다. 이 회계처리가 재무제표에 미치는 영향은?

① 자산이 과소계상, 부채가 과대계상 ② 자산이 과대계상, 수익이 과소계상
③ 부채가 과소계상, 자본이 과대계상 ④ 부채가 과대계상, 수익이 과대계상

14 다음의 자료로 매출총이익, 영업이익과 당기순이익을 계산하면 얼마인가?

• 매출액:	1,000,000원	• 기부금:	20,000원
• 급여:	100,000원	• 이자비용:	50,000원
• 매출원가:	600,000원	• 접대비(기업업무추진비):	30,000원

	매출총이익	영업이익	당기순이익
①	1,000,000원	220,000원	200,000원
②	400,000원	220,000원	200,000원
③	400,000원	270,000원	200,000원
④	1,000,000원	270,000원	220,000원

15 다음의 자료로 영업이익을 계산하면 얼마인가?

• 매출액:	15,000,000원	• 매출원가:	10,000,000원
• 급여:	3,000,000원	• 접대비(기업업무추진비):	1,000,000원
• 이자수익:	500,000원	• 유형자산처분손실:	150,000원
• 기부금:	300,000원	• 배당금수익:	400,000원
• 기타의대손상각비:	160,000원		

① 540,000원   ② 700,000원   ③ 1,000,000원   ④ 2,000,000원

16 다음 중 손익계산서상 영업이익에 영향을 주는 거래는 어느 것인가?

① 매출한 상품의 일부가 환입되었다.
② 단기매매증권평가손실을 인식하였다.
③ 보험차익을 계상하였다.
④ 기부금을 지출하였다.

17 손익계산서에 대한 설명 중 잘못된 것은?

① 제품, 상품 등의 매출액에 대응되는 원가로서 판매된 제품이나 상품 등에 대한 제조원가 또는 매입원가를 매출원가라 한다.

② 판매비와관리비는 제품, 상품, 용역 등의 판매활동과 기업의 관리활동에서 발생하는 비용으로서 매출원가에 속하지 아니하는 모든 영업비용을 포함한다.

③ 판매비와관리비는 당해 비용을 표시하는 적절한 항목으로 구분하여 표시하여야 하며 동일성격의 수익과 비용은 서로 상계하여 표시할 수 있다.

④ 기업의 주된 영업활동이 아닌 활동으로부터 발생하는 수익과 차익은 영업외수익에 해당된다.

18 다음 자료를 토대로 발생하는 재무정보에 대한 설명으로 옳지 않은 것은?

> 선급보험료(당초 지급시 선급비용 처리함)의 기간 경과분을 인식하는 결산수정분개를 누락하였다.

① 자산이 과대계상된다.

② 자본이 과대계상된다.

③ 당기순이익이 과소계상된다.

④ 기말 총부채에는 영향을 미치지 않는다.

19 다음 중 결산시 미수이자를 계상하지 않은 경우 당기 재무제표에 미치는 영향으로 올바른 것은?

> 가. 자산의 과소계상   다. 수익의 과소계상
> 나. 자산의 과대계상   라. 수익의 과대계상

① 가, 다   ② 가, 라   ③ 나, 다   ④ 나, 라

20 상품매출에 의한 매출에누리와 매출환입에 대한 올바른 회계처리방법은?

① 매출에누리와 매출환입 모두 총매출액에서 차감한다.

② 매출에누리는 수익처리하고, 매출환입은 외상매출금에서 차감한다.

③ 매출에누리는 총매출액에서 차감하고 매출환입은 수익처리한다.

④ 매출에누리와 매출환입 모두 수익처리한다.

2장
원가회계 이론

I Can!
전산회계 1급

1. 원가회계의 개념

01 원가의 개념

1 원가와 비용의 이해

원가란 제조기업이 제품을 생산하는데 사용한 모든 원재료, 노동력, 기계나 건물 등의 생산설비 및 전기, 가스 등의 소비액을 말하며, 일반적으로 원가(Cost)는 "원래의 가격"으로 표현되며, 취득원가 (Acquisition Cost)와 제조원가(Maunfacturing Cost)로 구분할수 있다.

원가와 비용(expense)이 같은 뜻으로 사용되기도 하지만 비용은 취득된 재화나 용역이 수익을 얻기 위하여 소비되는 가치를 의미하고, 원가는 재화나 용역을 취득한 대가로 지급한 금액이 므로 엄격히 다르다고 할 수 있다.

2 상기업과 제조기업의 구분

기업 외부에서 완성된 제품을 구입하여 판매하는 것이 상기업인 반면, 제품 제조에 필요한 생산설비를 갖추고 원재료를 구입 가공함으로써 제품을 생산하여 외부에 판매하는 것을 목적 으로 하는 기업을 제조기업이라 한다. 상기업이 제조업체나 도매상으로부터 상품을 구입할 때 지불한 대가를 취득원가 라고 하며, 제조기업이 원재료를 가공하여 제품을 제조하는 과정 에서 발생하는 원가를 제조원가 라고 한다.

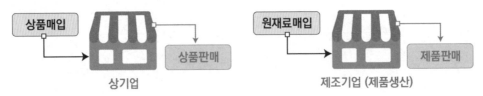

[상기업과 제조기업의 비교]

3 원가회계의 목적

원가회계는 재무제표를 작성하는데 필요한 원가자료를 제공하고, 경영자의 의사 결정에 필요한 원가정보를 제공하는 것을 목적으로 한다.

- 재무제표작성: 손익계산서의 제품매출원가 결정을 위해 제품원가계산 필요
- 원가관리 및 통제: 원가관리 및 원가통제를 위해 원가자료를 집계하고 관리
- 의사결정: 신제품 가격결정 등 경영의사결정에 필요한 원가정보 제공
- 업적평가: 제품별 또는 판매원별 업적평가 등에 필요한 정보제공

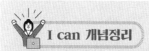

I can 개념정리

📋 재무회계와 원가회계의 비교

구 분	재무회계(회계원리)	원가회계(관리회계)
특 성	결산보고 회계	의사결정 및 업적평가 회계
목 적	외부정보이용자의 의사결정에 필요한 정보제공 (외부보고 목적)	경영자의 관리적 의사결정에 필요한 정보제공 (내부보고 목적)
정보이용자	주주, 채권자, 세무당국, 정부, 소비자 등	경영자 등 기업내부 정보이용자
거 래	구매와 판매과정의 외부거래가 중심	제조과정의 내부거래가 중심
경제가치 소비	수익을 창출하기 위하여 사용된 가치를 비용으로 처리	제조과정에 발생하는 가치의 소비액을 원가로 처리
보고기간	분기, 반기, 1년	월, 분기, 반기 등
계정과목	재무상태표계정과 손익계산서 계정	제조원가명세서 계정

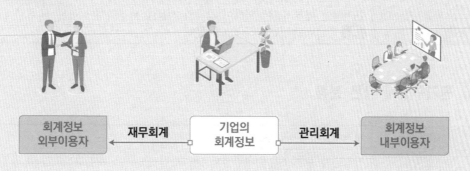

회계정보 외부이용자 ← 재무회계 → 기업의 회계정보 → 관리회계 → 회계정보 내부이용자

I CAN 기출문제

다음 중에서 원가회계의 목적과 관련이 가장 적은 것은?

① 재무제표의 작성에 유용한 원가정보를 제공한다.
② 원가통제에 대한 유용한 원가정보를 제공한다.
③ 경영자에게 경영의사결정에 유용한 원가정보를 제공한다.
④ 투자자에게 합리적인 의사결정에 관한 정보제공을 목적으로 한다.

정답풀이

④ 투자자에게 정보를 제공하는 것은 재무회계와 관련된 내용이다.

02 원가의 분류

원가는 주로 재료비, 노무비, 경비 등의 3요소로 나누어 지며, 성격이나 관점에 따라 추적 가능성, 원가구성, 원가형태, 제조활동과의 관련성, 소멸여부, 의사결정 등에 따라 분류할 수 있다.

1 추적가능성에 따른 분류

구 분	내 용
직접원가	특정 제품의 생산에 직접적으로 사용되어 명확하게 추적할수 있는 원가 예 직접재료비, 직접노무비
간접원가	특정 제품의 생산과 관련성은 있지만 실질적으로는 추적이 불가능한 원가로 합리적인 배부기준에 의하여 각각의 제품에 배부하여야 하는 원가 예 간접재료비, 간접노무비, 간접경비

2 원가구성에 따른 분류

직접원가	직접재료비 + 직접노무비
제조원가	직접원가 + 제조간접비(간접재료비 + 간접노무비 + 간접제조경비)
판매원가	제조원가 + 판매비와관리비
판매가격	판매원가 + 기대이익

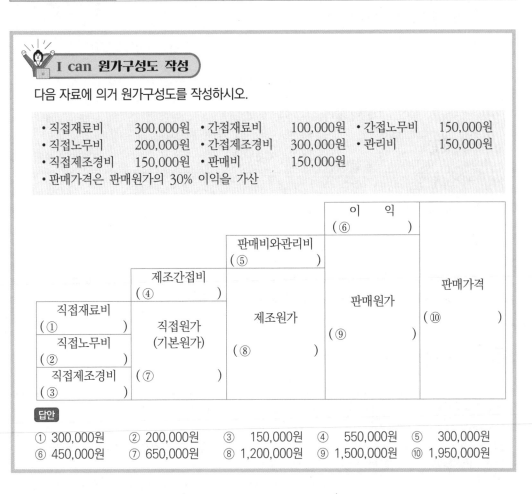

I can 원가구성도 작성

다음 자료에 의거 원가구성도를 작성하시오.

- 직접재료비 　　300,000원 ・ 간접재료비 　　100,000원 ・ 간접노무비 　　150,000원
- 직접노무비 　　200,000원 ・ 간접제조경비 　300,000원 ・ 관리비 　　　　150,000원
- 직접제조경비 　150,000원 ・ 판매비 　　　　150,000원
- 판매가격은 판매원가의 30% 이익을 가산

			이 익 (⑥ 　　　　)	
		판매비와관리비 (⑤ 　　　　)		판매가격
	제조간접비 (④ 　　　　)		판매원가	(⑩ 　　　　)
직접재료비 (① 　　　)	직접원가 (기본원가)	제조원가	(⑨ 　　　　)	
직접노무비 (② 　　　)		(⑧ 　　　　)		
직접제조경비 (③ 　　　)	(⑦ 　　　)			

답안

① 300,000원	② 200,000원	③ 150,000원	④ 550,000원	⑤ 300,000원
⑥ 450,000원	⑦ 650,000원	⑧ 1,200,000원	⑨ 1,500,000원	⑩ 1,950,000원

I can 원가구성도 작성

다음 자료에 의거 원가구성도를 작성하시오.

- 직접재료비 820,000원   • 직접노무비 500,000원   • 직접제조경비 330,000원
- 판매비와 관리비는 제조원가의 20%
- 판매가격은 판매원가에 25% 이익가산
- 판매가격은 3,000,000원

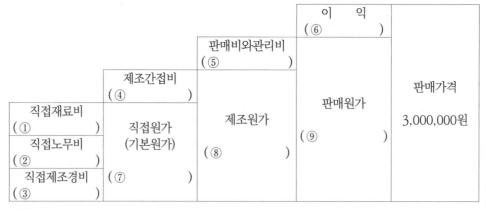

답안

① 820,000원 ② 500,000원 ③ 330,000원 ④ 350,000원 ⑤ 400,000원
⑥ 600,000원 ⑦ 1,650,000원 ⑧ 2,000,000원 ⑨ 2,400,000원

3 원가형태에 따른 분류

고정원가 (고정비)	조업도의 증감에 관계없이 총액이 일정하게 발생하는 원가 예 임차료, 감가상각비, 종업원의 고정급여 등
변동원가 (변동비)	조업도의 증감에 따라 원가 발생 총액이 비례적으로 증감하는 원가 예 직접재료비, 직접노무비 등
준변동원가	조업도의 증감에 관계없이 발생하는 고정원가와 조업도의 변화에 따라 원가가 변하는 변동원가의 특성을 모두 가지고 있는 원가 예 전력비, 통신비, 수도광열비 등
준고정원가 (계단원가)	특정 범위의 조업도 내에서는 총원가가 일정하지만, 조업도가 그 범위를 벗어나면 원가총액이 증가하는 원가 예 생산기계의 임차료 등

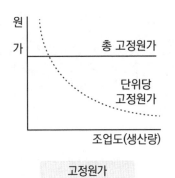

고정원가   변동원가

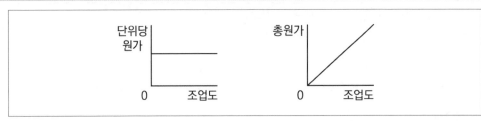

I CAN 기출문제

다음 그래프의 원가행태를 모두 만족하는 원가는 무엇인가?

① 직접재료비   ② 관련범위 내의 제조간접비
③ 계단원가   ④ 공장건물 감가상각비

 정답풀이

① 총원가는 조업도에 비례해서 증가하지만, 단위당 원가는 일정한 변동원가에 대한 그래프이며, 직접재료비와 직접노무비 등이 해당된다.

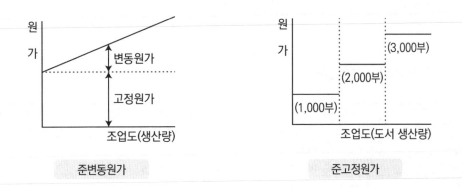

준변동원가   준고정원가

I CAN 기출문제

㈜ CAN상사는 기계장치 1대를 매월 100,000원에 임차하여 사용하고 있으며, 기계장치의 월 최대 생산량은 1,000단위이다. 당월 수주물량이 1,500단위여서 추가로 1대의 기계장치를 임차하기로 하였다. 이 기계장치에 대한 임차료의 원가행태는 무엇인가?

① 고정원가   ② 준고정원가   ③ 변동원가   ④ 준변동원가

 정답풀이

② 특정 범위의 조업도 내에서는 총원가가 일정하지만, 조업도가 그 범위를 벗어나면 원가총액이 증가하는 원가인 준고정비에 대한 설명이다.

I CAN 기출문제

다음은 ㈜I CAN전자의 공장 전기요금고지서의 내용이다. 원가 행태 분류로 옳은 것은?

• 기 본 요 금: 1,000,000원 (사용량과 무관)
• 사 용 요 금: 3,120,000원 (사용량: 48,000kw, kw당 65원)
• 전기요금합계: 4,120,000원

① 고정원가   ② 준고정원가   ③ 변동원가   ④ 준변동원가

 정답풀이

④ 고정원가와 변동원가가 혼합된 것으로 사용과 무관하게 발생하는 기본요금과 사용에 따라 비례적으로 발생하는 추가요금이 혼합된 준변동원가에 해당함.

4 제조활동과의 관련성에 따른 분류

제조원가	제품을 생산하기 위한 과정에서 발생하는 원가 (제조원가 => 매출원가)
비제조원가	제품의 제조활동과 직접적인 관련없이 관리 및 판매활동에서 발생하는 일반적인 원가 (판매관리비)

5 소멸여부에 따른 분류

소멸원가	제품 생산에 투입된 원가가 소멸되어 더 이상 경제적 효익을 창출할수 없는 원가로 수익창출에 기여되는 것은 비용, 수익창출에 기여하지 못하는 원가는 손실로 처리함
미소멸원가	제품 생산에 투입된 원가가 미래에 경제적 효익을 창출될 것으로 기대되는 자원에 해당하며 자산계정으로 처리함

6 기타 의사결정에 따른 분류

매몰원가	과거에 발생하여 현재 의사결정에 영향을 미치지 않는 비관련원가
기회비용 (기회원가)	최선의 한 대안을 선택함으로 인하여 포기된 차선의 대안에서 얻을 수 있는 최대 효익
관련원가	현재 의사결정에 필요한 원가 (의사결정에 필요하지 않은 과거 원가는 비관련원가)
회피가능원가	회피가 가능한 원가(피할 수 없는 원가는 회피불가능원가)

I can 원가의 구성

다음의 원가의 구성을 참고하여 아래 물음에 답하시오.

기본원가 ─── 직접재료비
             직접노무비 ─── 가공원가
             제조간접비   (전환원가)

기본원가 570,000원, 가공원가 520,000원, 제조간접비가 200,000원이라고 가정할 경우 총 제조원가와 직접재료비는 각각 얼마인가?

답안

※ 총 제조원가: 기본원가(직접재료비 + 직접노무비) + 제조간접비 = 770,000원
※ 직접재료비 계산
  ✓ 가공원가(520,000원) − 제조간접비(200,000원) = 직접노무비(320,000원)
  ✓ 기본원가(570,000원) − 직접노무비(320,000원) = 직접재료비(250,000원)

※ 기본원가(직접원가): 직접재료비 + 직접노무비(직접경비는 실제적으로 발생하지 않음)
※ 가공비: 직접노무비 + 제조간접비(직접재료비를 제외한 제조원가)
※ 직접노무비는 기본원가와 가공비 모두에 해당됨

I can 개념정리

📇 **원가계산의 흐름**

요소별원가계산	재료비, 노무비, 제조경비
부문별원가계산	부문직접비, 부문간접비
제품별원가계산	개별원가계산, 종합원가계산

I CAN 기출문제

다음 중 일반적인 제조기업의 원가계산흐름을 바르게 설명한 것은?

① 부문별 원가계산 ➜ 요소별 원가계산 ➜ 제품별 원가계산
② 부문별 원가계산 ➜ 제품별 원가계산 ➜ 요소별 원가계산
③ 요소별 원가계산 ➜ 부문별 원가계산 ➜ 제품별 원가계산
④ 요소별 원가계산 ➜ 제품별 원가계산 ➜ 부문별 원가계산

👆 **정답풀이**

③ 일반적인 제조기업의 원가계산 흐름은 요소별 ➜ 부문별 ➜ 제품별 원가계산 순서이다.

I can 실전문제(원가회계의 개념)

※ I can 실전문제에 수록된 문제들은 모두 전산회계 1급 시험에 다수 출제되었던 내용입니다.

01 다음 중 제조원가항목에 해당하는 것은?

① 관리부 경리사원 급여　　　② 공장 차량운반구의 감가상각비
③ 영업사원 복리후생비　　　④ 마케팅부서 접대비(기업업무추진비)

02 다음 중 제조원가에 속하지 않는 것은?

① 직접재료비　　　② 직접노무비
③ 광고선전비　　　④ 제조간접비

03 다음 중 원가의 추적가능성에 따른 분류로 가장 맞는 원가개념은?

① 고정원가와 변동원가　　　② 직접원가와 간접원가
③ 제품원가와 기간원가　　　④ 제조원가와 비제조원가

04 공장용 화물차(취득원가 3,500,000원, 처분시 감가상각누계액 2,500,000원)를 매각하려고 한다. 이 화물차에 500,000원을 들여 수선한 후 처분하면 1,200,000원을 받을 수 있지만, 수선하지 않고 처분하면 600,000원을 받을 수 있다. 매몰원가는 얼마인가?

①　　400,000원　　　②　　500,000원
③ 1,000,000원　　　④ 1,200,000원

05 원가 개념에 대한 설명 중 틀린 것은?

① 간접원가란 특정한 원가대상에 직접 추적할 수 없는 원가이다.
② 회피가능원가는 특정 대안을 선택하지 않음으로써 회피할 수 있는 원가이다.
③ 변동원가는 조업도가 증가할 때마다 원가총액이 비례하여 증가하는 원가이다.
④ 경영자가 미래의 의사결정을 위해서는 과거 지출된 원가의 크기를 고려하여야 함으로 매몰원가 역시 관련원가에 해당한다.

06 다음 중 원가회계의 일반적인 특성이 아닌 것은?

① 제품제조원가계산을 위한 원가자료의 제공
② 기업의 외부정보이용자에게 정보제공
③ 기업의 경영통제를 위한 원가자료의 제공
④ 특수의사결정을 위한 원가정보의 제공

07 다음 중 원가에 대한 설명으로 틀린 것은?

① 직접노무비는 기본원가에 포함되지만 가공비에 포함되지는 않는다.
② 직접비와 간접비는 추적가능성에 따른 분류이다.
③ 제조간접비란 간접재료비, 간접노무비 및 간접제조경비의 합이다.
④ 판매활동과 일반관리활동에서 발생하는 원가로서 제조활동과 직접적인 관련이 없는 원가를 비제조원가라 한다.

08 다음 중 원가관리회계에 대한 설명으로 가장 거리가 먼 것은?

① 도소매업 등에서 매출원가 정보 등을 획득하기 위한 회계과정이다.
② 경영활동의 계획과 통제를 위해 필요한 회계과정이다.
③ 미래 의사결정을 위한 성과평가시 유용한 정보를 제공한다.
④ 외부 이해관계자보다 내부 경영자를 위한 회계이다.

09 다음은 원가에 대한 설명이다. 틀린 것은?

① 직접노무비와 제조간접비를 합하여 가공원가라 한다.
② 조업도와 관련성 여부에 따라 변동비와 고정비로 구분할 수 있다.
③ 의사결정과 관련성 여부에 따라 관련원가와 비관련원가로 구분할 수 있다.
④ 기회비용이란 특정 행위의 선택으로 인해 포기해야 하는 것들의 가치 평균액을 말한다.

10 다음 중 원가회계의 특징으로 가장 틀린 것은?

① 손익계산서의 제품매출원가를 결정하기 위하여 제품생산에 소비된 원가를 집계
② 재무상태표에 표시되는 재공품과 제품 등의 재고자산의 가액을 결정
③ 기업의 경영계획 및 통제, 의사결정에 필요한 원가자료를 제공
④ 주로 외부 이해관계자에게 의사결정에 대한 유용한 정보제공

11 다음 중 원가개념의 설명으로 틀린 것은?

① 직접원가란 특정제품의 제조에만 소비되어 특정제품에 직접 추적할 수 있는 원가이다.
② 관련원가란 의사결정에 영향을 미치는 원가로서 여러 대안 사이에 차이가 나는 과거의 원가이다.
③ 원가행태란 조업도수준이 변화함에 따라 총원가발생액이 일정한 형태로 변화할 때 그 변화하는 형태를 말한다.
④ 매몰원가는 과거의 의사결정의 결과로 이미 발생된 원가로서 현재의 의사결정에는 아무런 영향을 미치지 못하는 원가이다.

12 원가에 대한 다음 설명 중 가장 옳지 않은 것은?

① 준고정원가는 관련조업도 내에서 일정하게 발생하는 원가를 말한다.
② 직접재료비와 직접노무비를 기초원가라 한다.
③ 간접원가란 특정한 원가집적대상에 직접 추적할 수 없는 원가를 말한다.
④ 제품생산량이 증가함에 따라 관련 범위 내에서 제품단위당 고정원가는 일정하다.

13 일반적으로 조업도수준이 증가할수록 원가총액이 증가하고, 조업도수준이 감소할수록 원가총액이 감소하는 원가행태를 나타내는 것은?

① 영업사원에게 지급하는 영업수당
② 공장건물에 대한 감가상각비
③ 생산직관리자에 대한 상여금
④ 개별제품을 제조하기 위한 원재료 투입비용

14 다음 자료에서 가공비를 계산하면 얼마인가?

• 직접재료비: 300,000원	• 직접노무비: 400,000원
• 변동제조간접비: 200,000원	• 고정제조간접비: 150,000원

① 700,000원   ② 400,000원   ③ 550,000원   ④ 750,000원

15 다음 중 원가를 원가행태에 따라 구분한 것은?

① 변동원가, 고정원가   ② 직접원가, 간접원가
③ 제품원가, 기간원가   ④ 사전원가, 사후원가

16 기계장치 1대를 매월 100,000원에 임차하여 사용하고 있으며, 기계장치의 월 최대 생산량은 1,000단위이다. 당월 수주물량이 1,500단위여서 추가로 1대의 기계장치를 임차하기로 하였다. 이 기계장치에 대한 임차료의 원가행태는 무엇인가?

① 고정원가   ② 준고정원가   ③ 변동원가   ④ 준변동원가

17 조업도가 증가할수록 발생원가 총액이 증가하고, 조업도가 감소할수록 발생원가 총액이 감소하는 원가행태에 해당되는 것은?

① 공장 기계장치에 대한 감가상각비   ② 공장 건물에 대한 재산세
③ 원재료 운반용 트럭에 대한 보험료   ④ 개별 제품에 대한 포장비용

18 조업도의 감소에 따른 고정비 및 변동비와 관련한 원가행태를 틀리게 나타낸 것은?

① 총고정비 일정
② 단위당 고정비 감소
③ 총변동비 감소
④ 단위당 변동비 일정

19 다음 중 원가행태를 나타낸 표로 올바른 것은?

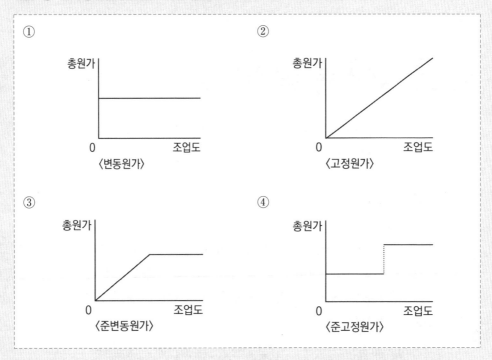

20 다음 자료의 원가행태를 모두 만족하는 것은 무엇인가?

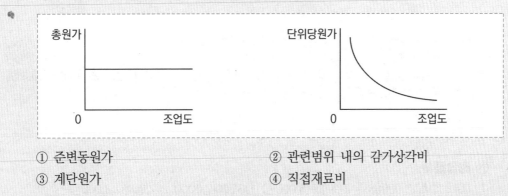

① 준변동원가
② 관련범위 내의 감가상각비
③ 계단원가
④ 직접재료비

2. 원가의 흐름과 기장

01 원가요소와 원가흐름

제조기업의 원가는 재료비와 노무비, 제조경비로 구성되며, 이를 원가의 3요소라 한다. 원가는 추적가능성에 따라 직접비와 간접비로 구분된다.

1 원재료와 재료비

제조기업이 제조활동에 사용할 주요재료, 보조재료, 부품 등의 원가를 기록하는 재고자산 계정을 원재료 라고 하고, 제품의 제조과정에서 소비된 재료의 가치를 재료비 라고 한다. 재료비는 특정 제품의 제조에 소비된 직접재료비와 여러 제품의 제조에 공통으로 소비된 간접재료비로 구분된다.

원 재 료

기초	100원	재료비	850원
매입	900원	기말	150원

재료소비액 (직접재료비 + 간접재료비)

당기 재료 소비액 = 기초재료재고액 + 당기재료매입액 − 기말재료재고액

[참고] 재료소비액은 원재료의 매입액이 아니라 사용액이다.

I CAN 기출문제

(주)I can 기업의 당월 직접재료비사용액은 13,000원이다. 당월말 직접재료는 월초에 비해 2,000원 감소한 경우, 직접재료 매입액은 얼마인가?

① 10,000원　　　　　　　　② 11,000원
③ 12,000원　　　　　　　　④ 13,000원

👆 **정답풀이**

② 재료소비액(13,000원) = 기초재료(5,000원) + 재료매입(XXX) − 기말재료(3,000원)

---

2 임금과 노무비

제조활동에 투입된 직원의 인건비를 임금이라 하고, 제품의 제조과정에서 발생된 임금총액을
노무비 라고 한다. 노무비는 특정 제품의 제조에 소비된 직접노무비와 여러 제품의 제조에
공통으로 소비된 간접노무비로 구분된다.

임 금			
당월미지급	100원	전월미지급	150원
지급액	900원	노무비	850원

임금소비액 (직접노무비 + 간접노무비)

당기 노무비 소비액 = 당기지급액 + 당월 미지급액 − 전월 미지급액

참고 노무비소비액은 임금의 지급액이 아니라 발생액이다.

I CAN 기출문제

다음 자료에 의하여 당월의 임금 지급액을 계산하면 얼마인가?

- 당월 임금 발생액: 500,000원
- 전월말 임금 미지급액: 20,000원
- 당월말 임금 미지급액: 60,000원

① 440,000원   ② 460,000원   ③ 520,000원   ④ 540,000원

정답풀이

②

임 금			
당월지급액	460,000원	전월미지급액	20,000원
당월미지급액	60,000원	당월발생액	500,000원

---

3 제조경비

제조경비란, 원가의 구성요소 중 재료비와 노무비를 제외한 기타의 모든 요소를 의미한다.
즉, 생산설비에 대한 감가상각비, 보험료, 임차료, 전력비, 가스수도비, 외주가공비 등 제조과
정에서 발생한 경비의 소비액이다.
경비는 발생시점과 지급시점이 서로 다를 수 있으며, 경비의 소비액을 계산하기 위해서는
경비의 유형에 따라 지급액 이외에 전월선급, 전월미지급, 당월선급, 당월미지급 금액을 확인
하여야 한다.

제조경비 소비액 = 당월 지급액 + 전월선급 + 당월미지급 − 당월선급 − 전월미지급

참고 제조경비는 대부분 직접비 없이 간접비에 해당한다.

4 제조간접비

제조간접비란 직접재료비와 직접노무비를 제외한 제조원가로써 간접재료비, 간접노무비, 간접제조경비 등이 해당되며, 변동제조간접비와 고정제조간접비로 나눌 수 있다.

제조간접비 = 간접재료비 + 간접노무비 + 간접제조경비

참고 제조간접비는 직접노무비와 함께 가공비의 구성요소에 포함된다.

I CAN 기출문제

제조간접비에 대한 다음 설명 중 맞는 것은?

① 가공비에 해당된다.　　　　　　　② 모든 노무비를 포함한다.
③ 변동비만 포함된다.　　　　　　　④ 고정비만 포함된다.

정답풀이

① 제조간접비는 직접노무비와 함께 가공비의 구성항목이며, 고정비와 변동로 구분된다.

---

5 재공품과 제품

제조과정 중에 있는 미완성 제품을 표시하는 계정으로 완성품제조원가가 나타나는 재고자산 계정을 재공품이라 하고, 제조공정을 완전히 마친 완성품을 표시하는 계정으로 완성품의 제조원가와 판매된 매출제품원가가 나타나는 재고자산 계정을 제품이라 한다.

재 공 품			
월　초	200원	제품(완성품)	1,900원
재료비(직접)	500원	월　말	300원
노무비(직접)	600원		
제조간접비	900원		
	2,200원		2,200원

제 품			
월　초	300원	매출원가	2,000원
재공품	1,900원	월　말	200원
	2,200원		2,200원

당기총제조원가	당기에 발생된 원가요소(직접재료비, 직접노무비, 제조간접비)를 모두 합한 금액을 당기총제조원가라고 하며, 재공품 차변에 기록한다.
당기제품제조원가	당기총제조원가와 기초재공품 중 제품으로 완성된 것은 당기제품제조원가(당기완성품제조원가)가 라고 하며, 재공품 대변에 기록한다.
매출원가	당기제품제조원가와 기초제품 중에서 매출된 것은 매출원가가 된다. (제품 매출원가 = 기초제품 + 당기완성품 − 기말제품)

I CAN 기출문제

다음 중 재공품계정의 대변에 기입되는 사항은?

① 제조간접비 배부액 ② 직접재료비 소비액
③ 당기 제품제조원가 ④ 재공품 전기이월액

🖐 **정답풀이**

③ 당기제품(완성품)제조원가는 재공품계정 대변, 당기총제조원가는 재공품계정 차변에 기록된다.

I can 개념정리

📑 **제조기업 원가의 기본흐름**

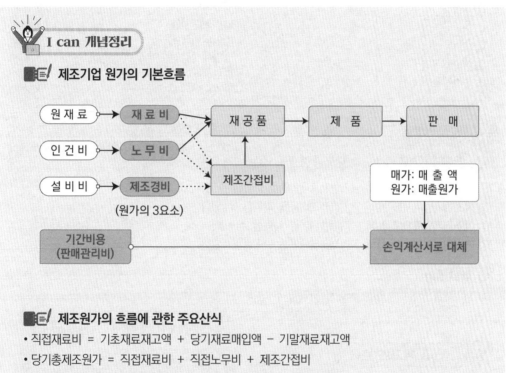

📑 **제조원가의 흐름에 관한 주요산식**

- 직접재료비 = 기초재료재고액 + 당기재료매입액 – 기말재료재고액
- 당기총제조원가 = 직접재료비 + 직접노무비 + 제조간접비
- 당기제품제조원가 = 기초재공품 + 당기총제조원가 – 기말재공품
- 매출원가 = 기초제품 + 당기제품제조원가 – 기말제품

6 제조원가명세서

제조원가명세서는 당기제품제조원가를 계산하는 과정을 나타내는 명세서이다. 즉 원가흐름 중 재공품계정에 대한 내용을 서식으로 표현한 것으로 제품에 관한정보 즉, 기초제품, 기말제품, 매출원가 등에 대한 정보는 제공되지 않으며 부속세명세서일뿐 재무제표에 해당하는 것은 아니다.

※ 제조원가 명세서 ※재공품			※ 손익계산서 ※제품		
적 요	금	액	적 요	금	액
Ⅰ 재 료 비			매 출 액		×××
1.기초재료재고액	×××		매출원가(-)		×××
2.당기재료매입액	(+) ×××		1 기초제품재고	×××	
(사용가능액)	×××		2 당기제품제조원가	(+) ×××	×××
3.기말재료재고액	(-) ×××	×××	3.기말제품재고	(-) ×××	
Ⅱ 노 무 비		×××	매출총이익		×××
Ⅲ 제조간접비		×××	판매관리비(-)		×××
Ⅳ 당기총제조원가		×××	영업이익		×××
Ⅴ 기초재공품		(+) ×××	영업외수익(+)		×××
Ⅵ 합 계		×××	영업외비용(-)		×××
Ⅶ 기말재공품		(-) ×××	법인세차감전순이익		×××
Ⅷ 당기제품제조원가		×××	법인세(-)		×××
			당기순이익		×××

I CAN 기출문제

다음 중 제조원가명세서에 대한 설명 중 틀린 것은?

① 제조원가명세서를 통해 당기원재료매입액을 파악할 수 있다.
② 제조원가명세서를 통해 당기총제조비용을 파악할 수 있다.
③ 제조원가명세서를 통해 당기매출원가를 파악할 수 있다.
④ 제조원가명세서를 통해 기말재공품원가를 파악할 수 있다.

정답풀이

③ 당기매출원가는 손익계산서에서 파악할 수 있음

I can 원가의 흐름

다음 자료를 이용하여 제품의 매출원가를 계산하면 얼마인가?

- 직접재료 매입액 400,000원 (재료소비액은 전액 직접비라고 가정한다.)
- 직접노무비 발생액 800,000원　　• 간접경비 발생액 700,000원
- 월초 및 월말 재고자산은 다음과 같다.

(구분)	(월초)	(월말)
재 료	140,000원	150,000원
재공품	150,000원	200,000원
제 품	250,000원	350,000원

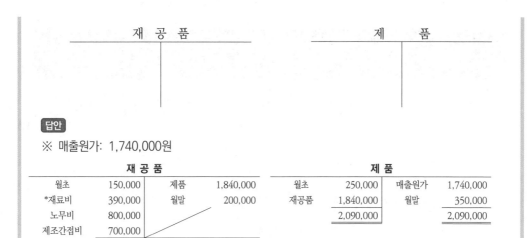

재 공 품			

제 품			

답안

※ 매출원가: 1,740,000원

재 공 품					제 품			
월초	150,000	제품	1,840,000		월초	250,000	매출원가	1,740,000
*재료비	390,000	월말	200,000		재공품	1,840,000	월말	350,000
노무비	800,000					2,090,000		2,090,000
제조간접비	700,000							
	2,040,000		2,040,000					

* 재료비(재료소비액) = 월초원재료 + 원재료매입액 – 월말원재료

I can 개념정리

📗 매출액과 매출원가

제조기업에서 완성된 제품을 판매할 경우, 매출원가에 이익을 가산해서 매출액을 결정하는 방법과 매출액에 일정비율을 이익으로 인식하는 방법이 있다. 제품을 동일하게 1,200,000원에 판매 하였을 경우 매출원가와 매출이익의 금액은 다음과 같다.

매 출 방 법	매출원가	매출이익
매출원가에 20%의 이익을 가산	1,000,000원	200,000원
매출총이익율 20%	960,000원	240,000원

I CAN 기출문제

(주)I CAN의 4월 기말재고액이 기초재고액 보다 200,000원 증가되었고, 4월 매출액은 2,700,000원으로 매출원가에 20% 이익을 가산한 금액이라 한다면, 당기 매입금액은?

① 2,150,000원 ② 2,250,000원
③ 2,350,000원 ④ 2,450,000원

🖑 정답풀이

④ 매출액 = 매출원가 × 1.2(매출원가에 20%이익을 가산하여 매출한다고 하였음)
  매출원가: 매출액 ÷ 1.2 = 2,250,000원
  매입액: 매출원가(2,250,000원) + 기말상품(200,000원) = 2,450,000원

상 품			
기초상품재고액	0원(가정)	매출원가	( )
매입액	( )	기말상품	200,000원

I can 실전문제(원가의 흐름과 기장)

01 다음 중 원가집계 계정의 흐름으로 가장 옳은 것은?

① 매출원가 → 재공품 → 재료비 → 제품
② 재료비 → 매출원가 → 재공품 → 제품
③ 매출원가 → 재료비 → 재공품 → 제품
④ 재료비 → 재공품 → 제품 → 매출원가

02 다음 중 제조원가명세서에 포함되지 않는 항목은?

① 당기제조경비   ② 당기제품제조원가
③ 매출원가   ④ 당기총제조원가

03 제조원가명세서와 관련된 설명이다. 틀린 것은?

① 재료 소비액의 산출과정이 표시된다.
② 당기총제조원가와 당기제품제조원가 모두 표시된다.
③ 기초재료 재고액과 기말재료 재고액이 표시된다.
④ 기초재공품 재고액과 기초제품 재고액이 표시된다.

04 다음은 재공품계정에 대한 설명이다. 괄호 안에 들어갈 내용으로 맞는 것은?

> 기말재공품재고액이 기초재공품재고액 보다 크다면 당기총제조비용이 당기제품제조원가
> 보다 (   ).

① 크다   ② 작다   ③ 같다   ④ 알 수 없다

05 다음 중 원가항목과 그 원가항목의 금액을 확인할 수 있는 재무제표간의 짝이 적절치 않은 것은? 단, 재무제표는 2개년 비교형식으로 제공되는 것으로 가정한다.

① 기말제품: 재무상태표, 손익계산서   ② 기말원재료: 재무상태표
③ 기말재공품: 재무상태표   ④ 원재료비: 재무상태표

06 다음 자료에 의한 ㈜I CAN의 직접노무비는 얼마인가?

• 기초원재료:	100,000원	• 당기매입원재료:	600,000원
• 기말원재료:	200,000원	• 제조간접비:	1,500,000원
• 기초재공품:	1,000,000원	• 기말재공품:	500,000원
• 당기제품제조원가:	4,000,000원		

①   500,000원   ② 1,000,000원
③ 1,500,000원   ④ 2,000,000원

07 다음 자료에 의하여 제조간접비를 계산하면 얼마인가?

• 당기총제조원가:	600,000원
• 직접비(기본원가):	300,000원
• 가공원가:	500,000원

① 100,000원   ② 200,000원
③ 300,000원   ④ 400,000원

08 다음 자료에 의하여 당기제품매출원가를 계산하면 얼마인가?

• 기초재공품:	300,000원	• 당기총제조원가:	1,000,000원
• 기말재공품:	400,000원	• 기초제품:	200,000원
• 기말제품:	300,000원	• 판매가능재고액:	1,100,000원

① 1,000,000원   ② 900,000원
③   800,000원   ④ 700,000원

09 기말재공품은 기초재공품에 비해 500,000원 증가하였으며, 제조과정에서 직접재료비가 차지하는 비율은 60%이다. 당기제품제조원가가 1,500,000원이라면 가공원가는 얼마인가?

① 200,000원   ② 400,000원
③ 600,000원   ④ 800,000원

10 다음의 자료를 근거로 당기총제조원가를 계산하면 얼마인가?

- 기초재공품: 20,000원   • 기초제품: 50,000원   • 매출원가: 500,000원
- 기말재공품: 35,000원   • 기말제품: 40,000원

① 475,000원   ② 490,000원
③ 505,000원   ④ 510,000원

11 다음 자료에 의하면 당기총제조원가는 얼마인가?

- 기본원가: 1,500,000원   • 직접노무비: 600,000원
- 간접노무비: 200,000원   • 공장의 세금과공과: 150,000원
- 공장임차료: 150,000원   • 기계감가상각비: 100,000원
- 공장전력비: 100,000원

① 2,000,000원   ② 2,200,000원
③ 2,600,000원   ④ 3,100,000원

12 당기제품제조원가는 850,000원이다. 다음 주어진 자료에 의하여 기말재공품원가를 계산하면 얼마인가?

- 직접재료비: 200,000원   • 직접노무비: 300,000원
- 변동제조간접비: 300,000원   • 고정제조간접비: 100,000원
- 기초재공품: 250,000원   • 기말재공품: (?   )
- 기초제품: 500,000원   • 기말제품: 400,000원

① 300,000원   ② 350,000원
③ 400,000원   ④ 450,000원

13 제2기 원가 자료가 다음과 같을 경우 가공원가는 얼마인가?

- 직접재료원가 구입액: 800,000원
- 직접재료원가 사용액: 900,000원
- 직접노무원가 발생액: 500,000원
- 변동제조간접원가 발생액: 600,000원
- 변동제조간접원가는 총제조간접원가의 40%이다

① 2,000,000원   ② 2,400,000원
③ 2,800,000원   ④ 2,900,000원

14 다음의 자료에 의하여 매출원가를 계산하면 얼마인가?

- 제조지시서 #1:   제조원가 52,000원   · 제조지시서 #2:   제조원가 70,000원
- 제조지시서 #3:   제조원가 50,000원   · 월초제품재고액: 50,000원
- 월말제품재고액: 40,000원   단, 제조지시서 #3은 미완성품이다.

① 182,000원   ② 122,000원
③ 132,000원   ④ 172,000원

15 다음 자료에서 기본원가(혹은 기초원가)와 가공비의 합은 얼마인가?

- 직접재료비: 150,000원   · 직접노무비: 320,000원
- 간접재료비: 50,000원   · 간접노무비: 80,000원
- 간접경비: 30,000원   · 광고선전비: 300,000원

① 630,000원   ② 760,000원
③ 930,000원   ④ 950,000원

16 다음의 원가계산자료를 이용하여, 기초재공품원가를 계산하면 얼마인가?

- 기본원가: 1,200,000원   · 제조간접비: 200,000원
- 당기제품제조원가: 1,300,000원   · 기말재공품재고액: 250,000원

① 100,000원   ② 150,000원
③ 300,000원   ④ 350,000원

17 다음 자료를 참고하여 6월 중 직접노무비를 계산하면 맞는 것은?

- 6월 중 45,000원의 직접재료를 구입하였다.
- 6월 중 제조간접비는 27,000원이었다.
- 6월 중 총제조원가는 109,000원이었다.
- 직접재료의 6월초 재고가 8,000원이었고, 6월말 재고가 6,000원이다.

① 35,000원   ② 36,000원
③ 45,000원   ④ 62,000원

18 다음은 제조원가와 관련된 자료이다. 기초재공품은 얼마인가?

- 직접재료비: 5,000,000원   • 직접노무비: 4,000,000원
- 제조간접비: 3,000,000원   • 기말재공품: 1,500,000원
- 당기제품제조원가: 13,000,000원   • 기초제품: 2,500,000원

① 2,500,000원   ② 2,700,000원
③ 2,900,000원   ④ 3,000,000원

3. 원가의 배부

01 원가의 배부

제품의 생산을 위하여 소비된 공통원가를 집계하여 인위적인 배부기준에 따라 제품 또는 제조부분, 보조부문 등의 원가배부 대상으로 배부하는 과정을 원가의 배부라고 하며, 그 목적은 다음과 같다.

- 경제적 의사결정을 합리적으로 수행
- 경영자에 대한 올바른 성과평가와 동기 부여
- 재무제표의 작성에 필요한 재고자산의 금액결정과 이익 측정
- 계약금액(판매금액) 결정

원가배부대상 선택 → 원가 집계 → 원가배부 방법선택 후 원가배부

1 원가배부의 기준

원가배분이란 원가집합에 집계된 공통원가 또는 간접원가를 합리적인 배부기준에 의하여 원가대상으로 대응시키는 것으로, 공통원가 배부기준 중 가장 합리적인 기준을 선택하여야 하며, 대표적인 공통원가의 배부기준은 다음과 같다.

건물감가상각비	점유면적, 건물의 금액	기계감가상각비	기계장치의 금액, 사용시간
건물보험료/임차료	점유면적	재산세	자산의 금액
전력비	마력수, 마력수×사용시간	복리후생비	종업원 수
냉·난방비	점유면적, 건물의 면적	수선비	수선횟수, 수선시간
통신비	전화사용량	청소비 등	면적

제조간접비의 원가배부 기준은 인과관계기준, 수혜기준, 부담능력기준, 공정성과 공평성기준으로 나눌 수 있으며, 전력비의 경우 원가계산 대상에 사용한 전력량 즉, 원인과 명확한 결과에 의한 원가배부방법을 인과관계기준이라 하며, 가장 합리적인 배부방법에 해당한다.

참고 제조간접비는 그 구성항목이 다양하고, 항목별로 인과관계에 의한 배부기준을 찾는 것이 어려울 수 있다.

I CAN 기출문제

다음 부문공통비인 건물의 감가상각비 배분기준으로 가장 적합한 것은?

① 각 부문의 인원수   ② 각 부문의 면적
③ 각 부문의 작업시간   ④ 각 부문의 노무비

 정답풀이

② 건물의 감가상각비는 각 부분의 면적에 의해 배부한다.

I CAN 기출문제

다음 제조간접비에 대한 설명으로서 틀린 것은?

① 제품에 배부되는 원가를 직접 추적할 수 없는 간접원가이다.
② 인과관계에 의한 배부기준 선택이 용이하다.
③ 실제원가배부법의 경우 동일한 제품에 매기 상이한 제품단위당 원가가 계산되는 단점이 있다.
④ 신속한 원가계산 및 제품판매가의 결정시 의사결정의 필요성에 따라 예정원가배부법이 적용된다.

정답풀이

② 제조간접비는 그 구성항목이 다양하고, 항목별로 인과관계에 의한 배부기준을 찾는 것이 어렵다.

---

02   제조간접비의 실제배부와 예정배부

간접재료비, 간접노무비, 간접제조경비 등과 같이 두 종류 이상의 제품을 제조하기 위하여 공통적으로 발생하는 원가요소는 각 제품별로 추적부과가 불가능하기 때문에 일정 배부기준에 의하여 여러제품에 배부하게 되며, 제조간접비 배부방법은 실제배부법과 예정배부법으로 구분할 수 있다.

1   제조간접비 실제배부

제조간접비 실제배부는 원가계산 기말에 실제로 발생한 제조간접비를 각 제품에 배부하는 것으로, 사후배부라고도 하며 정확한 결과를 얻을 수 있다는 장점이 있다.

1. 가액법(실제배부)

직접재료비법 (기준: 직접재료비)	배부율 = 1개월동안 제조간접비 총액 ÷ 동 기간의 직접재료비 총액
	배부액 = 특정 제품의 직접재료비 × 배부율
직접노무비법 (기준: 직접노무비)	배부율 = 1개월동안 제조간접비 총액 ÷ 동 기간의 직접노무비 총액
	배부액 = 특정 제품의 직접노무비 × 배부율
직접원가법 (기준: 직접원가)	배부율 = 1개월동안 제조간접비 총액 ÷ 동 기간의 직접원가 총액
	배부액 = 특정 제품의 직접비(직접원가) × 배부율

2. 시간법(실제배부)

직접노동시간법 (기준: 직접노동시간)	배부율 = 1개월동안 제조간접비 총액 ÷ 동 기간의 직접노동 총 시간수
	배부액 = 특정 제품의 직접재료비 × 배부율
기계작업시간법 (기준: 기계작업시간)	배부율 = 1개월동안 제조간접비 총액 ÷ 동 기간의 기계작업 총 시간수
	배부액 = 특정 제품의 직접노무비 × 배부율

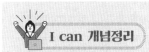
I can 개념정리

원가배부 공식

$$배부액 = \frac{(\ 배부할\ 금액\ )}{(\ 배부기준의\ 합\ )} \times 실제기준 = (\ 배부율\ ) \times 실제기준$$

I can 원가의 실제배부

다음은 I CAN상사의 생산공장 전체원가와 제조지시서(NO.1)에 대한 자료이다. 각각의 배부법에 따른 제조지시서(NO.1)의 제조간접비와 제조원가를 계산하시오. (원단위 미만은 버림)

✓ 직접재료비법, 직접노무비법, 직접원가법, 직접노동시간법, 기계작업시간법

구 분	생산공장 전체	제조지시서(No.1)	비 고
직접재료원가	500,000원	100,000원	
직접노무원가	1,000,000원	300,000원	
제조간접비	800,000원	(?)	
직접노동시간	400시간	150시간	
기계작업시간	500시간	200시간	

답안

제조지시서(NO.1)의 배부율, 제조간접비, 제조원가

구분	배부기준	배부율	NO.1 제조간접비	NO.1 제조원가
1	직접재료비법	800,000/500,000 = 1.6	160,000원	560,000원
2	직접노무비법	800,000/1,000,000 = 0.8	240,000원	640,000원
3	직접원가법	800,000/1,500,000 = 0.533…	213,333원	613,333원
4	직접노동시간법	800,000/400 = 2,000	300,000원	700,000원
5	기계작업시간법	800,000/500 = 1,600	320,000원	720,000원

I CAN 기출문제

I CAN 회계항공의 작업내용이다. 항공기 제작과 관련하여 8월 중에 발생한 원가자료는 다음과 같다. (나)항공기의 당기총제조원가는 얼마인가?

	(가)항공기	(나)항공기	(다)항공기
직접재료비	30,000원	30,000원	40,000원
직접노무비	60,000원	40,000원	100,000원

→ 8월중 제조간접비 발생액은 160,000원이며, 직접노무비를 기준으로 제조간접비를 배부함.

① 32,000원　　　　② 80,000원　　　　③ 102,000원　　　　④ 150,000원

 정답풀이

③ (나)항공기의 제조간접비 배부율: 제조간접비(160,000원) ÷ 직접노무비(200,000원) = 0.8
　　(나)항공기의 제조간접비 배부액: 제조간접비 배부율(0.8) × 직접노무비(40,000원) = 32,000원
　　(나)항공기의 제조원가: 직접재료비(30,000원) + 직접노무비(40,000원) + 제조간접비(32,000원)
　　　　　　　　　= 102,000원

제조간접비 예정배부

계절별로 제품의 생산량에 큰 차이를 보이는 냉.난방기, 청량음료 등의 제품을 제조하는 회사
에서는 제조간접비의 실제배부법의 적용시 많은 문제점이 있으므로, 연초에 미리 제조간접비
예정배부율을 산정해 두었다가 제품의 완성시 그 제품의 제조에 실제 발생한 직접재료비나
직접노동시간을 파악한 후 예정배부율을 곱하여 계산한다.

- 제조간접비 예정배부율 = 제조간접비 연간 예상액 ÷ 배부기준의 연간 예상액
- 제조간접비 예정배부액 = 제품별 배부기준의 실제발생액 × 제조간접비 예정배부율

제조간접비 예정배부	(차) 재 공 품	×××	(대) 제조간접비	×××
제조간접비 실제 발생액	(차) 제조간접비	×××	(대) 재료비	×××
			노무비	×××
			제조경비	×××
제조간접비 발생 (실제 〉 예정)	(차) 제조간접비배부차이	×××	(대) 제조간접비	×××
제조간접비 발생 (예정 〉 실제)	(차) 제조간접비	×××	(대) 제조간접비배부차이	×××

I CAN 기출문제

제조간접비를 예정배부하는 경우 예정배부액 계산식으로 옳은 것은?

① 배부기준의 예정발생액 × 예정배부율
② 배부기준의 예정발생액 × 실제배부율
③ 배부기준의 실제발생액 × 예정배부율
④ 배부기준의 실제발생액 × 실제배부율

 정답풀이

③ 배부기준은 실제발생액을 사용한다.(예정배부액 = 배부기준의 실제발생액 × 예정배부율)

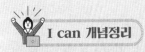

I can 개념정리

제조간접비 배부차이

재무제표는 실제원가계산에 의해 실제 소비된 원가를 근거로 작성되어야 한다. 따라서 예정원가에 의해서 계산된 원가의 제조간접비는 제조간접비 배부차이를 비례배분법, 매출원가조정법으로 조정해주어야 하는데, 배부차이를 매출원가에서 가감하는 것을 매출원가 조정법이라고 하며, 기말재공품, 기말제품, 매출원가의 총액을 기준으로 배부차이를 배분하여 조정하는 것을 비례배분법이라고 한다. 본 학습에서는 매출원가조정법에 대해서만 다루기로한다.

> • 예정배부액 〉 실제발생액 ➡ 과다배부
> • 예정배부액 〈 실제발생액 ➡ 과소배부

영업외손익법	배부차이를 모두 영업외손익으로 처리
매출원가 조정법	배부차이를 모두 매출원가로 처리
총원가 비례배분법	배부차이를 기말재공품, 기말제품, 매출원가 총액의 비율에 따라 배분
원가요소별 비례배분법	배부차이를 기말재공품, 기말제품, 매출원가에 포함된 제조간접비의 비율에 따라 배분

I can 제조간접비

다음의 예정배부와 관련된 거래에 대해 분개하시오.

(1) 제조간접비 예정배부 합계액은 800,000원이다.
(2) 제조간접비의 실제발생액은 다음과 같다.
  (간접재료비 350,000원, 간접노무비 230,000원, 간접제조경비 250,000원)
(3) 제조간접비배부차이가 확인되었다.
(4) 제조간접비배부차이를 매출원가에 대체하다.

답안

(1)	(차) 재공품	800,000원	(대) 제조간접비	800,000원
(2)	(차) 제조간접비	830,000원	(대) 재료비	350,000원
			노무비	230,000원
			제조경비	250,000원
	✓ 제조간접비 배부차이 발생: 30,000원(과소배부)			
(3)	(차) 제조간접비배부차이	30,000원	(대) 제조간접비	30,000원
(4)	(차) 매출원가	30,000원	(대) 제조간접비배부차이	30,000원
	✓ 제조간접비 배부차이(과소배부)로 인해 매출원가가 증가된다.			

I can 제조간접비 예정배부

직접노동시간을 기준으로 제조간접비를 예정배부하는 해당 기업의 1월 중 제조간접비 예정배부액과 1월 중 총제조원가를 계산하라.

- 연간 제조간접원가: 50,000원
- 연간 직접노동시간: 5,000시간
- 1월 중 발생원가
  - 직접재료비 10,000원   - 직접노무비 4,000원   - 직접노동시간 400시간

답안

- 제조간접비 예정배부액: 배부기준(실제조업도) × 제조간접비 배부율
- 총제조원가: 직접재료비 + 직접노무비 + 제조간접비

- 제조간접비 배부율 = $\dfrac{50,000원}{5,000시간}$ = 10(시간당 10원)

- 1월 중 제조간접비 예정배부액: 400시간 × 10원 = 4,000원
- 1월 중 총제조원가: 10,000원 + 4,000원 + 4,000원 = 18,000원

※ 이 문제에서 제조간접비 예정배부액이 4,000원이므로, 만약 실제 발생한 제조간접비가 5,000원이었다면 1,000원을 과소배부(예정〈실제)한 것이고, 반대로 실제 발생한 제조간접비가 3,000원이었다면 1,000원을 과다배부(예정〉실제)한 것이다.

I CAN 기출문제

제조간접비를 직접노무시간으로 배부한다. 당해연도 총 제조간접비 예상금액은 600,000원, 예상 직접노무시간은 20,000시간이다. 당기말 현재 실제제조간접비 발생액은 400,000원이고 실제 직접노무시간이 15,000시간일 경우 제조간접비 배부차이는 얼마인가?

① 과대배부 50,000원   ② 과소배부 50,000원
③ 과대배부 200,000원   ④ 과소배부 200,000원

 정답풀이

① 예정배부율: 600,000원 ÷ 20,000시간 = 30원(시간당)
   예정배부액: 15,000시간 × 30원 = 450,000원
   배부차이: 예정배부(450,000원) 〉 실제발생(400,000원) = 50,000원(과다배부)

I can 실전문제(원가의 배부)

01 제조간접비를 직접노무시간을 기준으로 배부하고 있다. 제조간접비 배부차이는 100,000원이 과대배부 되었다. 당기말 현재 실제 제조간접비 발생액은 500,000원이고, 실제 직접노무시간이 20,000시간일 경우 예정배부율은 얼마인가?

① 25원/시간당   ② 30원/시간당
③ 40원/시간당   ④ 50원/시간당

02 제조간접비를 직접노무시간을 기준으로 예정배부하고 있다. 당해 연도 초의 예상 직접노무시간은 70,000시간이다. 당기 말 현재 실제제조간접비 발생액이 2,150,000원이고 실제 직접노무시간이 75,000시간일 때 제조간접비 배부차이가 250,000원 과대배부된 경우 당해 연도초의 제조간접비 예상액은 얼마였는가?

① 1,900,000원   ② 2,240,000원
③ 2,350,000원   ④ 2,400,000원

03 제조간접비 예정배부율은 작업시간당 10,000원이다. 작업시간이 800시간이고, 제조간접비 배부차이가 1,000,000원 과소배부라면, 실제 제조간접비 발생액으로 맞는 것은?

① 6,000,000원   ② 7,000,000원
③ 8,000,000원   ④ 9,000,000원

04 제조간접비를 직접노동시간을 기준으로 하여 배부하고 있다. 다음 자료에 의하여 10월의 제조간접비 배부차이를 구하면?

> • 제조간접비 예산: 6,000,000원
> • 예상직접노동시간: 120,000시간
> • 10월 직접노동시간: 15,000시간
> • 10월 실제 제조간접비 발생액: 1,000,000원

① 250,000원 과대배부   ② 250,000원 과소배부
③ 300,000원 과대배부   ④ 300,000원 과소배부

05 다음 자료에 의할 때 제조지시서#1의 제조간접비는 얼마인가? 단, 제조간접비는 직접재료비를 기준으로 배분한다.

분 류	제조지시서#1	총원가
직접재료비	50,000원	140,000원
직접노무비	30,000원	70,000원
제조간접비	( )	280,000원

① 15,000원   ② 50,000원
③ 70,000원   ④ 100,000원

06 다음 자료에 의할 때 제조지시서#2의 직접재료비는 얼마인가?(단, 제조간접비는 직접재료비를 기준으로 배분한다)

분류	제조지시서#2	총원가
직접재료비	( )원	1,500,000원
직접노무비	1,500,000원	2,200,000원
제조간접비	1,000,000원	3,000,000원

①   500,000원   ② 1,000,000원
③ 1,250,000원   ④ 1,500,000원

07 재공품 계정을 구성하는 자료가 다음과 같을 경우 당기 직접노무비는?

- 직접재료비 10,000원 · 직접노무비는 가공비의 20% · 제조간접비 50,000원

① 10,000원 ② 12,500원
③ 15,000원 ④ 30,000원

08 당기 직접재료비는 50,000원이고, 제조간접비는 45,000원이다. 직접노무비는 가공비의 20%에 해당하는 경우, 당기의 직접노무비는 얼마인가?

① 9,000원 ② 10,000원
③ 11,250원 ④ 12,500원

09 개별원가계산을 하고 있는 세원제약의 4월의 제조지시서와 원가자료는 다음과 같다. 4월의 실제 제조간접비 총액은 4,000,000원이고, 제조간접비는 직접노동시간당 2,700원의 배부율로 예정배부되며, 제조지시서 #101은 4월 중 완성되었고, #102는 미완성상태이다. 4월 말 생산된 제품의 단위당 원가는 얼마인가?

	제조지시서	
	#101	#102
생 산 량	1,000단위	1,000단위
직접노동시간	600시간	600시간
직 접 재 료 비	1,350,000원	1,110,000원
직 접 노 무 비	2,880,000원	2,460,000원

① 5,900원 ② 5,850원
③ 5,520원 ④ 5,190원

10 원가자료가 다음과 같을 때 당기의 직접재료비를 계산하면 얼마인가?

- 당기총제조원가는 5,204,000원이다.
- 제조간접비는 직접노무비의 75%이다.
- 제조간접비는 당기총제조원가의 24%이다.

① 2,009,600원 ② 2,289,760원
③ 2,825,360원 ④ 3,955,040원

11 선박 제작과 관련하여 9월 중에 발생한 원가 자료는 다음과 같다. A선박의 당기총제조원가는 얼마인가? 단, 9월 중 제조간접비 발생액은 160,000원이며, 직접노무비를 기준으로 제조간접비를 배부한다.

구 분	A선박	B선박	합 계
직접재료비	30,000원	70,000원	100,000원
직접노무비	60,000원	140,000원	200,000원

① 102,000원   ② 110,000원
③ 138,000원   ④ 158,000원

12 제조간접비예정배부율은 직접노동시간당 90원이고, 직접노동시간이 43,000시간이며, 제조간접비 배부차이가 150,000원 과소배부인 경우 제조간접비 실제발생액은 얼마인가?

① 3,720,000원   ② 3,870,000원
③ 4,020,000원   ④ 4,170,000원

13 제조간접비 관련 자료가 다음과 같을 경우 제조간접비 실제 발생액은?

- 제조간접비 예정배부율:　　기계작업시간당 200원
- 제조지시서의 기계작업시간:　　60,000시간
- 제조간접비 과대배부:　　300,000원

① 12,000,000원   ② 11,700,000원
③ 12,300,000원   ④ 60,000,000원

4. 부문별 원가계산

01 부문별 원가계산

부문별 원가계산은 제품의 원가를 산정함에 있어 제조간접비(부문비)를 각 제품에 보다 더 엄격하게 배부하기 위해 우선적으로 그 발생 장소인 부문별로 분류 및 집계하는 절차로 원가의 관리 및 통제에 필요한 자료를 얻는데 유용하고, 특정 원가부문에서 불필요한 원가의 낭비나 비능률의 발생을 용이하게 파악 가능하다.

1 제조부문과 보조부문

부문별 원가계산이란 원가를 각 부문별로 계산하는 것를 말하며, 제조부문과 보조부문으로 구분된다.

제조부문	보조부문
직접 생산을 담당하는 부문 (절단부문, 조립부문, 주조부문 등)	제조부문의 활동을 지원하는 부문 (동력부문, 수선부문, 공장사무부문 등)

2 부문별 원가계산 방법

부문별 원가계산에서 보조부문원가를 제조부문에 배부하는 방법은 직접배부법, 단계배부법, 상호배부법 등이 있다.

1. 직접배부법

직접배부법은 각 보조부문 간의 용역수수 관계를 완전히 무시하는 배부 방법이다. 가장 간단하고 단순하지만 가장 부정확하다.

2. 단계배부법

단계배부법은 각 보조부문 간의 용역수수 관계를 일부만 고려하는 배부 방법이다. 보조부문의
배부 순서가 중요하며, 배부 순서에 따라 제조간접비의 배부액이 달라진다. 단계배부법은
직접배부법 보다 우수하지만, 배부 순서를 잘못 선정하는 경우에는 직접배부법 보다 부정확한
결과를 초래할 수도 있다.

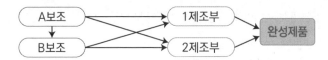

3. 상호배부법

상호배부법은 각 보조부문 간의 용역수수 관계를 완전히 고려하는 배부 방법이다. 가장 정확
하지만, 비용이 많이 들고 복잡하다.

	장 점	단 점
직접배부법	• 절차가 매우 간단 • 상호간의 용역수수 정도가 중요치 않은 경우에 적당	• 보조부문상호간 용역수수가 많은 경우 정확성이 저하 • 부문간의 상호통제 목적을 달성하기에는 부적합
단계배부법	• 보조부문 상호간 용역관계 일부 인식 • 특정보조부문에서 다른 보조부문으로 용역제공이 많거나 보조부문이 제공하는 용역의 비율간에 상당한 차이가 있을 경우에 적합	• 배부순서가 잘못 결정되면 원가계산이 부정확 • 보조부문의 수가 많을 경우 배부순서의 결정과 계산 절차가 복잡하고 시간과 비용이 과다소요
상호배부법	• 보조부문 상호간의 용역을 완전 인식 • 보조부문의 배부순서를 고려할 필요성 없음 • 변동비에 대해서 적용하면, 보조부문에 제공하는 원가의 추정에 유용한 정보를 제공	• 배부방법이 복잡하여 정확한 자료를 얻기 위해서 많은 시간과 비용이 필요

I CAN 기출문제

보조부문비를 제조부문에 배부하는 방법에 대한 설명 중 틀린 것은?

① 직접배부법은 보조부문 상호간의 용역수수를 전혀 고려하지 않는 방법이다.
② 단계배부법은 보조부문 상호간의 용역수수를 일부 고려하는 방법이다.
③ 상호배부법은 보조부문 상호간의 용역수수를 완전히 고려하는 방법이다.
④ 계산의 정확성은 직접배부법 〉 단계배부법 〉 상호배부법 순으로 나타난다.

정답풀이

④ 계산의 정확성은 직접배부법 〈 단계배부법 〈 상호배부법 순으로 나타난다.

I CAN 기출문제

다음 중 보조부문원가의 배부방법에 대한 설명으로 옳지 않은 것은?

① 가장 정확한 계산방법은 상호배분법이다.
② 가장 정확성이 부족한 계산방법은 단계배분법이다.
③ 배분순서가 중요한 계산방법은 단계배분법이다.
④ 계산방법이 가장 간단한 배분법은 직접배분법이다.

정답풀이

② 가장 정확성이 적은 것은 직접배분법이다.

---

3 **부문별 원가계산 예제**

1. 직접배부법

■ 제조간접비 발생액

비 목		제조부문		보조부문		합 계
		절단부문	조립부문	동력부문	수선부문	
자기부문 발생액(원)		870,000	590,000	380,000	260,000	2,100,000
보조 부문 제공 용역	동력부문(kw/h)	16,000Kw/h	16,000Kw/h	--	6,000Kw/h	38,000Kw/h
	수선부문(시간)	1,500시간	1,100시간	400시간	--	3,000시간

■ 보조부문비 배부표 (직접배부법)

원가요소	배부기준	금 액	제조부문		보조부문	
			절단부문	조립부문	동력부문	수선부문
자기부문발생액(원)		2,100,000	870,000	590,000	380,000	260,000
보조부문비배부 　동력부문비 　수선부문비	Kw/h 시간		① (　　　) ③ (　　　)	② (　　　) ④ (　　　)		
보조부문비배부액			⑤ (　　　)	⑥ (　　　)		
제조부문비합계			⑦ (　　　)	⑧ (　　　)		

2. 단계배부법

■ 제조간접비 발생액

비 목		제조부문		보조부문		합 계
		절단부문	조립부문	동력부문	수선부문	
자기부문 발생액(원)		870,000	590,000	380,000	260,000	2,100,000
보조 부문 제공 용역	동력부문(kw/h)	2,400Kw/h	1,600Kw/h	-	1,000kw/h	5,000Kw/h
	수선부문(시간)	1,300시간	1,100시간	200시간	-	2,600시간

■ 보조부문비 배부표 (단계배부법) – 보조부문 중 수선부문을 우선배부

원가요소	배부기준	제조부문		보조부문	
		절단부문	조립부문	동력부문	수선부문
자기부문발생액(원)		870,000	590,000	380,000	260,000
보조부문비배부 　수선부문비 　동력부문비	시간 Kw/h	① (　　　) ③ (　　　)	② (　　　) ④ (　　　)	(　　　)	①
보조부문비배부액		⑤ (　　　)	⑥ (　　　)	②	
제조부문비합계		⑦ (　　　)	⑧ (　　　)	동력의 총액을 절단과 조립에 배부	수선부문의 금액을 절단과 조립, 동력에 각각 배부

I can 부문별(직접&단계) 원가계산 답안

1. 보조부문비 배부(직접배부법)

| ① 190,000원 | ② 190,000원 | ③ 150,000원 | ④ 110,000원 |
| ⑤ 340,000원 | ⑥ 300,000원 | ⑦ 1,210,000원 | ⑧ 890,000원 |

2. 보조부문비 배부(단계배부법)

| ① 130,000원 | ② 110,000원 | ③ 240,000원 | ④ 160,000원 |
| ⑤ 370,000원 | ⑥ 270,000원 | ⑦ 1,240,000원 | ⑧ 860,000원 |

I CAN 기출문제

(주)I CAN은 A, B 제조부문과 X, Y의 보조부문이 있다. 각 부문의 용역수수관계와 제조간접비 발생원가가 다음과 같다. 직접배부법에 의해 보조부문의 제조간접비를 배부한다면 B제조부문의 총제조간접비는 얼마인가?

	보조부문		제조부문		
	X	Y	A	B	합 계
자기부문발생액	150,000원	250,000원	300,000원	200,000원	900,000원
[제공한 횟수]					
X		200회	300회	700회	1,200회
Y	500회	-	500회	1,500회	2,500회

① 200,000원　　② 292,500원　　③ 492,500원　　④ 600,000원

 정답풀이

③ X 제조부문 배부액(105,000원) = 150,000원 × (700회 / 1,000회)

　Y 제조부문 배부액(187,500원) = 250,000원 × (1,500회 / 2,000회)

　B 보조부문 총제조간접비(492,500원) = 200,000원 + 105,000원 + 187,500원

I CAN 기출문제

(주)I CAN은 단계배부법을 이용하여 보조부문 제조간접비를 제조부문에 배부하고자 한다. 각 부문별 원가발생액과 보조부문의 용역공급이 다음과 같을 경우 수선부문에서 절단부문으로 배부될 제조간접비는 얼마인가?(단, 전력부문부터 배부한다고 가정함)

구 분	제조부문		보조부문	
	조립부문	절단부문	전력부문	수선부문
자기부문 제조간접비	200,000원	400,000원	200,000원	360,000원
전력부문 동력공급(kw)	300	100	-	100
수선부문 수선공급(시간)	10	40	50	-

① 160,000원　　　② 200,000원　　　③ 244,000원　　　④ 320,000원

 정답풀이

④ 단계배부법을 이용하여 전력부문부터 먼저 배부한다는 사실에 유의 할 것

전력부문(제조간접비 200,000원) 1차배부 => 조립(120,000원), 절단(40,000원), 수선(40,000원)

수선부분(제조간접비 360,000원 + 40,000원) 2차배부 => 조립(80,000원), 절단(320,000원)

I can 실전문제(부문별 원가계산)

※ I can 실전문제에 수록된 문제들은 모두 전산회계 1급 시험에 다수 출제되었던 내용입니다.

01 기말재공품계정은 기초재공품에 비하여 400,000원 증가하였다. 또한, 재공품 공정에 투입한 직접재료비와 직접노무비, 제조간접비의 비율이 1:2:3이었다. 당사의 당기제품제조원가가 800,000원이라면, 재공품에 투입한 직접노무비는 얼마인가?

① 100,000원   ② 200,000원
③ 400,000원   ④ 600,000원

02 다음은 보조부문비의 배부기준이다. 가장 적절하지 않은 배부기준은?

① 구매부문: 주문횟수, 주문비용
② 동력부문: 사용전력량, 전기용량
③ 노무관리부문: 수선횟수, 수선유지기간
④ 검사부문: 검사수량, 검사시간

03 원가배부방법과 관련된 다음 설명 중 올바르지 않는 것은?

① 직접배부법은 보조부문 상호간의 용역제공 관계를 고려하지 않는다.
② 단계배부법과 상호배부법은 보조부문 상호간의 용역제공 관계를 고려한다.
③ 어떤 방법을 사용하더라도 보조부문비 총액은 모두 제조부문에 배부된다.
④ 보조부문 배부방법에 따라 회사의 총이익도 달라진다.

04 단계배부법을 이용하여 보조부문 제조간접비를 제조부문에 배부하고자 한다. 각 부문별 원가발생액과 보조부문의 용역공급이 다음과 같을 경우 수선부문에서 절단부문으로 배부될 제조간접비는 얼마인가?(전력부문부터 배부한다)

구 분	제조부문		보조부문	
	조립부문	절단부문	전력부문	수선부문
자기부문 제조간접비	200,000원	400,000원	200,000원	360,000원
전력부문 동력공급(kw)	600	200	-	200
수선부문 수선공급(시간)	20	80	100	-

① 160,000원   ② 200,000원

③ 244,000원   ④ 320,000원

05 다음 중 보조부문원가의 배부방법에 대한 설명으로 옳은 것은?

① 어느 방법으로 배부하든 배부 전·후의 제조간접비 총액은 항상 일정하다.

② 보조부문간 용역수수 관계를 고려하지 않고 제조부문에 직접 배부하는 방법은 단계배부법이다.

③ 보조부문간 배부순서를 정하고 단계적으로 배부하는 방법은 상호배부법이다.

④ 보조부문간 용역수수 관계를 완전하게 고려하는 방법은 직접배부법이다.

06 직접배부법을 이용하여 보조부문 제조간접비를 제조부문에 배부하고자 한다. 보조부문 제조간접비를 배분한 후 절단부문의 총원가는 얼마인가?

구 분	보 조 부 문		제 조 부 문	
	수선부문	전력부문	조립부문	절단부문
전력부문 공급(kw)	60	-	500	500
수선부문 공급(시간)	-	100	600	200
자기부문원가(원)	400,000원	200,000원	600,000원	500,000원

① 600,000원   ② 700,000원

③ 800,000원   ④ 900,000원

5. 제품별 원가계산

01 원가시스템의 종류

1 원가집계방식에 따른 분류

제품의 제조활동에서 발생한 원가를 원가요소별로 분류하고 수집 및 확인하여 정리하는 것을 원가집계라고 하는데, 이 원가집계를 어떠한 방식으로 하는지에 따라 개별원가계산과 종합원가계산으로 분류 할수 있다.

구 분	원가의 집계방법	제품의 생산형태
개별원가계산	특정제조지시서에 의한 개별작업별 원가집계	소량의 주문생산 방식 (선박, 항공기 등의 이종제품)
종합원가계산	공정별 제조원가보고서에 의한 공정별 원가집계	대량생산 방식 (생필품 등의 동종제품)

2 측정방법에 따른 원가분류

제품의 제조원가계산을 위해 재공품계정에 집계되는 제조원가를 실제발생액으로 측정할 것인지 또는 표준금액에 해당하는 예정금액으로 측정할 것인지에 따라 실제원가계산, 정상원가계산, 표준원가계산 등으로 분류할수 있으며, 기본원가와 제조간접비의 구분이 중요하다.

구 분	직접재료비 및 직접노무비	제조간접비
실제원가계산	실제원가	실제원가
정상원가계산	실제원가	예정원가
표준원가계산	표준원가	표준원가

3 구성방법에 따른 원가분류

제품의 원가계산 시에 고정제조간접비를 포함하느냐의 여부에 따라 전부원가계산과 변동원가계산으로 분류 할수 있다.

구 분	제품의 원가 구성
전부원가계산	고정제조간접비를 포함한 모든 원가를 계산 (직접재료비, 직접노무비, 변동제조간접비, 고정제조간접비)
변동원가계산	고정제조간접비를 제외(기간비용으로 처리)하고 원가를 계산 (직접재료비, 직접노무비, 변동제조간접비)

02 개별원가계산

개별원가계산이란 개별 제품별로 제조지시서에 의하여 원가를 계산하는 원가계산방식을 말한다. 각 제품별로 계산되므로 원가계산이 정확하지만 비용이 많이 들고 계산이 느린 단점이 있다. 따라서 개별원가계산은 고가의 제품을 개별 주문제작 방식으로 제조하는 제조업에 주로 적용된다. 조선업, 건설업, 항공기제조업 등이 여기에 해당된다.

1 개별원가계산의 특징

- 언제든지 원가계산 가능하며, 제조간접비의 배분이 가장 중요
- 제조직접비와 제조간접비 즉, 모든원가를 직접원가와 간접원가로 구분하여 집계함
- 인위적인 월말재공품의 평가문제가 생기지 않음
- 특정제조지시서에 따른 원가계산표 작성

2 제조지시서와 작업원가표

제조지시서	주문받은 제품의 제조를 위하여 작업현장에서 지시하는 문서
작업원가표	개별 작업에서 발생하는 직접재료원가, 직접노무원가, 제조간접원가 등 제조원가를 작업별로 집계하기 위해 사용되는 표

I CAN 기출문제

개별원가계산에 대한 내용으로 옳지 않은 것은?

① 주문생산업종에 적합하다.
② 개별원가표에 의해 제조간접비를 부과한다.
③ 제품별로 손익분석 및 계산이 어렵다.
④ 제조간접비의 배분이 가장 중요한 과제이다.

정답풀이

③ 개별원가계산은 각 개별작업별로 원가를 집계하여 제품별 원가계산을 하는 방법이기 때문에 제품별로 손익분석 및 계산이 용이하다.

03 종합원가계산

종합원가계산은 연속적인 제조공정을 통해 동일 종류의 제품을 대량생산하는 업종에 적용하기에 적당한 원가계산방법이며, 공정별로 생산하는 업종에 유용하다. 주로 화학공업, 정유업, 제분업 등에 사용된다. 제품의 원가계산시 직접재료비, 직접노무비, 제조간접비 등으로 모든 원가를 직접비와 간접비로 구분하는 개별원가와 달리 종합원가는 직접재료비와 가공비(직접노무비 + 제조간접비)로 구분하여 제품의 원가를 계산한다.

개별원가계산	종합원가계산
직 접 재 료 비	직 접 재 료 비
직 접 노 무 비	가 공 비 (전 환 원 가)
제 조 간 접 비	

1 개별원가와 종합원가의 비교

구 분	개별원가계산	종합원가계산
생산형태	개별제품의 주문생산	동종제품의 연속대량생산
작용대상산업	건설업, 조선업, 항공업, 기계공업, 주문가구 제작	정유업, 철강업, 식품가공업, 제지업, 제화업
생산수량	주문의 소량생산	생산계획에 의한 연속대량생산
원가집계	개별(특정) 제조지시서, 작업원가표	공정별 제조원가보고서
원가분류	직접비와 간접비의 구분이 중요	직접재료비와 가공비의 구분이 중요

구 분	개별원가계산	종합원가계산
기말재공품의 평가	미완성된 작업의 작업원가표에 집계된 원가로 자동계산	완성품과 기말재공품에 배분하는 절차 필요
단위당 원가계산	완성된 작업의 작업원가표에 집계된 원가를 완성수량으로 나눔	일정기간의 완성품제조원가를 완성품 수량으로 나눔

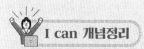

I can 개념정리

 개별원가와 종합원가의 장단점

구 분	개별원가계산	종합원가계산
장 점	• 보다 정확한 원가계산 가능 • 제품별로 손익분석 및 계산용이 • 제품별 원가표에 의해 효율성 있음	• 원가기록업무가 비교적 단순하여 경제적 • 전체적인 원가통제 및 책임회계적용 용이 • 제품별 회계기록에 소요되는 비용감소
단 점	• 상세한 기록이 필요(비용/시간 과다) • 작업원가의 기록이 복잡하여 오류발생 가능	• 원가가 비교적 부정확 • 제품별로 손익비교 어려움 • 제품별로 제공하는 정보량이 적음

I CAN 기출문제

다음 중 개별원가계산에 가장 적합한 업종이 아닌 것은?

① 화학공업　　　　　　　　　② 항공기제작업
③ 조선업　　　　　　　　　　④ 건설업

 정답풀이

① 화학공업은 제품을 대량생산하므로 종합원가계산방법이 적합하다.

I CAN 기출문제

종합원가계산에 대한 설명 중 틀린 것은?

① 동종 제품의 연속 대량 생산체제에서 사용한다.
② 정유업, 제분업, 철강업, 제지업, 화학품제조업 등 업종에서 주로 사용한다.
③ 기말재공품 평가가 불필요하며, 제조지시서에 원가를 집계하여 계산 한다.
④ 개별원가계산에 비해 정확성은 낮지만, 제품의 대량생산체계에 적용하기 쉬운 장점이 있다.

정답풀이

③ 제조지시서의 원가를 집계하여 원가계산하는 방법은 개별원가계산임.

2 종합원가계산의 종류

단일종합원가	단 하나의 제조공정만을 가지고 단일 제품을 연속적으로 대량 생산 (제빙업, 광산업, 벽돌제조업, 소금제조업 등)
공정별종합원가	하나의 제품을 2개 이상의 제조공정을 거쳐 대량 생산 (화학공업, 제당업, 제지업 등)
조별종합원가	종류가 다른 제품을 연속적으로 대량 생산 (식료품제조업, 제과업, 통조림제조업, 자동차제조업 등)
등급별종합원가	동일한 재료를 사용하여 동일 공정에서 계속적으로 생산되는 제품으로 규격, 중량, 품질, 순도등이 서로 다른 제품을 생산 (밀가루, 양조업 등)
연산품종합원가	동일한 재료를 동일 공정에서 제조시 상대적 판매가치의 차이가 없어 주산물과 부산물을 명확히 구분할 수 없는 두 종류 이상의 제품을 생산 (정유업의 휘발유.경유, 제련업의 금.은.구리, 우유에서 버터.치즈)

3 결합원가계산

결합원가계산은 연산품종합원가에서 주로 제품의 원가계산에 사용되며, 원재료에서 시작한 제품들이 개별 제품으로 인식되는 분리점까지의 결합원가에 분리점 이후의 추가가공원가(분리원가)를 합해서 제품의 원가를 계산하는 방법이다.

I can 결합원가

동일한 원재료를 투입하여 동일한 공정에서 각기 다른 갑, 을, 병 제품을 생산하고 있으며, 제품생산 시 결합원가가 2,600,000원이다. 갑, 을, 병 제품의 원가를 판매가치법과 물량기준법으로 계산할 경우 갑, 을, 병 제품 각각의 원가는 얼마인가?

제 품	생산량	판매가치
갑	40개	1,800,000원
을	60개	2,000,000원
병	30개	1,400,000원

답안

- 판매가치법에서의 원가 배부율: 2,600,000원 ÷ 5,200,000원 = 0.5
  - ✓ 갑: 900,000원(1,800,000원 × 0.5)
  - ✓ 을: 1,000,000원(2,000,000원 × 0.5)
  - ✓ 병: 700,000원(1,400,000원 × 0.5)

- 물량기준법에서의 원가 배부율: 2,600,000원 ÷ 130 = 20,000
  - ✓ 갑: 800,000원(40개 × 20,000)
  - ✓ 을: 1,200,000원(60개 × 20,000)
  - ✓ 병: 600,000원(30개 × 20,000)

④ 공손과 작업폐물

1. 공손품

제품을 제조하는 과정에서 작업종사자의 부주의나 재료, 설비, 기계 등의 결함으로 인해 발생하는 규격이나 품질이 표준에 미달하는 불합격품을 말하며, 보다 좋은 제품생산을 위한 과정에서 발생하는 불가피한 공손은 정상공손으로 판단하여 제품의 원가에 가산하지만, 작업자의 부주의나 생산계획의 미비로 발생하는 비정상공손은 제품원가에 포함시키지 않고 영업외비용으로 처리한다.

2. 작업폐물

제품의 제조과정에서 재료를 가공하는 도중에 발생하는 것으로, 제품의 일부분이 되지는 못하지만 비교적 적은 경제적 가치를 가지는 투입분을 말하며, 제조공정에서 작업폐물의 처분금액은 제조간접비계정의 감소로 처리한다.

I can 공손수량 계산

아래 자료를 이용해 당기에 발생한 비정상공손의 수량을 계산하면 얼마인가?

- 기초재공품 200개, 기말재공품 50개
- 당기착수량 800개, 당기완성수량 800개
  단, 정상공손은 완성품의 10%이다.

답안

비정상공손수량: 70개

총 공손 수량은 150개, 정상공손은 완성품(800개)의 10% 이므로, 정상공손 수량은 80개
따라서 비정상공손 수량은 70개이다.

I CAN 기출문제

다음은 공손에 대한 다음 설명 중 올바르지 않은 것은?

① 정상 공손이란 효율적인 생산과정에서도 발생하는 공손을 말한다.
② 정상 및 비정상공손품원가는 발생기간의 손실로 영업외비용으로 처리한다.
③ 공손품은 정상품에 비하여 품질이나 규격이 미달되는 불합격품을 말한다.
④ 공손품은 원재료의 불량, 작업자의 부주의 등의 원인에 의해 발생한다.

 정답풀이

② 정상공손품의 원가는 제품원가의 일부를 구성한다.

---

04 종합원가계산의 기말재공품 평가

종합원가계산에서는 제조원가를 재료비와 가공비로 분류하며, 직접재료비·직접노무비·제조간접비로 분류하지 않으므로 제조간접비의 배부 문제가 중요하지 않다.
종합원가계산의 절차는 다음과 같이 5단계를 거치며, 기초재공품의 취급방법에 따라 평균법과 선입선출법으로 구분된다.

단계	평균법	선입선출법
① 물량의 흐름	완성된 제품 중 기초재공품을 구분하지 않음	완성된 제품 중 기초재공품을 구분함
② 완성품환산량	기말재공품의 완성도만 반영	기초재공품과 기말재공품의 완성도를 모두 반영
③ 원가발생액 요약	기초재공품의 원가를 구분하지 않고 당기발생원가와 합산함	기초재공품의 원가를 구분함
④ 완성품환산량 단위당원가	원가발생액을 완성품환산량으로 나눔	당기 원가발생액을 완성품환산량으로 나눔
⑤ 완성품과 기말재공품	완성품환산량과 완성품환산량 단위당원가를 곱함	완성품환산량과 완성품환산량 단위당원가를 곱한 후 완성품원가에 기초재공품원가를 합산

참고 종합원가계산에서 평균법과 선입선출법은 기초재공품의 취급방법에 따른 구분이므로, 기초재공품이 없는 경우에는 평균법과 선입선출법의 기말재공품 계산결과가 동일해 진다.

1 완성도와 완성품 환산량

완성도	공정에 투입되어 현재 생산 진행 중에 있는 제품이 어느 정도 완성되었는지를 수치로 나타내는 것으로 50% 혹은 70% 등으로 표현된다.
완성품 환산량	생산활동에 투입한 모든 노력을 제품을 완성하는 데에만 투입하였더라면 완성 되었을 완성품 수량으로 환산한 것으로 작업량을 기준으로 변형한 가상수치를 말한다.

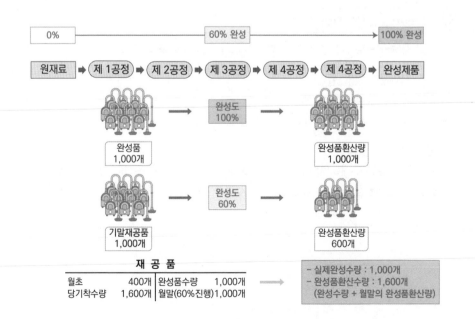

1. 평균법에 의한 기말재공품 평가

평균법은 기초재공품원가와 당기투입원가를 평균화하여 완성품에 대한 원가와 기말 재공품 원가를 계산하는 방법이다. 평균법은 기초재공품과 당기투입원가를 구분할 필요가 없다.

$$\text{(기초재공품 + 당기투입원가)} \times \frac{\text{기말재공품 환산수량}}{\text{완성품환산량(완성품수량 + 기말재공품 환산수량)}}$$

[참고] 평균법의 경우 기초재공품은 당기완성품과 기말재공품 모두에 반영된다.

2. 선입선출법에 의한 기말재공품 평가

선입선출법은 기초재공품이 먼저 완성되고, 그 이후에 투입되는 당기 투입량이 완성된다고 가정하여 원가계산을 하는 방법이다. 선입선출법은 기초재공품에 대해 전기에 작업한 작업량과 당기에 투입하여 생산된 작업량을 명확이 구분하여 계산한다.

선입선출법은 평균법에 비해 원가계산과정은 다소 복잡할 수 있지만, 정확성은 더 높아진다.

$$\text{(당기투입원가)} \times \frac{\text{기말재공품 환산수량}}{\text{완성품환산량(완성품수량 - 기초재공품 환산수량 + 기말재공품 환산수량)}}$$

[참고] 선입선출법의 경우 기초재공품은 당기완성품에만 반영되고, 기말재공품에는 반영되지 않는다.

I can 완성품 환산량

1. 당월 중 처음으로 생산을 시작한 ㈜ I CAN의 다음 자료를 이용해 완성품 환산량을 계산하라.

- 당월제조 착수수량: 10,000개
- 당월 완성품 수량: 8,000개
- 월말 재공품수량: 2,000개(완성도: 직접재료비 100%, 가공비: 60%)

[답안]

재료비 완성품환산량: 10,000개(완성품 8,000개 + 기말재공품 완성품환산량 2,000개 × 100%)
가공비 완성품환산량: 9,200개(완성품 8,000개 + 기말재공품 완성품환산량 2,000개 × 60%)

2. 다음은 종합원가계산을 위한 자료이다. 관련자료를 확인하고 물음에 대한 적절한 답안을 표기하시오.

- 기초재공품수량: 5,000개(완성도 30%)
- 기말재공품수량: 8,000개(완성도 50%)
- 당기착수량: 20,000개
- 완성품수량: ***** 개

단, 재료는 공정 초기에 전량 투입되고, 가공비는 제조 공정중에 균등하게 투입된다.

구분	물량흐름	완성품환산량(재료비)	완성품환산량(가공비)
1	평 균 법	①	②
2	선입선출법	③	④

답안

(평균법)
- 재료비 완성품환산량: 완성품수량(17,000개) + 기말재공품환산량(8,000개 × 100%) = 25,000개
- 가공비 완성품환산량: 완성품수량(17,000개) + 기말재공품환산량(8,000개 × 50%) = 21,000개

(선입선출법)
- 재료비 완성품환산량: 완성품수량(17,000개) - 기초재공품환산량(5,000개 × 100%)
  + 기말재공품환산량(8,000개 × 100%) = 20,000개
- 가공비 완성품환산량: 완성품수량(17,000개) - 기초재공품환산량(5,000개 × 30%)
  + 기말재공품환산량(8,000개 × 50%) = 19,500개

I CAN 기출문제

종합원가계산하에서 평균법과 선입선출법에 대한 설명 중 틀린 것은?

① 선입선출법은 평균법에 비해 원가계산이 간단하여 정확하지 않다.
② 선입선출법은 기초재공품원가가 먼저 완성되는 것으로 가정하여 당기투입원가가 배분대상원가이다.
③ 평균법은 기초재공품을 당기투입원가와 같이 당기에 투입한 것으로 보므로 기초재공품에 대하여 완성도를 적용할 필요가 없다.
④ 평균법상 완성품환산량은 당기완성수량 + 기말재공품환산량이다.

 정답풀이

① 선입선출법은 평균법에 비해 원가계산이 더 복잡하며, 정확성도 더 높다.

I can 기말재공품 평가(평균법)

다음 자료를 활용하여 아래 물음의 답안을 계산하시오. 단, 월말재공품 평가는 평균법에 의한다.

- 월초재공품: 직접재료비 600,000원, 가공비 400,000원
- 당월제조비용: 직접재료비 5,000,000원, 가공비 2,000,000원
- 월초재공품: 1,000개(완성도 40%)
- 월말재공품: 1,600개(완성도 50%)
- 당월완성품 수량: 4,000개
- 재료는 제조 착수시 모두 소비되고, 가공비는 제조 진행에 따라 소비된다.

구 분	직접재료비	가 공 비
완성품환산량		
완성품환산량 단위당원가		
월말재공품		
당월제품제조원가		

답안

(완성품환산량)
- 재료비: 완성품수량(4,000개) + 월말재공품환산량(1,600개 × 100%) = 5,600개
- 가공비: 완성품수량(4,000개) + 월말재공품환산량(1,600개 × 50%) = 4,800개

(완성품환산량 단위당원가)
- 재료비: (월초재공품 600,000원 + 제조비용 5,000,000원) / 완성품환산량(5,600개) = 1,000원
- 가공비: (월초재공품 400,000원 + 제조비용 2,000,000원) / 완성품환산량(4,800개) = 500원

(월말재공품)
- 재료비: 월말재공품환산량(1,600개) × 완성품환산량 단위당원가(1,000원) = 1,600,000원
- 가공비: 월말재공품환산량(800개) × 완성품환산량 단위당원가(500원) = 400,000원

(당월제품제조원가)
- 월초재공품(1,000,000원) + 당월제조비용(7,000,000원) - 월말재공품(2,000,000원)
  = 6,000,000원

I can 기말재공품 평가(선입선출법)

다음 자료를 활용하여 아래 물음의 답안을 계산하시오. 단, 월말재공품 평가는 선입선출법에 의한다.

- 월초재공품: 직접재료비 250,000원, 가공비 120,000원
- 당월제조비용: 직접재료비 2,600,000원, 가공비 1,800,000원
- 월초재공품: 500개(완성도 40%)
- 월말재공품: 800개(완성도 50%)
- 당월완성품 수량: 1,000개
- 재료는 제조 착수시 모두 소비되고, 가공비는 제조 진행에 따라 소비된다.

구 분	직접재료비	가 공 비
완성품환산량		
완성품환산량 단위당원가		
월말재공품		
당월제품제조원가		

답안

(완성품환산량)
- 재료비: 완성품수량(1,000개) − 월초재공품환산량(500개 × 100%) + 월말재공품환산량
  (800개 × 100%) = 1,300개
- 가공비: 완성품수량(1,000개) − 월초재공품환산량(500개 × 40%) + 월말재공품환산량
  (800개 × 50%) = 1,200개

(완성품환산량 단위당원가)
- 재료비: (제조비용 2,600,000원) / 완성품환산량(1,300개) = 2,000원
- 가공비: (제조비용 1,800,000원) / 완성품환산량(1,200개) = 1,500원

(월말재공품)
- 재료비: 월말재공품환산량(800개) × 완성품환산량 단위당원가(2,000원) = 1,600,000원
- 가공비: 월말재공품환산량(400개) × 완성품환산량 단위당원가(1,500원) = 600,000원

(당월제품제조원가)
- 월초재공품(370,000원) + 당월제조비용(4,400,000원) − 월말재공품(2,200,000원) = 2,570,000원

I can 실전문제(제품별 원가계산)

※ I can 실전문제에 수록된 문제들은 모두 전산회계 1급 시험에 다수 출제되었던 내용입니다.

01 종합원가계산하에서는 원가흐름 또는 물량흐름에 대해 어떤 가정을 하느냐에 따라 완성품 환산량이 다르게 계산된다. 다음 중 평균법에 대한 설명으로 틀린 것은?

① 전기와 당기발생원가를 구분하지 않고 모두 당기발생원가로 가정하여 계산한다.
② 계산방법이 상대적으로 간편하다.
③ 원가통제 등에 보다 더 유용한 정보를 제공한다.
④ 완성품환산량 단위당 원가는 총원가를 기준으로 계산된다.

02 개별원가계산과 종합원가계산의 차이점을 설명한 것 중 틀린 것은?

① 개별원가계산은 다품종 소량주문생산, 종합원가계산은 대량생산업종에 적합하다.
② 개별원가계산은 각 작업별로 원가를 집계하나 종합원가계산은 공정별로 원가를 집계한다.
③ 개별원가계산은 건설업, 조선업에 적합하며 종합원가계산은 정유업에 적합하다.
④ 개별원가계산은 완성품환산량을 기준으로 원가를 배분하며 종합원가계산은 작업원가 표에 의하여 배분한다.

03 종합원가계산에 의하여 제품을 생산한다. 재료는 공정의 초기단계에 투입되며, 가공원가는 전체 공정에 고르게 투입된다. 다음 자료에서 평균법에 의한 재료비와 가공비의 당기 완성 품 환산량은 얼마인가?

- 기초재공품: 5,000개(완성도 50%) • 당기완성품: 30,000개
- 당기착수량: 35,000개 • 기말재공품의 완성도 40%

① 재료비: 35,000개 가공비: 31,500개
② 재료비: 40,000개 가공비: 34,000개
③ 재료비: 40,000개 가공비: 40,000개
④ 재료비: 35,000개 가공비: 34,000개

04 다음은 공손에 대한 설명이다. (   ) 안에 들어갈 말은?

> • 정상공손: 제품을 생산하는데 불가피하게 발생한 것으로 (ㄱ)에 포함한다.
> • 비정상공손: 비효율적 생산관리로 인하여 발생한 것으로 (ㄴ)로 처리한다.

① (ㄱ) 영업외비용　　(ㄴ) 판매관리비
② (ㄱ) 제품제조원가　(ㄴ) 영업외비용
③ (ㄱ) 영업외비용　　(ㄴ) 제품제조원가
④ (ㄱ) 판매관리비　　(ㄴ) 영업외비용

05 다음에서 선입선출법과 평균법에 의한 재료비의 완성품환산량 차이는 얼마인가?

> • 기초재공품: 200개(완성도 50%)
> • 완성품수량: 2,600개
> • 기말재공품: 500개(완성도 40%)
> • 원재료는 공정초에 전량 투입되고, 가공비는 공정전반에 걸쳐 균등하게 발생된다.

① 100개　　　　　② 200개　　　　　③ 300개　　　　　④ 400개

06 선입선출법에 의한 재료비와 가공비의 완성품환산량을 계산하면 얼마인가?

> • 기초재공품: 500개(완성도 20%)
> • 당기착수량: 2,000개
> • 기말재공품: 300개(완성도 50%)
> • 재료는 공정초에 전량 투입되고, 가공비는 공정전반에 걸쳐 균등하게 투입된다.

① 재료비: 2,000개, 가공비: 2,250개
② 재료비: 2,200개, 가공비: 1,990개
③ 재료비: 1,500개, 가공비: 1,740개
④ 재료비: 1,500개, 가공비: 1,990개

07 다음 자료를 보고 평균법에 의한 재료비의 완성품환산량을 계산하면 얼마인가?

> • 기초재공품: 12,000단위 (완성도: 60%)
> • 기말재공품: 24,000단위 (완성도: 40%)
> • 착수량: 32,000단위
> • 완성품수량: 20,000단위
> • 원재료와 가공비는 공정전반에 걸쳐 균등하게 발생한다.

① 25,600단위   ② 29,600단위
③ 34,000단위   ④ 54,000단위

08 기초재공품은 20,000개(완성도 20%), 당기완성품 수량은 170,000개, 기말재공품은 10,000개(완성도 40%)이다. 평균법과 선입선출법의 가공비에 대한 완성품환산량의 차이는 얼마인가? 단, 재료는 공정초에 전량 투입되고, 가공비는 공정전반에 걸쳐 균등하게 투입된다.

① 4,000개   ② 5,000개
③ 6,000개   ④ 7,000개

09 평균법에 의한 종합원가계산을 하고 있다. 재료비는 공정시작 시점에서 전량 투입되며, 가공원가는 공정 전반에 걸쳐 고르게 투입된다. 다음 자료를 통하여 완성품환산량으로 바르게 짝지어진 것은?

> • 기초재공품: 0개   • 착수수량: 500개
> • 완성수량: 400개   • 기말재공품: 100개(완성도 50%)

	재료비 완성품환산량	가공비 완성품환산량
①	400개	450개
②	450개	500개
③	500개	450개
④	400개	500개

10 종합원가계산을 이용하는 기업의 가공비 완성품환산량을 계산하면 얼마인가?

- 기초재공품: 2,000개(완성도 30%)
- 당기착수량: 8,000개
- 당기완성품: 7,000개
- 기말재공품: 3,000개(완성도 30%)
- 재료는 공정초에 전량 투입되고, 가공비는 공정전반에 걸쳐 균등하게 투입된다.
- 원가흐름에 대한 가정으로 선입선출법을 사용하고 있다.

① 7,300개   ② 7,400개   ③ 7,500개   ④ 8,000개

11 다음 자료를 보고 평균법에 의한 가공비의 완성품환산량을 계산하면 얼마인가?

- 기초재공품: 10,000단위(완성도 60%)
- 기말재공품: 20,000단위(완성도: 50%)
- 착 수 량: 30,000단위
- 완성품수량: 20,000단위
- 원재료는 공정초에 전량 투입되고, 가공비는 공정전반에 걸쳐 균등하게 발생한다.

① 10,000단위   ② 20,000단위   ③ 24,000단위   ④ 30,000단위

12 선입선출법에 의한 직접재료비 및 가공비 완성품환산량을 계산하면 얼마인가?

- 기초재공품: 10,000단위(완성도: 60%)
- 기말재공품: 20,000단위(완성도: 40%)
- 당기착수량: 40,000단위
- 완성품수량: 30,000단위
- 직접재료비는 공정 50%에서 전량 투입되고, 가공비는 공정전반에 걸쳐 균등하게 발생

	직접재료비	가공비
①	40,000단위	32,000단위
②	32,000단위	40,000단위
③	20,000단위	32,000단위
④	38,000단위	50,000단위

I Can!
전산회계 1급

3장
부가가치세 이론

I Can!

전산회계 1급

1. 부가가치세 총론

01 부가가치세 개요

1 부가가치세의 개념

부가가치세란 재화 또는 용역이 생산되거나 유통되는 모든 거래단계에서 발생된 부가가치에 대하여 과세되는 세금이다. 부가가치란 사업자가 생산활동 또는 유통과정을 통하여 새로이 창출한 가치의 순증가액을 말하는 것으로, 이는 매출액에서 원재료 등 외부로부터 매입한 물품의 매입액을 차감한 잔액을 말한다.

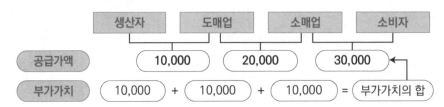

각 거래단계에서 발생한 부가가치의 합은 소비자가 부담하는 가격과 일치한다.

2 부가가치세 과세방법

가산법	• 임차료, 인건비 등 부가가치 구성요소를 합한 금액에 세율을 곱해서 부가가치세를 계산
전단계거래액공제법	• 과세기간의 매출액에서 매입액을 차감한 잔액에 세율을 곱해서 부가가치세를 계산 • (매출액 – 매입액) × 세율 = 부가가치세
전단계세액공제법	• 매출액과 매입액에 각각의 세율을 곱한 매출세액에서 매입세액을 차감하여 부가가세세를 계산 • (매출액 × 세율) – (매입액 × 세율) = 부가가치세

3 우리나라의 부가가치세 특징

일반소비세	원칙적으로 모든 재화·용역을 소비하는 단계에서 발생
국세	과세권이 국가에 있음
다단계거래세	모든 거래단계에서 과세되는 다단계거래세
간접세	세금을 부담하는 자(담세자)와 납부하는 자(납세자)가 다름
전단계세액공제법	매출세액에서 매입세액을 차감하여 납부세액을 계산
물세	인격체가 아닌 물건을 중심으로 과세
단일세율	단일 비례세율(10%)을 적용
소비지국과세원칙	재화 등을 소비하는 나라에서 과세

[참고] 부가가치세의 납세자는 사업자이지만, 담세자는 최종소비자이다.

I CAN 기출문제

다음 중 우리나라의 부가가치세법의 특징이 아닌 것은?

① 개별소비세   ② 소비지국 과세원칙
③ 간접세   ④ 전단계세액공제법

 정답풀이

① 부가가치세는 개별소비세가 아니라 일반소비세이다.

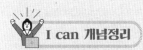 **I can 개념정리**

📋 부가가치세 거래징수

부가가치세는 간접세이면서 소비세이므로 납세의무자는 사업자이나 담세자는 최종소비자이다. 따라서, 부가가치세의 부담을 최종소비자에게 전가시키기 위해 각 거래의 단계별로 납세의무자인 사업자가 재화, 용역을 공급하는 때에 공급받는자로부터 부가가치세를 징수하여야 하는데 이를 거래징수라 한다. 공급자(매출자)는 매출세액이 발생하고, 공급받는자(매입자)는 매입세액이 발생하게 된다.

02 부가가치세 신고와 납부

1 부가가치세 과세기간

사업자에 대한 부가가치세의 과세기간은 다음과 같이 6개월 단위로 제1기와 제2기로 나누어지며, 각각의 과세기간을 3개월 단위로 예정과 확정으로 구분하고 있다.

구 분	과세기간	예정신고기간(신고일)	확정신고기간(신고일)
제1기	01.01. ~ 06.30.	01.01. ~ 03.31.(04.25)	04.01. ~ 06.30.(07.25)
제2기	07.01. ~ 12.31.	07.01. ~ 09.30.(10.25)	10.01. ~ 12.31.(01.25)

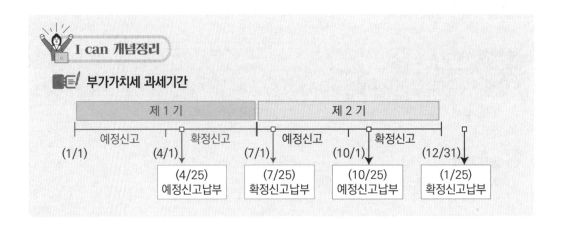

I can 개념정리

▶ 부가가치세 과세기간

기타 과세기간

간이과세자	1월 1일 ~ 12월 31일(1년)
신규사업자	사업개시일 ~ 과세기간 종료일(단, 사업개시일 전 등록한 경우에는 그 등록일로부터 그 날이 속하는 과세기간의 종료일)
폐업자	과세기간 개시일 ~ 폐업일
합병으로 인한 소멸법인	과세기간 개시일 ~ 합병등기일

② 부가가치세 신고와 납부

1. 법인사업자

법인사업자는 각 예정신고기간에 대한 과세표준과 납부세액(환급세액)을 그 예정신고기간과
확정신고기간 종료 후 25일 이내에 관할세무서장에게 신고·납부하여야 한다.

제1기	예정	01월 01일부터 03월 31일까지(04월 25일까지 신고납부)
	확정	04월 01일부터 06월 30일까지(07월 25일까지 신고납부)
제2기	예정	07월 01일부터 09월 30일까지(10월 25일까지 신고납부)
	확정	10월 01일부터 12월 31일까지(01월 25일까지 신고납부)

[참고] 법인사업자는 일반적으로 부가가치세를 4번신고, 4번납부 한다.

2. 개인사업자 및 소규모 법인사업자

개인사업자 및 직전 과세기간의 공급가액이 1억5천만원 미만인 법인사업자는 부가가치세의
예정신고의무가 면제되고, 관할세무서장이 직전 과세기간 납부세액의 50%를 결정하여 고지
한다.(예정고지 납부)

제1기	예정	신고없이 고지납부
	확정	01월 01일부터 06월 30일까지(07월 25일까지 신고납부)
제2기	예정	신고없이 고지납부
	확정	07월 01일부터 12월 31일까지(01월 25일까지 신고납부)

[참고] 개인사업자 및 소규모 법인사업자는 부가가치세 예정신고는 하지 않고, 직전 과세기간의 50%를 고지납부
하며, 확정신고시에 고지세액을 차감한다.

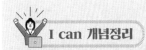

I can 개념정리

개인사업자 및 소규모 법인의 부가가치세 예정고지 면제

개인사업자 및 소규모 법인사업자중 다음과 같은 경우에는 예정고지징수가 면제된다.

- 징수금액이 50만원 미만인 경우
- 간이과세자에서 일반과세자로 변경된 경우
- 납세자가 재난·도난·사업에 현저한 손실·동거가족의 질병이나 중상해 또는 상중(喪中)인 경우 등의 사유로 납부할 수 없다고 인정되는 경우

개인사업자 및 소규모 법인의 부가가치세 예정신고&납부

개인사업자 및 소규모 법인사업자는 예정고지 납부를 하는 것이 원칙이지만, 다음에 해당되는 경우는 예정고지 되더라도 직접 신고·납부가 가능하다.

- 휴업이나 사업부진 등으로 예정신고기간의 공급가액 또는 납부세액이 직전과세기간의 1/3에 미달할 때
- 예정신고기간분에 대하여 조기환급을 받고자 할 때

③ 부가가치세 환급

사업자는 과세기간동안 발생한 매출세액에서 매입세액을 차감한 납부세액에 대하여 신고·납부를 하여야 하지만, 매출세액보다 매입세액이 큰 경우 차액을 환급받게 된다. 일반적인 환급은 확정신고기한 경과 후 30일 이내에 환급되지만, 조기환급의 경우 신고기한 경과 후 15일 이내에, 경정으로 환급세액이 발생하는 경우는 지체 없이 환급되며, 조기환급 대상과 기간은 다음과 같다.

조기환급대상	• 영세율이 적용되는 경우 • 사업설비를 신설, 취득, 확장, 증축하는 경우 • 재무구조개선계획을 이행 중인 경우
조기환급기간	예정신고기간, 확정신고기간, 매월 또는 매 2월을 대상으로 조기환급신고를 할 수 있다. 따라서, 1월 또는 2월을 각각 조기환급대상으로 할 수도 있고, 1월과 2월을 묶어서 할 수도 있다.

4 부가가치세 납세의무자

부가가치세의 납세의무자는 사업자이다. "사업자"란 영리목적의 유무에 불구하고 사업상 독립적으로 재화나 용역을 공급하는자 이며, 국가 혹은 지방자치단체, 비영리단체 등도 부가가치세 납세의무가 발생할 수 있다. 단, 면세사업자로 지정된 경우는 납세의무가 없다.

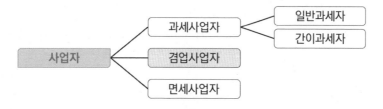

과세사업자	일반과세자 및 간이과세자
간이과세자	직전연도 공급대가(부가가치세 포함)가 1억 4백만원에 미달하는 사업자
면세사업자	부가가치세법상 납세의무가 없음(부가가치세법상 사업자가 아님)

참고 재화를 수입하는 경우 사업자 여부와 무관하게 세관장이 징수하는 관세법에 따라 부가가치세를 부담하며, 겸업(과세 + 면세)사업자는 과세사업자로 분류된다.

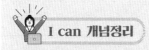

📋 사업자의 요건

- 부가가치세법상 과세되는 재화 또는 용역의 공급
- 영리목적 여부는 불문(비영리 법인 및 국가·지방자치단체 등도 납세의무가 발생할 수 있음)
- 사업상 독립성(종업원 등은 독립성이 없으므로 사업자에 해당하지 않음)

5 부가가치세 납세지

납세지란 사업자가 신고·납부 등 의무를 이행하고, 과세관청이 부과·징수권을 행사하는 기준이 되는 장소를 말한다. 사업장 소재지가 부가가치세 납세지에 해당되고, 사업장 마다 신고납부를 하는 것이 원칙이며, 원칙적인 부가가치세의 납세지는 사업장 소재지 이다.

사업장 이란 사업자 또는 그 사용인이 상시 주재하여 거래의 전부 또는 일부를 행하는 장소를 말하며, 주요 업종별 사업장 판단 기준은 다음과 같다.

제 조 업	최종제품 완성장소
광 업	광업사무소 소재지
건설업/운수업/부동산매매업	법인(등기부상소재지), 개인(업무총괄장소)
부동산임대업	부동산 등기부소재지
비거주자/외국법인	국내사업장
무인판매기를 통한사업	업무총괄장소
기 타	직매장은 사업장에 해당하지만, 하치장은 사업장에 해당하지 않음(임시사업장은 기존사업장에 포함)

I CAN 기출문제

다음 중 부가가치세법상 사업장의 범위에 대한 설명으로 옳지 않은 것은?

① 제조업: 최종제품을 완성하는 장소
② 건설업: 법인인 경우 법인의 등기부상 소재지
③ 부동산매매업: 개인인 경우 사업에 관한 업무를 총괄하는 장소
④ 부동산임대업: 사업에 관한 업무를 총괄하는 장소

정답풀이

④ 부동산임대업의 사업장 판단 기준은 부동산의 등기부상 소재지 이다.

6 주사업장총괄납부 및 사업자단위과세

주사업장총괄납부와 사업자단위과세는 사업장별 신고·납부 원칙의 예외에 해당되며, 주사업장총괄납부는 납부(또는 환급)만 주사업장에서 총괄한다.

주사업장총괄납부	• 납부(환급)만 주사업장에서 총괄 • 주된 사업장은 법인의 본점 또는 지점, 개인사업자는 주사무소
사업자단위과세	• 사업자등록, 세금계산서, 납부(환급) 등 모두 주사업장에서 총괄 • 주된 사업장은 법인의 본점, 개인사업자는 주사무소

주사업장총괄납부 또는 사업자단위과세를 신청하거나 포기하려면 해당 과세기간의 개시일 20일 전까지 관할세무서장에게 신고서를 제출하여야 한다.

참고 주사업장총괄납부(사업자단위과세)사업자의 직매장반출은 재화의 공급(자가공급)으로 보지 않음.

03 사업자등록

1 사업자등록신청

사업자등록신청은 사업개시 20일 이내에 각 사업장마다 하여야 한다. 단, 신규사업자는 사업 개시 전에도 신청이 가능하며, 사업자등록신청을 받은 세무서장은 신청일부터 2일 이내(조사 등의 필요가 있는 경우 5일 이내)에 사업자등록증을 발급하여야 한다.

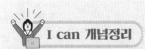

I can 개념정리

사업자등록신청

구 분	주사업장 총괄납부	사업자단위과세
법 인	본점(주사무소) 또는 지점(분사무소)	본점(주사무소)
개 인	주사무소	주사무소

2 사업자등록의 정정

사업자등록 이후 다음의 어느 하나에 해당하는 경우 지체 없이 사업자등록 정정신고를 하여야 하며, 신고를 받은 세무서장은 재발급기한 내에 사업자등록을 정정하여 재발급 하여야 한다.

사업자등록 정정사유	재발급기한
• 상호를 변경하는 때 • 통신판매업자가 사이버몰의 명칭 또는 인터넷 도메인이름을 변경하는 때	신청일 당일
• 법인(또는 1거주자로 보는 단체)의 대표자를 변경하는 때 • 사업의 종류에 변동이 있는 때 • 사업장을 이전하는 때 • 상속으로 인하여 사업자의 명의가 변경되는 때 • 공동사업자의 구성원 또는 출자지분의 변경이 있는 때 • 임대인, 임대차 목적물·그 면적, 보증금, 차임 또는 임대차기간의 변경이 있거나 새로이 상가건물을 임차한 때 • 사업자단위과세사업자가 사업자단위과세적용사업장을 변경하거나 종된 사업장을 신설(이전, 휴업, 폐업)할 때	신청일부터 2일 이내

[참고] 법인의 대표자변경은 사업자등록 정정사유에 해당하지만, 개인사업자의 대표자 변경은 정정 사유가 아니라 사업장의 폐업사유(상속의 경우는 제외)에 해당한다.

I CAN 기출문제

다음 중 부가가치세법상 사업자등록의 정정사유가 아닌 것은?

① 사업의 종류를 변경 또는 추가하는 때
② 사업장을 이전하는 때
③ 법인의 대표자를 변경하는 때
④ 개인이 대표자를 변경하는 때

정답풀이

④ 개인기업의 대표자 변경은 폐업사유에 해당함

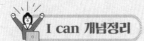

I can 개념정리

사업자 미등록시 불이익

• 사업자등록전 전의 매입세액은 매입세액 공제가 불가능함
 (단, 공급시기가 속하는 과세기간이 지난 후 20일 이내에 등록 신청한 경우 신청일부터 공급시기가 속하는 과세기간 기산일까지 역산한 기간 이내의 것은 공제가능함)
• 사업개시 20일 이내에 사업자 미등록시 미등록 가산세가 발생함(공급가액 × 1%)
• 사업개시 전 등록신청을 받은 세무서장은 사업개시 전 등록신청의 경우에 한해 신청자가 사실상 사업을 개시하지 아니할 것이라고 인정되는 경우에는 등록을 거부할 수 있음
• 신규로 사업을 개시하는 사업자가 사업자등록을 하지 않은 경우 관할세무서장이 조사하여 직권으로 등록시킬 수 있음

I can 실전문제(부가가치세 총론)

01 다음 (   )안에 들어갈 용어로 올바른 것은?

> 부가가치세법 제31조에 따르면 사업자가 재화 또는 용역을 공급하고 부가가치세법에 따른 과세표준에 세율을 적용하여 계산한 부가가치세를 그 공급받는 자로부터 징수하는 것을 (   )라 한다.

① 원천징수   ② 거래징수   ③ 납세징수   ④ 통합징수

02 다음 중 부가가치세의 특징에 대한 설명으로 옳지 않은 것은?

① 일반소비세로서 간접세에 해당
② 생산지국 과세원칙
③ 전단계세액공제법
④ 영세율과 면세제도

03 다음 중 부가가치세법에 대한 설명으로 잘못된 것은?

① 재화란 재산 가치가 있는 물건과 권리를 말하며, 역무는 포함되지 않는다.
② 사업자란 사업 목적이 영리이든 비영리이든 관계없이 사업상 독립적으로 재화 또는 용역을 공급하는 자를 말한다.
③ 재화 및 용역을 일시적·우발적으로 공급하는 자는 부가가치세법상 사업자에 해당하지 않는다.
④ 간이과세자란 직전 연도의 공급대가 합계액이 5,000만원에 미달하는 사업자를 말한다.

04 다음 중 거래징수의 내용으로 틀린 것은?(공급하는 사업자는 과세사업자임)

① 공급받는 자는 부가가치세를 지급할 의무를 짐
② 공급자가 부가가치세를 거래상대방으로부터 징수하는 제도
③ 공급가액에 세율을 곱한 금액을 공급받는 자로부터 징수
④ 공급받는 자가 면세사업자이면 거래징수의무가 없음

05 현행 부가가치세법에 대한 설명으로 가장 거리가 먼 것은?

① 부가가치세 부담은 전적으로 최종소비자가 하는 것이 원칙이다.
② 영리목적의 유무에 불구하고 사업상 독립적으로 재화를 공급하는 자는 납세의무가 있다.
③ 해당 과세기간 중 이익이 발생하지 않았을 경우에는 납부하지 않아도 된다.
④ 일반과세자의 내수용 과세거래에 대해서는 원칙적으로 10%의 단일세율을 적용한다.

06 다음 중 부가가치세법에 대한 설명으로 옳지 않은 것은?

① 현행 부가가치세는 일반소비세이면서 간접세에 해당된다.
② 면세제도의 궁극적인 목적은 부가가치세의 역진성을 완화하는 것이다.
③ 현행 부가가치세는 전단계거래액공제법을 채택하고 있다.
④ 소비지국과세원칙을 채택하고 있어 수출재화 등에 영세율이 적용된다.

07 부가가치세법상 사업자등록에 대한 설명으로 틀린 것은?

① 사업자는 사업개시일부터 20일 이내에 사업장 관할 세무서장에게 사업자등록을 신청하여야 한다.
② 사업자등록의 신청은 사업장 관할 세무서장이 아닌 다른 관할 세무서장에게도 신청할 수 있다.
③ 신규로 사업을 시작하려는 자는 사업 개시일 이후에만 사업자등록을 신청해야한다.
④ 사업자는 휴업 또는 폐업을 하거나 등록사항이 변경되면 지체없이 사업장 관할 세무서장에게 신고하여야 한다.

08 다음 중 부가가치세법상 사업자등록 정정사유가 아닌 것은?

① 상호 변경
② 상속으로 인한 사업자 명의 변경
③ 증여로 인한 사업자 명의 변경
④ 사업장 주소 변경

09 홍길동은 일반과세사업자로 20×1년 9월 1일에 사업을 시작하여 당일 사업자등록 신청을 하였다. 홍길동의 부가가치세법상 20×1년 제2기 과세기간은?

① 20×1년 1월 1일 ~ 12월 31일
② 20×1년 9월 1일 ~ 12월 31일
③ 20×1년 1월 1일 ~ 9월 1일
④ 20×1년 7월 1일 ~ 12월 31일

10 다음 중 부가가치세 신고·납세지에 대한 설명으로 가장 적절하지 않은 것은?

① 부가가치세는 원칙적으로 사업장마다 신고 납부하여야 한다.
② 재화 또는 용역의 공급이 이루어지는 장소, 즉 사업장을 기준으로 납세지를 정하고 있다.
③ 2 이상의 사업장이 있는 경우 신청 없이 주된 사업장에서 총괄하여 납부할 수 있다.
④ 사업자단위과세사업자는 사업자등록도 본점 등의 등록번호로 단일화하고, 세금계산서도 하나의 사업자등록번호로 발급한다.

11 다음 중 부가가치세에 대한 설명으로 틀린 것은?

① 부가가치세의 납세의무자는 영리사업자에 한정한다.
② 부가가치세는 원칙적으로 사업장마다 신고 및 납부하여야 한다.
③ 상품의 단순한 보관·관리만을 위한 장소로 설치신고를 한 장소나 하치장은 사업장이 아니다.
④ 주사업장 총괄납부제도는 사업장별과세원칙의 예외에 해당된다.

12 다음 중 부가가치세법상 '조기환급'과 관련된 내용으로 틀린 것은?

① 조기환급: 조기환급신고 기한 경과 후 25일 이내 환급
② 조기환급기간: 예정신고기간 또는 과세기간 최종 3월 중 매월 또는 매 2월
③ 조기환급신고: 조기환급기간 종료일부터 25일 이내에 조기환급기간에 대한 과세표준과 환급세액 신고
④ 조기환급대상: 영세율적용이나 사업 설비를 신설, 취득, 확장 또는 증축하는 경우

13 부가가치세법상 예정신고납부에 대한 설명이다. 가장 옳지 않은 것은?

① 법인사업자는 예정신고기간 종료 후 25일 이내에 부가가치세를 신고납부 하여야 한다.
② 개인사업자는 예정신고기간 종료 후 25일 이내에 예정고지된 금액을 납부하여야 한다.
③ 개인사업자에게 징수하여야 할 예정고지금액이 60만원 미만인 경우 징수하지 아니한다.
④ 개인사업자는 사업실적이 악화된 경우 등 사유가 있는 경우에는 예정신고납부를 할 수 있다.

2. 부가가치세 과세거래

01 부가가치세 과세대상

부가가치세가 과세되는 거래는 재화의 공급, 용역의 공급, 재화의 수입에 대하여 과세하며, 용역의 수입은 용역의 성질상 소비를 파악하기 어려우므로 과세대상에서 제외된다.

> • 재화의 공급   • 용역의 공급   • 재화의 수입

[참고] 용역의 수입은 부가가치세 과세대상에 해당하지 않는다.

1 재화의 공급

재화란 재산가치가 있는 모든 유체물과 무체물을 말하며, 개념은 다음과 같다.

유체물	상품·제품·원료·기계·건물과 기타 모든 유형적 물건 포함
무체물	동력·열 기타 관리할 수 있는 자연력 및 권리 등으로서 재산적 가치가 있는 유체물 이외의 모든 것 포함(전기도 재화의 범위에 포함됨)

재화의 공급은 다음과 같이 계약상 또는 법률상의 모든 원인에 따라 재화를 인도하거나 양도하는 것으로 한다.

판매	현금판매, 외상판매, 할부판매, 조건부 판매, 위탁판매 등에 따라 재화를 인도하거나 양도하는 것
가공계약	자기가 주요자재의 전부 또는 일부를 부담하고 상대방으로부터 인도받은 재화를 가공하여 새로운 재화를 만드는 가공계약에 따라 재화를 인도하는 것
교환계약	재화의 인도 대가로서 다른 재화를 인도받거나 용역을 제공받는 교환계약에 따라 재화를 인도하거나 양도하는 것
경매 등	경매, 수용, 현물출자와 그 밖의 계약상 또는 법률상의 원인에 따라 재화를 인도하거나 양도하는 것

[참고] 수표, 어음, 상품권, 주식, 채권 등은 재화에 해당하지 않는다.

2 용역의 공급

용역의 공급이란 재화 이외의 재산가치가 있는 모든 역무 및 그 밖의 행위를 말한다. 용역의 공급에는 역무를 제공하는 것 또는 권리·재화·시설물을 사용하게 하는 것으로써 건설업, 부동산임대업 등이 해당된다.

가공무역	자기가 주요자재를 전혀 부담하지 아니하고 상대방으로부터 인도받은 재화를 단순히 가공만 해 주는 것
건설업	건설업의 경우 건설업자가 건설자재의 전부 또는 일부를 부담하는 것도 용역의 공급으로 봄
지식 등	산업상·상업상 또는 과학상의 지식·경험 또는 숙련에 관한 정보를 제공하는 것

[참고] 임대업 중 전·답·과수원·목장용지 등의 임대업은 부가가치세 과세대상이 아니다.

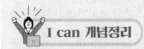

I can 개념정리

재화와 용역의 비교

구 분	무상공급	낮은대가
재 화	과세 O	과세 O
용 역	과세 X	과세 O

• 재화의 무상공급 혹은 낮은대가의 공급시 시가의 10%로 과세된다.
  (단, 특별재난지역에 무상공급하는 물품은 과세하지 않음)
• 용역의 무상공급은 과세되지 않으며, 낮은대가의 공급시에만 시가의 10%로 과세된다.
  (단, 특수관계자에게 사업용 부동산임대용역을 무상공급하는 경우 시가의 10%로 과세함)
• 고용관계에 의해 근로를 제공하는 경우는 용역의 공급에 해당하지 않는다.

I CAN 기출문제

다음 중 부가가치세 과세거래에 해당되는 것을 모두 고르면?

가. 재화의 수입	나. 용역의 수입
다. 용역의 무상공급	라. 고용관계에 의한 근로의 제공

① 가   ② 가, 나   ③ 가, 나, 다   ④ 가, 나, 다, 라

 정답풀이

① 용역의 수입 및 용역의 무상공급, 고용관계에 의한 근로의 제공 등은 과세대상에 해당하지 않음.

3 재화의 수입

재화의 수입이란 다음에 해당하는 물품을 국내로 반입하는 것을 말한다.

- 외국에서 우리나라에 도착된 물품으로서 수입신고가 수리되기 전의 것
- 수출신고가 수리된 물품

[참고] 재화를 수입하는 경우 세관장 명의의 수입세금계산서가 교부된다.

재화의 공급과 용역의 공급은 공급자가 반드시 사업자인 경우에 과세된다. 하지만 재화를 수입하는 경우에는 수입하는 자가 사업자인지의 여부에 관계없이 과세대상이 된다.

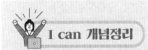

재화의 수입에 따른 회계처리

대금송금	(차) 미 착 품	×××	(대) 보통예금	×××
물품도착	(차) 원 재 료	×××	(대) 미 착 품	×××
세금계산서교부	(차) 부가세대급금	×××	(대) 현 금	×××

※ 수입물품에 대해 세관장이 징수하는 부가가치세
　(과세표준 = 관세의 과세가격 + 관세 + 개별소비세 + 교통세 + 교육세 등)

I can 재화의 수입시 과세표준

다음 자료에 의하여 재화의 수입에 따른 과세표준을 계산하면 얼마인가?

- 실지 결제한 수입가격:　　230,000,000원
- 관세의 과세가격:　　　　200,000,000원
- 관세:　　　　　　　　　 50,000,000원
- 개별소비세:　　　　　　　 3,000,000원
- 교육세 등:　　　　　　　　2,000,000원

[답안]
※ 과세표준 = 255,000,000원

> 관세의 과세가격 + 관세 + 개별소비세·주세 + 교육세·농어촌특별세 + 교통·에너지·환경세

4 공급으로 보지않는 경우

담보제공, 사업의 포괄양도, 조세의 물납, 공매 및 경매, 수용, 하치장 반출 등은 재화의 공급으로 보지 않으므로, 부가가치세가 과세되지 않는다.

담보제공	질권, 저당권 또는 양도담보의 목적으로 동산, 부동산 및 부동산상의 권리를 제공하는 경우
사업의 포괄적 양도	사업에 관한 모든 권리와 의무를 포괄적으로 승계시키는 경우(미수금, 미지급금, 해당 사업과 관련 없는 토지 또는 건물에 관한 것은 승계하지 않아도 됨)
조세의 물납	사업용 자산을 상속세 및 증여세법, 지방세법, 종합부동산세법에 따라 물납하는 경우
공매·경매	공매 또는 강제경매에 의하여 인도·양도하는 경우
수용	도시 및 주거환경정비법 등 법률에 따라 토지 등이 수용되는 경우

사업자가 자기의 사업과 관련하여 생산하거나 취득한 재화를 자기의 과세사업을 위하여 사용 및 소비하는 경우에도 재화의 공급으로 보지 않으며, 그 유형은 다음과 같다.

- 다른 사업장에 원재료 등으로 소비하기 위하여 반출한 경우
- 당해 사업장의 기술개발을 위하여 시험용 등으로 사용 소비되는 경우
- 무료서비스를 제공키 위하여 사용되는 경우
- 불량품 교환 및 광고선전을 위한 상품진열 등 판매목적이 아닌 경우
- 수선비 등에 대체하여 사용하는 경우
- 국가 및 공공기관 등에 유상제공시 시가의 10%로 과세되며, 무상제공시 과세되지 않음
- 경조사 및 설&추석(명절), 창립기념일&생일 을 구분하여 각각 1인당 10만원까지는 과세하지 않음 (3가지 항목을 구분하여 최대 30만원까지 면세적용하며, 항목별 10만원 초과시 초과되는 금액은 과세)

5 재화의 간주공급

재화 혹은 용역을 매매, 가공, 교환 등 실질적인 계약상 또는 법률상 인도 또는 양도하는 것을 실질공급이라고 하고, 공급은 아니지만 공급한 것으로 간주하고 부가가치세를 과세(시가의 10%)하는 것을 간주공급 이라고 한다. 간주공급에는 재화에 대한 자가공급, 개인적공급, 사업상증여, 폐업시 잔존재화 등에 해당되며, 용역에는 간주공급을 적용하지 않는다.

1. 자가공급

사업자가 자기의 사업과 관련하여 생산하거나 취득한 재화를 자기의 사업을 위하여 직접 사용하거나 소비하는 것을 말한다.

면세사업전용	과세사업과 면세사업을 겸영하는 사업자가 과세사업과 관련하여 생산·취득한 재화를 자신의 면세사업을 위해 사용하는 것 (단, 매입세액 불공제분 제외)
비영업용 소형승용차	사업자가 자기가 생산·취득한 재화를 매입세액공제가 되지 아니하는 승용차 (1,000cc 초과)로 사용·소비하거나 그 자동차의 유지를 위하여 사용·소비하는 것(단, 매입세액 불공제분 제외)
판매목적 타사업장 반출	2 이상의 사업장이 있는 사업자가 자기사업과 관련하여 생산·취득한 재화를 판매할 목적으로 다른 사업장에 반출하는 것(직매장 반출)

참고 판매목적 타사업장 반출시 시가가 아닌 원가의 10%로 과세된다.

2. 개인적공급

개인적 공급이란 자기 사업과 관련하여 생산·취득한 재화를 자신 또는 사용인의 개인적 목적 등에 사용·소비하는 것을 말한다. 단, 매입세액 불공제분과 작업복, 작업모, 작업화, 직장체육비, 직장연예비와 관련된 재화 등 실비변상적인 경우는 제외한다.

3. 사업상증여

사업상 증여란 자기 사업과 관련하여 생산·취득한 재화를 자기의 고객이나 불특정 다수인에게 증여하는 것을 말한다. 단, 매입세액 불공제분과 광고선전물, 견본품, 특별재난지역에 구호품을 지급하는 것은 제외한다.

참고 광고선전 목적의 배포 및 견본품, 특별재난지역에 전달하는 구호품은 과세되지 않는다.

4. 폐업시 잔존재화

폐업시 잔존재화란 사업자가 사업을 폐업하는 경우 남아 있는 재화를 말하며, 사업장의 폐업시 잔존재화에 대하여 시가의 10%(매입세액이 공제되지 않은 재화는 제외)로 과세된다.

참고 사업의 포괄양도시에는 과세되지 않는다.

I CAN 기출문제

다음 중 부가가치세법상 재화의 공급으로 보는 것은?

① 증여세를 건물로 물납하는 경우　　② 사업의 포괄양수도
③ 차량을 담보목적으로 제공하는 경우　④ 폐업시 잔존재화

정답풀이

④ 사업자가 사업을 폐업하는 경우 남아 있는 재화(매입세액이 공제되지 아니한 재화는 제외)는 자기에게
　공급하는 것으로 본다.

 I can 타계정 대체

다음의 타계정대체(간주공급 포함) 관련 거래에 대해 분개하시오.

> 1. 당사의 판매용 완성제품 2,000,000원(원가 1,500,000원)을 제품생산을 위한 기계수리에
>   사용하다.(수익적 지출)
> 2. 당사의 판매용 완성제품 2,000,000원(원가 1,500,000원)을 구청에 불우이웃돕기 일환으
>   로 기증하였다.
> 3. 당사의 판매용 완성제품 2,000,000원(원가 1,500,000원)을 거래처에 견본으로 제공하였다.
> 4. 당사의 판매용 완성제품 2,000,000원(원가 1,500,000원)을 거래처에 선물로 제공하였다.

답안

1	(차) 수선비	1,500,000원	(대) 제품(적요 8.타계정으로 대체)	1,500,000원
2	(차) 기부금	1,500,000원	(대) 제품(적요 8.타계정으로 대체)	1,500,000원
3	(차) 견본비	1,500,000원	(대) 제품(적요 8.타계정으로 대체)	1,500,000원
4	(차) 접대비(기업업무추진비)	1,700,000원	(대) 제품(적요 8.타계정으로 대체) 부가세예수금	1,500,000원 200,000원

참고　✓ 제품의 타계정대체(비정상 감소)시 금액은 장부상 원가로 감소한다.
　　　　✓ 제품의 수선비, 기부금, 견본비 등은 간주공급으로 보지 않아 과세되지 않지만, 거래처에 선물로
　　　　　제공하는 경우는 사업사증여(간주공급)에 해당되므로, 시가의 10%로 과세된다.

02 공급시기(거래시기)

1 재화의 공급시기

공급시기(거래시기)란 세금계산서가 발행되는 시기를 의미하며, 부가가치세가 과세되는 시기를 의미한다. 원칙적인 재화의 공급시기는 다음과 같다.

> ㉠ 재화의 이동이 필요한 경우: 재화가 인도되는 때
> ㉡ 재화의 이동이 필요하지 아니한 경우: 재화가 이용 가능하게 되는 때
> ㉢ 위 ㉠, ㉡을 적용할 수 없는 경우: 재화의 공급이 확정되는 때

거래형태별로 재화의 공급시기는 다음에 따른다. 다만, 폐업 전에 공급한 재화의 공급시기가 폐업일 이후에 도래하는 경우에는 폐업일을 공급시기로 본다.

일반기준	이동 필요 시	인도되는 때
	이동 불필요 시	이용 가능한 때
	기타	공급확정 되는 때
현금, 외상, 할부판매	인도 되는때(이용가능한 때)	
장기할부판매	대가의 각 부분을 받기로 한 때	
완성도지급기준, 중간지급조건부	대가의 각 부분을 받기로 한 때	
공급단위를 구획할 수 없는 계속적공급	대가의 각 부분을 받기로 한 때	
조건부 및 기한부판매	조건성취 되는 때, 기한경과 되어 판매확정 시	
자가공급, 개인적공급, 사업상증여	사용 또는 소비되는 때	
폐업시 잔존재화	폐업하는 때	
무인판매기 대금	무인판매기에서 현금을 꺼내는 때	
수출재화	선적일	
보세구역 ➜ 보세구역 외	수입신고 수리일	
기 타	위탁매매, 대리인매매 (위탁자나 본인이 직접공급한 것으로 하고 수탁자나 대리인 공급기준으로 판단)	

② 용역의 공급시기

용역의 공급시기는 역무가 제공되거나 재화·시설물 또는 권리가 사용되는 때로 하며, 구체적인 공급시기는 다음과 같다. 단, 폐업 전에 공급한 용역의 공급시기가 폐업일 이후에 도래하는 경우에는 그 폐업일을 공급시기로 본다.

일반기준	역무 제공되는 때, 재화 등이 사용되는 때
통상적 공급	역무제공 완료되는 때
완성도지급기준, 중간지급, 장기할부, 계속적 공급	대가의 각 부분을 받기로 한 때
간주임대료	예정신고기간 또는 과세기간 종료일

③ 거래장소

재화	• 이동이 필요한 경우: 이동이 개시되는 장소 • 이동이 필요하지 않은 경우: 공급시기에 재화가 소재하는 장소
용역	• 일반적인 경우: 역무가 제공되거나 재화·시설물·권리가 사용되는 장소 • 비거주자·외국법인의 국제운송용역: 여객탑승장소 또는 화물적재장소

I can 실전문제(부가가치세 과세거래)

01 부가가치세법상 용역의 공급으로 과세하지 아니하는 것은?

① 고용관계에 의하여 근로를 제공하는 경우
② 사업자가 특수관계 있는 자에게 사업용 부동산의 임대용역을 무상공급하는 경우
③ 상대방으로부터 인도받은 재화에 주요자재를 전혀 부담하지 아니하고 단순히 가공만 하는 경우
④ 건설업자가 건설자재의 전부 또는 일부를 부담하고 공급하는 용역의 경우

02 다음 중 부가가치세 과세대상 거래에 해당되는 것을 모두 고르면?

> 가. 재화의 수입
> 나. 재산적 가치가 있는 권리의 양도
> 다. (특수관계 없는 자에게)부동산임대용역의 무상공급
> 라. 국가 등에 무상으로 공급하는 재화

① 가   ② 가, 나
③ 가, 나, 라   ④ 가, 나, 다, 라

03 다음 중 부가가치세법상 재화의 공급으로 보지 않는 거래는?

① 사업용 자산으로 국세를 물납하는 것
② 현물출자를 위해 재화를 인도하는 것
③ 장기할부판매로 재화를 공급하는 것
④ 매매계약에 따라 재화를 공급하는 것

04 다음 중 부가가치세법상 공급시기가 잘못된 것은?

① 외상판매의 경우: 재화가 인도되거나 이용가능하게 되는 때
② 장기할부판매의 경우: 대가의 각 부분을 받기로 한 때
③ 무인판매기로 재화를 공급하는 경우: 무인판매기에서 현금을 인취하는 때
④ 폐업시 잔존재화의 경우: 재화가 사용 또는 소비되는 때

05 부가가치세법상 부동산임대용역을 공급하는 경우에 전세금 또는 임대보증금에 대한 간주임대료의 공급시기는?

① 그 대가의 각 부분을 받기로 한 때
② 용역의 공급이 완료된 때
③ 그 대가를 받은 때
④ 예정신고기간 또는 과세기간 종료일

06 다음 중 부가가치세법상 재화의 공급시기가 '대가의 각 부분을 받기로 한 때'가 적용될 수 없는 것은?

① 기한부판매   ② 장기할부판매
③ 완성도기준지급   ④ 중간지급조건부

07 다음 중 부가가치세법상 재화의 공급시기로 틀린 것은?

① 현금판매: 재화가 인도되거나 이용가능하게 되는 때
② 반환조건부: 그 조건이 성취되어 판매가 확정되는 때
③ 무인판매기에 의한 공급: 무인판매기에서 현금을 인취하는 때
④ 폐업시 잔존재화: 폐업신고서 접수일

08 부가가치세법상 재화의 원칙적인 공급시기에 대한 설명으로 틀린 것은?

① 장기할부판매: 인도기준
② 국내물품을 외국으로 반출: 수출재화의 선적일
③ 폐업시 잔존재화: 폐업일
④ 조건부판매 및 기한부판매: 그 조건이 성취되거나 기한이 지나 판매가 확정되는 때

09 다음은 부가가치세법상 공급시기에 대한 설명이다. 잘못된 것은?

① 재화의 이동이 필요한 경우: 재화가 인도되는 때
② 재화의 공급으로 보는 가공의 경우: 가공된 재화를 인도하는 때
③ 반환조건부 판매, 동의조건부 판매: 그 조건이 성취되어 판매가 확정되는 때
④ 상품권 등을 현금 또는 외상으로 판매하고 그 상품권 등이 현물과 교환되는 경우: 상품권 등을 현금 또는 외상으로 판매한 때

3. 영세율과 면세

01 영세율

1 영세율의 개념

영세율이란 일정한 재화 또는 용역의 공급에 대하여 0(zero)의 세율을 적용함으로써 부가가치세 부담을 완전히 면제시켜주는 제도를 말한다. 즉, 영세율이 적용되면 당해 공급은 과세대상에는 포함하되, 세율은 0%가 적용되어 당해 매출세액은 0원이 되어 매입세액이 있는 경우 부가가치세를 환급 받을 수 있으며, 영세율은 국제적 이중과세의 방지(소비지국 과세원칙)와 수출산업을 지원·육성하기 위한 제도이다.

2 영세율의 효과

완전면세	매출세액이 0원이므로 매입세액이 전액 환급된다. 따라서 부가가치세를 완전히 면제하는 효과가 있으며, 이와 대비되는 면세의 경우 불완전면세라고 한다.
국제적 이중과세 방지	국내생산 재화에 부가가치세 효과를 완전히 없애고, 재화를 소비하는 외국에서 과세하므로 소비지국과세원칙을 실현하게 된다. 결과적으로 국제적 이중과세를 방지하는 효과가 있다.
수출지원	주로 수출하는 기업에 영세율을 적용하여 부가가치세가 환급되므로 수출을 지원하는 효과가 있다.

참고 면세사업자의 경우 수출을 하더라도 영세율을 적용 받을 수 없으며, 면세포기(과세사업자료 전환)하는 경우 영세율 적용은 가능하지만 3년간 다시 면세로 환원될 수 없다.

3 영세율의 적용대상

영세율 적용 대상은 다음과 같이 수출 등 외화획득과 관련된 사업이다. 이 중에서 직수출은
세금계산서 발급의무가 없지만, 내국신용장 및 구매확인서에 의한 공급 등 국내거래에 해당되
는 경우에는 세금계산서 발급의무가 있다.

수출 재화	내국물품의 외국반출(직수출), 내국신용장 또는 구매확인서에 의한 공급 중계무역수출, 위탁판매수출, 외국인도수출 등
국외제공용역	국외에서 공급하는 용역
국외항행용역	선박 또는 항공기가 국내에서 국외로, 국외에서 국내로, 또는 국외에서 국외로 운송하는 용역
기타 외화획득	수출은 아니지만 실질이 수출과 유사하거나, 기타 외화획득을 위한 재화 또는 용역의 공급

I CAN 기출문제

다음 중 부가가치세법상 영세율에 대한 설명으로 틀린 것은?

① 완전면세   ② 국제적 이중과세의 방지
③ 세부담의 역진성 완화   ④ 수출산업의 지원

 정답풀이

③ 세부담의 역진성 완화는 면세제도의 취지에 해당한다.

02 면세

1 면세의 개념

면세란 일정한 재화, 용역의 공급과 재화의 수입에 대하여 부가가치세를 면제하는 것을 말한다.
면세제도는 거래징수당한 매입세액을 환급받지 못한다는 점에서 불완전면세라고 하며, 부가
가치세의 역진성 완화를 위하여 생활필수품 등에 대해 부가가치세를 면세한다. 면세사업자는
부가가치세 신고납부의무가 없다.

2 면세대상 재화의 범위

구 분	면세 대상
기초생활 필수품	① 미가공 식료품 등 (식용으로 제공되는 농.축.수.임산품 포함)
	② 국내에서 생산되어 식용으로 제공되지않는 미가공 농.축.수.임산물 ➜ 외국산은 과세
	③ 수돗물 ➜ 생수는 과세
	④ 여성용 위생용품 및 영유아용 기저귀 및 분유
	⑤ 여객운송용역(시내&고속버스 및 지하철) ➜ KTX 및 우등고속(29인승 이하), 택시는 과세
	⑥ 연탄과 무연탄 ➜ 유연탄, 갈탄, 착화탄(연탄용 불쏘시게)은 과세
	⑦ 우표. 인지, 증지, 복권, 공중전화 ➜ 수집용 우표는 과세
	⑧ 판매가격 200원 이하의 담배 및 특수제조용 담배 중 영세율이 적용되지 않는 담배 ➜ 일반담배는 과세
	⑨ 주택과 이에 부수되는 토지의 임대용역 ➜ 상가의 임대 및 상가의 부수토지는 과세
국민후생 용역	① 의료보건용역과 혈액용역 (산후조리원 및 치료, 예방, 진단 목적으로 조제한 동물의 혈액 포함) ➜ 미용목적의 성형수술 등은 과세 ➜ 약국 등에서의 의약품 단순판매는 과세
	② 교육용역 ➜ 무허가 교육용역은 과세
문화관련 재화용역	① 도서 및 도서대여, 신문, 잡지, 관보, 뉴스통신 등 ➜ 신문, 방송 등의 광고는 과세
	② 예술창작품, 예술행사, 문화행사, 비직업운동경기 ➜ 프로 등 직업운동 경기는 과세
	③ 도서관, 과학관, 박물관, 미술관, 동물원, 식물원에의 입장 ➜ 놀이시설의 입장은 과세
부가가치 구성요소	① 금융, 보험용역
	② 토지의 공급
	③ 인적제공 용역 ➜ 변호사, 공인회계사, 세무사, 관세사 등의 인적용역은 과세
기타의 재화용역	① 종교, 자선, 구호, 기타 공익을 목적으로 하는 단체가 공급하는 재화 및 용역
	② 국가, 지방자치단체, 지방자치단체조합이 제공하는 재화, 용역
	③ 국가, 지방자치단체, 지방자치단체조합 또는 공익단체에 무상으로 재화, 용역의 제공 ➜ 무상이 아닌 유상공급은 과세
	④ 국민주택 및 해당 주택의 건설용역 및 국민주택 리모델링 용역
	⑤ 학술연구 및 기술연구 단체가 그 연구와 관련하여 실비 또는 무상으로 공급하는 재화 &용역

3 부동산의 공급과 임대에 따른 면세구분

토지의 공급은 부가가치세를 면제하지만 토지의 임대는 과세한다.

단. 주택부수토지의 임대는 면세하며, 주택을 제외한 건물의 임대 및 공급은 원칙적으로 과세한다.

구 분	공 급	임 대
토 지	면세	과세 (주택 부수토지는 면세)
주 택	과세 (국민주택규모는 면세)	면세
상 가	과세	과세

참고 ✓ 토지의 임대는 과세이지만, 과수원, 전답, 임야 등 기타 작물생산에 사용되는 경우는 면세한다.
　　 ✓ 주택의 공급은 과세이지만, 국민주택규모(85㎡) 이하의 주택의 경우는 면세한다.(건설용역 포함)

I can 면세재화의 구분

아래 보기 중 부가가치세가 면세되는 재화 또는 용역만을 고르시오.

①과실류　　　②상가임대용역　③일반건물 공급 ④수돗물　　　⑤KTX 여행권
⑥주택임대용역　⑦신문사 광고　⑧토지의 공급　⑨수집용 우표　⑩비직업운동경기
⑪도서 및 신문 ⑫관공서등에 재화의 무상공급　⑬영·유아용 기저귀, 분유

답안
①, ④, ⑥, ⑧, ⑩, ⑪, ⑫, ⑬은 면세 대상이며, 나머지는 과세대상이다.

4 면세사업자의 면세포기

면세사업자가 공급하는 재화 또는 용역이 수출 등에 해당되어 영세율 적용대상이 되는 경우에는 부분 면세제도인 면세를 포기하고 완전면세제도인 영세율을 선택함으로써 보다 유리한 방법으로 부가가치세의 납세의무를 이행할수 있다.

면세포기의 대상	• 영세율의 적용대상이 되는 것 • 학술연구단체 등의 학술연구 등과 관련된 것
면세포기의 기한	• 정해진 기한이 없으므로 언제라도 포기 가능
승인여부	• 과세관청의 승인을 얻을 필요도 없음(신청만 하면 됨)
면세로 다시 전환	• 면세포기 후 3년간 면세사업자로 다시 전환할 수 없음

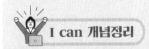

I can 개념정리

📧 수입금액명세서 제출

서비스업 중 변호사, 공인회계사, 세무사, 건축사, 변리사, 관세사, 감정평가사, 법무사, 수의사, 의료업, 골프장운영업, 예식장업, 자동차 세차업, 건강보직품업, 중고가구업, 사진용품, 모터사이클 수리업 등의 사업을 영위하는 사업자는 거래금액 10만원 이상 현금거래시 소비자의 요구가 없더라도 현금영수증을 의무발행 하고, 수입금액명세서(현금매출명세서)를 예정신고 및 확정신고시 제출하여야 한다.

I can 실전문제(영세율과 면세)

※ I can 실전문제에 수록된 문제들은 모두 전산회계 1급 시험에 다수 출제되었던 내용입니다.

01 다음 중 부가가치세가 면세되는 재화 또는 용역의 공급의 개수는?

ⓐ 단순가공된 두부   ⓑ 신문사광고   ⓒ 연탄과 무연탄
ⓓ 시내버스 운송용역   ⓔ 의료보건용역   ⓕ 금융·보험용역

① 3개   ② 4개   ③ 5개   ④ 6개

02 다음 중 면세대상에 해당하는 것은 모두 몇 개인가?

ⓐ 수돗물   ⓑ 도서, 신문   ⓒ 가공식료품
ⓓ 시내버스 운송용역   ⓔ 토지의공급   ⓕ 교육용역(허가,인가받은 경우에 한함)

① 3개   ② 4개   ③ 5개   ④ 6개

03 다음 중 부가가치세법상 면세대상에 해당하지 않는 것은?

① 시내버스의 여객운송용역
② 대통령령으로 정하고 있는 교육용역
③ 수집용 우표
④ 미가공 식료품

04 다음 중 부가가치세 면세대상이 아닌 것은?

① 약사법에 따른 약사가 제공하는 의약품의 조제용역
② 수돗물
③ 연탄과 무연탄
④ 항공법에 따른 항공기에 의한 여객운송 용역

05 부가가치세법에 의한 재화나 용역의 공급 시 적용되는 세율이 다른 하나는?

① 일반과세사업자가 면세사업자에게 공급하는 과세재화
② 간이과세사업자가 비사업자인 개인에게 공급하는 과세재화
③ 일반과세사업자가 구매확인서에 의하여 공급하는 과세용역
④ 일반과세사업자의 폐업 시 미판매된 재고자산(매입세액공제됨)

06 다음 중 부가가치세법상 부가가치세가 면제되는 재화 또는 용역이 아닌 것은?

① 나대지의 임대
② 국민주택의 공급
③ 미가공식료품
④ 약사가 제공하는 의약품의 조제용역

4. 세금계산서

01 세금계산서의 의의

1 세금계산서의 개념

사업자가 재화 또는 용역을 공급하면서 거래상대방으로부터 부가가치세를 받아서 납부하는
데 이를 거래징수라 한다. 사업자는 거래징수를 통하여 부가가치세를 거래상대방에게 전가하
며, 세금계산서는 거래징수를 증명하는 대표적인 증빙이며, 세금계산서는 다음과 같은 기능을
한다.

> 송장, 영수증, 청구서, 상호대사를 통한 오류검증, 과세증빙 등

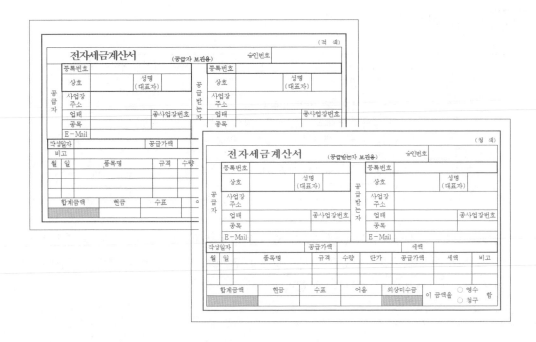

2 세금계산서의 필요적 기재사항

세금계산서의 필요적 기재사항 중 하나라도 누락되거나 사실과 다를 경우 세금계산서의 효력이 인정되지 않기 때문에 이러한 세금계산서를 발급받은 자는 매입세액공제를 받을 수 없고, 이를 발급한 자는 세금계산서불성실가산세를 부담하게 되며, 세금계산서의 필요적 기재사항은 다음과 같다.

- 공급하는 사업자의 등록번호와 성명 또는 명칭
- 공급받는 자의 등록번호(고유번호 또는 주민등록번호)
- 공급가액과 부가가치세액
- 작성연월일(공급연월일이 아님)

I CAN 기출문제

부가가치세법상 세금계산서의 필요적 기재사항으로 올바르지 않은 것은?

① 공급연월일   ② 공급자의 등록번호와 성명 또는 명칭
③ 공급받는 자의 등록번호   ④ 공급가액과 부가가치세액

 정답풀이

① 공급연월일이 아니라 작성연월일이 필요적 기재사항이다.

---

3 세금계산서의 발급의무자

일반과세자 등	다음의 사업자가 재화·용역을 공급할 때 작성하여 거래상대방에게 세금계산서를 발급하여야 한다. • 사업자등록을 한 일반과세자 • 영세율사업자(내국신용장·구매확인서 등에 의한 공급) • 직전연도 공급대가가 4,800만원 이상인 간이과세자
세관장의 수입세금계산서	세관장은 수입된 재화에 대한 세금계산서(수입세금계산서)를 수입하는 자에게 발급하여야 한다.

영세율사업자도 세금계산서 발급의무가 있지만 외국으로 직수출하는 경우 등 세금계산서 발급의무가 면제되는 경우가 있으며, 내국신용장·구매확인서로 공급하는 경우 등 국내거래인 경우에는 세금계산서를 발급하여야 한다.

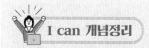

I can 개념정리

세금계산서를 발급할 수 없는 자

비사업자·면세사업자	사업자등록을 하지 않은 자(비사업자) 또는 면세사업자
간이과세자 중 일부	간이과세자 중에서 신규사업자 및 직전 사업연도의 공급대가가 4,800만원 미만인 자

4 세금계산서의 발급시기

세금계산서는 원칙적으로 재화 및 용역의 공급시기에 발급하여야 한다.

1. 세금계산서의 발급시기 특례(공급시기 전)

- 공급시기 전에 대가의 전부 또는 일부를 받고 세금계산서 발급 시 발급하는 때를 공급시기로 봄
- 공급시기 전에 세금계산서를 발급하고 발급일부터 7일 이내에 대가를 지급받으면 발급시기를 공급시기로 봄(단, 일정 요건 충족 시에는 7일 경과 후에 대가를 지급하더라도 세금계산서 발급시기를 공급시기로 봄)
- 장기할부판매 등 일정한 경우에는 공급시기 전에 세금계산서 발급 시 발급한 때를 공급시기로 봄

2. 세금계산서의 발급시기 특례(공급시기 후)

다음 어느 하나에 해당하는 경우에는 재화 또는 용역의 공급일이 속하는 달의 다음달 10일까지 세금계산서를 발급할 수 있다.

- 거래처별로 1역월의 공급가액을 합하여 해당 달의 말일을 작성 연월일로 하여 세금계산서를 발급하는 경우
- 거래처별로 1역월 이내에서 사업자가 임의로 정한 기간의 공급가액을 합하여 그 기간의 종료일을 작성 연월일로 하여 세금계산서를 발급하는 경우
- 관계 증명서류 등에 따라 실제거래사실이 확인되는 경우로서 해당 거래일을 작성 연월일로 하여 세금계산서를 발급하는 경우

I CAN 기출문제

다음 중 세금계산서의 원칙적인 발급시기로서 옳은 것은?

① 재화 또는 용역의 공급시기
② 재화 또는 용역의 공급시기가 속하는 달의 말일까지
③ 재화 또는 용역의 공급시기가 속하는 달의 다음달 10일까지
④ 재화 또는 용역의 공급시기가 속하는 달의 다음달 15일까지

정답풀이

① 세금계산서의 원칙적인 발급시기는 재화 또는 용역의 공급시기 이다.

02 전자세금계산서

1 전자세금계산서 발급의무자

세금계산서의 필요적 기재사항을 정보통신망에 의해 전송하고 이를 각종 전산매체에 5년간 보관하는 경우에는 적법한 세금계산서를 발급한 것으로 보며, 법인사업자 및 직전년도 공급가액(과세+면세) 8,000만원 이상인 개인사업자는 의무적으로 전자세금계산서를 공급일 익월 10일까지 발행한 후, 다음날 까지 국세청에 전송하여야 한다.

2 전자세금계산서 전송의무 및 혜택

전송	전자세금계산서를 발급하였을 때에는 발급일의 다음날까지 전자세금계산서 발급명세서를 국세청장에게 전송하여야 한다.
혜택	전자세금계산서 발급 시 다음과 같은 혜택이 있다. •예정신고 및 확정신고 시 세금계산서 합계표 제출의무 면제 •종이세금계산서는 5년간 보관해야 하지만, 전자세금계산서 발급 시 보관의무 면제

전자세금계산서를 의무적으로 발급해야 하는 사업자로 가장 적절한 것은?

① 휴대폰을 판매하는 법인사업자
② 음식점을 운영하는 직전 과세기간 매출액 3,000만원인 간이과세자
③ 배추를 재배해서 판매하는 영농조합법인
④ 입시학원을 운영하는 개인사업자

정답풀이

① 과세사업을 영위하는 법인은 모두 전자세금계산서 의무발행사업자임

03 세금계산서 등 발급의무 면제

1 영수증 발급대상 업종

소매업 등	공급받는 자가 요구하는 경우에는 세금계산서를 발급하여야 한다. (소매업, 음식점업, 숙박업, 양복점, 부동산중개업 등)
미용업 등	공급받는 자가 요구해도 세금계산서 발급를 할 수 없다. (미용·욕탕 및 유사서비스업, 자동차운전학원 등)

2 증빙 발급의무 면제

- 택시, 노점, 무인판매기
- 재화의 간주공급(판매목적 타사업장 반출 제외)
- 간주임대료 및 직수출
- 미용·욕탕 및 유사서비스업, 소매업(공급받는 자가 요구하는 경우에는 발급하여야 함)

참고 위 업종은 세금계산서뿐만 아니라 영수증도 발급의무가 면제된다.

3 간이과세자, 면세사업자

연간 공급대가가 4,800만원 미만인 간이과세자는 세금계산서를 발급할 수 없으며, 면세사업자는 세금계산서가 아닌 계산서를 발급할 수 있다. 다만, 신용카드매출전표 및 현금영수증 등은 모두 발급할 수 있다.

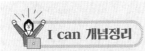

I can 개념정리

매입자발행세금계산서

개념	일반과세자가 재화·용역 공급 시 세금계산서를 발급하지 아니한 경우에 공급받는 사업자(면세사업자 포함)가 관할세무서장의 확인을 받아서 발급하는 세금계산서
발급	공급시기가 속하는 과세기간 종료일부터 1년 이내에 관할세무서장에게 확인을 받아서 발급하며, 건당 공급대가가 5만원 이상 이어야 함

I CAN 기출문제

다음 (   )안에 들어갈 용어는 무엇인가?

> 사업자가 재화·용역을 공급하고 세금계산서를 교부하지 아니한 경우 공급받은 자는 관할세무서무장의 확인을 받아 (   )발행 세금계산서를 발행할 수 있다.

① 사업자   ② 매입자   ③ 중개인   ④ 매출자

정답풀이

② 일반과세자가 재화·용역의 공급시 세금계산서를 발급하지 않을 경우, 매입자발행 세금계산서를 통해 부가가치세를 공제받을 수 있다.

I can 실전문제(세금계산서)

01 다음 중 부가가치세법상 사업자별 발급가능한 증명서류로서 잘못 짝지은 것은?

① 간이과세자: 세금계산서, 계산서, 신용카드매출전표, 현금영수증
② 일반과세자 중 면세물품공급자: 계산서, 신용카드매출전표, 현금영수증
③ 일반과세자 중 과세물품공급자: 세금계산서, 신용카드매출전표, 현금영수증
④ 면세사업자: 계산서, 신용카드매출전표, 현금영수증

02 다음 중 세금계산서 발급의무가 면제되는 경우에 해당되지 않는 항목은?

① 내국신용장 또는 구매확인서에 의하여 공급하는 재화
② 판매목적타사업장 반출을 제외한 간주공급
③ 부동산임대용역 중 간주임대료
④ 택시운송 사업자가 제공하는 용역

03 다음은 사업자 간의 거래내용이다. ㈜ I CAN이 전자세금계산서를 발행하고자 할 때, 다음 내용에 추가적으로 반드시 있어야 하는 필요적 기재사항은 무엇인가?

㈜I CAN(사업자 등록번호: 129-86-49875, 대표자: 신보라)은 ㈜세무(사업자 등록번호: 124-82-44582, 대표자: 박재상)에게 소프트웨어 프로그램 2개를 10,000,000원(부가가치세 별도)에 공급하였다.

① 공급받는자의 사업장 주소   ② 작성연월일
③ 업태 및 종목   ④ 품목 및 수량

04 다음 자료에서 세금계산서의 필수적 기재사항을 모두 모은 것은?

> ㉮ 공급하는 사업자의 등록번호와 성명(명칭) ㉯ 공급받는자의 등록번호
> ㉰ 공급가액과 부가가치세액 ㉱ 공급연월일
> ㉲ 작성연월일

① ㉮ - ㉯ - ㉰
② ㉮ - ㉯ - ㉰ - ㉱
③ ㉮ - ㉯ - ㉰ - ㉲
④ ㉮ - ㉯ - ㉰ - ㉱ - ㉲

05 부가가치세법상 법인사업자가 전자세금계산서를 발급하는 경우 전자세금계산서 발급명세서를 언제까지 국세청장에게 전송하여야 하는가?

① 전자세금계산서 발급일의 다음 날
② 전자세금계산서 발급일의 일주일 이내
③ 전자세금계산서 발급일이 속하는 달의 다음 달 10일 이내
④ 전자세금계산서 발급일이 속하는 예정신고기한 또는 확정신고기한 이내

06 다음 중 부가가치세법상 세금계산서 발급의무 면제대상이 아닌 것은?

① 직매장반출을 제외한 간주공급에 해당하는 재화의 공급
② 부동산임대용역 중 간주임대료
③ 일반과세자로서 전세버스운송사업을 영위하는 자
④ 미용업 또는 욕탕업을 경영하는 자가 공급하는 용역

07 세금계산서 발급의무의 면제에 해당하지 않는 것은?(단, 과세사업자를 전제한다)

① 미용, 욕탕 및 유사 서비스업을 경영하는 자가 공급하는 재화 또는 용역
② 부동산임대에 따른 간주임대료
③ 도매업을 영위하는 자가 공급하는 재화·용역
④ 무인판매기를 이용하여 재화와 용역을 공급하는 자

08 다음 중 부가가치세법상 공급시기는?

> ㉠ 3월 1일: A제품 판매주문을 받았음
> ㉡ 3월 31일: A제품 판매대가 1,000,000원을 전액 수령하고 세금계산서를 발급함
> ㉢ 4월 3일: A제품을 인도함
> ㉣ 4월 15일: 거래처로부터 A제품 수령증을 수취함

① 3월 1일
② 3월 31일
③ 4월 3일
④ 4월 15일

5. 과세표준과 매출세액

01 과세표준

1 과세표준의 개념

재화 또는 용역의 공급에 대한 부가가치세의 과세표준은 당해 공급에 대한 대가 또는 시가의 합계액인 공급가액이며 그 공급가액에 부가가치세는 포함되지 아니한다. 과세표준에는 거래 상대방으로부터 받은 대금, 요금, 수수료 등 기타 명목 여하에 불구하고 대가 관계에 있는 모든 금전적 가치 있는 것을 포함한다.

- 공급가액: 부가가치세가 제외된 금액 (일반과세자의 과세표준)
- 공급대가: 부가가치세가 포함된 금액 (간이과세자의 과세표준)

2 과세표준의 범위

재화 또는 용역의 공급에 대한 다음의 합계액이며, 부가가치세는 포함하지 않는다.
① 금전으로 대가를 받는 경우 ➜ 그 대가
② 금전 외의 대가를 받는 경우 ➜ 자기가 공급한 재화 또는 용역의 시가
③ 재화의 공급에 대하여 부당하게 낮은 대가를 받거나 대가를 받지 아니하는 경우
　　➜ 자기가 공급한 재화의 시가
④ 용역의 공급에 대하여 부당하게 낮은 대가를 받는 경우 ➜ 자기가 공급한 용역의 시가
⑤ 폐업하는 경우의 재고 재화 ➜ 시가

1. 과세표준에 포함하는 금액

① 개별소비세 및 교통·에너지·환경세 또는 주세가 과세되는 경우에 당해 개별소비세, 주세, 교통·에너지·환경세, 교육세 및 농어촌특별세 상당액

② 할부판매 시 이자상당액

③ 대가의 일부로 받는 운송비·포장비·하역비·운송보험료·산재보험료 등

④ 사업자가 고객에게 매출액의 일정비율에 해당하는 마일리지를 적립해 주고 그 대가의 일부 또는 전부를 적립된 마일리지로 결제하는 경우 해당 마일리지 상당액

2. 과세표준에 포함하지 않는 금액

① 매출에누리액

② 환입된 재화의 가액

③ 공급받는 자에게 도달하기 전에 파손·훼손 또는 멸실된 재화의 가액

④ 재화 또는 용역의 공급과 직접 관련되지 않는 국고보조금과 공공보조금

⑤ 공급대가의 지급지연으로 인하여 지급받는 연체이자

⑥ 재화 또는 용역을 공급한 후 그 공급가액에 대한 할인액(매출할인)

   → 외상판매에 대한 공급대가를 결제하거나 약정기일 전에 영수하는 경우 일정액을 할인하는 금액

⑦ 음식·숙박·개인서비스 용역을 공급하고 영수증 등에 봉사료를 구분 기재한 후 종업원에게 지급한 봉사료

⑧ 반환조건부의 용기대금과 포장비용

I CAN 기출문제

다음 중 과세표준에 포함하지 않는 금액으로 틀린 것은?

① 부가가치세
② 매출에누리, 매출환입 및 매출할인
③ 공급자가 부담하는 원자재 등의 가액
④ 공급받는 자에게 도달하기 전에 파손·훼손 또는 멸실된 재화의 가액

정답풀이

③ 원자재 등의 가액은 과세표준에서 차감하지 않음

---

3. 과세표준에서 공제하지 않는 금액

대손금, 판매장려금, 하자보증금 등은 과세표준에서 공제하지 않는 항목이다.

대손금	채권에 대한 대손이 발생하는 경우, 대손금의 10/110에 해당하는 부가가치세는 과세표준에서 공제하지 않는다.(단, 대손세액공제대상이 되는 경우 대손세액공제를 적용 받을 수 있다.)
판매장려금	판매장려를 위한 판매장려금은 과세표준에서 공제하지 않는다. 단, 판매장려물품은 사업상증여(간주공급)로 과세한다. → 시가의 10%
하자보증금	하자의 보증을 위해 수령하여 공급받는 자가 보관하는 하자보증금은 과세표준에서 공제하지 않는다.

I CAN 기출문제

다음 중 부가가치세의 과세표준에서 공제하지 않는 것은 어느 것인가?

① 대손금과 장려금　　　　　　　② 환입된 재화의 가액
③ 매출할인　　　　　　　　　　　④ 에누리액

정답풀이

① 대손금, 장려금, 하자보증금 등은 과세표준에서 공제하지 않는 항목이다.

---

③　재화의 수입시 과세표준

재화를 외국에서 수입할 때는 다음을 모두 합한 금액이 과세표준이다.

관세의 과세가격 + 관세 + 개별소비세·주세 + 교육세·농어촌특별세 + 교통·에너지·환경세

I CAN 기출문제

부가가치세법상 과세표준에 포함되지 않는 것은?

① 관세　　　　　　　　　　　　　② 개별소비세
③ 할부거래에 따른 이자액　　　　④ 매출에누리

정답풀이

④ 매출에누리는 과세표준에 포함되지 않는 항목이다.

4 외화 환산 시 과세표준

대가를 외화로 받아 환가할 때에는 다음과 같은 금액을 과세표준으로 한다.

- 공급시기 도래 전에 지급받아서 환가하는 경우: 환가한 금액
- 공급시기 이후에 외화로 보관하거나 지급받는 경우: 공급시기의 기준환율 또는 재정환율로 계산한 금액

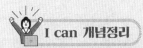

세액이 표시되지 않은 경우의 과세표준

공급하고 받은 금액에 세액이 별도 표시되어 있지 않거나 부가가치세가 포함되어 있는지 불분명한 경우에는 다음 금액을 과세표준으로 한다.

$$과세표준 = 거래금액(또는 영수액) \times \frac{100}{110}$$

즉, 거래 금액에 부가가치세가 포함되어 있는 것으로 보고 공급가액을 계산한다.

5 대손세액 공제

상대방의 파산 등으로 매출채권 등을 못받게 되는 것을 대손이라고 하며, 대손이 확정된 세액을 매출세액에서 차감할 수 있는데 이를 대손세액공제라 한다.

$$대손세액공제액 = 대손금액 \times \frac{10}{110}$$

참고 대손금은 과세표준에서 공제하지 않고, 매출세액에서 가감한다.
(대손발생 ➡ 매출세액에서 차감, 대손금 회수 ➡ 매출세액에 가산)

대손세액공제 가능한 대상

① 공급받은 사업자의 사망, 파산, 강제집행, 회사정리, 소멸시효완성
② 수표 및 어음의 부도 후 6개월 경과 시
③ 공급일로부터 10년이 경과하는 날이 속하는 과세기간 확정신고 시 확정된 대손
④ 중소기업과의 거래에서 발생한 외상매출금이 회수기일로부터 2년 경과 시(특수관계자 제외)

⑤ 30만원 이내의 소액채권이 6개월 경과 시 대손세액공제 가능

⑥ 총 대손금액의 10/110 (예정신고 시에는 적용되지 않고 확정신고 시에만 적용)

⑦ 거래처에 대해 담보 및 저당권이 설정된 경우는 대손세액공제 불가능

⑧ 거래처의 부도 시 부도일 이후 공급분에 대해서는 대손세액공제 불가능

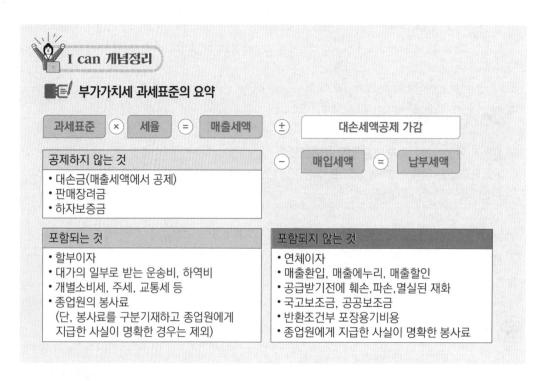

I can 개념정리

부가가치세 과세표준의 요약

과세표준 × 세율 = 매출세액 ± 대손세액공제 가감

공제하지 않는 것
- 대손금(매출세액에서 공제)
- 판매장려금
- 하자보증금

− 매입세액 = 납부세액

포함되는 것	포함되지 않는 것
• 할부이자 • 대가의 일부로 받는 운송비, 하역비 • 개별소비세, 주세, 교통세 등 • 종업원의 봉사료 　(단, 봉사료를 구분기재하고 종업원에게 　지급한 사실이 명확한 경우는 제외)	• 연체이자 • 매출환입, 매출에누리, 매출할인 • 공급받기전에 훼손,파손,멸실된 재화 • 국고보조금, 공공보조금 • 반환조건부 포장용기비용 • 종업원에게 지급한 사실이 명확한 봉사료

부가가치세 신고서(과세표준 및 매출세액)

		구 분		금 액	세율	세 액
과세표준및매출세액	과세	세금계산서교부분	①		$\frac{10}{100}$	
		매입자발행세금계산서	②		$\frac{10}{100}$	
		신용카드·현금영수증발행분	③		$\frac{10}{100}$	
		기타(정규영수증외매출분)	④			
	영세율	세금계산서교부분	⑤		$\frac{0}{100}$	
		기 타	⑥		$\frac{0}{100}$	
		예 정 신 고 누 락 분	⑦			
		대 손 세 액 가 감	⑧			
		합 계	⑨		㉮	

I can 실전문제(과세표준과 매출세액)

※ I can 실전문제에 수록된 문제들은 모두 전산회계 1급 시험에 다수 출제되었던 내용입니다.

01 수출 대가를 외국통화 기타 외국환으로 수령한 경우 공급가액의 환산 기준으로 올바르지 않은 것은?

① 공급시기 이후 대가 수령: 공급시기의 기준환율 또는 재정환율
② 공급시기 전 수령, 공급시기 전 환가: 공급시기의 기준환율 또는 재정환율
③ 공급시기 전 수령, 공급시기 후 환가: 공급시기의 기준환율 또는 재정환율
④ 공급시기 전 수령, 공급시기 후 계속 보유: 공급시기의 기준환율 또는 재정환율

02 다음 중 부가가치세법상 과세표준의 산정방법이 옳지 않은 것은?

① 재화의 공급에 대하여 부당하게 낮은 대가를 받는 경우: 공급한 재화의 시가
② 재화의 공급에 대하여 대가를 받지 아니하는 경우: 공급한 재화의 시가
③ 특수관계인에게 용역을 공급하고 부당하게 낮은 대가를 받는 경우: 공급한 용역의 시가
④ 특수관계 없는 자에게 용역을 공급하고 대가를 받지 아니하는 경우: 공급한 용역의 시가

03 다음 중 자동차를 수입하는 경우 수입세금계산서상의 공급가액에 포함되지 않는 것은?

① 교육세   ② 관세   ③ 개별소비세   ④ 취득세

04 부가가치세 과세사업을 영위하던 김관우씨는 20×5년 2월 10일에 해당 사업을 폐업하였다. 폐업 당시에 잔존하는 재화가 다음과 같다면 그 부가가치세 과세표준은 얼마인가?(매입시 매입세액공제를 받았음)

상 품(20×4.12.01. 취득)	• 취득가액: 15,000,000원	• 시가: 10,000,000원
토 지(20×1.11.01. 취득)	• 취득가액: 5,000,000원	• 시가: 15,000,000원

① 10,000,000원　　　　　　　　　② 15,000,000원
③ 20,000,000원　　　　　　　　　④ 25,000,000원

05 다음 중 부가가치세의 과세표준에 포함되는 항목은 어느 것인가?

① 재화를 공급하고 외상매출금의 일부 또는 전부를 회수할 수 없는 경우의 대손금액
② 재화 또는 용역의 공급과 직접 관련되지 아니하는 국고보조금과 공공보조금
③ 환입된 재화의 가액
④ 공급에 대한 대가의 지급이 지체되었음을 이유로 받는 연체이자

06 다음 자료에 의한 부가가치세 과세표준을 계산하면 얼마인가?

• 총매출액:	50,000,000원	• 매출에누리액:	4,000,000원
• 매출할인:	3,000,000원	• 대손금:	2,000,000원

① 40,000,000원　　　　　　　　　② 43,000,000원
③ 48,000,000원　　　　　　　　　④ 50,000,000원

07 다음 자료에 의하여 부가가치세 매출세액을 계산하면 얼마인가?

• 영세율세금계산서의 공급가액은 2,400,000원이다.
• 세금계산서를 받고 매입한 물품의 공급가액은 15,000,000원이고, 이 중 사업과 관련이 없는 물품의 공급가액 1,500,000원이 포함되어 있다.
• 납부세액은 1,500,000원이다.

① 2,850,000원　　　　　　　　　② 3,000,000원
③ 3,090,000원　　　　　　　　　④ 3,150,000원

08 다음 자료에 의하여 부가가치세 과세표준을 계산하면 얼마인가?

- 영세율세금계산서 공급가액은 1,500,000원이고, 그 외의 영세율 거래는 없다.
- 세금계산서를 받고 매입한 물품의 매입세액은 620,000원이고, 이 중 사업과 관련이 없는 물품의 매입세액 40,000원이 포함되어 있다.
- 납부세액은 27,000원이다.

① 7,000,000원   ② 8,500,000원
③ 7,570,000원   ④ 11,500,000원

09 다음 자료에 의한 부가가치세법상 일반과세자의 부가가치세 과세표준은 얼마인가?

- 총매출액: 10,000,000원   매출에누리액: 2,000,000원
- 총매입액: 5,000,000원   신용카드발행공제: 400,000원
- 대손금: 1,000,000원

① 2,600,000원   ② 3,000,000원
③ 7,000,000원   ④ 8,000,000원

10 부가가치세법상 일반과세자의 부가가치세 과세표준을 계산하면 얼마인가?

- 세금계산서 교부분 공급가액: 10,000,000원(영세율 4,000,000원 포함)
- 신용카드 매출전표상의 매출액: 1,100,000원(부가가치세액 포함 금액임)

① 6,000,000원   ② 6,100,000원
③ 11,000,000원   ④ 11,100,000원

11 다음 중 부가가치세 과세표준(공급가액)에 포함하는 항목인 것은?

① 매출할인, 매출에누리 및 매출환입액
② 할부판매, 장기할부판매의 경우 이자상당액
③ 재화·용역의 공급과 직접 관련이 없는 국고보조금과 공공보조금
④ 공급대가의 지급지연으로 인하여 받은 연체이자

12 매출세액에서 차감할 수 있는 대손세액은 얼마인가?

- 파산에 따른 매출채권: 22,000,000원
- 부도발생일로부터 6개월이 경과한 부도수표: 11,000,000원
- 상법상 소멸시효가 완성된 매출채권: 1,100,000원

① 2,000,000원   ② 2,100,000원
③ 3,000,000원   ④ 3,100,000원

6. 매입세액

1 매입세액의 범위

매입세액은 사업을 위하여 사용할 목적으로 공급받은 재화·용역 또는 재화의 수입에 대한 부가가치세액이며, 다음과 같은 것이 있다.

- 세금계산서를 수취한 매입세액
- 매입자발행 세금계산서 매입세액
- 신용카드매출전표·현금영수증·직불카드영수증 등 수령분 매입세액
- 의제매입세액 등

2 의제매입세액공제

의제매입세액공제란 과세사업자가 면세되는 농·축·수·임산물을 원료로 하여 제조·가공한 재화·용역이 과세되는 경우에 면세되는 농·축·수·임산물의 매입가액에서 일정한 공제율을 곱한 금액을 매입세액으로 공제하는 제도를 말한다.

의제매입세액공제액 = 면세되는 농·축·수·임산물의 매입가액 × 공제율

업 종 별 공 제 율	의제매입 공제시 적격증빙
제조업: 2/102(중소제조업 및 개인사업자: 4/104)	- 계산서(유형: 33번 면세매입) - 신용카드영수증(유형: 58번 카드면세) - 현금영수증(유형: 62번 현금면세) - 농어민 직접구입(유형: 60번 면세건별) 　✓ 일반영수증은 공제불가
음식점업: 6/106(법인) 　　　　　8/108(연매출 4억원 초과 개인) 　　　　　9/109(연매출 4억원 이하 개인)	
과세유흥장소: 2/102(개인, 법인)	

참고 최종소비자대상 개인사업자 중 과자점, 도정업, 떡방앗간의 경우 6/106 적용

3 공제받지못할 매입세액

① 세금계산서 미수취 또는 부실기재분	세금계산서 미수취 또는 필요적 기재사항 중 일부 누락했거나 사실과 다르게 기재된 경우 (단, 착오로 잘못 기재된 것이 확인된 경우에는 공제가능)	
② 매입처별 세금계산서 합계표 미제출·부실기재분	매입처별 세금계산서 합계표 미제출 또는 기재사항 중 거래처별 등록번호와 공급가액 미기재의 경우 (단, 착오로 잘못 기재된 것이 확인된 경우에는 공제가능)	
③ 사업자등록신청 전 매입세액	사업자등록신청 전의 매입세액. 단, 공급시기가 속하는 과세기간이 끝난 후 20일 이내에 등록신청한 경우 등록신청일부터 공급시기가 속하는 과세기간 기산일까지는 공제가능	
④ 토지 또는 면세사업 관련 매입세액	토지의 취득원가를 구성하는 지출과 관련된 매입세액 또는 면세사업과 관련된 매입세액	
⑤ 사업과 직접 관련 없는 매입세액	사업과 직접 관련된 지출만 공제대상이 됨	
⑥ 개별소비세법에 따른 비영업용 소형승용차 구입·임차·유지 관련 매입세액	비영업용 소형승용차는 사업과 직접 관련 없다고 봄 (단, 1,000cc 이하, 9인승이상의 승합차는 매입세액 공제가능)	
⑦ 기업업무추진비(접대비) 관련 매입세액	기업업무추진비(접대비)·기밀비·교재비 등 접대비 유사비용	

[참고] 매입세액이 공제가능한 차량은 택시, 랜트카 등 직접적인 매출을 일으키는 영업용 차량과 화물차(밴), 9인승 이상 승합차, 개별소비세가 부과되지 않는 경차 등이 해당되며, 일반적인 기업의 업무용 승용차는 비영업용 승용차에 해당하므로, 매입세액 공제가 불가능함

부가가치세 신고서(매입세액)

				신 고 내 용		
	구 분			금 액	세율	세 액
매 입 세 액	세금계산서 수 취 분	일 반 매 입	⑩			
		고정자산매입	⑪			
	예정신고 누락분		⑫			
	매입자발행세금계산서		⑬			
	그밖의 공제매입세액		⑭			
	합계(⑩+⑪+⑫+⑬+⑭)		⑮			
	공제받지못할매입세액		⑯			
	차 감 계(⑮-⑯)		⑰		㉯	

4 부가가치세신고서(기타)

신 고 내 용				
구 분		금 액	세율	세 액
경감 공제 세액	그 밖의 경감·공제세액 ⑱			
	신용카드매출전표등 발행공제 ⑲			
	합계 ⑳			
소규모 개인사업자 부가가치세 감면세액 ㉑				
예정신고미환급세액 ㉒				
예정고지세액 ㉓				
사업양수자의 대리납부 기납부세액 ㉔				
신용카드업자의 대리납부 기납부세액 ㉕				
가산세액계 ㉖				
차가감납부할세액(환급받을세액) ㉗				

구 분		금 액	세율	세 액
18. 그 밖의 경감·공제 새액명세				
전자신고세액공제	54			
전사세금발급세액공제	55			
택시운송사업자경감세액	56			
대리납부세액공제	57			
현금영수증사업자세액공제	58			
기타	59			
합계	60			

I can 부가가치세신고서(기타)

- 전자신고세액공제: 확정신고시 전자신고 할 경우 10,000원의 세액공제가 가능하며, 회계 처리시 잡이익 계정으로 처리한다.

- 신용카드매출전표등 발행공제: 개인사업자(전년도 매출액 10억원 초과 제외)가 신용카드 및 현금영수증 매출 시 부가가치세의 일정액(결재금액의 1.3%, 연간 1,000만원 한도)을 공제받을 수 있다.

- 예정신고미환급세액: 부가가치세 예정신고시 발생한 환급세액은 확정신고시에 공제 받을 수 있다.

- 예정고지세액: 개인사업자(간이과세자 포함)가 예정신고시에 부가가치세 신고없이 직전과세기간의 50%를 고지납부한 경우 확정신고시 납부세액에서 차감한다.

I can 실전문제(매입세액)

01 현행 부가가치세법상 매입세액으로 공제가 가능한 것은?

① 세금계산서 미수취 관련 매입세액
② 사업과 직접 관련이 없는 지출에 대한 매입세액
③ 기업업무추진비(접대비) 및 이와 유사한 비용의 지출에 관련된 매입세액
④ 매입자발행세금계산서상의 매입세액

02 다음 중 부가가치세 불공제대상 매입세액이 아닌 것은?(모두 세금계산서를 교부받았고 업무와 관련된 것임)

① 프린터기 매입세액
② 업무용 승용차(2500cc)매입세액(비영업용임)
③ 토지의 취득부대비용 관련 매입세액
④ 기업업무추진비(접대비) 관련 매입세액

03 다음 중 부가가치세법상 매입세액공제가 가능한 금액은?

• 기업업무추진비(접대비) 지출에 대한 매입세액: 100,000원
• 면세사업과 관련된 매입세액: 100,000원
• 토지관련 매입세액: 100,000원

① 0원 　　② 100,000원 　　③ 200,000원 　　④ 300,000원

04 부가가치세법상 매입세액으로 공제가 불가능한 경우로 옳은 것은?

① 소매업자가 사업과 관련하여 받은 간이영수증에 의한 매입세액
② 음식업자가 계산서를 받고 구입한 농산물의 의제매입세액
③ 신용카드매출전표 등 적격증빙 수령분 매입세액
④ 종업원 회식비와 관련된 매입세액

05 다음 중 부가가치세 매입세액으로 공제되는 것은?

① 기계부품 제조업자가 원재료를 매입하고 신용카드매출전표를 수취한 경우
② 농산물(배추) 도매업자가 운송용 트럭을 매입하는 경우
③ 거래처에 접대하기 위하여 선물을 매입하는 경우
④ 비사업자로부터 원재료를 매입하면서 세금계산서 등을 수취하지 않은 경우

06 다음 중 부가가치세에 대한 설명으로 틀린 것은?

① 부가가치세는 전단계세액공제법을 채택하고 있다.
② 부가가치세는 0% 또는 10%의 세율을 적용한다.
③ 면세사업과 관련한 매입세액은 부가가치세 매입세액공제가 불가능하다.
④ 기업업무추진비(접대비) 및 이와 유사한 지출도 사업과 관련이 있는 지출이므로 매입세액공제가 가능하다.

07 부가가치세법상 다음의 매입세액 중 매출세액에서 공제되는 매입세액은?

① 기업업무추진비(접대비) 관련 매입세액
② 면세사업 관련 매입세액
③ 화물차 구입 관련 매입세액
④ 사업과 직접 관련 없는 지출에 대한 매입세액

08 부가가치세법상 공제 가능한 매입세액으로 옳은 것은?

① 면세 사업 관련 매입세액
② 비영업용 소형자동차(1,000cc초과)의 구입과 유지에 관한 매입세액
③ 직원의 복리후생 관련한 매입세액
④ 사업과 직접 관련이 없는 지출에 대한 매입세액

09 다음 자료에 대한 부가가치세액은 얼마인가? 단, 거래금액에는 부가가치세가 포함되어 있지 않으며, 일반과세사업자에 해당한다.

• 외상판매액	: 20,000,000원
• 사장 개인사유로 사용한 제품(원가 800,000원, 시가 1,200,000원)	: 800,000원
• 비영업용 소형승용차(2,000cc) 매각대금	: 1,000,000원
• 화재로 인하여 소실된 제품	: 2,000,000원
합 계	: 23,800,000원

① 2,080,000원
② 2,120,000원
③ 2,220,000원
④ 2,380,000원

10 일반과세사업자가 납부해야 할 부가가치세 금액은?

• 전자세금계산서 교부에 의한 제품매출액: 28,050,000원(공급대가)
• 지출증빙용 현금영수증에 의한 원재료 매입액: 3,000,000원(부가가치세 별도)
• 신용카드에 의한 제품운반용 소형화물차 구입: 15,000,000원(부가가치세 별도)
• 신용카드에 의한 매출거래처 선물구입: 500,000원(부가가치세 별도)

① 700,000원
② 750,000원
③ 955,000원
④ 1,050,000원

2부
케이렙[KcLep]
실무 따라하기

I Can!
전산회계 1급

I CAN 케이렙[KcLep] 프로그램 설치

1 케이렙[KcLep] 프로그램 설치

(1) '한국세무사회 국가공인자격시험' 홈페이지(https://license.kacpta.or.kr) 왼쪽 하단의 '케이렙(수험용)' 프로그램을 다운받아 설치를 진행한다.

(2) 설치가 종료되면 바탕화면에 'KcLep교육용 세무사랑Pro' 바로가기 아이콘( )이 생성되며, 아이콘을 더블클릭하면 프로그램이 실행된다.

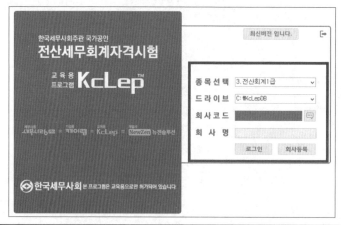

종목선택	시험응시 종목(급수)을 선택한다.(응시급수에 따라 메뉴가 다름)
드라이브	'C:₩KcLepDB'를 선택한다.(다른 드라이브를 선택하면 오류발생)
회사코드	🔤 클릭 후 등록된 회사명을 더블클릭 또는 Enter⏎ 를 이용하여 선택한다. (최초의 회사는 회사등록 을 클릭하여 등록)

I CAN / 전산회계 1급 실무 운용 흐름

1 기초정보관리

회사등록	사업자등록증에 의해 회사명, 기수, 회계연도, 사업자등록번호, 법인등록번호, 대표자명, 사업장 주소 등의 회사정보를 등록
거래처등록	상품, 원재료의 매입처와 상품, 제품의 매출처 등의 일반거래처, 은행 등의 금융기관, 신용카드와 가맹점 등의 신용카드 거래처 정보를 등록
계정과목및 적요등록	기본적인 계정과목은 이미 등록되어 있으며, 회사의 특성에 따른 계정과목과 적요의 추가 및 수정 사항을 등록

2 전기분 재무제표의 이월

전기분재무상태표	전기분 재무상태표의 이월자료 등록
전기분손익계산서	전기분 손익계산서의 이월자료 등록
전기분원가명세서	전기분 원가명세서의 이월자료 등록
전기분잉여금처분계산서	전기분 이익잉여금처분계산서의 이월자료 등록
거래처별초기이월	전기분 재무상태표의 채권, 채무 등 관리계정의 거래처잔액 이월자료 등록

3 당기분 거래자료의 입력 및 조회

일반전표입력	부가가치세신고와 관련 없는 거래자료 입력
매입매출전표입력	부가가치세신고와 관련 있는 거래자료 입력
장부작성 및 조회	거래처원장, 계정별원장, 현금출납장, 일/월계표, 분개장, 총계정원장, 매입매출장, 전표, 합계잔액시산표 등의 장부작성 및 조회

4 부가가치세 신고서류 작성 및 조회

부가가치세신고서	매입매출전표 입력 자료에 의한 부가가치세신고서 조회 작성
세금계산서합계표	매입매출전표 입력 자료 중 세금계산서에 대한 집계 조회 작성

5 결산 및 재무제표의 작성

고정자산등록	고정자산을 등록하여 감가상각비 계산
수동결산	결산정리사항 중 수동결산사항을 일반전표입력에 입력
자동결산	결산정리사항 중 자동결산사항을 결산자료입력에 입력 후 전표추가
재무제표의 작성	제조원가명세서, 손익계산서, 이익잉여금처분계산서, 재무상태표 작성 및 조회
마감후이월	당기 자료를 차기로 이월

1. 기초정보관리

01 기초정보관리

기초정보관리에서는 회계처리 하려고 하는 회사의 기본정보 등록작업을 할 수 있다.

재무회계			
전표입력	**기초정보관리**	**장부관리**	**결산/재무제표**
일반전표입력	회사등록	거래처원장	결산자료입력
매입매출전표입력	거래처등록	거래처별계정과목별원장	합계잔액시산표
전자세금계산서발행	계정과목및적요등록	계정별원장	재무상태표
	환경등록	현금출납장	손익계산서
		일계표(월계표)	제조원가명세서
		분개장	이익잉여금처분계산서
		총계정원장	현금흐름표
		매입매출장	자본변동표
		세금계산서(계산서)현황	결산부속명세서
		전표출력	

회사등록	• 사업자등록번호 등 회사의 기본적인 정보를 입력한다.
거래처등록	• 일반거래처: 매출거래처와 매입거래처의 정보를 입력한다. • 금융기관: 은행 등 금융기관 거래처를 정보를 입력한다. • 신용카드: 사업용 신용카드, 신용카드 가맹점 정보를 입력한다.
계정과목 및 적요등록	• 기본적으로 등록된 계정과목과 적요를 확인하고, 새로 입력하거나 수정 할 계정과목과 적요(현금적요, 대체적요)를 입력한다.
환경등록	• 케이렙[KcLep] 운용에 대한 기본적인 사항을 등록한다.(시험에 출제되지 않음)

1 회사등록

회사등록은 회계처리를 하려고 하는 회사를 등록하는 작업으로 가장 기본적이고 우선되는 작업이다. 회사의 사업자등록증을 토대로 작성하며 등록된 내용이 각종 출력물의 회사 기본사항에 자동 표시되며, 각종 신고서에 관련 내용이 반영 되므로 정확히 입력한다.

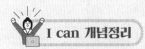 **I can 개념정리**

- 코드: 등록할 회사에 대한 코드를 부여하며, 101 ~ 9999까지 사용 가능하다.
- 회사명: 사업자등록증에 기재된 상호명을 입력한다.
- 구분: 사업자등록증상 법인과 개인을 구분하여 입력한다.(1.법인, 2.개인)
- 회계연도: 해당연도의 사업년도를 의미하며 개업일로부터 해당연도까지의 사업년도에 대한 기수를
  선택하고 회계기간을 입력한다.
- 사업자등록번호, 법인등록번호, 대표자명, 대표자주민번호, 사업장주소, 업태, 종목 등을 사업자등록
  증에 의하여 정확히 입력한다.
- 사업장관할세무서: 사업자등록증상의 사업장주소를 우편번호를 검색하여 입력하면 관할세무서가
  자동으로 등록된다.
- 도움창을 불러오는 💬 (또는 F2)를 클릭하면 관련 내용을 검색할 수 있다.

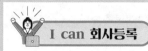

㈜삼일아이는 전자제품을 제조, 도소매하는 법인기업이다. 사업자등록증을 참고하여 회사등록을 입력하시오.(회사코드는 [0301]로 등록하며, 회계기간은 제9기 2025.1.1.~ 2025.12.31., 설립 연월일과 개업연월일은 2017.5.30.이다.)

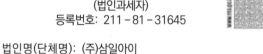

사 업 자 등 록 증
(법인과세자)

등록번호: 211 – 81 – 31645

법인명(단체명): (주)삼일아이
대　　표　　자: 김광민

개 업 년 월 일: 2017년 5월 30일
법 인 등 록 번 호: 110115-1754866
사 업 장 소 재 지: 서울특별시 강남구 도산대로 152
　　　　　　　　901호 (논현동, 영동빌딩)

본 점 소 재 지: 서울특별시 강남구 도산대로 152,
　　　　　　　　901호 (논현동, 영동빌딩)
사 업 의 종 류: 제조, 도소매 전자제품
발 급 사 유: 신규

사업자단위과세 적용사업자여부: 여(　　) 부(∨)
전자세금계산서 전용 메일주소: samili@naver.com

2017년 5월 30일
강 남 세 무 서 장 (인)

 회사등록 따라하기

'회계관리 ➜ 재무회계 ➜ 기초정보관리 ➜ 회사등록' 메뉴에서 사업자등록증의 회사정보를 입력한다.

기본사항

	코드	회사명	구분	미사용
☐	0301	(주)삼일아이	법인	사용
☐				
☐				
☐				

기본사항 | 추가사항

1. 회계연도　　　제 9 기 2025 년 01 월 01 ▣일 ~ 2025 년 12 월 31 ▣일
2. 사업자등록번호　211-81-31645　　　3. 법인등록번호　110115-1754866
4. 대표자명　　　김광민
5. 대표자주민번호　_____-_____　　　대표자외국인여부　부
6. 사업장주소　　06040 ▣ 서울특별시 강남구 도산대로 152
　　　　　　　　901호 (논현동, 염동빌딩)　　　　　신주소 여
7. 본점주소　　　06040 ▣ 서울특별시 강남구 도산대로 152
　　　　　　　　(논현동, 염동빌딩)　　　　　　　신주소 여
8. 업태　　　　　제조, 도소매　　　　　9. 종목 전자제품
10. 주업종코드　　　　　▣
11. 사업장전화번호　　) 　-　　　　12. 팩스　　　) 　-
13. 법인구분　　　내국법인　　　　　14. 법인종류별구분
15. 중소기업여부　여　　　　　　　　16. 설립연월일　2017-05-30 ▣
17. 개업연월일　　2017-05-30 ▣　　18. 폐업연월일　____-__-__ ▣
19. 사업장동코드　1168010800 ▣ 서울특별시 강남구 논현동
20. 본점동코드　　1168010800 ▣ 서울특별시 강남구 논현동
21. 사업장관할세무서 211 ▣ 강남　　22. 본점관할세무서 211 ▣ 강남
23. 지방소득세납세지　강남구 ▣　　24. 지방세법인구분 22 ▣ 주식회사 00

참고 회사등록을 마친 후 교육용프로그램 KcLep 화면의 '회사코드' 란에 '0301'을 입력하여 '(주)삼일아이'로 로그인한다.

② 거래처등록

관리하려고 하는 거래처의 기본정보를 등록하는 메뉴로 일반·금융·카드거래처로 구분되어 있다. 외상 거래로 채권·채무가 발생했을 경우 거래처별로 보조장부를 작성해야 하는데 이러한 거래처원장을 작성하기 위해서는 거래처정보가 등록되어 있어야 한다.

일반거래처

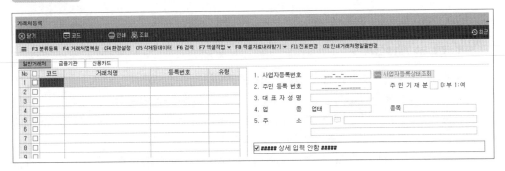

금융거래처

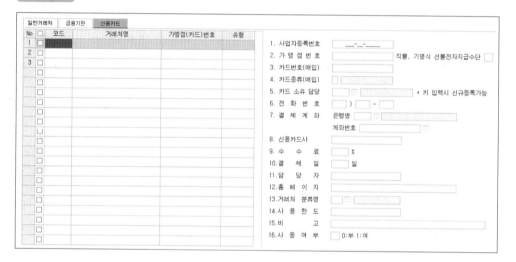

신용카드

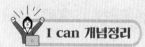

I can 개념정리

- 일반거래처: 일반거래처 코드(00101 ~ 97999), 거래처명, 사업자등록번호, 유형(1.매출, 2.매입. 3.동시), 대표자성명, 업태 및 종목, 주소 등 거래처 사업자등록증의 기본내용을 입력한다.
- 금융거래처: 금융거래처 코드(98000 ~ 99599), 거래처명, 계좌번호, 유형(1.보통예금, 2.당좌예금, 3.정기적금, 4.정기예금, 5.기타)등을 입력한다.
- 신용카드: 카드거래처 코드(99600 ~ 99999), 거래처명, 가맹점(카드)번호, 유형(1.매출, 2.매입)을 입력한다. 유형이 1.매출인 경우는 가맹점번호를, 2.매입인 경우는 카드번호(매입)를 입력한다.

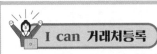

I can 거래처등록

㈜삼일아이 거래처의 정보를 입력하시오.(일반거래처 유형: 3.동시)

구분	코드	거래처명	대표자명	사업자등록번호	업태	종목	주 소
일반	1001	메타전자(주)	이희태	106-81-19636	도매	컴퓨터	서울 용산구 한강대로 117 (한강로2가)
	1002	지능컴퓨터(주)	박용수	220-81-03217	도매	컴퓨터	서울 강남구 강남대로 253 (서초동, 준타워)
	1003	위드전자(주)	김상진	320-81-52624	제조	전자제품	세종특별자치시 가름로 194 (어진동)
	1004	서울전자(주)	최성우	109-81-12345	도매	전자제품	서울 강서구 마곡동로 31 (마곡동)
	1005	(주)미래차	강미래	235-81-32145	소매	자동차	경기도 광명시 소하로 81 (소하동)
	1006	아이캔북	추종호	119-60-51258	도매	서적	서울 금천구 금하로 596 (시흥동)
	1007	Global Company	-	-	-	-	-
	2000	박상준	-	-	-	-	-
금융	98001	국민은행(보통)	• 계좌번호: 356-0535-6193-83, 유형: 1.보통예금						
	98002	신한은행(차입)	• 계좌번호: 123-5423-7188-46, 유형: 5.기타						
신용	99601	삼성카드사	• 가맹점번호: 00099021983, 유형: 1.매출						
	99602	국민카드(법인)	• 카드번호: 9409-1510-7223-1052 • 유형: 2.매입 • 종류: 3.사업용카드						

거래처등록 따라하기

'회계관리 ➡ 재무회계 ➡ 기초정보관리 ➡ 거래처등록' 메뉴에 [일반거래처], [금융기관], [신용카드] 내용을 입력한다.

일반거래처

No	코드	거래처명	등록번호	유형
1	01001	메타전자(주)	106-81-19636	동시
2	01002	지능컴퓨터(주)	220-81-03217	동시
3	01003	위드전자(주)	320-81-52624	동시
4	01004	서울전자(주)	109-81-12345	동시
5	01005	(주)미래차	235-81-32145	동시
6	01006	아이캔북	119-60-51258	동시
7	01007	Global Company		동시
8	02000	박상준		동시

1. 사업자등록번호   106-81-19636   사업자등록상태조회
2. 주 민 등 록 번 호   -------   주 민 기 재 분 부 0:부 1:여
3. 대 표 자 성 명   이희태
4. 업 종   업태 도매   종목 컴퓨터
5. 주 소   04376   서울특별시 용산구 한강대로 117
(한강로2가)

☑ ##### 상세 입력 안함 #####

금융기관

신용카드

3 계정과목 및 적요등록

거래가 발생하여 전표를 작성할 때 해당 계정과목을 선택하여 입력하게 되는데 이렇게 전표를 입력하기 위한 계정과목을 등록시켜놓은 메뉴이다.

I can 계정과목 및 적요등록

㈜삼일아이의 계정과목 및 적요등록 메뉴에서 다음 자료를 수정 또는 추가 등록하시오.

1. '851.차량운용리스료'(판매관리비) 계정과 적요를 추가 등록하시오.

   - 성격: 3.경비
   - 현금적요: 1.운용리스료 현금 지급, 대체적요: 1.운용리스료 미지급

2. '138.전도금'(당좌자산) 계정을 '138.소액현금' 계정으로 수정 등록하시오.

계정과목 및 적요등록 따라하기

'회계관리 ➔ 재무회계 ➔ 기초정보관리 ➔ 계정과목 및 적요등록' 메뉴에 계정과목과 적요를 추가, 수정 입력한다.

851. 차량운용리스료

코드/계정과목		성격	관계	
0851	차 량 운 용 리 스 료	3.경 비		
0852	사 용 자 설 정 계 정 과 목			
0853	사 용 자 설 정 계 정 과 목			
0854	사 용 자 설 정 계 정 과 목			
0855	사 용 자 설 정 계 정 과 목			
0856	사 용 자 설 정 계 정 과 목			
0857	사 용 자 설 정 계 정 과 목			
0858	사 용 자 설 정 계 정 과 목			
0859	사 용 자 설 정 계 정 과 목			
0860	사 용 자 설 정 계 정 과 목			
0861	사 용 자 설 정 계 정 과 목			
0862	사 용 자 설 정 계 정 과 목			
0863	사 용 자 설 정 계 정 과 목			
0864	사 용 자 설 정 계 정 과 목			
0865	사 용 자 설 정 계 정 과 목			

계정코드(명)	0851 차량운용리스료
성격	3.경 비
관계코드(명)	
영문명	User setup accounts
과목코드	0851 사용자설정계정과목
계정사용여부	1 (1:여/2:부)
계정수정구분	계정과목명, 성격 입력/수정 가능
표준재무제표	124 36.기타
외화	0.부
업무용차 여부	2 (1:여/2:부)

적요NO	현금적요
1	운용리스료 현금 지급

적요NO	대체적요
1	운용리스료 미지급

138. 소액현금

코드/계정과목		성격	관계
0138	소 액 현 금	3.일 반	
0139	선 급 공 사 비	3.일 반	
0140	이 연 법 인 세 자 산	3.일 반	
0141	현 금 과 부 족	3.일 반	
0142	미 결 산	3.일 반	
0143	본 지 점	3.일 반	
0144	사 용 자 설 정 계 정 과 목		

계정코드(명)	0138 소액현금
성격	3.일 반
관계코드(명)	
영문명	Advanced money
과목코드	0138 소액현금
계정사용여부	1 (1:여/2:부)
계정수정구분	모든 항목 입력/수정 불가
표준재무제표	39 8.기타당좌자산

참고 붉은색 계정이므로 Ctrl+F2을 누른 후 오른쪽 상단의 계정코드(명)을 수정한다.

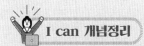

I can 개념정리

계정과목및적요등록 메뉴에서 계정과목의 검색방법은 다음과 같다.
- Ctrl+F 메뉴를 이용한 검색
- 좌측의 계정체계에서 분류항목을 선택하고 해당 계정과목을 검색
- 당좌자산 왼쪽의 빈칸에 계정과목의 코드번호를 직접 입력하여 검색

계 정 체 계	
당 좌 자 산 :	0101-0145
재 고 자 산 :	0146-0175
투 자 자 산 :	0176-0194
유 형 자 산 :	0195-0217
무 형 자 산 :	0218-0230
기타비유동자산 :	0231-0250
유 동 부 채 :	0251-0290

코드/계정과목		성격	관계
	당 좌 자 산		
0101	현 금	3.일 반	
0102	당 좌 예 금	1.예 금	
0103	보 통 예 금	1.예 금	
0104	제 예 금	1.예 금	
0105	정 기 예 금	1.예 금	
0106	정 기 적 금	2.적 금	
0107	단 기 매 매 증 권	5.유 가 증 권	

계정코드(명)	당좌자산
성격	외화 0.부
관계코드(명)	
영문명	
과목코드	
계정사용여부	(1:여/2:부) 업무용차 여부 2
계정수정구분	
표준재무제표	

4 환경등록

환경등록은 시스템환경을 설정하기 위한 메뉴이며, 회사의 특성에 맞춰 입력방법을 선택할 수 있다.

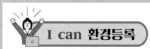 **I can 환경등록**

전자제품을 제조, 도소매하는 ㈜삼일아이의 분개유형을 아래와 같이 수정하시오.

1. '매출'계정을 '404.제품매출'로 수정하시오.

2. '매입'계정을 '153.원재료'로 수정하시오.

3. '신용카드매출채권'계정을 '108.외상매출금'으로 수정하시오.

환경등록 따라하기

'회계관리 ➜ 재무회계 ➜ 기초정보관리 ➜ 환경등록' 메뉴의 [회계]탭에서 분개유형 설정을 수정 입력한다.

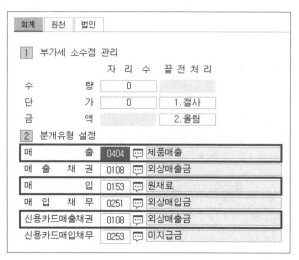

02 전기분재무제표

계속기업의 경우 전년도의 결산시 작성된 재무제표를 당기에 이월받아 비교식 재무제표를 제공한다.

재무회계			
전기분재무제표	**고정자산및감가상각**	**자금관리**	**데이터관리**
전기분재무상태표	고정자산등록	받을어음현황	데이터백업
전기분손익계산서	미상각분감가상각비	지급어음현황	회사코드변환
전기분원가명세서	양도자산감가상각비	일일자금명세(경리일보)	회사기수변환
전기분잉여금처분계산서	고정자산관리대장	예적금현황	기타코드변환
거래처별초기이월			데이터체크
마감후이월			데이터저장및압축

전기분 재무제표	• 전기분재무상태표: 전기분 자료를 입력하여 자료를 이월받고, 비교식 재무상태표를 제공한다. • 전기분손익계산서: 전기분 자료를 입력하여 비교식 손익계산서를 제공한다. • 전기분원가명세서: 전기분 자료를 입력하여 비교식 원가명세서를 제공한다. • 전기분잉여금처분계산서: 전기분 자료를 입력하여 비교식 이익잉여금처분계산서를 제공한다.
거래처별 초기이월	• 거래처별 관리가 필요한 계정과목의 초기이월 자료를 입력한다.

1 전기분재무상태표

전기분재무상태표의 자산, 부채, 자본 계정과목과 금액을 입력하여 이월받는다.

I can 전기분재무상태표

(주)삼일아이의 전기분재무상태표를 입력하시오.(단, 미처분이익잉여금은 375.이월이익잉여금으로 입력할 것)

재 무 상 태 표

제8기 2024. 12. 31.현재

(주)삼일아이   (단위: 원)

과 목	금 액		과 목	금 액	
자 산			**부 채**		
유 동 자 산		35,000,000	**유 동 부 채**		32,000,000
당 좌 자 산		25,000,000	외 상 매 입 금		15,000,000
현 금		6,040,000	지 급 어 음		2,000,000
보 통 예 금		15,000,000	미 지 급 금		4,000,000
외 상 매 출 금	4,000,000		단 기 차 입 금		11,000,000
대 손 충 당 금	40,000	3,960,000	**비 유 동 부 채**		0
재 고 자 산		10,000,000			
제 품		6,000,000	**부 채 총 계**		32,000,000
원 재 료		4,000,000			
비 유 동 자 산		155,000,000	**자 본**		
투 자 자 산		0	**자 본 금**		100,000,000
유 형 자 산		140,000,000	자 본 금		100,000,000
건 물		110,000,000	**자 본 잉 여 금**		0
기 계 장 치	15,000,000		**자 본 조 정**		0
감가상각누계액	5,000,000	10,000,000	기타포괄손익누계액		0
차 량 운 반 구	20,000,000		**이 익 잉 여 금**		58,000,000
감가상각누계액	4,500,000	15,500,000	이 익 준 비 금		3,000,000
비 품	5,000,000		미처분이익잉여금		55,000,000
감가상각누계액	500,000	4,500,000	(당기순이익26,000,000)		
무 형 자 산		5,000,000			
개 발 비		5,000,000	**자 본 총 계**		158,000,000
기타비유동자산		10,000,000			
임 차 보 증 금		10,000,000			
자 산 총 계		190,000,000	**부채 및 자본총계**		190,000,000

전기분재무상태표 따라하기

• '회계관리 ➡ 재무회계 ➡ 전기분재무제표 ➡ 전기분재무상태표' 메뉴에 각 계정과목의 금액을 정확하게 입력하면 대차차액이 '0'이 되며, 대차차액이 양수(+) 금액이면 대변금액 이 부족한 경우이고, 음수(-) 금액이면 차변금액이 부족한 경우이다.

• 코드 란에서 두 글자를 입력하여 검색하거나 F2를 눌러 도움창을 이용하여 입력한다.

자산				부채 및 자본			계정별 합계	
코드	계정과목	금액	코드	계정과목	금액	1. 유동자산		35,000,000
0101	현금	6,040,000	0251	외상매입금	15,000,000	①당좌자산		25,000,000
0103	보통예금	15,000,000	0252	지급어음	2,000,000	②재고자산		10,000,000
0108	외상매출금	4,000,000	0253	미지급금	4,000,000	2. 비유동자산		155,000,000
0109	대손충당금	40,000	0260	단기차입금	11,000,000	①투자자산		
0150	제품	6,000,000	0331	자본금	100,000,000	②유형자산		140,000,000
0153	원재료	4,000,000	0351	이익준비금	3,000,000	③무형자산		5,000,000
0202	건물	110,000,000	0375	이월이익잉여금	55,000,000	④기타비유동자산		10,000,000
0206	기계장치	15,000,000				자산총계(1+2)		190,000,000
0207	감가상각누계액	5,000,000				3. 유동부채		32,000,000
0208	차량운반구	20,000,000				4. 비유동부채		
0209	감가상각누계액	4,500,000				부채총계(3+4)		32,000,000
0212	비품	5,000,000				5. 자본금		100,000,000
0213	감가상각누계액	500,000				6. 자본잉여금		
0226	개발비	5,000,000				7. 자본조정		
0232	임차보증금	10,000,000				8. 기타포괄손익누계액		
						9. 이익잉여금		58,000,000
						자본총계(5+6+7+8+9)		158,000,000
						부채 및 자본 총계		190,000,000
차 변 합 계		190,000,000	대 변 합 계		190,000,000	대 차 차 액		

I can 개념정리

• 자산의 차감계정은 해당계정 아래의 코드번호로 입력한다.

108.외상매출금	206.기계장치	208.차량운반구	212.비품
109.대손충당금	207.감가상각누계액	209.감가상각누계액	213.감가상각누계액

• 재무상태표의 '미처분이익잉여금'은 전기분 재무상태표 입력 시와 전표입력 시 '375.이월이익잉여금'으로 입력한다.

• 기말원재료 재고액 및 기말재공품 재고액은 전기분원가명세서에 반영되며, 기말제품 재고액은 전기분 손익계산서에 반영된다.

2 전기분손익계산서

전기분손익계산서의 비용, 수익 계정과목과 금액을 입력하여 이월받는다.

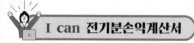

I can 전기분손익계산서

(주)삼일아이의 전기분손익계산서를 입력하시오.

손 익 계 산 서

제8기 2024.1.1.~2024.12.31.

(주)삼일아이 (단위: 원)

과 목	금 액	
매 출 액		250,000,000
제 품 매 출		250,000,000
매 출 원 가		98,000,000
제 품 매 출 원 가		98,000,000
기 초 제 품 재 고 액	8,000,000	
당 기 제 품 제 조 원 가	96,000,000	
기 말 제 품 재 고 액	6,000,000	
매 출 총 이 익		152,000,000
판 매 비 와 관 리 비		125,400,000
급 여	60,000,000	
복 리 후 생 비	10,000,000	
여 비 교 통 비	7,600,000	
기 업 업 무 추 진 비	9,200,000	
통 신 비	6,200,000	
세 금 과 공 과	8,500,000	
감 가 상 각 비	500,000	
보 험 료	7,000,000	
소 모 품 비	16,400,000	
영 업 이 익		26,600,000
영 업 외 수 익		0
영 업 외 비 용		600,000
이 자 비 용	600,000	
법 인 세 차 감 전 이 익		26,000,000
법 인 세 등		0
당 기 순 이 익		26,000,000

👆 전기분손익계산서 따라하기

- '회계관리 → 재무회계 → 전기분재무제표 → 전기분손익계산서' 메뉴에 각 계정과목의 금액을 정확하게 입력하면 당기순이익 26,000,000원이 확인된다.
- 코드 란에서 두 글자를 입력하여 검색하거나 F2를 눌러 도움창을 이용하여 입력한다.
- 기말상품 및 기말제품 금액은 전기분재무상태표의 재고자산 금액을 반영받아 자동입력 된다.

참고
- 기말제품재고액 6,000,000원은 전기분재무상태표에 입력된 금액이 자동 반영된다.
- 당기순이익 26,000,000원이 일치하여야 한다.

3 전기분원가명세서

제조기업은 제조업 영위에 따른 원가적 구성요소로서의 원가명세서를 작성한다. 전기분원가
명세서의 계정과목과 금액을 입력하여 이월받는다.

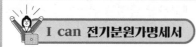

I can 전기분원가명세서

(주)삼일아이의 전기분원가명세서를 입력하시오.

제조원가명세서
제8기 2024.1.1.~2024.12.31.

(주)삼일아이 (단위: 원)

과 목	금 액	
원 재 료 비		44,000,000
기초원재료재고액	3,000,000	
당기원재료입고액	45,000,000	
기말원재료재고액	4,000,000	
노 무 비		20,000,000
임 금	20,000,000	
경 비		26,000,000
복 리 후 생 비	5,600,000	
가 스 수 도 료	1,650,000	
전 력 비	3,200,000	
세 금 과 공 과	1,680,000	
감 가 상 각 비	4,230,000	
수 선 비	2,956,000	
보 험 료	2,320,000	
소 모 품 비	4,364,000	
당 기 총 제 조 비 용		90,000,000
기초재공품재고액		6,000,000
합 계		96,000,000
기말재공품재고액		0
타계정으로대체액		0
당 기 제 품 제 조 원 가		96,000,000

👆 전기분원가명세서 따라하기

- '회계관리 ➡ 재무회계 ➡ 전기분재무제표 ➡ 전기분원가명세서' 메뉴에 각 계정과목의 금액을 입력하면 당기제품제조원가 96,000,000원이 확인된다.
- 매출원가 및 경비선택은 '제품매출원가'를 선택 후 하단 '편집'을 클릭하고 사용여부를 '여'로 수정한 후 '선택'과 확인'을 클릭한다.

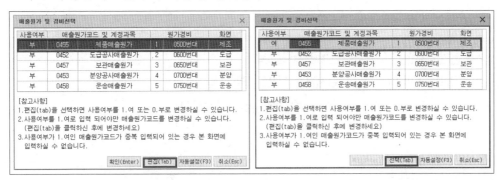

- 코드 란에서 두 글자를 입력하여 검색하거나 F2를 눌러 도움창을 이용하여 입력한다.

[참고] • 기말원재료재고액 4,000,000원은 전기분재무상태표에서 입력된 금액이 자동 반영된다.
    • 제조경비는 500번대의 계정코드로 입력되며, 제조원가명세서에서 확인되는 당기제품제조원가는 전기분 손익계산서의 매출원가에 대체된다.

4 전기분잉여금처분계산서

법인기업은 당기순이익과 전년도에서 이월된 이익잉여금 등을 주주총회를 통해 배당하거나 다른 용도로 처분하게 된다. 전년도 결산시 처분하였던 잉여금에 대한 내역을 입력하여 이월 받는다.

I can 전기분잉여금처분계산서

(주)삼일아이의 전기분잉여금처분계산서를 입력하시오.

이익잉여금처분계산서

제8기 2024.1.1.~2024.12.31.
처분확정일: 2025.2.27.

(주)삼일아이 (단위: 원)

과 목	금 액	
미 처 분 이 익 잉 여 금		55,000,000
전기이월미처분이익잉여금	29,000,000	
회 계 변 경 의 누 적 효 과	0	
전 기 오 류 수 정 이 익	0	
전 기 오 류 수 정 손 실	0	
당 기 순 이 익	26,000,000	
임 의 적 립 금 등 의 이 입 액		0
이 익 잉 여 금 처 분 액		0
이 익 준 비 금	0	
기 업 합 리 화 적 립 금	0	
배 당 금	0	
현 금 배 당	0	
주 식 배 당	0	
사 업 확 장 적 립 금	0	
감 채 적 립 금	0	
배 당 평 균 적 립 금	0	
차기이월미처분이익잉여금		55,000,000

전기분잉여금처분계산서 따라하기

- '회계관리 ➜ 재무회계 ➜ 전기분재무제표 ➜ 전기분잉여금처분계산서'의 전기이월미처 분이익 잉여금을 입력하면 미처분이익잉여금 55,000,000원이 확인된다.

  참고 당기순이익은 손익계산서의 금액이 자동 반영된다.

처분확정일자 2025 년 2 월 27 일

과목	계정과목명		제 8(전)기 2024년01월01일~2024년12월31일 금액	
	코드	계정과목	입력금액	합계
I.미처분이익잉여금				55,000,000
1.전기이월미처분이익잉여금			29,000,000	
2.회계변경의 누적효과	0369	회계변경의누적효과		
3.전기오류수정이익	0370	전기오류수정이익		
4.전기오류수정손실	0371	전기오류수정손실		
5.중간배당금	0372	중간배당금		
6.당기순이익			26,000,000	
II.임의적립금 등의 이입액				
1.				
2.				
합계(I + II)				55,000,000
III.이익잉여금처분액				
1.이익준비금	0351	이익준비금		
2.재무구조개선적립금	0354	재무구조개선적립금		
3.주식할인발행차금상각액	0381	주식할인발행차금		
4.배당금				
가.현금배당	0265	미지급배당금		
주당배당금(률)		보통주(원/%)		
		우선주(원/%)		
나.주식배당	0387	미교부주식배당금		
주당배당금(률)		보통주(원/%)		
		우선주(원/%)		
5.사업확장적립금	0356	사업확장적립금		
6.감채적립금	0357	감채적립금		

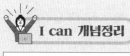

I can 개념정리

[전기분재무제표의 자료 연결성] 재무상태표(재고자산) ➜ 원가명세서 ➜ 손익계산서 ➜ 잉여금처분계산서 ➜ 재무상태표	
재무상태표	원재료, 재공품, 제품 등 재고자산 금액 변동
⬇	
원가명세서	재고자산 또는 제조원가 금액이 변동되면 제품제조원가가 변동
⬇	
손익계산서	제품제조원가가 변동되면 당기순이익이 변동
⬇	
잉여금처분계산서	당기순이익이 변동되면 미처분이익잉여금이 변동
⬇	
재무상태표	미처분이익잉여금과 이월이익잉여금이 일치해야됨

5 거래처별초기이월

채권·채무 등 거래처별 관리가 필요한 재무상태표 항목에 대해 [거래처원장]에 '전기이월'로
표기하면서 거래처별 전년도 데이터를 이월받기 위해 작성한다

I can 거래처별초기이월

(주)삼일아이의 거래처별 채권채무 잔액에 대한 초기이월 금액을 입력하시오.

계 정 과 목	거 래 처 명	금 액(원)
외 상 매 출 금	메타전자(주)	2,000,000
	지능컴퓨터(주)	2,000,000
외 상 매 입 금	위드전자(주)	10,000,000
	서울전자(주)	5,000,000
지 급 어 음	서울전자(주)	2,000,000
미 지 급 금	(주)미래차	4,000,000
단 기 차 입 금	신한은행(차입)	11,000,000

거래처별초기이월 따라하기

- '회계관리 ➡ 재무회계 ➡ 전기분재무제표 ➡ 거래처별초기이월' 메뉴에서 상단부 F4 불러오기 를
  클릭하여 불러온 후 계정과목의 거래처별 금액을 입력하면 차액이 '0'원이 된다.
- 거래처 코드 란에서 F2를 눌러 도움창을 이용하여 거래처코드를 선택하고, 금액을 입력한다.

외상매출금

코드	계정과목	재무상태표금액		코드	거래처	금액
0108	외상매출금	4,000,000		01001	메타전자(주)	2,000,000
0109	대손충당금	40,000		01002	지능컴퓨터(주)	2,000,000

외상매입금

코드	계정과목	재무상태표금액		코드	거래처	금액
0251	외상매입금	15,000,000		01003	위드전자(주)	10,000,000
0252	지급어음	2,000,000		01004	서울전자(주)	5,000,000

미지급금

코드	계정과목	재무상태표금액		코드	거래처	금액
0253	미지급금	4,000,000		01005	(주)미래차	4,000,000
0260	단기차입금	11,000,000				

단기차입금

코드	계정과목	재무상태표금액		코드	거래처	금액
0260	단기차입금	11,000,000		98002	신한은행(차입)	11,000,000
0331	자본금	100,000,000				

6 마감후이월

재무상태표계정인 자산, 부채, 자본계정은 당기의 재무상태가 보고된 이후에도 잔액이 이월되어 차기의 재무상태에 영향을 미치게된다. 이러한 재무상태표의 각 계정들을 마감하여 다음 회계기간으로 이월시키기 위한 메뉴이다.

2. 일반전표입력

01 일반전표입력

기업에서 발생하는 거래는 부가가치세신고와 관련있는 거래와 부가가치세신고와 관련 없는 거래로 구분되며, 부가가치세신고와 관련이 없는 거래는 '일반전표입력'메뉴에 입력하고, 부가가치세신고와 관련이 있는 거래는 '매입매출전표입력'메뉴에 입력한다.

재무회계			
전표입력	**기초정보관리**	**장부관리**	**결산/재무제표**
일반전표입력	회사등록	거래처원장	결산자료입력
매입매출전표입력	거래처등록	거래처별계정과목별원장	합계잔액시산표
전자세금계산서발행	계정과목및적요등록	계정별원장	재무상태표
	환경등록	현금출납장	손익계산서
		일계표(월계표)	제조원가명세서
		분개장	이익잉여금처분계산서
		총계정원장	현금흐름표
		매입매출장	자본변동표
		세금계산서(계산서)현황	결산부속명세서
		전표출력	

1 일반전표입력 시 유의사항

전산회계 1급 자격시험에서 요구하는 일반전표입력 시 유의사항은 다음과 같다.

〈입력 시 유의사항〉

- 일반적인 적요의 입력은 생략하지만, 타계정 대체거래는 적요번호를 선택하여 입력한다.
- 채권·채무와 관련된 거래는 별도의 요구가 없는 한 반드시 기 등록되어 있는 거래처코드를 선택하는 방법으로 거래처명을 입력한다.
- 제조경비는 500번대 계정코드를, 판매비와 관리비는 800번대 계정코드를 사용한다.
- 회계처리시 계정과목은 별도제시가 없는 한 등록되어 있는 계정과목 중 가장 적절한 과목으로 한다.

1 채권과 채무 계정과목

채권	외상매출금, 받을어음, 단기대여금, 장기대여금, 선급금, 가지급금 등
채무	외상매입금, 지급어음, 단기차입금, 장기차입금, 선수금, 미지급금, 유동성장기부채 등

참고 채권·채무와 관련된 계정과목은 반드시 거래처코드를 입력하여야 한다.

3 제조원가와 판매비와관리비의 구분

제조원가(제)	• 제품의 제조를 위해서 사용되는 원가를 말한다. • 공장, 제조, 생산 등의 제조와 관련된 경우는 제조원가로 입력한다. • 500번대 코드번호가 제조원가에 해당되며, 제조원가명세서에 반영된다.
판매관리비(판)	• 판매 또는 관리를 위해서 사용되는 비용을 말한다. • 영업, 관리, 판매 등의 판매관리와 관련된 경우는 판매비와관리비로 입력한다. • 800번대 코드번호가 판매비와관리비에 해당되며, 손익계산서에 반영된다.

	년	∨ 월	일 변경 현금잔액:		대차차액:			
□	일	번호	구분	계 정 과 목	거 래 처	적 요	차 변	대 변
□								
□								
□								
□								
□								
□								
□								
□								
□								
□								
□								
□								
□								
			합 계					

카드등사용여부

●	NO :		( ) 전 표		일 자 : 년 월 일	
	계정과목	적요		차변(출금)	대변(입금)	
						전 표 현재라인 인 쇄
						전 표 선택일괄 인쇄[F9]
	합 계					

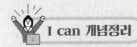

I can 개념정리

- **월**: 입력하려고 하는 전표의 해당 월을 2자리 숫자로 입력하거나, 해당 월을 선택한다.
- **일**: 거래 일자를 입력하며, 입력없이 엔터치면 선택일자만 입력하는 월 단위 입력이 가능하다.
- **번호**: 전표번호는 일자별로 자동부여 되며, 상단 SF2.번호수정 메뉴를 통해 수정 가능하다.
- **구분**: 거래의 전표유형을 입력할 수 있다.(1.출금, 2.입금, 3.차변, 4.대변, 5.결산차변, 6.결산대변)
- **계정과목**: 계정과목의 코드 3자리를 직접 입력하거나 계정과목의 두글자 혹은 F2(조회) 기능 통해 계정과목을 입력할 수 있다.
- **거래처**: 채권·채무를 거래처별로 관리하기 위해 코드를 입력하며, 거래처명을 직접 입력하거나 F2(조회) 기능을 통해 거래처를 입력할 수 있다. "+"혹은 "0000"을 입력하여 신규거래처에 대한 정보를 간편등록 할 수 있다.
- **금액**: 거래금액을 입력하며, 금액란에서 "+"를 입력할 경우 천단위 "000"금액이 자동입력 된다.
- **적요**: 거래에 대한 적요내용을 직접 입력하거나 F2(조회) 기능을 통해 입력할 수 있다.
- **전표삽입**: 전표입력이 누락되어 전표라인을 추가하려고 할 경우, 상단 메뉴의 CF9.전표삽입 메뉴를 통해 전표의 삽입이 가능하다.

02 출금전표, 입금전표, 대체전표

1 출금전표

현금 총액으로 지출된 거래는 출금전표로 작성한다. 구분 란에 '1'을 입력하면 대변에 '현금'이 자동으로 입력되며, 차변 계정과목만 입력하면 된다.

I can 출금전표 입력

㈜삼일아이의 현금출금 거래자료를 일반전표입력 메뉴에 입력하시오.

[1] 1월 2일: 영업팀 사원의 야근식대 30,000원을 현금으로 지급하였다.

[2] 1월 3일: ㈜미래차에 지급할 미지급금 중 2,000,000원을 현금으로 지급하였다.

👆 출금전표입력 따라하기

· '회계관리 ➔ 재무회계 ➔ 전표입력 ➔ 일반전표입력' 메뉴의 구분 란에 '1'을 입력하여 출금전표를 입력한다.

· 거래처코드는 두 글자를 입력하여 검색하거나 F2를 눌러 도움창을 이용하여 입력한다.

| [1] | 1월 2일 | (차) 복리후생비(판) | 30,000원 | (대) 현금 | 30,000원 |
| [2] | 1월 3일 | (차) 미지급금(㈜미래차) | 2,000,000원 | (대) 현금 | 2,000,000원 |

일	번호	구분	계 정 과 목	거 래 처	적 요	차 변	대 변
2	00001	출금	0811 복리후생비			30,000	(현금)
3	00001	출금	0253 미지급금	01005 (주)미래차		2,000,000	(현금)

② 입금전표

현금 총액으로 입금된 거래는 입금전표로 작성한다. 구분 란에 '2'를 입력하면 차변에 '현금'이 자동으로 입력되며, 대변 계정과목만 입력하면 된다.

I can 입금전표 입력

㈜삼일아이의 현금입금 거래자료를 일반전표입력 메뉴에 입력하시오.

[1] 1월 4일: 메타전자(주)의 외상매출금 중 1,000,000원을 현금으로 받았다.

[2] 1월 5일: 지능컴퓨터(주)와 제품매출 계약을 체결하고, 계약금 1,500,000원을 현금으로 받았다.

👆 입금전표입력 따라하기

· '회계관리 ➔ 재무회계 ➔ 전표입력 ➔ 일반전표입력' 메뉴의 구분 란에 '2'를 입력하여 입금전표를 입력한다.

· 거래처코드는 두 글자를 입력하여 검색하거나 F2를 눌러 도움창을 이용하여 입력한다.

| [1] | 1월 4일 | (차) 현금 | 1,000,000원 | (대) 외상매출금(메타전자㈜) | 1,000,000원 |
| [2] | 1월 5일 | (차) 현금 | 1,500,000원 | (대) 선수금(지능컴퓨터㈜) | 1,500,000원 |

일	번호	구분	계 정 과 목	거 래 처	적 요	차 변	대 변
4	00001	입금	0108 외상매출금	01001 메타전자(주)		(현금)	1,000,000
5	00001	입금	0259 선수금	01002 지능컴퓨터(주)		(현금)	1,500,000

3 대체전표

거래 총액 중 현금이 일부 있거나, 현금 이외의 거래인 경우 대체전표로 작성한다. 구분 란에 차변은 '3'을 대변은 '4'를 입력하면 된다.

I can 대체전표 입력

㈜삼일아이의 대체 거래자료를 일반전표입력 메뉴에 입력하시오.

[1] 1월 6일: 영업팀 업무용승용차의 자동차세 160,000원을 국민은행 보통예금계좌에서 이체하여 지급하였다.

[2] 1월 7일: 지능컴퓨터(주)의 외상매출금 1,000,000원을 국민은행 보통예금 계좌로 이체 받았다.

대체전표입력 따라하기

• '회계관리 ➜ 재무회계 ➜ 전표입력 ➜ 일반전표입력' 메뉴의 구분 란에 차변은 '3', 대변은 '4'를 입력하여 대체전표를 입력한다.

• 거래처코드는 두 글자를 검색하거나 F2를 눌러 도움창을 이용하여 입력한다.

| [1] | 1월 6일 | (차) 세금과공과(판) | 160,000원 | (대) 보통예금 | 160,000원 |
| [2] | 1월 7일 | (차) 보통예금 | 1,000,000원 | (대) 외상매출금(지능컴퓨터㈜) | 1,000,000원 |

일	번호	구분	계 정 과 목	거 래 처	적 요	차 변	대 변
6	00001	차변	0817 세금과공과			160,000	
6	00001	대변	0103 보통예금				160,000
7	00001	차변	0103 보통예금			1,000,000	
7	00001	대변	0108 외상매출금	01002 지능컴퓨터(주)			1,000,000

참고 ▶ 출금전표와 입금전표의 입력방식은 차변이나 대변 한 곳만 입력하면 되므로 입력시간이 단축된다. 자격시험에서는 출금전표, 입금전표, 대체전표 형식과 관계없이 차변과 대변의 회계처리를 정확히 입력하면 된다.

03 계정별 일반전표입력

부가가치세신고와 관련 없는 일반거래 자료는 일반전표입력 메뉴에서 입력한다.

I can 계정별 일반전표입력

㈜삼일아이의 거래자료를 일반전표입력 메뉴에 입력하시오.(모든 거래는 부가가치세를 고려하지 말 것)

[1] 2월 1일: 국민은행 당좌예금 계좌를 개설하고 국민은행 보통예금 계좌에서 3,000,000 원을 인출하여 당좌예금 계좌에 입금하였다.

[2] 2월 13일: 매출처 메타전자㈜의 외상매출금 중 1,000,000원을 전자어음(만기일 2026.2.13.)으로 받았다.

[3] 2월 22일: 위드전자㈜의 외상매입금 중 3,000,000원을 국민은행 보통예금 계좌에서 지급하였다.

[4] 2월 28일: 서울전자㈜에 발행하였던 지급어음 2,000,000원의 만기가 도래하여 국민은행 당좌예금 계좌에서 결제되었다.

[5] 3월 3일: 생산팀에서 사용할 장갑(소모품)을 구입하고 대금 30,000원은 현금으로 지급하였다.(비용으로 처리할 것)

[6] 3월 15일: 강남주유소에서 공장용 화물차에 대한 주유대금 50,000원을 국민카드(법인)로 결제하였다.

[7] 3월 27일: 매출처 직원과 식사를 하고 식사대금 77,000원을 국민카드(법인)로 결제하였다.

[8] 4월 1일: 영업팀 업무용승용차보험(2025.4.1. ~ 2026.3.31.)을 삼성화재보험에 가입하고, 보험료 600,000을 국민은행 보통예금 계좌에서 납부하였다.(비용으로 처리할 것)

[9] 4월 19일: 사회복지공동모금회에 불우이웃돕기 성금 200,000원을 현금으로 지급하였다.

[10] 5월 4일: 생산팀 박상준차장의 출장여비 250,000원을 현금으로 가지급하였다.

[11] 5월 8일: 출장을 마친 생산팀 박상준차장의 출장관련 지출내역을 확인하고 출장여비
         잔액 30,000원을 현금으로 회수하였다.

(단위: 원)

출장비 지출 내역	금 액
교통비	40,000
숙박비	120,000
식대	60,000
지출합계	**220,000**

[12] 5월 25일: 5월분 급여를 국민은행 보통예금 계좌에서 지급하였다.

(단위: 원)

부 서	급 여	건강보험료	소득세	지방 소득세	공제계	차감지급액
생산팀	2,800,000	99,260	67,300	6,730	173,290	2,626,710
영업팀	3,000,000	106,350	84,850	8,480	199,680	2,800,320
계	5,800,000	205,610	152,150	15,210	372,970	5,427,030

[13] 6월 10일: 5월분 급여에 대한 소득세와 지방소득세를 국민은행 보통예금 계좌에서 납부하
         였다.(하나의 전표로 입력할 것)

[14] 6월 10일: 5월분 건강보험료 411,220원(회사부담분 205,610원, 본인부담금 205,610원)을
         국민은행 보통예금 계좌에서 납부하였다.(당사는 회사부담분 건강보험료에 대해 '복
         리후생비'로 회계처리 하고 있다.)

[15] 6월 30일: 신한은행 단기차입금에 대한 이자비용 250,000원을 현금으로 지급하였다.

계정별 일반전표입력 따라하기

- '회계관리 ➜ 재무회계 ➜ 전표입력 ➜ 일반전표입력' 메뉴에 출금, 입금, 대체전표를
  입력한다.
- 거래처코드는 두 글자를 검색하거나 F2를 눌러 도움창을 이용하여 입력한다.

2월 거래

[1]	2월 1일	(차) 당좌예금	3,000,000원	(대)	보통예금		3,000,000원
[2]	2월 13일	(차) 받을어음(메타전자㈜)	1,000,000원	(대)	외상매출금(메타전자㈜)	1,000,000원
[3]	2월 22일	(차) 외상매입금(위드전자㈜)	3,000,000원	(대)	보통예금		3,000,000원
[4]	2월 28일	(차) 지급어음(서울전자㈜)	2,000,000원	(대)	당좌예금		2,000,000원

□	일	번호	구분	계 정 과 목	거 래 처	적 요	차 변	대 변
□	1	00001	차변	0102 당좌예금			3,000,000	
□	1	00001	대변	0103 보통예금				3,000,000
□	13	00001	차변	0110 받을어음	01001 메타전자(주)		1,000,000	
□	13	00001	대변	0108 외상매출금	01001 메타전자(주)			1,000,000
□	22	00001	차변	0251 외상매입금	01003 위드전자(주)		3,000,000	
□	22	00001	대변	0103 보통예금				3,000,000
□	28	00001	차변	0252 지급어음	01004 서울전자(주)		2,000,000	
□	28	00001	대변	0102 당좌예금				2,000,000
□								
				합 계			9,000,000	9,000,000

3월 거래

[5]	3월 3일	(차) 소모품비(제)	30,000원	(대)	현금	30,000원
[6]	3월 15일	(차) 차량유지비(제)	50,000원	(대)	미지급금(국민카드(법인))	50,000원
[7]	3월 21일	(차) 기업업무추진비(판)	77,000원	(대)	미지급금(국민카드(법인))	77,000원

□	일	번호	구분	계 정 과 목	거 래 처	적 요	차 변	대 변
□	3	00001	출금	0530 소모품비			30,000	(현금)
□	15	00001	차변	0522 차량유지비			50,000	
□	15	00001	대변	0253 미지급금	99602 국민카드(법인)			50,000
□	21	00001	차변	0813 기업업무추진비			77,000	
□	21	00001	대변	0253 미지급금	99602 국민카드(법인)			77,000
□								
				합 계			157,000	157,000

4월 거래

[8]	4월 1일	(차) 보험료(판)	600,000원	(대)	보통예금	600,000원
[9]	4월 19일	(차) 기부금	200,000원	(대)	현금	200,000원

□	일	번호	구분	계 정 과 목	거 래 처	적 요	차 변	대 변
□	1	00001	차변	0821 보험료			600,000	
□	1	00001	대변	0103 보통예금				600,000
□	19	00001	출금	0953 기부금			200,000	(현금)
□								
				합 계			800,000	800,000

5월 거래

[10]	5월 4일	(차) 가지급금(박상준)	250,000원	(대) 현금	250,000원
[11]	5월 8일	(차) 여비교통비(제) 현금	220,000원 30,000원	(대) 가지급금(박상준)	250,000원
[12]	5월 25일	(차) 임금(제) 급여(판)	2,800,000원 3,000,000원	(대) 예수금 보통예금	372,970원 5,427,030원

□	일	번호	구분	계 정 과 목	거 래 처	적 요	차 변	대 변
□	4	00001	출금	0134 가지급금	02000 박상준		250,000	(현금)
□	8	00001	차변	0512 여비교통비			220,000	
□	8	00001	차변	0101 현금			30,000	
□	8	00001	대변	0134 가지급금	02000 박상준			250,000
□	25	00001	차변	0504 임금			2,800,000	
□	25	00001	차변	0801 급여			3,000,000	
□	25	00001	대변	0254 예수금				372,970
□	25	00001	대변	0103 보통예금				5,427,030
□								
				합 계			6,300,000	6,300,000

참고 가지급금은 채권·채무에 해당하지는 않지만, 거래처(직원이름) 관리를 하여야 한다.

6월 거래

[13]	6월 10일	(차) 예수금	167,360원	(대) 보통예금	167,360원
[14]	6월 10일	(차) 예수금 복리후생비(제) 복리후생비(판)	205,610원 99,260원 106,350원	(대) 보통예금	411,220원
[15]	6월 30일	(차) 이자비용	250,000원	(대) 현금	250,000원

□	일	번호	구분	계 정 과 목	거 래 처	적 요	차 변	대 변
□	10	00001	차변	0254 예수금			167,360	
□	10	00001	대변	0103 보통예금				167,360
□	10	00002	차변	0254 예수금			205,610	
□	10	00002	차변	0511 복리후생비			99,260	
□	10	00002	차변	0811 복리후생비			106,350	
□	10	00002	대변	0103 보통예금				411,220
□	30	00001	출금	0951 이자비용			250,000	(현금)
□								
				합 계			828,580	828,580

3. 매입매출전표입력

01 매입매출전표입력

부가가치세신고와 관련된 거래는 매입매출전표입력에 입력하며, 입력내용은 부가가치세신고서, 세금계산서합계표 등 부가가치세신고와 관련된 서식에 자동으로 반영된다.

재무회계			
전표입력	**기초정보관리**	**장부관리**	**결산/재무제표**
일반전표입력	회사등록	거래처원장	결산자료입력
매입매출전표입력	거래처등록	거래처별계정과목별원장	합계잔액시산표
전자세금계산서발행	계정과목및적요등록	계정별원장	재무상태표
	환경등록	현금출납장	손익계산서
		일계표(월계표)	제조원가명세서
		분개장	이익잉여금처분계산서
		총계정원장	현금흐름표
		매입매출장	자본변동표
		세금계산서(계산서)현황	결산부속명세서
		전표출력	

1 매입매출전표입력 시 유의사항

전산회계 1급 자격시험에서 요구하는 매입매출전표입력 시 유의사항은 다음과 같다.

〈입력 시 유의사항〉

- 일반적인 적요의 입력은 생략하지만, 타계정 대체거래는 적요번호를 선택하여 입력한다.
- 별도의 요구가 없는 한 반드시 기 등록되어 있는 거래처코드를 선택하는 방법으로 거래처명을 입력한다.
- 제조경비는 500번대 계정코드를, 판매비와 관리비는 800번대 계정코드를 사용한다.
- 회계처리시 계정과목은 별도제시가 없는 한 등록되어 있는 계정과목 중 가장 적절한 과목으로 한다.
- 입력화면 하단의 분개까지 처리하고, 전자세금계산서는 전자입력으로 반영한다.

② 부가세 유형

☐	일	번호	유형	품목	수량	단가	공급가액	부가세	코드	공급처명	전자	분개

전체입력 | 전자입력 | 11.매출과세 | 17.매출카과 | 13.매출면세 | 14.매출건별 | 51.매입과세 | 57.매입카과 | 53.매입면세 | 54.매입불공 | 가산세 | 의제류매입 | 종이세금

☐ 년 ☐ ▽ 월 💬 일 변경 현금잔액: _____ 대차차액: _____

상단부 → 부가가치세 관련 자료 입력

유형별-공급처별

신용카드사 ____ ⬚ 봉사료 _____

▶ NO : ( ) 전 표   일자 : 년 월 일

구분	계정과목	적요	거래처	차변(출금)	대변(입금)	

하단부 → 거래자료 입력

합 계

(세금)계산서
현재라인인쇄

거래명세서
현재라인인쇄

전 표
현재라인인쇄

👨 I can 개념정리

- **월**: 입력하려고 하는 전표의 해당 월을 2자리 숫자로 입력하거나, 해당 월을 선택한다.
- **일**: 거래 일자를 입력하며, 입력없이 엔터치면 선택일자만 입력하는 월 단위 입력이 가능하다.
- **유형**: 세금계산서와 계산서 등 부가가치세신고대상자료에 따라 신고서의 작성위치 및 부속서류, 공급가액과 세액 등의 표시가 달라지므로 유형은 정확하게 선택되어져야 한다.
- **품목**: 세금계산서 등에 기재되는 품명을 직접 기재하며, 다수의 품명을 기재하는 경우 복수거래 (F7) 메뉴를 통해 입력이 가능하다.
- **수량 및 단가**: 수량과 단가를 입력하면 공급가액과 세액이 자동으로 계산되며, 수량과 단가를 생략하고 공급가액과 세액을 직접 입력할 수 있다.
- **거래처**: 부가가치세대상 거래자료에 대해서 거래처코드를 입력하여야 거처처코드별 세금계산서합계표를 작성 할 수 있으며, 하단부 분개시 자동으로 거래처코드가 연동된다.
  - ✓ 채권·채무를 거래처별로 관리하기 위해 코드를 입력하며, 거래처명을 직접 입력하거나 F2(조회) 기능을 통해 거래처를 입력할 수 있다.
  - ✓ 신규 거래처 등록시 거래처코드란에 "➕"키 또는 "00000"을 입력한 후 신규거래처를 등록한다.
  - ✓ 개인을 거래처로 등록하는 경우 주민등록번호 입력 후 주민등록기재분(1.여)을 선택하면 세금계산서합계표에 [주민기재분]으로 자동 반영된다.
- **전자**: 전자(세금)계산서 여부를 구분하여 전자인 경우 '1.여'를 선택한다.
- **분개**: 매입매출거래의 회계처리를 위한 입력란으로 해당 거래 유형에 따라 선택한다.
- **적요**: 거래에 대한 적요내용을 직접 입력하거나 F2(조회) 기능을 통해 입력할 수 있다. 자격시험에서 적요의 입력은 생략하지만, 아래에 해당하는 경우는 반드시 입력하여야 한다.
  - ✓ 재고자산의 '타계정대체' 거래

매출 유형

코드	유형	내　　　　　용
11	과세	세금계산서(10%)를 교부한 경우
12	영세	영세율세금계산서(0%)를 교부한 경우(내국신용장 및 구매확인서)
13	면세	계산서를 교부한 경우(세금계산서는 과세, 계산서는 면세)
14	건별	정규증명서류가 없는 경우(일반영수증 발행, 간주공급, 증빙 미발행 등)
15	간이	간이과세자의 매출
16	수출	해외에 직수출한 경우(세금계산서 발행 없음)
17	카과	신용카드에 의한 과세 매출
18	카면	신용카드에 의한 면세 매출
19	카영	신용카드에 의한 영세율 매출(내국신용장 및 구매확인서)
20	면건	정규증명서류가 없는 면세 매출(일반영수증 발행 또는 증빙 미발행)
21	전자	전자화폐에 의한 매출
22	현과	현금영수증에 의한 과세 매출
23	현면	현금영수증에 의한 면세 매출
24	현영	현금영수증에 의한 영세율 매출(내국신용장 및 구매확인서)

매입 유형

코드	유형	내　　　　　용
51	과세	세금계산서(10%)를 교부받은 경우(매입세액공제 대상인 것)
52	영세	영세율세금계산서(0%)를 교부 받은 경우
53	면세	계산서를 교부받은 경우(세금계산서는 과세, 계산서는 면세)
54	불공	세금계산서(10%)를 교부받은 매입 중에서 매입세액불공제 대상인 경우
55	수입	재화의 수입시 세관장으로부터 수입세금계산서(10%)를 받은 경우
56	금전	금전등록기 영수증
57	카과	신용카드에 의한 과세 매입 중 매입세액공제 대상인 경우
58	카면	신용카드에 의한 면세 매입
59	카영	신용카드에 의한 영세율 매입
60	면건	정규증명서류가 없는 면세 매입(일반영수증 발급 또는 증빙 미수취)
61	현과	과세 매입 중 현금영수증을 발급받은 경우
62	현면	면세 매입 중 현금영수증을 발급받은 경우

3 분개 유형

코드	유형	내 용
0	분개 없음	매입매출전표 상단부만 입력하여 부가가치세신고 관련 내용만 반영하고 하단 회계 처리는 하지 않는 경우
1	현금	전액 현금 입금거래, 현금 출금거래의 경우
2	외상	전액 외상 매출거래, 외상 매입거래의 경우
3	혼합	'1.현금, 2.외상, 4.카드'이외 거래의 경우
4	카드	카드매출과 카드매입 거래의 경우

02 유형별 매입매출전표입력

1 매출유형

부가가치세신고와 관련있는 매출유형은 매입매출전표입력 메뉴에 유형별로 입력하며, 유형 코드를 다르게 선택하는 경우 부가가치세신고와 관련된 각종서식에 잘못된 자료가 반영되므로 매출유형과 자료를 정확하게 입력하여야 한다.

I can 매출유형 전표입력

㈜삼일아이의 매출관련 거래자료를 매입매출전표입력 메뉴에 입력하시오.

11. 과세: 과세(10%) 세금계산서 매출

[1] 7월 3일: 메타전자(주)에 제품(컴퓨터)을 현금매출하고 전자세금계산서를 발행하였다.

전자세금계산서				승인번호		20250703-41000096-59030812		
공급자	등록번호	211-81-31645	종사업장번호		공급받는자	등록번호	106-81-19636	종사업장번호	
	상호(법인명)	(주)삼일아이	성명	김광민		상호(법인명)	메타전자(주)	성명	이희태
	사업장주소	서울특별시 강남구 도산대로 152 (논현동, 영동빌딩) 901호				사업장주소	서울특별시 용산구 한강대로 117 (한강로2가)		
	업태	제조, 도소매	종목	전자제품		업태	도매	종목	컴퓨터
	이메일	samili@naver.com				이메일	meta@naver.com		

작성일자	공급가액		세액		수정사유	비고		
2025-7-3	20,000,000		2,000,000		해당없음			
월	일	품목	규격	수량	단가	공급가액	세액	비고
7	3	컴퓨터		20	1,000,000	20,000,000	2,000,000	
합계금액	현금		수표		어음	외상미수금	이 금액을 (영수) 함	
22,000,000	22,000,000							

12. 영세: 영세율(0%) 세금계산서 매출

[2] 7월 6일: 수출대행업체인 ㈜세계무역에 Local L/C에 의한 제품(컴퓨터) 25,000,000원을 외상으로 매출하고, 영세율전자세금계산서를 발행하였다.(거래처코드 3001, 사업자등록번호 110-87-01194로 신규거래처 등록 할 것)

13. 면세: 면세 계산서 매출

[3] 7월 10일: 지능컴퓨터㈜에 상품(컴퓨터 서적)을 800,000원에 매출하고 전자계산서를 발행하였다. 대금은 전액 국민은행 보통예금계좌로 입금되었다.

14. 건별: 간주공급, 일반영수증, 무증빙 매출

[4] 7월 13일: 제품(프린터)을 개인 김민채에게 165,000원(부가가치세 포함)에 현금 판매하고 일반영수증을 발행하였다.(거래처코드 3002, 주민등록번호 750426-2111111로 신규거래처 등록 할 것)

16. 수출: 영세율(0%) 직수출 매출

[5] 7월 18일: 수출신고필증에 의해 제품(노트북) $20,000(1$당 1,000원, 공급가액 20,000,000원)를 Global Company에 직수출하고 대금은 전액 외상으로 하였다.
(수출신고번호의 입력은 생략 할 것.)

17. 카과: 과세(10%) 신용카드매출전표 매출

[6] 7월 21일: 제품(미디어패드)을 개인 김민채에게 440,000원(부가가치세 포함)에 판매하고 신용카드매출전표(삼성카드사)를 발행하였다.

22. 현과: 과세(10%) 현금영수증 매출

[7] 7월 27일: 제품(컴퓨터)을 개인 김민채에게 1,100,000원(부가가치세 포함)에 현금 판매하고 현금영수증을 발행하였다.

매출유형 전표입력 따라하기

• '회계관리 ➡ 재무회계 ➡ 전표입력 ➡ 매입매출전표입력' 메뉴에 '매출유형'을 구분하여 입력한다.

[1]	7월 3일	11.과세, 공급가액 20,000,000원, 부가세 2,000,0000원, 메타전자㈜, 전자: 여, 현금				
		(차) 현금	22,000,000원	(대) 부가세예수금		2,000,000원
				제품매출		20,000,000원

[2]	7월 6일	12.영세, 공급가액 25,000,000원, ㈜세계무역, 전자: 여, 외상 영세율구분: 3.내국신용장·구매확인서에 의하여 공급하는 재화
		(차) 외상매출금　　　　25,000,000원　(대) 제품매출　　　　25,000,000원

참고 　신규거래처등록: 거래처코드 란에 '00000'을 입력한 후 '공급처등록' 화면에서 공급처코드와 공급처명을
　　　입력하고 '수정'을 클릭한 후, 하단 '공급처등록정보'에 사업자등록번호를 입력한다.

공급처등록	✕
공급처코드: [3001] 코드조회[F2] 공급처 명: (주)세계무역	
등록(Enter)　　　수정(Tab)　　　취소(Esc)	

⚙	공 급 처 등 록 정 보		
공급처코드: 03001	사업자등록번호: 110-87-01194 🔍 사업자등록상태조회		
공급처명: (주)세계무역	주민등록번호: _____-_____	주민등록기재분: 부 0:부 1:여	
	대표자명:	업태:	종목:

☐ 일	번호	유형	품목	수량	단가	공급가액	부가세	코드	공급처명	사업/주민번호	전자	분개
☐ 6	50001	영세	컴퓨터			25,000,000		00101	(주)세계무역	110-87-01194	여	외상
☐ 6												
			공급처별 매출(입)전체 [1]건			25,000,000						

영세율구분　3 💬 내국신용장·구매확인서에 의하○　서류번호

⚙	NO : 50001		(대 체) 전 표				
구분	계정과목	적요	거래처	차변(출금)	대변(입금)		
차변	0108 외상매출금	컴퓨터	00101 (주)세계무역	25,000,000		(세금)계산서 현재라인인쇄	
대변	0404 제품매출	컴퓨터	00101 (주)세계무역		25,000,000	거래명세서 현재라인인쇄	
						전 표 현재라인인쇄	
			합 계	25,000,000	25,000,000		

[3]	7월 10일	13.면세, 공급가액 800,000원, 지능컴퓨터㈜, 전자: 여, 혼합
		(차) 보통예금　　　　800,000원　(대) 상품매출　　　　800,000원

☐ 일	번호	유형	품목	수량	단가	공급가액	부가세	코드	공급처명	사업/주민번호	전자	분개
☐ 10	50001	면세	컴퓨터 서적			800,000		01002	지능컴퓨터(주)	220-81-03217	여	혼합
☐ 10												
			공급처별 매출(입)전체 [1]건			800,000						

신용카드사 [　　　] 💬　　　봉사료 [　　　　　]

⚙	NO : 50001		(대 체) 전 표				
구분	계정과목	적요	거래처	차변(출금)	대변(입금)		
대변	0401 상품매출	컴퓨터 서적	01002 지능컴퓨터(주)		800,000	(세금)계산서 현재라인인쇄	
차변	0103 보통예금	컴퓨터 서적	01002 지능컴퓨터(주)	800,000		거래명세서 현재라인인쇄	
						전 표 현재라인인쇄	
			합 계	800,000	800,000		

[4]	7월 13일	14.건별, 공급가액 150,000원, 부가세 15,000원, 김민채, 현금
		(차) 현금　　　　165,000원　(대) 부가세예수금　　　　15,000원 　　　　　　　　　　　　　　　제품매출　　　　　　150,000원

참고 　14.건별(무증빙) 유형은 공급가액 란에 공급대가(부가세포함)를 입력하면 공급가액과 세액이 자동으로
　　　나누어 입력된다.

참고 신규거래처등록: 거래처코드 란에 '00000'을 입력한 후 '공급처등록'화면에서 공급처코드와 공급처명을 입력하고 '수정'을 클릭한 후, 하단 '공급처등록정보'에 주민등록번호를 입력한다.(주민등록기재분: 1.여)

공 급 처 등 록 정 보

공급처코드: 03002   사업자등록번호: ___-__-_____   사업자등록상태조회
공급처명: 김민채   주민등록번호: 750426-2111111   주민등록기재분: 여 0:부 1:여
대표자명: 업태: 종목:

□	일	번호	유형	품목	수량	단가	공급가액	부가세	코드	공급처명	사업/주민번호	전자	분개
□	13	50001	건별	프린터			150,000	15,000	03002	김민채	750426-2111111		현금
□	13												
				공급처별 매출(입)전체 [1]건			150,000	15,000					

신용카드사: 봉사료:

NO : 50001 (입금) 전 표

구분	계정과목		적요		거래처		차변(출금)	대변(입금)	
입금	0255	부가세예수금	프린터	03002	김민채		(현금)	15,000	(세금)계산서 현재라인인쇄
입금	0404	제품매출	프린터	03002	김민채		(현금)	150,000	거래명세서 현재라인인쇄
						합 계	165,000	165,000	전 표 현재라인인쇄

[5]	7월 18일	16.수출, 공급가액 20,000,000원, Global Company, 외상 영세율구분: 1.직접수출(대행수출 포함) (차) 외상매출금 20,000,000원 (대) 제품매출 20,000,000원

□	일	번호	유형	품목	수량	단가	공급가액	부가세	코드	공급처명	사업/주민번호	전자	분개
□	18	50001	수출	노트북			20,000,000		01007	Global Company			외상
□	18												
				공급처별 매출(입)전체 [1]건			20,000,000						

영세율구분 1 직접수출(대행수출 포함)   수출신고번호:

NO : 50001 (대체) 전 표

구분	계정과목		적요		거래처		차변(출금)	대변(입금)	
차변	0108	외상매출금	노트북	01007	Global Company		20,000,000		(세금)계산서 현재라인인쇄
대변	0404	제품매출	노트북	01007	Global Company			20,000,000	거래명세서 현재라인인쇄
						합 계	20,000,000	20,000,000	전 표 현재라인인쇄

[6]	7월 21일	17.카과, 공급가액 400,000원, 부가세 40,000원, 김민채, 카드 신용카드사: 삼성카드사 (차) 외상매출금(삼성카드사) 440,000원 (대) 부가세예수금 40,000원 제품매출 400,000원

참고 17.카과 유형은 공급가액 란에 공급대가(부가세포함)를 입력하면 공급가액과 세액이 자동으로 나누어 입력된다.

□	일	번호	유형	품목	수량	단가	공급가액	부가세	코드	공급처명	사업/주민번호	전자	분개
□	21	50001	카과	미디어패트			400,000	40,000	03002	김민채	750426-2111111		카드
□	21												
				공급처별 매출(입)전체 [1]건			400,000	40,000					

신용카드사 99601 삼성카드사   봉사료:

NO : 50001 (대체) 전 표

구분	계정과목		적요		거래처		차변(출금)	대변(입금)	
차변	0108	외상매출금	미디어패트	99601	삼성카드사		440,000		(세금)계산서 현재라인인쇄
대변	0255	부가세예수금	미디어패트	03002	김민채			40,000	거래명세서 현재라인인쇄
대변	0404	제품매출	미디어패트	03002	김민채			400,000	
						합 계	440,000	440,000	전 표 현재라인인쇄

[7]	7월 27일	22.현과, 공급가액 1,000,000원, 부가세 100,000원, 김민채, 현금				
		(차) 현금	1,100,000원	(대)	부가세예수금	100,000원
					제품매출	1,000,000원

참고 22.현과 유형은 공급가액 란에 공급대가(부가세포함)를 입력하면 공급가액과 세액이 자동으로 나누어 입력된다.

7월 매출거래

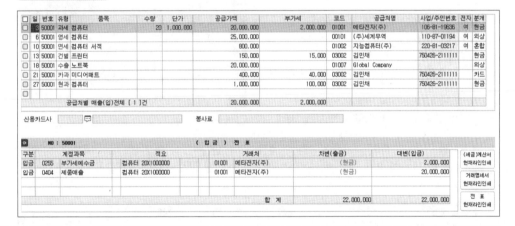

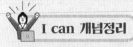 **I can 개념정리**

- 12.영세매출: Local L/C 또는 구매확인서에 의한 국내공급으로 영세율세금계산서가 발급된다.
- 16.수출매출: 국내물품을 외국으로 반출하는 것으로, 유·무상에 관계없이 외국으로 반출하는 재화는 모두 영세율을 적용하며, 세금계산서 발급의무가 없다.

2 매입유형

부가가치세신고와 관련있는 매입유형은 매입매출전표입력 메뉴에 유형별로 입력하며, 유형
코드를 다르게 선택하는 경우 부가가치세신고와 관련된 각종서식에 잘못된 자료가 반영되므
로 매출유형과 자료를 정확하게 입력하여야 한다.

I can 매입유형 전표입력

㈜삼일아이의 매입관련 거래자료를 매입매출전표입력에 입력하시오.

51. 과세: 과세(10%) 세금계산서 매입

[1] 8월 4일: 위드전자(주)에서 원재료를 현금 매입하고 전자세금계산서를 교부받았다.

전자세금계산서					승인번호		20250804-52130024-19043314		
공급자	등록번호	320-81-52624	종사업장번호		공급받는자	등록번호	211-81-31645	종사업장번호	
	상호(법인명)	위드전자(주)	성명	김상진		상호(법인명)	(주)삼일아이	성명	김광민
	사업장주소	세종특별자치시 가름로 194 (어진동)				사업장주소	서울특별시 강남구 도산대로 152 (논현동, 영동빌딩) 901호		
	업태	제조	종목	전자제품		업태	제조, 도소매	종목	전자제품
	이메일	with@naver.com				이메일	samili@naver.com		

작성일자	공급가액	세액	수정사유	비고		
2025-8-4	12,000,000	1,200,000	해당없음			

월	일	품목	규격	수량	단가	공급가액	세액	비고
8	4	전자부품		200	60,000	12,000,000	1,200,000	

합계금액	현금	수표	어음	외상미수금	이 금액을 (영수) 함
13,200,000	13,200,000				

52. 영세: 영세율(0%) 세금계산서 매입

[2] 8월 7일: 서울전자(주)로부터 Local L/C에 의해 원재료를 3,500,000원에 외상으로 매
입하고, 영세율전자세금계산서를 수취하였다.

53. 면세: 면세 계산서 매입

[3] 8월 11일: 아이캔북에서 판매목적 상품(컴퓨터 서적)을 1,200,000원에 구입하고 종이
계산서를 교부받았다. 대금은 전액 국민은행 보통예금 계좌에서 지급하였다.

54.불공: 과세(10%) 세금계산서 매입 중 매입세액불공제 대상인 경우

▤目/ 매입세액불공제 대상

- 세금계산서 미수령 및 필요적 기재사항 불분명분 매입세액
- 매입처별세금계산서합계표 미제출 및 부실기재분 매입세액
- 사업과 직접 관련이 없는 지출에 대한 매입세액
- 개별소비세법에 따른 비영업용 승용차의 구입, 임차, 유지와 관련된 매입세액
  (1,000cc 이하, 9인승이상은 제외)
- 기업업무추진비 및 이와 유사한 비용과 관련된 매입세액
- 면세사업 관련 매입세액
- 토지조성 등을 위한 자본적지출 관련 매입세액
- 사업자등록 전의 매입세액

[참고] 반드시 세금계산서 수취분만 매입매출전표에 54.불공으로 입력하며, 신용카드영수증 및 현금영수증을 수취한 경우의 매입세액불공제 대상은 일반전표에 입력한다.

[4] 8월 16일: 모두다마트에서 제품 매출처 선물(영양제세트)을 외상으로 구입하고 종이세금계산서(공급가액 500,000원, 부가가치세 50,000원)를 수취하였다.(거래처 코드 3003, 사업자등록번호 211-86-14336으로 신규거래처 등록 할 것)

[5] 8월 18일: 영업팀에서 사용할 승용차(2,499cc, 5인승)를 ㈜미래차로부터 할부로 구입하고 전자세금계산서(공급가액 20,000,000원, 부가가치세 2,000,000원)를 수취하였다.(고정자산 간편등록은 생략할 것)

57.카과: 과세(10%) 신용카드매출전표 매입

[6] 8월 22일: 영업팀에서 사용할 종이컵(소모품)을 모두다마트에서 33,000원(부가가치세 포함)에 구입하고 국민카드(법인)로 결제하였다.(비용으로 처리할 것)

61.현과: 과세(10%) 현금영수증 매입

[7] 8월 29일: 생산팀 직원용 커피를 모두다마트에서 77,000원(부가가치세 포함)에 구입하고 현금영수증(지출증빙용)을 수취하였다.

[참고] 매출거래유형 중 "간주공급"과 매입거래유형 중 "수입"유형은 유형별연습문제에서 학습하기로 한다.

매입유형 전표입력 따라하기

• '회계관리 ➡ 재무회계 ➡ 전표입력 ➡ 매입매출전표입력' 메뉴에 '매입유형'을 구분하여 입력한다.

[1]	8월 4일	51.과세, 공급가액 12,000,000원, 부가세 1,200,000원, 위드전자㈜, 전자: 여, 현금
		(차) 부가세대급금 　　　1,200,000원 (대) 현금 　　　　13,200,000원 　　　원재료 　　　　12,000,000원

	일	번호	유형	품목	수량	단가	공급가액	부가세	코드	공급처명	사업/주민번호	전자	분개
☐	4	50001	과세	전자부품	200	60,000	12,000,000	1,200,000	01003	위드전자(주)	320-81-52624	여	현금
☐	4												
				공급처별 매출(입)전체 [1]건			12,000,000	1,200,000					

신용카드사 ▭ 　　　　　　봉사료

NO : 50001 　　　　　　(출금) 전 표

구분	계정과목	적요	거래처	차변(출금)	대변(입금)	
출금	0135 부가세대급금	전자부품 200X60000	01003 위드전자(주)	1,200,000	(현금)	(세금)계산서 현재라인인쇄
출금	0153 원재료	전자부품 200X60000	01003 위드전자(주)	12,000,000	(현금)	거래명세서 현재라인인쇄
			합 계	13,200,000	13,200,000	전 표 현재라인인쇄

[2]	8월 7일	52.영세, 공급가액 3,500,000원, 서울전자㈜, 전자: 여, 외상
		(차) 원재료 　　　　3,500,000원 (대) 외상매입금 　　　3,500,000원

	일	번호	유형	품목	수량	단가	공급가액	부가세	코드	공급처명	사업/주민번호	전자	분개
☐	7	50001	영세	전자부품			3,500,000		01004	서울전자(주)	109-81-12345	여	외상
☐	7												
				공급처별 매출(입)전체 [1]건			3,500,000						

신용카드사 ▭ 　　　　　　봉사료

NO : 50001 　　　　　　(대체) 전 표

구분	계정과목	적요	거래처	차변(출금)	대변(입금)	
대변	0251 외상매입금	전자부품	01004 서울전자(주)		3,500,000	(세금)계산서 현재라인인쇄
차변	0153 원재료	전자부품	01004 서울전자(주)	3,500,000		거래명세서 현재라인인쇄
			합 계	3,500,000	3,500,000	전 표 현재라인인쇄

[3]	8월 11일	53.면세, 공급가액 1,200,000원, 아이캔북, 혼합
		(차) 상품 　　　　1,200,000원 (대) 보통예금 　　　1,200,000원

	일	번호	유형	품목	수량	단가	공급가액	부가세	코드	공급처명	사업/주민번호	전자	분개
☐	11	50001	면세	컴퓨터 서적			1,200,000		01006	아이캔북	119-60-51258		혼합
☐	11												
				공급처별 매출(입)전체 [1]건			1,200,000						

신용카드사 ▭ 　　　　　　봉사료

NO : 50001 　　　　　　(대체) 전 표

구분	계정과목	적요	거래처	차변(출금)	대변(입금)	
차변	0146 상품	컴퓨터 서적	01006 아이캔북	1,200,000		(세금)계산서 현재라인인쇄
대변	0103 보통예금	컴퓨터 서적	01006 아이캔북		1,200,000	거래명세서 현재라인인쇄
			합 계	1,200,000	1,200,000	전 표 현재라인인쇄

[4]	8월 16일	54.불공, 공급가액 500,000원, 부가세 50,000원, 모두다마트, 혼합 불공제사유: 4. 기업업무추진비 및 이와 유사한 비용 관련
		(차) 기업업무추진비 550,000원 (대) 미지급금 550,000원

참고 신규거래처등록: 거래처코드 란에 '00000'을 입력한 후 '공급처등록'화면에서 공급처코드와 공급처명을
입력하고 '수정'을 클릭한 후, 하단 '공급처등록정보'에 사업자등록번호를 입력한다.

공 급 처 등 록 정 보

공급처코드: 03003	사업자등록번호: 211-86-14336	사업자등록상태조회
공급처명: 모두다마트	주민등록번호: _____-_____	주민등록기재분: 부 0:부 1:여
	대표자명:	업태: 종목:

□	일	번호	유형	품목	수량	단가	공급가액	부가세	코드	공급처명	사업/주민번호	전자	분개
□	16	50001	불공	영양제세트			500,000	50,000	03003	모두다마트	211-86-14336		혼합
□	16												
			공급처별 매출(입)전체 [1]건				500,000	50,000					

불공제사유 4 ⊡ ④접대비 및 이와 유사한 비용 관련

NO : 50001 (대 체) 전 표

구분	계정과목		적요		거래처		차변(출금)	대변(입금)	
차변	0813	접대비	영양제세트		03003	모두다마트	550,000		(세금)계산서 현재라인인쇄
대변	0253	미지급금	영양제세트		03003	모두다마트		550,000	거래명세서 현재라인인쇄
									전 표 현재라인인쇄
					합 계		550,000	550,000	

[5]	8월 18일	54.불공, 공급가액 20,000,000원, 부가세 2,000,000원, ㈜미래차, 전자: 여, 혼합 불공제사유: 3. 개별소비세법 제1조제2항제3호에 따른 자동차 구입·유지 및 임차
		(차) 차량운반구 22,000,000원 (대) 미지급금 22,000,000원

□	일	번호	유형	품목	수량	단가	공급가액	부가세	코드	공급처명	사업/주민번호	전자	분개
□	18	50001	불공	승용차			20,000,000	2,000,000	01005	(주)미래차	235-81-32145	여	혼합
□	18												
			공급처별 매출(입)전체 [1]건				20,000,000	2,000,000					

불공제사유 3 ⊡ ③개별소비세법 제1조제2항제3호에 따른 자동차 구입·유지 및 임차

NO : 50001 (대 체) 전 표

구분	계정과목		적요		거래처		차변(출금)	대변(입금)	
차변	0208	차량운반구	승용차		01005	(주)미래차	22,000,000		(세금)계산서 현재라인인쇄
대변	0253	미지급금	승용차		01005	(주)미래차		22,000,000	거래명세서 현재라인인쇄
					합 계		22,000,000	22,000,000	전 표 현재라인인쇄

[6]	8월 22일	57.카과, 공급가액 30,000원, 부가세 3,000원, 모두다마트, 카드 신용카드사: 국민카드(법인)				
		(차) 부가세대급금 　　　소모품비(판)	3,000원 30,000원	(대) 미지급금[국민카드(법인)]		33,000원

참고 57.카과 유형은 공급가액 란에 공급대가(부가세포함)를 입력하면 공급가액과 세액이 자동으로 나누어 입력된다.

[7]	8월 29일	61.현과, 공급가액 70,000원, 부가세 7,000원, 모두다마트, 현금				
		(차) 부가세대급금 　　　복리후생비(제)	7,000원 70,000원	(대) 현　　금		77,000원

참고 61.현과 유형은 공급가액 란에 공급대가(부가세포함)를 입력하면 공급가액과 세액이 자동으로 나누어 입력된다.

8월 매입거래

□	일	번호	유형	품목	수량	단가	공급가액	부가세	코드	공급처명	사업/주민번호	전자	분개
□	4	50001	과세	전자부품			12,000,000	1,200,000	01003	위드전자(주)	320-81-52624	여	현금
□	7	50001	영세	전자부품			3,500,000		01004	서울전자(주)	109-81-12345	여	외상
□	11	50001	면세	컴퓨터 서적			1,200,000		01006	아이캔북	119-60-51258		혼합
□	16	50001	불공	영양제세트			500,000	50,000	03003	모두다마트	211-86-14336		혼합
□	18	50001	불공	승용차			20,000,000	2,000,000	01005	(주)미래차	235-81-32145	여	혼합
□	22	50001	카과	종이컵			30,000	3,000	03003	모두다마트	211-86-14336		카드
□	29	50001	현과	커피			70,000	7,000	03003	모두다마트	211-86-14336		현금
□													
			공급처별 매출(입)전체 [1]건				12,000,000	1,200,000					

신용카드사 [　]💬　　　　　　봉사료 [　　　　]

	NO : 50001		(출 금) 전 표				
구분	계정과목		적요	거래처	차변(출금)	대변(입금)	
출금	0135 부가세대급금	전자부품		01003 위드전자(주)	1,200,000	(현금)	
출금	0153 원재료	전자부품		01003 위드전자(주)	12,000,000	(현금)	
				합 계	13,200,000	13,200,000	

03 부가가치세 신고

매입매출전표입력에 입력된 매출유형과 매입유형에 의하여 부가세신고서와 세금계산서합계표에 관련 자료가 자동 반영된다.

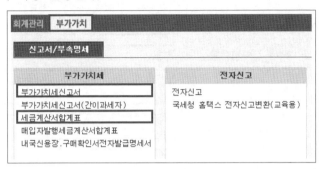

1 부가가치세신고서

부가가치세신고시 반드시 작성해야할 서식으로 매입매출전표입력에서 입력된 자료와 조회하고자하는 기간입력에 의해 자동으로 작성되며, 유형별로 입력한 매입매출 자료의 대상기간별 합계금액을 확인할 수 있다.

[참고] 1기예정: 1월~3월, 1기확정: 4월~6월, 2기예정: 7월~9월, 2기확정: 10월~12월

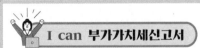 I can 부가가치세신고서

㈜삼일아이의 제 2기 부가가치세 예정신고기간(7월~9월)의 부가가치세신고서를 조회 작성하여 다음의 물음에 답하시오.

[1] 신용카드와 현금영수증 발행분 공급가액은 얼마인가?

[2] 과세표준은 얼마인가?

[3] 매출세액은 얼마인가?

[4] 세금계산서 수취분 중 고정자산 매입 공급가액은 얼마인가?

[5] '그 밖의 공제매입세액'의 신용카드와 현금영수증 매입세액은 얼마인가?

[6] 공제받지 못할 매입세액은 얼마인가?

[7] 공제가능한 매입세액은 얼마인가?

[8] 차가감하여 납부할 세액은 얼마인가?

부가가치세신고서 따라하기

• '부가가치 ➜ 신고서/부속명세 ➜ 부가가치세 ➜ 부가가치세신고서' 메뉴에서 조회기간 (7월 1일~9월 30일)을 입력하여 작성한다.

구분				금액	정기신고금액 세율	세액	
과세표준및매출세액	과세	세금계산서발급분	1	20,000,000	10/100	2,000,000	
		매입자발행세금계산서	2		10/100		
		신용카드·현금영수증발행분 ①	3	1,400,000	10/100	140,000	
		기타(정규영수증외매출분)	4	150,000		15,000	
	영세	세금계산서발급분	5	25,000,000	0/100		
		기타	6	20,000,000	0/100		
	예정신고누락분		7				
	대손세액가감		8				
	합계 ②		9	66,550,000	㉮	2,155,000	③
매입세액	세금계산서수취분	일반매입	10	16,000,000		1,250,000	
		수출기업수입분납부유예	10-1				
		고정자산매입 ④	11	20,000,000		2,000,000	
	예정신고누락분		12				
	매입자발행세금계산서		13				
	그 밖의 공제매입세액		14	100,000		10,000	⑤
	합계(10)-(10-1)+(11)+(12)+(13)+(14)		15	36,100,000		3,260,000	
	공제받지못할매입세액		16	20,500,000		2,050,000	⑥
	차감계 (15-16)		17	15,600,000	㉯	1,210,000	⑦
납부(환급)세액(매출세액㉮-매입세액㉯)					㉰	945,000	
경감공제세액	그 밖의 경감·공제세액		18				
	신용카드매출전표등 발행공제등		19	1,540,000			
	합계		20		㉱		
소규모 개인사업자 부가가치세 감면세액			20-1		㉲		
예정신고미환급세액			21		㉳		
예정고지세액			22		㉴		
사업양수자의 대리납부 기납부세액			23		㉵		
매입자 납부특례 기납부세액			24		㉶		
신용카드업자의 대리납부 기납부세액			25		㉷		
가산세액계			26		㉸		
차가감하여 납부할세액(환급받을세액)㉰-㉱-㉲-㉳-㉴-㉵-㉶-㉷+㉸			27			945,000	⑧

✓ 14번 란을 클릭하면 우측 하단에 자세한 내용이 보여진다.

14.그 밖의 공제매입세액						
신용카드매출수령금액합계표	일반매입	41	100,000		10,000	⑤
	고정매입	42				
의제매입세액		43		뒤쪽		
재활용폐자원등매입세액		44		뒤쪽		
과세사업전환매입세액		45				
재고매입세액		46				
변제대손세액		47				
외국인관광객에대한환급세액		48				
합계		49	100,000		10,000	

[1]	3번 란(신용카드·현금영수증발행분 금액)	1,400,000원
[2]	9번 란(과세표준및매출세액-합계의 금액)	66,550,000원
[3]	9번 란(과세표준및매출세액-세액의 금액 ㉮)	2,155,000원
[4]	11번 란(매입세액-세금계산서수취분-고정자산매입의 금액)	20,000,000원
[5]	14번-41번 란(매입세액-그 밖의공제매앱세액-신용카드매출수령금액합계표-일반매입)	10,000원

[6]	16번 란(공제받지못할매입세액)	2,050,000원
[7]	17번 란(차감계 ㉯)	1,210,000원
[8]	27번 란(차가감하여 납부할세액)	945,000원

2 세금계산서합계표

과세사업자가 발행한 세금계산서와 매입시 교부받은 세금계산서를 집계하는 표로서 부가가치세신고서에 반드시 첨부하여 제출하여야 한다.

 **I can 세금계산서합계표**

㈜삼일아이의 제 2기 부가가치세 예정신고기간(7월 ~ 9월)의 세금계산서합계표를 조회 작성하여 다음의 물음에 답하시오.

[1] 매출세금계산서의 총 매수와 공급가액은 얼마인가?

[2] 매입세금계산서의 총 매수와 공급가액은 얼마인가?

[3] 전자세금계산서를 수령한 거래처는 모두 몇 곳인가?

세금계산서합계표 따라하기

• '부가가치 ➜ 신고서/부속명세 ➜ 부가가치세 ➜ 부가가치세신고서' 메뉴에서 조회기간 (7월 ~ 9월)을 입력하여 작성한다.

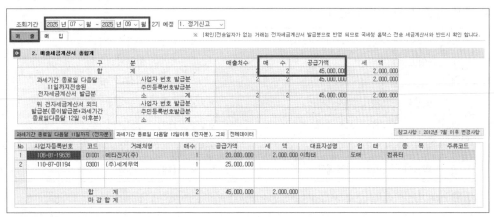

[1]	조회기간: 2025년 7월 ~ 9월, 매출탭 매수 및 공급가액 합계 확인	2매, 45,000,000원

조회기간 2025 년 07 월 ~ 2025 년 09 월 2기 예정 1. 정기신고 ∨

매 출 **매 입**

※ [확인]전송일자가 없는 거래는 전자세금계산서 발급분으로 반영 되므로 국세청 홈택스 전송 세금계산서와 반드시 확인 합니다

2. 매입세금계산서 총합계

구 분		매입처수	매 수	공급가액	세 액
합	계	4	4	36,000,000	3,250,000
과세기간 종료일 다음달 11일까지 전송된 전자세금계산서 발급받은분	사업자 번호 발급받은분	3	3	35,500,000	3,200,000
	주민등록번호발급받은분				
	소 계	3	3	35,500,000	3,200,000
위 전자세금계산서 외의 발급 받은분(종이발급분+과세기간 종료일다음달 12일 이후분)	사업자 번호 발급받은분	1	1	500,000	50,000
	주민등록번호발급받은분				
	소 계	1	1	500,000	50,000

과세기간 종료일 다음달 11일까지 (전자분) | 과세기간 종료일 다음달 12일이후 (전자분), 그외 | 전체데이터

참고사항 : 2012년 7월 이후 변경사항

No	사업자등록번호	코드	거래처명	매수	공급가액	세 액	대표자성명	업 태	종 목	주류코드
1	109-81-12345	01004	서울전자(주)	1	3,500,000		최성우	도매	전자제품	
2	235-81-32145	01005	(주)미래차	1	20,000,000	2,000,000	강미래	소매	자동차	
3	320-81-52624	01003	위드전자(주)	1	12,000,000	1,200,000	김상진	제조	전자제품	
			합 계	3	35,500,000	3,200,000				
			마 감 합 계							

[2]	조회기간: 205년 7월 ~ 9월, 매입탭 매수 및 공급가액 합계 확인	4매, 36,000,000원
[3]	조회기간: 2025년 7월 ~ 9월, 매입탭 거래처 수 확인(전체거래처 4곳중 전자세금계산서 수령한 거래처 확인)	3곳

③ 부가가치세 정리 및 납부 분개

부가가치세는 매출세액(부가세예수금)에서 매입세액(부가세대급금)을 차감하여 납부하며, 부가가치세 신고기간 종료일에 정리분개를 한다. 납부세액 산출시 납부기한까지 납부하고 환급세액 산출시 환급받게 된다.

납부 관련	정리분개	(차) 부가세예수금	×××	(대) 부가세대급금	×××
				잡이익	×××
				미지급세금	×××
	납부시	(차) 미지급세금	×××	(대) 보통예금	×××
환급 관련	정리분개	(차) 부가세예수금	×××	(대) 부가세대급금	×××
		미수금	×××	잡이익	×××
	환급시	(차) 보통예금	×××	(대) 미수금	×××

참고 부가가치세 확정신고시 전자신고세액공제 10,000원은 잡이익으로 회계처리한다.

I can 부가가치세 정리 및 납부

㈜삼일아이의 제2기 예정 부가가치세 신고와 관련된 다음의 회계처리를 일반전표에 입력하시오.

[1] 9월 30일: 부가가치세 정리분개를 수행하시오.

[2] 10월 25일: 납부세액을 국민은행 보통예금 계좌에서 지급하였다.

부가가치세 정리 및 납부 따라하기

• '회계관리 ➜ 재무회계 ➜ 전표입력 ➜ 일반전표입력' 메뉴에 차변은 '3', 대변은 '4'를 입력하여 대체전표를 입력한다.

[1]	9월 30일	(차) 부가세예수금	2,155,000원	(대)	부가세대급금	1,210,000원
					미지급세금	945,000원

일	번호	구분	계 정 과 목	거 래 처	적 요	차 변	대 변
30	00001	차변	0255 부가세예수금			2,155,000	
30	00001	대변	0135 부가세대급금				1,210,000
30	00001	대변	0261 미지급세금				945,000

[2]	10월 25일	(차) 미지급세금	945,000원	(대)	보통예금	945,000원

일	번호	구분	계 정 과 목	거 래 처	적 요	차 변	대 변
25	00001	차변	0261 미지급세금			945,000	
25	00001	대변	0103 보통예금				945,000

참고 자격시험에서는 '미지급세금' 계정에 대해 거래처(세무서)를 관리 하여야 한다.

4. 결산과 재무제표

기업은 경영활동에서 발생한 거래를 분개장에 분개하고 총계정원장에 전기하며 기중의 거래를 기록한다. 이렇게 기록한 각종 장부를 회계 기간 말에 정리하고 마감하여 기업의 재무상태와 경영성과를 정확하게 파악하는 절차를 결산(Closing)이라고 한다.

전산세무회계프로그램에서 결산분개는 수동결산(일반전표에 분개)과 자동결산(결산자료입력에 입력)으로 구성된다. 또한 결산을 진행하기 전에 고정자산등록과 관련된 감가상각비를 계상하여 결산에 반영하여야 한다.

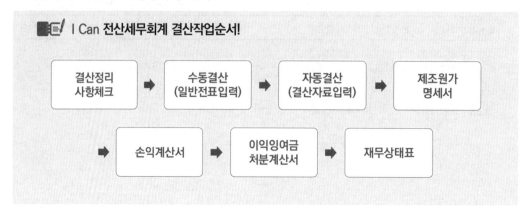

01 고정자산과 감가상각

기업이 영업활동이나 제조활동을 위하여 구입한 유형자산, 무형자산과 같은 고정자산은 이를 사용하거나 시간이 경과함에 따라 그 가치가 점점 감소하게 되는데 이를 장부상에 반영하는 절차가 감가상각이다.

전기분재무상태표	고정자산및감가상각	자금관리	데이터관리
전기분재무상태표	고정자산등록	받을어음현황	데이터백업
전기분손익계산서	미상각분감가상각비	지급어음현황	회사코드변환
전기분원가명세서	양도자산감가상각비	일일자금명세(경리일보)	회사기수변환
전기분잉여금처분계산서	고정자산관리대장	예적금현황	기타코드변환
거래처별초기이월			데이터체크
마감후이월			데이터저장및압축

1 감가상각 3요소

① 취득원가: 감가상각을 하기 위한 기준금액을 의미하며, 실제로 취득한 원가 또는 제작원가를 말하며, 매입시 부대비용과 자본적지출을 포함한다.
② 내용연수: 해당자산을 목적대로 이용가능한 추정기간을 의미하며 '일반기업회계기준'과 '법인세법'시행규칙으로 규정하고 있다.
③ 잔존가치: 내용년수 경과후 처분시 예상금액을 의미한다.

2 감가상각 계산방법

① 정액법: 내용연수동안 균등하게 상각한다.
  = (취득원가 - 잔존가치) ÷ 내용연수
② 정률법: 장부금액(취득원가 - 감가상각누계액)에 대해 일정율로 상각한다.
  = (취득원가 - 감가상각누계액) × 상각율

3 감가상각 회계처리

① 유형자산에 대한 감가상각비의 처리

차 변	감가상각비	×××	대 변	감가상각누계액	×××

② 무형자산에 대한 상각비의 처리

차 변	무형자산상각비	×××	대 변	무형자산	×××

I can 고정자산등록

㈜삼일아이의 고정자산내역은 다음과 같다. 고정자산등록메뉴에 등록하여 감가상각비를 계상하시오.

계정과목	자산코드	자산명	취 득 일	기초가액	감가상각누계액	상각방법	내용연수	업종코드	사용부서
건물	101	공장건물	2024.12.31.	110,000,000원	0원	정액법	20년	03	생산팀
기계장치	201	조립기계	2022.11.30.	15,000,000원	5,000,000원	정률법	8년	13	생산팀
차량운반구	301	화물차4140	2023.10.01.	20,000,000원	4,500,000원	정액법	5년	01	생산팀
차량운반구	302	승용차9590	2025.08.18.	22,000,000원	0원	정액법	5년	01	영업팀
비품	401	빔프로젝트	2024.07.01	5,000,000원	500,000원	정률법	4년	01	영업팀

고정자산등록 따라하기

• '회계관리 ➡ 재무회계 ➡ 고정자산및감가상각 ➡ 고정자산등록' 메뉴에 고정자산을 등록한 후 당기 감가상각비를 확인한다.

건물-공장건물

| 자산계정과목 | 0202 건물 | | 구분 | 0.전체 | 경비구분 | 0.전체 |

	자산코드/명	취득년월일	상각방법
■	000101 공장건물	2024-12-31	정액법

기본등록사항 / 추가등록사항

1.기초가액	110,000,000
2.전기말상각누계액(-)	
3.전기말장부가액	110,000,000
4.당기중 취득 및 당기증가(+)	
5.당기감소(일부양도 · 매각 · 폐기)(-)	
전기말상각누계액(당기감소분)(+)	
6.전기말자본적지출액누계(+)(정액법만)	
7.당기자본적지출액(즉시상각분)(+)	
8.전기말부인누계액(+) (정률만 상각대상에 가산)	
9.전기말의제상각누계액(-)	
10.상각대상금액	110,000,000
11.내용연수/상각률(월수)	20 0.05 (12) 연수별상각율
12.상각범위액(한도액)(10X상각율)	5,500,000
13.회사계상액(12)-(7)	5,500,000 사용자수정
14.경비구분	1.500번대/제조
15.당기말감가상각누계액	5,500,000
16.당기말장부가액	104,500,000
17.당기의제상각비	
18.전체양도일자	__-__-__
19.전체폐기일자	__-__-__
20.업종	03 철골,철골,석조
21.보조금적용여부	부 (0:부 / 1:여)
22.당기말보조금잔액	

> [참고] 경비구분(제조, 판관)을 정확이 작성해야 결산시 감가상각(제조경비와 판매관리비)자료에 자동 반영 된다.

기계장치-조립기계

| 자산계정과목 | 0206 기계장치 | | 구분 | 0.전체 | 경비구분 | 0.전체 |

	자산코드/명	취득년월일	상각방법
■	000201 조립기계	2022-11-30	정률법

기본등록사항 / 추가등록사항

1.기초가액	15,000,000
2.전기말상각누계액(-)	5,000,000
3.전기말장부가액	10,000,000
4.당기중 취득 및 당기증가(+)	
5.당기감소(일부양도 · 매각 · 폐기)(-)	
전기말상각누계액(당기감소분)(+)	
6.전기말자본적지출액누계(+)(정액법만)	
7.당기자본적지출액(즉시상각분)(+)	
8.전기말부인누계액(+) (정률만 상각대상에 가산)	
9.전기말의제상각누계액(-)	
10.상각대상금액	10,000,000
11.내용연수/상각률(월수)	8 0.313 (12) 연수별상각율
12.상각범위액(한도액)(10X상각율)	3,130,000
13.회사계상액(12)-(7)	3,130,000 사용자수정
14.경비구분	1.500번대/제조
15.당기말감가상각누계액	8,130,000
16.당기말장부가액	6,870,000
17.당기의제상각비	
18.전체양도일자	__-__-__
19.전체폐기일자	__-__-__
20.업종	13 제조업
21.보조금적용여부	부 (0:부 / 1:여)
22.당기말보조금잔액	

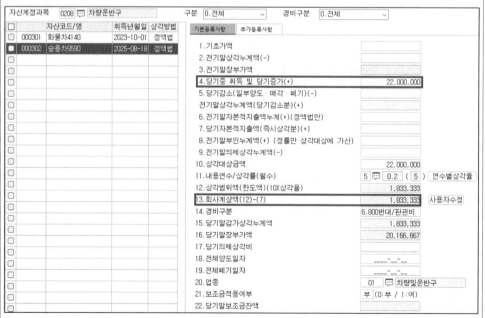

차량운반구-화물차4140

자산계정과목 0208 차량운반구　구분 0.전체 ∨　경비구분 0.전체 ∨

□	자산코드/명	취득년월일	상각방법
■	000301 화물차4140	2023-10-01	정액법

기본등록사항 / 추가등록사항

1.기초가액	20,000,000	
2.전기말상각누계액(-)	4,500,000	
3.전기말장부가액	15,500,000	
4.당기중 취득 및 당기증가(+)		
5.당기감소(일부양도·매각·폐기)(-)		
전기말상각누계액(당기감소분)(+)		
6.전기말자본적지출액누계(+)(정액법만)		
7.당기자본적지출액(즉시상각분)(+)		
8.전기말부인누계액(+)(정률만 상각대상에 가산)		
9.전기말의제상각누계액(-)		
10.상각대상금액	20,000,000	
11.내용연수/상각률(월수)	5 0.2 (12)	연수별상각율
12.상각범위액(한도액)(10X상각율)	4,000,000	
13.회사계상액(12)-(7)	4,000,000	사용자수정
14.경비구분	6.800번대/판관비	
15.당기말감가상각누계액	8,500,000	
16.당기말장부가액	11,500,000	
17.당기의제상각비		
18.전체양도일자	----.--.--	
19.전체폐기일자	----.--.--	
20.업종	01 차량및운반구	
21.보조금적용여부	부 (0:부 / 1:여)	
22.당기말보조금잔액		

차량운반구-승용차9590

자산계정과목 0208 차량운반구　구분 0.전체 ∨　경비구분 0.전체 ∨

□	자산코드/명	취득년월일	상각방법
□	000301 화물차4140	2023-10-01	정액법
■	000302 승용차9590	2025-08-18	정액법

기본등록사항 / 추가등록사항

1.기초가액		
2.전기말상각누계액(-)		
3.전기말장부가액		
4.당기중 취득 및 당기증가(+)	22,000,000	
5.당기감소(일부양도·매각·폐기)(-)		
전기말상각누계액(당기감소분)(+)		
6.전기말자본적지출액누계(+)(정액법만)		
7.당기자본적지출액(즉시상각분)(+)		
8.전기말부인누계액(+)(정률만 상각대상에 가산)		
9.전기말의제상각누계액(-)		
10.상각대상금액	22,000,000	
11.내용연수/상각률(월수)	5 0.2 (5)	연수별상각율
12.상각범위액(한도액)(10X상각율)	1,833,333	
13.회사계상액(12)-(7)	1,833,333	사용자수정
14.경비구분	6.800번대/판관비	
15.당기말감가상각누계액	1,833,333	
16.당기말장부가액	20,166,667	
17.당기의제상각비		
18.전체양도일자	----.--.--	
19.전체폐기일자	----.--.--	
20.업종	01 차량및운반구	
21.보조금적용여부	부 (0:부 / 1:여)	
22.당기말보조금잔액		

참고 당해연도에 신규취득한 자산의 경우 기초가액을 '4.당기중 취득 및 당기증가' 란에 입력 한다.

02 수동결산과 자동결산

결산은 일반전표입력메뉴에 12월 31일자로 결산대체분개를 직접 입력하는 수동결산과 결산 자료입력 메뉴에 해당금액을 입력한 후 [F3.전표추가]키를 이용하여 전표를 자동생성하는 자동결산으로 나뉜다.

1 수동결산 내용

(1) 수익·비용의 이연과 예상

① 수익의 이연(선수수익)

당기중 이미 받은 수익 중 차기분에 속하는 금액은 당기의 수익에서 차감하여 선수수익계정 대변에 대체하여 차기로 이월하는 것을 '수익의 이연'이라 한다. 이러한 수익의 선수분은 선수수익계정에 표기한다. 선수수익에는 선수이자, 선수임대료, 선수수수료 등이 있다.

차 변	수익계정	×××	대 변	선수수익	×××

② 비용의 이연(선급비용)

당기중 이미 지급한 비용중 차기에 속하는 금액은 당기 비용에서 차감하여 자산계정인 선급비용계정 차변에 대체하여 차기로 이월하여야 하는데 이것을 '비용의 이연'이라고 한다. 선급비용은 차기에 해당 비용 계정 차변에 다시 대체하여야 한다. 선급임차료, 선급보험료, 선급이자 등이 있다.

차 변	선급비용	×××	대 변	비용계정	×××

③ 수익의 발생(미수수익)

당기에 속하는 수익이 결산일까지 아직 수입되지 아니한 금액은 해당 수익계정 대변에 기입하여 당기의 수익에 포함시키고, 미수수익계정 차변에 기입하여 차기로 이월한다. 이것을 '수익의 예상'이라 한다. 미수이자, 미수임대료 등이 있다.

차 변	미수수익	×××	대 변	수익계정	×××

④ 비용의 발생(미지급비용)

당기에 속하는 비용이 결산일까지 아직 지급되지 않은 금액은 해당 비용 계정의 차변에 기입하여 당기 비용으로 계상하고 동일 금액을 미지급비용계정의 대변에 기입하여 차기로 이월하여야 한다. 이것을 '비용의 예상'이라 한다. 미지급이자, 미지급임차료, 미지급수수료계정 등이 있다.

차 변	비용계정	×××	대 변	미지급비용	×××

(2) 소모품의 정리

소모품의 당기의 사용액만큼만 당기에 비용처리되어야 하나 구입시 자산으로 처리할 수도 있고 구입시 비용처리할 수도 있다. 결산시에는 자산으로 처리된 경우는 사용액을 비용으로 처리하고, 비용으로 처리된 경우는 미사용액을 자산으로 대체하는 회계처리가 필요하다.

① 자산처리법: (차) 소모품비 (대) 소 모 품 ➜ 사용액 대체분개

```
• 구입시:           (차) 소 모 품    ×××    (대) 현    금    ×××
• 결산시:(사용액)   (차) 소모품비    ×××    (대) 소 모 품    ×××
```

② 비용처리법: (차) 소모품 (대) 소모품비 ➜ 미사용액 대체분개

```
• 구입시:           (차) 소모품비    ×××    (대) 현    금    ×××
• 결산시:(미사용액) (차) 소 모 품    ×××    (대) 소모품비    ×××
```

(3) 현금과부족정리

장부상 현금잔액과 현금의 실제잔액이 일치하지 않을 경우 원인 판명시까지만 사용되는 임시계정을 현금과부족이라고 한다.

① 현금과부족의 정리

'현금과부족' 계정은 일종의 미결산계정이므로 과부족의 원인을 조사하여 원인이 밝혀지면 정확한 계정으로 대체하여야 한다. 따라서 결산시까지도 과부족의 원인이 밝혀지지 않으면 부족액은 현금과부족계정에서 잡손실계정에 대체하고 과잉액은 잡이익계정에 대체하여 정리한다.

결산정리: 부족액의 경우	(차) 잡 손 실	×××	(대) 현금과부족	×××
과잉액의 경우	(차) 현금과부족	×××	(대) 잡 이 익	×××

② 결산일의 현금불일치

결산일에 장부상 현금잔액과 현금실제액이 불일치하는 경우에는 다음과 같이 정리한다.

- 현금부족액: (차) 잡 손 실 ××× (대) 현 금 ×××
- 현금과잉액: (차) 현 금 ××× (대) 잡 이 익 ×××

(4) 유가증권평가(단기매매증권, 매도가능증권)

결산시 유가증권은 공정가치로 평가하여야 한다.

종 류	장부금액 > 공정가치	장부금액 < 공정가치
단기매매증권	(차) 단기매매증권평가손실 (대) 단기매매증권	(차) 단기매매증권 (대) 단기매매증권평가이익
매도가능증권	(차) 매도가능증권평가손실 (대) 매도가능증권	(차) 매도가능증권 (대) 매도가능증권평가이익

(5) 가지급금·가수금의 정리

그 성질에 맞는 과목으로 적절하게 정리분개 한다.

차 변	해당계정과목	×××	대 변	가지급금	×××
	가수금	×××		해당계정과목	×××

(6) 외화자산·부채의 환산

외화자산, 부채 중 화폐성외화자산, 부채는 재무상태표일 현재의 기준환율로 환산한 금액을 계상 하여야 한다. 이 경우 발생하는 외화환산손실 또는 외화환산이익은 당기손익으로 처리한다.

종 류	장부금액 > 결산시 평가액	장부금액 < 결산시 평가액
외화자산 (예금등)	(차) 외화환산손실 　　　　(대) 외화예금등	(차) 외화예금등 　　　　(대) 외화환산이익
외화부채 (차입금등)	(차) 외화차입금등 　　　　(대) 외화환산이익	(차) 외화환산손실 　　　　(대) 외화차입금등

(7) 채권의 대손상각

결산시 매출채권의 내용을 검토하여 회수가 불확실한 채권에 대하여 합리적이고 객관적인 기준에 따라 산출한 대손추인액과 회수불가능한 채권은 대손상각비로 처리한다. 일반적 상거래이외의 기타채권에 대한 대손상각은 영업외비용(기타의대손상각비)으로 기재한다. 대손이 발생한 때에는 대손충당금과 상계하고 대손충당금이 부족한 경우 그 부족액을 대손상각비로 계상한다.

보충법	대손충당금 잔액이 없을 경우	자동결산
	(차) 대손상각비　×××　　　　　(대) 대손충당금　×××	
	대손예상액 > 대손충당금 잔액(차액만큼)	자동결산
	(차) 대손상각비　×××　　　　　(대) 대손충당금　×××	
	대손예상액 < 대손충당금 잔액(차액만큼)	수동결산
	(차) 대손충당금　×××　　　　　(대) 대손충당금환입　×××	
환입법	대손충당금 잔액 전체를 대손충당금으로 대체	수동결산
	(차) 대손충당금　×××　　　　　(대) 대손충당금환입　×××	
기타의 채권	대손예상액 > 대손충당금 잔액(차액만큼)	수동결산
	(차) 기타의대손상각비　×××　　(대) 대손충당금　×××	

(8) 비유동부채의 유동성 대체

결산일 기준으로 1년 이내에 상환될 비유동부채(장기차입금 등)는 유동부채로 대체표시 하여야 한다.

차 변	장기차입금	×××	대 변	유동성장기부채	×××

② 자동결산 내용

(1) 재고자산의 기말재고액 입력

(2) 감가상각비 입력

(3) 대손상각비의 입력(대손예상액 > 대손충당금 잔액)

(4) 퇴직급여전입액 입력

(5) 법인세등의 입력

I can 결산

㈜삼일아이의 기말정리사항은 다음과 같다. 결산 작업을 완료 하시오.

[1] 4월 1일 지급한 영업팀 업무용승용차보험료(2025.4.1. ~ 2026.3.31.)에 대한 기간미경과분 (선급분)에 대해 보험료에 대해 계상하시오.(월할 계산할 것)

[2] 재고자산의 기말재고액은 다음과 같다.

상품	원재료	재공품	제품
600,000원	1,300,000원	1,800,000원	4,000,000원

[3] 매출채권(외상매출금, 받을어음)잔액에 대하여 1%의 대손상각비를 계상하시오.(보충법)

[4] 당기 감가상각비 계상액은 고정자산등록메뉴에 입력된 자료를 조회하여 계상하시오.

[5] 기말 퇴직급여추계액 다음과 같으며, 퇴직급여추계액 전액을 충당부채로 설정한다. (단, 결산전 퇴직급여충당부채잔액은 없다.)

구 분	제조부	영업부
기말현재 퇴직급여추계액	7,000,000원	5,000,000원

[6] 당기 법인세등 추산액은 500,000원이다.

 결산 따라하기

수동결산

'회계관리 ➜ 재무회계 ➜ 전표입력 ➜ 일반전표입력' 메뉴에 수동결산분개를 입력한다.

[1] 미경과보험료 '600,000원 × 3개월/12개월 = 150,000원'에 대한 전표를 입력한다.

12월 31일	(차) 선급비용	150,000원	(대) 보험료(판)	150,000원

일	번호	구분	계 정 과 목	거 래 처	적 요	차 변	대 변
31	00001	차변	0133 선급비용			150,000	
31	00001	대변	0821 보험료				150,000

자동결산

'회계관리 ➜재무회계 ➜ 결산/재무제표 ➜ 결산자료입력(기간: 1월~12월)' 메뉴에 해당금액 입력 후 ' F3 전표추가 '를 클릭하여 자동결산분개를 생성한다.

[2] 재고자산 금액을 각 란에 입력한다.
   • 상품 600,000원 • 원재료 1,300,000원 • 재공품 1,800,000원 • 제품 4,000,000원

0451	상품매출원가	600,000		
0146	② 당기 상품 매입액		1,200,000	
0146	⑩ 기말 상품 재고액			600,000
0455	8)당기 총제조비용		22,769,260	
0169	⑩ 기말 재공품 재고액			1,800,000
0150	9)당기완성품제조원가	32,299,260	22,769,260	
0150	① 기초 제품 재고액		6,000,000	
0150	⑩ 기말 제품 재고액			4,000,000
0501	원재료비	18,200,000	19,500,000	
0153	① 기초 원재료 재고액		4,000,000	
0153	② 당기 원재료 매입액		15,500,000	
0153	⑩ 기말 원재료 재고액			1,300,000

[3] 대손상각비는 상단 F8 대손상각 을 클릭한 후 '결산반영'을 누르면 금액이 반영된다.

0835	5). 대손상각	434,400		434,400	434,400
0108	외상매출금			424,400	424,400
0110	받을어음			10,000	10,000

[4] 감가상각비는 상단 **F7 감가상각** 을 클릭한 후 '결산반영'을 누르면 감가상각액이 반영된다.

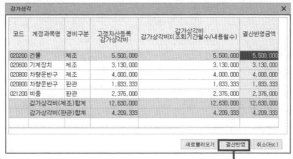

코드	계정과목명	경비구분	고정자산등록 감가상각비	감가상각비IX(조회기간월수/내용월수)	결산반영금액
020200	건물	제조	5,500,000	5,500,000	5,500,000
020600	기계장치	제조	3,130,000	3,130,000	3,130,000
020800	차량운반구	제조	4,000,000	4,000,000	4,000,000
020800	차량운반구	판관	1,833,333	1,833,333	1,833,333
021200	비품	판관	2,376,000	2,376,000	2,376,000
	감가상각비(제조)합계		12,630,000	12,630,000	12,630,000
	감가상각비(판관)합계		4,209,333	4,209,333	4,209,333

0518	2). 일반감가상각비	12,630,000	12,630,000	12,630,000
0202	건물		5,500,000	5,500,000
0206	기계장치		3,130,000	3,130,000
0208	차량운반구		4,000,000	4,000,000
0212	비품			
0818	4). 감가상각비		4,209,333	4,209,333
0202	건물			
0206	기계장치			
0208	차량운반구		1,833,333	1,833,333
0212	비품		2,376,000	2,376,000

[참고] 고정자산등록메뉴에서 선택한 경비구분(제조, 판관)에 따라 제조경비와 판매관리비에 각각 반영된다.

[5] 퇴직급여충당부채 추가계상액을 제조부와 영업부로 구분하여 입력한다.

	3)노 무 비	2,800,000	2,800,000	7,000,000
	1). 임금 외	2,800,000	2,800,000	
0504	임금	2,800,000	2,800,000	
0508	2). 퇴직급여(전입액)			7,000,000
0550	3). 퇴직연금충당금전입액			

✓제조부: 퇴직급여추계액 − 퇴직급여충당부채잔액 = 7,000,000원

	1). 급여 외		3,000,000	
0801	급여		3,000,000	
0806	2). 퇴직급여(전입액)			5,000,000
0850	3). 퇴직연금충당금전입액			

✓영업부: 퇴직급여추계액 − 퇴직급여충당부채잔액 = 5,000,000원

[6] 법인세등 추가계상액 란에 500,000원을 입력한다.

0998	9. 법인세등	500,000	500,000	500,000
0998	2). 추가계상액	500,000	500,000	500,000

[참고] 각 란 금액을 모두 입력하면 반드시 **F3 전표추가** 를 클릭하여 결산 자동분개를 반영한다.

 F3 전표추가 를 클릭하여 자동결산 분개를 생성한다. (일반전표 12월 31일 확인)

자동결산이 반영된 전표

□	일	번호	구분	계 정 과 목	거 래 처	적 요	차 변	대 변
□	31	00068	결차	0451 상품매출원가		1 상품매출원가 대체	600,000	
□	31	00068	결대	0146 상품		2 상품 매입 부대비용		600,000
□	31	00069	결차	0501 원재료비		1 원재료사용분 재료비대체	18,200,000	
□	31	00069	결대	0153 원재료		5 원재료비 대체		18,200,000
□	31	00070	결차	0169 재공품			18,200,000	
□	31	00070	결대	0501 원재료비		2 재료비 제조원가로 대체		18,200,000
□	31	00071	결차	0508 퇴직급여		1 퇴직충당금 당기분전입액	7,000,000	
□	31	00071	결대	0295 퇴직급여충당부채		7 퇴직급여충당부채당기설		7,000,000
□	31	00072	결차	0169 재공품			9,800,000	
□	31	00072	결대	0504 임금		8 제조원가로 대체		2,800,000
□	31	00072	결대	0508 퇴직급여		8 제조원가로 대체		7,000,000
□	31	00073	결차	0518 감가상각비		1 당기말 감가상각비 계상	5,500,000	
□	31	00073	결대	0203 감가상각누계액		4 당기 감가상각누계액 설		5,500,000
□	31	00074	결차	0518 감가상각비		1 당기말 감가상각비 계상	3,130,000	
□	31	00074	결대	0207 감가상각누계액		4 당기 감가상각누계액 설		3,130,000
□	31	00075	결차	0518 감가상각비		1 당기말 감가상각비 계상	4,000,000	
□	31	00075	결대	0209 감가상각누계액		4 당기 감가상각누계액 설		4,000,000
□	31	00076	결차	0169 재공품			13,099,260	
□	31	00076	결대	0511 복리후생비		8 제조원가로 대체		169,260
□	31	00076	결대	0512 여비교통비		8 제조원가로 대체		220,000
□	31	00076	결대	0522 차량유지비		8 제조원가로 대체		50,000
□	31	00076	결대	0530 소모품비		8 제조원가로 대체		30,000
□	31	00076	결대	0518 감가상각비		8 제조원가로 대체		12,630,000
□	31	00077	결차	0150 제품		1 제조원가 제품대체	39,299,260	
□	31	00040	차변	0404 제품매출		손익계정에 대체	66,550,000	
□	31	00041	대변	0455 제품매출원가		손익계정에 대체		34,299,260
□	31	00078	결차	0455 제품매출원가		1 제품매출원가 대체	41,299,260	
□	31	00076	결대	0522 차량유지비		8 제조원가로 대체		50,000
□	31	00071	결차	0508 퇴직급여		1 퇴직충당금 당기분전입액	7,000,000	
□	31	00072	결대	0508 퇴직급여		8 제조원가로 대체		7,000,000
□	31	00079	결차	0806 퇴직급여		1 퇴직충당금 당기분전입액	5,000,000	
□	31	00071	결대	0295 퇴직급여충당부채		7 퇴직급여충당부채당기설		7,000,000
□	31	00079	결대	0295 퇴직급여충당부채		7 퇴직급여충당부채당기설		5,000,000

03 재무제표등 작성

제조업의 당기제품제조원가를 나타내는 제조원가명세서, 일정기간동안 기업의 경영성과를 나타내는 손익계산서, 이익잉여금처분에 대한 이익잉여금처분계산서, 일정시점의 기업의 재무상태를 나타내는 재무상태표를 작성한다.

1 제조원가명세서

제조원가명세서는 제조업의 당기제품제조원가가 어떻게 산출되었는지를 기록한 명세서이며 당기제품제조원가는 손익계산서의 제품매출원가 계산 근거가 된다.

I can 제조원가명세서

㈜삼일아이의 제조원가명세서를 작성하시오.

제조원가명세서 따라하기

'회계관리 ➜ 재무회계 ➜ 결산/재무제표 ➜ 제조원가명세서'를 12월로 조회하여 작성한다.

기간 2025 년 12 월 31 일까지	455 제품매출원가 0500 제조 - 1.제조원가명세서			0500번대
관리용 제출용 표준용				
과 목	제9(당)기 [2025년01월01일~2025년12월31일] 금 액		제8(전)기 [2024년01월01일~2024년12월31일] 금 액	
1.원재료비		18,200,000		44,000,000
기초원재료재고액	4,000,000		3,000,000	
당기원재료매입액	15,500,000		45,000,000	
기말원재료재고액	1,300,000		4,000,000	
2.노무비		9,800,000		20,000,000
임금	2,800,000		20,000,000	
퇴직급여	7,000,000			
3.경비		13,099,260		26,000,000
복리후생비	169,260		5,600,000	
여비교통비	220,000			
가스수도료			1,650,000	
전력비			3,200,000	
세금과공과			1,680,000	
감가상각비	12,630,000		4,230,000	
수선비			2,956,000	
보험료			2,320,000	
차량유지비	50,000			
소모품비	30,000		4,364,000	
4.당기 총 제조비용		41,099,260		90,000,000
5.기초재공품 재고액				
6.합계		41,099,260		90,000,000
7.기말재공품 재고액		1,800,000		
8.타계정으로 대체액				
9.당기제품 제조원가		39,299,260		90,000,000

② 손익계산서

손익계산서는 일정기간동안 기업의 경영성과를 나타내는 결산보고서이며 당기순이익은 이익잉여금처분계산서에 반영된다.

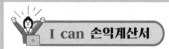

I can 손익계산서

㈜삼일아이의 손익계산서를 작성하시오.

손익계산서 따라하기

'회계관리 ➜ 재무회계 ➜ 결산/재무제표 ➜ 손익계산서'를 12월로 조회하여 작성한다.

기간 2025 년 12 ∨ 월

| 관리용 | 제출용 | 포괄손익 | 표준용 |

과 목	제 9(당)기 2025년1월1일 ~ 2025년12월31일		제 8(전)기 2024년1월1일 ~ 2024년12월31일	
	금액		금액	
I .매출액		67,350,000		250,000,000
상품매출	800,000			
제품매출	66,550,000		250,000,000	
II .매출원가		41,899,260		98,000,000
상품매출원가		600,000		
기초상품재고액				
당기상품매입액	1,200,000			
기말상품재고액	600,000			
제품매출원가		41,299,260		98,000,000
기초제품재고액	6,000,000		8,000,000	
당기제품제조원가	39,299,260		96,000,000	
기말제품재고액	4,000,000		6,000,000	
III .매출총이익		25,450,740		152,000,000
IV .판매비와관리비		14,047,083		125,400,000
급여	3,000,000		60,000,000	
퇴직급여	5,000,000			
복리후생비	136,350		10,000,000	
여비교통비			7,600,000	
기업업무추진비	627,000		9,200,000	
통신비			6,200,000	
세금과공과	160,000		8,500,000	
감가상각비	4,209,333		500,000	
보험료	450,000		7,000,000	
소모품비	30,000		16,400,000	
대손상각비	434,400			
V .영업이익		11,403,657		26,600,000
VI .영업외수익				
VII .영업외비용		450,000		600,000
이자비용	250,000		600,000	
기부금	200,000			
VIII .법인세차감전이익		10,953,657		26,000,000
IX .법인세등		500,000		
법인세비용	500,000			
X .당기순이익		10,453,657		26,000,000

③ 이익잉여금처분계산서

이익잉여금처분계산서는 이익잉여금의 처분내역을 나타내는 것으로 상단 툴바의 F6 전표추가 를 클릭하면 수익과 비용계정의 손익대체 분개가 이루어진다.

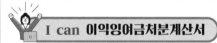

I can 이익잉여금처분계산서

㈜삼일아이의 이익잉여금처분계산서를 작성하고 손익대체분개를 완료하시오.
- 처분확정일: 2026년 2월 27일(전기분 2025년 2월 27일)
- 처분내역: 현금배당금 7,000,000원, 이익준비금 700,000원

🖐 이익잉여금처분계산서 따라하기

'회계관리 ➡ 재무회계 ➡ 결산/재무제표 ➡ 이익잉여금처분계산서'를 조회하여 처분확정일과 처분내역을 입력한 후 상단 F6 전표추가 를 클릭하여 손익대체 분개를 한다.

| 당기처분예정일 | 2026 년 2 월 27 일 | 전기처분확정일 | 2025 년 2 월 27 일 |

과목	계정과목명	제 9(당)기 2025년01월01일~2025년12월31일 제 9기(당기) 금액		제 8(전)기 2024년01월01일~2024년12월31일 제 8기(전기) 금액
I.미처분이익잉여금			65,453,657	55,000,000
1.전기이월미처분이익잉여금		55,000,000		29,000,000
2.회계변경의 누적효과	0369	회계변경의누적효과		
3.전기오류수정이익	0370	전기오류수정이익		
4.전기오류수정손실	0371	전기오류수정손실		
5.중간배당금	0372	중간배당금		
6.당기순이익		10,453,657		26,000,000
II.임의적립금 등의 이입액				
1.				
2.				
합계			65,453,657	55,000,000
III.이익잉여금처분액			700,000	
1.이익준비금	0351	이익준비금	700,000	
2.재무구조개선적립금	0354	재무구조개선적립금		
3.주식할인발행차금상각액	0381	주식할인발행차금		
4.배당금				
가.현금배당	0265	미지급배당금		
주당배당금(률)		보통주	7,000,000	
		우선주		
나.주식배당	0387	미교부주식배당금		
주당배당금(률)		보통주		
		우선주		
5.사업확장적립금	0356	사업확장적립금		
6.감채적립금	0357	감채적립금		

손익대체분개가 반영된 전표

2025 년 12 ∨ 월 31 일 변경 현금잔액 : 15,798,000 대차차액 :

□	일	번호	구분	계정과목	거래처	적요	차변	대변
□	31	00088	차변	0401 상품매출		손익계정에 대체	800,000	
□	31	00088	차변	0404 제품매출		손익계정에 대체	66,550,000	
□	31	00088	대변	0400 손익		수익에서 대체		67,350,000
□	31	00089	대변	0451 상품매출원가		손익계정에 대체		600,000
□	31	00089	대변	0455 제품매출원가		손익계정에 대체		41,299,260
□	31	00089	대변	0801 급여		손익계정에 대체		3,000,000
□	31	00089	대변	0806 퇴직급여		손익계정에 대체		5,000,000
□	31	00089	대변	0811 복리후생비		손익계정에 대체		136,350
□	31	00089	대변	0813 기업업무추진비		손익계정에 대체		627,000
□	31	00089	대변	0817 세금과공과		손익계정에 대체		160,000
□	31	00089	대변	0818 감가상각비		손익계정에 대체		4,209,333
□	31	00089	대변	0821 보험료		손익계정에 대체		450,000
□	31	00089	대변	0830 소모품비		손익계정에 대체		30,000
□	31	00089	대변	0835 대손상각비		손익계정에 대체		434,400
□	31	00089	대변	0951 이자비용		손익계정에 대체		250,000
□	31	00089	대변	0953 기부금		손익계정에 대체		200,000
□	31	00089	대변	0998 법인세비용		손익계정에 대체		500,000
□	31	00089	차변	0400 손익		비용에서 대체	56,896,343	
□	31	00090	차변	0400 손익		당기순손익 잉여금에 대.	10,453,657	
□	31	00090	대변	0377 미처분이익잉여금		당기순이익 잉여금에 대.		10,453,657
□	31	00090	차변	0375 이월이익잉여금		처분전 이익잉여금에 대.	55,000,000	
□	31	00090	대변	0377 미처분이익잉여금		이월이익잉여금에서 대체		55,000,000
□	31	00091	대변	0375 이월이익잉여금		처분전 이익잉여금에 대.		65,453,657
□	31	00091	차변	0377 미처분이익잉여금		이월이익잉여금에서 대체	65,453,657	

④ 재무상태표

재무상태표는 일정시점의 기업의 재무상태를 나타내는 보고서이다.

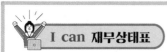

I can 재무상태표

㈜삼일아이의 재무상태표를 작성하시오.

재무상태표 따라하기

'회계관리 ➡ 재무회계 ➡ 결산/재무제표 ➡ 재무상태표'를 12월로 조회하여 작성한다.

기간 2025 년 12 월

관리용 제출용 표준용

과 목	제 9(당)기 2025년1월1일 ~ 2025년12월31일		제 8(전)기 2024년1월1일 ~ 2024년12월31일	
	금액		금액	
자산				
Ⅰ.유동자산		73,502,990		35,000,000
① 당좌자산		65,802,990		25,000,000
현금		15,798,000		6,040,000
당좌예금		1,000,000		
보통예금		1,889,390		15,000,000
외상매출금	46,440,000		4,000,000	
대손충당금	464,400	45,975,600	40,000	3,960,000
받을어음	1,000,000			
대손충당금	10,000	990,000		
선급비용		150,000		
② 재고자산		7,700,000		10,000,000
상품		600,000		
제품		4,000,000		6,000,000
원재료		1,300,000		4,000,000
재공품		1,800,000		
Ⅱ.비유동자산		160,160,667		155,000,000
① 투자자산				
② 유형자산		145,160,667		140,000,000
건물	110,000,000		110,000,000	
감가상각누계액	5,500,000	104,500,000		110,000,000
기계장치	15,000,000		15,000,000	
감가상각누계액	8,130,000	6,870,000	5,000,000	10,000,000
차량운반구	42,000,000		20,000,000	
감가상각누계액	10,333,333	31,666,667	4,500,000	15,500,000
비품	5,000,000		5,000,000	
감가상각누계액	2,876,000	2,124,000	500,000	4,500,000
③ 무형자산		5,000,000		5,000,000
개발비		5,000,000		5,000,000
④ 기타비유동자산		10,000,000		10,000,000
임차보증금		10,000,000		10,000,000
자산총계		233,663,657		190,000,000
부채				
Ⅰ.유동부채		53,210,000		32,000,000
외상매입금		15,500,000		15,000,000
지급어음				2,000,000
미지급금		24,710,000		4,000,000
선수금		1,500,000		
단기차입금		11,000,000		11,000,000
미지급세금		500,000		
Ⅱ.비유동부채		12,000,000		
퇴직급여충당부채		12,000,000		
부채총계		65,210,000		32,000,000
자본				
Ⅰ.자본금		100,000,000		100,000,000
자본금		100,000,000		100,000,000
Ⅱ.자본잉여금				
Ⅲ.자본조정				
Ⅳ.기타포괄손익누계액				
Ⅴ.이익잉여금		68,453,657		58,000,000
이익준비금		3,000,000		3,000,000
미처분이익잉여금		65,453,657		55,000,000
(당기순이익)				
당기: 10,453,657				
전기: 26,000,000				
자본총계		168,453,657		158,000,000
부채와자본총계		233,663,657		190,000,000

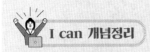
I can 개념정리

재무상태표

재무상태표는 일정시점의 기업의 재무상태를 나타내는 보고서이며, 입력된 자료에 의해 매월말 또는 결산월의 재무상태표를 조회할 수 있으며, 관리용, 제출용, 표준용으로 구분하여 조회할 수 있다.

• 재무상태표(관리용)

관리용	제출용	표준용		

과 목	제 9(당)기 2025년1월1일 ~ 2025년12월31일		제 8(전)기 2024년1월1일 ~ 2024년12월31일	
	금액		금액	
자산				
Ⅰ.유동자산		73,502,990		35,000,000
① 당좌자산		65,802,990		25,000,000
현금		15,798,000		6,040,000
당좌예금		1,000,000		
보통예금		1,889,390		15,000,000
외상매출금	46,440,000		4,000,000	
대손충당금	464,400	45,975,600	40,000	3,960,000
받을어음	1,000,000			
대손충당금	10,000	990,000		
선급비용		150,000		

[참고] 회사관리용 재무상태표이며, 계정과목별 집계내용이 표시된다.

• 재무상태표(제출용)

관리용	제출용	표준용		

과 목	제 9(당)기 2025년1월1일 ~ 2025년12월31일		제 8(전)기 2024년1월1일 ~ 2024년12월31일	
	금액		금액	
자산				
Ⅰ.유동자산		73,502,990		35,000,000
① 당좌자산		65,802,990		25,000,000
현금및현금성자산	18,687,390		21,040,000	
매출채권	47,440,000		4,000,000	
대손충당금	(474,400)		(40,000)	
선급비용	150,000			

[참고] 기업회계기준에 따른 재무상태표이며, 통합계정으로 표시된다.

• 재무상태표(표준용)

관리용	제출용	표준용	당좌자산	재고자산	기타유동자산	투자자산	유형자산	무형자산	기타비유동자산	유동부채	비유동부채	자

차변잔액	차변합계	계 정 과 목	코드	대변합계	대변잔액
73,502,990	210,783,520	Ⅰ.유동자산	01	137,280,530	
65,652,990	102,325,000	(1) 당좌자산	02	36,672,010	
18,687,390	51,635,000	1.현금 및 현금성자산	03	32,947,610	
		2.단기예금	04		
		3.유가증권	05		
		가.단기매매증권	06		
		나.유동성매도가능증권	07		
		다.유동성만기보유증권	08		
46,965,600	50,440,000	4.매출채권	09	3,474,400	
46,440,000	49,440,000	가.외상매출금	10	3,000,000	
		(대손충당금)	11	464,400	464,400
1,000,000	1,000,000	나.받을어음	12		
		(대손충당금)	13	10,000	10,000

[참고] 법인세(소득세) 전자신고서식의 재무상태표이다.

5. 장부조회

장부는 기업의 경영활동에서 발생하는 모든 거래를 기록·계산·정리하기 위하여 작성하며 주요부와 보조부로 구분된다. 분개장과 총계정원장은 주요부이고 그 외의 장부는 보조부에 해당한다.

01 거래처원장

기업의 영업활동 중 거래처별 관리가 필요한 채권·채무 거래가 발생한 경우 거래처별로 장부 관리가 필요한데 이러한 장부를 거래처원장이라 한다. 전표 입력 시 거래처별 관리가 필요한 계정과목에 거래처코드를 입력하면 거래처원장에서 조회가 된다.

I can 거래처원장

㈜삼일아이의 당기말 외상매출금 잔액이 가장 많은 거래처는 어디인가?

※ 거래처원장: 잔액 탭, 기간(1월1일 ~ 12월31일), 계정과목(108.외상매출금) 입력 후 모든거래처 조회

03001

	잔 액	내 용	총괄잔액	총괄내용

| 기 간 2025 년 1 월 1 일 ~ 2025 년 12 월 31 일 계정과목 0108 외상매출금 | | | | | 잔액 0 포함 미등록 포함 |
| 거래처분류 ~ 거 래 처 01001 메타전자(주) ~ 99602 국민카드(법인) | | | | | |

	코드	거 래 처	등록번호	대표자명	전기이월	차 변	대 변	잔 액	(담당)부서/사원
☐	01001	메타전자(주)	106-81-19636	이희태	2,000,000		2,000,000		
☐	01002	지능컴퓨터(주)	220-81-03217	박용수	2,000,000		1,000,000	1,000,000	
☐	01007	Global Company				20,000,000		20,000,000	
☐	03001	(주)세계무역	110-87-01194			25,000,000		25,000,000	
☐	99601	삼성카드사	00099021983			440,000		440,000	

02 계정별원장

각 계정과목별 거래내역을 자세히 기록한 장부로서 주요부인 총계정원장의 보조부이다. 현금은 현금출납장에서 조회가 되므로 현금을 제외한 계정에 대해 조회가 가능하다.

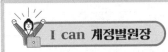 **I can 계정별원장**

㈜삼일아이의 6월말 보통예금 잔액은 얼마인가?

※ 계정별원장: 계정별 탭, 기간(1월1일 ~ 6월30일), 계정과목(103.보통예금) 입력후 보통예금 잔액 조회

3,234,390원

계정별	부서별	사원별	현장별	전 체						

기 간 2025 년 1 월 1 일 ~ 2025 년 6 월 30 일
계정과목 0103 보통예금 ~ 0103 보통예금

☐	코드	계 정 과 목	일자	적 요	코드	거 래 처	차 변	대 변	잔 액	번호	등록번호
☐	0103	보통예금		[전 기 이 월]			15,000,000		15,000,000		
☐			01-06					160,000	14,840,000	00001	
☐			01-07				1,000,000		15,840,000	00001	
☐				[월 계]			1,000,000	160,000			
☐				[누 계]			16,000,000	160,000			
☐			02-01					3,000,000	12,840,000	00001	
☐			02-22					3,000,000	9,840,000	00001	
☐				[월 계]				6,000,000			
☐				[누 계]			16,000,000	6,160,000			
☐			04-01					600,000	9,240,000	00001	
☐				[월 계]				600,000			
☐				[누 계]			16,000,000	6,760,000			
☐			05-25					5,427,030	3,812,970	00001	
☐				[월 계]				5,427,030			
☐				[누 계]			16,000,000	12,187,030			
☐			06-10					167,360	3,645,610	00001	
☐			06-10					411,220	3,234,390	00002	
☐				[월 계]				578,580			
☐				[누 계]			16,000,000	12,765,610			

03 현금출납장

기업의 영업활동 중 발생한 현금의 수입과 지출 내용을 상세히 기록한 보조장부이다.

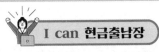 **I can 현금출납장**

㈜삼일아이의 1월중 현금 지출액은 얼마인가?

※ 현금출납장장: 잔액 탭, 기간(1월1일 ~ 1월 31일) 입력 후 1월의 현금 출금액 확인

2,030,000원

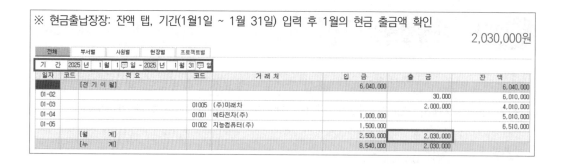

일자	코드	적요	코드	거래처	입 금	출 금	잔 액
		[전 기 이 월]			6,040,000		6,040,000
01-02						30,000	6,010,000
01-03			01005	(주)미래차		2,000,000	4,010,000
01-04			01001	메타전자(주)	1,000,000		5,010,000
01-05			01002	지능컴퓨터(주)	1,500,000		6,510,000
	[월 계]				2,500,000	2,030,000	
	[누 계]				8,540,000	2,030,000	

04 일계표(월계표)

하루 동안 일어난 거래에 대해 분개한 내용을 계정과목별로 집계한 표가 일계표이며 일계표를 월단위로 집계한 표가 월계표이다.

① 매일 확인하는 현금시재와 차변의 금일잔고가 일치해야 한다.

② 차변 현금 란에 표시된 금액은 현금지출이며 대변 현금 란에 표시된 금액은 현금수입이다.

I can 일계표(월계표)

㈜삼일아이의 3월 한달 동안 제조경비의 현금지출액은 얼마인가?

※ 일계표(월계표): 월계표 탭, 조회기간(3월 ~ 3월) 입력 후 제조경비 현금지출액 확인

30,000원

	차 변			계정과목	대 변		
계	대체	현금			현금	대체	계
			1.유 동 부 채			127,000	127,000
			미 지 급 금			127,000	127,000
80,000	50,000	30,000	2.제 조 원 가				
80,000	50,000	30,000	<제 조 경 비>				
50,000	50,000		차 량 유 지 비				
30,000		30,000	소 모 품 비				
77,000	77,000		3.판 매 비및일반관리비				
77,000	77,000		기 업 업 무 추 진 비				

05 분개장

기업의 영업활동 중 거래가 발생하면 분개를 하여 기록하는 장부를 분개장이라 한다.

06 총계정원장

기업의 영업활동 중 발생한 거래를 분개한 후 분개된 내용이 계정과목별로 월별/일별 집계되어 기록되는 주요장부이다.

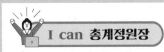

I can 총계정원장

당기 중 ㈜삼일아이의 보통예금 출금이 가장 많았던 월은 언제인가?

※ 총계정원장: 월별 탭, 기간(1월1일 ~ 12월31일), 계정과목(103.보통예금) 입력 후 월별 보통예금 출금액 확인

2월

일자	차 변	대 변	잔 액
[전기이월]	15,000,000		15,000,000
2025/01	1,000,000	160,000	15,840,000
2025/02		6,000,000	9,840,000
2025/03			9,840,000
2025/04		600,000	9,240,000
2025/05		5,427,030	3,812,970
2025/06		578,580	3,234,390
2025/07	800,000		4,034,390
2025/08		1,200,000	2,834,390
2025/09			2,834,390
2025/10		945,000	1,889,390
2025/11			1,889,390
2025/12			1,889,390
합 계	16,800,000	14,910,610	

기 간 2025 년 01 월 01 일 ~ 2025 년 12 월 31 일
계정과목 0103 보통예금 - 0103 보통예금

코드	계 정 과 목
0103	보통예금

07 매입매출장

부가가치세와 관련된 거래를 매입매출전표에 입력을 하면 그 유형별로 거래내역을 상세히 기록하는 보조장부이다.

I can 매입매출장

㈜삼일아이의 2기 부가가치세 예정 신고기간의 직수출 금액은 얼마인가?

※ 매입매출장: 조회기간(7월1일 ~ 9월30일), 구분(2.매출), 유형(16.수출) 입력 후 금액 확인

20,000,000원

조회기간 2025 년 07 월 01 일 ~ 2025 년 09 월 30 일
구 분 2 1.전체 2.매출 3.매입 유형: 16.수출

유형	일자	품목	공급가액	부가세	합계	예정신고	코드	거래처	전자	분개유형	계정코드	계정과목명
수출	2025-07-18	노트북	20,000,000		20,000,000		01007	Global Company		외상	0404	제품매출
월	계 [	1건-매수 1매]	20,000,000		20,000,000							
분 기 계 [		1건-매수 1매]	20,000,000		20,000,000							
반 기 계 [		1건-매수 1매]	20,000,000		20,000,000							
누 계 [		1건-매수 1매]	20,000,000		20,000,000							

08 결산/재무제표

I can 합계잔액시산표

㈜삼일아이의 10월말 현재 외상매출금 잔액은 얼마인가?

※ 합계잔액시산표: 기간(10월 31일) 입력 후 외상매출금 잔액 확인

46,440,000원

기간 2025 년 10 ∨ 월 31 일

관리용 제출용

차 변		계정과목	대 변	
잔액	합계		합계	잔액
92,827,390	130,235,000	1.유 동 자 산	37,447,610	40,000
66,127,390	103,535,000	〈당 좌 자 산〉	37,447,610	40,000
15,798,000	31,835,000	현 금	16,037,000	
1,000,000	3,000,000	당 좌 예 금	2,000,000	
1,889,390	16,800,000	보 통 예 금	14,910,610	
46,440,000	49,440,000	외 상 매 출 금	3,000,000	
		대 손 충 당 금	40,000	40,000
1,000,000	1,000,000	받 을 어 음		
	250,000	가 지 급 금	250,000	
	1,210,000	부 가 세 대 급 금	1,210,000	

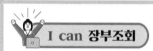

I can 장부조회

㈜삼일아이의 12월 31일 현재 현금및현금성자산의 잔액은 얼마인가?

※ 재무상태표: 기간(12월), [제출용탭]에서 현금및현금성자산 금액 확인

18,687,390원

기간 2025 년 12 ∨ 월

관리용 제출용 표준용

과 목	제 9(당)기 2025년1월1일 ~ 2025년12월31일	제 8(전)기 2024년1월1일 ~ 2024년12월31일
	금액	금액
자산		
Ⅰ.유동자산	73,502,990	35,000,000
① 당좌자산	65,802,990	25,000,000
현금및현금성자산	18,687,390	21,040,000
매출채권	47,440,000	4,000,000
대손충당금	(474,400)	(40,000)
선급비용	150,000	

참고 현금및현금성자산, 매출채권, 매입채무 등의 통합계정은 [제출용탭]에서 확인할 수 있으며, 합계잔액시산표에 서도 동일한 금액이 조회된다.

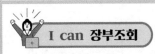

I can 장부조회

㈜삼일아이의 당기 영업이익은 얼마인가?

※ 손익계산서: 기간(12월) 입력 후 영업이익 확인

11,403,657원

기간 2025 년 12 ∨ 월

관리용 | 제출용 | 포괄손익 | 표준용

과 목	제 9(당)기 2025년1월1일 ~ 2025년12월31일		제 8(전)기 2024년1월1일 ~ 2024년12월31일	
	금액		금액	
Ⅰ.매출액		67,350,000		250,000,000
상품매출	800,000			
제품매출	66,550,000		250,000,000	
Ⅱ.매출원가		41,899,260		98,000,000
상품매출원가		600,000		
기초상품재고액				
당기상품매입액	1,200,000			
기말상품재고액	600,000			
제품매출원가		41,299,260		98,000,000
기초제품재고액	6,000,000		8,000,000	
당기제품제조원가	39,299,260		96,000,000	
기말제품재고액	4,000,000		6,000,000	
Ⅲ.매출총이익		25,450,740		152,000,000
Ⅳ.판매비와관리비		14,047,083		125,400,000
급여	3,000,000		60,000,000	
퇴직급여	5,000,000			
복리후생비	136,350		10,000,000	
여비교통비			7,600,000	
기업업무추진비	627,000		9,200,000	
통신비			6,200,000	
세금과공과	160,000		8,500,000	
감가상각비	4,209,333		500,000	
보험료	450,000		7,000,000	
소모품비	30,000		16,400,000	
대손상각비	434,400			
Ⅴ.영업이익		11,403,657		26,600,000

I can 한마디

- 결산자료 입력문제는 수동결산 자료를 먼저 입력하고, 자동결산 자료를 [결산자료입력]메뉴에 입력하며, 자격시험에 자동결산 자료가 없는 경우는 수동결산 작업까지만 진행하면 된다.
- 자격시험에서 결산자료 입력 후, 문제상에 별도의 지시사항이 없다면 결산재무제표 작성을 하지 않아도 된다.
- 자격시험에 출제되는 전표의 수정 및 다양한 장부조회의 유형은 뒤편 유형별 연습문제와 기출문제에서 추가 학습 하여야 한다.

3부

실무문제

유형별 연습

I Can!

전산회계 1급

구분	실무 문제	문항	점수	총점
문제1	기초정보관리	3문항	3점·4점	10점
문제2	일반전표입력	6문항	3점	18점
문제3	매입매출전표입력	6문항	3점	18점
문제4	오류수정	2문항	3점	6점
문제5	결산수정분개입력	3문항	3점	9점
문제6	장부조회	3문항	3점	9점
실무 합계		-	-	70점

1. 기초정보관리

01 기초정보관리

재무회계			
전표입력	**기초정보관리**	**장부관리**	**결산/재무제표**
일반전표입력	회사등록	거래처원장	결산자료입력
매입매출전표입력	거래처등록	거래처별계정과목별원장	합계잔액시산표
전자세금계산서발행	계정과목및적요등록	계정별원장	재무상태표
	환경등록	현금출납장	손익계산서
		일계표(월계표)	제조원가명세서
		분개장	이익잉여금처분계산서
		총계정원장	현금흐름표
		매입매출장	자본변동표
		세금계산서(계산서)현황	결산부속명세서
		전표출력	

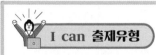

I can 개념정리

기초정보관리 항목은 회사의 기본적인 정보를 입력하고 관리하는 메뉴들로 구성되어 있으며, [회사등록], [거래처등록], [계정과목및적요등록], [회사등록] 메뉴에 신규등록 하거나 입력자료를 수정하는 문제가 출제되고 있다.

1 환경등록

I can 출제유형

※ 회사코드 0311 ㈜아이캔01 회사로 로그인 ※

㈜아이캔01은 전자제품을 제조, 도소매하는 법인이다. 환경등록 메뉴에서 분개유형을 아래와 같이 수정하시오.

• 매출: 404.제품매출 　　　　　　　　　　 • 매입: 153.원재료

출제유형 답안

[회계관리] - [재무회계] - [기초정보관리] - [환경등록] 메뉴에서 분개유형 수정

- 매출: 401.상품매입 ➜ 404.제품매입
- 매입: 146.상품 ➜ 153.원재료

2 회사 등록

※ 회사코드 0311 ㈜아이캔01 회사로 로그인 ※

㈜아이캔01은 전자제품을 제조하는 법인기업이다. 사업자등록증 정정으로 새로 교부받은 사업자
등록증을 참고하여 회사등록 사항을 수정하시오. (단, 주소 입력시 우편번호 입력은 생략하고 주소
만 직접 입력한다.)

사 업 자 등 록 증

(법인과세자)

등록번호: 112 - 81 - 21646

법인명(단체명): (주)아이캔01
대 표 자: 김삼일

개 업 년 월 일: 2016년 6월 26일
법 인 등 록 번 호: 110111-1754864
사 업 장 소 재 지: 서울특별시 강남구 도산대로 152
(논현동, 영동빌딩) 901호

사 업 의 종 류: [업태] 제조 [종목] 전자제품
발 급 사 유: 정정

사업자단위과세 적용사업자여부: 여( ) 부(∨)
전자세금계산서 전용 메 일 주 소: samili@naver.com

2025년 6월 30일
강 남 세 무 서 장

출제유형 답안

[회계관리] - [재무회계] - [기초정보관리] - [회사등록] 메뉴에서 회사정보 수정

> • 사업장주소: 서울시 서초구 서초동 320-8 ➜
> 　　　　　　　서울특별시 강남구 도산대로 152 (논현동, 영동빌딩) 901호
> • 종목: 완구 ➜ 전자제품
> • 사업장관할세무서: 214.서초 ➜ 211.강남

참고 주소, 종목, 관할세무서 수정과 함께 사업자등록번호, 대표자명, 업태, 개업연월일 등의 수정에 대한 내용이
출제되고 있다.

3 거래처 등록

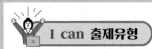

I can 출제유형

※ 회사코드 0311 ㈜아이캔01 회사로 로그인 ※

1. ㈜아이캔01의 신규거래처 정보이다. 매출거래처를 추가등록 하시오.

코드	상호	사업자등록번호	대표자	업태	종목	사업장소재지
01050	㈜슈퍼전자	133-81-26269	김재원	제조, 도매	전자부품	서울 서초구 서초대로 101

✓ 거래처 유형을 "매출"로 선택, 주소입력시 우편번호 입력은 생략할 것.

2. ㈜아이캔01의 거래처인 다날라회로(코드: 00131)의 사업장주소가 변경되었다는 통보를 받았다. 아래 내용을 확인하고 거래처 정보를 수정하시오.(단, 우편번호를 검색하는 방법으로 입력할 것)

• 주소: 서울특별시 강남구 역삼로 468 (대치동)

3. ㈜아이캔01은 신규로 통장을 개설하였다. 다음 내용을 거래처등록 메뉴에 등록하시오.

• 코드: 98990   • 계좌번호: 356-0535-6193-83
• 거래처명: 싱싱은행   • 유형: 보통예금

4. ㈜아이캔01은 회사가 업무용으로 사용할 법인신용카드를 신규로 발급받았다. 다음의 내용을 참고하여 거래처등록 메뉴에 등록하시오.

• 코드: 99802   • 카드번호: 9409-1510-7223-1052   • 유형: 매입
• 거래처명: 행복카드   • 카드종류(매입): 사업용카드

출제유형 답안

[회계관리] - [재무회계] - [기초정보관리] - [거래등록] 메뉴에서 거래처정보 수정

참고 거래처등록시 [일반거래처], [금융기관], [신용카드]의 거래처 유형 구분에 유의하여야 하며, 문제에 제시된 자료만 입력하면 된다.

4 계정과목및적요등록

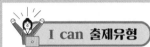

I can 출제유형

1. ㈜아이캔01은 '차량의운용리스료' 계정과목을 판매비와관리비 항목으로 추가 하여 사용하고자 한다. 아래의 내용을 참고하여 해당 계정과목을 추가 등록하시오.

- 코드: 860 ・ 계정과목: 차량의운용리스료 ・ 구분(성격): 3.경비
- 현금적요: 1.영업용차량의 운용리스료 현금 지급
- 대체적요: 1.영업용차량의 운용리스료 카드 지급

2. ㈜아이캔01은 제조경비 중 원자재 창고의 임차료에 대한 계정과목을 별도로 등록하여 사용하고자 한다. '532.보관료' 계정을 '532.창고임차료' 계정으로 수정하시오.

출제유형 답안

[회계관리] - [재무회계] - [기초정보관리] - [계정과목및적요등록] 메뉴에서 관련내용 수정

참고 붉은색 계정과목을 수정할 경우 [Ctrl]+[F2]을 누른 후 수정하여야 한다.

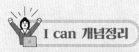 **I can 개념정리**

계정과목및적요등록 메뉴에서 계정과목의 검색방법은 다음과 같다.
- Ctrl+F 메뉴를 이용한 검색
- 좌측의 계정체계에서 분류항목을 선택하고 해당 계정과목을 검색
- 당좌자산 왼쪽의 빈칸에 계정과목의 코드번호를 직접 입력하여 검색

02 전기분재무제표

재무회계			
전기분재무제표	**고정자산및감가상각**	**자금관리**	**데이터관리**
전기분재무상태표	고정자산등록	받을어음현황	데이터백업
전기분손익계산서	미상각분감가상각비	지급어음현황	회사코드변환
전기분원가명세서	양도자산감가상각비	일일자금명세(경리일보)	회사기수변환
전기분잉여금처분계산서	고정자산관리대장	예적금현황	기타코드변환
거래처별초기이월			데이터체크
마감후이월			데이터저장및압축

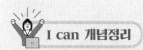 **I can 개념정리**

전기분재무제표 항목은 거래처별초기이월, 전기분재무상태표, 전기분손익계산서, 전기분잉여금처분계 산서, 전기분원가명세서와 관련된 문제가 출제되고 있으며, 마감후이월 메뉴는 자격시험에 출제되고 있지는 않다.

1 거래처별초기이월

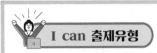

I can 출제유형

※ 회사코드 0311 ㈜아이캔01 회사로 로그인 ※

㈜아이캔01의 거래처별초기이월 중 다음 사항을 검토하여 수정 또는 추가 입력하시오.

계정과목	거 래 처	금액(원)	합계(원)
받을어음	㈜철원	4,250,000	10,250,000
	㈜대전	5,000,000	
	㈜상훈전자	1,000,000	
선 수 금	㈜영서물산	5,000,000	10,000,000
	㈜동산	2,000,000	
	㈜부평	3,000,000	

출제유형 답안

[회계관리] - [재무회계] - [전기분재무제표] - [거래처별초기이월] 메뉴에서 관련내용 수정

1. 받을어음 수정

F4 불러오기 F8 어음책

코드	계정과목	재무상태표금액
0101	현금	100,898,481
0103	보통예금	210,444,000
0108	외상매출금	56,000,000
0109	대손충당금	1,025,100
0110	받을어음	10,250,000
0111	대손충당금	25,100

코드	거래처	금액
00102	(주)철원	4,250,000
00108	(주)대전	5,000,000
00109	(주)상훈전자	1,000,000

2. 선수금 수정

F4 불러오기 F8 어음책

코드	계정과목	재무상태표금액
0111	대손충당금	25,100
0131	선급금	10,524,000
0150	제품	2,010,000
0153	원재료	500,000
0202	건물	205,210,000
0203	감가상각누계액	10,250,000
0212	비품	20,251,000
0213	감가상각누계액	2,052,100
0251	외상매입금	40,000,000
0252	지급어음	20,502,000
0259	선수금	10,000,000
0260	단기차입금	100,000,000
0293	장기차입금	200,000,000
0331	자본금	150,000,000
0375	이월이익잉여금	82,233,181

코드	거래처	금액
00111	(주)영서물산	5,000,000
00112	(주)부평	3,000,000
00115	(주)동산	2,000,000
	합 계	10,000,000
	차 액	0

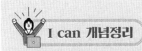

I can 개념정리

거래처별초기이월 메뉴에서 해당 항목의 거래처별 금액 작성시

• [F4.불러오기] 메뉴를 통해 재무상태표의 자료를 불러올 수 있다.
• 계정과목 선택 후 우측 거래처의 코드란에서 F2(조회)를 통해 해당 거래처를 검색한다.
• 거래처별 내용의 입력순서는 무관하며, 불필요하게 입력된 내용은 F5(삭제)를 통해 삭제할 수 있다.
• 거래처별초기이월 자료 입력 후 '차액' 란의 금액은 반드시 '0원'이어야 한다.

2 전기분재무제표 수정(개별)

I can 출제유형

※ 회사코드 0311 ㈜아이캔01 회사로 로그인 ※

1. ㈜아이캔01의 전기이월된 자료중 자기앞수표 5,000,000원을 보통예입 하였으나, 입력이 누락
   되었음 확인하였다. 전기분재무상태표를 수정하시오.

2. ㈜아이캔01의 전기이월된 자료중 담당자의 실수로 본사직원의 선물 구입비용1,000,000원을
   매출거래처 선물 구입비용으로 처리 하였음을 확인하였다. 전기분손익계산서를 수정하시오.

3. ㈜아이캔01의 전기분 이익잉여금 처분내용은 다음과 같다, 전기분 잉여금처분계산서를 완성하
   시오.(처분확정일: 2025년 2월 20일)

   • 이익준비금: 금전배당액의 10%   • 현금배당: 10,000,000원
   • 주식배당: 8,000,000원   • 사업확장적립금: 5,000,000원

출제유형 답안

[회계관리] - [재무회계] - [전기분재무제표] 메뉴에서 해당 재무제표 수정

1. 전기분재무상태표 수정

- 현금인 자기앞수표를 보통예입 하였으므로, 현금(감소)과 보통예금(증가)의 금액을 수정한다.
  - ✓ 현금: 147,504,400원 ➜ 142,504,400원
  - ✓ 보통예금: 210,444,000원 ➜ 215,444,000원

  참고 전기분재무상태표를 수정하는 경우 채권·채무와 관련된 계정과목은 거래처별초기이월 사항까지
  같이 수정하는 유형이 출제되기도 한다.

2. 전기분손익계산서 수정

- 본사직원 선물구입 비용(복리후생비)을 매출거래처 선물구입비용(기업업무추진비)으로 잘못 처리
  하였으므로, 복리후생비(발생)와 기업업무추진비(소멸)의 금액을 수정한다.
  - ✓ 복리후생비: 1,500,000원 ➜ 2,500,000원
  - ✓ 기업업무추진비: 5,021,000원 ➜ 4,021,000원

3. 전기분잉여금처분계산서 작성

처분확정일자 2025 년 2 월 25 일			< F4 삽입 >	
과목	계정과목명		제 8(전기) 2024년01월01일~2024년12월31일	
			금액	
	코드	계정과목	입력금액	합계
I.미처분이익잉여금				128,839,100
1.전기이월미처분이익잉여금			4,319,400	
2.회계변경의 누적효과	0369	회계변경의누적효과		
3.전기오류수정이익	0370	전기오류수정이익		
4.전기오류수정손실	0371	전기오류수정손실		
5.중간배당금	0372	중간배당금		
6.당기순이익			124,519,700	
II.임의적립금 등의 이입액				
1.				
2.				
합계(I + II)				128,839,100
III.이익잉여금처분액				24,000,000
1.이익준비금	0351	이익준비금	1,000,000	
2.재무구조개선적립금	0354	재무구조개선적립금		
3.주식할인발행차금상각액	0381	주식할인발행차금		
4.배당금			18,000,000	
가. 현금배당	0265	미지급배당금	10,000,000	
주당배당금(률)		보통주(원/%)		
		우선주(원/%)		
나. 주식배당	0387	미교부주식배당금	8,000,000	
주당배당금(률)		보통주(원/%)		
		우선주(원/%)		
5.사업장적립금	0356	사업확장적립금	5,000,000	
6.감채적립금	0357	감채적립금		
7.배당평균적립금	0358	배당평균적립금		
IV.차기이월미처분이익잉여금				104,839,100

참고 이익준비금은 법정적립금에 해당하며, 자본금의 1/2이 될 때 까지 금전배당액의 10%이상을 적립
하여야 한다. 이익준비금은 결손금 보전과 자본전입에 사용된다.
(이익준비금: 미지급배당금 10,000,000원 × 10% = 1,000,000원)

3 전기분재무제표 수정(연결)

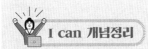 I can 개념정리

[전기분재무제표의 자료 연결성]
재무상태표(재고자산) → 원가명세서 → 손익계산서 → 잉여금처분계산서 → 재무상태표

전기분 재무상태표		전기분 원가명세서		전기분 손익계산서		전기분 잉여금처분계산서		전기분 재무상태표
재고자산 금액변동	→	제조원가 혹은 제품제조원가 변동	→	매출원가 혹은 당기순이익 변동	→	당기순이익 및 미처분 이익잉여금 변동	→	이월 이익잉여금 변동

 I can 출제유형

※ 회사코드 0312 ㈜아이캔02 회사로 로그인 ※

1. ㈜아이캔02의 전기분손익계산서를 검토한 결과 다음과 같은 오류가 발견되었다. 전기분손익계산서, 전기분잉여금처분계산서, 전기분재무상태표를 수정하시오.

계정과목	틀린 금액	올바른 금액	내 용
세금과공과	4,500,000원	5,400,000원	입력오류

[참고] 실습도중 회사코드를 변경해야 하는 경우 프로그램을 종료후 다른 회사코드로 다시 로그인 하거나, 메인메뉴 우측의 [회사] 메뉴를 통해서 변경 가능하다.

출제유형 답안

- 전기분손익계산서의 오류를 수정하여 당기순이익이 변경되면, 전기분잉여금처분계산서와 전기분재무상태표에 영향을 미친다.

전기분손익계산서	세금과공과 4,500,000원을 5,400,000원으로 수정 (당기순이익 124,519,700원 확인)

↓

전기분 잉여금처분계산서	[F6불러오기] 메뉴를 통해 당기순이익 124,519,700원 자동반영 (미처분이익잉여금 128,839,100원 확인)

↓

전기분재무상태표	이월이익잉여금 금액을 128,839,100원으로 수정 (대차차액 '0원' 확인)

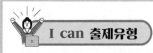 **I can 출제유형**

※ 회사코드 0313 ㈜아이캔03 회사로 로그인 ※

2. ㈜아이캔03의 전기분재무제표를 검토한 결과 아래와 같은 오류가 발견 되었다. 관련 재무제표를 수정하시오.

공장 건물의 화재보험료 1,000,000원의 입력이 누락되었다.

👆 출제유형 답안

- 전기분원가명세서의 오류를 수정하여 당기제품제조원가가 변경되면, 전기분손익계산서, 전기분잉여금처분계산서와 전기분재무상태표에 영향을 미친다.

전기분원가명세서	보험료 800,000원을 1,800,000원으로 수정 (당기제품제조원가 39,545,000원 확인)

↓

전기분손익계산서	제품매출원가(당기제품제조원가)를 39,545,000원으로 수정 (당기순이익 123,519,700원 확인)

↓

전기분 잉여금처분계산서	[F6불러오기] 메뉴를 통해 당기순이익 123,519,700원 자동반영 (미처분이익잉여금 127,839,100원 확인)

↓

전기분재무상태표	이월이익잉여금 금액을 127,839,100원으로 수정 (대차차액 '0원' 확인)

 **I can 출제유형**

※ 회사코드 0314 ㈜아이캔04 회사로 로그인 ※

3. ㈜아이캔04의 전기분재무상태표를 검토한 결과 기말원재료 1,500,000원이 누락되었음을 발견 하였다. 관련 재무제표를 수정하시오.

참고 전기분재무상태표의 기말재고자산은 아래와 같이 다른 재무제표에 영향을 미친다.
  ✓ 전기분재무상태표(제품) → 전기분손익계산서의 매출원가(기말제품재고액)에 자동반영
  ✓ 전기분재무상태표(원재료) → 전기분원가명세서의 원재료비(기말원재료재고액)에 자동반영
  ✓ 전기분재무상태표(재공품) → 전기분원가명세서의 당기제품제조원가(기말재공품재고액)에 자동반영

🖐 출제유형 답안

- 전기분재무상태표의 자료중 기말원재료는 제조원가명세서에 자동반영 되어 당기 제품제조원가에 영향을 미치므로, 전기분재무상태표, 전기분원가명세서, 전기분손익계산서, 전기분잉여금처분계산서까지 영향을 미친다.

전기분재무상태표	원재료 1,500,000원 입력(대차차액 1,500,000원 확인)

↓

전기분원가명세서	원재료비(기말원재료재고액) 1,500,000원 확인 (당기제품제조원가 35,545,000원 확인)

↓

전기분손익계산서	제품매출원가(당기제품제조원가)를 35,545,000원으로 수정 (당기순이익 127,519,700원 확인)

↓

전기분 잉여금처분계산서	[F6불러오기] 메뉴를 통해 당기순이익 127,519,700원 자동반영 (미처분이익잉여금 131,839,100원 확인)

↓

전기분재무상태표	이월이익잉여금 금액을 131,839,100원으로 수정 (대차차액 '0원' 확인)

I can 출제유형

전산회계 1급 기출 99회

담당자의 실수로 전기 기말재공품재고액이 잘못 입력되었음을 확인되었다. 당사의 올바른 전기 기말재
공품재고액은 2,500,000원이다. 기말재공품을 수정하고 관련 전기분 재무제표까지 모두 수정하시오.

[참고] 전기분재무상태표의 기말재공품은 전기분원가명세서에 영향을 미친다.
- ✓ 전기분재무상태표(재공품) 수정
- ✓ 전기분원가명세서(기말재공품 자동반영) 당기제품제조원가 확인
- ✓ 전기분손익계산서(당기제품제조원가)수정 후 당기순이익 확인
- ✓ 잉여금처분계산서(당기순이익 자동반영) 미처분이익잉여금 확인
- ✓ 전기분재무상태표(이월이익잉여금) 수정

전산회계 1급 기출 102회

전기분손익계산서를 검토한 결과 다음과 같은 오류가 발견되었다. [전기분원가명세서],[전기분손익계산
서], [전기분잉여금처분계산서], [전기분재무상태표]중 관련된 부분을 수정하시오.

계정과목	틀린 금액	내 용
소모품비	판매비와관리비로 2,000,000원을 과다계상함	제조원가로 2,000,000원을 추가 반영할 것

[참고] 전기분손익계산서와 전기분원가명세서에 영향을 미친다.
- ✓ 전기분원가명세서(소모품비 +2,000,000원)수정 후 당기제품제조원가 확인
- ✓ 전기분손익계산서(당기제품제조원가 및 소모품비 −2,000,000원)수정 후 당기순이익 확인
- ✓ 잉여금처분계산서(당기순이익 자동반영) 미처분이익잉여금 확인
- ✓ 전기분재무상태표(이월이익잉여금) 수정

전산회계 1급 기출 105회

전기분재무상태표에서 토지의 가액이 11,000,000원 과소입력되어 있으며 건물의 가액이 11,000,000원
과대입력되어 있음을 확인하였다. 전기분 재무상태표를 수정하시오.

[참고] 전기분재무상태표 수정으로, 다른 재무제표에 영향을 미치지 않는다.
- ✓ 토지(11,000,000원 증가)와 건물(11,000,000원 감소)의 금액 수정

2. 일반전표 입력

㈜아이캔05는 컴퓨터 제조, 도소매 등을 하는 법인기업이다. 다음의 거래자료를 [일반전표입력] 메뉴를 이용하여 입력하시오.(단, 모든 거래는 부가가치세를 고려하지 않는다.)

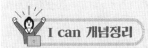

I can 개념정리

[입력 시 유의사항]
- 일반적인 적요의 입력은 생략하지만, 타계정 대체거래는 적요번호를 선택하여 입력한다.
- 채권·채무와 관련된 거래는 별도의 요구가 없는 한 반드시 기 등록된 거래처코드를 선택하는 방법으로 거래처명을 입력한다.
- 제조경비는 500번대 계정코드를, 판매비와 관리비는 800번대 계정코드를 사용한다.
- 회계처리 시 계정과목은 별도제시가 없는 한 등록되어 있는 계정과목 중 가장 적절한 과목으로 한다.

1 **현금및현금성자산, 단기투자자산**

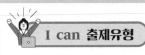

I can 출제유형

[1] 1월 26일 국민은행 보통예금 계좌에서 현금 2,000,000원을 인출하였다.

[2] 1월 27일 우리은행과 당좌거래계약을 체결하고 현금 1,000,000원을 당좌예입 하였다.

[3] 1월 28일 상품 5,000,000원을 (주)삼일에서 구입하고 대금은 자기앞수표(국민은행 발행) 로 지급하였다.

[4]   1월   29일 상품 6,000,000원을 (주)한국에서 구입하고 대금은 당사 거래은행인 우리은행
         앞 당좌수표를 발행하여 지급하였다.

[5]   1월   30일 매출처 ㈜대한의 외상매출금 3,000,000원 중 1,000,000원은 ㈜대한 이 발행
         한 당좌수표로 받고, 나머지는 국민은행 보통예금 계좌로 송금 받았다.

[6]   1월   31일 우리은행에 가입된 정기예금 10,000,000원이 만기되어 이자 300,000원과 함께
         우리은행 보통예금 계좌로 입금되었다. (원천징수세액은 고려하지 말 것.)

출제유형 답안

[1]	1월 26일	(차) 현금	2,000,000원	(대) 보통예금	2,000,000원
[2]	1월 27일	(차) 당좌예금	10,000,000원	(대) 현금	10,000,000원
[3]	1월 28일	(차) 상품	5,000,000원	(대) 현금	5,000,000원
[4]	1월 29일	(차) 상품	6,000,000원	(대) 당좌예금	6,000,000원
		✓ 우리회사가 당좌수표를 발행하면 '당좌예금'으로 처리한다.			
[5]	1월 30일	(차) 현금 보통예금	1,000,000원 2,000,000원	(대) 외상매출금(㈜대한)	3,000,000원
		✓ 타인발행 당좌수표를 수취하면 '현금'으로 처리한다.			
[6]	1월 31일	(차) 보통예금	10,300,000원	(대) 정기예금 이자수익	10,000,000원 300,000원

2 단기매매증권

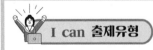

I can 출제유형

[1]   2월 25일 단기매매차익을 목적으로 상장회사인 (주)사랑의 주식 1,000주를 주당 6,000원
         (액면금액 5,000원)에 구입하고 대금은 매입수수료 8,000원을 포함하여 총
         6,008,000원을 국민은행 보통예금 계좌에서 지급하였다.

[2] 2월 26일 단기간의 매매차익을 목적으로 구입하였던 (주)우정의 주식(100주, 총 5,000,000원) 중 50주를 주당 60,000원에 처분하고 처분대금은 국민은행 보통예금 계좌에 입금되었다.

[3] 2월 27일 단기보유목적으로 20,000,000원(1,000주, @20,000원)에 취득하였던 ㈜산아의 상장주식 전부를 1주당 18,000원에 처분하였으며 처분대금은 국민은행 보통예금 계좌에 입금되었다.

[4] 2월 28일 단기매매차익을 목적으로 소유하고 있는 ㈜바다의 주식1,000주를 1주당 5,500원(장부금액 5,000원)에 매각 처분하고 대금은 매매수수료 20,000원을 차감한 후 현금으로 받았다.

출제유형 답안

[1]	2월 25일	(차) 단기매매증권 수수료비용(984)	6,000,000원 8,000원	(대) 보통예금		6,008,000원
		✓ 단기매매증권은 구입 시 구입금액으로 처리하며, 취득시 비용은 '수수료비용 (영업외비용)'으로 처리한다.				
[2]	2월 26일	(차) 보통예금	3,000,000원	(대) 단기매매증권 단기매매증권처분이익		2,500,000원 500,000원
[3]	2월 27일	(차) 보통예금 단기매매증권처분손실	18,000,000원 2,000,000원	(대) 단기매매증권		20,000,000원
[4]	2월 28일	(차) 현금	5,480,000원	(대) 단기매매증권 단기매매증권처분이익		5,000,000원 480,000원
		✓ 단기매매증권 처분시 비용은 '단기매매증권처분이익'에 차감하거나,'단기매 증권처분손실'에 가산하여 처리한다.				

3 매출채권

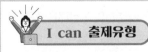

I can 출제유형

[1] 3월 20일 매출처 ㈜서울의 외상매출금 7,000,000원을 전액 현금으로 회수하였다.

[2] 3월 21일 매출처 ㈜부산의 외상매출금 중 5,000,000원은 현금으로 회수하고, 10,000,000원은 국민은행 보통예금 계좌로 입금 받았다.

[3] 3월 22일 매출처 ㈜광주의 외상매출금 5,000,000원 중 3,500,000원은 약속어음으로 받고, 잔액은 우리은행 당좌예금계좌로 입금되었음을 확인하였다.

[4] 3월 23일 매출처 ㈜전주에 제품을 매출하고 수취한 받을어음 6,000,000이 만기되어 우리은행 당좌예금계좌에 입금되었다.

[5] 3월 24일 ㈜대구에 제품을 매출하고 수취한 받을어음 12,000,000원을 거래은행에 추심의뢰하여 추심 수수료 30,000원을 차감한 잔액이 우리은행 당좌예금계좌에 입금되었음을 통보받았다.

[6] 3월 25일 ㈜대전에 제품을 매출하고 수취한 약속어음 1,000,000원을 만기일 전에 국민은행으로부터 할인받고, 할인료 38,000원을 차감한 잔액을 국민은행 보통예금 통장으로 입금 받았다. 단, 할인된 어음은 매각거래로 가정한다.

[7] 3월 26일 ㈜강릉에 제품을 매출하고 수취한 약속어음 2,000,000원을 만기 전에 국민은행으로부터 할인받고, 할인료 50,000원과 수수료 5,000원을 차감한 잔액을 국민은행 보통예금 통장으로 입금 받았다. 단, 할인된 어음은 매각거래로 가정한다.

[8] 3월 27일 매입처 ㈜제주의 외상매입금 1,000,000원을 지급하기 위하여, ㈜포항으로부터 매출대금으로 수취한 약속어음 700,000원을 배서양도하고 나머지는 현금으로 지급하였다.

[9] 3월 28일 매출처 ㈜세종의 제품매출에 대한 외상매출금 1,800,000원이 약정기일보다 빠르게 회수되어 2% 할인된 금액을 우리은행 당좌예금계좌로 수령 하였다.

[10] 3월 29일 ㈜부실의 파산으로 인해 외상매출금 1,000,000원이 회수불가능하게 되어 대손처리하였다. 외상매출금에 대한 대손충당금 현재 잔액은 200,000원이다.

[11] 3월 30일 전기에 대손 확정으로 대손충당금과 상계처리하였던 ㈜춘천의 외상매출금 중 일부인 400,000원을 회수하여 우리은행 보통예금 계좌에 입금하였다.

[12] 3월 31일 제품을 매출하고 ㈜나약으로부터 수취한 약속어음 5,000,000원이 부도처리 되었다는 것을 우리은행으로부터 통보받았다.

👆 출제유형 답안

[1]	3월 20일	(차)	현금	7,000,000원	(대)	외상매출금(㈜서울)	7,000,000원
[2]	3월 21일	(차)	현금 보통예금	5,000,000원 10,000,000원	(대)	외상매출금(㈜부산)	15,000,000원
[3]	3월 22일	(차)	받을어금(㈜광주) 당좌예금	3,500,000원 1,500,000원	(대)	외상매출금(㈜광주)	5,000,000원
[4]	3월 23일	(차)	당좌예금	6,000,000원	(대)	받을어음(㈜전주)	6,000,000원
[5]	3월 24일	(차)	당좌예금 수수료비용(판)	11,970,000원 30,000원	(대)	받을어음(㈜대구)	12,000,000원
[6]	3월 25일	(차)	보통예금 매출채권처분손실	962,000원 38,000원	(대)	받을어음(㈜대전)	1,000,000원

✓ 받을어음의 할인시 발생하는 할인료는 '매출채권처분손실'로 처리한다.

[7]	3월 26일	(차)	보통예금 매출채권처분손실	1,945,000원 55,000원	(대)	받을어음(㈜강릉)	2,000,000원

✓ 받을어음의 할인시 발생하는 할인료와 수수료는 '매출채권처분손실'로 처리한다.

[8]	3월 27일	(차)	외상매입금(㈜제주)	1,000,000원	(대)	받을어음(㈜포항) 현금	700,000원 300,000원
[9]	3월 28일	(차)	당좌예금 매출할인(406)	1,764,000원 36,000원	(대)	외상매출금(㈜세종)	1,800,000원

✓ '404.제품매출'에 대한 매출할인이므로 '406.매출할인'으로 처리한다.

[10]	3월 29일	(차)	대손충당금(109) 대손상각비	200,000원 800,000원	(대)	외상매출금(㈜부실)	1,000,000원

✓ 합계잔액시산표에서 외상매출금에 대한 대손충당금 잔액을 조회한 후 '대손충당금' 잔액이 있으면 먼저 상계처리하고 부족한 금액은 '대손상각비'로 처리한다.

[11]	3월 30일	(차)	보통예금	400,000원	(대)	대손충당금(109)	400,000원
[12]	3월 31일	(차)	부도어음과수표(㈜나약)	5,000,000원	(대)	받을어음(㈜나약)	5,000,000원

4 기타 당좌자산

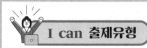

I can 출제유형

[1] 4월 21일 ㈜경기에서 원재료 2,000,000원을 구입하기로 계약하고, 계약금 10%를 현금으로 지급하였다.

[2] 4월 22일 주차장으로 사용중인 토지를 ㈜한국에 5,000,000원(취득금액 5,000,000원)에 매각하고 대금은 월말에 받기로 하였다.

[3] 4월 23일 거래처 ㈜충주에 10개월 후 회수하기로 약정하고, 현금 2,000,000원을 대여하였다.

[4] 4월 24일 매출처 ㈜전주의 외상매출금 6,000,000원을 8개월 후 상환조건으로 대여금으로 전환하였다.

[5] 4월 25일 보통예금 계좌에서 300,000원의 이자수익이 발생하여, 원천징수법인세를 제외한 나머지 금액이 국민은행 보통예금 계좌에 입금되었다.(원천징수법인세율은 14%로 가정할 것.)

[6] 4월 26일 제품배송용 화물차에 대한 자동차종합보험을 삼성화재에 가입하고 1년분 보험료 1,200,000원을 현금으로 지급하였다.(단, 보험료는 자산으로 처리할 것.)

[7] 4월 27일 영업부사원 김하늘에게 지방출장을 명하고 출장비로 현금 300,000원을 우선 지급하였으며, 출장비사용명세서를 받아 출장비를 정산하기로 하였다.

[8] 4월 28일 총무부 박성실 과장은 세미나참석을 위한 출장 시 지급받은 업무가지급금 500,000원에 대해 다음과 같이 사용하고 잔액은 현금으로 정산하였다.(여비교통비로 처리할 것.)

- 왕복항공료: 240,000원 • 택시요금: 50,000원 • 숙박비: 200,000원

[9] 4월 29일 현금출납장의 잔액과 비교하여 실제 현금이 50,000원 부족한 것을 확인하였으나, 그 원인을 확인할 수 없어서 현금과부족으로 처리하기로 하였다.

[10] 4월 30일 결산일 현재 현금부족액 50,000원의 원인이 밝혀지지 않았다.
      (결산일이 4월 30일이라고 가정할 것.)

출제유형 답안

[1]	4월 21일	(차)	선급금((주)경기)	200,000원	(대)	현금	200,000원
[2]	4월 22일	(차)	미수금((주)한국)	5,000,000원	(대)	토지	5,000,000원
[3]	4월 23일	(차)	단기대여금(㈜충주)	2,000,000원	(대)	현금	2,000,000원
[4]	4월 24일	(차)	단기대여금(㈜전주)	6,000,000원	(대)	외상매출금(㈜전주)	6,000,000원
[5]	4월 25일	(차)	보통예금	258,000원	(대)	이자수익	300,000원
			선납세금	42,000원			
		✓ 급여, 이자비용 등을 지급하면서 원천징수를 이행하는 경우 ➡ 예수금(부채)					
		✓ 이자수익 등을 수령하면서 원천징수를 당하는 경우 ➡ 선납세금(자산)					
[6]	4월 26일	(차)	선급비용	1,200,000원	(대)	현금	1,200,000원
[7]	4월 27일	(차)	가지급금(김하늘)	300,000원	(대)	현금	300,000원
[8]	4월 28일	(차)	여비교통비	490,000원	(대)	가지급금(박성실)	500,000원
			현금	10,000원			
[9]	4월 29일	(차)	현금과부족	50,000원	(대)	현금	50,000원
[10]	4월 30일	(차)	잡손실	50,000원	(대)	현금과부족	50,000원

5 재고자산

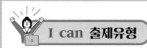

I can 출제유형

[1] 5월 27일 (주)명동에서 상품 3,000,000원을 매입하고 대금은 다음 달 말일까지 지급하기로 하였다.

[2] 5월 28일 (주)평화에서 상품 2,000,000원을 외상으로 매입하고, 상품 매입시 발생한 운반비 20,000원은 현금으로 지급하였다.

[3] 5월 29일 (주)행복에서 원재료 5,000,000원을 매입하고, 대금 중 3,000,000원은 소유하고 있던 자기앞수표로 지급하고, 잔액은 1개월 후에 지급하기로 하였다. 단, 인수운임 30,000원은 현금으로 지급하였다.

[4] 5월 30일 (주)마곡에서 원재료 7,000,000원을 구입하면서 5월 2일 지급한 계약금 1,000,000 원을 차감한 잔액은 약속어음을 발행하여 지급하였다.

[5] 5월 31일 (주)행복에서 매입한 원재료 중 불량품이 있어 200,000원을 외상대금과 상계처리 하기로 하였다.

출제유형 답안

[1]	5월 27일	(차) 상품	3,000,000원	(대)	외상매입금(㈜명동)	3,000,000원
[2]	5월 28일	(차) 상품	2,020,000원	(대)	외상매입금(㈜평화)	2,000,000원
					현금	20,000원
		✓ 상품(원재료) 매입 시 발생하는 운반비는 '취득원가에 가산'하며, 상품(제품) 매출 시 발생하는 운반비는 비용인 '운반비(판)'로 처리한다.				
[3]	5월 29일	(차) 원재료	5,030,000원	(대)	현금	3,030,000원
					외상매입금(㈜행복)	2,000,000원
[4]	5월 30일	(차) 원재료	7,000,000원	(대)	선급금(㈜마곡)	1,000,000원
					지급어음(㈜마곡)	6,000,000원
[5]	5월 31일	(차) 원재료 또는	-200,000원	(대)	외상매입금(㈜행복)	-200,000원
		(차) 외상매입금(㈜행복)	200,000원	(대)	매입환출및에누리(154)	200,000원
		✓ '153.원재료' 매입에 대한 매입환출이므로 '154.매입환출및에누리'로 처리한다.				

6 투자자산

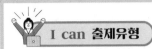

I can 출제유형

[1] 6월 12일 국민은행 보통예금 계좌에서 10,000,000원을 이체하여 국민은행 장기성예금(3년 만기)에 예치하였다.

[2] 6월 13일 상환일을 3년 후로 약정한 금전거래계약서를 작성하고 거래처 ㈜우장에 5,000,000원을 국민은행 보통예금 계좌에서 이체하여 대여하였다.

[3] 6월 14일 ㈜한국개발로부터 투자목적으로 토지를 50,000,000원에 구입하고, 현금으로 10,000,000원을 지급하였으며, 나머지는 말일에 지급하기로 하였다. 또한 당일 취득세등 3,000,000원은 현금 납부하였다.

출제유형 답안

[1]	6월 12일	(차) 장기성예금	10,000,000원	(대) 보통예금		10,000,000원
		✓ 만기가 1년이내에 도래하는 예금은 '정기예금'으로, 만기가 1년 이후에 도래하는 예금은 '장기성예금'으로 처리한다.				
[2]	6월 13일	(차) 장기대여금(㈜우장)	5,000,000원	(대) 보통예금		5,000,000원
[3]	6월 14일	(차) 투자부동산	53,000,000원	(대) 현금		13,000,000원
				미지급금(㈜한국개발)		40,000,000원
		✓ 영업활동을 위해 구입한 부동산은 유형자산의 토지 또는 건물로 처리하고, 투자활동을 위해 구입한 투자목적의 부동산은 투자자산의 '투자부동산'으로 처리한다.				

7 유형자산

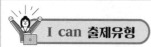

I can 출제유형

[1] 6월 23일 하나가구로부터 사무실 책상(내용연수 5년)을 2,000,000원에 구입하고, 대금은 월말에 지급하기로 하였다. 운임 30,000원은 현금으로 지급하였다.

[2] 6월 24일 회사의 업무용 건물 취득대금 15,000,000원과 부동산 중개수수료 200,000원, 취득세 500,000원 전액을 현금으로 지급하였다.

[3] 6월 25일 현대자동차㈜에서 업무용승용차 1대(20,000,000원)를 구입하고, 15,000,000원은 6개월 무이자할부로 하고, 잔액 5,000,000원은 현금으로 지급하였다.

[4] 6월 26일 본사 건물에 엘리베이터를 설치하고 대금 10,000,000원은 한국설비에 월말에 지급하기로 하였다.(자본적지출로 회계처리 할 것.)

[5] 6월 27일 본사 건물 신축을 위한 차입금의 이자비용 1,000,000원을 국민은행 보통예금 계좌에서 이체하였다. 건물의 착공일은 6월 23일이며, 완공일은 2년후이다.
(단, 차입금의 이자비용은 자본화 할 것.)

[6] 6월 28일 직원 기숙사를 신축하기 위하여 건물이 있는 성원기업의 토지를 8,000,000원에 구입하고 대금은 현금으로 지급하였다. 또한 건물의 철거비용 1,000,000원과 토지 정지비용 800,000원을 현금으로 지급하였다.

[7] 6월 29일 사용중인 창고건물(취득금액 50,000,000원, 감가상각누계액 40,000,000원)을 새로 신축하기 위해 철거하였으며, 철거용역업체에 철거비용 2,000,000원을 국민은행 보통예금에서 지급하였다.

[8] 6월 30일 사용중인 에어컨(취득금액 2,000,000원, 감가상각누계액 1,200,000원)을 제일중고에 1,000,000원에 매각하고, 매각대금은 1개월 후에 받기로 하였다.

출제유형 답안

[1]	6월 23일	(차)	비품	2,030,000원	(대)	미지급금(하나가구)	2,000,000원
						현금	30,000원
		✓ 유형자산 구입 시 발생하는 부대비용은 '취득원가에 가산'한다.						
[2]	6월 24일	(차)	건물	15,700,000원	(대)	현금	15,700,000원
[3]	6월 25일	(차)	차량운반구	20,000,000원	(대)	미지급금(현대자동차(주))	15,000,000원
						현금	5,000,000원
[4]	6월 26일	(차)	건물	10,000,000원	(대)	미지급금(한국설비)	10,000,000원
[5]	6월 27일	(차)	건설중인자산	1,000,000원	(대)	보통예금	1,000,000원
		✓ 건설공사와 관련된 차입금의 이자는 자본화 금융비용으로 '건설중인 자산'으로 처리한다.						
[6]	6월 28일	(차)	토지	9,800,000원	(대)	현금	9,800,000원
		✓ 건물이 있는 토지를 매입하여 기존 건물을 철거하는 경우의 철거비용은 '토지의 취득원가에 가산'하여 처리한다.						
[7]	6월 29일	(차)	감가상각누계액(203)	40,000,000원	(대)	건물	50,000,000원
			유형자산처분손실	12,000,000원		보통예금	2,000,000원
		✓ 사용중인 건물을 철거하는 경우의 철거비용은 '유형자산처분이익'에 차감하거나, '유형자산처분손실에 가산'하여 처리한다.						
[8]	6월 30일	(차)	감가상각누계액(213)	1,200,000원	(대)	비품	2,000,000원
			미수금(제일중고)	1,000,000원		유형자산처분이익	200,000원

8 무형자산과 기타비유동자산

I can 출제유형

[1] 7월 16일 ERP솔루션을 구입하고 3,000,000원을 국민은행 보통예금 계좌에서 이체하여 지급하였다.

[2] 7월 17일 신제품 개발에 성공하여 특허권을 취득하고, 특허출원과 관련된 제비용 200,000원을 현금으로 지급하였다.(무형자산으로 처리할 것.)

[3] 7월 18일 한국대학교에 의뢰한 신제품 개발에 따른 연구용역비 20,000,000원을 국민은행 보통예금 계좌에서 이체하여 지급하였다.(자산으로 회계처리 할 것.)

[4] 7월 19일 사무실을 임차하고 보증금 30,000,000원을 당좌수표(우리은행)를 발행하여 지급하였다.(거래처 입력은 생략할 것.)

[5] 7월 20일 제품보관을 위해 임차하고 있던 창고를 임대인에게 돌려주고 임차보증금 10,000,000원을 국민은행 보통예금 계좌로 받았다.(거래처 입력은 생략할 것.)

출제유형 답안

[1]	7월 16일	(차) 소프트웨어	3,000,000원	(대)	보통예금	3,000,000원
[2]	7월 17일	(차) 특허권	200,000원	(대)	현금	200,000원
[3]	7월 18일	(차) 개발비	20,000,000원	(대)	보통예금	20,000,000원
[4]	7월 19일	(차) 임차보증금	30,000,000원	(대)	당좌예금	30,000,000원
[5]	7월 20일	(차) 보통예금	10,000,000원	(대)	임차보증금	10,000,000원

9 유동부채

I can 출제유형

[1] 7월 21일 ㈜평화의 외상매입금 2,000,000원을 국민은행 보통예금 계좌에서 지급하였다.

[2] 7월 22일 ㈜사랑의 외상매입금 5,000,000원을 약속어음을 발행하여 지급하였다.

[3] 7월 23일 ㈜한국에 원재료매입 대금으로 발행하였던 약속어음 6,000,000원이 만기되어 우리은행 당좌예금 계좌에서 지급되었다.

[4] 7월 24일 ㈜평화의 외상매입금 3,000,000원을 결제하기 위하여 당사가 제품매출 대금으로 받아 보유하고 있던 ㈜서울발행 약속어음 2,000,000원을 배서양도하고, 잔액은 약속어음을 발행하여 지급하였다.

[5] 7월 25일 1기 확정신고분 부가가치세를 현금으로 납부하였다.(단, 부가가치세와 관련된 정리분개는 6월 30일 거래자료를 확인하고 거래처 입력은 생략할 것.)

[6] 7월 26일 직원 급여 지급 시 원천징수한 근로소득세와 지방소득세 99,000원을 현금으로 납부하였다.

[7] 7월 27일 ㈜대구에 제품 7,000,000원을 판매하기로 하고, 계약금 700,000원을 국민은행 보통예금 계좌로 받았다.

[8] 7월 28일 국민은행에서 6개월 만기상환 조건으로 8,000,000원을 차입하여 국민은행 보통예금 계좌에 입금하였다.

[9] 7월 29일 국민은행 보통예금 계좌에 2,000,000원이 입금 되었으나 원인을 알 수 없다.

[10] 7월 30일 삼성카드의 사용액인 미지급금 1,000,000원이 국민은행 보통예금 계좌에서 자동이체되었다.

[11] 7월 31일 7월 29일 국민은행 보통예금 계좌로 입금된 2,000,000원은 ㈜충주의 외상매출금 회수액으로 확인되었다.

 **출제유형 답안**

[1]	7월 21일	(차)	외상매입금(㈜평화)	2,000,000원	(대)	보통예금	2,000,000원
[2]	7월 22일	(차)	외상매입금(㈜사랑)	5,000,000원	(대)	지급어음(㈜사랑)	5,000,000원
[3]	7월 23일	(차)	지급어음(㈜한국)	6,000,000원	(대)	당좌예금	6,000,000원
[4]	7월 24일	(차)	외상매입금(㈜평화)	3,000,000원	(대)	받을어음(㈜서울)	2,000,000원
						지급어음(㈜평화)	1,000,000원
[5]	7월 25일	(차)	미지급세금	11,100,000원	(대)	현금	11,100,000원
[6]	7월 26일	(차)	예수금	99,000원	(대)	현금	99,000원
[7]	7월 27일	(차)	보통예금	700,000원	(대)	선수금(㈜대구)	700,000원
[8]	7월 28일	(차)	보통예금	8,000,000원	(대)	단기차입금(국민은행(차입금))	8,000,000원
[9]	7월 29일	(차)	보통예금	2,000,000원	(대)	가수금	2,000,000원
[10]	7월 30일	(차)	미지급금(삼성카드)	1,000,000원	(대)	보통예금	1,000,000원
[11]	7월 31일	(차)	가수금	2,000,000원	(대)	외상매출금(㈜충주)	2,000,000원

10 비유동부채

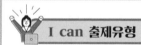 **I can 출제유형**

[1] 8월 23일 사업확장을 위하여 하나은행에서 20,000,000원을 차입하여 즉시 국민은행 보통 예금 계좌에 입금하였다.(3년 후 상환, 이자 지급일 매월 30일, 이율 연 6%)

[2] 8월 24일 우리은행에서 장기간 운용자금으로 사용할 목적으로 5년 후 상환하기로 하고 30,000,000원을 차입하여 우리은행 보통예금 계좌에 입금하였다. 차입시 담보 설정수수료 30,000원은 현금으로 지급하였다.

[3] 8월 25일 사채 액면 총액 5,000,000원(상환기한 3년)을 5,000,000원에 발행하고, 납입 금은 국민은행 보통예금 계좌에 입금하였다.

[4] 8월 26일 사채 액면 총액 6,000,000원(상환기한 5년)을 5,800,000원에 발행하고, 납입금 은 국민은행 보통예금 계좌에 입금하였으며, 사채발행비 100,000원은 현금으로 지급 하였다.

출제유형 답안

[1]	8월 23일	(차) 보통예금	20,000,000원	(대) 장기차입금(하나은행(차입금))	20,000,000원
[2]	8월 24일	(차) 보통예금 수수료비용(판)	30,000,000원 30,000원	(대) 장기차입금(우리은행(차입금)) 현금	30,000,000원 30,000원
[3]	8월 25일	(차) 보통예금	5,000,000원	(대) 사채	5,000,000원
		✓ 사채를 발행하는 경우 사채는 '액면금액'으로 처리한다.			
[4]	8월 26일	(차) 보통예금 사채할인발행차금	5,800,000원 300,000원	(대) 사채 현금	6,000,000원 100,000원
		✓ 사채를 액면금액보다 낮은 금액으로 발행하는 경우 차액은 '사채할인발행차금'으로 처리하고, 사채발행비는 '사채할인발행차금에 가산'한다.			

11 자본

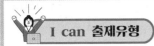

I can 출제유형

[1] 8월 27일 주식 10,000주(액면금액 5,000원)를 주당 6,000원에 발행하고 납입금은 전액 국민은행 보통예금 계좌에 입금되었다. 신주발행비 2,000,000원은 전액 현금으로 지급하였다.(주식할인발행차금 잔액은 없다고 가정할 것.)

[2] 8월 28일 주식 10,000주(액면금액 5,000원)를 주당 4,000원에 발행하고 납입금은 전액 국민은행 보통예금 계좌에 입금되었다. 신주발행비 2,000,000원은 전액 현금으로 지급하였다.(주식발행초과금 잔액은 없다고 가정할 것.)

[3] 8월 29일 주주총회를 통하여 전년도 결산에 대하여 다음과 같이 이익을 처분하고 결산을 확정하였다.

현금배당	10,000,000원
주식배당	20,000,000원
이익준비금	1,000,000원

[4] 8월 30일 주주총회에서 결의된 현금배당금 10,000,000원 대해 원천징수세액 330,000원을 차감한 금액을 국민은행 보통예금 계좌에서 이체하여 지급하였다.

[5] 8월 31일 주주총회의 결의에 따라 주식배당금을 지급하기 위하여 주식(4,000주, 액면금액 5,000원)을 발행하여 지급하고, 주식발행 및 등록비용 800,000원은 현금으로 지급하였다.(주식발행초과금 잔액은 없다고 가정할 것.)

출제유형 답안

[1]	8월 27일	(차) 보통예금	60,000,000원	(대)	자본금 주식발행초과금 현금	50,000,000원 8,000,000원 2,000,000원

✓ 주식을 발행하는 경우 '자본금(주식수 × 액면금액)'으로 처리한다.
 [할증발행: 액면금액 〈 발행금액 = 주식발행초과금]
 [할인발행: 액면금액 〉 발행금액 = 주식할인발행차금]
✓ 주식의 할증발행시 발생하는 주식발행비는 '주식발행초과금'에서 차감한다.

[2]	8월 28일	(차) 보통예금 주식할인발행차금	40,000,000원 12,000,000원	(대)	자본금 현금	50,000,000원 2,000,000원

✓ 주식의 할인발행시 발생하는 주식발행비는 '주식할인발행차금'에 가산한다.

[3]	8월 29일	(차) 이월이익잉여금	31,000,000원	(대)	미지급배당금 미교부주식배당금 이익준비금	10,000,000원 20,000,000원 1,000,000원

[4]	8월 30일	(차) 미지급배당금	10,000,000원	(대)	예수금 보통예금	330,000원 9,670,000원

[5]	8월 31일	(차) 미교부주식배당금 주식할인발행차금	20,000,000원 800,000원	(대)	자본금 현금	20,000,000원 800,000원

I can 개념정리

현금배당과 주식배당의 비교

현금배당	• 주주에게 현금을 지급함 • 기업의 순자산(현금)이 외부로 유출됨 • 자본총액 감소, 자본금 불변(이익잉여금 감소, 현금 감소) ※ 주주: 배당금수익 발생 [(차) 현금 ××× (대) 배당금수익 ×××]
주식배당	• 주주에게 주식을 지급함 • 기업의 순자산이 외부로 유출되지 않음 • 자본총액 변동없고, 자본금 증가(이익잉여금 감소, 자본금 증가) ※ 주주: 주식 수 증가, 주식 단위당 금액 하락 ➡ 회계처리 없음

12 제조원가, 판매비와관리비

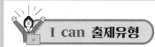

I can 출제유형

[1] 9월 8일 종업원 급여를 국민은행 보통예금 계좌에서 이체하여 지급하였다.

부서	급여	국민연금	건강보험	소득세	지방소득세	차감지급액
생산부	3,500,000원	157,500원	124,070원	142,220원	14,220원	3,061,990원
영업부	4,000,000원	180,000원	141,800원	210,960원	21,090원	3,446,150원

[2] 9월 9일 영업부 김진호 과장의 퇴직으로 퇴직금 9,000,000원 중 소득세 및 지방소득세로 230,000원을 원천징수한 후 차인지급액을 국민은행 보통예금 계좌에서 지급하였다.(퇴직직전 퇴직급여충당부채 잔액은 없다.)

[3] 9월 10일 9월 8일 직원 급여 지급시 공제한 건강보험료 531,740원(직원부담 50%, 회사부담 50%)을 현금으로 납부하였다.(회사부담분은 '복리후생비'로 회계처리할 것.)

[4] 9월 11일 영업부 직원에 대하여 확정기여형 퇴직연금에 가입하고 10,000,000원을 국민은행 보통예금 계좌에서 지급하였다. 이 금액에는 연금운용에 대한 수수료 100,000원이 포함되어 있다.

[5] 9월 12일 관리부 직원에 대하여 확정급여형 퇴직연금에 가입하고 5,000,000원을 국민은행 보통예금 계좌에서 지급하였다.

[6] 9월 13일 관리부 직원의 결혼축의금 500,000원을 현금으로 지급하고, 증빙으로 청첩장을 첨부하였다.

[7] 9월 14일 미가일식에서 생산부 직원들의 회식후 식사대금 300,000원을 삼성카드로 결제하였다.

[8] 9월 15일 영업부 사원의 국외출장을 위한 항공료 2,000,000원을 삼성카드로 결제하였다.

[9] 9월 16일 매출처 ㈜경기의 김영철 과장 결혼식에 축하화환을 보내고, 화환대금 100,000원
은 국민은행 보통예금 계좌에서 지급하였다.

[10] 9월 17일 원재료 매입처에 선물하기 위해서 한우선물세트 700,000원을 구입하고 삼성카
드로 결제하였다

[11] 9월 18일 사무실 인터넷 통신요금 80,000원이 국민은행 보통예금 계좌에서 자동이체 되
었음을 확인하였다.

[12] 9월 19일 생산부에서 사용하는 전화의 전화요금 120,000원을 현금으로 납부하였다.

[13] 9월 20일 전기요금(공장 230,000원, 사무실 70,000원)이 국민은행 보통예금 계좌에서
자동 이체되었다.(전력비로 처리할 것.)

[14] 9월 21일 본사건물 수도요금 30,000원이 국민은행 보통예금 계좌에서 자동이체 되었다.

[15] 9월 22일 공장에서 사용중인 트럭에 대한 자동차세 80,000원을 현금으로 납부하였다.

[16] 9월 23일 본사건물에 대한 재산세 700,000원을 현금으로 납부하였다.

[17] 9월 24일 관리부의 업무계약서에 첨부할 인지 100,000원을 현금으로 구입하였다.

[18] 9월 25일 법인균등분주민세 55,000원을 현금으로 납부하였다

[19] 9월 26일 영업부에서 사용하는 승용차에 대한 렌탈료 150,000원을 현금으로 지급하였다.

[20] 9월 27일 하나빌딩의 원재료 보관용 창고에 대한 임차료 1,000,000원 중 700,000원은
현금으로 지급하고, 나머지는 다음 달에 지급하기로 하였다.

[21] 9월 28일 미래빌딩에 보증금 3,000,000원과 1개월분 사무실 임차료 400,000원을 국민
은행 보통예금 계좌에서 이체하여 지급하였다.

[22]　9월　29일　공장 건물의 유리를 교체하고 200,000원을 현금으로 지급하다.
　　　　　　　　　(수익적지출로 처리할 것.)

[23]　9월　30일　사무실 에어컨을 수리하고 대금 90,000원은 국민은행 보통예금 계좌에서 이체
　　　　　　　　　하여 지급하였다.(수익적지출로 처리할 것.)

[24]　10월　23일　상품 배송용 화물차에 대한 자동차보험을 삼성화재에 가입하고 1년분 보험료
　　　　　　　　　1,200,000원을 현금으로 지급하였다.(비용으로 처리할 것.)

[25]　10월　24일　공장용 화물차에 주유를 하고　대금 50,000원은 현금으로 지급하였다.

[26]　10월　25일　관리부 승용차의 엔진오일을 보충하고 정비센터에 현금 60,000원을 지급하였다.

[27]　10월　26일　㈜경기에 제품 샘플 발송을 위해 대한택배에 택배비 10,000원을 현금으로 지급하였다.

[28]　10월　27일　영업부직원의 서비스마인드교육을 위해 외부강사를 초청하여 교육하고 강사료
　　　　　　　　　중 원천징수세액 99,000원을 제외하고 나머지 금액 2,901,000원은 국민은행
　　　　　　　　　보통예금 계좌에서 이체하여 지급하였다.

[29]　10월　28일　재경팀에서 사용할 부가가치세법과 관련된 서적을 교보문고에서 구입하고 대금
　　　　　　　　　30,000원은 현금으로 지급하였다.

[30]　10월　29일　공장용에서 사용할 소모품 500,000원을 베스트유통에서 외상으로 구입하였
　　　　　　　　　다.(비용으로 회계처리할 것.)

[31]　10월　30일　㈜부산의 외상대금 1,000,000원을 현금으로 무통장 입금하고 타행환 송금수수
　　　　　　　　　료 1,000원을 현금으로 지급하였다.

[32]　10월　31일　방문객에게 지급할 홍보용 볼펜 200,000원을 그린광고기획사에서 제작하고 대
　　　　　　　　　금은 국민은행 보통예금 계좌에서 지급하였다.

👆 출제유형 답안

[1]	9월 8일	(차)	임금(제) 급여(판)	3,500,000원 4,000,000원	(대)	예수금 보통예금	991,860원 6,508,140원
[2]	9월 9일	(차)	퇴직급여(판)	9,000,000원	(대)	예수금 보통예금	230,000원 8,770,000원
[3]	9월 10일	(차)	예수금 복리후생비(제) 복리후생비(판)	265,870원 124,070원 141,800원	(대)	현금	531,740원
[4]	9월 11일	(차)	퇴직급여(판) 수수료비용(판)	9,900,000원 100,000원	(대)	보통예금	10,000,000원
[5]	9월 12일	(차)	퇴직연금운용자산	5,000,000원	(대)	보통예금	5,000,000원
[6]	9월 13일	(차)	복리후생비(판)	500,000원	(대)	현금	500,000원
[7]	9월 14일	(차)	복리후생비(제)	300,000원	(대)	미지급금(삼성카드)	300,000원
[8]	9월 15일	(차)	여비교통비(판)	2,000,000원	(대)	미지급금(삼성카드)	2,000,000원
[9]	9월 16일	(차)	기업업무추진비(접대비)(판)	100,000원	(대)	보통예금	100,000원
[10]	9월 17일	(차)	기업업무추진비(접대비)(제)	700,000원	(대)	미지급금(삼성카드)	700,000원
[11]	9월 18일	(차)	통신비(판)	80,000원	(대)	보통예금	80,000원
[12]	9월 19일	(차)	통신비(제)	120,000원	(대)	현금	120,000원
[13]	9월 20일	(차)	전력비(제) 전력비(판)	230,000원 70,000원	(대)	보통예금	300,000원
[14]	9월 21일	(차)	수도광열비(판)	30,000원	(대)	보통예금	30,000원
[15]	9월 22일	(차)	세금과공과(제)	80,000원	(대)	현금	80,000원
[16]	9월 23일	(차)	세금과공과(판)	700,000원	(대)	현금	700,000원
[17]	9월 24일	(차)	세금과공과(판)	100,000원	(대)	현금	100,000원
[18]	9월 25일	(차)	세금과공과(판)	55,000원	(대)	현금	55,000원
[19]	9월 26일	(차)	임차료(판)	150,000원	(대)	현금	150,000원
[20]	9월 27일	(차)	임차료(제)	1,000,000원	(대)	현금 미지급금(하나빌딩)	700,000원 300,000원
[21]	9월 28일	(차)	임차보증금(미래빌딩) 임차료(판)	3,000,000원 400,000원	(대)	보통예금	3,400,000원
[22]	9월 29일	(차)	수선비(제)	200,000원	(대)	현금	200,000원

[23]	9월 30일	(차) 수선비(판)	90,000원	(대)	보통예금	90,000원
[24]	10월 23일	(차) 보험료(판)	1,200,000원	(대)	현금	1,200,000원
[25]	10월 24일	(차) 차량유지비(제)	50,000원	(대)	현금	50,000원
[26]	10월 25일	(차) 차량유지비(판)	60,000원	(대)	현금	60,000원
[27]	10월 26일	(차) 운반비(판)	10,000원	(대)	현금	10,000원
[28]	10월 27일	(차) 교육훈련비(판)	3,000,000원	(대)	예수금 보통예금	99,000원 2,901,000원
[29]	10월 28일	(차) 도서인쇄비(판)	30,000원	(대)	현금	30,000원
[30]	10월 29일	(차) 소모품비(제)	500,000원	(대)	미지급금(베스트유통)	500,000원
[31]	10월 30일	(차) 외상매입금((주)부산) 수수료비용(판)	1,000,000원 1,000원	(대)	현금	1,001,000원
[32]	10월 31일	(차) 광고선전비(판)	200,000원	(대)	보통예금	200,000원

13 영업외수익

I can 출제유형

[1] 11월 25일 ㈜에이스에 대여한 대여금에 대한 이자 250,000원에서 원천징수세액 35,000원을 차감한 잔액이 국민은행 보통예금 계좌로 입금되었다.

[2] 11월 26일 보유 중인 (주)산아의 주식에 대하여 중간배당금 1,000,000원이 국민은행 보통예금 계좌로 입금되었다.

[3] 11월 27일 미국의 캐슬사에 10월 1일 수출한 제품의 외상매출금이 국민은행 보통예금 계좌에 원화로 환전되어 입금되었다.

외상매출금	선적일(10/1) 환율	환전일(11/27) 환율
3,000달러	1$당 1,200원	1$당 1,300원

[4] 11월 28일 당사의 최대주주인 이부자로부터 제품 창고를 건설하기 위한 토지를 기증받았다. 본 토지에 대한 이전비용 2,000,000원은 현금으로 지급하였으며, 현재 토지의 공정가치는 50,000,000원 이다.

[5] 11월 29일 매입처 ㈜월드의 외상매입금 50,000,000원 중 40,000,000원은 국민은행 보통예금 계좌에서 지급하고, 나머지 금액은 면제받았다.

[6] 11월 30일 화재로 인하여 소실된 제품(원가 10,000,000원)에 대한 보험금 7,000,000원을 보험회사로부터 국민은행 보통예금 계좌로 입금 받았다.(당사는 현대화재해상보험(주)에 화재보험이 가입되어 있다.)

출제유형 답안

[1]	11월 25일	(차) 보통예금 선납세금	215,000원 35,000원	(대) 이자수익	250,000원
[2]	11월 26일	(차) 보통예금	1,000,000원	(대) 배당금수익	1,000,000원
[3]	11월 27일	(차) 보통예금	3,900,000원	(대) 외상매출금(캐슬사) 외환차익	3,600,000원 300,000원
[4]	11월 28일	(차) 토지	52,000,000원	(대) 현금 자산수증이익	2,000,000원 50,000,000원
[5]	11월 29일	(차) 외상매입금(㈜월드)	50,000,000원	(대) 보통예금 채무면제이익	40,000,000원 10,000,000원
[6]	11월 30일	(차) 보통예금	7,000,000원	(대) 보험금수익	7,000,000원

[6] 11월 30일 ✓화재발생 시 회계처리
(차) 재해손실 10,000,000원 (대) 제품(적요8.타계정으로 대체) 10,000,000원

14 영업외비용

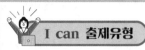 **I can 출제유형**

[1] 12월 27일 사채업자인 전대부로부터 차입한 장기차입금의 이자비용 12,000,000원을 지급하면서 원천징수세액 3,300,000원을 차감한 금액을 현금으로 지급하였다.

[2] 12월 28일 미국 피오사에 10월 5일 수출한 제품에 대한 외상매출금이 국민은행 보통예금 계좌에 입금되었다.

외상매출금	10/5 환율	12/18 환율
20,000달러	1$당 1,500원	1$당 1,300원

[3] 12월 29일 상품(원가 5,000,000원, 시가 7,000,000원)을 국군 위문금품으로 전달하였다.

[4] 12월 30일 삼신산업에 단기 대여한 10,000,000원이 삼신산업의 파산으로 인해 전액 대손 처리 하기로 하였다.(대손충당금은 설정되어 있지 않다.)

[5] 12월 31일 상품을 보관하는 창고에서 화재가 발생하여 장부금액 2,000,000원의 상품이 소실되었다.

출제유형 답안

[1]	12월 27일	(차) 이자비용	12,000,000원	(대)	현금 예수금	8,700,000원 3,300,000원
[2]	12월 28일	(차) 보통예금 외환차손	26,000,000원 4,000,000원	(대)	외상매출금(피오사)	30,000,000원
[3]	12월 29일	(차) 기부금	5,000,000원	(대)	상품(적요8.타계정으로 대체)	5,000,000원
[4]	12월 30일	(차) 기타의대손상각비	10,000,000원	(대)	단기대여금(삼신산업)	10,000,000원
		✓ 매출채권이 아닌 기타의 채권인 단기대여금의 대손이므로 영업외비용 '기타의 대손상각비'로 회계처리한다.				
[5]	12월 31일	(차) 재해손실	2,000,000원	(대)	상품(적요8.타계정으로 대체)	2,000,000원

3. 매입매출전표 입력

※ 회사코드 0316 ㈜아이캔06 회사로 로그인 ※

㈜아이캔06은 사무용 가구를 제조하는 법인기업이다. 다음의 거래자료를 [매입매출전표입력] 메뉴를 이용하여 입력하시오.

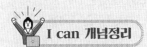

I can 개념정리

[입력 시 유의사항]

- 일반적인 적요의 입력은 생략하지만, 타계정 대체거래는 적요번호를 선택하여 입력한다.
- 별도의 요구가 없는 한 반드시 기 등록되어 있는 거래처코드를 선택하는 방법으로 거래처명을 입력한다.
- 제조경비는 500번대 계정코드를, 판매비와 관리비는 800번대 계정코드를 사용한다.
- 회계처리시 계정과목은 별도제시가 없는 한 등록되어 있는 계정과목 중 가장 적절한 과목으로 한다.
- 입력화면 하단의 분개까지 처리하고, 전자세금계산서는 전자입력으로 반영한다.

1 매출과세

과세: 과세(10%) 세금계산서 매출

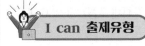

I can 출제유형

[1] 7월 1일: (주)제주상사에 제품(공급가액 20,000,000원, 부가가치세 별도)을 공급하면서
전자세금계산서를 발급하였다. 판매대금 중 부가가치세에 해당하는 금액은 자기
앞수표로 받고, 잔액은 동점발행 약속어음으로 받았다.

[2] 7월 2일: (주)서울상사에 제품 10,000,000원(부가가치세 별도)을 판매하고 전자세금계산서를 발급하였다. 판매대금 중 2,000,000원은 (주)서울상사의 선수금과 상계하고, 잔액은 (주)서울상사가 발행한 약속어음으로 수령하였다.

[3] 7월 3일: 비사업자인 개인 김영철(750101-1012410)에게 제품(1,500,000원, 부가가치세 별도)을 판매하고 자기앞수표를 받았으며, 주민등록번호로 전자세금계산서를 발급하였다.

[4] 7월 4일: (주)부산상사에 제품을 5,000,000원(부가가치세 별도)에 공급하면서 전자세금계산서를 발급하고, 대금은 (주)부산상사의 외상매입금 3,350,000원을 상계처리하고, 잔액은 자기앞수표로 받았다.

[5] 7월 5일: (주)대구상사에 제품(단가 150,000원, 수량 100개, 부가가치세 별도)을 판매하고 전자세금계산서를 발급하였다. 판매대금 중 10,000,000원은 (주)대구상사가 보유하고 있던 동양이 발행한 약속어음으로 배서양도 받고, 잔액은 1개월 후에 수취하기로 하였다.

[6] 7월 6일: ㈜울산상사에 6월 30일에 외상 판매하였던 제품 중 10개(1개당 공급가액 80,000원, 부가치세액 8,000원)가 불량품으로 판명되어 반품됨에 따라 수정전자세금계산서를 발급하였다. 대금은 외상매출금과 상계정리하기로 하였다.

[7] 7월 7일: (주)전주상사에 제품 300개(판매단가 @40,000원, 부가가치세 별도)를 외상으로 납품하면서 전자세금계산서를 발급하였다. 대금은 거래수량에 따라 공급가액 중 전체금액의 5%를 에누리해주기로 하고, 나머지 판매대금은 30일 후 받기로 하였다.

[8] 7월 8일: 도매사업자인 (주)대전상사에 제품을 판매한 후 전자세금계산서를 발급하고 신용카드 발급분으로 판매대금을 수취하였다.(외상매출금계정으로 처리할 것.)
 • 신용카드 : 비씨카드 • 카드매출총액(부가가치세 포함) : 3,300,000원

[9] 7월 9일: 제품 운송용 화물차(취득금액 35,000,000원, 감가상각누계액 16,500,000원)을 (주)서울상사에 20,000,000원(부가가치세 별도)에 처분하면서 전자세금계산서를 발급하였다. 대금은 한 달 후에 수령하기로 하였다. (단, 처분시의 감가상각은 하지 않기로 한다.)

[10] 7월 10일: 공장에서 사용하던 기계장치를 (주)대구상사에 매각하고 전자세금계산서를 발급하였다. 부가가치세를 포함한 매각대금 5,500,000원은 현금으로 수취하였다. 한편, 동 기계장치의 취득원가는 20,000,000원이며 매각당시 감가상각누계액은 13,000,000원이었다.

출제유형 답안

[1] 7월 1일	11.과세, 공급가액 20,000,000원, 부가세 2,000,000원, ㈜제주상사, 전자: 여, 혼합	
	(차) 받을어음 20,000,000원 (대) 제품매출 20,000,000원 현금 2,000,000원 부가세예수금 2,000,000원	
	✓ 자기앞수표 또는 타인발행 당좌수표 수령시 '현금'으로 처리한다.	
[2] 7월 2일	11.과세, 공급가액 10,000,000원, 부가세 1,000,000원, ㈜서울상사, 전자: 여, 혼합	
	(차) 선수금 2,000,000원 (대) 제품매출 10,000,000원 받을어음 9,000,000원 부가세예수금 1,000,000원	
[3] 7월 3일	11.과세, 공급가액 1,500,000원, 부가세 150,000원, 김영철, 전자: 여, 현금	
	(차) 현금 1,650,000원 (대) 제품매출 1,500,000원 부가세예수금 150,000원	
	✓ 사업자가 아닌 개인을 거래처로 등록하는 경우 '주민기재분란에 1:여'로 표시하여야 한다.	
[4] 7월 4일	11.과세, 공급가액 5,000,000원, 부가세 500,000원, ㈜부산상사, 전자: 여, 혼합	
	(차) 외상매입금 3,350,000원 (대) 제품매출 5,000,000원 현금 2,150,000원 부가세예수금 500,000원	
[5] 7월 5일	11.과세, 공급가액 15,000,000원, 부가세 1,500,000원, ㈜대구상사, 전자: 여, 혼합	
	(차) 받을어음(동양) 10,000,000원 (대) 제품매출 15,000,000원 외상매출금 6,500,000원 부가세예수금 1,5000,000원	
[6] 7월 6일	11.과세, 공급가액 -800,000원, 부가세 -80,000원, ㈜울산상사, 전자: 여, 외상	
	(차) 외상매출금 -880,000원 (대) 제품매출 -800,000원 부가세예수금 -80,000원	
[7] 7월 7일	11.과세, 공급가액 11,400,000원, 부가세 1,140,000원, ㈜전주상사, 전자: 여, 외상	
	(차) 외상매출금 12,540,000원 (대) 제품매출 11,400,000원 부가세예수금 1,140,000원	

[8]	7월 8일	11.과세, 공급가액 3,000,000원, 부가세 300,000원, ㈜대전상사, 전자: 여, 카드

		(차) 외상매출금(비씨카드) 3,300,000원 (대) 제품매출 3,000,000원
		부가세예수금 300,000원

✓ 세금계산서를 발행하고 신용카드는 결제수단으로 이용하였으므로 유형은 과세매출이며, 분개유형을 카드로 선택하면 외상매출금의 거래처가 비씨카드로 반영된다. 세금계산서합계표와 신용카드매출표발행집계표에 동시에 반영된다.

[9]	7월 9일	11.과세, 공급가액 20,000,000원, 부가세 2,000,000원, ㈜서울상사, 전자: 여, 혼합

		(차) 미수금 22,000,000원 (대) 차량운반구 35,000,000원
		감가상각누계액(209) 16,500,000원 부가세예수금 2,000,000원
		유형자산처분이익 1,500,000원

[10]	7월 10일	11.과세, 공급가액 5,000,000원, 부가세 500,000원, ㈜대구상사, 전자: 여, 혼합

		(차) 현금 5,500,000원 (대) 기계장치 20,000,000원
		감가상각누계액(207) 13,000,000원 부가세예수금 500,000원
		유형자산처분손실 2,000,000원

② 매출영세

영세: 영세율(0%) 세금계산서 매출

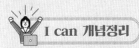 **I can 개념정리**

- 12.영세매출: Local L/C 또는 구매확인서에 의한 국내공급으로 영세율세금계산서가 발급된다.
- 16.수출매출: 국내물품을 외국으로 반출하는 것으로, 유·무상에 관계없이 외국으로 반출하는 재화는 모두 영세율을 적용하며, 세금계산서 발급의무가 없다.

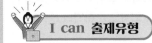 **I can 출제유형**

[1] 7월 11일: (주)청주상사에 Local L/C에 의하여 제품 8,000,000원을 납품하고 영세율전자 세금계산서를 발급하였으며, 대금 중 50%는 외상으로 하고 나머지는 약속어음 으로 수령하였다.

[2] 7월 12일: 수출업체인 ㈜대신무역에 구매확인서에 따라 $30,000(1$당 기준환율 1,000원)에 제품을 납품하고 영세율전자세금계산서를 발급하였으며, 대금은 대신무역 발행 약속어음으로 수령하였다.

👆 출제유형 답안

[1]	7월 11일	12.영세, 공급가액 8,000,000원, 부가세 0원, ㈜청주상사, 전자: 여, 혼합 영세율구분: 3.내국신용장·구매확인서에 의하여 공급하는 재화
		(차) 외상매출금 4,000,000원 (대) 제품매출 8,000,000원 받을어음 4,000,000원
[2]	7월 12일	12.영세, 공급가액 30,000,000원, 부가세 0원, ㈜대신무역, 전자: 여, 혼합 영세율구분: 3.내국신용장·구매확인서에 의하여 공급하는 재화
		(차) 받을어음 30,000,000원 (대) 제품매출 30,000,000원

3 매출면세

면세: 면세 계산서 매출

I can 출제유형

[1] 7월 13일: ㈜서울상사에 면세가 적용되는 제품 5,000,000원을 매출하고 전자계산서를 발급하였으며, 대금은 전액 외상으로 하였다.

[2] 7월 14일: (주)대구상사에서 의뢰한 교육에 대한 용역을 제공하고 교육비 2,000,000원에 대하여 전자계산서를 발급하였으며, 대금은 전액 외상으로 하였다.(용역수입계정을 사용하여 일반적인 상거래로 처리 할 것)

출제유형 답안

[1]	7월 13일	13.면세, 공급가액 5,000,000원, 부가세 0원, ㈜서울상사, 전자: 여, 외상
		(차) 외상매출금 5,000,000원 (대) 제품매출 5,000,000원
[2]	7월 14일	13.면세, 공급가액 2,000,000원, 부가세 0원, ㈜대구상사, 전자: 여, 외상
		(차) 외상매출금 2,000,000원 (대) 용역수입 2,000,000원

4 매출건별

간주공급, 일반영수증, 무증빙 매출

I can 출제유형

[1] 7월 15일: 개인 김수원씨에게 제품을 소매로 판매하고 현금 462,000원(부가가치세 포함)을 수령하고. 일반영수증을 발급하였다.

[2] 7월 16일: 매출처 덕수상사에 제품(원가 300,000원, 시가 500,000원)을 선물로 제공하였다.

출제유형 답안

[1]	7월 15일	14.건별, 공급가액 420,000원, 부가세 42,000원, 김수원, 현금

		(차) 현금 462,000원 (대) 제품매출 420,000원
		                                          부가세예수금 42,000원
		    ✓ 공급가액란에 공급대가(부가세포함)를 입력하면 공급가액과 세액이 자동으로 나누어 입력된다.

[2]	7월 16일	14.건별, 공급가액 500,000원, 부가세 50,000원, 덕수상사, 혼합

		(차) 기업업무추진비 350,000원 (대) 제품(적요8.타계정으로 대체) 300,000원
		                                          부가세예수금 50,000원
		    ✓ 간주공급에 해당하며, 제품은 원가의 금액으로 감소하고, 부가가치세는 시가의 10%로 과세된다.

⑤ 매출수출

수출: 영세율(0%) 직수출 매출

I can 출제유형

[1] 7월 17일: 미국에 소재한 제임스사에 제품을 직수출 하였다. 선적일은 7월 17일이고 물품 대금은 총 8,000달러이며, 선적일 현재의 기준환율은 1$당 950원이다. 대금은 아직 수령하지 못하였다.

[2] 7월 18일: 영국의 헤라상사에 제품(공급가액 40,000,000원)을 직수출하고 이미 수취한 계약금을 제외한 대금은 외상으로 하였다. 한편 당사는 7월 10일 헤라상사와 제품 수출계약을 체결하면서 계약금 8,000,000원을 수취한 바 있다.

출제유형 답안

[1]	7월 17일	16.수출, 공급가액 7,600,000원, 부가세 0원, 제임스사, 외상 영세율구분: 1.직접수출(대행수출 포함)
		(차) 외상매출금 7,600,000원 (대) 제품매출 7,600,000원
[2]	7월 18일	16.수출, 공급가액 40,000,000원, 부가세 0원, 헤라상사, 혼합 영세율구분: 1.직접수출(대행수출 포함)
		(차) 선수금 8,000,000원 (대) 제품매출 40,000,000원 외상매출금 32,000,000원

6 매출카드과세

카과: 과세(10%) 신용카드매출전표 매출

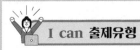 **I can 출제유형**

[1]　7월 19일: 개인 김영철에게 제품 3,300,000원(부가가치세 포함)을 판매하고, 대금은 비씨 카드로 결제받았다.(외상매출금으로 처리 할 것)

출제유형 답안

		17.카과, 공급가액 3,000,000원, 부가세 300,000원, 김영철, 카드
[1]	7월 19일	(차) 외상매출금(비씨카드) 3,300,000원 (대) 제품매출 3,000,000원 부가세예수금 300,000원
		✓ 공급가액란에 공급대가(부가세포함)를 입력하면 공급가액과 세액이 자동으로 나누어 입력되며, 외상매출금의 거래처가 비씨카드로 변경된 것을 확인한다.

7 매출현금과세

현과: 과세(10%) 현금영수증 매출

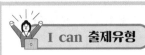 **I can 출제유형**

[1]　7월 20일: 개인 김수원에게 제품 550,000원(공급대가)을 현금으로 판매하고 현금영수증 을 발급하였다.

출제유형 답안

		22.현과, 공급가액 500,000원, 부가세 50,000원, 김수원, 현금
[1]	7월 20일	(차) 현금 550,000원 (대) 제품매출 500,000원 부가세예수금 50,000원

8 매입과세

과세: 과세(10%) 세금계산서 매입

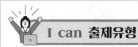
I can 출제유형

[1] 8월 1일: (주)제일기획에 신제품에 대한 광고를 의뢰하고 광고비(공급가액 500,000원, 부가가치세 별도)에 대한 전자세금계산서를 발급 받고, 대금은 다음 달에 지급하기로 하였다.

[2] 8월 2일: 영남기업로부터 원재료(공급가액 12,000,000원, 부가가치세 별도)를 매입하고 전자세금계산서를 발급 받았다. 계약금으로 지급한 2,000,000원을 제외한 매입대금은 약속어음을 발행하여 결제하였다.

[3] 8월 3일: (주)영남부동산로부터 제조부분의 공장을 임차하고, 임차료 2,310,000원(부가가치세 포함)과 공장 전기요금 330,000원(부가가치세 포함)에 대한 전자세금계산서 1매를 발급 받고 당좌수표를 발행하여 지급하였다.

[4] 8월 4일: 본사 영업부에서 사용하던 4인승 승용차(800cc)의 고장으로 ㈜현대카에서 수리하고, 수리비 500,000원(부가가치세 별도)을 현금으로 지급하고 전자세금계산서를 발급 받았다.(단, 차량유지비 계정으로 처리할 것.)

[5] 8월 5일: 제품의 임가공 계약에 의해 의뢰하였던 부품을 보성상사로부터 납품받고 전자세금계산서를 발급 받았다. 대금 10,000,000원(부가가치세 별도)중 50%는 당좌수표로 지급하고 나머지는 법인카드(삼성카드)로 결제하였다.

[6] 8월 6일: (주)뉴젠에서 ERP시스템(소프트웨어) 용역을 공급받고, 전자세금계산서(11,000,000원, 부가가치세 포함)를 발급 받았으며, 대금은 말일에 지급하기로 하였다.

[7] 8월 7일: 중앙전자로부터 사무실용 에어컨(3대, 대당 2,000,000원, 부가가치세 별도)을 구입하고, 전자세금계산서를 발급 받았다. 대금중 50%는 매출처인 (주)서울상사으로부터 받은 약속어음으로 지급하였고, 나머지 50%는 당사가 발행한 약속어음으로 지급하였다.

[8] 8월 8일: 제품운반용 트럭의 사고로 인하여 ㈜현대카에서 엔진을 교체하였다. 이는 자본적지출에 해당하는 것으로 엔진교체비 4,000,000원(부가가치세 별도)을 당좌수표로 지급하고 전자세금계산서를 발급 받았다.

[9] 8월 9일: ㈜제주상사에서 구입한 원재료 중 일부가 파손되어 반품하고 수정전자세금계산서(공급가액 −200,000, 부가가치세 −20,000)를 교부받았다. 대금은 외상매입금과 상계정리하기로 하였다.

[10] 8월 10일: 다음은 영업부에서 사용하는 인터넷에 대한 사용요금 청구서이다. 매입매출전표에 입력하시오.(전자발급분에 해당하며, 작성일자를 기준으로 작성할 것.)

2025년 8월 청 구 서	
금 액	33,000원
서비스번호	LEO1
고객명	㈜아이캔06
상품명	Mega******
명세서번호	12340567960
이용기간	7월 1일 ~ 7월 31일
7월 이용요금	33,000원
미납요금	0원
납기일	2025년 8월 25일
작성일자	2025년 8월 10일
공급자등록번호	106-85-10142
공급받는자 등록번호	128-88-12345
세금계산서 공급가액	30,000원
부가가치세	3,000원
부가가치세제외요금	0원
계산서 공급가액	0원
10원미만할인요금	0원
㈜케이티 용산지점(전화국)장	
이 청구서는 부가가치세법 시행령 53조 제4항에 따라 용산세무서장에게 신청하여 등록한 사업자가 발급하는 전자세금계산서입니다.	

🖐 출제유형 답안

[1]	8월 1일	51.과세, 공급가액 500,000원, 부가세 50,000원, ㈜제일기획, 전자: 여, 혼합
		(차) 광고선전비(판) 500,000원 (대) 미지급금 550,000원 부가세대급금 50,000원
[2]	8월 2일	51.과세, 공급가액 12,000,000원, 부가세 1,200,000원, 영남기업, 전자: 여, 혼합
		(차) 원재료 12,000,000원 (대) 선급금 2,000,000원 부가세대급금 1,200,000원 지급어음 11,200,000원
[3]	8월 3일	51.과세, 공급가액 2,400,000원, 부가세 240,000원, ㈜영남부동산, 전자: 여, 혼합
		(차) 임차료(제) 2,100,000원 (대) 당좌예금 2,640,000원 전력비(제) 300,000원 부가세대급금 240,000원
[4]	8월 4일	51.과세, 공급가액 500,000원, 부가세 50,000원, ㈜현대카, 전자: 여, 현금
		(차) 차량유지비(판) 500,000원 (대) 현금 550,000원 부가세대급금 50,000원 ✓ 개별소비세가 부과되지 않는 1,000cc이하의 승용차 구입 및 유지와 관련된 지출은 매입세액공제가 가능하다.
[5]	8월 5일	51.과세, 공급가액 10,000,000원, 부가세 1,000,000원, 보성상사, 전자: 여, 혼합
		(차) 외주가공비(제) 10,000,000원 (대) 당좌예금 5,500,000원 부가세대급금 1,000,000원 미지급금(삼성카드) 5,500,000원 ✓ 미지급금의 거래처를 삼성카드로 변경한다.
[6]	8월 6일	51.과세, 공급가액 10,000,000원, 부가세 1,000,000원, ㈜뉴젠, 전자: 여, 혼합
		(차) 소프트웨어 10,000,000원 (대) 미지급금 11,000,000원 부가세대급금 1,000,000원
[7]	8월 7일	51.과세, 공급가액 6,000,000원, 부가세 600,000원, 중앙전자, 전자: 여, 혼합
		(차) 비품 6,000,000원 (대) 받을어음(㈜서울상사) 3,300,000원 부가세대급금 600,000원 미지급금 3,300,000원 ✓ 받을어음의 거래처를 ㈜서울상사로 변경한다. 일반적인 상거래에 해당하지 않으므로 어음발행분은 지급어음 계정 대신 미지 급금 계정으로 처리한다.
[8]	8월 8일	51.과세, 공급가액 4,000,000원, 부가세 400,000원, ㈜현대카, 전자: 여, 혼합
		(차) 차량운반구 4,000,000원 (대) 당좌예금 4,400,000원 부가세대급금 400,000원
[9]	8월 9일	51.과세, 공급가액 -200,000원, 부가세 -20,000원, ㈜제주상사, 전자: 여, 외상
		(차) 원재료 -200,000원 (대) 외상매입금 -220,000원 부가세대급금 -20,000원
[10]	8월 10일	51.과세, 공급가액 30,000원, 부가세 3,000원, ㈜케이티 용산지점, 전자: 여, 혼합
		(차) 통신비(판) 30,000원 (대) 미지급금 33,000원 부가세대급금 3,000원 ✓ 작성일자를 기준으로 작성한다.

9 매입영세

영세: 영세율(0%) 세금계산서 매입

I can 출제유형

[1] 8월 11일: 덕수상사로부터 내국신용장(Local L/C)에 의하여 원재료 22,000,000원을 공급받고 영세율전자세금계산서를 발급 받았으며, 대금 중 50%는 약속어음으로 지급하고 나머지 금액은 보통예금에서 지급하였다.

[2] 8월 12일: 구매확인서에 의해 수출용제품에 대한 원재료(공급가액 30,000,000원)를 보성상사로부터 매입하고 영세율전자세금계산서를 발급 받았다. 매입대금 중 15,000,000원은 (주)마산으로부터 받은 약속어음을 배서양도하고 잔액은 3개월 만기의 당사 발행 약속어음으로 지급하였다.

출제유형 답안

[1]	8월 11일	52.영세, 공급가액 22,000,000원, 부가세 0원, 덕수상사, 전자: 여, 혼합
		(차) 원재료　22,000,000원　(대) 지급어음　11,000,000원 보통예금　11,000,000원
[2]	8월 12일	52.영세, 공급가액 30,000,000원, 부가세 0원, 보성상사, 전자: 여, 혼합
		(차) 원재료　30,000,000원　(대) 받을어음((주)마산)　15,000,000원 지급어음　15,000,000원 ✓ 받을어음의 거래처를 ㈜마산으로 변경한다

10 매입면세

면세: 면세 계산서 매입

I can 출제유형

[1] 8월 13일: 공장의 원재료 매입처의 확장이전을 축하하기 위하여 청실화원에서 화분을 100,000원에 구입하여 전달하였다. 증빙으로 종이계산서를 발급 받았으며, 대금은 현금으로 지급하였다.

[2] 8월 14일: 공장건물을 신축할 목적으로 세종기업으로부터 토지를 15,000,000원에 매입하고 전자계산서를 받았다. 대금 중 10,000,000원은 당사 보통예금 계좌에서 이체하여 지급하고 나머지는 3개월 후에 지급하기로 하였다.

[3] 8월 15일: (주)교보서적에서 본사 경리부에서 사용할 실무서적 10권을 300,000원에 현금으로 구입하고 전자계산서를 발급 받았다.

[4] 8월 16일: (주)한국생산성으로부터 영업직 직원들에게 교육훈련 특강을 실시하고, 특강료 1,000,000원에 대한 전자계산서를 발급 받았다. 대금은 전액 현금으로 지급하였다.

[5] 8월 17일: 직원식당에서 공장직원 식사용으로 사용할 쌀을 ㈜싱싱마트로부터 400,000원에 구입하고 종이계산서를 발급 받았다. 당사는 매달 사용한 쌀값을 일괄적으로 다음달 10일에 결제하고 있다.

[6] 8월 18일: ㈜영남부동산으로부터 본사 관리부의 수도요금 80,000원에 대한 전자계산서를 발급받고 현금으로 지급하였다.

[7] 8월 19일: 직원들의 출퇴근을 위해 경기여객에서 시내버스 영업용으로 사용하던 중고버스를 8,000,000원에 구입하면서 전자계산서를 발급 받고, 대금은 전액 당좌수표를 발행하여 지급하였다.

👆 출제유형 답안

[1]	8월 13일	53.면세, 공급가액 100,000원, 부가세 0원, 청실화원, 현금
		(차) 기업업무추진비(접대비)(제)　100,000원　(대) 현금　100,000원
		✓ 면세대상인 재화를 공급받고 계산서를 수취하였으므로 54.불공유형을 선택하면 안된다. 54.불공유형은 세금계산서를 수취하고 매입세액공제대상이 아닌 경우 선택하여야 한다. 53.면세는 계산서합계표로 반영이 되고, 54.불공은 세금계산서합계표에 반영된다.
[2]	8월 14일	53.면세, 공급가액 15,000,000원, 부가세 0원, 세종기업, 전자: 여, 혼합
		(차) 토지　15,000,000원　(대) 보통예금　10,000,000원 미지급금　5,000,000원
[3]	8월 15일	53.면세, 공급가액 300,000원, 부가세 0원, ㈜교보서적, 전자: 여, 현금
		(차) 도서인쇄비(판)　300,000원　(대) 현금　300,000원
[4]	8월 16일	53.면세, 공급가액 1,000,000원, 부가세 0원, ㈜한국생산성, 전자: 여, 현금
		(차) 교육훈련비(판)　1,000,000원　(대) 현금　1,000,000원
[5]	8월 17일	53.면세, 공급가액 400,000원, 부가세 0원, ㈜싱싱마트, 혼합
		(차) 복리후생비(제)　400,000원　(대) 미지급금　400,000원
[6]	8월 18일	53.면세, 공급가액 80,000원, 부가세 0원, ㈜영남부동산, 전자: 여, 현금
		(차) 수도광열비(판)　80,000원　(대) 현금　80,000원
[7]	8월 19일	53.면세, 공급가액 8,000,000원, 부가세 0원, 경기여객, 전자: 여, 혼합
		(차) 차량운반구　8,000,000원　(대) 당좌예금　8,000,000원

11 매입불공

불공: 과세(10%) 세금계산서 매입 중 매입세액불공제 대상인 경우

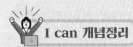

I can 개념정리

- 세금계산서 미수령 및 필요적 기재사항 불분명분 매입세액
- 매입처별세금계산서합계표 미제출 및 부실기재분 매입세액
- 사업과 직접 관련이 없는 지출에 대한 매입세액
- 개별소비세법에 따른 비영업용 승용차의 구입, 임차, 유지와 관련된 매입세액
  (1,000cc 이하, 9인승이상은 제외)
- 기업업무추진비 및 이와 유사한 비용과 관련된 매입세액
- 면세사업 관련 매입세액
- 토지조성 등을 위한 자본적지출 관련 매입세액
- 사업자등록 전의 매입세액

주의 반드시 세금계산서 수취분만 매입매출전표에 54.불공으로 입력하며, 신용카드영수증 및 현금영수증을 수취한 경우의 매입세액불공제 대상은 일반전표에 입력한다.

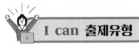

I can 출제유형

[1] 8월 21일: 대표이사 김대표의 자택에서 사용할 목적으로 에어컨을 중앙전자에서 현금으로 구입(공급가액 700,000원 , 부가가치세 별도)하고, 회사명의로 전자세금계산서를 발급 받았다. 대금은 회사에서 현금으로 결제하였으며, 대표이사의 가지급금으로 처리한다.

[2] 8월 22일: 중앙전자로부터 컴퓨터 10대(대당 700,000원, 부가가치세 별도)를 외상으로 구입하고 전자세금계산서를 발급받았으며, 해당 컴퓨터는 인근 대학에 기증하였다.(본 거래는 업무와 무관한 거래에 해당한다.)

[3] 8월 23일: 영업부 직원의 업무용으로 사용하기 위하여 ㈜전진자동차에서 개별소비세 과세대상 자동차(2,000CC)를 구입하면서 전자세금계산서(공급가액 20,000,000원, 부가가치세 별도)를 발급받고 대금은 보통예금에서 지급하였다.

[4] 8월 24일: 알뜰주유소에서 회사 영업부에서 사용하고 있는 5인승 승용자동차(2,000cc)에 주유하고 전자세금계산서(공급가액 100,000원, 부가가치세 별도)발급 받았다. 부가가치세를 포함한 구입대금 전액을 보통예금에서 지급하였다.

[5] 8월 25일: 회사 영업부에서 업무용으로 사용하는 법인소유의 소형승용차(1,500CC)가 고장이 발생하여 ㈜현대카에서 수리하고 전자세금계산서를 발급 받았으며, 차량수리비 220,000원(부가가치세 포함)은 전액 현금으로 지급하였다.(수익적지출로 처리할 것)

[6] 8월 26일: (주)한국렌탈에서 직원출장용으로 임차한 소형승용차(2,000cc)의 사용대금 330,000원(부가세 포함)을 현금으로 지급하면서 전자세금계산서를 발급 받았다.

[7] 8월 27일: 매출거래처에 선물로 증정하기 위하여 컴퓨터(공급가액 2,000,000원, 부가가치세 별도)를 중앙전자에서 외상으로 구입하고 전자세금계산서를 발급 받았다.

[8] 8월 28일: 면세사업에 사용할 광고선전 용품(공급가액 1,000,000원, 부가가치세 별도)을 동양에서 외상으로 구입하고 전자세금계산서를 발급 받았다.

[9] 8월 29일: 본사 신축용 토지 취득을 위한 법률자문 및 등기대행 용역을 대한법무법인으로부터 제공받고 동 용역에 대한 수수료 (공급가액 2,000,000원, 부가가치세 별도)를 현금 지급하였다. 이에 대한 전자세금계산서를 발급 받았다.

[10] 8월 30일: 회사는 공장을 신축하기 위하여 우현상사로부터 토지와 건물을 매입하면서 건물에 대한 대금은 보통예금에서 지급하고 전자세금계산서(공급가액 20,000,000원, 부가가치세 별도)를 발급받았다. 동 건물은 구입 즉시 신축을 위하여 철거하였다.

출제유형 답안

[1]	8월 21일	54.불공, 공급가액 700,000원, 부가세 70,000원, 중앙전자, 전자: 여, 현금 불공제사유: 2.사업과 직접 관련 없는 지출
		(차) 가지급금(김대표)　　700,000원　(대) 현금　　770,000원 ✓ 가지급금의 거래처를 김대표로 변경한다.
[2]	8월 22일	54.불공, 공급가액 7,000,000원, 부가세 700,000원, 중앙전자, 전자: 여, 혼합 불공제사유: 2.사업과 직접 관련 없는 지출
		(차) 기부금　　7,700,000원　(대) 미지급금　　7,700,000원
[3]	8월 23일	54.불공, 공급가액 20,000,000원, 부가세 2,000,000원, ㈜전진자동차, 전자: 여, 혼합 불공제사유: 3. 개별소비세법 제1조제2항제3호에 따른 자동차 구입·유지 및 임차
		(차) 차량운반구　　22,000,000원　(대) 보통예금　　22,000,000원
[4]	8월 24일	54.불공, 공급가액 100,000원, 부가세 10,000원, 알뜰주유소, 전자: 여, 혼합 불공제사유: 3. 개별소비세법 제1조제2항제3호에 따른 자동차 구입·유지 및 임차
		(차) 차량유지비(판)　　110,000원　(대) 보통예금　　110,000원
[5]	8월 25일	54.불공, 공급가액 200,000원, 부가세 20,000원, ㈜현대카, 전자: 여, 현금 불공제사유: 3. 개별소비세법 제1조제2항제3호에 따른 자동차 구입·유지 및 임차
		(차) 차량유지비(판)　　220,000원　(대) 현금　　220,000원
[6]	8월 26일	54.불공, 공급가액 300,000원, 부가세 30,000원, ㈜한국렌탈, 전자: 여, 현금 불공제사유: 3. 개별소비세법 제1조제2항제3호에 따른 자동차 구입·유지 및 임차
		(차) 임차료(판)　　330,000원　(대) 현금　　330,000원
[7]	8월 27일	54.불공, 공급가액 2,000,000원, 부가세 200,000원, 중앙전자, 전자: 여, 혼합 불공제사유: 4.기업업무추진비 및 이와 유사한 비용 관련
		(차) 기업업무추진비(접대비)(판) 2,200,000원　(대) 미지급금　　2,200,000원

[8]	8월 28일	54.불공, 공급가액 1,000,000원, 부가세 100,000원, 동양, 전자: 여, 혼합 불공제사유: 5.면세사업 관련
		(차) 광고선전비(판) 1,100,000원 (대) 미지급금 1,100,000원
[9]	8월 29일	54.불공, 공급가액 2,000,000원, 부가세 200,000원, 대한법무법인, 전자: 여, 현금 불공제사유: 6.토지의 자본적 지출 관련
		(차) 토지 2,200,000원 (대) 현금 2,200,000원
[10]	8월 30일	54.불공, 공급가액 20,000,000원, 부가세 2,000,000원, 우현상사, 전자: 여, 혼합 불공제사유: 6.토지의 자본적 지출 관련
		(차) 토지 22,000,000원 (대) 보통예금 22,000,000원

12 매입수입

수입: 과세(10%) 수입세금계산서 매입

I can 출제유형

[1] 9월 11일: 해외거래처인 오사카사로부터 수입한 원재료(¥1,000,000)와 관련하여, 인천세관으로부터 수입전자세금계산서를 발급받아 동 부가가치세액 1,000,000원을 인천세관에 현금으로 납부하였다.(부가가치세에 대한 회계처리만 할 것.)

[2] 9월 12일: 호주에서 기계장치를 수입하고 수입전자세금계산서(공급가액 50,000,000원, 세액 5,000,000원)를 인천세관장으로부터 발급받았으며, 당일 부가가치세를 보통예금 계좌에서 이체 납부하였다.(부가가치세에 대한 회계처리만 할 것.)

출제유형 답안

[1]	9월 11일	55.수입, 공급가액 10,000,000원, 부가세 1,000,000원, 인천세관, 전자: 여, 현금
		(차) 부가세대급금 1,000,000원 (대) 현금 1,000,000원
[2]	9월 12일	55.수입, 공급가액 50,000,000원, 부가세 5,000,000원, 인천세관, 전자: 여, 혼합
		(차) 부가세대급금 5,000,000원 (대) 보통예금 5,000,000원

13 매입카드과세

카과: 과세(10%) 신용카드매출전표 매입

 I can 출제유형

[1] 9월 13일: 행복식당에서 관리부 회식을 하고 식사대금 550,000원(부가가치세 포함)을 법인카드인 국민카드로 결제하였다.(신용카드 매입세액공제요건을 모두 충족함)

[2] 9월 14일: 중앙전자로부터 업무용 컴퓨터 1대를 880,000원(부가가치세 포함)에 구입하고 법인카드인 국민카드로 결재하였다.(신용카드 매입세액공제요건을 모두 충족함)

[3] 9월 15일: 보성상사에서 원재료 715,000원(부가가치세 포함)을 구입하고 국민카드로 결제하였다.(세금계산서는 수령하지 아니하였으며, 매입세액공제요건을 모두 충족함)

출제유형 답안

[1]	9월 13일	57.카과, 공급가액 500,000원, 부가세 50,000원, 행복식당, 카드
		(차) 복리후생비(판)　　　　　　 500,000원　(대) 미지급금(국민카드)　 550,000원 부가세대급금　　　　　　　 50,000원
		✓ 공급가액란에 공급대가(부가세포함)를 입력하면 공급가액과 세액이 자동으로 나누어 입력되며, 미지급금의 거래처가 국민카드로 변경된 것을 확인한다.
[2]	9월 14일	57.카과, 공급가액 800,000원, 부가세 80,000원, 중앙전자, 카드
		(차) 비품　　　　　　　　　　 800,000원　(대) 미지급금(국민카드)　 880,000원 부가세대급금　　　　　　　 80,000원
		✓ 미지급금의 거래처가 국민카드로 변경된 것을 확인한다.
[3]	9월 15일	57.카과, 공급가액 650,000원, 부가세 65,000원, 보성상사, 외상 혹은 카드
		(차) 원재료　　　　　　　　　 650,000원　(대) 외상매입금(국민카드)　 715,000원 부가세대급금　　　　　　　 65,000원
		✓ 외상매입금의 거래처가 국민카드로 변경된 것을 확인한다.

14 매입카드면세

카면: 면세 신용카드매출전표 매입

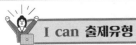 **I can 출제유형**

[1] 9월 16일: 사내식당에서 사용할 쌀과 부식(채소류)을 (주)싱싱마트에서 구입하고 대금
300,000원은 국민카드로 결제하였다. 사내식당은 야근하는 생산직 직원을 대상
으로 무료로 운영되고 있다.

출제유형 답안

[1]	9월 16일	58.카면, 공급가액 300,000원, 부가세 0원, ㈜싱싱마트, 카드			
		(차) 복리후생비(제)	300,000원	(대) 미지급금(국민카드)	300,000원

15 매입현금과세

현과: 과세(10%) 현금영수증 매입

 I can 출제유형

[1] 9월 17일: 본사 사무실에서 사용할 책상을 동서가구에서 구입하고 대금 1,650,000원(부가
가치세 포함)은 현금으로 지급함과 동시에 현금영수증(지출증빙용)을 발급 받았다.

출제유형 답안

[1]	9월 17일	61.현과, 공급가액 1,500,000원, 부가세 150,000원, 동서가구, 현금			
		(차) 비품	1,500,000원	(대) 현금	1,650,000원
		부가세대급금	150,000원		
		✓ 공급가액란에 공급대가(부가세포함)를 입력하면 공급가액과 세액이 자동으로 나누어 입력된다.			

16 매입현금면세

현면: 면세 현금영수증 매입

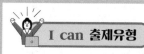

I can 출제유형

[1] 9월 18일: 생산부서 사원들에게 선물로 지급하기 위해 이천쌀 50포대를 (주)싱싱마트에서
구입하고 현금으로 1,200,000원을 결제하면서 현금영수증(지출증빙용)을 발급
받았다.

출제유형 답안

[1]	9월 18일	62.현면, 공급가액 1,200,000원, 부가세 0원, ㈜싱싱마트, 현금		
		(차) 복리후생비(제)	1,200,000원 (대) 현금	1,200,000원

4. 오류수정

㈜아이캔07의 거래내역이다. 거래자료를 확인하고 해당 거래내역을 수정하시오.

1 일반전표 수정

I can 출제유형

[1] 1월 29일: 영업부 사무실 수도요금 80,000원을 현금 지급한 것으로 회계처리 하였으나, 이는 제품 제조공장의 수도요금 30,000원과 전기요금 50,000원인 것으로 확인되었다.

[2] 6월   7일: 운반비 100,000원의 출금거래가 원재료 구입 시 발생한 운반비로 확인되었다.

[3] 10월   7일: 국민건강보험공단에 영업부서 사원에 대한 건강보험료 560,000원을 현금으로 납부하고 회사부담분과 종업원 부담분(급여지급시 원천징수함) 전액을 복리후생비로 회계처리 하였다. 회사부담분과 종업원부담분의 비율은 50:50 이며, 당사는 건강보험료 회사부담분에 대해 복리후생비 계정으로 처리하고 있다.

[4] 10월 21일: 보통예금에 입금된 금액은 ㈜갑을상사의 외상매출금이 회수된 것이 아니라, 11월 20일까지 ㈜미래상사에 제품을 공급하기로 약속하고 받은 계약금으로 확인되었다.

[5] 10월 27일: ㈜한성기업의 외상매출금 30,000,000원이 전액 보통예금에 입금된 것으로 회계처리 하였으나, 10,000,000원만 보통예금으로 회수되었고 나머지는 ㈜한성기업이 발행한 약속어음(2개월 후 만기)으로 받은 것으로 확인되었다.

[6] 11월 9일: ㈜극동상사의 외상매출금이 전액 현금 입금된 것으로 회계처리 되었으나, 15,000,000원은 동사발행 약속어음(만기: 8개월 후)으로 받고, 잔액만 현금으로 회수된 것으로 확인되었다

[7] 11월 16일: ㈜영월의 외상매출금 8,000,000원을 회수하여 보통예금에 입금된 것으로 회계처리 하였으나, 회계처리 전 ㈜영월의 외상매출금 잔액은 5,000,000원 이었으며, 이를 초과하는 금액은 ㈜영월에서 발행한 약속어음(3개월 만기)을 결제한 것으로 밝혀졌다.

[8] 11월 18일: 사무용품비로 일반전표에 입력한 출금거래 1,111,000원은 ㈜금빛상사로부터 원재료를 매입하기 위하여 계약금으로 지급한 금액으로 확인되었다.

🖱 출제유형 답안

[1]	1월 29일	수정전	(차)	수도광열비(판)	80,000원	(대)	현금	80,000원
		수정후	(차)	가스수도료(제) 전력비(제)	30,000원 50,000원	(대)	현금	80,000원
[2]	6월 7일	수정전	(차)	운반비(제)	100,000원	(대)	현금	100,000원
		수정후	(차)	원재료	100,000원	(대)	현금	100,000원
[3]	10월 7일	수정전	(차)	복리후생비(판)	560,000원	(대)	현금	560,000원
		수정후	(차)	복리후생비(판) 예수금	280,000원 280,000원	(대)	현금	560,000원
[4]	10월 21일	수정전	(차)	보통예금	5,000,000원	(대)	외상매출금(㈜갑을상사)	5,000,000원
		수정후	(차)	보통예금	5,000,000원	(대)	선수금(㈜미래상사)	5,000,000원
[5]	10월 27일	수정전	(차)	보통예금	30,000,000원	(대)	외상매출금(㈜한성기업)	30,000,000원
		수정후	(차)	받을어음(㈜한성기업) 보통예금	20,000,000원 10,000,000원	(대)	외상매출금(㈜한성기업)	30,000,000원
[6]	11월 9일	수정전	(차)	현금	45,000,000원	(대)	외상매출금(㈜극동상사)	45,000,000원
		수정후	(차)	받을어음(㈜극동상사) 현금	15,000,000원 30,000,000원	(대)	외상매출금(㈜극동상사)	45,000,000원
[7]	11월 16일	수정전	(차)	보통예금	8,000,000원	(대)	외상매출금(㈜영월)	8,000,000원
		수정후	(차)	보통예금	8,000,000원	(대)	외상매출금(㈜영월) 받을어음(㈜영월)	5,000,000원 3,000,000원
[8]	11월 18일	수정전	(차)	사무용품비(판)	1,111,000원	(대)	현금	1,111,000원
		수정후	(차)	선급금(㈜금빛상사)	1,111,000원	(대)	현금	1,111,000원

2 매입매출전표 수정

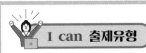

I can 출제유형

[1] 8월 9일: 전자세금계산서를 발급한 제품매출에 대한 거래처는 ㈜오리산업이 아니라 ㈜우리산업이다.

[2] 10월 13일: 비품을 ㈜고신통상에 5,500,000원(부가가치세 포함)에 현금처분하고 전자세금계산서를 발급하였으나, 회계처리 시 감가상각누계액을 고려하지 않았다.(처분일 현재 비품 취득가액은 8,000,000원이고 감가상각누계액은 3,500,000원이다)

[3] 12월 10일: 전자세금계산서를 발급한 대한무역의 제품 매출대금(공급가액 5,500,000원, 부가가치세 별도)을 현금 수령한 것으로 처리하였으나, 3,000,000원은 약속어음으로 받고, 나머지는 보통예금으로 받은 것이 확인되었다.

출제유형 답안

[1]	8월 9일	수정전	거래처: ㈜오리산업				
		수정후	거래처: ㈜우리산업				
[2]	10월 13일	수정전	(차) 현금 유형자산처분손실	5,500,000원 3,000,000원	(대)	비품 부가세예수금	8,000,000원 500,000원
		수정후	(차) 현금 감가상각누계액(213)	5,500,000원 3,500,000원	(대)	비품 부가세예수금 유형자산처분이익	8,000,000원 500,000원 500,000원
[3]	12월 10일	수정전	(차) 현금	6,050,000원	(대)	제품매출 부가세예수금	5,500,000원 550,000원
		수정후	(차) 받을어음 보통예금	3,000,000원 3,050,000원	(대)	제품매출 부가세예수금	5,500,000원 550,000원

3 '일반전표 입력' 삭제 후 '매입매출전표 입력'

 I can 출제유형

[1] 3월 17일: 영업부에서 사용할 소모품을 ㈜미래상사로부터 550,000원(부가가치세 포함)에 현금 구매하고 일반전표에 입력하였다. 이는 현금영수증(지출증빙용)을 수령하여 매입매출전표에 입력하려던 것을 잘못 처리한 것이다.(비용계정으로 처리 할 것)

[2] 7월 2일: 한길전자로부터 냉난방시설의 수리(수익적지출)를 받은 곳은 영업부서가 아닌 공장건물이었으며, 법인 비씨카드로 결제하였고 매입세액 공제요건을 갖추었으나, 일반전표에 회계처리 하였다.

[3] 9월 10일: ㈜대현전자(일반과세자)로부터 원재료를 매입하면서 현금 82,500원(부가가치세 포함)을 지급하고 현금영수증을 수취하였으나, 이를 분실하여 일반전표에 회계처리 하였다가, 추후 국세청 홈택스를 통하여 현금영수증 발급분임을 확인하였다. 관련 거래를 수정하시오.

[4] 10월 11일: 현금으로 지급한 운반비 55,000원(부가가치세 포함)은 원재료 매입시 운송비용으로 대박용달(일반과세자)로부터 수기로 작성된 세금계산서를 발급았으나, 일반전표에 입력하였음을 확인 하였다.

[5] 11월 19일: ㈜대박유통에서 영업부에서 사용할 소모품 33,000원(부가가치세 포함)을 현금으로 구매한 것을 일반전표에 입력하였으나, 전자세금계산서를 발급받은 것이 확인되었다.(비용계정으로 처리 할 것)

출제유형 답안

일반전표 삭제 후 매입매출전표 입력

[1]	3월 17일	수정전	(차) 소모품비(판)	550,000원	(대) 현금		550,000원
		수정후	61.현과, 공급가액 500,000원, 부가세 50,000원, ㈜미래상사, 현금				
			(차) 소모품비(판) 부가세대급금	500,000원 50,000원	(대) 현금		550,000원
[2]	7월 2일	수정전	(차) 수선비(판)	165,000원	(대) 미지급금(비씨카드)		165,000원
		수정후	57.카과, 공급가액 150,000원, 부가세 15,000원, 한길전자, 카드				
			(차) 수선비(제) 부가세대급금	150,000원 15,000원	(대) 미지급금(비씨카드)		165,000원
[3]	9월 10일	수정전	(차) 원재료	82,500원	(대) 현금		82,500원
		수정후	61.현과, 공급가액 75,000원, 부가세 7,500원, ㈜대현전자, 현금				
			(차) 원재료 부가세대급금	75,000원 7,500원	(대) 현금		82,500원
[4]	10월 11일	수정전	(차) 운반비(판)	55,000원	(대) 현금		55,000원
		수정후	51.과세, 공급가액 50,000원, 부가세 5,000원, 대박용달, 현금				
			(차) 원재료 부가세대급금	50,000원 5,000원	(대) 현금		55,000원
[5]	11월 19일	수정전	(차) 소모품비(판)	33,000원	(대) 현금		33,000원
		수정후	51.과세, 공급가액 30,000원, 부가세 3,000원, ㈜대박유통, 전자: 여, 현금				
			(차) 소모품비(판) 부가세대급금	30,000원 3,000원	(대) 현금		33,000원

5. 결산정리사항

결산은 수동결산과 자동결산으로 구분되며, 대표적인 항목은 다음과 같다.

수동결산	일반전표입력메뉴에 12월 31일자로 결산대체분개를 직접 입력 **예** 손익의 이연과 예상, 현금과부족 및 가계정 정리, 소모품의 정리, 유가증권 평가, 외화자산 및 부채의 평가, 장기차입금의 유동성대체 등
자동결산	결산자료입력메뉴에 해당 자료 입력후 [F3.전표추가]를 통해 자동 입력 **예** 기말재고자산의 평가, 감가상각비 계상, 채권의 대손설정 등의 반영

참고 결산작업시 수동결산을 완료하고 자동결산 작업을 진행하며, 전산회계 1급 자격시험에서 자동결산과 관련된 문제가 출제되지 않은 경우 수동결산 작업만 완료하면 된다.

1 결산정리사항(수동결산)

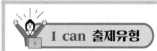 **I can 출제유형**

※ 회사코드 0318 ㈜아이캔08 회사로 로그인 ※

㈜아이캔08의 결산정리사항은 다음과 같다. 해당 메뉴에 입력하여 결산을 완료하시오.

[1] 7월 1일 미소상사에 20,000,000원을 1년뒤 상환 조건으로 대여하고, 연 5%의 이자를 상환일에 수취하기로 약정하였다. 기간경과분에 대한 이자를 계상하시오.(월할계산 할 것)

[2] 제품 임시보관용 창고를 3개월간(11월 1일 ~ 1월 31일) 임차하기로 하고, 임차료 1,500,000원 전액을 비용으로 처리 하였다. 임차료 선급분을 계상하시오.(월할계산 할 것)

[3] 현금과부족 차변 잔액 150,000원은 결산일까지 그 이유를 확인할 수 없다.

[4] 가수금 잔액 1,500,000원은 ㈜유로금속의 매출관련 계약금 입금액으로 판명되었다.

[5] 다음은 결산일 현재 단기매매차익을 목적으로 보유하고 있는 주식의 내역이다. 당사는 단기매매증권의 평가손익을 통산하여 회계처리하고 있다.

주 식 명	취득원가	전년도말 공정가액	당기말 공정가액
보통주(㈜인천)	22,000,000원	23,000,000원	25,500,000원
보통주(㈜울산)	8,000,000원	7,500,000원	7,000,000원
합 계	30,000,000원	30,500,000원	32,500,000원

[6] 외상매입금 중에는 미국 Sam-it사의 외화외상매입금 13,000,000원(미화 $10,000)이 포함되어 있다.(결산일 현재 적용환율:1$당 1,100원)

[7] 기말현재 우리은행 차입금(3년 만기) 중 5,000,000원의 상환기간이 1년 이내로 도래하였다.
(단, 유동성대체를 위한 요건은 모두 충족되었다고 가정한다.)

[8] 시티은행 예금 중 보통예금은 마이너스 통장이며, 결산일 현재 잔액이 -3,000,000원으로 확인되었다. 이를 단기차입금 계정으로 대체하라.

[9] 제2기 확정 부가가치세에 대한 예수금과 대급금 잔액은 다음과 같다. 관련 회계처리를 하시오.
(단, 전자신고세액공제 10,000원을 반영하고, 납부할 세액은 '미지급세금', 환급받을 세액은 '미수금'으로 회계처리하며, 거래처입력은 생략할 것.)

• 부가세대급금 잔액: 6,503,500원   • 부가세예수금 잔액: 8,626,000원

출제유형 답안

[회계관리] - [재무회계] - [전표입력] - [일반전표입력] 메뉴에서 [12월 31일]로 거래자료 입력

[1]	(차) 미수수익	500,000원	(대) 이자수익	500,000원
	✓ 당기분 이자(6개월): 20,000,000원 × 5% × 6/12 = 500,000원			
[2]	(차) 선급비용	500,000원	(대) 임차료(판)	500,000원
	✓ 임차료 선급분(1개월): 1,500,000원 × 1/3 = 500,000원			
[3]	(차) 잡손실	150,000원	(대) 현금과부족	150,000원
	✓ 현금과부족 차변잔액은 결산시 잡손실 계정으로 대체되며, 문제에 금액이 제시되지 않을 경우 합계잔액시산표에서 해당 금액을 조회하여야 한다.			
[4]	(차) 가수금	1,500,000원	(대) 선수금((주)유로금속)	1,500,000원
[5]	(차) 단기매매증권	2,000,000원	(대) 단기매매증권평가이익	2,000,000원
	✓ 보유중인 단기매매증권에 평가이익((주)인천)과 평가손실((주)울산)이 동시에 발생하지만, 평가손익을 통산하여 하나의 전표로 처리하기 위하여 평가이익(평가이익 2,500,000원 − 평가손실 500,000원) 2,000,000원으로 처리한다.			
[6]	(차) 외상매입금(Sam-it)	2,000,000원	(대) 외화환산이익	2,000,000원
	✓ 외화외상매입금 장부금액 = 13,000,000원($10,000) ✓ 외화외상매입금 결산시 금액 = 11,000,000원($10,000 × 1$당 1,100원) ✓ 외상매입금의 장부금액보다 결산시 외상매입금 금액이 작으므로 외화환산이익 2,000,000원 발생			
[7]	(차) 장기차입금(우리은행)	5,000,000원	(대) 유동성장기부채(우리은행)	5,000,000원
[8]	(차) 보통예금	3,000,000원	(대) 단기차입금(시티은행)	3,000,000원
[9]	(차) 부가세예수금	8,626,000원	(대) 부가세대급금 잡이익 미지급세금	6,503,500원 10,000원 2,112,500원
	✓ 부가가치세 확정신고시에 반영되는 전자신고세액공제는 잡이익 계정으로 처리한다.			

❷ 결산정리사항(자동결산)

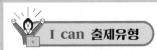

I can 출제유형

※ 회사코드 0318 ㈜아이캔08 회사로 로그인 ※

㈜아이캔08의 결산정리사항은 다음과 같다. 해당 메뉴에 입력하여 결산을 완료하시오.

[1] 결산시 재고자산의 기말재고액은 다음과 같다.

> • 원재료: 35,000,000원　　• 재공품: 750,000원　　• 제품: 8,500,000원

[2] 당기 감가상각비 계상액은 다음과 같다.

구 분	건 물	기계장치	차량운반구	비 품
본사 및 관리부	2,000,000원	–	1,200,000원	1,900,000원
제조부	800,000원	2,000,000원	1,350,000원	–

[3] 매출채권(외상매출금, 받을어음) 잔액에 대하여 1%의 대손상각비를 계상하라.(보충법)

[4] 기말 퇴직급여추계액 및 당기 퇴직급여충당부채 설정 전의 퇴직급여충당부채 잔액은 다음과 같으며, 퇴직급여추계액 전액을 충당부채로 설정한다.

부 서	설정전 퇴직급여충당부채 잔액	기말현재 퇴직급여추계액
영업부	17,000,000원	20,000,000원
제조부	20,000,000원	30,000,000원

[5] 당기 법인세등 추산액은 5,200,000원 이다.(단, 중간예납세액 4,500,000원이 선납세금으로 계상되어있다.)

출제유형 답안

[회계관리] - [재무회계] - [결산/재무제표] - [결산자료입력(기간: 1월 ~ 12월)]메뉴에 해당 금액 입력 후 F3 전표추가를 클릭하여 자동결산분개 생성

[1] 기말재고자산 입력

	1)원재료비	163,514,500	
0501	원재료비	163,514,500	
0153	① 기초 원재료 재고액	35,000,000	
0153	② 당기 원재료 매입액	128,814,500	
0153	⑥ 타계정으로 대체액	300,000	
0153	⑩ 기말 원재료 재고액		35,000,000
0455	8)당기 총제조비용	342,541,474	
0169	① 기초 재공품 재고액	1,700,000	
0169	⑩ 기말 재공품 재고액		750,000
0150	9)당기완성품제조원가	344,241,474	
0150	① 기초 제품 재고액	52,400,000	
0150	⑩ 기말 제품 재고액		8,500,000

[2] 당기 감가상각계상액 입력

0518	2). 일반감가상각비		4,150,000
0202	건물		800,000
0206	기계장치		2,000,000
0208	차량운반구		1,350,000
0212	비품		
0818	4). 감가상각비		5,100,000
0202	건물		2,000,000
0206	기계장치		
0208	차량운반구		1,200,000
0212	비품		1,900,000

참고 경비구분(제조, 판관)에 따라 제조경비와 판매관리비를 구분하여 입력하여야 한다.

[3] 대손상각비는 상단 F8 대손상각을 클릭 한 후 매출채권에 대한 금액을 확인하고 '결산반영' 메뉴를 통해 금액을 반영한다.

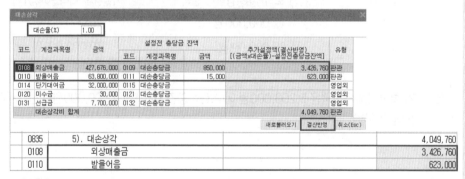

0835	5). 대손상각		4,049,760
0108	외상매출금		3,426,760
0110	받을어음		623,000

참고 대손설정시 대손율(1%)을 확인하여야 하며, 매출채권에 대해 대손을 설정하는 경우 외상매출금과 받을어음을 제외한 계정에 대손설정액은 삭제하여야 한다.

[4] 퇴직급여추계액을 상단 을 클릭 한 후 퇴직급여추계액을 입력한 후, '결산반영' 메뉴를 통해 추가설정액을 반영한다.

퇴직충당부채

코드	계정과목명	퇴직급여추계액	설정전 잔액				추가설정액(결산반영) (퇴직급여추계액-설정전잔액)	유형
			기초금액	당기증가	당기감소	잔액		
0508	퇴직급여	30,000,000	20,000,000			20,000,000	10,000,000	제조
0806	퇴직급여	20,000,000	17,000,000			17,000,000	3,000,000	판관

새로불러오기 결산반영 취소(Esc)

	1). 임금 외		52,900,250
0504	임금		52,900,250
0508	2). 퇴직급여(전입액)		10,000,000
0550	3). 퇴직연금충당금전입액		
	1). 급여 외		77,700,000
0801	급여		77,700,000
0806	2). 퇴직급여(전입액)		3,000,000
0850	3). 퇴직연금충당금전입액		

참고 퇴직급여추가설정액을 [결산자료입력] 메뉴의 '퇴직급여(전입액)'란에 제조부와 영업부로 구분하여 입력하여도 무방하다.
✓ 제조부: 퇴직급여추계액(30,000,000원) - 결산전 퇴직급여충당금(20,000,000원) = 10,000,000원
✓ 영업부: 퇴직급여추계액(20,000,000원) - 결산전 퇴직급여충당금(17,000,000원) = 3,000,000원

[5] 법인세등 추가계상액 반영

0998	9. 법인세등		5,200,000
0136	1). 선납세금	4,500,000	4,500,000
0998	2). 추가계상액		700,000

참고 당기 법인세등 추산액(5,200,000원)중 선납세금(4,500,000원)을 제외한 추가계상액(700,000원)을 반영한다. 단, 선납세금 금액과 추가계상액 모두 입력하여야 한다.
(원천징수시 자산처리한 '선납세금' 계정은 결산시 '법인세등' 계정으로 대체된다.)

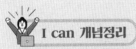 **를 클릭하여 자동결산 분개를 생성한다. (일반전표 12월 31일 확인)**

I can 개념정리

• 결산자동분개는 [일반전표입력] 12월 31일 전표에서 확인할 수 있다.
• 전산회계 1급 자격시험 중 결산자동분개후 수정사항이 있을 경우, [결산자료입력] 메뉴에서 결산분개 삭제 후 다시 작업할 수 있다.
• 결산자동분개 항목을 자동분개처리하지 않고 일반전표입력 메뉴에서 12월 31일 자로 직접 입력하여도 무방하다.
• 대손설정 분개의 경우 매출채권과 관련된 전표입력에 오류가 발생해 매출채권의 잔액 금액이 정답과 다르더라도, 매출채권의 잔액에 대해 대손율을 정확히 적용할 경우 정답으로 처리된다.

3 결산정리사항 (수동결산 & 자동결산)

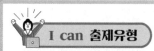

I can 출제유형

※ 회사코드 0319 ㈜아이캔09 회사로 로그인 ※

㈜아이캔09의 결산정리사항은 다음과 같다. 해당 메뉴에 입력하여 결산을완료하시오.

[1] 10월 1일 납부하고 자산계정으로 처리한 공장화재보험료(2025.10.01 ~ 2026.09.30.)
6,000,000원에 대하여 당기 경과분을 결산에 반영하시오.(월할계산 할 것)

[2] 전기에 장기투자 목적으로 취득한 매도가능증권의 기말현재 보유 현황은 다음과 같다. 단, 주어
진 내용 이외의 거래는 고려하지 않는다.

- 발행회사: ㈜세무통상
- 취득가액: 16,500,000원
- 전기말 공정가액: 15,000,000원
- 당기말 공정가액: 16,800,000원

[3] 개발비 4,000,000원에 대하여 당해연도 무형자산강각비를 계상하시오. 단, 개발비는 작년 초에
취득(내용연수 5년, 정액법)하였으며, 법정상각범위액을 전부 무형자산상각비로 인식하였다.

[4] 기말 현재 보유하고 있는 감가상각대상자산은 다음과 같다. 회사는 고정자산등록메뉴를 이용하여
계산된 '상각범위액'을 감가상각비로 반영하시오. 단, 제시된 자산이외의 자산은 고려하지 않는다.

- 계정과목: 기계장치(자산명: 기계01)
- 전기말감가상각누계액: 9,000,000원
- 취득년월일: 2020년 2월 27일
- 경비구분: 제조
- 코드번호: 101
- 내용연수: 5년
- 취득원가: 24,000,000원
- 감가상각방법: 정률법

[5] 기말 퇴직급여추계액 및 당기 퇴직급여충당부채 설정 전의 퇴직급여충당부채 잔액은 다음과 같
으며, 퇴직급여추계액의 10%를 충당부채로 설정한다.

부 서	설정전 퇴직급여충당부채 잔액	기말현재 퇴직급여추계액
제조부	2,500,000원	40,000,000원
영업부	1,500,000원	35,000,000원

👆 출제유형 답안(수동결산)

✅ 수동결산 (일반전표 12월 31일 입력)

[1]	(차) 보험료(제)	1,500,000원	(대) 선급비용	1,500,000원
	✓ 당기분보험료(3개월): 6,000,000원 × 3/12 = 1,500,000원 자산(선급비용) 처리한 보험료중 당기분 3개월(10월~12월)을 보험료(제)로 대체한다.			
[2]	(차) 매도가능증권(178)	1,800,000원	(대) 매도가능증권평가손실	1,500,000원
			매도가능증권평가이익	300,000원
	✓ 매도가능증권의 평가로 인해 평가이익이 1,800,000원이 발생하였으나, 전기에 발생한 매도가능증권평가손실 1,500,000원을 우선 상계시킨 후 매도가능증권평가이익은 300,000원으로 계상된다.			

✅ 자동결산 (결산자료입력)

[3] 개발비 감가상각반영

0840	6). 무형자산상각비			1,000,000
0218	영업권			
0219	특허권			
0226	개발비			1,000,000

참고 개발비 당기 감가상각계상액: 4,000,000원 / 4년 = 1,000,000원
전기취득할 당시 내용연수가 5년이므로, 당기 내용연수는 4년으로 계상한다.

[4] 기계장치 감가상각반영

[고정자산및감가상각] -[고정자산등록] 메뉴에서 기계장치 등록

자산계정과목 0206 기계장치		구분 0.전체	경비구분 0.전체	
	자산코드/명	취득년월일	상각방법	기본등록사항 / 추가등록사항

1.기초가액	24,000,000
2.전기말상각누계액(-)	9,000,000
3.전기말장부가액	15,000,000
4.당기중 취득 및 당기증가(+)	
5.당기감소(일부양도·매각·폐기)(-)	
전기말상각누계액(당기감소분)(+)	
6.전기말자본적지출액누계(+)(정액법만)	
7.당기자본적지출액(즉시상각분)(+)	
8.전기말부인누계액(+) (정률만 상각대상에 가산)	
9.전기말의제상각누계액(-)	
10.상각대상금액	15,000,000
11.내용연수/상각률(월수)	5 0.451 (12)
12.상각범위액(한도액)(10X상각율)	6,765,000
13.회사계상상각비(12)-(7)	6,765,000
14.경비구분	1.500번대/제조
15.당기말감가상각누계액	15,765,000
16.당기말장부가액	8,235,000

자산코드/명: 000101 기계01 취득년월일: 2020-02-27 상각방법: 정률법

참고 경비구분(1.500번대/제조)이 선택되어야 [결산자료입력]메뉴에 자동반영 된다.

[결산자료입력] 메뉴 상단 [F7 감가상각]을 클릭하여 '결산반영' 선택

감가상각

코드	계정과목명	경비구분	고정자산등록 감가상각비	감가상각비 감가상각비X(조회기간월수/내용월수)	결산반영금액
020600	기계장치	제조	6,765,000	6,765,000	6,765,000
	감가상각비(제조)합계		6,765,000	6,765,000	6,765,000

0518	2). 일반감가상각비			6,765,000
0202	건물			
0206	기계장치			6,765,000
0208	차량운반구			

[5] 퇴직급여충당부채 설정

	1). 임금 외		560,000,000	
0504	임금		360,000,000	
0505	상여금		200,000,000	
0508	2). 퇴직급여(전입액)			1,500,000
0550	3). 퇴직연금충당금전입액			

✓ 제조부: (퇴직급여추계액 X 10%) - 퇴직급여충당부채잔액 = 1,500,000원

0801	급여		180,000,000	
0803	상여금		60,000,000	
0806	2). 퇴직급여(전입액)			2,000,000
0850	3). 퇴직연금충당금전입액			

✓ 영업부: (퇴직급여추계액 X 10%) - 퇴직급여충당부채잔액 = 2,000,000원

[참고] 상단 [CF8 퇴직충당]을 클릭 한 후 퇴직급여추계액(10%)을 입력하여 결산반영 하여도 무방하다.

 [F3 전표추가]를 클릭하여 자동결산 분개를 생성한다. (일반전표 12월 31일 확인)

4 **결산정리사항 (혼자하는 수동결산)**

[1] 비용처리한 본사 건물의 보험료 2,400,000원중 당기 귀속분은 1,800,000원 이다.

[2] 수익처리한 건물의 임대료 3,600,000원은 당해 4월부터 내년 3월까지에 대한 내용이다.
(월할계산하시오)

[3] 단기대여금에 대한 당기분 이자 480,000원이 미계상 되어 있다.

[4] 관리부에서 사용할 사무용 장부 1,000,000원을 구입하고 자산처리한 내용을 확인결과 현재
200,000원이 미사용 상태이다.

[5] 공장에서 사용할 소모성물품 1,000,000원중 결산일 현재 사용액은 800,000원 이다.
(구입시 비용으로 처리 하였다.)

[6] 결산일 현재 장부상 현금잔액은 16,500,000원 이나, 실제 현금잔액은 15,900,000원으로 확인
되었으며, 원인을 조사해본 결과 500,000원은 정산 완료되었으나 회계처리하지 않은 영업부
직원의 출장비로 판명되었으나 잔액은 확인할 수 없다. (관련 회계처리는 결산일 기준으로 할 것)

[7] 7월 1일에 공장에서 사용중인 화물차의 자동차 보험료 1년분 720,000원을 현금으로 납부하면
서 모두 자산계정으로 처리하였다. 보험료를 월할계산하여 결산에 반영하시오.

[8] 7월 1일에 사무실을 1년간 임대하기로 하고 1년분 임대로 1,200,000원을 자기앞수표로 수령
하고 전액 선수수익으로 회계처리 하였다. 기말결산시 수정분개를 하시오.

[9] 단기차입금 중에는 외화차입금 2,000,000원(미화 $2,000)이 있다.
(결산일현재 적용환율은 미화 1$당 1,200원 이며, 거래처는 고려하지 않는다.)

출제유형답안(혼자하는 수동결산)

※ 수동결산

[1]	(차) 선급비용	600,000원	(대) 보험료(판)	600,000원
	✓ 보험료 2,400,000원중 당기분 1,800,000원을 제외한 차기분을 선급비용으로 대체한다.			
[2]	(차) 임대료	900,000원	(대) 선수수익	900,000원
	✓ 임대료 3,600,000원중 차기분(3개월) 900,000원을 선수수익으로 대체한다.			
[3]	(차) 미수수익	480,000원	(대) 이자수익	480,000원
	✓ 대여금에 대한 이자 미수액을 미수익으로 대체한다.			
[4]	(차) 소모품비(판)	800,000원	(대) 소모품	800,000원
	✓ 소모품을 자산처리한 경우 결산시 사용액을 소모품비로 대체한다.			
[5]	(차) 소모품	200,000원	(대) 소모품비(제)	200,000원
	✓ 소모품을 비용처리한 경우 결산시 미사용액을 소모품으로 대체한다.			
[6]	(차) 여비교통비 잡손실	500,000원 100,000원	(대) 현금	600,000원
	✓ 결산일에 확인되는 장부상 현금의 금액과 실제 현금의 차액은 현금과부족 계정으로 처리하지 않고 잡손실 혹은 잡이익 계정으로 처리한다.			
[7]	(차) 보험료(제)	360,000원	(대) 선급비용	360,000원
	✓ 보험료 지급시 자산(선급비용) 계정으로 처리 하였으므로, 당기분(6개월)을 선급비용에서 보험료로 대체한다.(당기분 보험료: 720,000원 × 6/12 = 360,000원)			
[8]	(차) 선수수익	600,000원	(대) 임대료	600,000원
	✓ 임대료 수령시 부채(선수수익) 계정으로 처리 하였으므로, 당기분(6개월)을 선수수익에서 임대료로 대체한다.(당기분 보험료: 1,200,000원 × 6/12 = 600,000원)			
[9]	(차) 외화환산손실	400,000원	(대) 단기차입금	400,000원
	✓ 단기차입금 장부금액: 2,000,000원 ✓ 결산시 단기차입금 평가액: 2,400,000원($20,000 × 1$당 1,200원) ✓ 단기차입금 장부금액 보다 결산시 평가액이 더 크므로 외환환산손실이 발생한다.			

6. 장부조회

㈜아이캔10은 컴퓨터를 제조 및 도·소매 하는 법인기업이다. 각 장부를 조회하여 답안을 작성하시오.

1 일계표(월계표)

I can 출제유형

다음 사항을 조회하여 답안을 작성하시오.

[1] 3월 중 현금으로 지급한 외상매입금은 얼마인가?

[2] 3월에 발생한 대체거래 총액은 얼마인가?

[3] 3월 한 달 동안 원재료 매입액은 얼마인가?

[4] 3월부터 5월까지 제품제조에 투입한 제조경비가 가장 큰 월과 금액은 얼마인가?

[5] 4월부터 6월까지의 제품제조와 관련된 노무비 발생액은 얼마인가?

[6] 5월 한 달 동안 재고자산에 대한 대체거래와 현금거래의 금액 차이는 얼마인가?

[7] 6월 한 달 동안 발생한 판매관리비 지출액은 얼마인가?

[8] 6월 23일 발생한 현금지출액과 금일 현금잔고(시재금액)는 각각 얼마인가?

출제유형 답안

[1] [일계표(월계표)]: 월계표탭, 기간(3월 ~ 3월)　　　　　　　　　　**2,000,000원**

차 변			계정과목	대 변		
계	대체	현금		현금	대체	계
49,160,180	42,034,180	7,126,000	2.유 동 부 채	2,516,000	246,584,090	249,100,090
3,000,000	1,000,000	2,000,000	외 상 매 입 금		222,860,000	222,860,000
			지 급 어 음		3,795,000	3,795,000
5,000,000		5,000,000	미 지 급 금			
126,000		126,000	예 수 금		126,000	126,000
41,034,180	41,034,180		부 가 세 예 수 금	2,516,000	7,363,090	9,899,090
			미 지 급 세 금		12,420,000	12,420,000

조회기간 2025 년 03 월 ~ 2025 년 03 월

> **참고** 외상매입금(부채)의 발생액은 대변, 지급액은 차변의 금액을 확인한다.

[2] [일계표(월계표)]: 월계표탭, 기간(3월 ~ 3월)　　　　　　　　　　**365,029,180원**

차 변			계정과목	대 변		
계	대체	현금		현금	대체	계
8,400,000		8,400,000	급 여			
234,000		234,000	복 리 후 생 비			
20,000		20,000	여 비 교 통 비			
85,000		85,000	통 신 비			
250,000		250,000	임 차 료			
50,000		50,000	수 선 비			
190,500		190,500	차 량 유 지 비			
63,000		63,000	운 반 비			
2,700,000		2,700,000	소 모 품 비			
200,000		200,000	수 수 료 비 용			
125,000		125,000	6.영 업 외 비 용			
125,000		125,000	이 자 비 용			
392,947,520	365,029,180	27,918,340	금월소계	28,836,000	365,029,180	393,865,180
232,179,523		232,179,523	금월잔고/전월잔고	231,261,863		231,261,863
625,127,043	365,029,180	260,097,863	합계	260,097,863	365,029,180	625,127,043

조회기간 2025 년 03 월 ~ 2025 년 03 월

> **참고** '현금'란에 조회되는 금액은 현금의 입출금 액이며, '대체'란에 조회되는 금액은 현금 이외의 거래 내역 이다.

[3] [일계표(월계표)]: 월계표탭, 기간(3월 ~ 3월)　　　　　　　　　　**208,380,000원**

차 변			계정과목	대 변		
계	대체	현금		현금	대체	계
208,380,000	206,050,000	2,330,000	<재 고 자 산>			
208,380,000	206,050,000	2,330,000	원 재 료			
49,160,180	42,034,180	7,126,000	2.유 동 부 채	2,516,000	246,584,090	249,100,090
3,000,000	1,000,000	2,000,000	외 상 매 입 금		222,860,000	222,860,000
			지 급 어 음		3,795,000	3,795,000
5,000,000		5,000,000	미 지 급 금			

조회기간 2025 년 03 월 ~ 2025 년 03 월

[4] [일계표(월계표)]: 월계표탭, 월별(3월, 4월, 5월)   **4월, 3,110,800원**

* 3월, 1,367,840원

일계표 | 월계표

조회기간 2025 년 03 월 ~ 2025 년 03 월

차 변			계정과목	대 변		
계	대체	현금		현금	대체	계
6,017,840	126,000	5,891,840	4.제 조 원 가			
4,650,000	126,000	4,524,000	<노 무 비>			
4,650,000	126,000	4,524,000	임 금			
1,367,840		1,367,840	<제 조 경 비>			
307,000		307,000	복 리 후 생 비			
74,500		74,500	여 비 교 통 비			

* 4월, 3,110,800원

일계표 | 월계표

조회기간 2025 년 04 월 ~ 2025 년 04 월

차 변			계정과목	대 변		
계	대체	현금		현금	대체	계
7,760,800	191,000	7,569,800	5.제 조 원 가			
4,650,000	126,000	4,524,000	<노 무 비>			
4,650,000	126,000	4,524,000	임 금			
3,110,800	65,000	3,045,800	<제 조 경 비>			
421,200		421,200	복 리 후 생 비			
66,600		66,600	여 비 교 통 비			

* 5월, 1,610,500원

일계표 | 월계표

조회기간 2025 년 05 월 ~ 2025 년 05 월

차 변			계정과목	대 변		
계	대체	현금		현금	대체	계
6,260,500	126,000	6,134,500	5.제 조 원 가			
4,650,000	126,000	4,524,000	<노 무 비>			
4,650,000	126,000	4,524,000	임 금			
1,610,500		1,610,500	<제 조 경 비>			
235,000		235,000	복 리 후 생 비			
425,000		425,000	여 비 교 통 비			

참고 월단위 금액비교는 '총계정원장' 메뉴에서도 조회가 가능하다.

[5] [일계표(월계표)]: 월계표탭, 기간(4월 ~ 6월), '노무비 발생액' 확인   **16,450,000원**

일계표 | 월계표

조회기간 2025 년 04 월 ~ 2025 년 06 월

차 변			계정과목	대 변		
계	대체	현금		현금	대체	계
72,286,800	443,000	71,843,800	5.제 조 원 가			
16,450,000	378,000	16,072,000	<노 무 비>			
16,450,000	378,000	16,072,000	임 금			
55,836,800	65,000	55,771,800	<제 조 경 비>			
1,094,400		1,094,400	복 리 후 생 비			
593,600		593,600	여 비 교 통 비			

[6] [일계표(월계표)]: 월계표탭, 기간(5월 ~ 5월)   **2,750,000원**

일계표 | 월계표

조회기간 2025 년 05 월 ~ 2025 년 05 월

차 변			계정과목	대 변		
계	대체	현금		현금	대체	계
50,550,000	26,650,000	23,900,000	<재 고 자 산>			
50,550,000	26,650,000	23,900,000	원 재 료			

✓ 대체거래(26,650,000원) - 현금거래(23,900,000원) = 2,750,000원

[7] [일계표(월계표)]: 월계표탭, 기간(6월 ~ 6월)   **10,575,600원**

차 변			계정과목	대 변		
계	대체	현금		현금	대체	계
10,575,600		10,575,600	6.판매비및일반관리비			
8,400,000		8,400,000	급 여			
572,100		572,100	복 리 후 생 비			
10,000		10,000	여 비 교 통 비			
500,000		500,000	기 업 업 무 추 진 비			
55,000		55,000	통 신 비			
60,000		60,000	수 도 광 열 비			
300,000		300,000	세 금 과 공 과			
250,000		250,000	임 차 료			
55,000		55,000	수 선 비			
134,500		134,500	차 량 유 지 비			
381,688,600	275,032,000	106,656,600	금월소계	8,118,000	275,032,000	283,150,000
113,038,673		113,038,673	금월잔고/전월잔고	211,577,273		211,577,273
494,727,273	275,032,000	219,695,273	합계	219,695,273	275,032,000	494,727,273

조회기간 2025 년 06 월 ~ 2025 년 06 월

[8] [일계표(월계표)]: 일계표탭, 기간(6월 23일 ~ 6월 23일)   **44,500원, 189,460,673원**

조회기간 2025 년 6 월 23 일 ~ 2025 년 6 월 23 일

차 변			계정과목	대 변		
계	대체	현금		현금	대체	계
10,000		10,000	1.제 조 원 가			
10,000		10,000	<제 조 경 비>			
10,000		10,000	여 비 교 통 비			
34,500		34,500	2.판매비및일반관리비			
5,500		5,500	차 량 유 지 비			
29,000		29,000	운 반 비			
44,500		44,500	금일소계			
189,460,673		189,460,673	금일잔고/전일잔고	189,505,173		189,505,173
189,505,173		189,505,173	합계	189,505,173		189,505,173

2 계정별원장

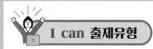

I can 출제유형

다음 사항을 조회하여 답안을 작성하시오.

[1] 4월 중 외상매출금 회수액은 얼마인가?

[2] 1월부터 6월까지 수취한 받을어음 금액은 얼마인가?

[3] 5월 차량운반구의 감가상각누계액 감소액은 얼마인가?

[4] 6월 중 상환된 지급어음 금액은 얼마인가?

출제유형 답안

[1] [계정별원장]: 계정별탭, 기간(4월1일 ~ 4월30일), 계정과목(108.외상매출금) **18,840,000원**

일자	적요	코드	거래처	차변	대변	잔액	번호	등록번호
	[전월이월]			212,527,000	11,148,400	201,378,600		
04-05	제품	00105	(주)빛날통신	110,000,000		311,378,600	50013	113-81-12344
04-08	제품	02007	(주)동우	440,000		311,818,600	50004	208-81-62797
04-14	외상대금 현금회수	02007	(주)동우		1,540,000	310,278,600		208-81-62797
04-21	제품	00167	(주)글로벌상사	1,650,000		311,928,600	50002	101-81-74857
04-30	외상대금 현금회수	00165	(주)서울상사		16,300,000	295,628,600	00003	128-81-42248
04-30	외상매출대금 보통예금	00167	(주)글로벌상사		1,000,000	294,628,600	00004	101-81-74857
	[월 계]			112,090,000	18,840,000			
	[누 계]			324,617,000	29,988,400			

[2] [계정별원장]: 계정별탭, 기간(1월1일 ~ 6월30일), 계정과목(110.받을어음) **50,100,000원**

일자	적요	코드	거래처	차변	대변	잔액	번호	등록번호
	[전기이월]			17,000,000		17,000,000		
01-18	받을어음 당좌추심	00165	(주)서울상사	100,000		17,100,000	00002	128-81-42248
01-29	받을어음 입금	00165	(주)서울상사		100,000	17,000,000	00005	128-81-42248
01-31	제품	00115	(주)서초	20,000,000		37,000,000	50001	107-81-31220
	[월 계]			20,100,000	100,000			
	[누 계]			37,100,000	100,000			
03-24	제품	00410	(주)영진전자	15,000,000		52,000,000	50001	511-89-44124
	[월 계]			15,000,000				
	[누 계]			52,100,000	100,000			
05-10	제품	02007	(주)동우	5,000,000		57,000,000	50004	208-81-62797
05-15	제품	00160	(주)경일컴퓨터	10,000,000		67,000,000	50002	107-81-27084
	[월 계]			15,000,000				
	[누 계]			67,100,000	100,000			

참고 1월에서 6월까지 수취한 받을어음 금액은 6월의 누계(잔액)액 67,100,000원에서 전기이월된 금액 17,000,000원을 차감하여 확인한다.

[3] [계정별원장]: 계정별탭, 기간(5월1일 ~ 5월31일), 계정과목(209.감가상각누계액) **15,000,000원**

일자	적요	코드	거래처	차변	대변	잔액
	[전월이월]				21,000,000	21,000,000
05-31				15,000,000		6,000,000
	[월 계]			15,000,000		
	[누 계]			15,000,000	21,000,000	

[4] [계정별원장]: 계정별탭, 기간(6월1일 ~ 6월30일), 계정과목(252.지급어음)   **11,550,000원**

	코드	계정과목	일자	적요	코드	거래처	차 변	대 변	잔 액	번호	등록번호
	0252	지급어음		[전 월 이 월]				135,995,000	135,995,000		
			06-07	원재료	00105	(주)빛날통신		18,700,000	154,695,000	50001	113-81-12344
			06-20		00102	(주)태평통신	11,550,000		143,145,000	00001	125-81-12255
				[월 계]			11,550,000	18,700,000			
				[누 계]			11,550,000	154,695,000			

3 거래처원장

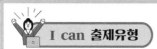

I can 출제유형

다음 사항을 조회하여 답안을 작성하시오.

[1] 4월 중 ㈜글로벌상사에 발생한 외상매출금은 얼마인가?

[2] 1월~6월 동안 외상매출금 회수액 가장 큰 거래처 코드번호와 금액은 얼마인가?

[3] 1월~6월 동안 ㈜기인유통에 상환한 외상매입금 금액은 얼마인가?

[4] 6월 30일 현재 외상매입금 잔액이 가장 큰 거래처 코드번호와 금액은 얼마인가?

출제유형 답안

[1] [거래처원장]: 잔액탭, 기간(4월1일 ~ 4월30일), 계정과목(108.외상매출금)   **1,650,000원**

[2] [거래처원장]: 잔액탭, 기간(1월1일 ~ 6월30일), 계정과목(108.외상매출금)   **00165, 16,300,000원**

코드	거래처	등록번호	대표자명	전기이월	차 변	대 변	잔 액
00115	(주)서초	107-81-31220	양현석		3,300,000		3,300,000
00119	(주)부산	621-81-31726	장주호		25,300,000		25,300,000
00121	(주)카이마트	120-81-35097	도현명		109,142,000		109,142,000
00125	(주)후레시통신	101-29-74510	진성길		13,398,000		13,398,000
00142	(주)전자나라	106-01-62408	윤성우		500,000		500,000
00153	(주)영주상회	103-12-13578	이영주		17,490,000	6,160,000	11,330,000
00160	(주)경일컴퓨터	107-81-27084	홍두진		16,400,000		16,400,000
00162	(주)호이컴	617-81-31969	이정민		5,610,000		5,610,000
00165	(주)서울상사	128-81-42248	김대종		25,300,000	16,300,000	9,000,000
00167	(주)글로벌상사	101-81-74857	황윤정		4,092,000	1,000,000	3,092,000
02004	(주)산우회로	105-05-09543	권산우		5,940,000		5,940,000
02007	(주)동우	208-81-62797	조영환		9,064,000	1,540,000	7,524,000
02008	제임스				30,000,000		30,000,000
	합 계			56,000,000	471,065,000	29,988,400	497,076,600

[3] [거래처원장]: 잔액탭, 기간(1월1일 ~ 6월30일), 계정과목(251.외상매입금)   **7,345,000원**

코드	거래처	등록번호	대표자명	전기이월	차 변	대 변	잔 액
00102	(주)태평통신	125-81-12255	김재원			1,420,000	1,420,000
00105	(주)빛날통신	113-81-12344	김빛날			2,200,000	2,200,000
00106	(주)지환유통	129-81-25636	우지환	39,590,000		85,500,000	125,090,000
00109	(주)강원	203-82-30206	이형래			2,000,000	2,000,000
00110	(주)월하상사	110-81-21223	장재일		9,240,000	9,834,000	594,000
00112	(주)기인유통	124-89-74628	박기인		7,345,000	17,380,000	10,035,000
00113	(주)용산전자	107-81-63474	유민호			56,950,000	56,950,000
00114	태성산업	104-25-35124	김이삼			12,909,000	12,909,000

[4] [거래처원장]: 잔액탭, 기간(1월1일 ~ 6월30일), 계정과목(251.외상매입금)   **00106, 125,090,000원**

코드	거래처	등록번호	대표자명	전기이월	차 변	대 변	잔 액
00102	(주)태평통신	125-81-12255	김재원			1,420,000	1,420,000
00105	(주)빛날통신	113-81-12344	김빛날			2,200,000	2,200,000
00106	(주)지환유통	129-81-25636	우지환	39,590,000		85,500,000	125,090,000
00109	(주)강원	203-82-30206	이형래			2,000,000	2,000,000
00110	(주)월하상사	110-81-21223	장재일		9,240,000	9,834,000	594,000
00112	(주)기인유통	124-89-74628	박기인		7,345,000	17,380,000	10,035,000
00113	(주)용산전자	107-81-63474	유민호			56,950,000	56,950,000
00114	태성산업	104-25-35124	김이삼			12,909,000	12,909,000
00125	(주)후레시통신	101-29-74510	진성길			1,460,000	1,460,000
00138	산본전자	132-11-12342	최시중			42,350,000	42,350,000
00142	(주)전자나라	106-01-62408	윤성우		4,000,000	10,856,000	6,856,000
02004	(주)산우회로	105-05-09543	권산우			88,000,000	88,000,000

4 총계정원장

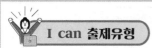

I can 출제유형

다음 사항을 조회하여 답안을 작성하시오.

[1] 1사분기(1월~3월) 동안 제품매출이 가장 많이 발생한 월과 금액은 얼마인가?

[2] 2사분기(4월~6월) 동안 판매비와관리비의 차량유지비 지출이 가장 많이 발생한 월과 금액은 얼마인가?

[3] 2사분기(4월~6월) 동안 보통예금의 잔액이 전월대비 가장 많이 증가한 월과 금액은 얼마인가?

[4] 상반기(1월~6월) 동안 원재료 매입이 가장 많이 발생한 월과 금액은 얼마인가?

[5] 상반기(1월~6월) 동안 지급어음 발행금액이 가장 큰 월과 금액은 얼마인가?

[6] 상반기(1월~6월) 동안 외상매입금 잔액이 가장 적은 월과 잔액은 얼마인가?

[7] 하반기(7월~12월) 동안 외상매출금 회수액이 가장 많은 월과 금액은 얼마인가?

출제유형 답안

[1] [총계정원장]: 월별탭, 기간(1월1일 ~ 3월31일), 계정과목(404.제품매출) **1월, 346,080,000원**

코드	계정과목	일자	차 변	대 변	잔 액
0404	제품매출				
		2025/01		346,080,00	346,080,000
		2025/02		22,140,000	368,220,000
·		2025/03		97,290,910	465,510,910
		합 계		465,510,910	

[2] [총계정원장]: 월별탭, 기간(4월1일 ~ 6월30일), 계정과목(822.차량유지비)　　**5월, 556,500원**

	코드	계 정 과 목	일자	차 변	대 변	잔 액
■	0822	차량유지비	[전월이월]	441,400		441,400
□			2025/04	205,600		647,000
□			2025/05	556,500		1,203,500
□			2025/06	134,500		1,338,000
□			합 계	1,338,000		

기 간 2025 년 04 월 01 일 ~ 2025 년 06 월 30 일
계정과목 0822 차량유지비 ~ 0822 차량유지비

[3] [총계정원장]: 월별탭, 기간(4월1일 ~ 6월30일), 계정과목(103.보통예금)　　**5월, 26,223,000원**

	코드	계 정 과 목	일자	차 변	대 변	잔 액
■	0103	보통예금	[전월이월]	395,380,000	10,240,000	385,140,000
□			2025/04	1,000,000		386,140,000
□			2025/05	26,770,000	547,000	412,363,000
□			2025/06	8,228,000		420,591,000
□			합 계	431,378,000	10,787,000	

기 간 2025 년 04 월 01 일 ~ 2025 년 06 월 30 일
계정과목 0103 보통예금 ~ 0103 보통예금

- ✓ 4월 증가액: 4월 잔액(386,140,000원) – 3월 잔액(385,140,000원) = 1,000,000원
- ✓ 5월 증가액: 5월 잔액(412,363,000원) – 4월 잔액(386,140,000원) = 26,223,000원
- ✓ 6월 증가액: 6월 잔액(420,591,000원) – 5월 잔액(412,363,000원) = 8,228,000원

[4] [총계정원장]: 월별탭, 기간(1월1일 ~ 6월30일), 계정과목(153.원재료)　　**3월, 208,380,000원**

	코드	계 정 과 목	일자	차 변	대 변	잔 액
■	0153	원재료	[전기이월]	4,700,000		4,700,000
□			2025/01	42,661,800		47,361,800
□			2025/02	23,300,000		70,661,800
□			2025/03	208,380,000		279,041,800
□			2025/04	25,750,000		304,791,800
□			2025/05	50,550,000		355,341,800
□			2025/06	24,895,000		380,236,800
□			합 계	380,236,800		

기 간 2025 년 01 월 01 일 ~ 2025 년 06 월 30 일
계정과목 0153 원재료 ~ 0153 원재료

[5] [총계정원장]: 월별탭, 기간(1월1일 ~ 6월30일), 계정과목(252.지급어음)　　**5월, 25,000,000원**

	코드	계 정 과 목	일자	차 변	대 변	잔 액
■	0252	지급어음	[전기이월]		67,380,000	67,380,000
□			2025/01		11,550,000	78,930,000
□			2025/02		6,270,000	85,200,000
□			2025/03		3,795,000	88,995,000
□			2025/04		22,000,000	110,995,000
□			2025/05		25,000,000	135,995,000
□			2025/06	11,550,000	18,700,000	143,145,000
□			합 계	11,550,000	154,695,000	

기 간 2025 년 01 월 01 일 ~ 2025 년 06 월 30 일
계정과목 0252 지급어음 ~ 0252 지급어음

[6] [총계정원장]: 월별탭, 기간(1월1일 ~ 6월30일), 계정과목(251.외상매입금)   **1월, 65,914,000원**

코드	계 정 과 목	일자	차 변	대 변	잔 액
0251	외상매입금	[전기이월]		39,590,000	39,590,000
		2025/01		26,324,000	65,914,000
		2025/02	9,240,000	17,160,000	73,834,000
		2025/03	3,000,000	222,860,000	293,694,000
		2025/04	4,000,000	2,530,000	292,224,000
		2025/05	4,345,000	1,815,000	289,694,000
		2025/06		60,170,000	349,864,000
		합 계	20,585,000	370,449,000	

[7] [총계정원장]: 월별탭, 기간(7월1일 ~ 12월31일), 계정과목(108.외상매출금)   **9월, 56,800,000원**

코드	계 정 과 목	일자	차 변	대 변	잔 액
0108	외상매출금	[전월이월]	527,065,000	29,998,400	497,076,600
		2025/07	125,394,000	1,000,000	621,470,600
		2025/08	27,214,000	18,800,000	629,884,600
		2025/09	98,604,000	56,800,000	671,688,600
		2025/10	56,850,000	16,550,000	711,988,600
		2025/11	11,000,000	26,818,000	696,170,600
		2025/12	35,156,000	18,000,000	713,326,600
		합 계	881,283,000	167,956,400	

5 현금출납장

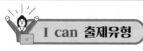

I can 출제유형

다음 사항을 조회하여 답안을 작성하시오.

[1] 1월 27일 현재 현금잔액은 얼마인가?

[2] 1월 중 현금 지출금액은 얼마인가?

[3] 1월부터 3월까지의 현금지급 총액은 얼마인가?

[4] 5월 한 달 동안 현금유입액과 현금유출액의 차액은 얼마인가?

[5] 6월 30일 회사의 목표 현금 잔액이 250,000,000원일 경우, 목표를 충족하기 위해 보충해야 하는 현금은 얼마인가?

출제유형 답안

[1] [현금출납장]: 전체탭, 기간(1월27일 ~ 1월27일)　　　　　　　　**240,856,963원**

전체	부서별	사원별	현장별	프로젝트별				

기 간 2025 년 1 월 27 일 ~ 2025 년 1 월 27 일

일자	코드	적요	코드	거래처	입금	출금	잔액
		[전 일 이 월]			259,125,000	23,268,037	235,856,963
01-27		제품	00142	(주)전자나라	5,000,000		240,856,963
		[월　　계]			5,000,000		
		[누　　계]			264,125,000	23,268,037	

[2] [현금출납장]: 전체탭, 기간(1월1일 ~ 1월31일)　　　　　　　　**42,174,337원**

전체	부서별	사원별	현장별	프로젝트별				

기 간 2025 년 1 월 1 일 ~ 2025 년 1 월 31 일

일자	코드	적요	코드	거래처	입금	출금	잔액
01-31		제품	00115	(주)서초	2,000,000		
01-31		자동차분면허세납부				138,000	
01-31		자동차분면허세납부				156,000	
01-31	1	차입금이자 지급				120,000	
01-31		소모품	00121	(주)카이마트		20,000	
01-31		소모품	00121	(주)카이마트		200,000	224,050,663
		[월　　계]			136,225,000	42,174,337	
		[누　　계]			266,225,000	42,174,337	

[3] [현금출납장]: 전체탭, 기간(1월1일 ~ 3월31일)　　　　　　　　**87,757,877원**

전체	부서별	사원별	현장별	프로젝트별				

기 간 2025 년 1 월 1 일 ~ 2025 년 3 월 31 일

일자	코드	적요	코드	거래처	입금	출금	잔액
03-24	4	난방용 유류대 지급				188,840	234,033,023
03-25		재료외	00115	(주)서초		20,000	
03-25		재료외	00115	(주)서초		200,000	233,813,023
03-26	1	유류대 지급				41,500	233,771,523
03-27	1	전화료및 전신료 납부				85,000	
03-27	5	핸드폰요금				68,000	233,618,523
03-28		상품 130x15000	00142	(주)전자나라	170,000		
03-28		상품 130x15000	00142	(주)전자나라	1,700,000		
03-28						10,000	
03-28	1	차입금이자 지급	98002	행복은행		125,000	235,353,523
03-30	1	사무실임차료 지급	00156	(주)한국건설		250,000	
03-30	8	급여등 지급				9,924,000	225,179,523
03-31	1	당좌예금 현금입금			10,000,000		
03-31		상여금지급				3,000,000	232,179,523
		[월　　계]			28,836,000	27,918,340	
		[누　　계]			319,937,400	87,757,877	

[4] [현금출납장]: 전체탭, 기간(5월1일 ~ 5월31일)　　　　**3,676,110원**

일자	코드	적 요	코드	거 래 처	입 금	출 금	잔 액
05-25		수도광열비납부				63,200	
05-25	1	전기요금 납부				150,000	
05-25		수수료비용	00115	(주)서초		20,000	
05-25		수수료비용	00115	(주)서초		200,000	217,579,873
05-26	2	직원식대				12,000	217,567,873
05-27		제품	00165	(주)서울상사	276,000		
05-27		제품	00165	(주)서울상사	2,760,000		
05-27	1	차량할부미지급금 반제	00131	(주)규성회로		5,000,000	215,603,873
05-28		제품	00105	(주)빛날통신	575,000		
05-28		제품	00105	(주)빛날통신	5,750,000		221,928,873
05-29	1	소모자재대 지급				46,600	221,882,273
05-30	1	사무실임차료 지급	00156	한국건설		250,000	
05-30	1	차입금이자 지급	98002	행복은행		131,000	
05-30	8	급여등 지급				9,924,000	211,577,273
		[월　　계]			55,401,000	51,724,890	
		[누　　계]			412,038,000	200,460,727	

✓ 현금유입액(55,401,000원) − 현금유출액(51,724,890원) = 3,676,110원

[5] [현금출납장]: 전체탭, 기간(1월1일 ~ 6월30일)　　　　**136,962,327원**

일자	코드	적 요	코드	거 래 처	입 금	출 금	잔 액
06-25		상여금지급				2,500,000	
06-25	1	전기요금 납부				125,000	
06-25		상여금지급				3,000,000	
06-25	2	출장여비 지급				10,000	
06-25		수수료비용	00115	(주)서초		20,000	
06-25		수수료비용	00115	(주)서초		200,000	183,082,673
06-26	5	핸드폰요금				55,000	
06-26	1	차량할부미지급금 반제	00131	(주)규성회로		5,000,000	
06-26	1	유류대 지급				25,000	
06-26		외주비	00121	(주)카이마트		5,000,000	
06-26		외주비	00121	(주)카이마트		50,000,000	123,002,673
06-27	1	신문구독료 지급				10,000	122,992,673
06-28		직원야근시간식대지급				30,000	122,962,673
06-29	8	급여등 지급				9,924,000	113,038,673
		[월　　계]			8,118,000	106,656,600	
		[누　　계]			420,156,000	307,117,327	

✓ 6월 현금목표(250,000,000원) − 6월 현금잔액(113,038,673원) = 136,962,327원

6 재무제표 등

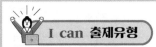

I can 출제유형

다음 사항을 조회하여 답안을 작성하시오.

[1] 3월 31일 현재 현금및현금성자산 잔액은 얼마인가?

[2] 3월 31일 현재 매입채무 잔액은 얼마인가?

[3] 상반기(1월~6월) 동안의 제품매출액은 얼마인가?

[4] 상반기(1월~6월) 동안의 영업외비용은 얼마인가?

[5] 상반기(1월~6월) 동안 발생된 판매비와관리비 중 발생금액이 가장 큰 계정과목의 코드번호는?

[6] 상반기(1월~6월) 동안 제품제조에 투입한 제조경비는 얼마인가?

[7] 당기제품제조원가는 얼마인가?

[8] 당기의 영업이익은 얼마인가?

출제유형 답안

[1] [재무상태표]: 기간(3월), 제출용탭   **933,495,475원**

과 목	제 8(당)기 2025년1월1일 ~ 2025년3월31일 금액	제 7(전)기 2024년1월1일 ~ 2024년12월31일 금액
자산		
Ⅰ.유동자산	1,570,235,880	859,815,957
① 당좌자산	1,261,194,080	825,115,957
현금및현금성자산	933,495,475	699,975,952
단기투자자산	51,590,005	51,590,005
매출채권	253,378,600	73,000,000
대손충당금	(1,450,000)	(1,450,000)
미수금	20,580,000	2,000,000
부가세대급금	3,600,000	

기간 2025 년 03 ∨ 월
관리용 / 제출용 / 표준용

참고 합계잔액시산표(제출용 탭)에서도 동일한 금액이 조회된다.

[2] [합계잔액시산표]: 기간(3월31일), 제출용탭 **382,689,000원**

차 변		계정과목	대 변	
잔액	합계		합계	잔액
	65,284,137	3.유 동 부 채	619,629,137	554,345,000
	12,240,000	매 입 채 무	394,929,000	382,689,000
	10,000,000	미 지 급 금	109,170,000	99,170,000
	421,957	예 수 금	547,957	126,000
	42,622,180	부 가 세 예 수 금	42,722,180	100,000
		선 수 금	37,020,000	37,020,000
		단 기 차 입 금	21,000,000	21,000,000
		미 지 급 세 금	12,420,000	12,420,000
		선 수 수 익	1,820,000	1,820,000

기간 2025 년 03 ∨ 월 31 일
관리용 제출용

참고 재무상태표(제출용 탭)에서도 동일한 금액이 조회된다.

[3] [합계잔액시산표]: 기간(6월 30일), 관리용탭 **861,796,910원**

차 변		계정과목	대 변	
잔액	합계		합계	잔액
		7.매 출	864,627,820	864,627,820
		상 품 매 출	2,830,910	2,830,910
		제 품 매 출	861,796,910	861,796,910

기간 2025 년 06 ∨ 월 30 일
관리용 제출용

참고 손익계산서(6월)와 월계표(1월~6월)에서도 동일한 금액이 조회된다.

[4] [합계잔액시산표]: 기간(6월 30일), 관리용탭 **1,769,000원**

차 변		계정과목	대 변	
잔액	합계		합계	잔액
		임 대 료	12,000,000	12,000,000
1,769,000	1,769,000	11.영 업 외 비 용		
769,000	769,000	이 자 비 용		
1,000,000	1,000,000	유 형 자 산 처분손실		
2,537,469,420	3,071,568,464	합 계	3,071,568,464	2,537,469,420

기간 2025 년 06 ∨ 월 30 일
관리용 제출용

참고 손익계산서(6월)와 월계표(1월~6월)에서도 동일한 금액이 조회된다.

[5] [손익계산서]: 기간(6월), 관리용탭　　　　　　　　　　　　　**801**

| ☰ F3 유형 F4 통합계정 F6 원장조회 F7 주식수 F8 중단사업 F11 계정코드 CF4 타이틀 변경 CF7 분류표시 ▾ CF9 영어계정 |

기간 2025 년 06 ∨ 월

| 관리용 | 제출용 | 포괄손익 | 표준용 |

과 목	제 8(당)기 2025년1월1일 ~ 2025년6월30일 금액	제 7(전)기 2024년1월1일 ~ 2024년12월31일 금액
Ⅲ.매출총이익	864,627,820	234,263,200
Ⅳ. 판매비와관리비	99,690,050	95,106,200
[0801] 급여	37,900,000	67,438,400
[0811] 복리후생비	9,369,700	8,900,000
[0812] 여비교통비	212,000	
[0813] 기업업무추진비	35,339,500	
[0814] 통신비	654,090	3,130,000
[0815] 수도광열비	1,400,760	2,251,300
[0817] 세금과공과	438,000	1,653,000
[0818] 감가상각비		2,858,500
[0819] 임차료	1,750,000	4,000,000
[0820] 수선비	306,000	650,000
[0821] 보험료	836,000	
[0822] 차량유지비	1,338,000	780,000
[0824] 운반비	296,000	950,000
[0826] 도서인쇄비	250,000	770,000
[0830] 소모품비	3,400,000	
[0831] 수수료비용	1,200,000	1,200,000
[0833] 광고선전비	5,000,000	
[0848] 잡비		525,000

참고 ✓ 손익계산서 상단 [F11 계정코드]를 클릭하면 과목 앞에 계정코드가 표시된다.
　　　✓ 합계잔액시산표(6월30일)와 월계표(1월~6월)에서도 동일한 내역이 조회된다.

[6] [제조원가명세서]: 기간(6월30일), 관리용탭　　　　　　　**62,871,840원**

기간 2025 년 06 ∨ 월 30 일까지　　455 제품매출원가 0500 제조 - 1.제조원가명세서

| 관리용 | 제출용 | 표준용 |

과 목	제8(당)기 [2025년01월01일~2025년06월30일] 금 액	제7(전)기 [2024년01월01일~2024년12월31일] 금 액
2.노무비	30,500,000	5,000,000
임금	30,500,000	5,000,000
3.경비	62,871,840	8,230,000
복리후생비	3,067,300	1,800,000
여비교통비	773,100	
기업업무추진비	65,000	
통신비	68,000	
가스수도료	388,840	1,500,000
전력비	3,900,000	
세금과공과	156,000	
감가상각비		1,440,000
수선비	439,000	440,000
보험료		350,000
차량유지비	2,629,000	200,000
도서인쇄비	40,000	
소모품비	1,134,600	2,500,000
외주가공비	50,000,000	
잡비	211,000	
4.당기 총 제조비용	93,371,840	23,230,000

참고 합계잔액시산표(6월30일)와 월계표(1월~6월)에서도 동일한 금액이 조회된다.

[7] [제조원가명세서]: 기간(12월31일), 관리용탭   **754,582,210원**

기간 2025 년 12 월 31 일까지   455 제품매출원가 0500 제조 - 1.제조원가명세서

관리용   제출용   표준용   0500

과 목	제8(당)기 [2025년01월01일~2025년12월31일]		제7(전)기 [2024년01월01일~2024년12월31일]	
	금 액		금 액	
임차료	500,000			
수선비	4,600,000		440,000	
보험료			350,000	
차량유지비	4,120,000		200,000	
도서인쇄비	250,000			
소모품비	1,511,100		2,500,000	
외주가공비	55,000,000			
잡비	286,000			
4.당기 총 제조비용		744,582,210		23,230,000
5.기초재공품 재고액		10,000,000		3,430,000
6.합계		754,582,210		26,660,000
7.기말재공품 재고액				10,000,000
8.타계정으로 대체액				200,000
9.당기제품 제조원가		754,582,210		16,460,000

[8] [손익계산서]: 기간(12월), 관리용탭   **484,760,310원**

기간 2025 년 12 월

관리용   제출용   포괄손익   표준용

과 목	제 8(당)기 2025년1월1일 ~ 2025년12월31일		제 7(전)기 2024년1월1일 ~ 2024년12월31일	
	금액		금액	
Ⅴ.영업이익		484,760,310		139,157,000
Ⅵ.영업외수익		12,000,000		5,000,000
이자수익			5,000,000	
임대료	12,000,000			
Ⅶ.영업외비용		10,792,000		6,000,000

7 매입매출장

 I can 출제유형

다음 사항을 조회하여 답안을 작성하시오.

[1] 1기 예정(1월~3월) 부가가치세 신고 시 카드과세매출의 공급가액은 얼마인가?

[2] 1기 예정(1월~3월) 부가가치세 신고 시 영세율세금계산서 발급분의 공급가액은 얼마인가?

[3] 1기 예정(1월~3월) 부가가치세 신고 시 계산서를 수취하여 매입한 공급가액은 얼마인가?

[4] 1기 예정(1월~3월) 부가가치세 신고 시 수입세금계산서를 수취하여 매입한 공급가액은 얼마인가?

[5] 1기 예정(1월~3월) 부가가치세 신고 시 신용카드매출전표영수증 매입으로 인해 부가가치세를 공제받은 매입세액은 얼마인가?

[6] 1기 예정(1월~3월) 부가가치세 신고 시 현금영수증 매입으로 인해 부가가치세를 공제받은 매입세액은 얼마인가?

 출제유형 답안

[1] [매입매출장]: 기간(1월1일 ~ 3월31일), 구분(2.매출), 유형(17.카과)　　　　**25,721,820원**

유형	일자	품목	공급가액	부가세	합계	예정신고	코드	거래처	전자	분개유형	계정코드	계정과목명	코드	신용카드사명
카과	2025-01-28	제품 100 X 35,000	3,000,000	300,000	3,300,000		00109	(주)강원		외상	0404	제품매출	99602	국민카드
카과	2025-01-28	제품	2,000,000	200,000	2,200,000		00115	(주)서초		외상	0404	제품매출	99602	국민카드
일	계 [	2건-매수 2매]	5,000,000	500,000	5,500,000									
카과	2025-01-29	제품	1,000,000	100,000	1,100,000		00114	태성산업		외상	0404	제품매출	99601	롯데카드
월	계 [	3건-매수 3매]	6,000,000	600,000	6,600,000									
누	계 [	3건-매수 3매]	6,000,000	600,000	6,600,000									
카과	2025-02-22	상품 12 X 12,000	130,910	13,090	144,000		00105	(주)빛날통신		외상	0401	상품매출	99601	롯데카드
카과	2025-02-26	상품	1,000,000	100,000	1,100,000		00138	산본전자		현금	0401	상품매출	99602	국민카드
카과	2025-02-27	상품	3,000,000	300,000	3,300,000		00105	(주)빛날통신		카드	0404	제품매출	99602	국민카드
카과	2025-02-28	상품	300,000	30,000	330,000		00113	(주)용산전자		카드	0404	제품매출	99602	국민카드
월	계 [	4건-매수 4매]	4,430,910	443,090	4,874,000									
누	계 [	7건-매수 7매]	10,430,910	1,043,090	11,474,000									
카과	2025-03-26	상품 130 X 115,000	13,590,910	1,359,090	14,950,000		00113	(주)용산전자		카드	0404	제품매출	99601	롯데카드
카과	2025-03-28	상품 130 X 15,000	1,700,000	170,000	1,870,000		00142	(주)전자나라		현금	0401	상품매출	99602	국민카드
월	계 [	2건-매수 2매]	15,290,910	1,529,090	16,820,000									
분	기 계 [	9건-매수 9매]	25,721,820	2,572,180	28,294,000									
반	기 계 [	9건-매수 9매]	25,721,820	2,572,180	28,294,000									
누	계 [	9건-매수 9매]	25,721,820	2,572,180	28,294,000									

조회기간 2025 년 01 월 01 일 ~ 2025 년 03 월 31 일
구 분 2 1.전체 2.매출 3.매입 유형: 17.카과

[2] [매입매출장]: 기간(1월1일 ~ 3월31일), 구분(2.매출), 유형(12.영세)   **57,000,000원**

조회기간	2025 년 01 월 01 일 ~	2025 년 03 월 31 일								
구 분	2 1.전체 2.매출 3.매입	유형: 12.영세 ∨ ⊙전체								
유형	일자 품목	공급가액	부가세	합계	예정신고 코드	거래처	전자	분개유형	계정코드	계정과목명
영세	2025-01-25 제품	32,000,000		32,000,000	00110	(주)월하상사	○	외상	0404	제품매출
영세	2025-01-31 제품	25,000,000		25,000,000	00106	(주)지환유통		외상	0404	제품매출
분 기 계 [	2건-매수 20매]	57,000,000		57,000,000						
반 기 계 [	3건-매수 30매]	77,000,000		77,000,000						

[3] [매입매출장]: 기간(1월1일 ~ 3월31일), 구분(3.매입), 유형(53.면세)   **800,000원**

조회기간	2025 년 01 월 01 일 ~	2025 년 03 월 31 일								
구 분	3 1.전체 2.매출 3.매입	유형: 53.면세 ∨ ⊙전체								
유형	일자 품목	공급가액	부가세	합계	예정신고 코드	거래처	전자	분개유형	계정코드	계정과목명
면세	2025-01-21 도서구입	200,000		200,000	00121	(주)카이마트	○	현금	0826	도서인쇄비
면세	2025-01-25 과일	600,000		600,000	00121	(주)카이마트		현금	0813	기업업무추진비
분 기 계 [	2건-매수 20매]	800,000		800,000						
반 기 계 [	2건-매수 20매]	800,000		800,000						

[4] [매입매출장]: 기간(1월1일 ~ 3월31일), 구분(3.매입), 유형(55.수입)   **30,000,000원**

조회기간	2025 년 01 월 01 일 ~	2025 년 03 월 31 일								
구 분	3 1.전체 2.매출 3.매입	유형: 55.수입 ∨								
유형	일자 품목	공급가액	부가세	합계	예정신고 코드	거래처	전자	분개유형	계정코드	계정과목명
수입	2025-01-28 원재료수입	30,000,000	3,000,000	33,000,000	00168	인천세관	○	현금		
분 기 계 [	1건-매수 1매]	30,000,000	3,000,000	33,000,000						
반 기 계 [	1건-매수 1매]	30,000,000	3,000,000	33,000,000						

[5] [매입매출장]: 기간(1월1일 ~ 3월31일), 구분(3.매입), 유형(57.카과)   **3,900,000원**

조회기간	2025 년 01 월 01 일 ~	2025 년 03 월 31 일								
구 분	3 1.전체 2.매출 3.매입	유형: 57.카과 ∨								
유형	일자 품목	공급가액	부가세	합계	예정신고 코드	거래처	전자	분개유형	계정코드	계정과목명
카과	2025-01-25 소모품	500,000	50,000	550,000	00121	(주)카이마트		카드	0830	소모품비
카과	2025-02-24 비품	35,000,000	3,500,000	38,500,000	00167	(주)글로벌상사		혼합	0212	비품
카과	2025-03-31 재료외	3,500,000	350,000	3,850,000	00138	산본전자		외상	0153	원재료
분 기 계 [	3건-매수 3매]	39,000,000	3,900,000	42,900,000						
반 기 계 [	5건-매수 5매]	47,200,000	4,720,000	51,920,000						

[6] [매입매출장]: 기간(1월1일 ~ 3월31일), 구분(3.매입), 유형(61.현과)   **50,000원**

조회기간	2025 년 01 월 01 일 ~	2025 년 03 월 31 일								
구 분	3 1.전체 2.매출 3.매입	유형: 61.현과 ∨								
유형	일자 품목	공급가액	부가세	합계	예정신고 코드	거래처	전자	분개유형	계정코드	계정과목명
현과	2025-01-25 소모품	300,000	30,000	330,000	00121	(주)카이마트		현금	0530	소모품비
현과	2025-01-31 소모품	200,000	20,000	220,000	00121	(주)카이마트		현금	0830	소모품비
분 기 계 [	2건-매수 20매]	500,000	50,000	550,000						
반 기 계 [	2건-매수 20매]	500,000	50,000	550,000						

8 세금계산서합계표

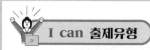 **I can 출제유형**

다음 사항을 조회하여 답안을 작성하시오.

[1] 2기 예정(7월~9월) 부가가치세 신고 기간에 발급된 전자세금계산서의 매수와 공급가액의 합계액은 얼마인가?

[2] 2기 예정(7월~9월) 부가가치세 신고 기간에 발급된 주민등록기재분 매출세금계산서의 매수와 공급대가는 얼마인가?

[3] 2기 예정(7월~9월) 부가가치세 신고 기간 중 세금계산서를 발급받은 매입 거래처 수는?

[4] 2기 예정(7월~9월) 부가가치세 신고 기간 중 전자세금계산서 외의 세금계산서를 발급받은 (종이발급분+과세시간 종류일 다음달 12일 이후분) 매수 는?

[5] 2기 예정(7월~9월) 부가가치세 신고 시 매입금액이 가장 큰 거래처 코드번호는?

[6] 2기 예정(7월~9월) 부가가치세 신고 시 태성산업으로부터 발급받은 전자세금계산서의 공급가액은 얼마인가?

[7] 2기 예정(7월~9월) 부가가치세 신고 시 매출세금계산서 발급과 매입세금계산서 수취가 동시에 발생한 거래처의 이름은?

🖐 출제유형 답안

[1] [세금계산서합계표]: 기간(7월 ~ 9월), 매출탭   **32매, 377,025,000원**

조회기간 2025 년 07 월 ~ 2025 년 09 월 2기 예정 1. 정기신고
매출 매입
※ [확인]전송일자가 없는 거래는 전자세금계산서 발급분으로 반영 되므로 국세청 홈택스 전송 세금계산서와 반드시 확인 합니다.

2. 매출세금계산서 총합계

구 분		매출처수	매 수	공급가액	세 액
합	계	13	33	377,945,000	37,794,500
과세기간 종료일 다음달 11일까지전송된 전자세금계산서 발급분	사업자 번호 발급분	11	30	374,025,000	37,402,500
	주민등록번호발급분	1	2	3,000,000	300,000
	소 계	12	32	377,025,000	37,702,500
위 전자세금계산서 외의 발급분(종이발급분+과세기간 종료일다음달 12일 이후분)	사업자 번호 발급분	1	1	920,000	92,000
	주민등록번호발급분				
	소 계	1	1	920,000	92,000

[2] [세금계산서합계표]: 기간(7월 ~ 9월), 매출탭   **2매, 3,300,000원**

조회기간 2025 년 07 월 ~ 2025 년 09 월 2기 예정 1. 정기신고
매출 매입
※ [확인]전송일자가 없는 거래는 전자세금계산서 발급분으로 반영 되므로 국세청 홈택스 전송 세금계산서와 반드시 확인 합니다

2. 매출세금계산서 총합계

구 분		매출처수	매 수	공급가액	세 액
합	계	13	33	377,945,000	37,794,500
과세기간 종료일 다음달 11일까지전송된 전자세금계산서 발급분	사업자 번호 발급분	11	30	374,025,000	37,402,500
	주민등록번호발급분	1	2	3,000,000	300,000
	소 계	12	32	377,025,000	37,702,500
위 전자세금계산서 외의 발급분(종이발급분+과세기간 종료일다음달 12일 이후분)	사업자 번호 발급분	1	1	920,000	92,000
	주민등록번호발급분				
	소 계	1	1	920,000	92,000

과세기간 종료일 다음달 11일까지 (전자분) | 과세기간 종료일 다음달 12일이후 (전자분), 그외 | **전체데이터**   참고사항 : 2012년 7월 이후 변경사

No	사업자등록번호	코드	거래처명	매수	공급가액	세 액	대표자성명	업 태	종 목	주류코드
1	101-81-39258	00131	(주)규성회로	1	5,000,000	500,000	이규성	제조,소매	전자기기	
2	101-81-74857	00167	(주)글로벌상사	2	102,640,000	10,264,000	황윤정	무역업	전자제품	
3	103-12-13578	00153	(주)영주상회	6	38,500,000	3,850,000	이영주	제조	전자부품외	
4	105-05-09543	02004	(주)산우회로	3	55,000,000	5,500,000	권산우	도.소매	전자회로	
5	107-81-27084	00160	(주)경일컴퓨터	4	11,305,000	1,130,500	홍두진	도소매	전자제품	
6	107-81-63474	00113	(주)용산전자	1	55,000,000	5,500,000	유민호	제조.도,소매	전자제품	
7	113-81-12344	00105	(주)빛날통신	1	1,600,000	160,000	김빛날	소매	휴대폰	
8	115-85-22512	00411	(주)대금	1	2,700,000	270,000	박성일	제조,도소매	전자제품	
9	128-81-42248	00165	(주)서울상사	2	32,760,000	3,276,000	김대종	도소매	전자기기	
10	208-81-62797	02007	(주)동우	3	2,180,000	218,000	조영환	도매	휴대폰	
11	621-81-31726	00119	(주)부산	6	67,340,000	6,734,000	장주호	도소매	전자제품	
12			주민기재분	2	3,000,000	300,000				
			합 계	32	377,025,000	37,702,500				
			마 감 합 계							

> **참고** 공급대가: 공급가액(3,000,000원) + 세액(300,000원) = 3,300,000원

[3] [세금계산서합계표]: 기간(7월 ~ 9월), 매입탭(전체데이터)   **9곳**

조회기간 2025 년 07 월 ~ 2025 년 09 월 2기 예정 1. 정기신고
매출 매입
※ [확인]전송일자가 없는 거래는 전자세금계산서 발급분으로 반영 되므로 국세청 홈택스 전송 세금계산서와 반드시 합니다

2. 매입세금계산서 총합계

구 분		매입처수	매 수	공급가액	세 액
합	계	12	18	200,784,000	20,078,400
과세기간 종료일 다음달 11일까지 전송된 전자세금계산서 발급받은분	사업자 번호 발급받은분	9	15	35,000,000	3,500,000
	주민등록번호발급받은분				
	소 계	9	15	35,000,000	3,500,000
위 전자세금계산서 외의 발급 받은분(종이발급분+과세기간 종료일다음달 12일 이후분)	사업자 번호 발급받은분	3	3	165,784,000	16,578,400
	주민등록번호발급받은분				
	소 계	3	3	165,784,000	16,578,400

과세기간 종료일 다음달 11일까지 (전자분) | 과세기간 종료일 다음달 12일이후 (전자분), 그외 | **전체데이터**   참고사항 : 2012년 7월 이후 변경사

No	사업자등록번호	코드	거래처명	매수	공급가액	세 액	대표자성명	업 태	종 목	주류코드
1	104-25-35124	00114	태성산업	3	15,407,000	1,540,700	김아샬	제조.도소매	전자제품	
2	106-01-62408	00142	(주)전자나라	3	5,727,000	572,700	윤설우	도매	전자제품외	
3	107-81-31220	00115	(주)서초	3	600,000	60,000	양현석	제조.도소매	전자제품외	
4	111-11-11119	00159	이상조세무사무소	1	300,000	30,000	이상조	서비스	세무대리	
5	115-85-22512	00411	(주)대금	1	3,800,000	380,000	박성일	제조.도소매	전자제품	
6	120-81-35097	00121	(주)카이마트	3	163,050,000	16,305,000	도현명	도소매	마트	
7	124-89-74628	00112	(주)기인유통	3	11,200,000	1,120,000	박기인	도소매	소형가전	
8	129-81-25636	00106	(주)지환유통	1	400,000	40,000	우지환	도소매	휴대폰	
9	220-36-54128	00123	노울빌딩	1	300,000	30,000	박기장	임대업	건물임대	

> **참고** 전자세금계산서와 전자와세금계산서의 중복거래처가 있으므로, [전체데이터] 탭에서 거래처수를 확인한다.

[4] [세금계산서합계표]: 기간(7월 ~ 9월), 매입탭   **3매**

조회기간 2025 년 07 ✓ 월 ~ 2025 년 09 ✓ 월 2기 예정 1. 정기신고 ✓
매 출 매입 ※ [확인]전송일자가 없는 거래는 전자세금계산서 발급분으로 반영 되므로 국세청 홈택스 전송 세금계산서와 반드시 확인 합니다

◎ 2. 매입세금계산서 총합계

구 분		매입처수	매 수	공급가액	세 액
합 계		12	18	200,784,000	20,078,400
과세기간 종료일 다음달 11일까지 전송된 전자세금계산서 발급받은분	사업자 번호 발급받은분	9	15	35,000,000	3,500,000
	주민등록번호발급받은분				
	소 계	9	15	35,000,000	3,500,000
위 전자세금계산서 외의 발급 받은분(종이발급분+과세기간 종료일다음달 12일 이후분)	사업자 번호 발급받은분	3	3	165,784,000	16,578,400
	주민등록번호발급받은분				
	소 계	3	3	165,784,000	16,578,400

[5] [세금계산서합계표]: 기간(7월 ~ 9월), 매입탭   **00121**

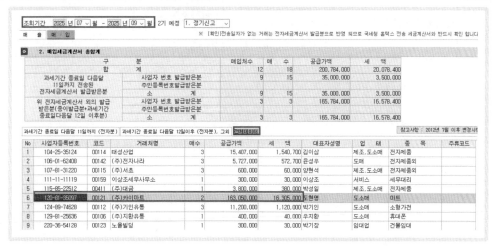

조회기간 2025 년 07 ✓ 월 ~ 2025 년 09 ✓ 월 2기 예정 1. 정기신고 ✓
매 출 매 / 입 ※ [확인]전송일자가 없는 거래는 전자세금계산서 발급분으로 반영 되므로 국세청 홈택스 전송 세금계산서와 반드시 확인 합니다

◎ 2. 매입세금계산서 총합계

구 분		매입처수	매 수	공급가액	세 액
합 계		12	18	200,784,000	20,078,400
과세기간 종료일 다음달 11일까지 전송된 전자세금계산서 발급받은분	사업자 번호 발급받은분	9	15	35,000,000	3,500,000
	주민등록번호발급받은분				
	소 계	9	15	35,000,000	3,500,000
위 전자세금계산서 외의 발급 받은분(종이발급분+과세기간 종료일다음달 12일 이후분)	사업자 번호 발급받은분	3	3	165,784,000	16,578,400
	주민등록번호발급받은분				
	소 계	3	3	165,784,000	16,578,400

과세기간 종료일 다음달 11일까지 (전자분) 과세기간 종료일 다음달 12일이후 (전자분), 그외 **전체데이터**   참고사항 : 2012년 7월 이후 변경사

No	사업자등록번호	코드	거래처명	매수	공급가액	세 액	대표자성명	업 태	종 목	주류코드
1	104-25-35124	00114	태성산업	3	15,407,000	1,540,700	김이삼	제조,도소매	전자제품	
2	106-01-62408	00142	(주)전자나라	3	5,727,000	572,700	윤성우	도매	전자제품외	
3	107-81-31220	00115	서초	3	600,000	60,000	양현석	제조,도소매	전자제품외	
4	111-11-11119	00159	이상조세무사무소	1	300,000	30,000	이상조	서비스	세무대리	
5	115-85-22512	00411	(주)대금	3	3,800,000	380,000	박성일	제조,도소매	전자제품	
6	120-81-35097	00121	(주)카이마트	2	163,050,000	16,305,000	도현명	도소매	마트	
7	124-89-74628	00112	(주)기인유통	3	11,200,000	1,120,000	박기인	도소매	소형가전	
8	129-81-25636	00106	(주)지환유통	1	400,000	40,000	우지환	도소매	휴대폰	
9	220-36-54128	00123	노을빌딩	1	300,000	30,000	박기장	임대업	건물임대	

참고 [전체데이터] 탭에서 전자세금계산서와 전자외세금계산서를 함께 조회하여야 한다.

[6] [세금계산서합계표]: 기간(7월 ~ 9월), 매입탭   **10,850,000원**

조회기간 2025 년 07 ✓ 월 ~ 2025 년 09 ✓ 월 2기 예정 1. 정기신고 ✓
매 출 매 입 ※ [확인]전송일자가 없는 거래는 전자세금계산서 발급분으로 반영 되므로 국세청 홈택스 전송 세금계산서와 반드시 확인 합니다

◎ 2. 매입세금계산서 총합계

구 분		매입처수	매 수	공급가액	세 액
합 계		12	18	200,784,000	20,078,400
과세기간 종료일 다음달 11일까지 전송된 전자세금계산서 발급받은분	사업자 번호 발급받은분	9	15	35,000,000	3,500,000
	주민등록번호발급받은분				
	소 계	9	15	35,000,000	3,500,000
위 전자세금계산서 외의 발급 받은분(종이발급분+과세기간 종료일다음달 12일 이후분)	사업자 번호 발급받은분	3	3	165,784,000	16,578,400
	주민등록번호발급받은분				
	소 계	3	3	165,784,000	16,578,400

과세기간 종료일 다음달 11일까지 (전자분) 과세기간 종료일 다음달 12일이후 (전자분), 그외 전체데이터   참고사항 : 2012년 7월 이후 변경사

No	사업자등록번호	코드	거래처명	매수	공급가액	세 액	대표자성명	업 태	종 목	주류코드
1	104-25-35124	00114	태성산업	2	10,850,000	1,085,000	김이삼	제조,도소매	전자제품	
2	106-01-62408	00142	(주)전자나라	2	4,500,000	450,000	윤성우	도매	전자제품외	

[7] [세금계산서합계표]: 기간(7월 ~ 9월)

㈜대금

* 매출조회

조회기간 2025 년 07 ~ 월 2025 년 09 ~ 월 1기 예정 1. 정기신고 ~

확 정 신 고

※ [확인]란을 입력할기가 없는 거래는 전자세금계산서 발급분으로 반영 요만은 국세청 클릭스 전송 세금계산서와 반영

2. 매출세금계산서 총합계

구 분		매출처수	매 수	공급가액	세 액
합 계		13	33	377,945,000	37,794,500
과세기간 종료일 다음달 11일까지전송된 전자세금계산서 발급분	사업자 번호 발급분	11	30	374,025,000	37,402,500
	주민등록번호발급분	1	2	3,000,000	300,000
	소 계	12	32	377,025,000	37,702,500
위 전자세금계산서 외의 발급분(종이발급분+과세기간 종료일다음달 12일 이후분)	사업자 번호 발급분	1	1	920,000	92,000
	주민등록번호발급분				
	소 계	1	1	920,000	92,000

과세기간 종료일 11일까지 (전자분) | 과세기간 종료일 다음달 12일이후 (전자분), 그외 전체데이터

참고사항 : 2012년

No	사업자등록번호	코드	거래처명	매수	공급가액	세 액	대표자성명	업 태	종 목
1	101-81-39258	00131	(주)규성화로	1	5,000,000	500,000	이규성	제조,소매	전자기기
2	101-81-74857	00167	(주)글로벌상사	2	102,640,000	10,264,000	황문정	무역업	전자제품
3	103-12-13578	00153	(주)영주상회	6	38,500,000	3,850,000	이영주	도소매	전자부품
4	105-05-08543	02004	(주)산우회로	35	55,000,000	5,500,000	권산우	도,소매	전자회로
5	107-81-27084	00160	(주)경일컴퓨터	4	11,305,000	1,130,500	홍두진	도소매	전자제품
6	107-81-63474	00013	(주)용신전자	1	55,000,000	5,500,000	유민호	제조,도,소매	전자제품
7	113-81-12344	00105	(주)빛날통신	1	1,600,000	160,000	김빛날	소매	휴대폰
8	105-86-25972	00411	(주)대금	1	2,700,000	270,000	박성일	제조,도소매	전자제품
9	120-81-42248	00165	(주)서울상사	2	32,760,000	3,276,000	김대중	도소매	전자기기
10	208-81-62797	00307	(주)동우	3	2,180,000	218,000	조영한	도매	휴대폰
11	621-81-31726	00119	(주)부산	6	67,340,000	6,734,000	정수호	도소매	전자제품
12			주민기재분	2	3,000,000	300,000			

* 매입조회

조회기간 2025 년 07 ~ 월 2025 년 09 ~ 월 2기 예정 1. 정기신고 ~

확 정 신 고

※ [확인]란을 입력할기가 없는 거래는 전자세금계산서 발급분으로 반영 요만은 국세청 클릭스 전송 세금계산서와 반

2. 매입세금계산서 총합계

구 분		매입처수	매 수	공급가액	세 액
합 계		12	18	200,784,000	20,078,400
과세기간 종료일 다음달 11일까지 전송된 전자세금계산서 발급받은분	사업자 번호 발급받은분	9	15	35,000,000	3,500,000
	주민등록번호발급받은분				
	소 계	9	15	35,000,000	3,500,000
위 전자세금계산서 외의 발급받은분(종이발급분+과세기간 종료일다음달 12일 이후분)	사업자 번호 발급받은분	3	3	165,784,000	16,578,400
	주민등록번호발급받은분				
	소 계	3	3	165,784,000	16,578,400

과세기간 종료일 11일까지 (전자분) | 과세기간 종료일 다음달 12일이후 (전자분), 그외 전체데이터

참고사항 : 2012년

No	사업자등록번호	코드	거래처명	매수	공급가액	세 액	대표자성명	업 태	종 목
1	104-25-35124	00114	태성산업	2	10,850,000	1,085,000	김익상	제조,도소매	전자제품
2	106-81-62408	00142	(주)천자나라	2	4,500,000	450,000	윤성우	도매	전자제품외
3	107-81-30220	00415	(주)서초	3	600,000	60,000	양한석	제조,도소매	전자제품외
4	111-11-11119	00159	이상조세무사무소	1	300,000	30,000	이상조	서비스	세무대리
5	105-86-25972	00411	(주)대금	1	3,800,000	380,000	박성일	제조,도소매	전자제품
6	120-81-35007	00121	(주)케이마트	1	3,050,000	305,000	도현명	도소매	마트
7	120-81-74928	00107	(주)가인유통	3	11,200,000	1,120,000	박기민	도소매	소형가전
8	128-81-25926	00106	(주)지원유통	1	400,000	40,000	우지환	도소매	휴대폰
9	220-36-54128	00123	노화빌딩	1	300,000	30,000	박기찬	임대업	건물임대

9 부가가치세신고서

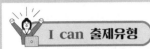
I can 출제유형

다음 사항을 조회하여 답안을 작성하시오.

[1] 1기 확정(4월~6월) 부가가치세 신고 시 세금계산서 발급분 공급가액은?

[2] 1기 확정(4월~6월) 부가가치세 신고 시 신용카드 및 현금영수증 발행분 공급대가는?

[3] 1기 확정(4월~6월) 부가가치세 신고 시 영세율과세표준은?

[4] 1기 확정(4월~6월) 부가가치세 신고 시 영세율세금계산서 발급 금액은?

[5] 1기 확정(4월~6월) 부가가치세 신고 시 과세표준은 얼마인가?

[6] 1기 확정(4월~6월) 부가가치세 신고 시 매출세액은 얼마인가?

[7] 1기 확정(4월~6월) 부가가치세 신고 시 고정자산 매입과 관련된 공급가액은?

[8] 1기 확정(4월~6월) 부가가치세 신고 시 신용카드와 현금영수증에 의한 매입세액은?

[9] 1기 확정(4월~6월) 부가가치세 신고 시 공제받지 못할 매입세액은?

[10] 1기 확정(4월~6월) 부가가치세 신고 시 공제가능한 매입세액은?

[11] 1기 확정(4월~6월) 부가가치세 신고 시 납부할 세액은?

👆 출제유형 답안

[1] [부가가치세신고서]: 일반과세탭, 기간(4월1일 ~ 6월30일)　　　　　　　**363,586,000원**

　✓ 과세금계산서 발급분: 과세분 세금계산서 1번란(343,586,000원) + 영세분 세금계산서 5번란
　　　(20,000,000원) = 363,586,000원

[2] [부가가치세신고서]: 일반과세탭, 기간(4월1일 ~ 6월30일)　　　　　　　**2,970,000원**

　✓ 신용카드 및 현금영수증 발행분 공급대가: 금액(2,700,000원) + 세액(270,000원) = 2,970,000원

[3] [부가가치세신고서]: 일반과세탭, 기간(4월1일 ~ 6월30일)　　　　　　　**50,000,000원**

　✓ 영세율 과세표준: 영세율세금계산서발급분(20,000,000원) + 기타(30,000,000원) = 50,000,000원

[4] [부가가치세신고서]: 일반과세탭, 기간(4월1일 ~ 6월30일)　　　　**20,000,000원**

		구분		금액	세율	세액		7.매출(예정신고누락분)	구분		금액	세율	세액
과세표준및매출세액	과세	세금계산서발급분	1	343,586,000	10/100	34,358,600	예정누락분	과세	세금계산서	33		10/100	
		매입자발행세금계산서	2		10/100				기타	34		10/100	
		신용카드·현금영수증발행분	3	2,700,000	10/100	270,000		영세	세금계산서	35		0/100	
		기타(정규영수증외매출분)	4						기타	36		0/100	
	영세	세금계산서발급분	5	20,000,000	0/100			합계		37			
		기타	6	30,000,000	0/100			12.매입(예정신고누락분)					
	예정신고누락분		7				매입	세금계산서		38			
	대손세액가감		8					그 밖의 공제매입세액		39			
	합계		9	396,286,000	㉮	34,628,600		합계		40			

조회기간 2025 년 4 월 1 일 ~ 2025 년 6 월 30 일　신고구분 1.정기신고　신고차수　부가율 52.28　확정

[5] [부가가치세신고서]: 일반과세탭, 기간(4월1일 ~ 6월30일)　　　　**396,286,000원**

		구분		금액	세율	세액		7.매출(예정신고누락분)	구분		금액	세율	세액
과세표준및매출세액	과세	세금계산서발급분	1	343,586,000	10/100	34,358,600	예정누락분	과세	세금계산서	33		10/100	
		매입자발행세금계산서	2		10/100				기타	34		10/100	
		신용카드·현금영수증발행분	3	2,700,000	10/100	270,000		영세	세금계산서	35		0/100	
		기타(정규영수증외매출분)	4						기타	36		0/100	
	영세	세금계산서발급분	5	20,000,000	0/100			합계		37			
		기타	6	30,000,000	0/100			12.매입(예정신고누락분)					
	예정신고누락분		7				매입	세금계산서		38			
	대손세액가감		8					그 밖의 공제매입세액		39			
	합계		9	396,286,000	㉮	34,628,600		합계		40			

조회기간 2025 년 4 월 1 일 ~ 2025 년 6 월 30 일　신고구분 1.정기신고　신고차수　부가율 52.28　확정

[6] [부가가치세신고서]: 일반과세탭, 기간(4월1일 ~ 6월30일)　　　　**34,628,000원**

		구분		금액	세율	세액		7.매출(예정신고누락분)	구분		금액	세율	세액
과세표준및매출세액	과세	세금계산서발급분	1	343,586,000	10/100	34,358,600	예정누락분	과세	세금계산서	33		10/100	
		매입자발행세금계산서	2		10/100				기타	34		10/100	
		신용카드·현금영수증발행분	3	2,700,000	10/100	270,000		영세	세금계산서	35		0/100	
		기타(정규영수증외매출분)	4						기타	36		0/100	
	영세	세금계산서발급분	5	20,000,000	0/100			합계		37			
		기타	6	30,000,000	0/100			12.매입(예정신고누락분)					
	예정신고누락분		7				매입	세금계산서		38			
	대손세액가감		8					그 밖의 공제매입세액		39			
	합계		9	396,286,000	㉮	34,628,600		합계		40			

조회기간 2025 년 4 월 1 일 ~ 2025 년 6 월 30 일　신고구분 1.정기신고　신고차수　부가율 52.28　확정

[7] [부가가치세신고서]: 일반과세탭, 기간(4월1일 ~ 6월30일)　　　　**51,200,000원**

		구분		금액	세율	세액	14.그 밖의 공제매입세액			금액	세율	세액
매입세액	세금계산서수취분	일반매입	10	182,095,000		18,209,500	신용카드매출	일반매입	41	7,000,000		700,000
		수출기업수입분납부유예	10-1				수령금액합계표	고정매입	42	1,200,000		120,000
		고정자산매입	11	50,000,000		5,000,000	의제매입세액		43		뒤쪽	
	예정신고누락분		12				재활용폐자원등매입세액		44		뒤쪽	
	매입자발행세금계산서		13				과세사업전환매입세액		45			
	그 밖의 공제매입세액		14	8,200,000		820,000	재고매입세액		46			
	합계(10)-(10-1)+(11)+(12)+(13)+(14)		15	240,295,000		24,029,500	변제대손세액		47			
	공제받지못할매입세액		16	30,300,000		3,030,000	외국인관광객에대한환급세액		48			
	차감계 (15-16)		17	209,995,000	㉯	20,999,500	합계		49	8,200,000		820,000
납부(환급)세액(매출세액㉮-매입세액㉯)					㉰	13,629,100						

조회기간 2025 년 4 월 1 일 ~ 2025 년 6 월 30 일　신고구분 1.정기신고　신고차수　부가율 52.28　확정

> **참고** 고정자산 매입은 세금계산서 수취분과 신용카드 및 현금영수증 매입분을 구분하여야 한다.

✓ 고정자산 매입: 세금계산서 수취분(11번 란) 50,000,000원 + 그 밖의 공제매입(14번 란) 1,200,000원
　　　　= 51,200,000원

[8] [부가가치세신고서]: 일반과세탭, 기간(4월1일 ~ 6월30일) **820,000원**

일반과세	간이과세

조회기간 2025 년 4 월 1 일 ~ 2025 년 6 월 30 일   신고구분 1.정기신고   신고차수   부가율 52.28   확정

		구분		금액	세율	세액
매입세액	세금계산서 수취분	일반매입	10	182,095,000		18,209,500
		수출기업수입분납부유예	10-1			
		고정자산매입	11	50,000,000		5,000,000
	예정신고누락분		12			
	매입자발행세금계산서		13			
	그 밖의 공제매입세액		14	8,200,000		820,000
	합계(10)-(10-1)+(11)+(12)+(13)+(14)		15	240,295,000		24,029,500
	공제받지못할매입세액		16	30,300,000		3,030,000
	차감계 (15-16)		17	209,995,000	ⓝ	20,999,500
납부(환급)세액(매출세액ⓐ-매입세액ⓝ)					ⓓ	13,629,100

14.그 밖의 공제매입세액

신용카드매출 수령금액합계표	일반매입	41	7,000,000		700,000
	고정매입	42	1,200,000		120,000
의제매입세액		43		뒤쪽	
재활용폐자원등매입세액		44		뒤쪽	
과세사업전환매입세액		45			
재고매입세액		46			
변제대손세액		47			
외국인관광객에대한환급세액		48			
합계		49	8,200,000		820,000

[9] [부가가치세신고서]: 일반과세탭, 기간(4월1일 ~ 6월30일) **3,030,000원**

일반과세	간이과세

조회기간 2025 년 4 월 1 일 ~ 2025 년 6 월 30 일   신고구분 1.정기신고   신고차수   부가율 52.28   확정

		구분		금액	세율	세액
매입세액	세금계산서 수취분	일반매입	10	182,095,000		18,209,500
		수출기업수입분납부유예	10-1			
		고정자산매입	11	50,000,000		5,000,000
	예정신고누락분		12			
	매입자발행세금계산서		13			
	그 밖의 공제매입세액		14	8,200,000		820,000
	합계(10)-(10-1)+(11)+(12)+(13)+(14)		15	240,295,000		24,029,500
	공제받지못할매입세액		16	30,300,000		3,030,000
	차감계 (15-16)		17	209,995,000	ⓝ	20,999,500
납부(환급)세액(매출세액ⓐ-매입세액ⓝ)					ⓓ	13,629,100

14.그 밖의 공제매입세액

신용카드매출 수령금액합계표	일반매입	41	7,000,000		700,000
	고정매입	42	1,200,000		120,000
의제매입세액		43		뒤쪽	
재활용폐자원등매입세액		44		뒤쪽	
과세사업전환매입세액		45			
재고매입세액		46			
변제대손세액		47			
외국인관광객에대한환급세액		48			
합계		49	8,200,000		820,000

[10] [부가가치세신고서]: 일반과세탭, 기간(4월1일 ~ 6월30일) **20,999,500원**

일반과세	간이과세

조회기간 2025 년 4 월 1 일 ~ 2025 년 6 월 30 일   신고구분 1.정기신고   신고차수   부가율 52.28   확정

		구분		금액	세율	세액
매입세액	세금계산서 수취분	일반매입	10	182,095,000		18,209,500
		수출기업수입분납부유예	10-1			
		고정자산매입	11	50,000,000		5,000,000
	예정신고누락분		12			
	매입자발행세금계산서		13			
	그 밖의 공제매입세액		14	8,200,000		820,000
	합계(10)-(10-1)+(11)+(12)+(13)+(14)		15	240,295,000		24,029,500
	공제받지못할매입세액		16	30,300,000		3,030,000
	차감계 (15-16)		17	209,995,000	ⓝ	20,999,500
납부(환급)세액(매출세액ⓐ-매입세액ⓝ)					ⓓ	13,629,100

14.그 밖의 공제매입세액

신용카드매출 수령금액합계표	일반매입	41	7,000,000		700,000
	고정매입	42	1,200,000		120,000
의제매입세액		43		뒤쪽	
재활용폐자원등매입세액		44		뒤쪽	
과세사업전환매입세액		45			
재고매입세액		46			
변제대손세액		47			
외국인관광객에대한환급세액		48			
합계		49	8,200,000		820,000

[11] [부가가치세신고서]: 일반과세탭, 기간(4월1일 ~ 6월30일) **13,629,100원**

일반과세	간이과세

조회기간 2025 년 4 월 1 일 ~ 2025 년 6 월 30 일   신고구분 1.정기신고   신고차수   부가율 52.28   확정

		구분		금액	세율	세액
매입세액	세금계산서 수취분	일반매입	10	182,095,000		18,209,500
		수출기업수입분납부유예	10-1			
		고정자산매입	11	50,000,000		5,000,000
	예정신고누락분		12			
	매입자발행세금계산서		13			
	그 밖의 공제매입세액		14	8,200,000		820,000
	합계(10)-(10-1)+(11)+(12)+(13)+(14)		15	240,295,000		24,029,500
	공제받지못할매입세액		16	30,300,000		3,030,000
	차감계 (15-16)		17	209,995,000	ⓝ	20,999,500
납부(환급)세액(매출세액ⓐ-매입세액ⓝ)					ⓓ	13,629,100

14.그 밖의 공제매입세액

신용카드매출 수령금액합계표	일반매입	41	7,000,000		700,000
	고정매입	42	1,200,000		120,000
의제매입세액		43		뒤쪽	
재활용폐자원등매입세액		44		뒤쪽	
과세사업전환매입세액		45			
재고매입세액		46			
변제대손세액		47			
외국인관광객에대한환급세액		48			
합계		49	8,200,000		820,000

4부
최신 기출문제
(106~117회)

I Can!
전산회계 1급

제106회 기출문제

이론시험

다음 문제를 보고 알맞은 것을 골라 이론문제 답안작성 메뉴에 입력하시오. (객관식 문항당 2점)

기본전제

문제에서 한국채택국제회계기준을 적용하도록 하는 전제조건이 없는 경우, 일반기업회계기준을 적용한다.

01 다음 중 회계정보의 질적특성과 관련된 설명으로 잘못된 것은?

① 유형자산을 역사적 원가로 평가하면 측정의 신뢰성은 저하되나 목적적합성은 제고된다.
② 회계정보는 기간별 비교가 가능해야 하고, 기업실체간 비교가능성도 있어야 한다.
③ 회계정보의 질적특성은 회계정보의 유용성을 판단하는 기준이 된다.
④ 회계정보가 갖추어야 할 가장 중요한 질적특성은 목적적합성과 신뢰성이다.

02 다음 중 재무상태표가 제공할 수 있는 재무정보로 올바르지 않은 것은?

① 타인자본에 대한 정보 ② 자기자본에 대한 정보
③ 자산총액에 대한 정보 ④ 경영성과에 관한 정보

03 다음 중 유형자산의 취득원가에 포함하지 않는 것은?

① 토지의 취득세
② 새로운 상품과 서비스를 소개하는데 소요되는 원가
③ 유형자산의 취득과 관련하여 불가피하게 매입한 국공채의 매입금액과 현재가치와의 차액
④ 설계와 관련하여 전문가에게 지급하는 수수료

04 다음 중 유가증권과 관련한 내용으로 가장 옳은 것은?

① 만기보유증권은 유가증권 형태상 주식 및 채권에 적용된다.
② 매도가능증권은 만기가 1년 이상인 경우에 투자자산으로 분류하며 주식 형태만 가능하다.
③ 단기매매증권은 주식 및 채권에 적용되며 당좌자산으로 분류한다.
④ 만기보유증권은 주식에만 적용되며 투자자산으로 분류한다.

05 다음 중 자본조정항목으로 분류할 수 없는 계정과목은?

① 감자차익   ② 주식할인발행차금
③ 자기주식   ④ 자기주식처분손실

06 다음 중 수익의 측정에 대한 설명으로 옳지 않은 것은?

① 로열티수익은 관련된 계약의 경제적 실질을 반영하여 발생기준에 따라 인식한다.
② 이자수익은 원칙적으로 유효이자율을 적용하여 발생기준에 따라 인식한다.
③ 배당금수익은 배당금을 받을 권리와 금액이 확정되는 시점에 인식한다.
④ 수익은 권리의무확정주의에 따라 합리적으로 인식한다.

07 다음 자료에 의할 때 당기의 매출원가는 얼마인가?

• 기초상품재고액	500,000원	• 기말상품재고액	1,500,000원
• 매입에누리금액	750,000원	• 총매입액	8,000,000원
• 타계정대체금액	300,000원	• 판매대행수수료	1,100,000원

① 7,050,000원   ② 6,950,000원   ③ 6,250,000원   ④ 5,950,000원

08 ㈜연무는 2024년 12월 26일 거래처에 상품을 인도하였으나 상품 판매대금 전액이 2025년 1월 5일에 입금되어 동일자에 전액 수익으로 인식하였다. 위 회계처리가 2024년도의 재무제표에 미치는 영향으로 올바른 것은?(단, 매출원가에 대해서는 고려하지 않는다.)

① 자산의 과소계상
② 비용의 과대계상
③ 부채의 과소계상
④ 수익의 과대계상

09 아래의 자료에서 설명하는 원가행태에 해당하는 것은?

> 조업도의 변동과 관계없이 총원가가 일정한 고정원가와 조업도의 변동에 비례하여 총원가가 변동하는 변동원가가 혼합된 원가

① 전화요금
② 직접재료원가
③ 감가상각비
④ 화재보험료

10 다음 중 개별원가계산에 대한 설명으로 옳지 않은 것은?

① 단일 종류의 제품을 연속생산, 대량생산하는 업종에 적합한 원가계산 방법이다.
② 조선업, 건설업이 개별원가계산에 적합한 업종에 해당한다.
③ 직접원가와 제조간접원가의 구분이 중요하며, 제조간접원가의 배부가 핵심과제이다.
④ 각 제조지시서별로 원가계산을 해야 하므로 많은 시간과 비용이 발생한다.

11 다음의 자료를 보고 영업외비용으로 처리해야 할 공손의 수량을 구하시오.

> • 기초재공품 400개
> • 기말재공품 200개
> • 당기착수량 1,000개
> • 공손수량 200개
> • 정상공손은 완성품 수량의 5%로 한다.

① 50개
② 100개
③ 150개
④ 200개

12 다음 자료를 이용하여 당기 총제조원가를 구하면 얼마인가?

• 기초 재공품 원가	100,000원	• 직접재료원가	180,000원
• 기말 재공품 원가	80,000원	• 직접노무원가	320,000원
• 공장 전력비	50,000원	• 공장 임차료	200,000원

① 500,000원   ② 600,000원   ③ 730,000원   ④ 750,000원

13 다음 중 부가가치세법상 과세 대상으로 볼 수 없는 것은?

① 재화의 공급   ② 용역의 공급   ③ 재화의 수입   ④ 용역의 수입

14 다음 중 부가가치세법상 사업자등록에 관한 설명으로 잘못된 것은?

① 사업자는 사업장마다 사업개시일부터 20일 이내에 사업자등록을 신청해야 한다.
② 사업자는 사업자등록의 신청을 사업장 관할 세무서장에게만 할 수 있다.
③ 신규로 사업을 시작하려는 자는 사업개시일 이전이라도 사업자등록을 신청할 수 있다.
④ 사업자는 등록사항이 변경되면 지체 없이 사업장 관할 세무서장에게 신고하여야 한다.

15 다음 중 부가가치세법상 간이과세에 대한 설명으로 가장 옳지 않은 것은?

① 직전 1역년의 재화·용역의 공급대가의 합계액이 8천만원 미만인 개인사업자가 간이
   과세자에 해당한다.
② 해당 과세기간의 공급대가의 합계액이 4천800만원 미만인 경우에는 납부세액의 납부
   의무가 면제된다.
③ 직전연도의 공급대가의 합계액이 4천800만원 미만인 간이과세자는 세금계산서를 발
   급할 수 없다.
④ 매출세액보다 매입세액이 클 경우 환급을 받을 수 있다.

실무시험

남다른패션㈜(회사코드:1063)은 스포츠의류 등의 제조업 및 도소매업을 영위하는 중소기업으로 당기(제10기) 회계기간은 2025.1.1.~2025.12.31.이다. 전산세무회계 수험용 프로그램을 이용하여 다음 물음에 답하시오.

문제 1

다음은 [기초정보관리] 및 [전기분재무제표]에 대한 자료이다. 각각의 요구사항에 대하여 답하시오. (10점)

[1] 아래의 자료를 바탕으로 다음 계정과목에 대한 적요를 추가 등록하시오. (3점)

- 코드 : 0511
- 계정과목 : 복리후생비
- 현금적요 : NO 9. 생산직원 독감 예방접종비 지급
- 대체적요 : NO 3. 직원 휴가비 보통예금 인출

[2] 다음 자료를 보고 [거래처등록] 메뉴에서 신규 거래처를 등록하시오. (3점)

- 거래처구분 : 일반거래처
- 유형 : 동시
- 거래처코드 : 00450
- 거래처명 : ㈜대박
- 대표자명 : 박대박
- 사업자등록번호 : 403-81-51065
- 업태 : 제조
- 종목 : 원단
- 사업장 주소 : 경상북도 칠곡군 지천면 달서원길 16
  (※ 주소 입력 시 우편번호 입력은 생략해도 무방함.)

[3] 전기분 손익계산서를 검토한 결과 다음과 같은 오류가 발견되었다. 전기분 손익계산서, 전기분 잉여금처분계산서, 전기분 재무상태표 중 관련된 부분을 수정하시오. (4점)

계정과목	틀린 금액	올바른 금액
광고선전비	3,800,000원	5,300,000원

문제 2

다음의 거래 자료를 [일반전표입력] 메뉴를 이용하여 입력하시오(일반전표입력의 모든 거래는 부가가치세를 고려하지 말 것). (18점)

입력 시 유의사항

- 일반적인 적요의 입력은 생략하지만, 타계정 대체거래는 적요번호를 선택하여 입력한다.
- 채권·채무와 관련된 거래는 별도의 요구가 없는 한 반드시 기등록된 거래처코드를 선택하는 방법으로 거래처명을 입력한다.
- 제조경비는 500번대 계정코드를, 판매비와관리비는 800번대 계정코드를 사용한다.
- 회계처리 시 계정과목은 별도의 제시가 없는 한 등록된 계정과목 중 가장 적절한 과목으로 한다.

[1] **07월 18일** ㈜괴안공구에 지급할 외상매입금 33,000,000원 중 일부는 아래의 전자어음을 발행하고 나머지는 보통예금 계좌에서 지급하였다. (3점)

전 자 어 음

(주)괴안공구 귀하   00512151020123456789

금   이천삼백만원정   23,000,000원

위의 금액을 귀하 또는 귀하의 지시인에게 지급하겠습니다.

지급기일 2025년 8월 30일		**발행일** 2025년 7월 18일	
지급지 하나은행		**발행지**	
지급장소 신중동역지점		**주 소** 세종특별자치시 가름로 232	
		발행인 남다른패션(주)	

[2] **07월 30일** 매출거래처인 ㈜지수포장의 파산으로 인해 외상매출금 1,800,000원이 회수 불가능할 것으로 판단하여 대손 처리하였다. 대손 발생일 직전 외상매출금에 대한 대손충당금 잔액은 320,000원이다. (3점)

[3] **08월 30일** 사무실 이전을 위하여 형제상사와 체결한 건물 임대차계약의 잔금 지급일이 도래하여 임차보증금 5,000,000원 중 계약금 1,500,000원을 제외한 금액을 보통예금 계좌에서 지급하였다. (3점)

[4] **10월 18일** 대표이사로부터 차입한 잔액 19,500,000원에 대하여 채무를 면제받았다(해당 차 입금은 단기차입금으로 계상되어 있다). (3점)

[5] **10월 25일** 시장조사를 위해 호주로 출장을 다녀온 영업부 사원 누리호에게 10월 4일에 지급 하였던 출장비 3,000,000원(가지급금으로 처리함) 중 실제 여비교통비로 지출한 2,850,000원에 대한 영수증과 잔액 150,000원을 현금으로 수령하였다(단, 거래 처를 입력할 것). (3점)

[6] **11월 04일** 확정기여형(DC형) 퇴직연금 불입액 5,000,000원(영업부 2,000,000원, 생산부 3,000,000원)이 보통예금 계좌에서 이체되었다. (3점)

문제 3

다음 거래 자료를 [매입매출전표입력] 메뉴에 입력하시오. (18점)

입력 시 유의사항

- 일반적인 적요의 입력은 생략하지만, 타계정 대체거래는 적요번호를 선택하여 입력한다.
- 채권·채무와 관련된 거래는 별도의 요구가 없는 한 반드시 기등록된 거래처코드를 선택하는 방법으로 거래처명을 입력한다.
- 제조경비는 500번대 계정코드를, 판매비와관리비는 800번대 계정코드를 사용한다.
- 회계처리 시 계정과목은 별도의 제시가 없는 한 등록된 계정과목 중 가장 적절한 과목으로 한다.

[1] **07월 14일** 미국에 소재한 HK사에 제품(공급가액 50,000,000원)을 직수출하고, 6월 30일에 수령한 계약금 10,000,000원을 제외한 대금은 외상으로 하였다. (3점)

[2] **08월 05일** ㈜동도유통에 제품을 판매하고 다음과 같이 전자세금계산서를 발급하였다. 대금 중 10,000,000원은 ㈜서도상사가 발행한 어음을 배서양도 받고, 나머지는 다음 달에 받기로 하였다. (3점)

	전자세금계산서					승인번호	20250805-15454645-58811886		
공급자	사업자등록번호	320-87-12226	종사업장번호		공급받는자	사업자등록번호	115-81-19867	종사업장번호	
	상호(법인명)	남다른패션㈜	성 명(대표자)	고길동		상호(법인명)	㈜동도유통	성 명	남길도
	사업장주소	세종특별자치시 가름로 232				사업장주소	서울시 서초구 강남대로 291		
	업 태	제조,도소매,무역	종 목	스포츠의류 외		업 태	도소매	종 목	의류
	이메일					이메일			
작성일자		공급가액		세액		수정사유		비고	
2025-08-05		10,000,000원		1,000,000원		해당 없음			

월	일	품 목	규격	수량	단 가	공급가액	세 액	비 고
08	05	의류				10,000,000원	1,000,000원	

합 계 금 액	현 금	수 표	어 음	외 상 미 수 금	위 금액을 **(청구)** 함
11,000,000원			10,000,000원	1,000,000원	

[3] **08월 20일** 일반과세자인 함안전자로부터 영업부 직원들에게 지급할 업무용 휴대전화(유형자산) 3대를 4,840,000원(부가가치세 포함)에 구입하고, 법인 명의의 국민카드로 결제하였다. (3점)

[4] **11월 11일** ㈜더람에 의뢰한 마케팅전략특강 교육을 본사 영업부 직원(10명)들을 대상으로 실시하고, 교육훈련비 5,000,000원에 대한 전자계산서를 발급받았다. 교육훈련비는 11월 1일 지급한 계약금을 제외한 나머지를 보통예금 계좌에서 지급하였다(단, 관련 계정을 조회하여 전표 입력할 것). (3점)

[5] **11월 26일** ㈜미래상사로부터 기술연구소의 연구개발에 사용하기 위한 연구용 재료를 10,000,000원(부가가치세 별도)에 구입하면서 전자세금계산서를 발급받고, 대금은 보통예금 계좌에서 지급하였다(단, 연구용 재료와 관련하여 직접 지출한 금액은 무형자산으로 처리할 것). (3점)

[6] **12월 04일** 생산부가 사용하는 업무용승용차(2,000cc)의 엔진오일과 타이어를 차차카센터에서 교환하고 전자세금계산서를 발급받았다. 교환비용 825,000원(부가가치세 포함)은 전액 보통예금 계좌에서 이체하였다(단, 교환비용은 차량유지비(제조원가)로 처리할 것). (3점)

문제 4

[일반전표입력] 및 [매입매출전표입력] 메뉴에 입력된 내용 중 다음과 같은 오류가 발견되었다. 입력된 내용을 확인하여 정정하시오. (6점)

[1] 08월 02일 보통예금 계좌에서 지급한 800,000원은 외상으로 매입하여 영업부에서 업무용으로 사용 중인 컴퓨터(거래처 : 온누리)에 대한 대금 지급액으로 확인되었다. 잘못된 항목을 올바르게 수정하시오. (3점)

[2] 11월 19일 차차운송에 현금으로 지급한 운송비 330,000원(부가가치세 포함)은 원재료를 매입하면서 지급한 것으로 회계팀 신입사원의 실수로 일반전표에 입력하였다. 운송 관련하여 별도의 전자세금계산서를 발급받았다. (3점)

문제 5

결산정리사항은 다음과 같다. 해당 메뉴에 입력하시오. (9점)

[1] 결산일 현재 재고자산을 실사하던 중 도난, 파손의 사유로 수량 부족이 발생한 제품의 원가는 2,000,000원으로 확인되었다(단, 수량 부족의 원인은 비정상적으로 발생한 것이다). (3점)

[2] 홍보용 계산기를 구매하고 전액 광고선전비(판매비와관리비)로 비용처리하였다. 결산 시 미사용한 2,500,000원에 대해 올바른 회계처리를 하시오(단, 소모품 계정을 사용하며 음수로 입력하지 말 것). (3점)

[3] 당기의 법인세등으로 계상할 금액은 10,750,000원이다(법인세 중간예납세액은 선납세금으로 계상되어 있으며, 이를 조회하여 회계처리할 것). (3점)

문제 6

다음 사항을 조회하여 답안을 이론문제 답안작성 메뉴에 입력하시오. (9점)

[1] 6월 말 현재 외상매입금 잔액이 가장 큰 거래처명과 그 금액은 얼마인가? (3점)

[2] 부가가치세 제1기 확정신고 기간(4월~6월)의 차가감하여 납부할 부가가치세액은 얼마인가? (3점)

[3] 2분기(4월~6월) 중 판매비와관리비 항목의 광고선전비 지출액이 가장 많이 발생한 월과 그 금액은 얼마인가? (3점)

제107회 기출문제

이론시험

다음 문제를 보고 알맞은 것을 골라 [이론문제 답안작성] 메뉴에 입력하시오. (객관식 문항당 2점)

기본전제

문제에서 한국채택국제회계기준을 적용하도록 하는 전제조건이 없는 경우, 일반기업회계기준을 적용한다.

01 다음 중 재무제표에 대한 설명으로 가장 올바른 것은?

① 자산은 현재 사건의 결과로 기업이 통제하고 있고 미래경제적효익이 기업에 유입될 것으로 기대되는 자원이다.

② 부채는 과거 사건에 의하여 발생하였으며, 경제적효익이 기업으로부터 유출됨으로써 이행될 것으로 기대되는 미래의무이다.

③ 수익은 자산의 유입 또는 부채의 감소에 따라 자본의 증가를 초래하는 특정 회계기간 동안에 발생한 경제적효익의 증가로서 지분참여자에 대한 출연과 관련된 것은 제외한다.

④ 비용은 자산의 유출 또는 부채의 증가에 따라 자본의 감소를 초래하는 특정 회계기간 동안에 발생한 경제적효익의 감소로서 지분참여자에 대한 분배를 제외하며, 정상영업활동의 일환이나 그 이외의 활동에서 발생할 수 있는 차손은 포함하지 않는다.

02 다음 중 기말재고자산의 수량 결정 방법으로 옳은 것을 모두 고른 것은?

가. 총평균법   나. 계속기록법   다. 선입선출법   라. 후입선출법   마. 실지재고조사법

① 가, 다　　　　　② 나, 마　　　　　③ 가, 나, 다　　　④ 다, 라, 마

03 기업이 보유하고 있는 수표 중 현금및현금성자산으로 분류되지 아니하는 것은?

① 선일자수표   ② 당좌수표   ③ 타인발행수표   ④ 자기앞수표

04 다음 중 유형자산에 대한 설명으로 옳은 것은?

① 기업이 보유하고 있는 토지는 기업의 보유목적에 상관없이 모두 유형자산으로 분류된다.

② 유형자산의 취득 시 발생한 부대비용은 취득원가로 처리한다.

③ 유형자산을 취득한 후에 발생하는 모든 지출은 발생 시 당기 비용으로 처리한다.

④ 모든 유형자산은 감가상각을 한다.

05 다음은 ㈜한국의 단기매매증권 관련 자료이다. ㈜한국의 당기 손익계산서에 반영되는 영업외손익의 금액은 얼마인가?

• A사 주식의 취득원가는 500,000원이고, 기말공정가액은 700,000원이다.
• B사 주식의 취득원가는 300,000원이고, 기말공정가액은 200,000원이다.
• 당기 중 A사로부터 현금배당금 50,000원을 받았다.
• 당기 초 250,000원에 취득한 C사 주식을 당기 중 300,000원에 처분하였다.

① 200,000원   ② 250,000원   ③ 300,000원   ④ 400,000원

06 다음 중 사채의 발행과 관련한 내용으로 옳은 것은?

① 사채를 할인발행한 경우 매년 액면이자는 동일하다.

② 사채를 할증발행한 경우 매년 유효이자(시장이자)는 증가한다.

③ 사채발행 시 발행가액에서 사채발행비를 차감하지 않고 사채의 차감계정으로 처리한다.

④ 사채의 할인발행 또는 할증발행 시 발행차금의 상각액 또는 환입액은 매년 감소한다.

07 다음 중 계정과목과 자본 항목의 분류가 올바르게 연결된 것은?

① 주식발행초과금 : 이익잉여금   ② 자기주식처분손실 : 자본조정

③ 자기주식 : 자본잉여금   ④ 매도가능증권평가손익 : 자본조정

08 유형자산의 자본적지출을 수익적지출로 잘못 처리했을 경우, 당기의 당기순이익과 차기의 당기순이익에 미치는 영향으로 올바른 것은?

	당기 당기순이익	차기 당기순이익
①	과대	과소
②	과소	과소
③	과소	과대
④	과대	과대

09 다음 중 매몰원가에 해당하지 않는 것은?

① 전기승용차 구입 결정을 함에 있어 사용하던 승용차 처분 시 기존 승용차의 취득원가
② 과거 의사결정으로 발생한 원가로 향후 의사결정을 통해 회수할 수 없는 취득원가
③ 사용하고 있던 기계장치의 폐기 여부를 결정할 때, 해당 기계장치의 취득원가
④ 공장의 원재료 운반용 화물차를 판매 제품의 배송용으로 전환하여 사용할지 여부를 결정할 때, 새로운 화물차의 취득가능금액

10 다음 중 제조원가에 관한 설명으로 옳지 않은 것은?

① 간접원가는 제조과정에서 발생하는 원가이지만 특정 제품 또는 특정 부문에 직접 추적할 수 없는 원가를 의미한다.
② 조업도의 증감에 따라 총원가가 증감하는 원가를 변동원가라 하며, 직접재료원가와 직접노무원가가 여기에 속한다.
③ 고정원가는 관련범위 내에서 조업도가 증가할수록 단위당 고정원가가 감소한다.
④ 변동원가는 관련범위 내에서 조업도가 증가할수록 단위당 변동원가가 증가한다.

11 ㈜대한은 평균법에 의한 종합원가계산을 채택하고 있다. 재료원가는 공정 초기에 모두 투입되며, 가공원가는 공정 전반에 걸쳐 고르게 투입되는 경우 완성품환산량으로 맞는 것은?

| • 기초재공품 : 100개(완성도 50%) | • 당기착수수량 : 2,000개 |
| • 당기완성수량 : 1,800개 | • 기말재공품 : 300개(완성도 70%) |

	재료원가 완성품환산량	가공원가 완성품환산량
①	2,100개	2,010개
②	2,100개	2,100개
③	2,100개	1,960개
④	2,100개	1,950개

12 다음은 제조기업의 원가 관련 자료이다. 매출원가 금액으로 옳은 것은?

• 당기총제조원가	1,500,000원	• 기초재공품재고액	500,000원
• 기초제품재고액	800,000원	• 기말재공품재고액	1,300,000원
• 기말제품재고액	300,000원	• 직접재료원가	700,000원

① 700,000원   ② 800,000원   ③ 1,200,000원   ④ 2,000,000원

13 다음 중 부가가치세법상 면세에 해당하지 않는 것은?

① 도서대여 용역
② 여성용 생리 처리 위생용품
③ 주무관청에 신고된 학원의 교육 용역
④ 개인택시운송사업의 여객운송 용역

14 다음 중 부가가치세 신고와 납부에 대한 설명으로 옳지 않은 것은?

① 간이과세를 포기하는 경우 포기신고일이 속하는 달의 마지막 날로부터 25일 이내에 신고, 납부하여야 한다.
② 확정신고를 하는 경우 예정신고 시 신고한 과세표준은 제외하고 신고하여야 한다.
③ 신규로 사업을 시작하는 경우 사업개시일이 속하는 과세기간의 종료일로부터 25일 이내에 신고, 납부하여야 한다.
④ 폐업하는 경우 폐업일로부터 25일 이내에 신고, 납부하여야 한다.

15 다음 중 부가가치세법상 법인사업자의 사업자등록 정정 사유가 아닌 것은?

① 사업의 종류에 변경이 있는 때
② 상호를 변경하는 때
③ 주주가 변동되었을 때
④ 사업장을 이전할 때

실무시험

세무사랑㈜(회사코드:1073)은 부동산임대업 및 전자제품의 제조·도소매업을 영위하는 중소기업으로 당기(제11기) 회계기간은 2025.1.1.~2025.12.31.이다. 전산세무회계 수험용 프로그램을 이용하여 다음 물음에 답하시오.

기본전제

- 문제에서 한국채택국제회계기준을 적용하도록 하는 전제조건이 없는 경우, 일반기업회계기준을 적용하여 회계처리 한다.
- 문제의 풀이와 답안작성은 제시된 문제의 순서대로 진행한다.

문제 1

다음은 [기초정보관리] 및 [전기분재무제표]에 대한 자료이다. 각각의 요구사항에 대하여 답하시오. (10점)

[1] 다음 자료를 이용하여 [계정과목 및 적요등록] 메뉴에서 견본비(판매비및일반관리비) 계정과목의 현금적요를 추가로 등록하시오. (3점)

> - 코드 : 842   • 계정과목 : 견본비   • 현금적요 : NO.2 전자제품 샘플 제작비 지급

[2] 세무사랑㈜의 기초 채권 및 채무의 올바른 잔액은 다음과 같다. 주어진 자료를 검토하여 잘못된 부분은 오류를 정정하고, 누락된 부분은 추가하여 입력하시오. (3점)

계정과목	거래처	금액
외상매출금	㈜홍금전기	30,000,000원
	㈜금강기업	10,000,000원
외상매입금	삼신산업	30,000,000원
	하나무역	26,000,000원
받을어음	㈜대호전자	25,000,000원

[3] 전기분 재무제표 중 아래의 계정과목에서 다음과 같은 오류를 발견하였다. 관련 재무제표를 적절하게 수정하시오. (4점)

계정과목	관련 부서	수정 전 잔액	수정 후 잔액
전력비	생산부	2,000,000원	4,200,000원
수도광열비	영업부	3,000,000원	1,100,000원

문제 2

다음의 거래 자료를 [일반전표입력] 메뉴를 이용하여 입력하시오(일반전표입력의 모든 거래는 부가가치세를 고려하지 말 것). (18점)

입력 시 유의사항

- 일반적인 적요의 입력은 생략하지만, 타계정 대체거래는 적요번호를 선택하여 입력한다.
- 채권·채무와 관련된 거래는 별도의 요구가 없는 한 반드시 기등록된 거래처코드를 선택하는 방법으로 거래처명을 입력한다.
- 제조경비는 500번대 계정코드를, 판매비와관리비는 800번대 계정코드를 사용한다.
- 회계처리 시 계정과목은 별도의 제시가 없는 한 등록된 계정과목 중 가장 적절한 과목으로 한다.

[1] **07월 03일** 영업부 사무실로 사용하기 위하여 세무빌딩과 사무실 임대차계약을 체결하고, 보증금 6,000,000원 중 계약금 600,000원을 보통예금(우리은행) 계좌에서 이체하여 지급하였다. 잔금은 다음 달에 지급하기로 하였다. (3점)

[2] **08월 01일** 하나카드의 7월분 매출대금 3,500,000원에서 가맹점수수료 2%를 차감한 금액이 당사의 보통예금 계좌로 입금되었다(단, 신용카드 매출대금은 외상매출금으로 처리하고 있다). (3점)

[3] **08월 16일** 영업부 직원의 퇴직으로 인해 발생한 퇴직금은 8,800,000원이다. 당사는 모든 직원에 대해 전액 확정급여형(DB형) 퇴직연금에 가입하고 있으며, 현재 퇴직연금 운용자산의 잔액은 52,000,000원이다. 단, 퇴직급여충당부채와 퇴직연금충당부채는 설정하지 않았다. (3점)

[4] **08월 23일** 나라은행으로부터 차입한 대출금 20,000,000원(대출기간 : 2023.01.01.~ 2026.12.31.)을 조기 상환하기로 하고, 이자 200,000원과 함께 보통예금 계좌에서 이체하여 지급하다. (3점)

[5] **11월 05일** ㈜다원의 제품매출 외상대금 4,000,000원 중 3,000,000원은 동점 발행 약속어음으로 받고, 1,000,000원은 금전소비대차계약(1년 대여)으로 전환하였다. (3점)

[6] **11월 20일** 사업용 중고트럭 취득과 관련된 취득세 400,000원을 현금으로 납부하였다. (3점)

문제 3

다음 거래 자료를 [매입매출전표입력] 메뉴에 입력하시오. (18점)

입력 시 유의사항

- 일반적인 적요의 입력은 생략하지만, 타계정 대체거래는 적요번호를 선택하여 입력한다.
- 채권·채무와 관련된 거래는 별도의 요구가 없는 한 반드시 기등록된 거래처코드를 선택하는 방법으로 거래처명을 입력한다.
- 제조경비는 500번대 계정코드를, 판매비와관리비는 800번대 계정코드를 사용한다.
- 회계처리 시 계정과목은 별도의 제시가 없는 한 등록된 계정과목 중 가장 적절한 과목으로 한다.
- 입력화면 하단의 분개까지 처리하고, 전자세금계산서 및 전자계산서는 전자입력으로 반영한다.

[1] **08월 17일** 구매확인서에 의해 수출용 제품의 원재료를 ㈜직지상사로부터 매입하고 영세율전자세금계산서를 발급받았다. 매입대금 중 10,000,000원은 외상으로 하고, 나머지 금액은 당사가 발행한 3개월 만기 약속어음으로 지급하였다. (3점)

영세율전자세금계산서					승인번호	20250817-15454645-58811574		
공급자	사업자 등록번호	136-81-29187	종사업장 번호		공급받는자	사업자 등록번호	123-81-95681	종사업장 번호
	상호 (법인명)	㈜직지상사	성 명 (대표자)	나인세		상호 (법인명)	세무사랑㈜	성 명 이진우
	사업장 주소	서울특별시 동작구 여의대방로 35				사업장 주소		
	업 태	도소매	종 목	전자제품		업 태	제조 외	종 목 전자제품 외
	이메일					이메일		

작성일자	공급가액	세액	수정사유	비고
2025-08-17	15,000,000원	0원	해당 없음	

월	일	품 목	규 격	수 량	단 가	공 급 가 액	세 액	비 고
08	17	원재료			15,000,000원	15,000,000원		

합 계 금 액	현 금	수 표	어 음	외 상 미 수 금	위 금액을 **(청구)** 함
15,000,000원			5,000,000원	10,000,000원	

[2] **08월 28일** 제조부 직원들에게 지급할 작업복을 이진컴퍼니로부터 공급가액 1,000,000원(부가가치세 별도)에 외상으로 구입하고 종이세금계산서를 발급받았다. (3점)

[3] **09월 15일** 우리카센타에서 공장용 화물트럭을 수리하고 수리대금 242,000원(부가가치세 포함)은 현금으로 결제하면서 지출증빙용 현금영수증을 받았다(단, 수리대금은 차량유지비로 처리할 것). (3점)

[4] **09월 27일** 인사부가 사용할 직무역량 강화용 책을 ㈜대한도서에서 구입하면서 전자계산서를 수취하고 대금은 외상으로 하다. (3점)

전자계산서					승인번호	20250927-15454645-58811886	
공급자	사업자 등록번호	120-81-32052	종사업장 번호		공급받는자	사업자 등록번호	123-81-95681	종사업장 번호	
	상호 (법인명)	㈜대한도서	성 명 (대표자)	박대한		상호 (법인명)	세무사랑㈜	성 명	이진우
	사업장 주소	인천시 남동구 서해2길				사업장 주소	울산광역시 중구 종가로 405-3		
	업 태	도소매	종 목	도서		업 태	제조	종 목	전자제품
	이메일					이메일			

작성일자	공급가액	수정사유	비고		
2025-09-27	200,000원	해당 없음			

월	일	품목	규격	수량	단가	공급가액	비고
09	27	도서(직장생활 노하우 외)			200,000원	200,000원	

합계금액	현금	수표	어음	외상미수금	위 금액을 (청구) 함
200,000원				200,000원	

[5] **09월 30일** ㈜세무렌트로부터 영업부에서 거래처 방문용으로 사용하는 승용차(배기량 2,000cc, 5인승)의 당월분 임차료에 대한 전자세금계산서를 수취하였다. 당월분 임차료는 다음 달에 결제될 예정이다. (3점)

전자세금계산서					승인번호		20250930-15454645-58811886		
공급자	사업자 등록번호	105-81-23608	종사업장 번호		공급받는자	사업자 등록번호	123-81-95681	종사업장 번호	
	상호 (법인명)	㈜세무렌트	성 명 (대표자)	왕임차		상호 (법인명)	세무사랑㈜	성 명	이진우
	사업장 주소	서울시 강남구 강남대로 8				사업장 주소	울산광역시 중구 종가로 405-3		
	업 태	서비스	종 목	임대		업 태	제조	종 목	전자제품
	이메일					이메일			

작성일자	공급가액	세액	수정사유	비고
203-09-30	700,000원	70,000원	해당 없음	

월	일	품 목	규격	수량	단 가	공급가액	세 액	비 고
09	30	차량렌트대금(5인승)	2,000cc	1	700,000원	700,000원	70,000원	

합 계 금 액	현 금	수 표	어 음	외 상 미 수 금	위 금액을 **(청구)** 함
700,000원				770,000원	

[6] **10월 15일** 우리자동차㈜에 공급한 제품 중 일부가 불량으로 판정되어 반품 처리되었으며, 수정전자세금계산서를 발행하였다. 대금은 해당 매출 관련 외상매출금과 상계하여 처리하기로 하였다(단, 음수(-)로 회계처리할 것). (3점)

전자세금계산서						승인번호	20251015-58754645-58811367		
공급자	사업자 등록번호	123-81-95681	종사업장 번호		공급받는자	사업자 등록번호	130-86-55834	종사업장 번호	
	상호 (법인명)	세무사랑㈜	성 명 (대표자)	이진우		상호 (법인명)	우리자동차㈜	성 명	신방자
	사업장 주소	울산광역시 중구 종가로 405-3				사업장 주소	서울특별시 강남구 논현로 340		
	업 태	제조	종 목	전자제품		업 태	제조	종 목	자동차(완성차)
	이메일					이메일			

작성일자	공급가액	세액	수정사유	비고	
2025-10-15	-10,000,000원	-1,000,000원	일부 반품	품질 불량으로 인한 반품	

월	일	품 목	규격	수량	단 가	공급가액	세 액	비 고
10	15	제품				-10,000,000원	-1,000,000원	

합 계 금 액	현 금	수 표	어 음	외 상 미 수 금	위 금액을 (청구) 함
-11,000,000원				-11,000,000원	

문제 4

[일반전표입력] 및 [매입매출전표입력] 메뉴에 입력된 내용 중 다음과 같은 오류가 발견되었다. 입력된 내용을 확인하여 정정하시오. (6점)

[1] **07월 06일** ㈜상문의 외상매입금 3,000,000원을 보통예금 계좌에서 이체한 것이 아니라 제품을 판매하고 받은 상명상사 발행 약속어음 3,000,000원을 배서하여 지급한 것으로 밝혀졌다. (3점)

[2] **12월 13일** 영업부 사무실의 전기요금 121,000원(공급대가)을 현금 지급한 것으로 일반전표에 회계처리 하였으나, 이는 제조공장에서 발생한 전기요금으로 한국전력공사로부터 전자세금계산서를 수취한 것으로 확인되었다. (3점)

문제 5

결산정리사항은 다음과 같다. 해당 메뉴에 입력하시오. (9점)

[1] 결산일을 기준으로 대한은행의 장기차입금 50,000,000원에 대한 상환기일이 1년 이내에 도래할 것으로 확인되었다. (3점)

[2] 무형자산인 특허권(내용연수 5년, 정액법)의 전기 말 상각후잔액은 24,000,000원이다. 특허권은 2024년 1월 10일에 취득하였으며, 매년 법정 상각범위액까지 무형자산상각비로 인식하고 있다. 특허권에 대한 당기분 무형자산상각비(판)를 계상하시오. (3점)

[3] 당기 법인세비용은 13,500,000원으로 산출되었다(단, 법인세 중간예납세액은 선납세금을 조회하여 처리할 것). (3점)

문제 6

다음 사항을 조회하여 답안을 [이론문제 답안작성] 메뉴에 입력하시오. (9점)

[1] 6월 30일 현재 현금및현금성자산의 전기말 현금및현금성자산 대비 증감액은 얼마인가? 단, 감소한 경우에도 음의 부호(−)를 제외하고 양수로만 입력하시오. (3점)

[2] 2025년 제1기 부가가치세 확정신고기간(2025.04.01.~2025.06.30.)의 매출액 중 세금계산서발급분 공급가액의 합계액은 얼마인가? (3점)

[3] 6월(6월 1일~6월 30일) 중 지예상사에 대한 외상매입금 결제액은 얼마인가? (3점)

제108회 기출문제

이론시험

다음 문제를 보고 알맞은 것을 골라 이론문제 답안작성 메뉴에 입력하시오. (객관식 문항당 2점)

01 자기주식을 취득가액보다 낮은 금액으로 처분한 경우, 다음 중 재무제표상 자기주식의 취득가액과 처분가액의 차액이 표기되는 항목으로 옳은 것은?

① 영업외비용　　　　　　　　　② 자본잉여금
③ 기타포괄손익누계액　　　　　　④ 자본조정

02 ㈜전주는 ㈜천안에 제품을 판매하기로 약정하고, 계약금으로 제3자인 ㈜철원이 발행한 당좌수표 100,000원을 받았다. 다음 중 회계처리로 옳은 것은?

① (차) 현금　　　　　100,000원　　(대) 선수금　　　100,000원
② (차) 당좌예금　　　100,000원　　(대) 선수금　　　100,000원
③ (차) 현금　　　　　100,000원　　(대) 제품매출　　100,000원
④ (차) 당좌예금　　　100,000원　　(대) 제품매출　　100,000원

03 다음 중 기말재고자산을 실제보다 과대계상한 경우 재무제표에 미치는 영향으로 잘못된 것은?

① 자산이 실제보다 과대계상된다.
② 자본총계가 실제보다 과소계상된다.
③ 매출총이익이 실제보다 과대계상된다.
④ 매출원가가 실제보다 과소계상된다.

04 다음 중 일반기업회계기준상 무형자산의 상각에 관한 내용으로 옳지 않은 것은?

① 무형자산의 상각방법은 정액법, 체감잔액법 등 합리적인 방법을 적용할 수 있으며, 합리적인 방법을 정할 수 없는 경우에는 정액법을 적용한다.
② 내부적으로 창출한 영업권은 원가의 신뢰성 문제로 인하여 자산으로 인정되지 않는다.
③ 무형자산의 상각기간은 독점적·배타적인 권리를 부여하고 있는 관계 법령이나 계약에 정해진 경우에도 20년을 초과할 수 없다.
④ 무형자산의 잔존가치는 없는 것을 원칙으로 하나, 예외도 존재한다.

05 다음 자료를 이용하여 단기투자자산의 합계액을 계산한 것으로 옳은 것은?

• 현금	5,000,000원	• 우편환증서	50,000원
• 당좌예금	3,000,000원	• 단기매매증권	4,000,000원
• 1년 만기 정기예금	3,000,000원	• 외상매출금	7,000,000원

① 7,000,000원　　　② 8,000,000원　　　③ 10,000,000원　　　④ 11,050,000원

06 다음 중 비유동부채에 해당하는 것은 모두 몇 개인가?

가. 사채	나. 퇴직급여충당부채
다. 유동성장기부채	라. 선수금

① 1개　　　② 2개　　　③ 3개　　　④ 4개

07 일반기업회계기준에 근거하여 다음의 재고자산을 평가하는 경우 재고자산평가손익은 얼마인가?

상품명	기말재고수량	취득원가	추정판매가격 (순실현가능가치)
비누	100개	75,000원	65,000원
세제	200개	50,000원	70,000원

① 재고자산평가이익 3,000,000원   ② 재고자산평가이익 4,000,000원
③ 재고자산평가손실 3,000,000원   ④ 재고자산평가손실 1,000,000원

08 다음 중 수익의 인식에 대한 설명으로 가장 옳은 것은?

① 시용판매의 경우 수익의 인식은 구매자의 구매의사 표시일이다.
② 예약판매계약의 경우 수익의 인식은 자산의 건설이 완료되어 소비자에게 인도한 시점이다.
③ 할부판매의 경우 수익의 인식은 항상 소비자로부터 대금을 회수하는 시점이다.
④ 위탁판매의 경우 수익의 인식은 위탁자가 수탁자에게 제품을 인도한 시점이다.

09 당기의 원재료 매입액은 20억원이고, 기말 원재료 재고액이 기초 원재료 재고액보다 3억원이 감소한 경우, 당기의 원재료원가는 얼마인가?

① 17억원   ② 20억원   ③ 23억원   ④ 25억원

10 다음 중 제조원가명세서의 구성요소로 옳은 것을 모두 고른 것은?

가. 기초재공품재고액	나. 기말원재료재고액
다. 기말제품재고액	라. 당기제품제조원가
마. 당기총제조비용	

① 가, 나   ② 가, 나, 라   ③ 가, 나, 다, 라   ④ 가, 나, 라, 마

11 당사는 직접노무시간을 기준으로 제조간접원가를 배부하고 있다. 당기의 제조간접원가 실제 발생액은 500,000원이고, 예정배부율은 200원/직접노무시간이다. 당기의 실제 직접노무시간이 3,000시간일 경우, 다음 중 제조간접원가 배부차이로 옳은 것은?

① 100,000원 과대배부   ② 100,000원 과소배부

③ 200,000원 과대배부   ④ 200,000원 과소배부

12 다음 중 종합원가계산에 대한 설명으로 옳지 않은 것은?

① 각 공정별로 원가가 집계되므로 원가에 대한 책임소재가 명확하다.

② 일반적으로 원가를 재료원가와 가공원가로 구분하여 원가계산을 한다.

③ 기말재공품이 존재하지 않는 경우 평균법과 선입선출법의 당기완성품원가는 일치한다.

④ 모든 제품 단위가 완성되는 시점을 별도로 파악하기가 어려우므로 인위적인 기간을 정하여 원가를 산정한다.

13 다음 중 세금계산서 발급 의무가 면제되는 경우로 틀린 것은?

① 간주임대료   ② 사업상 증여

③ 구매확인서에 의하여 공급하는 재화   ④ 폐업시 잔존 재화

14 다음 중 부가가치세법상 업종별 사업장의 범위로 맞지 않는 것은?

① 제조업은 최종제품을 완성하는 장소

② 사업장을 설치하지 않은 경우 사업자의 주소 또는 거소

③ 운수업은 개인인 경우 사업에 관한 업무를 총괄하는 장소

④ 부동산매매업은 법인의 경우 부동산의 등기부상 소재지

15 다음 중 부가가치세에 대한 설명으로 옳지 않은 것은?

① 법률상 면세 대상으로 열거된 것을 제외한 모든 재화나 용역의 소비행위에 대하여 과세한다.

② 납세의무자는 개인사업자나 영리법인으로 한정되어 있다.

③ 매출세액에서 매입세액을 차감하여 납부(환급)세액을 계산한다.

④ 납세의무자는 재화 또는 용역을 공급하는 사업자이지만, 담세자는 최종소비자가 된다.

실무시험

고성상사㈜(회사코드:1083)는 가방 등의 제조·도소매업 및 부동산임대업을 영위하는 중소기업으로 당기(제10기) 회계기간은 2025.1.1.~ 2025.12.31.이다. 전산세무회계 수험용 프로그램을 이용하여 다음 물음에 답하시오.

기본전제

- 문제에서 한국채택국제회계기준을 적용하도록 하는 전제조건이 없는 경우, 일반기업회계기준을 적용하여 회계처리 한다.
- 문제의 풀이와 답안작성은 제시된 문제의 순서대로 진행한다.

문제 1

다음은 [기초정보관리] 및 [전기분재무제표]에 대한 자료이다. 각각의 요구사항에 대하여 답하시오. (10점)

[1] [거래처등록] 메뉴를 이용하여 다음의 신규 거래처를 추가로 등록하시오. (3점)

- 거래처코드: 3000
- 거래처명: ㈜나우전자
- 대표자: 김나우
- 사업자등록번호: 108-81-13579
- 업태: 제조
- 종목: 전자제품
- 유형: 동시
- 사업장주소: 서울특별시 서초구 명달로 104(서초동)

※ 주소 입력 시 우편번호 입력은 생략해도 무방함.

[2] 다음 자료를 이용하여 [계정과목및적요등록]을 하시오. (3점)

- 계정과목: 퇴직연금운용자산
- 대체적요 1. 제조 관련 임직원 확정급여형 퇴직연금부담금 납입

[3] 전기분 재무상태표 작성 시 기업은행의 단기차입금 20,000,000원을 신한은행의 장기차입금으로 잘못 분류하였다. [전기분재무상태표] 및 [거래처별초기이월]을 수정, 삭제 또는 추가입력 하시오. (4점)

문제 2

[일반전표입력] 메뉴를 이용하여 다음의 거래 자료를 입력하시오(일반전표입력의 모든 거래는 부가가치세를 고려하지 말 것). (18점)

입력 시 유의사항

- 일반적인 적요의 입력은 생략하지만, 타계정 대체거래는 적요번호를 선택하여 입력한다.
- 채권·채무와 관련된 거래는 별도의 요구가 없는 한 반드시 기등록된 거래처코드를 선택하는 방법으로 거래처명을 입력한다.
- 제조경비는 500번대 계정코드를, 판매비와관리비는 800번대 계정코드를 사용한다.
- 회계처리 시 계정과목은 별도의 제시가 없는 한 등록된 계정과목 중 가장 적절한 과목으로 한다.

[1] **08월 01일** 미국은행으로부터 2024년 10월 31일에 차입한 외화장기차입금 중 $30,000를 상환하기 위하여 보통예금 계좌에서 39,000,000원을 이체하여 지급하였다. 일자별 적용환율은 아래와 같다. (3점)

2024.10.31. (차입일)	2024.12.31. (직전연도 종료일)	2025.08.01. (상환일)
1,210/$	1,250/$	1,300/$

[2] **08월 12일** 금융기관으로부터 매출거래처인 ㈜모모가방이 발행한 어음 50,000,000원이 부도처리되었다는 통보를 받았다. (3점)

[3] **08월 23일** 임시주주총회에서 6월 29일 결의하고 미지급한 중간배당금 10,000,000원에 대하여 원천징수세액 1,540,000원을 제외한 금액을 보통예금 계좌에서 지급하였다. (3점)

[4] **08월 31일** 제품의 제조공장에서 사용할 기계장치(공정가치 5,500,000원)를 대주주로부터 무상으로 받았다. (3점)

[5] **09월 11일** 단기매매차익을 목적으로 주권상장법인인 ㈜대호전자의 주식 2,000주를 1주당 2,000원(1주당 액면금액 1,000원)에 취득하고, 증권거래수수료 10,000원을 포함한 대금을 모두 보통예금 계좌에서 지급하였다. (3점)

[6] **09월 13일** ㈜다원의 외상매출금 4,000,000원 중 1,000,000원은 현금으로 받고, 나머지 잔액은 ㈜다원이 발행한 약속어음으로 받았다. (3점)

문제 3

다음 거래 자료를 [매입매출전표입력] 메뉴에 입력하시오. (18점)

입력 시 유의사항

- 일반적인 적요의 입력은 생략하지만, 타계정 대체거래는 적요번호를 선택하여 입력한다.
- 채권·채무와 관련된 거래는 별도의 요구가 없는 한 반드시 기등록된 거래처코드를 선택하는 방법으로 거래처명을 입력한다.
- 제조경비는 500번대 계정코드를, 판매비와관리비는 800번대 계정코드를 사용한다.
- 회계처리 시 계정과목은 별도의 제시가 없는 한 등록된 계정과목 중 가장 적절한 과목으로 한다.
- 입력화면 하단의 분개까지 처리하고, 전자세금계산서 및 전자계산서는 전자입력으로 반영한다.

[1] **07월 13일** ㈜남양가방에 제품을 판매하고, 대금은 신용카드(비씨카드)로 결제받았다(단, 신용카드 판매액은 매출채권으로 처리할 것). (3점)

신용카드 매출전표

결제정보

카드종류	비씨카드	카드번호	1234-5050-4646-8525
거래종류	신용구매	거래일시	2025-07-13
할부개월	0	승인번호	98465213

구매정보

주문번호	511-B	과세금액	5,000,000원
구매자명	㈜남양가방	비과세금액	0원
상품명	크로스백	부가세	500,000원
		합계금액	5,500,000원

이용상점정보

판매자상호	㈜남양가방
판매자 사업자등록번호	105-81-23608
판매자 주소	서울특별시 동작구 여의대방로 28

[2] **09월 05일** 특별주문제작하여 매입한 기계장치가 완성되어 특수운송전문업체인 쾌속운송을 통해 기계장치를 인도받았다. 운송비 550,000원(부가가치세 포함)을 보통예금 계좌에서 이체하여 지급하고 쾌속운송으로부터 전자세금계산서를 수취하였다. (3점)

[3] **09월 06일** 정도정밀로부터 제품임가공계약에 따른 제품을 납품받고 전자세금계산서를 수취하였다. 제품임가공비용은 10,000,000원(부가가치세 별도)이며, 전액 보통예금 계좌에서 이체하여 지급하였다(단, 제품임가공비용은 외주가공비 계정으로 처리할 것). (3점)

[4] **09월 25일** 제조공장 인근 육군부대에 3D프린터기를 외상으로 구입하여 기증하였고, 아래와 같은 전자세금계산서를 발급받았다. (3점)

	전자세금계산서				승인번호	20250925 – 15454645 – 58811889		
공급자	사업자등록번호	220–81–55976	종사업장번호		공급받는자	사업자등록번호	128–81–32658	종사업장번호	
	상호(법인명)	㈜목포전자	성 명(대표자)	정찬호		상호(법인명)	고성상사㈜	성 명	현정민
	사업장주소	서울특별시 서초구 명달로 101				사업장주소	서울시 중구 창경궁로5다길 13-4		
	업 태	도소매	종 목	전자제품		업 태	제조,도소매	종 목	가방 등
	이메일					이메일			

작성일자	공급가액	세액	수정사유	비고
2025-09-25	3,500,000원	350,000원	해당 없음	

월	일	품 목	규격	수량	단 가	공급가액	세 액	비 고
09	25	3D 프린터		1	3,500,000원	3,500,000원	350,000원	

합 계 금 액	현 금	수 표	어 음	외 상 미 수 금	위 금액을 **(청구)** 함
3,850,000원				3,850,000원	

[5] **10월 06일** 본사 영업부에서 사용할 복합기를 구입하고, 대금은 하나카드로 결제하였다. (3점)

매출전표

단말기번호 A-1000   전표번호 56421454

회원번호(CARD NO)		
3152-3155-****-****		
카드종류	유효기간	거래일자
하나카드	12/25	2025.10.06.
거래유형		취소시 원 거래일자
신용구매		

결제방법	판 매 금 액	1,500,000원
일시불	부 가 가 치 세	150,000원
매입처	봉 사 료	
매입사제출	합 계 (T O T A L)	1,650,000원

전표매입사	승인번호(APPROVAL NO)
하나카드	35745842

가맹점명	가맹점번호
㈜Ok사무	5864112
대표자명	사업자번호
김사무	204-81-76697
주소	
경기도 화성시 동탄대로 537, 101호	

서명(SIGNATURE)

고성상사(주)

[6] **12월 01일** ㈜국민가죽으로부터 고급핸드백 가방 제품의 원재료인 양가죽을 매입하고, 아래의 전자세금계산서를 수취하였다. 부가가치세는 현금으로 지급하였으며, 나머지는 외상거래이다. (3점)

전자세금계산서					승인번호	20251201 – 15454645 – 58811886		
공급자	사업자 등록번호	204-81-35774	종사업장 번호		공급받는자	사업자 등록번호	128-81-32658	종사업장 번호	
	상호 (법인명)	㈜국민가죽	성 명 (대표자)	김국민		상호 (법인명)	고성상사㈜	성 명	현정민
	사업장 주소	경기도 안산시 단원구 석수로 555				사업장 주소	서울시 중구 창경궁로5다길 13-4		
	업 태	도소매	종 목	가죽		업 태	제조,도소매	종 목	가방 등
	이메일					이메일			

작성일자	공급가액	세액	수정사유	비고
2025-12-01	2,500,000원	250,000원	해당 없음	

월	일	품 목	규격	수량	단 가	공급가액	세 액	비 고
12	01	양가죽			2,500,000원	2,500,000원	250,000원	

합 계 금 액	현 금	수 표	어 음	외 상 미 수 금	위 금액을 (청구) 함
2,750,000원	250,000원			2,500,000원	

문제 4

[일반전표입력] 및 [매입매출전표입력] 메뉴에 입력된 내용 중 다음과 같은 오류가 발견되었다. 입력된 내용을 확인하여 정정하시오. (6점)

[1] **07월 22일** 제일자동차로부터 영업부의 업무용승용차(공급가액 15,000,000원, 부가가치세 별도)를 구입하여 대금은 전액 보통예금 계좌에서 지급하고 전자세금계산서를 받았다. 해당 업무용승용차의 배기량은 1,990cc이나 회계담당자는 990cc로 판단하여 부가가치세를 공제받는 것으로 회계처리하였다. (3점)

[2] **09월 15일** 매출거래처 ㈜댕댕오디오의 파산선고로 인하여 외상매출금 3,000,000원을 회수불능으로 판단하고 전액 대손상각비로 대손처리하였으나, 9월 15일 파산선고 당시 외상매출금에 관한 대손충당금 잔액 1,500,000원이 남아있던 것으로 확인되었다. (3점)

문제 5

결산정리사항은 다음과 같다. 관련 메뉴를 이용하여 결산을 완료하시오. (9점)

[1] 2025년 9월 16일에 지급된 2,550,000원은 그 원인을 알 수 없어 가지급금으로 처리하였던바, 결산일인 12월 31일에 2,500,000원은 하나무역의 외상매입금을 상환한 것으로 확인되었으며 나머지 금액은 그 원인을 알 수 없어 당기 비용(영업외비용)으로 처리하기로 하였다. (3점)

[2] 결산일 현재 필립전자에 대한 외화 단기대여금($30,000)의 잔액은 60,000,000원이다. 결산일 현재 기준환율은 $1당 2,200원이다(단, 외화 단기대여금도 단기대여금 계정과목을 사용할 것). (3점)

[3] 대손충당금은 결산일 현재 미수금(기타 채권은 제외)에 대하여만 1%를 설정한다. 보충법에 의하여 대손충당금 설정 회계처리를 하시오(단, 대손충당금 설정에 필요한 정보는 관련 데이터를 조회하여 사용할 것). (3점)

문제 6

다음 사항을 조회하여 답안을 | 이론문제 답안작성 | 메뉴에 입력하시오. (9점)

[1] 당해연도 제1기 부가가치세 예정신고기간(1월~3월) 중 카드과세매출의 공급대가 합계액은 얼마인가? (3점)

[2] 2025년 6월의 영업외비용 총지출액은 얼마인가? (3점)

[3] 2025년 제1기 부가가치세 확정신고기간의 공제받지못할매입세액은 얼마인가? (3점)

제109회 기출문제

이론시험

다음 문제를 보고 알맞은 것을 골라 [이론문제 답안작성] 메뉴에 입력하시오. (객관식 문항당 2점)

기본전제

문제에서 한국채택국제회계기준을 적용하도록 하는 전제조건이 없는 경우, 일반기업회계기준을 적용한다.

01 회계분야 중 재무회계에 대한 설명으로 적절한 것은?

① 관리자에게 경영활동에 필요한 재무정보를 제공한다.
② 국세청 등의 과세관청을 대상으로 회계정보를 작성한다.
③ 법인세, 소득세, 부가가치세 등의 세무 보고서 작성을 목적으로 한다.
④ 일반적으로 인정된 회계원칙에 따라 작성하며 주주, 투자자 등이 주된 정보이용자이다.

02 유가증권 중 단기매매증권에 대한 설명으로 옳지 않은 것은?

① 시장성이 있어야 하고, 단기시세차익을 목적으로 하여야 한다.
② 단기매매증권은 당좌자산으로 분류된다.
③ 기말평가방법은 공정가액법이다.
④ 단기매매증권은 투자자산으로 분류된다.

03 다음 중 재고자산의 평가에 대한 설명으로 옳지 않은 것은?

① 성격이 상이한 재고자산을 일괄 구입하는 경우에는 공정가치 비율에 따라 안분하여
② 취득원가를 결정한다.
③ 재고자산의 취득원가에는 취득과정에서 발생한 할인, 에누리는 반영하지 않는다.
④ 저가법을 적용할 경우 시가가 취득원가보다 낮아지면 시가를 장부금액으로 한다.
　저가법을 적용할 경우 발생한 차액은 전부 매출원가로 회계처리한다.

04 다음 중 유형자산의 자본적지출을 수익적지출로 잘못 처리했을 경우 당기의 자산과 자본에 미치는 영향으로 올바른 것은?

	자산	자본
①	과대	과소
②	과소	과소
③	과소	과대
④	과대	과대

05 ㈜재무는 자기주식 200주(1주당 액면가액 5,000원)를 1주당 7,000원에 매입하여 소각하였다. 소각일 현재 자본잉여금에 감차차익 200,000원을 계상하고 있는 경우 주식소각 후 재무상태표상에 계상되는 감자차손익은 얼마인가?

① 감자차손 200,000원　　　　② 감자차손 400,000원
③ 감자차익 200,000원　　　　④ 감자차익 400,000원

06 다음 중 손익계산서에 대한 설명으로 옳지 않은 것은?

① 매출원가는 제품, 상품 등의 매출액에 대응되는 원가로서 판매된 제품이나 상품 등에 대한 제조원가 또는 매입원가이다.
② 영업외비용은 기업의 주된 영업활동이 아닌 활동으로부터 발생한 비용과 차손으로서 기부금, 잡손실 등이 이에 해당한다.
③ 손익계산서는 일정 기간의 기업의 경영성과에 대한 유용한 정보를 제공한다.
④ 수익과 비용은 각각 순액으로 보고하는 것을 원칙으로 한다.

07 ㈜서울은 ㈜제주와 제품 판매계약을 맺고 ㈜제주가 발행한 당좌수표 500,000원을 계약금으로 받아 아래와 같이 회계처리하였다. 다음 중 ㈜서울의 재무제표에 나타난 영향으로 옳은 것은?

(차) 당좌예금 500,000원	(대) 제품매출 500,000원

① 당좌자산 과소계상　　　　　　② 당좌자산 과대계상

③ 유동부채 과소계상　　　　　　④ 당기순이익 과소계상

08 ㈜한국상사의 2025년 1월 1일 자본금은 50,000,000원(발행주식 수 10,000주, 1주당 액면금액 5,000원)이다. 2025년 10월 1일 1주당 6,000원에 2,000주를 유상증자하였을 경우, 2025년 기말 자본금은 얼마인가?

① 12,000,000원　　② 50,000,000원　　③ 60,000,000원　　④ 62,000,000원

09 원가 및 비용의 분류항목 중 제조원가에 해당하는 것은 무엇인가?

① 생산공장의 전기요금　　　　　② 영업용 사무실의 전기요금

③ 마케팅부의 교육연수비　　　　④ 생산공장 기계장치의 처분손실

10 다음 중 보조부문 상호간의 용역수수관계를 고려하여 보조부문원가를 제조부문과 보조부문에 배분함으로써 보조부문간의 상호 서비스 제공을 완전히 반영하는 방법으로 옳은 것은?

① 직접배분법　　　② 단계배분법　　　③ 상호배분법　　　④ 총배분법

11 다음의 자료에 의한 당기직접재료원가는 얼마인가?

• 기초원재료	1,200,000원	• 기초재공품	200,000원
• 당기원재료매입액	900,000원	• 기말재공품	300,000원
• 기말원재료	850,000원	• 기초제품	400,000원
• 기말제품	500,000원	• 직접노무원가	500,000원

① 1,150,000원　　② 1,250,000원　　③ 1,350,000원　　④ 1,650,000원

12 ㈜성진은 직접원가를 기준으로 제조간접원가를 배부한다. 다음 자료에 의하여 계산한 제조지시서 no.1의 제조간접원가 배부액은 얼마인가?

공장전체 발생원가	제조지시서 no.1
·총생산수량 : 10,000개 ·기계시간 : 24시간 ·직접재료원가 : 800,000원 ·직접노무원가 : 200,000원 ·제조간접원가 : 500,000원	·총생산수량 : 5,200개 ·기계시간 : 15시간 ·직접재료원가 : 400,000원 ·직접노무원가 : 150,000원 ·제조간접원가 : (?)원

① 250,000원　　② 260,000원　　③ 275,000원　　④ 312,500원

13 다음 중 부가가치세법상 과세기간에 대한 설명으로 옳지 않은 것은?

① 간이과세자의 과세기간은 1월 1일부터 12월 31일까지이다.
② 사업자가 폐업하는 경우의 과세기간은 폐업일이 속하는 과세기간의 개시일부터 폐업일까지로 한다.
③ 일반과세자가 간이과세자로 변경되는 경우에 그 변경되는 해의 간이과세자 과세기간은 7월 1일부터 12월 31일까지이다.
④ 간이과세자가 일반과세자로 변경되는 경우에 그 변경되는 해의 간이과세자 과세기간은 1월 1일부터 12월 31일까지이다.

14 다음 중 세금계산서의 필요적 기재사항에 해당하지 않는 것은?

① 공급연월일
② 공급하는 사업자의 등록번호와 성명 또는 명칭
③ 공급받는자의 등록번호
④ 공급가액과 부가가치세액

15 다음 중 부가가치세법에 따른 재화 또는 용역의 공급시기에 대한 설명으로 적절하지 않은 것은?

① 위탁판매의 경우 수탁자가 공급한 때이다.
② 상품권의 경우 상품권이 판매되는 때이다.
③ 장기할부판매의 경우 대가의 각 부분을 받기로 한 때이다.
④ 내국물품을 외국으로 반출하는 경우 수출재화를 선적하는 때이다.

실무시험

정민상사㈜(회사코드:1093)는 전자제품의 제조 및 도·소매업을 영위하는 중소기업으로 당기(제11기)의 회계기간은 2025.1.1.~2025.12.31.이다. 전산세무회계 수험용 프로그램을 이용하여 다음 물음에 답하시오.

기본전제

- 문제에서 한국채택국제회계기준을 적용하도록 하는 전제조건이 없는 경우, 일반기업회계기준을 적용하여 회계처리 한다.
- 문제의 풀이와 답안작성은 제시된 문제의 순서대로 진행한다.

문제 1

다음은 [기초정보관리] 및 [전기분재무제표]에 대한 자료이다. 각각의 요구사항에 대하여 답하시오. (10점)

[1] 다음 자료를 이용하여 [거래처등록] 메뉴에 등록하시오. (3점)

• 거래처코드 : 01230	• 거래처명 : 태형상사	• 유형 : 동시
• 사업자등록번호 : 107-36-25785	• 대표자 : 김상수	• 업태 : 도소매
• 종목 : 사무기기	• 사업장주소 : 서울시 동작구 여의대방로10가길 1 (신대방동)	
	※ 주소 입력 시 우편번호 입력은 생략해도 무방함.	

[2] 정민상사㈜의 전기말 거래처별 채권 및 채무의 올바른 잔액은 다음과 같다. 주어진 자료를 검토하여 잘못된 부분은 오류를 정정하고, 누락된 부분은 추가하여 입력하시오. (3점)

채권 및 채무	거래처	금 액
받을어음	㈜원수	15,000,000원
	㈜케스터	2,000,000원
단기차입금	㈜이태백	10,000,000원
	㈜빛날통신	13,000,000원
	Champ사	12,000,000원

[3] 전기분 손익계산서를 검토한 결과 다음과 같은 오류가 발견되었다. 전기분재무제표 중 관련 재무제표를 모두 적절하게 수정 또는 삭제 및 추가입력하시오. (4점)

계정과목	오류내용
보험료	제조원가 1,000,000원을 판매비와관리비로 회계처리

문제 2

[일반전표입력] 메뉴를 이용하여 다음의 거래 자료를 입력하시오(일반전표입력의 모든 거래는 부가가치세를 고려하지 말 것). (18점)

입력 시 유의사항

- 일반적인 적요의 입력은 생략하지만, 타계정 대체거래는 적요번호를 선택하여 입력한다.
- 채권·채무와 관련된 거래는 별도의 요구가 없는 한 반드시 기등록된 거래처코드를 선택하는 방법으로 거래처명을 입력한다.
- 제조경비는 500번대 계정코드를, 판매비와관리비는 800번대 계정코드를 사용한다.
- 회계처리 시 계정과목은 별도의 제시가 없는 한 등록된 계정과목 중 가장 적절한 과목으로 한다.

[1] **08월 20일** 인근 주민센터에 판매용 제품(원가 2,000,000원, 시가 3,500,000원)을 기부하였다. (3점)

[2] **09월 02일** 대주주인 전마나 씨로부터 차입한 단기차입금 20,000,000원 중 15,000,000원은 보통예금 계좌에서 이체하여 상환하고, 나머지 금액은 면제받기로 하였다. (3점)

[3] **10월 19일** ㈜용인의 외상매입금 2,500,000원에 대해 타인이 발행한 당좌수표 1,500,000원과 ㈜수원에 제품을 판매하고 받은 ㈜수원 발행 약속어음 1,000,000원을 배서하여 지급하다. (3점)

[4] **11월 06일** 전월분 고용보험료를 다음과 같이 현금으로 납부하다(단, 하나의 전표로 처리하고, 회사부담금은 보험료로 처리할 것). (3점)

고용보험 납부내역

사원명	소속	직원부담금	회사부담금	합계
김정직	제조부	180,000원	221,000원	401,000원
이성실	마케팅부	90,000원	110,500원	200,500원
합계		270,000원	331,500원	601,500원

[5] **11월 11일** 영업부 직원에 대한 확정기여형(DC) 퇴직연금 7,000,000원을 하나은행 보통예금 계좌에서 이체하여 납입하였다. 이 금액에는 연금운용에 대한 수수료 200,000원이 포함되어 있다. (3점)

[6] **12월 03일** 일시보유목적으로 취득하였던 시장성 있는 ㈜세무의 주식 500주(1주당 장부금액 8,000원, 1주당 액면금액 5,000원, 1주당 처분금액 10,000원)를 처분하고 수수료 250,000원을 제외한 금액을 보통예금 계좌로 이체받았다. (3점)

문제 3

[매입매출전표입력] 메뉴를 이용하여 다음의 거래 자료를 입력하시오. (18점)

입력 시 유의사항

- 일반적인 적요의 입력은 생략하지만, 타계정 대체거래는 적요번호를 선택하여 입력한다.
- 채권·채무와 관련된 거래는 별도의 요구가 없는 한 반드시 기등록된 거래처코드를 선택하는 방법으로 거래처명을 입력한다.
- 제조경비는 500번대 계정코드를, 판매비와관리비는 800번대 계정코드를 사용한다.
- 회계처리 시 계정과목은 별도의 제시가 없는 한 등록된 계정과목 중 가장 적절한 과목으로 한다.
- 입력화면 하단의 분개까지 처리하고, 전자세금계산서 및 전자계산서는 전자입력으로 반영한다.

[1] **07월 28일** 총무부 직원들의 야식으로 저팔계산업(일반과세자)에서 도시락을 주문하고, 하나카드로 결제하였다. (3점)

신용카드매출전표

가 맹 점 명 : 저팔계산업
사 업 자 번 호 : 127-10-12343
대 표 자 명 : 김돈육
주　　　　소 : 서울 마포구 상암동 332
롯 데 카 드 : 신용승인
거 래 일 시 : 2025-07-28 20:08:54
카 드 번 호 : 3256-6455-****-1324
유 효 기 간 : 12/24
가 맹 점 번 호 : 123412341
매 입 사 : 하나카드(전자서명전표)

상품명	금액
도시락세트	220,000

공 급 가 액 : 200,000
부 가 세 액 : 　20,000
합　　　계 : 220,000

---

[2] **09월 03일** 공장에서 사용하던 기계장치(취득가액 50,000,000원, 처분 시점까지의 감가상각누계액 38,000,000원)를 보람테크㈜에 처분하고 아래의 전자세금계산서를 발급하였다(당기의 감가상각비는 고려하지 말고 하나의 전표로 입력할 것). (3점)

전자세금계산서						승인번호	20250903-145654645-58811657			
공급자	사업자등록번호	680-81-32549	종사업장번호		공급받는자	사업자등록번호	110-81-02129	종사업장번호		
	상호(법인명)	정민상사㈜	성명(대표자)	최정민		상호(법인명)	보람테크㈜	성명	김종대	
	사업장주소	경기도 수원시 권선구 평동로79번길 45				사업장주소	경기도 안산시 단원구 광덕서로 100			
	업태	제조,도소매	종목	전자제품		업태	제조	종목	반도체	
	이메일					이메일				

작성일자	공급가액	세액	수정사유	비고
2025.09.03.	13,500,000	1,350,000	해당 없음	

월	일	품목	규격	수량	단가	공급가액	세액	비고
09	03	기계장치 매각				13,500,000	1,350,000	

합계금액	현금	수표	어음	외상미수금	위 금액을 (청구) 함
14,850,000	4,850,000			10,000,000	

[3] **09월 22일** 마산상사로부터 원재료 5,500,000원(부가가치세 포함)을 구입하고 전자세금계산서를 발급받았다. 대금은 ㈜서울에 제품을 판매하고 받은 ㈜서울 발행 약속어음 2,000,000원을 배서하여 지급하고, 잔액은 외상으로 하다. (3점)

[4] **10월 31일** NICE Co.,Ltd의 해외수출을 위한 구매확인서에 따라 전자제품 100개(@700,000원)를 납품하고 영세율전자세금계산서를 발행하였다. 대금 중 50%는 보통예금계좌로 입금받고 잔액은 1개월 후에 받기로 하다. (3점)

[5] **11월 04일** 영업부 거래처의 직원에게 선물할 목적으로 선물세트를 외상으로 구입하고 아래와 같은 전자세금계산서를 발급받았다. (3점)

전자세금계산서						승인번호	20251104-15454645-58811889		
공급자	사업자등록번호	113-18-77299	종사업장번호		공급받는자	사업자등록번호	680-81-32549	종사업장번호	
	상호(법인명)	손오공상사	성명(대표자)	황범식		상호(법인명)	정민상사㈜	성명	최정민
	사업장주소	서울특별시 서초구 명달로 102				사업장주소	경기도 수원시 권선구 평동로79번길 45		
	업태	도매	종목	잡화류		업태	제조,도소매	종목	전자제품
	이메일					이메일			

작성일자	공급가액	세액	수정사유	비고
2025.11.04.	1,500,000	150,000	해당 없음	

월	일	품목	규격	수량	단가	공급가액	세액	비고
11	04	선물세트		1	1,500,000	1,500,000	150,000	

합계금액	현금	수표	어음	외상미수금	위 금액을 **(청구)** 함
1,650,000				1,650,000	

[6] **12월 05일** 공장 신축 목적으로 취득한 토지의 토지정지 등을 위한 토목공사를 하고 ㈜만듬 건설로부터 아래의 전자세금계산서를 발급받았다. 대금 지급은 기지급한 계약금 5,500,000원을 제외하고 외상으로 하였다. (3점)

전자세금계산서					승인번호			
공급자	사업자등록번호	105-81-23608	종사업장번호		공급받는자	사업자등록번호	680-81-32549	종사업장번호	
	상호(법인명)	㈜만듬건설	성명(대표자)	다만듬		상호(법인명)	정민상사㈜	성명	최정민
	사업장주소	서울특별시 동작구 여의대방로 24가길 28				사업장주소	경기도 수원시 권선구 평동로79번길 45		
	업태	건설	종목	토목공사		업태	제조,도소매	종목	전자제품
	이메일					이메일			

작성일자	공급가액	세액	수정사유	비고
2025.12.05.	50,000,000	5,000,000	해당 없음	

월	일	품목	규격	수량	단가	공급가액	세액	비고
12	05	공장토지 토지정지 등			50,000,000	50,000,000	5,000,000	

합계금액	현금	수표	어음	외상미수금	위 금액을 (청구) 함
55,000,000		5,500,000		49,500,000	

문제 4

[일반전표입력] 및 **[매입매출전표입력]** 메뉴에 입력된 내용 중 다음과 같은 오류가 발견되었다. 입력된 내용을 확인하여 정정하시오. (6점)

[1] **11월 10일** 공장 에어컨 수리비로 가나상사에 보통예금 계좌에서 송금한 880,000원을 수선비로 회계처리 하였으나, 해당 수선비는 10월 10일 미지급금으로 회계처리한 것을 결제한 것이다. (3점)

[2] **12월 15일** 당초 제품을 $10,000에 직수출하고 선적일 당시 환율 1,000원/$을 적용하여 제품매출 10,000,000원을 외상판매한 것으로 회계처리하였으나, 수출 관련 서류 검토 결과 직수출이 아니라 내국신용장에 의한 공급으로 ㈜강서기술에 전자영세율세금계산서를 발급한 외상매출인 것으로 확인되었다. (3점)

문제 5

결산정리사항은 다음과 같다. 관련 메뉴를 이용하여 결산을 완료하시오. (9점)

[1] 거래처 ㈜태명에 4월 1일 대여한 50,000,000원(상환회수일 2027년 3월 31일, 연 이자율 6%)에 대한 기간경과분 이자를 계상하다. 단, 이자는 월할 계산하고, 매년 3월 31일에 받기로 약정하였다. (3점)

[2] 제조공장의 창고 임차기간은 2025.04.01.~2026.03.31.으로 임차개시일에 임차료 3,600,000원을 전액 지급하고 즉시 당기 비용으로 처리하였다. 결산정리분개를 하시오. (3점)

[3] 당기 중 단기간 시세차익을 목적으로 시장성이 있는 유가증권을 75,000,000원에 취득하였다. 당기말 해당 유가증권의 시가는 73,000,000원이다. (3점)

문제 6

다음 사항을 조회하여 알맞은 답안을 | 이론문제 답안작성 | 메뉴에 입력하시오. (9점)

[1] 2025년 상반기(1월~6월) 중 판매비및관리비의 급여 발생액이 가장 많은 월(月)과 가장 적은 월(月)의 차액은 얼마인가? (단, 양수로만 기재할 것) (3점)

[2] 일천상사에 대한 제품매출액은 3월 대비 4월에 얼마나 감소하였는가? (단, 음수로 입력하지 말 것) (3점)

[3] 2025년 제1기 예정신고기간(1월~3월) 중 ㈜서산상사에 발행한 세금계산서의 총발행매수와 공급가액은 얼마인가? (3점)

제110회 기출문제

이론시험

다음 문제를 보고 알맞은 것을 골라 [이론문제 답안작성] 메뉴에 입력하시오. (객관식 문항당 2점)

기본전제

문제에서 한국채택국제회계기준을 적용하도록 하는 전제조건이 없는 경우, 일반기업회계기준을 적용한다.

01 다음 중 재무상태표에 관한 설명으로 가장 옳은 것은?

① 일정 시점의 현재 기업이 보유하고 있는 자산과 부채 및 자본에 대한 정보를 제공하는 재무보고서이다.
② 일정 기간 동안의 기업의 수익과 비용에 대해 보고하는 보고서이다.
③ 일정 기간 동안의 현금의 유입과 유출에 대한 정보를 제공하는 보고서이다.
④ 기업의 자본변동에 관한 정보를 제공하는 재무보고서이다.

02 다음 중 유동부채에 포함되지 않는 것은 무엇인가?

① 매입채무   ② 단기차입금   ③ 유동성장기부채   ④ 임대보증금

03 다음 중 무형자산과 관련된 설명으로 옳지 않은 것은?

① 연구프로젝트에서 발생한 지출이 연구단계와 개발단계로 구분할 수 없는 경우에는 모두 연구단계에서 발생한 것으로 본다.
② 내부적으로 창출한 브랜드, 고객목록과 같은 항목은 무형자산으로 인식할 수 있다.
③ 무형자산은 회사가 사용할 목적으로 보유하는 물리적 실체가 없는 자산이다.
④ 무형자산의 소비되는 행태를 신뢰성 있게 결정할 수 없을 경우 정액법으로 상각한다.

04 다음 중 일반기업회계기준에 의한 수익 인식 시점에 대한 설명으로 옳지 않은 것은?

① 위탁판매의 경우에는 수탁자가 위탁품을 소비자에게 판매한 시점에 수익을 인식한다.
② 시용판매의 경우에는 상품 인도 시점에 수익을 인식한다.
③ 광고 제작 수수료의 경우에는 광고 제작의 진행률에 따라 수익을 인식한다.
④ 수강료의 경우에는 강의 시간에 걸쳐 수익으로 인식한다.

05 재고자산의 단가 결정 방법 중 매출 시점에서 해당 재고자산의 실제 취득원가를 기록하여 매출원가로 대응시킴으로써 가장 정확하게 원가 흐름을 파악할 수 있는 재고자산의 단가 결정 방법은 무엇인가?

① 개별법　　　　② 선입선출법　　　　③ 후입선출법　　　　④ 총평균법

06 다음 중 영업이익에 영향을 주는 거래로 옳은 것은?

① 거래처에 대한 대여금의 전기분 이자를 받았다.
② 창고에 보관하고 있던 상품이 화재로 인해 소실되었다.
③ 차입금에 대한 전기분 이자를 지급하였다.
④ 일용직 직원에 대한 수당을 지급하였다.

07 다음의 거래를 적절하게 회계처리 하였을 경우, 당기순이익의 증감액은 얼마인가? 단, 주어진 자료 외의 거래는 없다고 가정한다.

- 매도가능증권 : 장부금액 5,000,000원, 결산일 공정가치 4,500,000원
- 단기매매증권 : 장부금액 3,000,000원, 결산일 공정가치 3,300,000원
- 투자부동산 : 장부금액 9,000,000원, 처분금액 8,800,000원

① 100,000원 감소 ② 100,000원 증가

③ 400,000원 감소 ④ 400,000원 증가

08 ㈜수암골의 재무상태가 다음과 같다고 가정할 때, 기말자본은 얼마인가?

기초		기말		당기 중 추가출자	이익 배당액	총수익	총비용
자산	부채	부채	자본				
900,000원	500,000원	750,000원	( )	100,000원	50,000원	1,100,000원	900,000원

① 500,000원 ② 550,000원 ③ 600,000원 ④ 650,000원

09 다음 중 원가회계에 대한 설명이 아닌 것은?

① 외부의 정보이용자들에게 유용한 정보를 제공하기 위한 정보이다.
② 원가통제에 필요한 정보를 제공하기 위함이다.
③ 제품원가계산을 위한 원가정보를 제공한다.
④ 경영계획수립과 통제를 위한 원가정보를 제공한다.

10 다음 중 원가행태에 따라 변동원가와 고정원가로 분류할 때 이에 대한 설명으로 올바른 것은?

① 변동원가는 조업도가 증가할수록 총원가도 증가한다.
② 변동원가는 조업도가 증가할수록 단위당 원가도 증가한다.
③ 고정원가는 조업도가 증가할수록 총원가도 증가한다.
④ 고정원가는 조업도가 증가할수록 단위당 원가도 증가한다.

11 다음 중 보조부문의 원가 배분에 대한 설명으로 옳지 않은 것은?

① 보조부문의 원가 배분방법으로는 직접배분법, 단계배분법 및 상호배분법이 있으며, 어떤 방법을 사용하더라도 전체 보조부문의 원가는 차이가 없다.

② 상호배분법을 사용할 경우, 부문간 상호수수를 고려하여 계산하기 때문에 어떤 배분방법보다 정확성이 높다고 할 수 있다.

③ 단계배분법을 사용할 경우, 배분순서를 어떻게 하더라도 각 보조부문에 배분되는 금액은 차이가 없다.

④ 직접배분법을 사용할 경우, 보조부문 원가 배분액의 계산은 쉬우나 부문간 상호수수에 대해서는 전혀 고려하지 않는다.

12 다음 중 개별원가계산과 종합원가계산에 대한 설명으로 옳지 않은 것은?

① 개별원가계산은 작업지시서에 의한 원가계산을 한다.

② 개별원가계산은 주문형 소량 생산 방식에 적합하다.

③ 종합원가계산은 공정별 대량 생산 방식에 적합하다.

④ 종합원가계산은 여러 공정에 걸쳐 생산하는 경우 적용할 수 없다.

13 다음 중 부가가치세법상 사업자등록 정정 사유가 아닌 것은?

① 상호를 변경하는 경우

② 사업장을 이전하는 경우

③ 사업의 종류에 변동이 있는 경우

④ 증여로 인하여 사업자의 명의가 변경되는 경우

14 다음 중 부가가치세법상 영세율에 대한 설명으로 가장 옳지 않은 것은?

① 수출하는 재화에 대해서는 영세율이 적용된다.

② 영세율은 수출산업을 지원하는 효과가 있다.

③ 영세율을 적용하더라도 완전면세를 기대할 수 없다.

④ 영세율은 소비지국과세원칙이 구현되는 제도이다.

15 다음 중 영수증 발급 대상 사업자가 될 수 없는 업종에 해당하는 것은?

① 소매업

② 도매업

③ 목욕, 이발, 미용업

④ 입장권을 발행하여 영위하는 사업

실무시험

오영상사㈜(회사코드:1103)는 가방 등의 제조·도소매업 및 부동산임대업을 영위하는 중소기업으로 당기(제11기) 회계기간은 2025.1.1.~2025.12.31.이다. 전산세무회계 수험용 프로그램을 이용하여 다음 물음에 답하시오.

기본전제

- 문제에서 한국채택국제회계기준을 적용하도록 하는 전제조건이 없는 경우, 일반기업회계기준을 적용하여 회계처리 한다.
- 문제의 풀이와 답안작성은 제시된 문제의 순서대로 진행한다.

문제 1

다음은 [기초정보관리] 및 [전기분재무제표]에 대한 자료이다. 각각의 요구사항에 대하여 답하시오. (10점)

[1] 다음 자료를 이용하여 거래처등록의 [신용카드] 탭에 추가로 입력하시오. (3점)

- 코드 : 99850
- 거래처명 : 하나카드
- 카드종류 : 사업용카드
- 유형 : 매입
- 카드번호 : 5531-8440-0622-2804

[2] [계정과목및적요등록] 메뉴에서 여비교통비(판매비및일반관리비) 계정에 아래의 적요를 추가로 등록하시오. (3점)

- 현금적요 6번 : 야근 시 퇴근택시비 지급
- 대체적요 3번 : 야근 시 퇴근택시비 정산 인출

[3] 전기분 손익계산서를 검토한 결과 다음과 같은 오류가 발견되었다. 해당 오류와 연관된 재무제표를 모두 올바르게 정정하시오. (4점)

공장 생산직 사원들에게 지급한 명절 선물 세트 1,000,000원이 회계 담당 직원의 실수로 인하여 본사 사무직 사원들에게 지급한 것으로 회계처리 되어 있음을 확인한다.

문제 2

[일반전표입력] 메뉴를 이용하여 다음의 거래 자료를 입력하시오(일반전표입력의 모든 거래는 부가가치세를 고려하지 말 것). (18점)

입력 시 유의사항

- 일반적인 적요의 입력은 생략하지만, 타계정 대체거래는 적요번호를 선택하여 입력한다.
- 채권·채무와 관련된 거래는 별도의 요구가 없는 한 반드시 기등록된 거래처코드를 선택하는 방법으로 거래처명을 입력한다.
- 제조경비는 500번대 계정코드를, 판매비와관리비는 800번대 계정코드를 사용한다.
- 회계처리 시 계정과목은 별도의 제시가 없는 한 등록된 계정과목 중 가장 적절한 과목으로 한다.

[1] **07월 04일** 나노컴퓨터에 지급하여야 할 외상매입금 5,000,000원과 나노컴퓨터로부터 수취하여야 할 외상매출금 3,000,000원을 상계하여 처리하고, 잔액은 당좌수표를 발행하여 지급하였다. (3점)

[2] **09월 15일** 투자 목적으로 보유 중인 단기매매증권(보통주 1,000주, 1주당 액면가액 5,000원, 1주당 장부가액 9,000원)에 대하여 1주당 1,000원씩의 현금배당이 보통예금 계좌로 입금되었으며, 주식배당 20주를 수령하였다. (3점)

[3] **10월 05일** 제품을 판매하고 ㈜영춘으로부터 받은 받을어음 5,000,000원을 만기 이전에 주거래은행인 토스뱅크에 할인하고, 할인료 55,000원을 차감한 나머지 금액을 보통예금 계좌로 입금받았다. 단, 어음의 할인은 매각거래에 해당한다. (3점)

[4] **10월 30일** 영업부에서 대한상공회의소 회비 500,000원을 보통예금 계좌에서 지급하고 납부영수증을 수취하였다. (3점)

[5] **12월 12일** 자금 조달을 위하여 발행하였던 사채(액면금액 10,000,000원, 장부가액 10,000,000원)를 9,800,000원에 조기 상환하면서 보통예금 계좌에서 지급하였다. (3점)

[6] **12월 21일** 보통예금 계좌를 확인한 결과, 결산이자 500,000원에서 원천징수세액 77,000원을 차감한 금액이 입금되었음을 확인하였다(단, 원천징수세액은 자산으로 처리할 것). (3점)

문제 3

[매입매출전표입력] 메뉴를 이용하여 다음의 거래 자료를 입력하시오. (18점)

입력 시 유의사항

• 일반적인 적요의 입력은 생략하지만, 타계정 대체거래는 적요번호를 선택하여 입력한다.
• 채권·채무와 관련된 거래는 별도의 요구가 없는 한 반드시 기등록된 거래처코드를 선택하는 방법으로 거래처명을 입력한다.
• 제조경비는 500번대 계정코드를, 판매비와관리비는 800번대 계정코드를 사용한다.
• 회계처리 시 계정과목은 별도의 제시가 없는 한 등록된 계정과목 중 가장 적절한 과목으로 한다.
• 입력화면 하단의 분개까지 처리하고, 전자세금계산서 및 전자계산서는 전자입력으로 반영한다.

[1] **07월 11일** 성심상사에 제품을 판매하고 아래의 전자세금계산서를 발급하였다. (3점)

전자세금계산서					승인번호	20250711-1000000-00009329		
공급자	사업자등록번호	124-87-05224	종사업장번호		공급받는자	사업자등록번호	134-86-81692	종사업장번호	
	상호(법인명)	오영상사㈜	성명(대표자)	김하현		상호(법인명)	성심상사	성명	황성심
	사업장주소	경기도 성남시 분당구 서판교로6번길 24				사업장주소	경기도 화성시 송산면 마도북로 40		
	업태	제조,도소매	종목	가방		업태	제조	종목	자동차특장
	이메일					이메일			

작성일자	공급가액	세액	수정사유	비고
2025/07/11	3,000,000	300,000	해당 없음	

월	일	품 목	규격	수량	단 가	공급가액	세 액	비 고
07	11	제품				3,000,000	300,000	

합 계 금 액	현 금	수 표	어 음	외 상 미 수 금	위 금액을 **(영수,청구)** 함
3,300,000	1,000,000			2,300,000	

[2] **08월 25일** 본사 사무실로 사용하기 위하여 ㈜대관령으로부터 상가를 취득하고, 대금은 다음과 같이 지급하였다(단, 하나의 전표로 입력할 것). (3점)

- 총매매대금은 370,000,000원으로 토지분 매매가액 150,000,000원과 건물분 매매가액 220,000,000원(부가가치세 포함)이다.
- 총매매대금 중 계약금 37,000,000원은 계약일인 7월 25일에 미리 지급하였으며, 잔금은 8월 25일에 보통예금 계좌에서 이체하여 지급하였다.
- 건물분에 대하여 전자세금계산서를 잔금 지급일에 수취하였으며, 토지분에 대하여는 별도의 계산서를 발급받지 않았다.

[3] **09월 15일** 총무부가 사용하기 위한 소모품을 골드팜㈜으로부터 총 385,000원에 구매하고 보통예금 계좌에서 이체하였으며, 지출증빙용 현금영수증을 발급받았다. 단, 소모품은 구입 즉시 비용으로 처리한다. (3점)

[4] **09월 30일** 경하자동차㈜로부터 본사에서 업무용으로 사용할 승용차(5인승, 배기량 998cc, 개별소비세 과세 대상 아님)를 구입하고 아래의 전자세금계산서를 발급받았다. (3점)

전자세금계산서						승인번호		20250930-145982301203467		
공급자	사업자등록번호	610-81-51299	종사업장번호			공급받는자	사업자등록번호	124-87-05224	종사업장번호	
	상호(법인명)	경하자동차㈜	성 명(대표자)	정선달			상호(법인명)	오영상사㈜	성 명	김하현
	사업장주소	울산 중구 태화동 150					사업장주소	경기도 성남시 분당구 서판교로6번길 24		
	업 태	제조,도소매	종 목	자동차			업 태	제조,도소매	종 목	가방
	이메일						이메일			

작성일자	공급가액	세액	수정사유	비고
2025/09/30	15,000,000	1,500,000		

월	일	품 목	규격	수량	단 가	공급가액	세 액	비 고
09	30	승용차(배기량 998cc)		1		15,000,000	1,500,000	

합 계 금 액	현 금	수 표	어 음	외 상 미 수 금	위 금액을 **(청구)** 함
16,500,000				16,500,000	

[5] **10월 17일** 미국에 소재한 MIRACLE사에서 원재료 8,000,000원(부가가치세 별도)을 수입하면서 인천세관으로부터 수입전자세금계산서를 발급받고 부가가치세는 보통예금 계좌에서 지급하였다(단, 재고자산에 대한 회계처리는 생략할 것). (3점)

[6] **10월 20일** 개인 소비자에게 제품을 판매하고 현금 99,000원(부가가치세 포함)을 받았다. 단, 판매와 관련하여 어떠한 증빙도 발급하지 않았다. (3점)

문제 4

[일반전표입력] 및 [매입매출전표입력] 메뉴에 입력된 내용 중 다음과 같은 오류가 발견되었다. 입력된 내용을 확인하여 정정하시오. (6점)

[1] **08월 31일** 운영자금 조달을 위해 개인으로부터 차입한 부채에 대한 이자비용 362,500원을 보통예금 계좌에서 이체하고 회계처리하였으나 해당 거래는 이자비용 500,000원에서 원천징수세액 137,500원을 차감하고 지급한 것으로 이에 대한 회계처리가 누락되었다(단, 원천징수세액은 부채로 처리하고, 하나의 전표로 입력할 것). (3점)

[2] **11월 30일** 제품생산공장 출입문의 잠금장치를 수리하고 영포상회에 지급한 770,000원(부가가치세 포함)을 자본적지출로 회계처리하였으나 수익적지출로 처리하는 것이 옳은 것으로 판명되었다. (3점)

문제 5

결산정리사항은 다음과 같다. 관련 메뉴를 이용하여 결산을 완료하시오. (9점)

[1] 2월 11일에 소모품 3,000,000원을 구입하고 모두 자산으로 처리하였으며, 12월 31일 현재 창고에 남은 소모품은 500,000원으로 조사되었다. 부서별 소모품 사용 비율은 영업부 25%, 생산부 75%이며, 그 사용 비율에 따라 배부한다. (3점)

[2] 기중에 현금시재 잔액이 장부금액보다 부족한 것을 발견하고 현금과부족으로 계상하였던 235,000원 중 150,000원은 영업부 업무용 자동차의 유류대금을 지급한 것으로 확인되었으나 나머지는 결산일까지 그 원인이 파악되지 않아 당기의 비용으로 대체하다. (3점)

[3] 12월 31일 결산일 현재 재고자산의 기말재고액은 다음과 같다. (3점)

원재료	재공품	제품
• 장부수량 10,000개(단가 1,000원) • 실제수량 9,500개(단가 1,000원) • 단, 수량차이는 모두 정상적으로 발생한 것이다.	8,500,000원	13,450,000원

문제 6

다음 사항을 조회하여 알맞은 답안을 │이론문제 답안작성│ 메뉴에 입력하시오. (9점)

[1] 2025년 5월 말 외상매출금과 외상매입금의 차액은 얼마인가? (단, 양수로 기재할 것) (3점)

[2] 제1기 부가가치세 확정신고기간(4월~6월)의 영세율 적용 대상 매출액은 모두 얼마인가? (3점)

[3] 6월에 발생한 판매비와일반관리비 중 발생액이 가장 적은 계정과목과 그 금액은 얼마인가? (3점)

제111회 기출문제

이론시험

다음 문제를 보고 알맞은 것을 골라 이론문제 답안작성 메뉴에 입력하시오. (객관식 문항당 2점)

기본전제

문제에서 한국채택국제회계기준을 적용하도록 하는 전제조건이 없는 경우, 일반기업회계기준을 적용한다.

01 다음 중 아래의 자료에서 설명하고 있는 재무정보의 질적특성에 해당하지 않는 것은?

재무정보가 정보이용자의 의사결정에 유용하게 활용되기 위해서는 그 정보가 의사결정의 목적과 관련이 있어야 한다.

① 예측가치 ② 피드백가치 ③ 적시성 ④ 중립성

02 다음 중 일반기업회계기준에 따른 재무상태표의 표시에 관한 설명으로 가장 적절하지 않은 것은?

① 비유동자산은 당좌자산, 유형자산, 무형자산으로 구분된다.
② 단기차입금은 유동부채로 분류된다.
③ 자산과 부채는 유동성배열법에 따라 작성된다.
④ 재고자산은 유동자산에 포함된다.

03 다음은 재고자산 단가 결정방법에 대한 설명이다. 어느 방법에 대한 설명인가?

> • 실제의 물량 흐름에 대한 원가흐름의 가정이 대체로 유사하다.
> • 현재의 수익과 과거의 원가가 대응하여 수익·비용 대응의 원칙에 부적합하다.
> • 물가 상승 시 이익이 과대 계상된다.

① 개별법   ② 선입선출법   ③ 후입선출법   ④ 총평균법

04 다음 중 현금및현금성자산에 해당하는 항목의 총합계액은 얼마인가?

> • 선일자수표   500,000원   • 배당금지급통지서   500,000원
> • 타인발행수표   500,000원   • 만기 6개월 양도성예금증서 300,000원

① 1,000,000원   ② 1,300,000원   ③ 1,500,000원   ④ 1,800,000원

05 다음 중 자본에 대한 설명으로 옳지 않은 것은?

① 자본금은 발행주식수에 액면가액을 곱한 금액이다.
② 주식발행초과금과 감자차익은 자본잉여금이다.
③ 자본조정에는 주식할인발행차금, 감자차손 등이 있다.
④ 주식배당과 무상증자는 순자산의 증가가 발생한다.

06 다음 중 손익계산서에 나타나는 계정과목으로만 짝지어진 것은?

> 가. 대손상각비   나. 현금   다. 기부금
> 라. 퇴직급여   마. 이자수익   바. 외상매출금

① 가, 나   ② 가, 다   ③ 나, 바   ④ 다, 바

07 다음은 12월 말 결산법인인 ㈜한국의 기계장치 관련 자료이다. ㈜한국이 2025년 12월 31일에 계상할 감가상각비는 얼마인가? (단, 월할 상각할 것)

> • 취득일 : 2024년 7월 1일   • 상각방법 : 정률법   • 내용연수 : 5년
> • 상각률 : 45%   • 취득원가 : 10,000,000원   • 잔존가치 : 500,000원

① 4,500,000원   ② 3,487,500원   ③ 2,475,000원   ④ 2,250,000원

08 다음 중 손익계산서상 표시되는 매출원가를 증가시키는 영향을 주지 않는 것은?

① 판매 이외 목적으로 사용된 재고자산의 타계정대체액
② 재고자산의 시가가 장부금액 이하로 하락하여 발생한 재고자산평가손실
③ 정상적으로 발생한 재고자산감모손실
④ 원재료 구입 시 지급한 운반비

09 다음 중 원가에 대한 설명으로 가장 옳지 않은 것은?

① 기초원가이면서 가공원가에 해당하는 원가는 직접노무원가이다.
② 직접원가란 특정 제품의 생산에 직접적으로 사용되어 명확하게 추적할 수 있는 원가이다.
③ 변동원가는 생산량이 증가할 때마다 단위당 원가도 증가하는 원가이다.
④ 매몰원가는 과거에 발생하여 현재 의사결정에 영향을 미치지 않는 원가를 말한다.

10 다음 중 개별원가계산의 적용이 가능한 업종은 무엇인가?

① 제분업   ② 정유업   ③ 건설업   ④ 식품가공업

11 다음 중 공손 등에 대한 설명으로 옳지 않은 것은?

① 공손은 생산과정에서 발생하는 원재료의 찌꺼기를 말한다.
② 정상공손은 효율적인 생산과정에서 발생하는 공손을 말한다.
③ 비정상공손원가는 영업외비용으로 처리한다.
④ 정상공손은 원가에 포함한다.

12 ㈜서울은 직접노무시간을 기준으로 제조간접원가를 배부하고 있다. 당해연도 초의 예상 직접노무시간은 50,000시간이고, 제조간접원가 예상액은 2,500,000원이었다. 6월의 제조간접원가 실제 발생액은 300,000원이고, 실제 직접노무시간이 5,000시간인 경우, 6월의 제조간접원가 배부차이는 얼마인가?

① 과대배부 40,000원   ② 과소배부 40,000원
③ 과대배부 50,000원   ④ 과소배부 50,000원

13 다음 중 부가가치세법상 세부담의 역진성을 완화하기 위한 목적으로 도입한 제도는 무엇인가?

① 영세율제도　　　　　　　　　② 사업자단위과세제도
③ 면세제도　　　　　　　　　　④ 대손세액공제제도

14 다음 중 부가가치세법상 '재화의 공급으로 보지 않는 특례'에 해당하지 않는 것은?

① 담보의 제공　　　　　　　　　② 제품의 외상판매
③ 조세의 물납　　　　　　　　　④ 법률에 따른 수용

15 다음 중 부가가치세법상 과세표준에 포함하지 않는 것은?

① 할부판매 시의 이자상당액　　　② 개별소비세
③ 매출할인액　　　　　　　　　④ 대가의 일부로 받는 운송비

실무시험

예은상사㈜(회사코드 : 1113)는 사무용가구의 제조•도소매업 및 부동산임대업을 영위하는 중소기업으로 당기(제16기) 회계기간은 2025.1.1.~2025.12.31.이다. 전산세무회계 수험용 프로그램을 이용하여 다음 물음에 답하시오.

기본전제

• 문제에서 한국채택국제회계기준을 적용하도록 하는 전제조건이 없는 경우, 일반기업회계기준을 적용하여 회계처리 한다.
• 문제의 풀이와 답안작성은 제시된 문제의 순서대로 진행한다.

문제 1

다음은 [기초정보관리] 및 [전기분재무제표]에 대한 자료이다. 각각의 요구사항에 대하여 답하시오. (10점)

[1] 다음 자료를 이용하여 아래의 계정과목에 대한 적요를 추가로 등록하시오. (3점)

• 계정과목: 831.수수료비용	• 현금적요: (적요NO. 8) 결제 대행 수수료

[2] 당사는 여유자금 활용을 위하여 아래와 같이 신규 계좌를 개설하였다. [거래처등록] 메뉴를 이용하여 해당 사항을 추가로 입력하시오. (3점)

• 코드번호: 98005	• 계좌번호: 110-146-980558
• 거래처명: 수협은행	• 유형: 정기적금

[3] 다음의 자료를 토대로 각 계정과목의 거래처별 초기이월 금액을 올바르게 정정하시오. (4점)

계정과목	거래처명	수정 전 금액	수정 후 금액
지급어음	천일상사	9,300,000원	6,500,000원
	모닝상사	5,900,000원	8,700,000원
미지급금	대명㈜	8,000,000원	4,500,000원
	㈜한울	4,400,000원	7,900,000원

문제 2

[일반전표입력] 메뉴를 이용하여 다음의 거래 자료를 입력하시오(일반전표입력의 모든 거래는 부가가치세를 고려하지 말 것). (18점)

입력 시 유의사항

- 일반적인 적요의 입력은 생략하지만, 타계정 대체거래는 적요번호를 선택하여 입력한다.
- 채권·채무와 관련된 거래는 별도의 요구가 없는 한 반드시 기등록된 거래처코드를 선택하는 방법으로 거래처명을 입력한다.
- 제조경비는 500번대 계정코드를, 판매비와관리비는 800번대 계정코드를 사용한다.
- 회계처리 시 계정과목은 별도의 제시가 없는 한 등록된 계정과목 중 가장 적절한 과목으로 한다.

[1] **07월 10일** 회사는 6월에 관리부 직원의 급여를 지급하면서 원천징수한 근로소득세 20,000원과 지방소득세 2,000원을 보통예금 계좌에서 이체하여 납부하였다. (3점)

[2] **07월 16일** ㈜홍명으로부터 원재료를 구입하기로 계약하고, 계약금 1,000,000원은 당좌수표를 발행하여 지급하였다. (3점)

[3] **08월 10일** 비씨카드 7월분 결제대금 2,000,000원이 보통예금 계좌에서 인출되었다. 단, 회사는 신용카드 사용대금을 미지급금으로 처리하고 있다. (3점)

[4] **08월 20일** 영업부 김시성 과장이 대구세계가구박람회 참가를 위한 출장에서 복귀하여 아래의 지출결의서와 출장비 600,000원(출장비 인출 시 전도금으로 회계처리함) 중 잔액을 현금으로 반납하였다. (3점)

<div align="center">지출결의서</div>	
• 왕복항공권 350,000원	• 식대 30,000원

[5] **09월 12일** 제조공장의 기계장치를 우리기계에 처분하고 매각대금으로 받은 약속어음 8,000,000원의 만기가 도래하여 우리기계가 발행한 당좌수표로 회수하였다. (3점)

[6] **10월 28일** 중국의 'lailai co. ltd'에 대한 제품 수출 외상매출금 30,000달러(선적일 기준환율 : 1,300원/$)를 회수하여 즉시 원화 보통예금 계좌로 입금하였다(단, 입금일의 기준환율은 1,380원/$이다). (3점)

문제 3

다음 거래 자료를 [매입매출전표입력] 메뉴에 입력하시오. (18점)

입력 시 유의사항

- 일반적인 적요의 입력은 생략하지만, 타계정 대체거래는 적요번호를 선택하여 입력한다.
- 채권·채무와 관련된 거래는 별도의 요구가 없는 한 반드시 기등록된 거래처코드를 선택하는 방법으로 거래처명을 입력한다.
- 제조경비는 500번대 계정코드를, 판매비와관리비는 800번대 계정코드를 사용한다.
- 회계처리 시 계정과목은 별도의 제시가 없는 한 등록된 계정과목 중 가장 적절한 과목으로 한다.
- 입력화면 하단의 분개까지 처리하고, 전자세금계산서 및 전자계산서는 전자입력으로 반영한다.

[1] **07월 06일** ㈜아이닉스에 제품을 판매하고 다음과 같이 전자세금계산서를 발급하였으며, 대금은 한 달 뒤에 받기로 하였다. (3점)

전자세금계산서						승인번호		20250706-121221589148		
공급자	사업자 등록번호	142-81-05759	종사업장 번호		공급받는자	사업자 등록번호	214-87-00556	종사업장 번호		
	상호 (법인명)	예은상사㈜	성 명 (대표자)	한태양		상호 (법인명)	㈜아이닉스	성 명		이소방
	사업장 주소	경기도 고양시 덕양구 통일로 101				사업장 주소	서울시 용산구 한남대로 12			
	업 태	제조·도소매	종 목	사무용가구		업 태	도매 외	종 목		의약외품 외
	이메일					이메일				
작성일자		공급가액		세액		수정사유		비고		
2025/07/06		23,000,000		2,300,000		해당 없음				
월	일	품 목	규격	수량	단 가		공급가액		세 액	비 고
7	6	사무용책상 등		1,000	23,000		23,000,000		2,300,000	
합 계 금 액		현 금	수 표		어 음		외 상 미 수 금		위 금액을 **(청구)** 함	
25,300,000							25,300,000			

[2] **08월 10일** 원재료 매입 거래처에 접대목적으로 당사의 제품(원가 300,000원)을 무상으로 제공하였다. 단, 해당 제품의 시가는 500,000원이다. (3점)

[3] **09월 16일** 팔팔물산에 제품을 9,000,000원(부가가치세 별도)에 판매하고 전자세금계산서를 발급하였으며, 대금으로 팔팔물산이 발행한 당좌수표를 받았다. (3점)

[4] **09월 26일** 회사 건물에 부착할 간판을 잘나가광고에서 주문 제작하였다. 대금 5,500,000원 (부가가치세 포함)은 보통예금 계좌에서 송금하고 전자세금계산서를 발급받았다 (단, 비품으로 처리할 것). (3점)

[5] **10월 15일** 메타가구에서 원재료(50단위, @50,000원, 부가가치세 별도)를 매입하고 아래의 전자세금계산서를 발급받았다. 대금 중 1,000,000원은 ㈜은성가구로부터 제품 판매대금으로 받아 보관 중인 ㈜은성가구 발행 약속어음을 배서양도하고 잔액 은 1개월 뒤에 지급하기로 하였다.(3점)

전자세금계산서					승인번호		20251015-154215452154		
공급자	사업자 등록번호	305-81-13428	종사업장 번호		공급받는자	사업자 등록번호	142-81-05759	종사업장 번호	
	상호 (법인명)	메타가구	성 명 (대표자)	윤은영		상호 (법인명)	예은상사㈜	성 명	한태양
	사업장 주소	전북 김제시 금산면 청도7길 9				사업장 주소	경기도 고양시 덕양구 통일로 101		
	업 태	제조	종 목	가구		업 태	제조·도소매	종 목	사무용가구
	이메일					이메일			
작성일자		공급가액		세액		수정사유	비고		
2025/10/15		2,500,000		250,000		해당 없음			

월	일	품 목	규격	수량	단 가	공급가액	세 액	비 고
10	15	원재료	PC-5	50	50,000	2,500,000	250,000	

합 계 금 액	현 금	수 표	어 음	외 상 미 수 금	위 금액을 (청구) 함
2,750,000			1,000,000	1,750,000	

[6] **12월 20일** 대표이사 한태양은 본인 자녀의 대학교 입학 축하 선물로 니캉전자에서 디지털카메라를 3,800,000원(부가가치세 별도)에 구매하면서 당사 명의로 전자세금계산서를 발급받고, 대금은 보통예금 계좌에서 지급하였다(단, 대표이사 한태양의 가지급금으로 회계처리할 것). (3점)

문제 4

[일반전표입력] 및 [매입매출전표입력] 메뉴에 입력된 내용 중 다음과 같은 오류가 발견되었다. 입력된 내용을 확인하여 정정하시오. (6점)

[1] **08월 17일** 사거리주유소에서 영업부가 사용하는 비영업용 소형승용차(800cc, 매입세액공제 가능 차량)에 경유를 주유하고 유류대 44,000원를 비씨카드(법인카드)로 결제한 건에 대하여 회계담당자는 매입세액을 공제받지 못하는 것으로 판단하였으며, 이를 매입매출전표에 카드면세로 입력하였다. (3점)

[2] **11월 12일** 매출거래처 직원의 결혼축하금으로 현금 500,000원을 지급한 것으로 회계처리하였으나 이는 당사의 공장 제조부 직원의 결혼축하금인 것으로 밝혀졌다. (3점)

문제 5

결산정리사항은 다음과 같다. 관련 메뉴를 이용하여 결산을 완료하시오. (9점)

[1] 제2기 부가가치세 확정신고기간에 대한 부가세예수금은 49,387,500원, 부가세대급금은 34,046,000원이다. 부가가치세를 정리하는 회계처리를 하시오(단, 불러온 자료는 무시하고, 납부세액은 미지급세금, 환급세액은 미수금으로 회계처리할 것). (3점)

[2] 2025년 7월 1일 제조부 공장의 화재보험료 1년분(2025년 7월 1일~2026년 6월 30일) 7,200,000원을 전액 납부하고 즉시 비용으로 회계처리하였다. 이에 대한 기간 미경과분 보험료를 월할계산하여 결산정리분개를 하시오. (3점)

[3] 다음은 2025년 4월 15일 제조부에서 사용하기 위하여 취득한 화물차에 대한 자료이다. 아래 주어진 자료에 대해서만 감가상각을 하시오. (3점)

취득일	취득원가	자산코드/명	잔존가치	내용연수	상각방법
2025.04.15.	30,000,000원	[101]/포터	0원	5	정액법

문제 6

다음 사항을 조회하여 답안을 │이론문제 답안작성│ 메뉴에 입력하시오. (9점)

[1] 4월(4월 1일~4월 30일)의 외상매출금 회수액은 얼마인가? (3점)

[2] 상반기(1월~6월) 중 제품매출액이 가장 많은 월(月)과 가장 작은 월(月)의 차액은 얼마인가? (단, 양수로 표시할 것) (3점)

[3] 2025년 제1기 부가가치세 확정신고기간(4월~6월)에 세금계산서를 받은 고정자산매입세액은 얼마인가? (3점)

제112회 기출문제

이론시험

다음 문제를 보고 알맞은 것을 골라 | 이론문제 답안작성 | 메뉴에 입력하시오. (객관식 문항당 2점)

> **기본전제**
>
> 문제에서 한국채택국제회계기준을 적용하도록 하는 전제조건이 없는 경우, 일반기업회계기준을 적용한다.

01 다음 중 일반기업회계기준에 따른 재무제표의 종류에 해당하지 않는 것은?

① 현금흐름표　　　　　　　　② 주석
③ 제조원가명세서　　　　　　　④ 재무상태표

02 다음 중 정액법으로 감가상각을 계산할 때 관련이 없는 것은?

① 잔존가치　　　　　　　　② 취득원가
③ 내용연수　　　　　　　　④ 생산량

03 다음 중 이익잉여금처분계산서에 나타나지 않는 항목은?

① 이익준비금　　　　　　　　② 자기주식
③ 현금배당　　　　　　　　　④ 주식배당

04 다음 중 수익인식기준에 대한 설명으로 잘못된 것은?

① 위탁매출은 위탁자가 수탁자로부터 판매대금을 지급받는 때에 수익을 인식한다.
② 상품권매출은 물품 등을 제공하거나 판매하면서 상품권을 회수하는 때에 수익을 인식한다.
③ 단기할부매출은 상품 등을 판매(인도)한 날에 수익을 인식한다.
④ 용역매출은 진행기준에 따라 수익을 인식한다.

05 다음 중 계정과목의 분류가 나머지 계정과목과 다른 하나는 무엇인가?

① 임차보증금   ② 산업재산권
③ 프랜차이즈   ④ 소프트웨어

06 다음 중 자본의 분류 항목의 성격이 다른 것은?

① 자기주식   ② 주식할인발행차금
③ 자기주식처분이익   ④ 감자차손

07 실제 기말재고자산의 가액은 50,000,000원이지만 장부상 기말재고자산의 가액이 45,000,000원으로 기재된 경우, 해당 오류가 재무제표에 미치는 영향으로 다음 중 옳지 않은 것은?

① 당기순이익이 실제보다 5,000,000원 감소한다.
② 매출원가가 실제보다 5,000,000원 증가한다.
③ 자산총계가 실제보다 5,000,000원 감소한다.
④ 자본총계가 실제보다 5,000,000원 증가한다.

08 다음의 거래를 회계처리할 경우에 사용되는 계정과목으로 옳은 것은?

> 7월 1일 투자 목적으로 영업활동에 사용할 예정이 없는 토지를 5,000,000원에 취득하고 대금은 3개월 후에 지급하기로 하다. 단, 중개수수료 200,000원은 타인이 발행한 당좌수표로 지급하다.

① 외상매입금   ② 당좌예금
③ 수수료비용   ④ 투자부동산

09 다음 중 원가 개념에 관한 설명으로 옳지 않은 것은?

① 관련 범위 밖에서 총고정원가는 일정하다.
② 매몰원가는 의사결정에 영향을 주지 않는다.
③ 관련 범위 내에서 단위당 변동원가는 일정하다.
④ 관련원가는 대안 간에 차이가 나는 미래원가로서 의사결정에 영향을 준다.

10 다음 중 제조원가명세서에서 제공하는 정보가 아닌 것은?

① 기말재공품재고액
② 당기제품제조원가
③ 당기총제조원가
④ 매출원가

11 다음 중 보조부문 원가의 배부기준으로 적합하지 않은 것은?

	보조부문원가	배부기준
①	건물 관리 부문	점유 면적
②	공장 인사관리 부문	급여 총액
③	전력 부문	전력 사용량
④	수선 부문	수선 횟수

12 다음 자료를 토대로 선입선출법에 의한 직접재료원가 및 가공원가의 완성품환산량을 각각 계산하면 얼마인가?

- 기초재공품 5,000개(완성도 70%)   • 당기착수량 35,000개
- 기말재공품 10,000개(완성도 30%)   • 당기완성품 30,000개
- 재료는 공정초기에 전량투입되며, 가공원가는 공정 전반에 걸쳐 균등하게 발생한다.

	직접재료원가	가공원가
①	35,000개	29,500개
②	35,000개	34,500개
③	40,000개	34,500개
④	45,000개	29,500개

13 다음 중 우리나라 부가가치세법의 특징으로 옳지 않은 것은?

① 소비지국과세원칙 ② 생산지국과세원칙

③ 전단계세액공제법 ④ 간접세

14 다음 중 부가가치세법상 과세기간 등에 대한 설명으로 옳지 않은 것은?

① 사업개시일 이전에 사업자등록을 신청한 경우에 최초의 과세기간은 그 신청한 날부터 그 신청일이 속하는 과세기간의 종료일까지로 한다.

② 사업자가 폐업하는 경우의 과세기간은 폐업일이 속하는 과세기간의 개시일부터 폐업일까지로 한다.

③ 폐업자의 경우 폐업일이 속하는 과세기간 종료일부터 25일 이내에 확정신고를 하여야 한다.

④ 간이과세자의 과세기간은 1월 1일부터 12월 31일까지로 한다.

15 다음 중 부가가치세법상 매입세액공제가 가능한 것은?

① 사업과 관련하여 접대용 물품을 구매하고 발급받은 신용카드매출전표상의 매입세액

② 제조업을 영위하는 법인이 업무용 소형승용차(1,998cc)의 유지비용을 지출하고 발급받은 현금영수증상의 매입세액

③ 제조부서의 화물차 수리를 위해 지출하고 발급받은 세금계산서상의 매입세액

④ 회계부서에서 사용할 물품을 구매하고 발급받은 간이영수증에 포함되어 있는 매입세액

실무시험

㈜유미기계(회사코드:1123)는 기계부품 등의 제조·도소매업 및 부동산임대업을 영위하는 중소기업으로 당기(제10기) 회계기간은 2025.1.1.~2025.12.31.이다. 전산세무회계 수험용 프로그램을 이용하여 다음 물음에 답하시오.

기본전제

- 문제에서 한국채택국제회계기준을 적용하도록 하는 전제조건이 없는 경우, 일반기업회계기준을 적용하여 회계처리 한다.
- 문제의 풀이와 답안작성은 제시된 문제의 순서대로 진행한다.

문제 1

다음은 [기초정보관리] 및 [전기분재무제표]에 대한 자료이다. 각각의 요구사항에 대하여 답하시오. (10점)

[1] 다음의 신규 거래처를 [거래처등록] 메뉴를 이용하여 추가로 등록하시오. (3점)

- 거래처코드 : 5230
- 거래처명 : ㈜대영토이 ・ 유형 : 동시
- 사업자등록번호 : 108-86-13574 ・ 대표자 : 박완구
- 업태 : 제조 ・ 종목 : 완구제조
- 사업장주소 : 경기도 광주시 오포읍 왕림로 139 ※ 주소입력 시 우편번호 입력은 생략해도 무방함.

[2] ㈜유미기계의 기초 채권 및 채무의 올바른 잔액은 다음과 같다. [거래처별초기이월] 자료를 검토하여 잘못된 부분은 오류를 정정하고, 누락된 부분은 추가하여 입력하시오. (3점)

계정과목	거래처	금액
외상매출금	알뜰소모품	5,000,000원
	튼튼사무기	3,800,000원
받을어음	㈜클래식상사	7,200,000원
	㈜강림상사	2,000,000원
외상매입금	㈜해원상사	4,600,000원

[3] 전기분 재무상태표를 검토한 결과 기말 재고자산에서 다음과 같은 오류가 발견되었다. 관련된 [전기분 재무제표]를 모두 수정하시오. (4점)

계정과목	틀린 금액	올바른 금액	내용
원재료(0153)	73,600,000원	75,600,000원	입력 오류

문제 2

[일반전표입력] 메뉴를 이용하여 다음의 거래 자료를 입력하시오(일반전표입력의 모든 거래는 부가가치세를 고려하지 말 것). (18점)

입력 시 유의사항

- 일반적인 적요의 입력은 생략하지만, 타계정 대체거래는 적요번호를 선택하여 입력한다.
- 채권·채무와 관련된 거래는 별도의 요구가 없는 한 반드시 기등록된 거래처코드를 선택하는 방법으로 거래처명을 입력한다.
- 제조경비는 500번대 계정코드를, 판매비와관리비는 800번대 계정코드를 사용한다.
- 회계처리 시 계정과목은 별도의 제시가 없는 한 등록된 계정과목 중 가장 적절한 과목으로 한다.

[1] **08월 10일** 제조부서의 7월분 건강보험료 680,000원을 보통예금으로 납부하였다. 납부한 건강보험료 중 50%는 회사부담분이며, 회사부담분 건강보험료는 복리후생비로 처리한다. (3점)

[2] **08월 23일** ㈜애플전자로부터 받아 보관하던 받을어음 3,500,000원의 만기가 되어 지급제시하였으나, 잔고 부족으로 지급이 거절되어 부도처리하였다(단, 부도난 어음은 부도어음과수표 계정으로 관리하고 있다). (3점)

[3] **09월 14일** 영업부서에서 고용한 일용직 직원들의 일당 420,000원을 현금으로 지급하였다(단, 일용직에 대한 고용보험료 등의 원천징수액은 발생하지 않는 것으로 가정한다). (3점)

[4] **09월 26일** 영업부서의 사원이 퇴직하여 퇴직연금 5,000,000원을 확정급여형(DB) 퇴직연금에서 지급하였다(단, 퇴직급여충당부채 감소로 회계처리하기로 한다). (3점)

[5] **10월 16일** 단기 시세 차익을 목적으로 2025년 5월 3일 취득하였던 ㈜더푸른컴퓨터의 주식 전부를 37,000,000원에 처분하고 대금은 보통예금 계좌로 입금받았다. 단, 취득 당시 관련 내용은 아래와 같다. (3점)

| • 취득 수량 : 5,000주 | • 1주당 취득가액 : 7,000원 | • 취득 시 거래수수료 : 35,000원 |

[6] **11월 29일** 액면금액 50,000,000원의 사채(만기 3년)를 49,000,000원에 발행하였다. 대금은 보통예금 계좌로 입금되었다. (3점)

문제 3

다음 거래 자료를 [매입매출전표입력] 메뉴에 입력하시오. (18점)

입력 시 유의사항

- 일반적인 적요의 입력은 생략하지만, 타계정 대체거래는 적요번호를 선택하여 입력한다.
- 채권·채무와 관련된 거래는 별도의 요구가 없는 한 반드시 기등록된 거래처코드를 선택하는 방법으로 거래처명을 입력한다.
- 제조경비는 500번대 계정코드를, 판매비와관리비는 800번대 계정코드를 사용한다.
- 회계처리 시 계정과목은 별도의 제시가 없는 한 등록된 계정과목 중 가장 적절한 과목으로 한다.
- 입력화면 하단의 분개까지 처리하고, 전자세금계산서 및 전자계산서는 전자입력으로 반영한다.

[1] **09월 02일** ㈜신도기전에 제품을 판매하고 다음의 전자세금계산서를 발급하였다. 대금 중 어음은 ㈜신도기전이 발행한 것이다. (3점)

	전자세금계산서						승인번호		2025090214652823-1603488		
공급자	사업자등록번호	138-81-61276		종사업장번호		공급받는자	사업자등록번호	130-81-95054		종사업장번호	
	상호(법인명)	㈜유미기계		성 명(대표자)	정현욱		상호(법인명)	㈜신도기전		성 명	윤현진
	사업장주소	서울특별시 강남구 압구정로 347					사업장주소	울산 중구 태화로 150			
	업 태	제조,도소매	종 목	기계부품			업 태	제조		종 목	전자제품 외
	이메일						이메일				
작성일자		공급가액		세액		수정사유		비고			
2025-09-02		10,000,000		1,000,000							
월	일	품 목	규격	수량	단 가	공 급 가 액	세 액	비 고			
09	02	제품		2	5,000,000	10,000,000	1,000,000				
합 계 금 액		현 금	수 표		어 음		외 상 미 수 금		위 금액을 **(청구)** 함		
11,000,000					8,000,000		3,000,000				

[2] **09월 12일** 제조부서의 생산직 직원들에게 제공할 작업복 10벌을 인천상회로부터 구입하고 우리카드(법인)로 결제하였다(단, 회사는 작업복 구입 시 즉시 전액 비용으로 처리한다). (3점)

우리 마음속 첫 번째 금융, ◯우리카드
2025.09.12.(화) 14:03:54

495,000원

정상승인 | 일시불

결제 정보

카드	우리카드(법인)
회원번호	2245-1223-****-1534
승인번호	76993452
이용구분	일시불

결제 금액   495,000원

공급가액	450,000원
부가세	45,000원
봉사료	0원

가맹점 정보

가맹점명	인천상회
사업자등록번호	126-86-21617
대표자명	김연서

위 거래 사실을 확인합니다.

[3] **10월 05일** 미국의 PYBIN사에 제품 100개(1개당 판매금액 $1,000)를 직접 수출하고 대금은 보통예금 계좌로 송금받았다(단, 선적일인 10월 05일의 기준환율은 1,000원/$이며, 수출신고번호의 입력은 생략한다). (3점)

[4] **10월 22일** 영업부서 직원들의 직무역량 강화를 위한 도서를 영건서점에서 현금으로 구매하고
전자계산서를 발급받았다. (3점)

전자계산서					승인번호		20251022-15454645-58811886		
공급자	등록 번호	112-60-61264	종사업장 번호		공급받는자	등록 번호	138-81-61276	종사업장 번호	
	상호 (법인명)	영건서점	성 명	김종인		상호 (법인명)	㈜유미기계	성 명	정현욱
	사업장 주소	인천시 남동구 남동대로 8				사업장 주소	서울특별시 강남구 압구정로 347		
	업 태	소매	종 목	도서		업 태	제조,도소매	종 목	기계부품
	이메일					이메일			

작성일자	공급가액	수정사유	비고		
2025-10-22	1,375,000	해당 없음			

월	일	품 목	규 격	수 량	단 가	공 급 가 액	비 고
10	22	도서(슬기로운 직장 생활 외)				1,375,000	

합계금액	현 금	수 표	어 음	외상미수금	위 금액을 (청구) 함
1,375,000	1,375,000				

[5] **11월 02일** 개인소비자에게 제품을 8,800,000원(부가가치세 포함)에 판매하고 현금영수증
(소득공제용)을 발급하였다. 판매대금은 보통예금 계좌로 받았다. (3점)

[6] **12월 19일** 매출거래처에 보낼 연말 선물로 홍성백화점에서 생활용품세트를 구입하고 아래 전자세금계산서를 발급받았으며, 대금은 국민카드(법인카드)로 결제하였다. (3점)

전자세금계산서					승인번호	20251219-451542154-542124512		
공급자	등록번호	124-86-09276	종사업장번호		공급받는자	등록번호	138-81-61276	종사업장번호	
	상호(법인명)	홍성백화점	성 명(대표자)	조재광		상호(법인명)	㈜유미기계	성 명	
	사업장주소	서울 강남구 테헤란로 101				사업장주소	서울특별시 강남구 압구정로 347		
	업 태	도소매	종 목	잡화		업 태	제조,도소매	종 목	기계부품
	이메일					이메일			

작성일자	공급가액	세액	수정사유	비고
2025-12-19	500,000	50,000		

월	일	품 목	규 격	수 량	단 가	공 급 가 액	세 액	비 고
12	19	생활용품세트		10	50,000	500,000	50,000	

합계금액	현 금	수 표	어 음	외상미수금	위 금액을 **(청구)** 함
550,000				550,000	

문제 4

[일반전표입력] 및 [매입매출전표입력] 메뉴에 입력된 내용 중 다음과 같은 오류가 발견되었다. 입력된 내용을 확인하여 정정하시오. (6점)

[1] **07월 31일** 경영관리부서 직원을 위하여 확정급여형(DB형) 퇴직연금에 가입하고 보통예금 계좌에서 14,000,000원을 이체하였으나, 회계담당자는 확정기여형(DC형) 퇴직 연금에 가입한 것으로 알고 회계처리를 하였다. (3점)

[2] **10월 28일** 영업부서의 매출거래처에 선물하기 위하여 다다마트에서 현금으로 구입한 선물 세트 5,000,000원(부가가치세 별도, 전자세금계산서 수취)을 복리후생비로 회계 처리를 하였다. (3점)

문제 5

결산정리사항은 다음과 같다. 관련 메뉴를 이용하여 결산을 완료하시오. (9점)

[1] 7월 1일에 가입한 토스은행의 정기예금 5,000,000원(만기 1년, 연 이자율 6%)에 대하여 기간 경과분 이자를 계상하다. 단, 이자 계산은 월할 계산하며, 원천징수는 없다고 가정한다. (3점)

[2] 외상매입금 계정에는 중국에 소재한 거래처 상하이에 대한 외상매입금 2,000,000원($2,000)이 포함되어 있다(결산일 현재 기준환율 : 1,040원/$). (3점)

[3] 매출채권 잔액에 대하여만 1%의 대손충당금을 보충법으로 설정한다(단, 기중의 충당금에 대한 회계처리는 무시하고 아래 주어진 자료에 의해서만 처리한다). (3점)

구 분	기말채권 잔액	기말충당금 잔액	추가설정(△환입)액
외상매출금	15,000,000원	70,000원	80,000원
받을어음	12,000,000원	150,000원	△30,000원

문제 6

다음 사항을 조회하여 답안을 이 [이론문제 답안작성] 메뉴에 입력하시오. (9점)

[1] 제1기 부가가치세 예정신고에 반영된 자료 중 현금영수증이 발행된 과세매출의 공급가액은 얼마인가? (3점)

[2] 6월 한 달 동안 발생한 제조원가 중 현금으로 지급한 금액은 얼마인가? (3점)

[3] 6월 30일 현재 외상매입금 잔액이 가장 작은 거래처명과 외상매입금 잔액은 얼마인가? (3점)

제113회 기출문제

이론시험

다음 문제를 보고 알맞은 것을 골라 이론문제 답안작성 메뉴에 입력하시오. (객관식 문항당 2점)

기본전제

문제에서 한국채택국제회계기준을 적용하도록 하는 전제조건이 없는 경우, 일반기업회계기준을 적용한다.

01 다음 중 회계의 기본가정과 특징이 아닌 것은?

① 기업의 관점에서 경제활동에 대한 정보를 측정·보고한다.
② 기업이 예상가능한 기간동안 영업을 계속할 것이라 가정한다.
③ 기업은 수익과 비용을 인식하는 시점을 현금이 유입·유출될 때로 본다.
④ 기업의 존속기간을 일정한 기간단위로 분할하여 각 기간 단위별로 정보를 측정·보고한다.

02 다음 중 상품의 매출원가 계산 시 총매입액에서 차감해야 할 항목은 무엇인가?

① 기초재고액
② 매입수수료
③ 매입환출 및 매입에누리
④ 매입 시 운반비

03 건물 취득 시에 발생한 금액들이 다음과 같을 때, 건물의 취득원가는 얼마인가?

• 건물 매입금액	2,000,000,000원	• 자본화 대상 차입원가	150,000,000원
• 건물 취득세	200,000,000원	• 관리 및 기타 일반간접원가	16,000,000원

① 21억 5,000만원
② 22억원
③ 23억 5,000만원
④ 23억 6,600만원

04 다음 중 무형자산에 대한 설명으로 틀린 것은?

① 물리적인 실체는 없지만 식별이 가능한 비화폐성 자산이다.
② 무형자산을 통해 발생하는 미래 경제적 효익을 기업이 통제할 수 있어야 한다.
③ 무형자산은 자산의 정의를 충족하면서 다른 자산들과 분리하여 거래를 할 수 있거나 계약상 또는 법적 권리로부터 발생하여야 한다.
④ 일반기업회계기준은 무형자산의 회계처리와 관련하여 영업권을 포함한 무형자산의 내용연수를 원칙적으로 40년을 초과하지 않도록 한정하고 있다.

05 다음 중 재무제표에 해당하지 않는 것은?

① 기업의 계정별 합계와 잔액을 나타내는 시산표
② 일정 시점 현재 기업의 재무상태(자산, 부채, 자본)을 나타내는 보고서
③ 기업의 자본에 관하여 일정기간 동안의 변동 흐름을 파악하기 위해 작성하는 보고서
④ 재무제표의 과목이나 금액에 기호를 붙여 해당 항목에 대한 추가 정보를 나타내는 별지

06 다음 중 유동부채와 비유동부채의 분류가 적절하지 않은 것은?

	유동부채	비유동부채
①	단기차입금	사채
②	외상매입금	유동성장기부채
③	미지급비용	장기차입금
④	지급어음	퇴직급여충당부채

07 다음의 자본 항목 중 포괄손익계산서에 영향을 미치는 항목은 무엇인가?

① 감자차손
② 주식발행초과금
③ 자기주식처분이익
④ 매도가능증권평가이익

08 다음 자료 중 빈 칸 (A)에 들어갈 금액으로 적당한 것은?

기초상품 재고액	매입액	기말상품 재고액	매출원가	매출액	매출총이익	판매비와 관리비	당기순손익
219,000원	350,000원	110,000원		290,000원		191,000원	A

① 당기순손실 360,000원
② 당기순손실 169,000원
③ 당기순이익 290,000원
④ 당기순이익 459,000원

09 다음 중 원가행태에 따라 변동원가와 고정원가로 분류할 때 이에 대한 설명으로 틀린 것은?

① 고정원가는 조업도가 증가할수록 단위당 원가도 증가한다.
② 고정원가는 조업도가 증가하여도 총원가는 일정하다.
③ 변동원가는 조업도가 증가하여도 단위당 원가는 일정하다.
④ 변동원가는 조업도가 증가할수록 총원가도 증가한다.

10 다음 중 보조부문원가를 배분하는 방법 중 옳지 않은 것은?

① 상호배분법은 보조부문 상호 간의 용역수수관계를 완전히 반영하는 방법이다.
② 단계배분법은 보조부문 상호 간의 용역수수관계를 전혀 반영하지 않는 방법이다.
③ 직접배분법은 보조부문 상호 간의 용역수수관계를 전혀 반영하지 않는 방법이다.
④ 상호배분법, 단계배분법, 직접배분법 어떤 방법을 사용하더라도 보조부문의 총원가는
   제조부문에 모두 배분된다.

11 다음 자료에 의한 당기총제조원가는 얼마인가? 단, 노무원가는 발생주의에 따라 계산한다.

• 기초원재료	300,000원	• 당기지급임금액	350,000원
• 기말원재료	450,000원	• 당기원재료매입액	1,300,000원
• 전기미지급임금액	150,000원	• 제조간접원가	700,000원
• 당기미지급임금액	250,000원	• 기초재공품	200,000원

① 2,100,000원
② 2,300,000원
③ 2,450,000원
④ 2,500,000원

12 다음 중 종합원가계산에 대한 설명으로 옳지 않은 것은?

① 소품종 대량 생산하는 업종에 적용하기에 적합하다.
② 공정 과정에서 발생하는 공손 중 정상공손은 제품의 원가에 가산한다.
③ 평균법을 적용하는 경우 기초재공품원가를 당기에 투입한 것으로 가정한다.
④ 제조원가 중 제조간접원가는 실제 조업도에 예정배부율을 반영하여 계산한다.

13 다음 중 부가가치세법상 세금계산서를 발급할 수 있는 자는?

① 면세사업자로 등록한 자
② 사업자등록을 하지 않은 자
③ 사업자등록을 한 일반과세자
④ 간이과세자 중 직전 사업연도 공급대가가 4,800만원 미만인 자

14 다음 중 부가가치세법상 대손사유에 해당하지 않는 것은?

① 소멸시효가 완성된 어음·수표
② 특수관계인과의 거래로 인해 발생한 중소기업의 외상매출금으로서 회수기일이 2년 이상 지난 외상매출금
③ 채무자의 파산, 강제집행, 형의 집행, 사업의 폐지, 사망, 실종, 행방불명으로 인하여 회수할 수 없는 채권
④ 부도발생일부터 6개월 이상 지난 외상매출금(중소기업의 외상매출금으로서 부도발생일 이전의 것에 한정한다)

15 다음 중 부가가치세법상 공급시기로 옳지 않은 것은?

① 폐업 시 잔존재화의 경우 : 폐업하는 때
② 내국물품을 외국으로 수출하는 경우 : 수출재화의 선적일
③ 무인판매기로 재화를 공급하는 경우 : 무인판매기에서 현금을 인취하는 때
④ 위탁판매의 경우(위탁자 또는 본인을 알 수 있는 경우) : 위탁자가 판매를 위탁한 때

실무시험

㈜혜송상사(회사코드:1133)는 자동차부품 등의 제조 및 도소매업을 영위하는 중소기업으로 당기 (제14기) 회계기간은 2025.1.1.~2025.12.31.이다. 전산세무회계수험용프로그램을 이용하여 다음 물음에 답하시오.

기본전제

• 문제에서 한국채택국제회계기준을 적용하도록 하는 전제조건이 없는 경우, 일반기업회계기준을 적용하여 회계처리 한다.

• 문제의 풀이와 답안작성은 제시된 문제의 순서대로 진행한다.

문제 1

다음은 [기초정보관리] 및 [전기분재무제표]에 대한 자료이다. 각각의 요구사항에 대하여 답하시오. (10점)

[1] 다음의 자료를 이용하여 [거래처등록] 메뉴에서 신규거래처를 추가로 등록하시오. (3점)

• 거래처코드 : 00777	• 거래처구분 : 일반거래처
• 거래처명 : 슬기로운㈜	• 유형 : 동시
• 사업자등록번호 : 253-81-13578	• 대표자 : 김슬기
• 업태 : 도매	• 종목 : 금속

• 사업장주소 : 부산광역시 부산진구 중앙대로 663(부전동)
※ 주소 입력 시 우편번호는 생략해도 무방함

[2] 다음 자료를 이용하여 [계정과목및적요등록] 메뉴에서 대체적요를 등록하시오. (3점)

• 코드 : 134	• 계정과목 : 가지급금	• 대체적요 : 8. 출장비 가지급금 정산

[3] 전기분 손익계산서를 검토한 결과 다음과 같은 오류가 발견되었다. 해당 오류와 관련된 [전기분원가명세서] 및 [전기분손익계산서]를 수정하시오. (4점)

공장 일부 직원의 임금 2,200,000원이 판매비및일반관리비 항목의 급여(801)로 반영되어 있다.

문제 2

[일반전표입력] 메뉴를 이용하여 다음의 거래 자료를 입력하시오(일반전표입력의 모든 거래는 부가가치세를 고려하지 말 것). (18점)

입력 시 유의사항

- 일반적인 적요의 입력은 생략하지만, 타계정 대체거래는 적요번호를 선택하여 입력한다.
- 채권·채무와 관련된 거래는 별도의 요구가 없는 한 반드시 기등록된 거래처코드를 선택하는 방법으로 거래처명을 입력한다.
- 제조경비는 500번대 계정코드를, 판매비와관리비는 800번대 계정코드를 사용한다.
- 회계처리 시 계정과목은 별도의 제시가 없는 한 등록된 계정과목 중 가장 적절한 과목으로 한다.

[1] **07월 15일** ㈜상수로부터 원재료를 구입하기로 계약하고, 당좌수표를 발행하여 계약금 3,000,000원을 지급하였다. (3점)

[2] **08월 05일** 사옥 취득을 위한 자금 900,000,000원(만기 6개월)을 우리은행으로부터 차입하고, 선이자 36,000,000원(이자율 연 8%)을 제외한 나머지 금액을 보통예금 계좌로 입금받았다(단, 하나의 전표로 입력하고, 선이자지급액은 선급비용으로 회계처리할 것). (3점)

[3] **09월 10일** 창고 임차보증금 10,000,000원(거래처 : ㈜대운) 중에서 미지급금으로 계상되어 있는 작년분 창고 임차료 1,000,000원을 차감하고 나머지 임차보증금만 보통예금으로 돌려받았다. (3점)

[4] **10월 20일** ㈜영광상사에 대한 외상매출금 2,530,000원 중 1,300,000원이 보통예금 계좌로 입금되었다. (3점)

[5] **11월 29일** 장기투자 목적으로 ㈜콘프상사의 보통주 2,000주를 1주당 10,000원(1주당 액면가액 5,000원)에 취득하고 대금은 매입수수료 240,000원과 함께 보통예금 계좌에서 이체하여 지급하였다. (3점)

[6] **12월 08일** 수입한 상품에 부과된 관세 7,560,000원을 보통예금 계좌에서 이체하여 납부하였다. (3점)

						File No : 사업자과세
		납부영수증서[납부자용]				B/L No : 45241542434

사업자번호 : 312-86-12548					
회계구분	관세청소관 일반회계			납부기한	2025년 12월 08일
회계연도	2025			발행일자	2025년 12월 02일

수입징수관 계좌번호	110288	납부자 번호	0127 040-11-17-6-178461-8	납기내 금액	7,560,000
※수납기관에서는 위의 굵은 선 안의 내용을 즉시 전산입력하여 수입징수관에 EDI방식으로 통지될 수 있도록 하시기 바랍니다.				납기후 금액	

수입신고번호	41209-17-B11221W		수입징수관서	인천세관
납부자	성명	황동규	상 호	(주)혜송상사
	주소	경기도 용인시 기흥구 갈곡로 6(구갈동)		

2025년 12월 2일 수입징수관 인천세관

문제 3

다음 거래 자료를 [매입매출전표입력] 메뉴에 입력하시오. (18점)

입력 시 유의사항

- 일반적인 적요의 입력은 생략하지만, 타계정 대체거래는 적요번호를 선택하여 입력한다.
- 채권·채무와 관련된 거래는 별도의 요구가 없는 한 반드시 기등록된 거래처코드를 선택하는 방법으로 거래처명을 입력한다.
- 제조경비는 500번대 계정코드를, 판매비와관리비는 800번대 계정코드를 사용한다.
- 회계처리 시 계정과목은 별도의 제시가 없는 한 등록된 계정과목 중 가장 적절한 과목으로 한다.
- 입력화면 하단의 분개까지 처리하고, 전자세금계산서 및 전자계산서는 전자입력으로 반영한다.

[1] **08월 10일** ㈜산양산업으로부터 영업부에서 사용할 소모품(공급가액 950,000원, 부가가치세 별도)을 현금으로 구입하고 전자세금계산서를 발급받았다. 단, 소모품은 자산으로 처리한다. (3점)

[2] **08월 22일** 내국신용장으로 수출용 제품의 원재료 34,000,000원을 ㈜로띠상사에서 매입하고 아래의 영세율전자세금계산서를 발급받았다. 대금은 당사가 발행한 3개월 만기 약속어음으로 지급하였다. (3점)

영세율전자세금계산서					승인번호		20250822-14258645-58811657		
공급자	등록번호	124-86-15012	종사업장번호		공급받는자	등록번호	312-86-12548	종사업장번호	
	상호(법인명)	㈜로띠상사	성 명(대표자)	이로운		상호(법인명)	㈜혜송상사	성 명	황동규
	사업장주소	대전광역시 대덕구 대전로1019번길 28-10				사업장주소	경기도 용인시 기흥구 갈곡로 6		
	업 태	제조	종 목	부품		업 태	제조,도소매	종 목	자동차부품
	이메일					이메일	hyesong@hscorp.co.kr		
작성일자		공급가액		세액			수정사유		
2025/08/22		34,000,000원							
비 고									

월	일	품 목	규 격	수 량	단 가	공 급 가 액	세 액	비 고
08	22	부품 kT_01234				34,000,000원		

합계금액	현 금	수 표	어 음	외상미수금	위 금액을 **(청구)** 함
34,000,000원			34,000,000원		

[3] **08월 25일** 송강수산으로부터 영업부 직원선물로 마른멸치세트 500,000원, 영업부 거래처선물로 마른멸치세트 300,000원을 구매하였다. 대금은 보통예금 계좌에서 이체하여 지급하고 아래의 전자계산서를 발급받았다(단, 하나의 거래로 작성할 것). (3점)

전자계산서					승인번호		20250825-1832324-1635032		
공급자	등록번호	850-91-13586	종사업장번호		공급받는자	등록번호	312-86-12548	종사업장번호	
	상호(법인명)	송강수산	성 명(대표자)	송강		상호(법인명)	㈜혜송상사	성 명	황동규
	사업장주소	경상남도 남해군 남해읍 남해대로 2751				사업장주소	경기도 용인시 기흥구 갈곡로 6		
	업 태	도소매	종 목	건어물		업 태	제조,도소매	종 목	자동차부품
	이메일					이메일	hyesong@hscorp.co.kr		
작성일자		공급가액		수정사유		비고			
2025/08/25		800,000원							

월	일	품 목	규 격	수 량	단 가	공 급 가 액	비 고
08	25	마른멸치세트		5	100,000원	500,000원	
08	25	마른멸치세트		3	100,000원	300,000원	

합계금액	현 금	수 표	어 음	외상미수금	위 금액을 **(영수)** 함
800,000원	800,000원				

[4] **10월 16일** 업무와 관련없이 대표이사 황동규가 개인적으로 사용하기 위하여 상해전자㈜에서 노트북 1대를 2,100,000원(부가가치세 별도)에 외상으로 구매하고 아래의 전자세금계산서를 발급받았다(단, 가지급금 계정을 사용하고, 거래처를 입력할 것). (3점)

전자세금계산서						승인번호		20251016-15454645-58811886	
공급자	등록번호	501-81-12347	종사업장번호			공급받는자	등록번호	312-86-12548	종사업장번호	
	상호(법인명)	상해전자㈜	성명(대표자)		김은지		상호(법인명)	㈜혜송상사	성명	황동규
	사업장주소	서울특별시 동작구 여의대방로 28					사업장주소	경기도 용인시 기흥구 갈곡로 6		
	업태	도소매	종목		전자제품		업태	제조,도소매	종목	자동차부품
	이메일						이메일	hyesong@hscorp.co.kr		
작성일자		공급가액		세액		수정사유		비고		
2025/10/16		2,100,000원		210,000원		해당 없음				
월	일	품목	규격	수량	단가	공급가액		세액	비고	
10	16	노트북		1	2,100,000원	2,100,000원		210,000원		
합계금액		현금		수표		어음		외상미수금	위 금액을 **(청구)** 함	
2,310,000원								2,310,000원		

[5] **11월 04일** 개인소비자 김은우에게 제품을 770,000원(부가가치세 포함)에 판매하고, 대금은 김은우의 신한카드로 수취하였다(단, 신용카드 결제대금은 외상매출금으로 회계처리할 것). (3점)

[6] **12월 04일** 제조부가 사용하는 기계장치의 원상회복을 위한 수선비 880,000원을 하나카드로 결제하고 다음의 매출전표를 수취하였다. (3점)

하나카드 승인전표

카드번호	4140-0202-3245-9959
거래유형	국내일반
결제방법	일시불
거래일시	2025.12.04.15:35:45
취소일시	
승인번호	98421149

공급가액	800,000원
부가세	80,000원
봉사료	
승인금액	880,000원

가맹점명	㈜뚝딱수선
가맹점번호	00990218110
가맹점 전화번호	031-828-8624
가맹점 주소	경기도 성남시 수정구 성남대로 1169
사업자등록번호	204-81-76697
대표자명	이은샘

✦ 하나카드

문제 4

[일반전표입력] 및 **[매입매출전표입력]** 메뉴에 입력된 내용 중 다음과 같은 오류가 발견되었다. 입력된 내용을 확인하여 정정하시오. (6점)

[1] **09월 09일** ㈜초록산업으로부터 5,000,000원을 차입하고 이를 모두 장기차입금으로 회계처리하였으나, 그중 2,000,000원의 상환기일은 2025년 12월 8일로 확인되었다. (3점)

[2] **10월 15일** 바로카센터에서 영업부의 영업용 화물차량을 점검 및 수리하고 차량유지비 250,000원(부가세 별도)을 현금으로 지급하였으며, 전자세금계산서를 발급받았다. 그러나 회계 담당 직원의 실수로 이를 일반전표에 입력하였다. (3점)

문제 5

결산정리사항은 다음과 같다. 관련 메뉴를 이용하여 결산을 완료하시오. (9점)

[1] 결산일 현재 외상매입금 잔액은 2025년 1월 2일 미국에 소재한 원재료 공급거래처 NOVONO로부터 원재료 $5,500를 외상으로 매입하고 미지급한 잔액 $2,000가 포함되어 있다(단, 매입 시 기준환율은 1,100원/$, 결산 시 기준환율은 1,200원/$이다). (3점)

[2] 12월 31일 결산일 현재 단기 매매 목적으로 보유 중인 지분증권에 대한 자료는 다음과 같다. 적절한 결산 분개를 하시오. (3점)

종목	취득원가	결산일 공정가치	비고
㈜가은	56,000,000원	54,000,000원	단기 매매 목적

[3] 2025년 5월 1일 제조부 공장의 1년치 화재보험료(2025년 5월 1일~2026년 4월 30일) 3,600,000원을 보통예금 계좌에서 이체하여 납부하고 전액 보험료(제조경비)로 회계처리하였다(단, 보험료는 월할 계산하고, 거래처입력은 생략할 것). (3점)

문제 6

다음 사항을 조회하여 답안을 │이론문제 답안작성│ 메뉴에 입력하시오. (9점)

[1] 2025년 제1기 부가가치세 확정신고(2025.04.01.~2025.06.30.)에 반영된 예정신고누락분 매출의 공급가액과 매출세액은 각각 얼마인가? (3점)

[2] 2분기(4월~6월) 중 제조원가 항목의 복리후생비 지출액이 가장 많이 발생한 월(月)과 그 금액을 각각 기재하시오. (3점)

[3] 4월 말 현재 미지급금 잔액이 가장 큰 거래처명과 그 금액은 얼마인가? (3점)

제114회 기출문제

이론시험

다음 문제를 보고 알맞은 것을 골라 이론문제 답안작성 메뉴에 입력하시오. (객관식 문항당 2점)

기본전제

문제에서 한국채택국제회계기준을 적용하도록 하는 전제조건이 없는 경우, 일반기업회계기준을 적용한다.

01 다음 중 거래내용에 대한 거래요소의 결합관계를 바르게 표시한 것은?

	거래요소의 결합관계	거래내용
①	자산의 증가 : 자산의 증가	외상매출금 4,650,000원을 보통예금으로 수령하다.
②	자산의 증가 : 부채의 증가	기계장치를 27,500,000원에 구입하고 구입대금은 미지급하다.
③	비용의 발생 : 자산의 증가	보유 중인 건물을 임대하여 임대료 1,650,000원을 보통예금으로 수령하다.
④	부채의 감소 : 자산의 감소	장기차입금에 대한 이자 3,000,000원을 보통예금에서 이체하는 방식으로 지급하다.

02 다음 중 재고자산이 아닌 것은?

① 약국의 일반의약품 및 전문의약품
② 제조업 공장의 생산 완제품
③ 부동산매매업을 주업으로 하는 기업의 판매 목적 토지
④ 병원 사업장소재지의 토지 및 건물

03 다음은 ㈜한국이 신규 취득한 기계장치 관련 자료이다. 아래의 기계장치를 연수합계법으로 감가상각할 경우, ㈜한국의 당기(회계연도 : 매년 1월 1일~12월 31일) 말 현재 기계장치의 장부금액은 얼마인가?

- 기계장치 취득원가 : 3,000,000원
- 잔존가치 : 300,000원
- 취득일 : 2025.01.01.
- 내용연수 : 5년

---

① 2,000,000원

② 2,100,000원

③ 2,400,000원

④ 2,460,000원

04 다음은 ㈜서울의 당기 지출 내역 중 일부이다. 아래의 자료에서 무형자산으로 기록할 수 있는 금액은 모두 얼마인가?

- 신제품 특허권 취득 비용 30,000,000원
- 신제품의 연구단계에서 발생한 재료 구입 비용 1,500,000원
- A기업이 가지고 있는 상표권 구입 비용 22,000,000원

---

① 22,000,000원

② 30,000,000원

③ 52,000,000원

④ 53,500,000원

05 다음 중 매도가능증권에 대한 설명으로 옳지 않은 것은?

① 기말 평가손익은 기타포괄손익누계액에 반영한다.

② 취득 시 발생한 수수료는 당기 비용으로 처리한다.

③ 처분 시 발생한 처분손익은 당기손익에 반영한다.

④ 보유 목적에 따라 당좌자산 또는 투자자산으로 분류한다.

06 다음 중 채권 관련 계정의 차감적 평가항목으로 옳은 것은?

① 감가상각누계액

② 재고자산평가충당금

③ 사채할인발행차금

④ 대손충당금

07 다음 중 자본잉여금 항목에 포함되는 것을 모두 고른 것은?

가. 주식발행초과금	다. 주식할인발행차금
나. 자기주식처분손실	라. 감자차익

① 가, 라   ② 나, 다

③ 가, 나, 다   ④ 가, 다, 라

08 다음은 현금배당에 관한 회계처리이다. 아래의 괄호 안에 각각 들어갈 회계처리 일자로 옳은 것은?

(가)	(차) 이월이익잉여금 ××× 원	(대) 이익준비금 ×××	원
		미지급배당금 ×××	원
(나)	(차) 미지급배당금 ××× 원	(대) 보통예금 ×××	원

	(가)	(나)
①	회계종료일	배당결의일
②	회계종료일	배당지급일
③	배당결의일	배당지급일
④	배당결의일	회계종료일

09 원가의 분류 중 원가행태(行態)에 따른 분류에 해당하는 것은?

① 변동원가   ② 기회원가

③ 관련원가   ④ 매몰원가

10 다음은 제조업을 영위하는 ㈜인천의 당기 원가 관련 자료이다. ㈜인천의 당기총제조원가는 얼마인가? 단, 기초재고자산은 없다고 가정한다.

• 기말재공품재고액	300,000원	• 기말제품재고액	500,000원
• 매출원가	2,000,000원	• 기말원재료재고액	700,000원
• 제조간접원가	600,000원	• 직접재료원가	1,200,000원

① 1,900,000원   ② 2,200,000원

③ 2,500,000원   ④ 2,800,000원

11 평균법에 따른 종합원가계산을 채택하고 있는 ㈜대전의 당기 물량 흐름은 다음과 같다. 재료원가는 공정 초기에 전량 투입되며, 가공원가는 공정 전반에 걸쳐 균등하게 발생한다. 아래의 자료를 이용하여 재료원가 완성품환산량을 계산하면 몇 개인가?

- 기초재공품 수량 : 1,000개(완성도 20%)
- 당기완성품 수량 : 8,000개
- 당기착수량 : 10,000개
- 기말재공품 수량 : 3,000개(완성도 60%)

① 8,000개 ② 9,000개 ③ 9,800개 ④ 11,000개

12 다음 중 개별원가계산에 대한 설명으로 옳지 않은 것은?

① 항공기 제조업은 종합원가계산보다는 개별원가계산이 더 적합하다.
② 제품원가를 제조공정별로 집계한 후 이를 생산량으로 나누어 단위당 원가를 계산한다.
③ 직접원가와 제조간접원가의 구분이 중요하다.
④ 단일 종류의 제품을 대량으로 생산하는 업종에는 적합하지 않은 방법이다.

13 다음 중 우리나라 부가가치세법의 특징으로 틀린 것은?

① 국세
② 인세(人稅)
③ 전단계세액공제법
④ 다단계거래세

14 다음 중 부가가치세법상 주된 사업에 부수되는 재화·용역의 공급으로서 면세 대상이 아닌 것은?

① 은행업을 영위하는 면세사업자가 매각한 사업용 부동산인 건물
② 약국을 양수도하는 경우로서 해당 영업권 중 면세 매출에 해당하는 비율의 영업권
③ 가구제조업을 영위하는 사업자가 매각한 사업용 부동산 중 토지
④ 부동산임대업자가 매각한 부동산임대 사업용 부동산 중 상가 건물

15 다음 중 부가가치세법상 아래의 괄호 안에 공통으로 들어갈 내용으로 옳은 것은?

가. 부가가치세 매출세액은 (   )에 세율을 곱하여 계산한 금액이다.

나. 재화 또는 용역의 공급에 대한 부가가치세의 (   )(은)는 해당 과세기간에 공급한 재화 또는 용역의 공급가액을 합한 금액으로 한다.

다. 재화의 수입에 대한 부가가치세의 (   )(은)는 그 재화에 대한 관세의 과세가격과 관세, 개별소비세, 주세, 교육세, 농어촌특별세 및 교통·에너지·환경세를 합한 금액으로 한다.

① 공급대가   ② 간주공급

③ 과세표준   ④ 납부세액

실무시험

㈜하나전자(회사코드:1143)는 전자부품의 제조 및 도소매업을 영위하는 중소기업으로 당기(제10기) 회계기간은 2025.1.1.~2025.12.31.이다. 전산세무회계 수험용 프로그램을 이용하여 다음 물음에 답하시오.

기본전제

• 문제에서 한국채택국제회계기준을 적용하도록 하는 전제조건이 없는 경우, 일반기업회계기준을 적용하여 회계처리 한다.

• 문제의 풀이와 답안작성은 제시된 문제의 순서대로 진행한다.

문제 1

다음은 [기초정보관리] 및 [전기분재무제표]에 대한 자료이다. 각각의 요구사항에 대하여 답하시오. (10점)

[1] 다음의 자료를 이용하여 [거래처등록] 메뉴에서 신규 거래처를 추가로 등록하시오. (3점)

• 거래처코드 : 00500	• 거래처명 : 한국개발
• 거래처구분 : 일반거래처	• 유형 : 동시
• 사업자등록번호 : 134-24-91004	• 대표자성명 : 김한국
• 업태 : 정보통신업	• 종목 : 소프트웨어개발
• 주소 : 경기도 성남시 분당구 판교역로192번길 12 (삼평동)	
※ 주소 입력 시 우편번호 입력은 생략함	

사업자등록증
(일반과세자)
등록번호 : 134-24-91004

상   호 : 한국개발
성   명 : 김한국   생년월일 : 1985년 03월 02일
개 업 연 월 일 : 2020 년 07 월 25 일
사업장소재지 : 경기도 성남시 분당구 판교역로192번길 12 (삼평동)

사업의 종류 : [업태] 정보통신업   [종목] 소프트웨어개발

발 급 사 유 : 사업장 소재지 정정
공 동 사 업 자 :

사업자 단위 과세 적용사업자 여부 : 여( ) 부(V)
전자세금계산서 전용 전자우편주소 :

2025 년 01 월 20 일
분 당 세 무 서 장   분당세무
서장인

국세청
국세청

[2] 다음 자료를 이용하여 [계정과목및적요등록]에 반영하시오. (3점)

• 코드 : 862	• 현금적요 1번 : 행사지원비 현금 지급
• 계정과목 : 행사지원비	• 대체적요 1번 : 행사지원비 어음 발행
• 성격 : 경비	

[3] 전기분 원가명세서를 검토한 결과 다음과 같은 오류가 발견되었다. 이와 관련된 전기분 재무제표(재무상태표, 손익계산서, 원가명세서, 잉여금처계산서)를 모두 적절하게 수정하시오. (4점)

> 해당 연도(2024년)에 외상으로 매입한 부재료비 3,000,000원이 누락된 것으로 확인된다.

문제 2

[일반전표입력] 메뉴를 이용하여 다음의 거래 자료를 입력하시오(일반전표입력의 모든 거래는 부가가치세를 고려하지 말 것). (18점)

입력 시 유의사항

• 일반적인 적요의 입력은 생략하지만, 타계정 대체거래는 적요번호를 선택하여 입력한다.
• 채권·채무와 관련된 거래는 별도의 요구가 없는 한 반드시 기등록된 거래처코드를 선택하는 방법으로 거래처명을 입력한다.
• 제조경비는 500번대 계정코드를, 판매비와관리비는 800번대 계정코드를 사용한다.
• 회계처리 시 계정과목은 별도의 제시가 없는 한 등록된 계정과목 중 가장 적절한 과목으로 한다.

[1] **07월 05일** 영업팀 직원들에 대한 확정기여형(DC형) 퇴직연금 납입액 1,400,000원을 보통예금 계좌에서 이체하여 납입하였다. (3점)

[2] **07월 25일** ㈜고운상사의 외상매출금 중 5,500,000원은 약속어음으로 받고, 나머지 4,400,000원은 보통예금 계좌로 입금받았다. (3점)

[3] **08월 30일** 자금 부족으로 인하여 ㈜재원에 대한 받을어음 50,000,000원을 만기일 전에 은행에서 할인받고, 할인료 5,000,000원을 차감한 잔액이 보통예금 계좌로 입금되었다(단, 본 거래는 매각거래이다). (3점)

[4] **10월 03일** 단기 투자 목적으로 보유하고 있는 ㈜미학건설의 주식으로부터 배당금 2,300,000원이 확정되어 즉시 보통예금 계좌로 입금되었다. (3점)

[5] **10월 31일** 재무팀 강가연 팀장의 10월분 급여를 농협 보통예금 계좌에서 이체하여 지급하였다(단, 공제합계액은 하나의 계정과목으로 회계처리할 것). (3점)

2025년 10월 급여명세서			
이름	강가연	지급일	2025년 10월 31일
기 본 급	4,500,000원	소 득 세	123,000원
식 대	200,000원	지 방 소 득 세	12,300원
자 가 운 전 보 조 금	200,000원	국 민 연 금	90,500원
		건 강 보 험	55,280원
		고 용 보 험	100,000원
급 여 계	4,900,000원	공 제 합 계	381,080원
		지 급 총 액	4,518,920원

[6] **12월 21일** 자금 조달을 위하여 사채(액면금액 8,000,000원, 3년 만기)를 8,450,000원에 발행하고, 납입금은 당좌예금 계좌로 입금하였다. (3점)

문제 3

다음 거래 자료를 [매입매출전표입력] 메뉴에 입력하시오. (18점)

입력 시 유의사항

- 일반적인 적요의 입력은 생략하지만, 타계정 대체거래는 적요번호를 선택하여 입력한다.
- 채권·채무와 관련된 거래는 별도의 요구가 없는 한 반드시 기등록된 거래처코드를 선택하는 방법으로 거래처명을 입력한다.
- 제조경비는 500번대 계정코드를, 판매비와관리비는 800번대 계정코드를 사용한다.
- 회계처리 시 계정과목은 별도의 제시가 없는 한 등록된 계정과목 중 가장 적절한 과목으로 한다.
- 입력화면 하단의 분개까지 처리하고, 전자세금계산서 및 전자계산서는 전자입력으로 반영한다.

[1] **07월 20일** 미국 소재법인 NDVIDIA에 직수출하는 제품의 선적을 완료하였으며, 수출대금 $5,000는 차후에 받기로 하였다. 제품수출계약은 7월 1일에 체결하였으며, 일자별 기준환율은 아래와 같다(단, 수출신고번호 입력은 생략할 것). (3점)

일자	계약일 2025.07.01.	선적일 2025.07.20.
기준환율	1,100원/$	1,200원/$

[2] **07월 23일** 당사가 소유하던 토지(취득원가 62,000,000원)를 돌상상회에 65,000,000원에 매각하기로 계약하면서 동시에 전자계산서를 발급하였다. 대금 중 30,000,000원은 계약 당일 보통예금 계좌로 입금받았으며, 나머지는 다음 달에 받기로 약정하였다. (3점)

[3] **08월 10일** 영업팀에서 회사 제품을 홍보하기 위해 광고닷컴에서 홍보용 수첩을 제작하고 현대카드로 결제하였다. (3점)

카드번호 (9876-****-****-1230)	
승인번호	28516480
거래일자	2025년08월10일15:29:44
결제방법	일시불
가맹점명	광고닷컴
가맹점번호	23721275
대표자명	김광고
사업자등록번호	305-35-65424
전화번호	02-651-1212
주소	서울특별시 서초구 명달로 100
공급가액	4,000,000원
부가세액	400,000원
승인금액	4,400,000원

고객센터(1577-8398) | www.hyundaicard.com

[Hyundai Card] 현대카드

[4] **08월 17일** 제품 생산에 필요한 원재료를 구입하고, 아래의 전자세금계산서를 발급받았다. (3점)

전자세금계산서						승인번호	20250817-15454645-58811889		
공급자	사업자 등록번호	139-81-54313	종사업장 번호		공급받는자	사업자 등록번호	125-86-65247	종사업장 번호	
	상호 (법인명)	㈜고철상사	성 명 (대표자)	황영민		상호 (법인명)	㈜하나전자	성 명	김영순
	사업장 주소	서울특별시 서초구 명달로 3				사업장 주소	경기도 남양주시 덕릉로 1067		
	업 태	도소매	종 목	전자부품		업 태	제조,도소매	종 목	전자부품
	이메일					이메일			

작성일자	공급가액	세액	수정사유	비고
2025/08/17	12,000,000	1,200,000	해당 없음	

월	일	품 목	규격	수량	단 가	공급가액	세 액	비 고
08	17	k-312 벨브		200	60,000	12,000,000	1,200,000	

합 계 금 액	현 금	수 표	어 음	외상미수금	이 금액을 (청구) 함
13,200,000			5,000,000	8,200,000	

[5] **08월 28일** ㈜와마트에서 업무용으로 사용하는 냉장고를 5,500,000원(부가가치세 포함)에 현금으로 구입하고, 현금영수증(지출증빙용)을 수취하였다(단, 자산으로 처리할 것). (3점)

㈜와마트

133-81-05134 　　　　　　　　　　류예린
서울특별시 구로구 구로동로 10 　　TEL : 02-117-2727
홈페이지 http://www.kacpta.or.kr

현금영수증(지출증빙용)

구매 2025/08/28/17:27 　　　　　　거래번호 : 0031-0027

상품명	수량	단가	금액
냉장고	1	5,500,000원	5,500,000원

과 세 물 품 가 액	5,000,000원
부 가 가 치 세 액	500,000원
합　　　계	5,500,000원
받 은 금 액	5,500,000원

[6] **11월 08일** 대표이사 김영순(거래처코드 : 375)의 호텔 결혼식장 대관료(업무관련성 없음)를 당사의 보통예금 계좌에서 이체하여 지급하고, 아래의 전자세금계산서를 수취하였다. (3점)

전자세금계산서						승인번호		20251108-27620200-4651260	
공급자	사업자 등록번호	511-81-53215	종사업장 번호		공급받는자	사업자 등록번호	125-86-65247	종사업장 번호	
	상호 (법인명)	대박호텔㈜	성 명 (대표자)	김대박		상호 (법인명)	㈜하나전자	성 명	김영순
	사업장 주소	서울특별시 강남구 도산대로 104				사업장 주소	경기도 남양주시 덕릉로 1067		
	업 태	숙박,서비스	종 목	호텔, 장소대여		업 태	제조,도소매	종 목	전자부품
	이메일					이메일			
작성일자		공급가액		세액		수정사유		비고	
2025/11/08		25,000,000		2,500,000		해당 없음			
월	일	품 목	규격	수량	단 가		공급가액	세 액	비 고
11	08	파라다이스 홀 대관			25,000,000		25,000,000	2,500,000	
합 계 금 액		현 금		수 표		어 음		외 상 미 수 금	이 금액을 (영수) 함
27,500,000		27,500,000							

문제 4

[일반전표입력] 및 [매입매출전표입력] 메뉴에 입력된 내용 중 다음과 같은 오류가 발견되었다. 입력된 내용을 확인하여 정정하시오. (6점)

[1] **11월 12일** 호호꽃집에서 영업부 사무실에 비치할 목적으로 구입한 공기정화식물(소모품비)의 대금 100,000원을 보통예금 계좌에서 송금하고 전자계산서를 받았으나 전자세금계산서로 처리하였다. (3점)

[2] **12월 12일** 본사 건물에 엘리베이터를 설치하고 ㈜베스트디자인에 지급한 88,000,000원(부가가치세 포함)을 비용으로 처리하였으나, 건물의 자본적지출로 처리하는 것이 옳은 것으로 판명되었다. (3점)

문제 5

결산정리사항은 다음과 같다. 관련 메뉴를 이용하여 결산을 완료하시오. (9점)

[1] 당기 중 단기시세차익을 목적으로 ㈜눈사람의 주식 100주(1주당 액면금액 100원)를 10,000,000 원에 취득하였으나, 기말 현재 시장가격은 12,500,000원이다(단, ㈜눈사람의 주식은 시장성이 있다). (3점)

[2] 기말 현재 미국 GODS사에 대한 장기대여금 $2,000가 계상되어 있다. 장부금액은 2,100,000 원이며, 결산일 현재 기준환율은 1,120원/$이다. (3점)

[1] 기말 현재 당기분 법인세(지방소득세 포함)는 15,000,000원으로 산출되었다. 관련된 결산 회계처리를 하시오(단, 당기분 법인세 중간예납세액 5,700,000원과 이자소득 원천징수세액 1,300,000원은 선납세금으로 계상되어 있다). (3점)

문제 6

다음 사항을 조회하여 답안을 │ 이론문제 답안작성 │ 메뉴에 입력하시오. (9점)

[1] 3월에 발생한 판매비와일반관리비 중 발생액이 가장 적은 계정과목과 그 금액은 얼마인가? (3점)

[2] 2025년 2월 말 현재 미수금과 미지급금의 차액은 얼마인가? (단, 반드시 양수로 기재할 것) (3점)

[3] 2025년 제1기 부가가치세 확정신고기간(4월~6월)의 공제받지못할매입세액은 얼마인가? (3점)

제115회 기출문제

이론시험

다음 문제를 보고 알맞은 것을 골라 │ 이론문제 답안작성 │ 메뉴에 입력하시오. (객관식 문항당 2점)

기본전제

문제에서 한국채택국제회계기준을 적용하도록 하는 전제조건이 없는 경우, 일반기업회계기준을 적용한다.

01 다음 중 회계순환과정에 있어 기말결산정리의 근거가 되는 가정으로 적절한 것은?

① 발생주의 회계　　　　　　　　② 기업실체의 가정
③ 계속기업의 가정　　　　　　　④ 기간별 보고의 가정

02 다음 중 당좌자산에 포함되지 않는 것은 무엇인가?

① 선급비용　　　　　　　　　　② 미수금
③ 미수수익　　　　　　　　　　④ 선수수익

03 다음에서 설명하는 재고자산 단가 결정방법으로 옳은 것은?

실제 물량 흐름과 원가 흐름의 가정이 유사하다는 장점이 있으나, 수익·비용 대응의 원칙에 부적합하고, 물가 상승 시 이익이 과대 계상되는 단점이 있다.

① 개별법　　　　　　　　　　　② 선입선출법
③ 후입선출법　　　　　　　　　④ 총평균법

04 다음 중 유형자산에 대한 추가적인 지출이 발생했을 경우 발생한 기간의 비용으로 처리하는 거래로 옳은 것은?

① 건물의 피난시설을 설치하기 위한 지출
② 내용연수를 연장시키는 지출
③ 건물 내부 조명기구를 교체하는 지출
④ 상당한 품질향상을 가져오는 지출

05 다음 중 무형자산에 대한 설명으로 가장 옳지 않은 것은?

① 무형자산은 상각완료 후 잔존가치로 1,000원을 반드시 남겨둔다.
② 무형자산의 상각방법은 정액법, 정률법 둘 다 사용 가능하다.
③ 무형자산을 상각하는 회계처리를 할 때는 일반적으로 직접법으로 처리하고 있다.
④ 무형자산 중 내부에서 창출한 영업권은 무형자산으로 인정되지 않는다.

06 다음 중 일반기업회계기준에 따른 부채가 아닌 것은 무엇인가?

① 임차보증금 　　　　　② 퇴직급여충당부채
③ 선수금 　　　　　　　④ 미지급배당금

07 다음의 자본 항목 중 성격이 다른 하나는 무엇인가?

① 자기주식처분이익 　　② 감자차익
③ 자기주식 　　　　　　④ 주식발행초과금

08 다음의 자료를 이용하여 영업이익을 구하시오(기초재고는 50,000원, 기말재고는 '0'으로 가정한다).

•총매출액 500,000원	•매출할인 10,000원	•당기총매입액 300,000원
•매입에누리 20,000원	•이자비용 30,000원	•급여 20,000원
•통신비 5,000원	•감가상각비 10,000원	•배당금수익 20,000원
•임차료 25,000원	•유형자산처분손실 30,000원	

① 60,000원 　　　② 70,000원 　　　③ 100,000원 　　　④ 130,000원

09 다음 중 보조부문의 원가 배분에 대한 설명으로 옳지 않은 것은?

① 보조부문의 원가 배분방법으로는 직접배분법, 단계배분법 및 상호배분법이 있으며, 이들 배분 방법에 따라 전체 보조부문의 원가에 일부 차이가 있을 수 있다.

② 상호배분법은 부문간 상호수수를 고려하여 계산하기 때문에 다른 배분방법보다 계산이 복잡한 방법이라 할 수 있다.

③ 단계배분법은 보조부문간 배분순서에 따라 각 보조부문에 배분되는 금액에 차이가 있을 수 있다.

④ 직접배분법은 보조부문 원가 배분액의 계산이 상대적으로 간편한 방법이라 할 수 있다.

10 다음의 원가 분류 중 분류 기준이 같은 것으로만 짝지어진 것은?

가. 변동원가 나. 관련원가 다. 직접원가 라. 고정원가 마. 매몰원가 바. 간접원가

① 가, 나　　　　　② 나, 다　　　　　③ 나, 마　　　　　④ 라, 바

11 다음 자료를 참고하여 2025년 제조작업지시서 #200에 대한 제조간접원가 예정배부율과 예정배부액을 계산하면 각각 얼마인가?

가. 2024년 연간 제조간접원가 4,200,000원, 총기계작업시간은 100,000시간인 것으로 파악되었다.

나. 2025년 연간 예정제조간접원가 3,800,000원, 총예정기계작업시간은 80,000시간으로 예상하고 있다.

다. 2025년 제조작업지시서별 실제기계작업시간은 다음과 같다.
- 제조작업지시서 #200 : 11,000시간
- 제조작업지시서 #300 : 20,000시간

	제조간접원가 예정배부율	제조간접원가 예정배부액
①	42원/기계작업시간	462,000원
②	52.5원/기계작업시간	577,500원
③	47.5원/기계작업시간	522,500원
④	46원/기계작업시간	506,000원

12 다음 중 종합원가계산을 적용할 경우 평균법과 선입선출법에 의한 완성품 환산량의 차이를 발생시키는 주요 원인은 무엇인가?

① 기초재공품 차이 ② 기초제품 차이

③ 기말제품 차이 ④ 기말재공품 차이

13 다음 중 부가가치세법상 납세의무자에 대한 설명으로 가장 옳지 않은 것은?

① 부가가치세법상 사업자는 일반과세자와 간이과세자이다.

② 국가·지방자치단체도 납세의무자가 될 수 있다.

③ 사업자단위과세사업자는 모든 사업장의 부가가치세를 총괄하여 신고만 할 수 있다.

④ 영세율을 적용받는 사업자도 부가가치세법상의 사업자등록의무가 있다.

14 다음 중 부가가치세법상 매입세액공제가 가능한 경우는?

① 면세사업에 관련된 매입세액

② 비영업용 소형승용자동차의 유지와 관련된 매입세액

③ 토지의 형질변경과 관련된 매입세액

④ 제조업을 영위하는 사업자가 농민으로부터 구입한 면세 농산물의 의제매입세액

15 다음 중 부가가치세법상 세금계산서 발급 의무가 면제되지 않는 경우는?

① 택시운송사업자가 공급하는 재화 또는 용역

② 미용업자가 공급하는 재화 또는 용역

③ 제조업자가 구매확인서에 의하여 공급하는 재화

④ 부동산임대업자의 부동산임대용역 중 간주임대료

$$\boxed{\textbf{실무시험}}$$

다산컴퓨터㈜(회사코드:1153)는 컴퓨터 등의 제조 및 도소매업을 영위하는 중소기업으로 당기(제 11기) 회계기간은 2025.1.1.~2025.12.31.이다. 전산세무회계 수험용 프로그램을 이용하여 다음 물음에 답하시오.

> **기본전제**
>
> • 문제에서 한국채택국제회계기준을 적용하도록 하는 전제조건이 없는 경우, 일반기업회계기준 을 적용하여 회계처리 한다.
> • 문제의 풀이와 답안작성은 제시된 문제의 순서대로 진행한다.

문제 1

다음은 [기초정보관리] 및 [전기분재무제표]에 대한 자료이다. 각각의 요구사항에 대하여 답하시오. (10점)

[1] 다음 자료를 보고 [거래처등록] 메뉴에서 신규 거래처를 등록하시오(단, 주어진 자료 외의 다른 항목은 입력할 필요 없음). (3점)

> • 거래처코드 : 02411
> • 거래처명 : ㈜구동컴퓨터
> • 사업자등록번호 : 189-86-70759
> • 업태 : 제조
> • 사업장주소 : 울산광역시 울주군 온산읍 종동길 102
> • 거래처구분 : 일반거래처
> • 유형 : 동시
> • 대표자성명 : 이주연
> • 종목 : 컴퓨터 및 주변장치

[2] 기초정보관리의 [계정과목및적요등록] 메뉴에서 821.보험료 계정과목에 아래의 적요를 추가로 등록하시오. (3점)

> • 현금적요 7번 : 경영인 정기보험료 납부
> • 대체적요 5번 : 경영인 정기보험료 미지급
> • 대체적요 6번 : 경영인 정기보험료 상계

[3] 다음은 다산컴퓨터㈜의 올바른 선급금, 선수금의 전체 기초잔액이다. [거래처별초기이월] 메뉴의 자료를 검토하여 오류가 있으면 올바르게 삭제 또는 수정, 추가 입력을 하시오. (4점)

계정과목	거래처명	금액
선급금	해원전자㈜	2,320,000원
	공상㈜	1,873,000원
선수금	㈜유수전자	2,100,000원
	㈜신곡상사	500,000원

문제 2

[일반전표입력] 메뉴를 이용하여 다음의 거래 자료를 입력하시오(일반전표입력의 모든 거래는 부가가치세를 고려하지 말 것). (18점)

입력 시 유의사항

- 일반적인 적요의 입력은 생략하지만, 타계정 대체거래는 적요번호를 선택하여 입력한다.
- 채권·채무와 관련된 거래는 별도의 요구가 없는 한 반드시 기등록된 거래처코드를 선택하는 방법으로 거래처명을 입력한다.
- 제조경비는 500번대 계정코드를, 판매비와관리비는 800번대 계정코드를 사용한다.
- 회계처리 시 계정과목은 별도의 제시가 없는 한 등록된 계정과목 중 가장 적절한 과목으로 한다.

[1] **07월 28일** 거래처 ㈜경재전자의 외상매입금 2,300,000원 중 2,000,000원은 당사에서 어음을 발행하여 지급하고 나머지는 면제받았다. (3점)

[2] **09월 03일** 하나은행에서 차입한 단기차입금 82,000,000원과 이에 대한 이자 2,460,000원을 보통예금계좌에서 이체하여 지급하였다. (3점)

[3] **09월 12일** 중국의 DOKY사에 대한 제품 수출 외상매출금 10,000$(선적일 기준환율 : 1,400원/$)를 회수하여 즉시 원화 보통예금 계좌로 입금하였다(단, 입금일의 기준환율은 1,380원/$이다). (3점)

[4] **10월 07일** 주당 액면가액이 5,000원인 보통주 1,000주를 주당 7,000원에 발행하였고, 발행가액 전액이 보통예금 계좌로 입금되었다(단, 하나의 전표로 처리하며 신주 발행 전 주식할인발행차금 잔액은 1,000,000원이고 신주발행비용은 없다고 가정한다). (3점)

[5] **10월 28일** 당기분 DC형 퇴직연금 불입액 12,000,000원이 자동이체 방식으로 보통예금 계좌에서 출금되었다. 불입액 12,000,000원 중 4,000,000원은 영업부에서 근무하는 직원들에 대한 금액이고 나머지는 생산부에서 근무하는 직원들에 대한 금액이다. (3점)

[6] **11월 12일** 전기에 회수불능으로 일부 대손처리한 ㈜은상전기의 외상매출금이 회수되었으며, 대금은 하나은행 보통예금 계좌로 입금되었다. (3점)

			[보통예금(하나)] 거래 내용			
행	연월일	내용	찾으신 금액	맡기신 금액	잔액	거래점
			계좌번호 120-99-80481321			
1	2025-11-12	㈜은상전기		₩2,500,000	******	1111

문제 3

[매입매출전표입력] 메뉴를 이용하여 다음의 거래 자료를 입력하시오. (18점)

입력 시 유의사항

- 일반적인 적요의 입력은 생략하지만, 타계정 대체거래는 적요번호를 선택하여 입력한다.
- 채권·채무와 관련된 거래는 별도의 요구가 없는 한 반드시 기등록된 거래처코드를 선택하는 방법으로 거래처명을 입력한다.
- 제조경비는 500번대 계정코드를, 판매비와관리비는 800번대 계정코드를 사용한다.
- 회계처리 시 계정과목은 별도의 제시가 없는 한 등록된 계정과목 중 가장 적절한 과목으로 한다.
- 입력화면 하단의 분개까지 처리하고, 전자세금계산서 및 전자계산서는 전자입력으로 반영한다.

[1] **07월 03일** 회사 영업부 야유회를 위해 도시락 10개를 구입하고 현대카드로 결제하였다. (3점)

```
           신용카드매출전표
가 맹 점 명 : 맛나도시락
사업자번호 : 127-10-12343
대 표 자 명 : 김도식
주      소 : 서울 마포구 마포대로 2
롯 데 카 드 : 신용승인
거 래 일 시 : 2025-07-03 11:08:54
카 드 번 호 : 3256-6455-****-1329
유 효 기 간 : 12/26
가맹점번호 : 123412341
매   입   사 : 현대카드(전자서명전표)
     상품명              금액
  한식도시락세트        330,000
공 급 가 액 :   300,000
부 가 세 액 :    30,000
합      계 :   330,000
```

[2] **08월 06일** 제품을 만들고 난 후 나온 철 스크랩을 비사업자인 최한솔에게 판매하고, 판매대금 1,320,000원(부가가치세 포함)을 수취하였다. 대금은 현금으로 받고, 해당 거래에 대한 증빙은 아무것도 발급하지 않았다(계정과목은 잡이익으로 하고, 거래처를 조회하여 입력할 것). (3점)

[3] **08월 29일** ㈜선월재에게 내국신용장에 의해 제품을 판매하고 전자세금계산서를 발급하였다. 대금 중 500,000원은 현금으로 받고 나머지는 외상으로 하였다(단, 서류번호입력은 생략할 것). (3점)

영세율 전자세금계산서						승인번호	20250829-100028100-484650			
공급자	사업자 등록번호	129-81-50101	종사업장 번호		공급받는자	사업자 등록번호	601-81-25803	종사업장 번호		
	상호 (법인명)	다산컴퓨터㈜	성 명 (대표자)	박새은		상호 (법인명)	㈜선월재	성 명	정일원	
	사업장 주소	경기도 남양주시 가운로 3-28				사업장 주소	경상남도 사천시 사천대로 11			
	업 태	제조,도소매	종 목	컴퓨터		업 태	도소매	종 목	컴퓨터 및 기기장치	
	이메일					이메일				
작성일자		공급가액		세액		수정사유		비고		
2025.08.29		5,200,000								
월	일	품 목	규격	수량	단 가		공급가액	세 액		비 고
8	29	제품A		1	5,200,000		5,200,000			
합 계 금 액		현 금		수 표		어 음		외 상 미 수 금	이 금액을 (청구) 함	
5,200,000		500,000						4,700,000		

[4] **10월 15일** ㈜우성유통에 제품을 판매하고 다음과 같이 전자세금계산서를 발급하였다. 대금 중 8,000,000원은 하움공업이 발행한 어음을 배서양도 받고, 나머지는 다음 달에 받기로 하였다. (3점)

전자세금계산서						승인번호	20251015-100028100-484650		
공급자	사업자 등록번호	129-81-50101	종사업장 번호		공급받는자	사업자 등록번호	105-86-50416	종사업장 번호	
	상호 (법인명)	다산컴퓨터㈜	성 명 (대표자)	박새은		상호 (법인명)	㈜우성유통	성 명	김성길
	사업장 주소	경기도 남양주시 가운로 3-28				사업장 주소	서울시 강남구 강남대로 292		
	업 태	제조,도소매	종 목	컴퓨터		업 태	도소매	종 목	기기장치
	이메일					이메일			

작성일자	공급가액	세액	수정사유	비고
2025.10.15	10,000,000	1,000,000	해당 없음	

월	일	품 목	규격	수량	단 가	공급가액	세 액	비 고
10	15	컴퓨터				10,000,000	1,000,000	

합 계 금 액	현 금	수 표	어 음	외 상 미 수 금	이 금액을 (청구) 함
11,000,000			8,000,000	3,000,000	

[5] **10월 30일** 미국의 MARK사로부터 수입한 업무용 컴퓨터(공급가액 6,000,000원)와 관련하여 인천세관장으로부터 수입세금계산서를 발급받고, 해당 부가가치세를 당좌예금 계좌에서 이체하여 납부하였다(단, 부가가치세 회계처리만 할 것). (3점)

[6] **12월 02일** 공장 직원들의 휴게공간에 간식을 비치하기 위해 두나과일로부터 샤인머스캣 등을 구매하면서 구매대금 275,000원을 현금으로 지급하고, 지출증빙용 현금영수증을 발급받았다. (3점)

문제 4

[일반전표입력] 및 [매입매출전표입력] 메뉴에 입력된 내용 중 다음과 같은 오류가 발견되었다. 입력된 내용을 확인하여 정정하시오. (6점)

[1] **11월 01일** ㈜호수의 주식 1,000주를 단기간 차익을 목적으로 1주당 12,000원(1주당 액면가 5,000원)에 현금으로 취득하고 발생한 수수료 120,000원을 취득원가에 포함하였다. (3점)

[2] **11월 26일** 원재료 매입 거래처의 워크숍을 지원하기 위해 ㈜산들바람으로부터 현금으로 구매한 선물세트 800,000원(부가가치세 별도, 종이세금계산서 수취)을 소모품비로 회계처리하였다. (3점)

문제 5

결산정리사항은 다음과 같다. 관련 메뉴를 이용하여 결산을 완료하시오. (9점)

[1] 12월 31일 제2기 부가가치세 확정신고기간의 부가가치세 매출세액은 14,630,000원, 매입세액은 22,860,000원, 환급세액은 8,230,000원이다. 관련된 결산 회계처리를 하시오(단, 환급세액은 미수금으로 처리한다). (3점)

[2] 10월 1일에 로배전자에 30,000,000원(상환기일 2026년 9월 30일)을 대여하고, 연 7%의 이자를 상환일에 원금과 함께 수취하기로 약정하였다. 결산 정리분개를 하시오(이자는 월할계산할 것). (3점)

[3] 12월 31일 현재 신한은행의 장기차입금 중 일부인 ´13,000,000원의 만기상환기일이 1년 이내에 도래할 것으로 예상되었다. (3점)

문제 6

다음 사항을 조회하여 알맞은 답안을 이론문제 답안작성 메뉴에 입력하시오. (9점)

[1] 6월 말 현재 외상매입금 잔액이 가장 많은 거래처명과 그 금액은 얼마인가? (3점)

[2] 1분기(1월 ~ 3월) 중 판매비와관리비 항목의 소모품비 지출액이 가장 적게 발생한 월과 그 금액은 얼마인가? (3점)

[3] 2025년 제1기 확정신고기간(4월 ~ 6월) 중 ㈜하이일렉으로부터 발급받은 세금계산서의 총 매수와 매입세액은 얼마인가? (3점)

제116회 기출문제

이론시험

다음 문제를 보고 알맞은 것을 골라 │ 이론문제 답안작성 │ 메뉴에 입력하시오. (객관식 문항당 2점)

기본전제

문제에서 한국채택국제회계기준을 적용하도록 하는 전제조건이 없는 경우, 일반기업회계기준을 적용한다.

01 다음 중 일반기업회계기준에 따른 재무제표에 대한 설명으로 가장 옳지 않은 것은?

① 재무상태표는 일정 시점 현재 기업실체가 보유하고 있는 경제적 자원인 자산과 경제적 의무인 부채, 그리고 자본에 대한 정보를 제공하는 재무보고서이다.

② 손익계산서는 일정 시점 현재 기업실체의 경영성과에 대한 정보를 제공하는 재무보고서이다.

③ 현금흐름표는 일정 기간 동안 기업실체에 대한 현금유입과 현금유출에 대한 정보를 제공하는 재무보고서이다.

④ 자본변동표는 기업실체에 대한 자본의 크기와 그 변동에 관한 정보를 제공하는 재무보고서이다.

02 다음 중 단기매매증권 취득 시 발생한 비용을 취득원가에 가산할 경우 재무제표에 미치는 영향으로 옳은 것은?

① 자산의 과소계상   ② 부채의 과대계상

③ 자본의 과소계상   ④ 당기순이익의 과대계상

03 ㈜회계는 2024년 1월 1일 10,000,000원에 유형자산(기계장치)을 취득하여 사용하다가 2025년 6월 30일 4,000,000원에 처분하였다. 해당 기계장치의 처분 시 발생한 유형자산 처분손실을 계산하면 얼마인가? 단, 내용연수 5년, 잔존가액 1,000,000원, 정액법(월할상각)의 조건으로 2025년 6월까지 감가상각이 완료되었다고 가정한다.

① 2,400,000원 ② 3,300,000원

③ 5,100,000원 ④ 6,000,000원

04 다음의 자료를 바탕으로 2025년 12월 31일 현재 현금및현금성자산과 단기금융상품의 잔액을 계산한 것으로 옳은 것은?

- 현금시재액 : 200,000원
- 당좌예금 : 500,000원
- 정기예금 : 1,500,000원(만기 2026년 12월 31일)
- 선일자수표 : 150,000원
- 외상매입금 : 2,000,000원

① 현금및현금성자산 : 700,000원

② 현금및현금성자산 : 2,500,000원

③ 단기금융상품 : 1,650,000원

④ 단기금융상품 : 2,000,000원

05 다음 중 대손충당금에 대한 설명으로 가장 옳지 않은 것은?

① 대손충당금은 유형자산의 차감적 평가계정이다.

② 회수가 불확실한 채권은 합리적이고 객관적인 기준에 따라 산출한 대손 추산액을 대손충당금으로 설정한다.

③ 미수금도 대손충당금을 설정할 수 있다.

④ 매출 활동과 관련되지 않은 대여금에 대한 대손상각비는 영업외비용에 속한다.

06 다음 중 자본에 영향을 미치지 않는 항목은 무엇인가?

① 당기순이익 ② 현금배당

③ 주식배당 ④ 유상증자

07 다음 중 일반기업회계기준에 따른 수익 인식 시점에 대한 설명으로 옳지 않은 것은?

① 위탁판매의 경우 수탁자가 위탁품을 소비자에게 판매한 시점에 수익을 인식한다.
② 배당금수익은 배당금을 받을 권리와 금액이 확정되는 시점에 수익을 인식한다.
③ 대가가 분할되어 수취되는 할부판매의 경우 대가를 나누어 받을 때마다 수익으로 인식한다.
④ 설치수수료 수익은 재화가 판매되는 시점에 수익을 인식하는 재화의 판매에 부수되는 설치의 경우를 제외하고는 설치의 진행률에 따라 수익으로 인식한다.

08 다음 중 재고자산에 대한 설명으로 옳지 않은 것은?

① 기업이 생산과정에 사용하거나 판매를 목적으로 보유한 자산이다.
② 취득원가에 매입부대비용은 포함되지 않는다.
③ 기말 평가방법에 따라 기말 재고자산 금액이 다를 수 있다.
④ 수입 시 발생한 관세는 취득원가에 가산하여 재고자산에 포함된다.

09 다음 중 원가에 대한 설명으로 옳지 않은 것은?

① 원가의 발생형태에 따라 재료원가, 노무원가, 제조경비로 분류한다.
② 특정 제품에 대한 직접 추적가능성에 따라 직접원가, 간접원가로 분류한다.
③ 조업도 증감에 따른 원가의 행태로서 변동원가, 고정원가로 분류한다.
④ 기회비용은 과거의 의사결정으로 인해 이미 발생한 원가이며, 대안 간의 차이가 발생하지 않는 원가를 말한다.

10 부문별 원가계산에서 보조부문의 원가를 제조부문에 배분하는 방법 중 보조부문의 배분 순서에 따라 제조간접원가의 배분액이 달라지는 방법은?

① 직접배분법   ② 단계배분법
③ 상호배분법   ④ 총배분법

11 다음 중 제조원가명세서에서 제공하는 정보는 무엇인가?

① 기부금   ② 이자비용
③ 당기총제조원가   ④ 매출원가

12 다음의 자료를 이용하여 평균법에 의한 가공원가 완성품환산량을 구하시오(단, 재료는 공정 초기에 전량 투입되고 가공원가는 공정 전반에 걸쳐 균등하게 발생한다).

> - 당기완성품 : 40,000개
> - 기초재공품 : 10,000개(완성도 30%)
> - 당기착수량 : 60,000개
> - 기말재공품 : 30,000개(완성도 60%)

① 52,000개
② 54,000개
③ 56,000개
④ 58,000개

13 다음 중 부가가치세법상 납세의무자에 대한 설명으로 틀린 것은?

① 사업의 영리 목적 여부에 관계없이 사업상 독립적으로 재화 및 용역을 공급하는 사업자이다.
② 영세율을 적용받는 사업자는 납세의무자에 해당하지 않는다.
③ 간이과세자도 납세의무자에 포함된다.
④ 재화를 수입하는 자는 그 재화의 수입에 대한 부가가치세를 납부할 의무가 있다.

14 다음 중 부가가치세법상 사업장에 대한 설명으로 옳지 않은 것은?

① 사업장은 사업자가 사업을 하기 위하여 거래의 전부 또는 일부를 하는 고정된 장소로 한다.
② 사업장을 설치하지 않고 사업자등록도 하지 않은 경우에는 과세표준 및 세액을 결정하거나 경정할 당시의 사업자의 주소 또는 거소를 사업장으로 한다.
③ 제조업의 경우 따로 제품 포장만을 하거나 용기에 충전만 하는 장소도 사업장에 포함될 수 있다.
④ 부동산상의 권리만 대여하는 경우에는 그 사업에 관한 업무를 총괄하는 장소를 사업장으로 한다.

15 부가가치세법상 법인사업자가 전자세금계산서를 발급하는 경우 전자세금계산서 발급 명세를 언제까지 국세청장에게 전송해야 하는가?

① 전자세금계산서 발급일의 다음 날
② 전자세금계산서 발급일로부터 1주일 이내
③ 전자세금계산서 발급일이 속하는 달의 다음 달 10일 이내
④ 전자세금계산서 발급일이 속하는 달의 다음 달 25일 이내

실무시험

㈜태림상사(회사코드:1163)는 자동차부품의 제조 및 도소매업을 영위하는 중소기업으로 당기(제11기) 회계기간은 2025.1.1. ~ 2025.12.31.이다. 전산세무회계 수험용 프로그램을 이용하여 다음 물음에 답하시오.

기본전제

- 문제에서 한국채택국제회계기준을 적용하도록 하는 전제조건이 없는 경우, 일반기업회계기준을 적용하여 회계처리 한다.
- 문제의 풀이와 답안작성은 제시된 문제의 순서대로 진행한다.

문제 1

다음은 [기초정보관리] 및 [전기분재무제표]에 대한 자료이다. 각각의 요구사항에 대하여 답하시오. (10점)

[1] [거래처등록] 메뉴를 이용하여 다음의 신규 거래처를 추가로 등록하시오. (3점)

- 거래처코드 : 05000
- 사업자등록번호 : 108-81-13579
- 유형 : 매출
- 거래처명 : ㈜대신전자
- 업태 : 제조
- 사업장주소 : 경기도 시흥시 정왕대로 56(정왕동)
- 대표자 : 김영일
- 종목 : 전자제품

※ 주소 입력 시 우편번호 입력은 생략해도 무방함.

[2] ㈜태림상사의 기초 채권 및 채무의 올바른 잔액은 아래와 같다. [거래처별초기이월] 메뉴의 자료를 검토하여 오류가 있으면 올바르게 삭제 또는 수정, 추가 입력을 하시오. (3점)

계정과목	거래처	금액
외상매출금	㈜동명상사	6,000,000원
받을어음	㈜남북	1,000,000원
지급어음	㈜동서	1,500,000원

[3] 전기분 손익계산서를 검토한 결과 다음과 같은 오류를 발견하였다. 해당 오류사항과 관련된 [전기분원가명세서] 및 [전기분손익계산서]를 수정 및 삭제하시오. (4점)

• 공장 건물에 대한 재산세 3,500,000원이 판매비와관리비의 세금과공과금으로 반영되어 있다.

문제 2

[일반전표입력] 메뉴를 이용하여 다음의 거래 자료를 입력하시오(일반전표입력의 모든 거래는 부가가치세를 고려하지 말 것). (18점)

입력 시 유의사항

• 일반적인 적요의 입력은 생략하지만, 타계정 대체거래는 적요번호를 선택하여 입력한다.
• 채권·채무와 관련된 거래는 별도의 요구가 없는 한 반드시 기등록된 거래처코드를 선택하는 방법으로 거래처명을 입력한다.
• 제조경비는 500번대 계정코드를, 판매비와관리비는 800번대 계정코드를 사용한다.
• 회계처리 시 계정과목은 별도의 제시가 없는 한 등록된 계정과목 중 가장 적절한 과목으로 한다.

[1] **08월 05일** 회사는 운영자금 문제를 해결하기 위해서, 보유 중인 ㈜기경상사의 받을어음 1,000,000원을 한국은행에 할인하였으며 할인료 260,000원을 공제하고 보통예금 계좌로 입금받았다(단, 매각거래로 간주한다). (3점)

[2] **08월 10일** 본사관리부 직원의 국민연금 800,000원과 카드결제수수료 8,000원을 법인카드(하나카드)로 결제하여 일괄 납부하였다. 납부한 국민연금 중 50%는 회사부담분, 50%는 원천징수한 금액으로 회사부담분은 세금과공과로 처리한다. (3점)

[3] **08월 22일** 공장에서 사용할 비품(공정가치 5,000,000원)을 대주주로부터 무상으로 받았다. (3점)

[4] **09월 04일** ㈜경기로부터 원재료를 구입하기로 계약하고, 계약금 1,000,000원을 보통예금 계좌에서 이체하여 지급하였다. (3점)

[5] **10월 28일** 영업부에서 사용할 소모품을 현금으로 구입하고 아래의 간이영수증을 수취하였다 (단, 당기 비용으로 처리할 것). (3점)

영 수 증(공급받는자용)				
No.	㈜태림상사 귀하			
공급자	사업자등록번호	314-36-87448		
	상 호	솔잎문구	성 명	김솔잎 (인)
	사업장소재지	경기도 양주시 남방동 25		
	업 태	도소매	종 목	문구점
작성년월일		공급대가 총액		비고
2025.10.28.		70,000원		
위 금액을 정히 **영수**(청구)함.				
월일	품목	수량	단가	공급가(금액)
10.28.	A4	2	35,000원	70,000원
합계			70,000원	
부가가치세법시행규칙 제25조의 규정에 의한 (영수증)으로 개정				

[6] **12월 01일** 단기시세차익을 목적으로 ㈜ABC(시장성 있는 주권상장법인에 해당)의 주식 100 주를 주당 25,000원에 취득하였다. 이와 별도로 발생한 취득 시 수수료 50,000 원과 함께 대금은 모두 보통예금 계좌에서 이체하여 지급하였다. (3점)

문제 3

[매입매출전표입력] 메뉴를 이용하여 다음의 거래 자료를 입력하시오. (18점)

입력 시 유의사항

- 일반적인 적요의 입력은 생략하지만, 타계정 대체거래는 적요번호를 선택하여 입력한다.
- 채권·채무와 관련된 거래는 별도의 요구가 없는 한 반드시 기등록된 거래처코드를 선택하는 방법 으로 거래처명을 입력한다.
- 제조경비는 500번대 계정코드를, 판매비와관리비는 800번대 계정코드를 사용한다.
- 회계처리 시 계정과목은 별도의 제시가 없는 한 등록된 계정과목 중 가장 적절한 과목으로 한다.
- 입력화면 하단의 분개까지 처리하고, 전자세금계산서 및 전자계산서는 전자입력으로 반영한다.

[1] **07월 05일** 제일상사에게 제품을 판매하고 신용카드(삼성카드)로 결제받고 발행한 매출전표는 아래와 같다. (3점)

```
          카드매출전표
----------------------------
카드종류 : 삼성카드
회원번호 : 951-3578-654
거래일시 : 2025.07.05. 11:20:22
거래유형 : 신용승인
매   출 : 800,000원
부 가 세 : 80,000원
합   계 : 880,000원
결제방법 : 일시불
승인번호 : 2025070580001
은행확인 : 삼성카드사
============================
        - 이 하 생 략 -
```

[2] **07월 11일** ㈜연분홍상사에게 다음과 같은 제품을 판매하고 1,000,000원은 현금으로, 15,000,000원은 어음으로 받고 나머지는 외상으로 하였다. (3점)

전자세금계산서					승인번호		20250711-1000000-00009329	
공급자	사업자등록번호	215-81-69876	종사업장번호		공급받는자	사업자등록번호	134-86-81692	종사업장번호	
	상호(법인명)	㈜태림상사	성 명(대표자)	정대우		상호(법인명)	㈜연분홍상사	성 명	이연홍
	사업장주소	경기도 양주시 양주산성로 85-7				사업장주소	경기도 화성시 송산면 마도북로 40		
	업 태	제조,도소매	종 목	자동차부품 외		업 태	제조	종 목	자동차특장
	이메일	school_01@taelim.kr				이메일	pink01@hanmail.net		

작성일자	공급가액	세액	수정사유	비고		
2025/07/11	30,000,000	3,000,000	해당 없음			

월	일	품 목	규격	수량	단 가	공급가액	세 액	비 고
07	11	제품				30,000,000	3,000,000	

합 계 금 액	현 금	수 표	어 음	외 상 미 수 금	이 금액을 (영수)/(청구) 함
33,000,000	1,000,000		15,000,000	17,000,000	

[3] **10월 01일** 제조공장 직원들의 야근 식사를 위해 대형마트에서 국내산 쌀(면세)을 1,100,000 원에 구입하고 대금은 보통예금 계좌에서 이체하였으며, 지출증빙용 현금영수증 을 발급받았다. (3점)

현금영수증

승인번호	구매자 발행번호	발행방법
G54782245	215-81-69876	지출증빙
신청구분	발행일자	취소일자
사업자번호	2025.10.01	-
상품명		
쌀		
구분	주문번호	상품주문번호
일반상품	20251001054897	2025100185414

판매자 정보

판매자상호	대표자명
대형마트	김대인
사업자등록번호	판매자전화번호
201-17-45670	02-788-8888
판매자사업장주소	
서울특별시 종로구 종로동 2-1	

금액

공급가액	1	1	0	0	0	0	0
부가세액							
봉사료							
승인금액	1	1	0	0	0	0	0

[4] **10월 30일** 미국의 Nice Planet에 $50,000(수출신고일 10월 25일, 선적일 10월 30일)의 제품을 직수출하였다. 수출대금 중 $20,000는 10월 30일에 보통예금 계좌로 입금받았으며, 나머지 잔액은 11월 3일에 받기로 하였다. 일자별 기준환율은 다음과 같다(단, 수출신고필증은 정상적으로 발급받았으며, 수출신고번호는 고려하지 말 것). (3점)

일자	10월 25일	10월 30일	11월 03일
기준환율	1,380원/$	1,400원/$	1,410원/$

[5] **11월 30일** ㈜제니빌딩으로부터 영업부 임차료에 대한 공급가액 3,000,000원(부가가치세 별도)의 전자세금계산서를 수취하고 대금은 다음 달에 지급하기로 한다. 단, 미지급금으로 회계처리 하시오. (3점)

[6] **12월 10일** 건축물이 있는 토지를 취득하여 그 건축물을 철거하고 토지만 사용하고자 한다. 건물 철거비용에 대하여 ㈜시온건설로부터 아래의 전자세금계산서를 발급받았다. 대금은 ㈜선유자동차로부터 제품 판매대금으로 받아 보관 중인 ㈜선유자동차 발행 약속어음으로 전액 지급하였다. (3점)

전자세금계산서					승인번호		20251210-12595557-12569886		
공급자	사업자 등록번호	105-81-23608	종사업장 번호		공급받는자	사업자 등록번호	215-81-69876	종사업장 번호	
	상호 (법인명)	㈜시온건설	성 명 (대표자)	정상임		상호 (법인명)	㈜태림상사	성 명	정대우
	사업장 주소	서울특별시 강남구 도산대로 42				사업장 주소	경기도 양주시 양주산성로 85-7		
	업 태	건설	종 목	토목공사		업 태	제조, 도소매	종 목	자동차부품 외
	이메일	sion@hanmail.net				이메일	school_01@taelim.kr		
작성일자		공급가액		세액		수정사유		비고	
2025/12/10		60,000,000		6,000,000		해당 없음			

월	일	품 목	규격	수량	단 가	공급가액	세 액	비 고
12	10	철거비용			60,000,000	60,000,000	6,000,000	

합 계 금 액	현 금	수 표	어 음	외 상 미 수 금	이 금액을 (영수) 함
66,000,000			66,000,000		

문제 4

[일반전표입력] 및 [매입매출전표입력] 메뉴에 입력된 내용 중 다음과 같은 오류가 발견되었다. 입력된 내용을 확인하여 정정하시오. (6점)

[1] **09월 01일** ㈜가득주유소에서 주유 후 대금은 당일에 현금으로 결제했으며 현금영수증을 수취한 것으로 일반전표에 입력하였다. 그러나 해당 주유 차량은 제조공장의 운반용트럭(배기량 2,500cc)인 것으로 확인되었다. (3점)

[2] **11월 12일** 경영관리부서 직원들을 대상으로 확정기여형(DC형) 퇴직연금에 가입하고 보통예금 계좌에서 당기분 퇴직급여 17,000,000원을 이체하였으나, 회계담당자는 확정급여형(DB형) 퇴직연금에 가입한 것으로 알고 회계처리를 하였다(단, 납입 당시 퇴직급여충당부채 잔액은 없는 것으로 가정한다). (3점)

문제 5

결산정리사항은 다음과 같다. 관련 메뉴를 이용하여 결산을 완료하시오. (9점)

입력 시 유의사항

- 적요의 입력은 생략한다.
- 채권·채무와 관련된 거래는 별도의 요구가 없는 한 반드시 기등록된 거래처코드를 선택하는 방법으로 거래처명을 입력한다.
- 회계처리 시 계정과목은 별도의 제시가 없는 한 등록된 계정과목 중 가장 적절한 과목으로 한다.

[1] 7월 1일에 가입한 하나은행의 정기예금 10,000,000원(만기 1년, 연 이자율 4.5%)에 대하여 기간 경과분 이자를 계상하였다(단, 이자 계산은 월할 계산하며, 원천징수는 없다고 가정한다). (3점)

[2] 경남은행으로부터 차입한 장기차입금 중 50,000,000원은 2026년 11월 30일에 상환기일이 도래한다. (3점)

[3] 2025년 제2기 부가가치세 확정신고 기간에 대한 부가세예수금은 52,346,500원, 부가세대급금은 52,749,000원일 때 부가가치세를 정리하는 회계처리를 하시오(단, 납부세액(또는 환급세액)은 미지급세금(또는 미수금)으로 회계처리하고, 불러온 자료는 무시한다). (3점)

문제 6

다음 사항을 조회하여 알맞은 답안을 이론문제 답안작성 메뉴에 입력하시오. (9점)

[1] 3월 말 현재 외상매출금 잔액이 가장 큰 거래처명과 그 금액은 얼마인가? (3점)

[2] 2025년 중 실제로 배당금을 수령한 달은 몇 월인가? (3점)

[3] 2025년 제1기 부가가치세 확정신고서(2025.04.01.~ 2025.06.30.)의 매출액 중 세금계산서 발급분 공급가액의 합계액은 얼마인가? (3점)

제117회 기출문제

이론시험

다음 문제를 보고 알맞은 것을 골라 │ 이론문제 답안작성 │ 메뉴에 입력하시오. (객관식 문항당 2점)

기본전제

> 문제에서 한국채택국제회계기준을 적용하도록 하는 전제조건이 없는 경우, 일반기업회계기준을 적용한다.

01 다음 중 재무상태표에 기재되지 않는 것은?

① 개발비(무형자산의 인식요건을 충족함)
② 영업권(기업인수에 따른 평가금액)
③ 연구비(연구단계에서 발생한 지출)
④ 선급비용

02 다음 중 당좌자산에 해당하지 않는 것은?

① 외상매출금
② 받을어음
③ 현금 및 현금성자산
④ 단기차입금

03 다음 중 무형자산에 대한 설명으로 옳지 않은 것은?

① 무형자산의 소비되는 행태를 신뢰성 있게 결정할 수 없을 경우 정률법으로 상각한다.
② 무형자산을 취득하는 경우 수익·비용 대응의 원칙에 따라 합리적인 방법을 이용하여 상각한다.
③ 영업권, 산업재산권, 개발비 등이 무형자산에 해당한다.
④ 영업권 중에서도 내부적으로 창출된 영업권은 무형자산으로 인식할 수 없으나 외부에서 구입한 영업권은 재무상태표에 계상할 수 있다.

04 기말에 창고의 재고금액을 실사한 결과 300,000원이었고 추가로 아래의 항목을 발견하였다. 아래의 항목을 고려하여 적절히 수정할 경우 정확한 기말재고자산 금액은 얼마인가?

> • 도착지(목적지)인도조건으로 판매하여 기말현재 운송 중인 재고 : 20,000원
> • 위탁자로부터 받아 창고에 보관 중인 수탁품 : 30,000원

① 290,000원   ② 300,000원
③ 320,000원   ④ 350,000원

05 다음 중 단기매매증권에 대한 설명으로 가장 옳지 않은 것은?

① 단기매매증권은 당좌자산으로 분류된다.
② 단기매매증권은 주로 단기간 내의 매매차익을 목적으로 취득한 유가증권으로서 매수와 매도가 적극적이고 빈번하게 이루어지는 것을 말한다.
③ 단기매매증권의 취득과 직접 관련된 거래원가는 최초 인식하는 공정가치에 가산한다.
④ 단기매매증권에 대한 미실현보유손익은 당기손익항목으로 처리한다.

06 다음의 회계처리로 인한 부채의 증가액은 얼마인가?

> 회사는 현금배당을 하기로 하였으며, 아래와 같이 회계처리하였다.
> (차) 이익잉여금   220,000원   (대) 미지급배당금   200,000원
>   법정적립금   20,000원

① 부채 220,000원 증가   ② 부채 200,000원 증가
③ 부채 90,000원 증가   ④ 부채 100,000원 증가

07 다음 중 자본에 대한 설명으로 옳지 않은 것은?

① 이익잉여금을 자본 전입하는 주식배당 시, 자본금은 증가하고 이익잉여금은 감소한다.
② 주식발행초과금은 주식의 발행가액이 액면가액을 초과하는 경우 그 초과금액을 말한다.
③ 기말 재무상태표상 미처분이익잉여금은 당기 이익잉여금의 처분사항이 반영되기 전의 금액이다.
④ 주식배당과 무상증자 시 순자산의 증가가 발생한다.

08 다음 중 영업외수익에 해당하지 않는 것은?

① 외환차익
② 자산수증이익
③ 채무면제이익
④ 매출액

09 ㈜삼척은 직접노무시간을 기준으로 제조간접원가를 배부하고 있다. 당해연도 초의 예상 직접노무시간은 50,000시간이고, 제조간접원가 예상액은 3,000,000원이었다. 6월의 제조간접원가 실제 발생액은 500,000원이고, 실제 직접노무시간이 3,000시간인 경우 6월의 제조간접원가 배부차이는 얼마인가?

① 과소배부 320,000원
② 과대배부 320,000원
③ 과소배부 180,000원
④ 과대배부 180,000원

10 다음의 항목을 원가행태에 따라 분류할 경우 성격이 가장 다른 하나는 무엇인가?

① 제품의 제조에 사용하는 원재료
② 매월 일정하게 발생하는 임차료
③ 시간당 지급하기로 한 노무비
④ 사용량(kw)에 따라 발생하는 전기료(단, 기본요금은 없음)

11 다음의 자료를 이용하여 가공원가를 계산하면 얼마인가?

구분	금액
직접재료원가	1,000,000원
직접노무원가	2,500,000원
제조간접원가	1,800,000원

① 2,500,000원   ② 2,800,000원

③ 3,500,000원   ④ 4,300,000원

12 다음 중 원가배분에 대한 설명으로 옳지 않은 것은?

① 직접배분법은 보조부문 상호간의 용역수수관계를 전혀 고려하지 않는 방법이다.

② 직접배분법은 보조부문 상호간의 용역수수관계가 밀접한 경우 정확한 원가배분이 가능하다.

③ 단계배분법은 보조부문간의 일정한 배분 순서를 정한 다음 그 배분 순서에 따라 보조부문비를 배분하는 방법이다.

④ 단계배분법은 용역수수관계를 완전히 반영하지 못하기 때문에 원가계산의 부정확성이 존재한다.

13 다음 중 부가가치세법상 면세 대상이 아닌 것은?

① 수돗물   ② 일반의약품

③ 미가공식료품   ④ 도서

14 다음 중 부가가치세법상 재화의 공급시기가 잘못 연결된 것은?

① 할부판매 : 재화가 인도되거나 이용가능한 때

② 반환조건부판매 : 조건이 성취되거나 기한이 지나 판매가 확정되는 때

③ 장기할부판매 : 대가의 각 부분을 수령한 때

④ 폐업 시 잔존재화 : 폐업하는 때

15 다음 중 부가가치세법상 수출을 지원하는 효과가 있는 제도는 무엇인가?

① 영세율제도

② 사업자단위과세제도

③ 면세제도

④ 대손세액공제제도

실무시험

㈜원효상사(회사코드 : 1173)는 자동차부품의 제조 및 도소매업을 영위하는 중소기업으로 당기(제 10기) 회계기간은 2025.1.1.~2025.12.31.이다. 전산세무회계 수험용 프로그램을 이용하여 다음 물음에 답하시오.

기본전제

- 문제에서 한국채택국제회계기준을 적용하도록 하는 전제조건이 없는 경우, 일반기업회계기준을 적용하여 회계처리 한다.
- 문제의 풀이와 답안작성은 제시된 문제의 순서대로 진행한다.

문제 1

다음은 [기초정보관리] 및 [전기분재무제표]에 대한 자료이다. 각각의 요구사항에 대하여 답하시오. (10점)

[1] 다음 자료를 이용하여 [계정과목및적요등록] 메뉴에서 대체적요를 등록하시오. (3점)

| • 코드 : 812 | • 계정과목 : 여비교통비 | • 대체적요 : 3. 교통비 가지급금 정산 |

[2] ㈜원효상사의 기초 채권 및 채무의 올바른 잔액은 다음과 같다. 주어진 자료를 검토하여 잘못된 부분은 오류를 정정하고, 누락된 부분은 추가하여 입력하시오. (3점)

계정과목	거래처	금액
외상매출금	㈜장전전자	20,000,000원
	㈜부곡무역	10,000,000원
외상매입금	구서기업	30,000,000원
	㈜온천전기	26,000,000원
받을어음	데모산업	20,000,000원

[3] 전기분 재무제표를 검토한 결과 다음과 같은 오류를 확인하였다. 이와 관련된 전기분 재무제표를 적절히 수정하시오. (4점)

| 운반비(제조원가에 속함) 5,500,000원이 누락 된 것으로 확인되었다. |

문제 2

[일반전표입력] 메뉴를 이용하여 다음의 거래 자료를 입력하시오(일반전표입력의 모든 거래는 부가가치세를 고려하지 말 것). (18점)

입력 시 유의사항

- 일반적인 적요의 입력은 생략하지만, 타계정 대체거래는 적요번호를 선택하여 입력한다.
- 채권·채무와 관련된 거래는 별도의 요구가 없는 한 반드시 기등록된 거래처코드를 선택하는 방법으로 거래처명을 입력한다.
- 제조경비는 500번대 계정코드를, 판매비와관리비는 800번대 계정코드를 사용한다.
- 회계처리 시 계정과목은 별도의 제시가 없는 한 등록된 계정과목 중 가장 적절한 과목으로 한다.

[1] **07월 20일** 파주시청에 판매용 제품(원가 20,000,000원, 시가 35,000,000원)을 기부하였다. (3점)

[2] **08월 28일** ㈜나른물산에 제품을 5,000,000원에 판매하기로 계약하고, 판매대금 중 30%를 당좌예금 계좌로 송금받았다. (3점)

[3] **10월 01일** ㈜부곡무역의 외상매출금 중 2,000,000원은 대손요건을 충족하였다(단, 대손발생일 현재 회사의 대손충당금 잔액은 없다). (3점)

[4] **11월 11일** 장기투자 목적으로 ㈜부산상사의 보통주 4,000주를 1주당 10,000원(1주당 액면가 5,000원)에 취득하고, 대금은 매입수수료 115,000원과 함께 보통예금 계좌에서 이체하여 지급하였다. (3점)

[5] **12월 04일** 외부전문가를 초빙하여 생산부서 직원의 교육을 실시하였다. 강사료는 2,500,000원이고 원천징수금액을 차감한 2,280,000원을 보통예금 계좌에서 이체하여 지급하였다. (3점)

[6] **12월 28일** ㈜온천전기에 대한 외상매출금 6,900,000원을 ㈜온천전기에 대한 외상매입금과 상계하기로 하였다. (3점)

문제 3

[매입매출전표입력] 메뉴를 이용하여 다음의 거래 자료를 입력하시오. (18점)

입력 시 유의사항

- 일반적인 적요의 입력은 생략하지만, 타계정 대체거래는 적요번호를 선택하여 입력한다.
- 채권·채무와 관련된 거래는 별도의 요구가 없는 한 반드시 기등록된 거래처코드를 선택하는 방법으로 거래처명을 입력한다.
- 제조경비는 500번대 계정코드를, 판매비와관리비는 800번대 계정코드를 사용한다.
- 회계처리 시 계정과목은 별도의 제시가 없는 한 등록된 계정과목 중 가장 적절한 과목으로 한다.
- 입력화면 하단의 분개까지 처리하고, 전자세금계산서 및 전자계산서는 전자입력으로 반영한다.

[1] **07월 11일** 내국신용장에 의하여 ㈜전남에 제품을 16,500,000원에 판매하고, 영세율전자세금계산서를 발급하였다. 판매대금 중 계약금을 제외한 잔금은 ㈜전남이 발행한 약속어음(만기 3개월)으로 수령하였으며, 계약금 5,000,000원은 작년 말에 현금으로 받았다(단, 서류번호 입력은 생략할 것). (3점)

[2] **08월 25일** 회사 건물에 부착할 간판 제작대금 5,500,000원(부가가치세 포함) 중 500,000원은 현금으로 빛나는간판에 지급하였다. 나머지는 다음 달에 지급하기로 하고 전자세금계산서를 수취하였다(단, 자산으로 처리할 것). (3점)

전자세금계산서					승인번호		20250825-1000000-00009329		
공급자	사업자 등록번호	731-25-82303	종사업장 번호		공급받는자	사업자 등록번호	519-85-00312	종사업장 번호	
	상호 (법인명)	빛나는간판	성 명 (대표자)	최찬희		상호 (법인명)	㈜원효상사	성 명	김효원
	사업장 주소	부산광역시 해운대구 센텀중앙로 145				사업장 주소	부산광역시 해운대구 해운대로 777		
	업 태	제조업	종 목	간판		업 태	제조,도소매	종 목	자동차부품
	이메일					이메일			
작성일자		공급가액		세액		수정사유		비고	
2025.08.25.		5,000,000		500,000		해당없음			
월	일	품 목	규격	수량	단 가	공급가액		세 액	비 고
08	25	간판				5,000,000		500,000	
합 계 금 액		현 금		수 표		어 음	외 상 미 수 금		이 금액을 (청구) 함
5,500,000		500,000					5,000,000		

[3] **09월 17일** 한수상사에 제품을 5,500,000원에 판매하고 전자세금계산서를 발급하였다. 보통 예금으로 2,000,000원을 입금받고 나머지는 이달 말 입금 받을 예정이다. (3점)

전자세금계산서						승인번호	20250917-1000000-00008463		
공급자	사업자 등록번호	519-85-00312	종사업장 번호		공급받는자	사업자 등록번호	154-36-61695	종사업장 번호	
	상호 (법인명)	㈜원효상사	성 명 (대표자)	김효원		상호 (법인명)	한수상사	성 명	김한수
	사업장 주소	부산광역시 해운대구 해운대로 777				사업장 주소	부산 남구 대연동 125		
	업 태	제조,도소매	종 목	자동차부품		업 태	제조	종 목	자동차특장
	이메일					이메일			

작성일자	공급가액	세액	수정사유	비고
2025.09.17.	5,000,000	500,000	해당 없음	

월	일	품 목	규격	수량	단 가	공급가액	세 액	비 고
09	17	제품				5,000,000	500,000	

합 계 금 액	현 금	수 표	어 음	외 상 미 수 금	이 금액을 (영수) (청구) 함
5,500,000	2,000,000			3,500,000	

[4] **10월 02일** 비사업자인 나누리에게 제품을 1,100,000원(부가가치세 포함)에 판매하였다. 대금은 현금으로 받고 현금영수증을 발행하였다(단, 공급처명을 입력할 것). (3점)

Hometax. 국세청홈택스 현금영수증

• 거래정보

거래일시	2025-10-02
승인번호	G54782245
거래구분	승인거래
거래용도	소득공제
발급수단번호	010 - **** - 1234

• 거래금액

공급가액	부가세	봉사료	총 거래금액
1,000,000	100,000	0	1,100,000

• 가맹점 정보

상호	㈜원효상사
사업자번호	519-85-00312
대표자명	김효원
주소	부산광역시 해운대구 해운대로 777

• 익일 홈택스에서 현금영수증 발급 여부를 반드시 확인하시기 바랍니다.
• 홈페이지 (http://www.hometax.go.kr)
 - 조회/발급>현금영수증 조회>사용내역(소득공제) 조회
 >매입내역(지출증빙) 조회
• 관련문의는 국세상담센터(☎126-1-1)

[5] **11월 19일** 해외거래처인 Winstom으로부터 제품 생산에 필요한 원재료를 수입하면서 부산 세관으로부터 아래의 수입전자세금계산서를 발급받고, 부가가치세는 현금으로 납부하였다(단, 재고자산에 대한 회계처리는 생략할 것). (3점)

수입전자세금계산서					승인번호		20251119-11324560-11134348		
세관명	사업자 등록번호	601-83-00048	종사업장 번호		수입자	사업자 등록번호	519-85-00312	종사업장 번호	
	세관명	부산세관	성 명	김부산		상호 (법인명)	㈜원효상사	성 명	김효원
	세관주소	부산광역시 남구 용당동 121				사업장 주소	부산광역시 해운대구 해운대로 777		
	수입신고번호 또는 일괄발급기간 (총건)					업 태	제조, 도소매	종 목	자동차부품
납부일자		과세표준		세액		수정사유	비고		
2025.11.19.		2,600,000		260,000		해당 없음			
월	일	품 목	규격	수량	단 가	공급가액	세 액	비 고	
11	19	수입신고필증 참조				2,600,000	260,000		
합계금액		2,860,000							

[6] **12월 01일** 본사 관리팀에서 회사 이미지 개선을 위해 광고대행사에 광고를 의뢰하고, 우리카드(법인카드)로 결제하고 아래와 같이 카드영수증을 수취하였다. (3점)

```
              카드매출전표
  2025.12.01 14:03:54
  정상승인 | 일시불

  결제 정보
  카드                       우리카드(법인)
  회원번호          2245-1223-****-1537
  승인번호                      76993452
  이용구분                         일시불

  결제 금액                  3,300,000원
  공급가액                   3,000,000원
  부가세                       300,000원
  봉사료                            0원

  가맹점 정보
  가맹점명                      ㈜광고나라
  사업자등록번호            126-86-21617
  대표자명                        김사라
      위 거래 사실을 확인합니다.
```

문제 4

[일반전표입력] 및 [매입매출전표입력] 메뉴에 입력된 내용 중 다음과 같은 오류가 발견되었다. 입력된 내용을 확인하여 정정하시오. (6점)

[1] **07월 13일** ㈜정모상사로부터 12,000,000원을 차입하고 이를 모두 장기차입금으로 회계처리하였으나, 그 중 2,000,000원의 상환기일은 2025년 12월 15일로 확인되었다(단, 하나의 전표로 처리할 것). (3점)

[2] **11월 10일** 공장건물에 운반 목적의 엘리베이터를 설치하고 대금 11,000,000원(부가가치세 포함)을 다온테크㈜의 보통예금 계좌로 이체하여 지급하였다. 해당 엘리베이터 설치는 건물의 자본적 지출에 해당하지만 착오로 인해 수익적 지출(수선비)로 처리하였다. (3점)

문제 5

결산정리사항은 다음과 같다. 관련 메뉴를 이용하여 결산을 완료하시오. (9점)

[1] 12월 11일에 실제 현금보유액이 장부상 현금보다 670,000원이 많아서 현금과부족으로 처리하였던 금액 중 340,000원은 결산일에 선수금(㈜은비상사)으로 밝혀졌으나, 330,000원은 그 원인을 알 수 없다. (3점)

[2] 2025년 7월 1일에 제품 생산공장의 1년분(2025년 7월 1일 ~ 2026년 6월 30일) 임차료 1,200,000원을 지불하고 전액 비용으로 일반전표에 회계처리 하였다. 이에 대한 기간 미경과분 임차료를 월할계산하여 결산정리분개를 하시오. (3점)

[3] 회계연도 말 현재 퇴직금 추계액은 다음과 같다. 회사는 확정기여형(DC형) 퇴직연금에 올해 처음 가입하였고, 회계연도 말(12월 31일) 당기분 퇴직연금을 보통예금 계좌에서 전액 이체하여 납입하였다(단, 납입일 현재 퇴직급여충당부채 잔액은 없다). (3점)

근무부서	회계연도 말 현재 퇴직금 추계액
생산부서	22,000,000원
판매관리부서	18,000,000원
합계	40,000,000원

문제 6

다음 사항을 조회하여 알맞은 답안을 | 이론문제 답안작성 | 메뉴에 입력하시오. (9점)

[1] 2025년 제1기 예정신고기간(1월 ~ 3월) 중 ㈜행복에 발급한 전자세금계산서의 총발행매수와 공급대가는 얼마인가? (3점)

[2] 2025년 6월 한 달 동안 발생한 영업외비용 중 발생액이 가장 많은 계정과목과 가장 적은 계정과목의 차액은 얼마인가? (3점)

[3] 4월 중 거래처 리제상사로부터 회수한 외상매출금은 얼마인가? (3점)

NCS 국가직무능력표준
National Competency Standards

한국세무사회 국가공인

I can!

전산회계

1급

2025년
최신버전
KcLep 반영

정답 및 해설

written by 이원주 · 김진우
directed by 김윤주 · 김혜숙

2025

SAMIL | 삼일회계법인
삼일인포마인

5부
정답 및 해설

I Can!
전산회계 1급

실전문제 풀이

1-1 재무회계 이론

회계의 기본개념

01	02	03	04	05	06	07	08	09	10	11	12	13
③	①	②	②	①	②	②	①	④	①	①	①	②

01	③	경영자의 장기적 의사결정의 결과는 상당한 기간이 경과한 후에 그 효과가 나타날 수 있으므로 과거의 성과와 현재의 성과를 명확하게 구분하기 어렵다. 또한 환경적 정보는 재무제표에 나타나지 않는다.
02	①	비교가능성은 회계정보를 다른 기간 간에 비교할 수 있게 하고, 특정기업의 회계정보를 다른 기업의 회계정보와 비교할 수 있게 하는 속성을 의미한다.
03	②	결산은 기간단위로 하는 것이므로 기간별보고의 가정이 그 근거가 된다.
04	②	발생은 미수수익과 미지급비용, 이연은 선수수익과 선급비용
05	①	① (차) 선급비용 100,000원 (대) 보험료 100,000원 ➜ 비용의 이연 ② (차) 임대료 100,000원 (대) 선수수익 100,000원 ➜ 수익의 이연 ③ (차) 미수수익 100,000원 (대) 이자수익 100,000원 ➜ 수익의 발생 ④ (차) 이자비용 100,000원 (대) 미지급비용 100,000원 ➜ 비용의 발생
06	②	역사적 원가주의의 근간이 되는 회계의 기본가정은 계속기업의 가정이다.
07	②	완성기준을 적용하면 신뢰성은 향상되지만, 목적적합성은 저하될 수 있다.
08	①	회계정보가 갖추어야 할 가장 중요한 질적특성은 목적적합성과 신뢰성이다.
09	④	예측가치는 목적적합성과 관련이 있다.
10	①	계속기업의 가정이란 기업실체는 그 목적과 의무를 이행하기에 충분할 정도로 장기간 존속한다고 가정하는 것을 말한다.
11	①	목적적합성은 예측가치, 피드백가치, 적시성으로 구성된다.
12	①	적시성 및 예측가치와 피드백가치는 목적적합성의 주요 질적특성의 요소이다.
13	②	목적적합성 중 피드백가치에 대한 설명이다.

재무제표의 이해

01	02	03	04	05	06	07	08	09	10
②	④	③	②	③	③	①	③	②	②

01	②	재무제표의 작성과 표시에 대한 책임은 경영진에게 있다.
02	④	재무제표를 통해 제공되는 정보는 다음과 같은 특성과 한계를 갖고 있다. • 재무제표는 화폐단위로 측정된 정보를 주로 제공한다. • 재무제표는 대부분 과거에 발생한 거래나 사건에 대한 정보를 나타낸다. • 재무제표는 추정에 의한 측정치를 포함하고 있다. • 재무제표는 특정기업실체에 관한 정보를 제공하며, 산업경제 전반에 관한 정보를 제공하지는 않는다.
03	③	자산과 부채는 유동성이 큰 항목부터 배열하는 것을 원칙으로 한다.
04	②	경영성과에 관한 정보는 손익계산서에서 제공하는 정보이다.
05	③	중요하지 않은 항목은 성격이나 기능이 유사항 항목을 통합하여 표시할 수 있다.
06	③	재무제표는 재무상태표, 손익계산서, 현금흐름표, 자본변동표로 구성되며, 주석을 포함한다.
07	①	• 유동자산: 당좌자산과 재고자산으로 구분 • 비유동자산: 투자자산, 유형자산, 무형자산, 기타비유동자산으로 구분
08	③	① 유동성이 큰 항목부터 배열한다. ② 자산, 부채, 자본은 총액으로 표시한다. ④ 주주와의 거래는 자본잉여금, 영업활동의 결과는 이익잉여금이다.
09	②	일정기간의 경영성과에 대한 정보는 손익계산서에서 확인이 가능하다.
10	②	재무상태표가 아닌 손익계산서에 대한 설명이다.

회계의 순환과정

01	02	03	04	05	06	07	08
①	④	②	①	①	②	④	④

01	①	거래의 이중성에 대한 설명이다.
02	④	대차 어느 한 쪽의 전기를 누락한 경우에는 차변과 대변의 합계금액이 일치하지 않기 때문에 발견할 수 있는 오류이다.

시산표에서 검증할 수 있는 오류	시산표에서 검증할 수 없는 오류
• 차변과 대변의 금액이 불일치한 경우 • 차변과 대변 중 한 쪽만 전기를 누락하거나 한 쪽만 전기한 경우 • 시산표의 합계오류	• 분개누락, 이중분개 • 전기누락, 이중전기 • 차변과 대변 모두 동일하게 잘못된 금액으로 분개하거나 전기한 경우 • 계정과목을 잘못 기록한 경우

03	②	시산표등식: 기말자산 + 총비용 = 기말부채 + 기초자본 + 총수익
04	①	계약은 자산·부채·자본의 변동이 없기 때문에 회계상 거래가 아니다.
05	①	계약 및 주문, 직원의 채용 등은 자산·부채·자본의 변동이 없기 때문에 회계상 거래가 아니다.
06	②	• 소모품비를 복리후생비로 처리한 거래는 계정과목의 오류이므로 금액과는 무관하다. • 차변에 기록할 미수금을 대변에 기록하였으므로, 23,500원을 차변에(+), 대변에(−) • 상품재고가 누락 되었으므로, 50,000원을 차변에(+) ➔ 오류금액을 반영한 합계잔액시간표의 차변과 대변 금액은 동일하게 564,700원이다.
07	④	선수금은 매출 시 계약금으로 받는 금액이며, 결산과는 무관한 계정이다.
08	④	• (A)합계 − 240,000원 = 10,000원 • (B)합계 − 310,000원 = 20,000원 • (C)합계 − 110,000원 = 10,000원 ∴ (A) 250,000원 + (B) 330,000원 + (C) 120,000원 = 700,000원

1-2 유동자산

당좌자산

01	02	03	04	05	06
③	③	④	②	①	①

01	③	사용에 제한이 없는 현금성자산은 유동자산으로 분류되지만, 사용에 제한이 있는 현금성자산은 비유동자산으로 분류된다.
02	③	타인발행 약속어음은 받을어음(매출채권)으로, 당좌자산에 해당한다.
03	④	우표는 통신비 또는 소모품비, 수입인지는 세금과공과로 분류한다. 약속어음은 통화대용증권에 해당되지 않는다. 질권설정된 보통예금은 인출이 자유롭지 못하므로 비유동자산이다.
04	②	단기매매증권은 단기투자자산으로 분류된다.
05	①	지급기일이 도래한 공·사채이자표는 현금성자산이다. 양도성예금증서를 현금성자산으로 분류하려면 취득시 만기 3개월 이내이어야 한다. 선일자수표는 채권에 해당된다.
06	①	현금및현금성자산: 만기 2개월 채권(500,000원) + 타인발행 당좌수표(200,000원) + 보통예금(300,000원) = 1,000,000원 ✓ 당좌개설 보증금은 장기금융상품(특정현금과 예금), 당좌차월은 단기차입금으로 분류한다.

단기매매증권

01	02	03	04	05	06
②	①	③	②	②	②

01	②	단기매매증권은 당좌자산으로 분류된다.
02	①	단기매매증권은 당좌자산이고, 나머지는 모두 투자자산이다.
03	③	시장성과 단기매매차익 목적이 있으면 단기매매증권에 해당한다.
04	②	(차) 단기매매증권 560,000원 (대) 보통예금 565,600원 수수료비용(영업외비용) 5,600원
05	②	• ㈜어디야: 100,000원 – 80,000원 = 평가손실 20,000원 • ㈜스벅이: 20,000원 – 35,000원 = 평가이익 15,000원 ∴ 평가손익 = 평가손실 5,000원(평가손실(20,000원) + 평가이익(15,000원))
06	②	03.01.: (차) 단기매매증권 10,000,000원 (대) 현금 10,000,000원 06.30.: (차) 현 금 2,700,000원 (대) 단기매매증권 3,000,000원 단기매매증권처분손실 300,000원 ✓ 처분시 단기매매증권처분손실 300,000원이 발생하므로, 당기순이익이 감소한다.

매출채권과 대손

01	02	03	04	05	06	07	08	09	10
②	④	①	②	②	①	②	②	③	②

01	②	미지급금, 선수금, 예수금은 부채계정 이므로 대손충당금 설정 대상이 아니다.
02	④	기타의대손상각비는 매출채권 이외의 미수금, 선급금, 대여금 등의 대손발생시에 사용하며, 영업외비용에 해당한다.
03	①	대손충당금설정 분개는 [(차) 대손상각비 ××× (대) 대손충당금 ×××] 이다. 비용이 과소계상 되었으므로, 당기순이익(자본)이 과다계상 되고, 대손충당금의 과소 설정으로 인해, 자산이 과다계상 된다.
04	②	대손충당금에서 우선 상계한 후 대손충당금이 부족하면 대손상각비를 계상하여야 한다.
05	②	매출채권에는 외상매출금과 받을어음이 해당되며, 외상매입금과 지급어음은 매입채무에 해당한다.
06	①	• 기말 매출채권 잔액(350,000원) = 50,000원 + 500,000원 − 200,000원 • 기말 대손충당금 잔액(3,500원) = 350,000원 × 1% • 기말 매출채권의 순장부금액(346,500원) = 350,000원 − 3,500원
07	②	매각거래에 해당하면 처분손익을 인식하여야 한다.
08	②	상거래에서 발생한 매출채권에 대한 대손상각비는 판매비와 관리비로 처리하고, 기타 채권에 대한 대손상각비는 영업외비용으로 처리한다.
09	③	• 전기 대손발생액 회수: (차) 현 금 200,000원 (대) 대손충당금 200,000원 • 결산 전 대손충당금 잔액: 300,000원 + 200,000원 = 500,000원 • 기말대손설정액: 28,000,000원 × 1% = 280,000원 • 대손충당금 추가설정(환입)액: 280,000원 − 500,000원 = 220,000원 환입 • 결산시 회계처리: (차) 대손충당금 220,000원 (대) 대손충당금환입 220,000원
10	②	• 대손충당금 설정액: (45,000,000원 × 2%) − (400,000원 − 320,000원) = 820,000원 • 매출채권(외상매출금, 받을어음) 이외의 채권에 대한 대손은 기타의대손상각비로 처리한다.

재고자산

01	02	03	04	05	06	07	08	09	10	11	12	13	14	15
④	③	④	③	①	②	④	①	④	③	①	②	①	②	③

16	17	18	19	20	21									
③	②	②	③	④	③									

01	④	부동산매매업자가 판매를 목적으로 보유한 건물, 토지 등은 재고자산에 해당된다. ①은 유형자산, ②는 당좌자산, ③은 유형자산
02	③	①, ②, ④는 재고자산 취득원가에 포함할 수 없으며, 발생기간의 비용으로 인식한다.
03	④	[판매한 자산에 대한 수익인식 기준은 아래와 같다.] • 할부판매는 인도기준 ➡ ①12개월 할부 판매는 수익으로 인식(기말재고자산에 미포함) • 시용판매는 구매자가 매입의사를 표시한 때 ➡ ②구매자의 매입표시 전(기말재고자산에 포함) • 위탁판매는 수탁자가 실제로 판매한 때 ➡ ③위탁품의 수탁자 보관(기말재고자산에 포함) • 도착지 인도조건의 경우에는 도착지에 도착한 때 ➡ ④도착지 인도조건 운송중 　　　　　　　　　　　　　　　　　　　　　　　　　　　　　(기말 재고자산에 포함)
04	③	③은 재고자산의 수량 결정방법, ①, ②, ④는 재고자산의 단위원가 결정방법이다.
05	①	실지재고조사법은 평가방법이 아니라 재고자산의 수량결정 방법이다.
06	②	• (가): 상품외의 외상 거래는 미수금, 미지급금 계정을 사용한다. • (나): 계약금을 먼저 받을 때는 선수금 계정을 사용한다.
07	④	기말재고자산을 실제보다 높게 계상한 경우에는 매출원가는 감소하고, 그 결과 매출총이익과 당기순이익이 증가되고, 당기순이익이 증가하면 자본총계도 증가한다.
08	①	• 재고금액, 이익, 법인세 크기: 선입선출법 〉 이동평균법 〉 총평균법 〉 후입선출법 • 매출원가의 크기: 선입선출법 〈 이동평균법 〈 총평균법 〈 후입선출법
09	④	물가상승시 이익을 가장 적게 계상하는 것은 후입선출법의 특징이다.
10	③	• 매출원가 = 판매가능상품(기초상품 + 순매입액) − 기말상품 • 매출원가: 판매가능상품(530,000원) − 기말상품(150,000원) = 380,000원
11	①	• 매출액: 25개 × 140원 = 3,500원 • 매출원가: (10개 × 100원) + (15개 ×110원) = 2,650원 • 매출총이익: 매출액(3,500원) − 매출원가(2,650원) = 850원
12	②	• 매출원가 = 기초재고액 + 순매입액(매입액 − 매입환출 − 매입에누리) − 기말재고액 • 순매입액: 당기총매입(1,200,000원) − 매입환출 및 매입에누리(180,000원) = 1,020,000원 • 매출원가: 기초재고(300,000원) + 순매입(1,020,000원) − 기말재고(200,000원) = 1,120,000원
13	①	• 순매출: 매출액(250,000원) − 매출할인(30,000원) − 매출에누리(50,000원) = 170,000원 • 순매입: 매입액(190,000원) − 매입환출(15,000원) − 매입할인(10,000원) = 165,000원 • 매출원가: 기초상품(0원) + 순매입(165,000원) − 타계정대체분(30,000원) − 　　　　　　　 − 기말상품(7,000원) = 128,000원 • 매출총이익: 순매출(170,000원) − 매출원가(128,000원) = 42,000원 　✓ 타계정대체액은 매출원가에서 제외시켜야 한다.

14	②	화재로 소실된 원재료는 재해손실(영업외비용)로 처리된다. • 구입시 발생하는 운반비 ➔ 자산의 취득원가에 가산되어 매출원가에 포함 • 재고자산평가손실과 정상적인 감모손실 ➔ 매출원가에 가산
15	③	매입할인과 매입에누리는 취득원가에서 차감하고, 취득부대비용은 취득원가에 가산하며, 보관비용은 취득원가에 가산하지 않는다.
16	③	재고자산평가충당금환입은 매출원가에서 차감한다.
17	②	진부화는 재고자산평가손실에 해당하며, 나머지는 재고자산감모손실에 해당된다.
18	②	재고자산의 평가손실은 매출원가에 가산한다.
19	③	[(10개 × 100원) + (30개 × 120원) + (10개 × 110원)] ÷ (10개 + 30개 + 10개) = 114원
20	④	<table><tr><td colspan="2" align="center">재고자산</td></tr><tr><td>기초재고: 0원(가정) 당기매입: (× × ×)</td><td>매출원가: (× × ×) 기말재고: 200,000원</td></tr><tr><td>(× × ×)</td><td>(× × ×)</td></tr></table>• 매출액(2,700,000원) = 매출원가 X 1.2(원가에 20% 이익가산) • 매출원가: 매출액(2,700,000원) ÷ 1.2 = 2,250,000원 • 당기매입액은 2,450,000원
21	③	정상적 회계처리: (차) 현금과예금 ×××　　　(대) 선수금 ××× 잘못된 회계처리: (차) 현금과예금 ×××　　　(대) 상품매출 ××× 　　　　　　　　➔ 부채 과소계상, 수익 과대계상

1-3 투자자산

유가증권

01	02	03	04	05	06	07	08	09	10
③	②	③	②	④	③	①	②	③	③

01	③	①, ②, ④번은 손익계산서의 영업외비용 계정과목이고, ③번은 재무상태표의 기타포괄손익누계액(자본계정) 계정과목이다.
02	②	단기매매증권이 시장성을 상실하는 경우 매도가능증권으로 분류되고, 만기보유증권은 상각후원가로 평가한다.
03	③	지분증권 및 만기보유증권으로 분류되지 아니하는 채무증권은 단기매매증권과 매도가능증권 중의 하나로 분류한다.
04	②	단기매매증권에 대한 미실현보유손익은 당기손익항목으로 처리한다. 매도가능증권에 대한 미실현보유손익은 기타포괄손익누계액으로 처리하고, 당해 유가증권에 대한 기타포괄손익누계액은 그 유가증권을 처분하거나 손상차손을 인식하는 시점에 일괄하여 당기손익에 반영한다.
05	④	단기매매증권평가이익은 유가증권 보유시 보고기간 종료일의 현재의 공정가액(시가)으로 평가시 발생하는 이익으로 실현되지 않은 이익에 해당한다.
06	③	• 단기매매증권의 평가손익: 손익의 발생, 자산의 증감 • 매도가능증권의 평가손익: 자본의 증감, 자산의 증감
07	①	• 감자차익(자본잉여금)과 매도가능증권평가손실(기타포괄손익누계액)은 자본 항목으로 당기순이익에 영향을 미치지 않는다. • 이자비용 과대계상분 수정시 비용의 감소로 인해 당기순이익 증가 • 단기투자자산처분이익 과대계상 수정시 수익의 감소로 인해 당기순이익 감소 • 수정전 당기순이익 100,000원 + 15,000원 − 25,000원 = 수정후 당기순이익 90,000원
08	②	단기매매증권, 매도가능증권은 원칙적으로 공정가치로 평가하고, 만기보유증권은 상각후원가로 평가하여 재무상태표에 표시한다.
09	③	01/16 (차) 매도가능증권　　　1,020,000원　(대) 현금　　　　　　　　　1,020,00원 01/17 (차) 현금　　　　　　　450,000원　(대) 매도가능증권　　　　510,000원 　　　　　매도가능증권처분손실　60,000원 　　✓ 매도가능증권처분분손실(영업외비용) 발생으로 당기순이익이 감소한다.
10	③	매도가능증권 중 시장성이 없는 지분증권의 공정가치를 신뢰성있게 측정할 수 없는 경우에는 취득원가로 평가한다.

1-4 유형자산

01	02	03	04	05	06	07	08	09	10	11	12	13	14	15
①	②	④	③	②	④	③	④	④	③	④	②	②	④	③

16	17	18	19	20	21									
②	③	②	①	②	②									

01	①	보험료, 유류대, 자동차세는 보유하면서 지출되는 비용이다.
02	②	관리 및 기타 일반간접원가는 당해 비용의 성격에 따라 기간비용 또는 제조원가로 처리한다.
03	④	자산을 취득 완료한 후 발생한 이자는 비용으로 처리한다.
04	③	유형자산을 취득하는데 직접 관련된 원가만 포함한다.
05	②	토지는 감가상각 대상이 아니다.
06	④	감가상각은 취득원가를 체계적인 방법으로 기간배분하는 것이다.
07	③	제조공정에서 사용된 유형자산의 감가상각액은 재고자산의 원가를 구성한다.
08	④	생산 및 판매목적인 자산의 분류는 재고자산이다.
09	④	처분손실이 발생하므로 자산과 자본이 감소한다.
10	③	• 1차 연도 감가상각비: 10,000,000원 × 0.45 = 4,500,000원 • 2차 연도 감가상각비: (10,000,000원 − 4,500,000원) × 0.45 = 2,475,000원
11	④	1차년도에 정액법과 비교하여 정률법으로 감가 상각할 경우 감가상각비(비용)가 과대계상 되므로 당기순이익은 과소계상 되고, 또한 감가상각누계액이 과대계상 되므로 유형자산은 과소계상 된다.
12	②	• 처분이익(5,000,000원) = 처분가액(37,000,000원) − 순장부금액(XXX) • 순장부금액(32,000,000원) = 취득원가(XXX) − 감가상각누계액(8,000,000원) 　∴ 취득원가는 40,000,000원
13	②	수익적 지출을 자본적 지출로 처리하면 비용이 과소계상되고, 자산이 과대계상되므로 당기순이익이 과대계상된다.
14	④	• 정액법 　1차년도: (2,000,000원 − 200,000원) ÷ 5 = 360,000원 　2차년도: (2,000,000원 − 200,000원) ÷ 5 = 360,000원 　∴ 2차년도말 감가상각누계액: 360,000원 + 360,000원 = 720,000원 • 정률법 　1차년도: 2,000,000원 × 0.4 = 800,000원 　2차년도: (2,000,000원 − 800,000원) × 0.4 = 480,000원 　∴ 2차년도말 감가상각누계액: 800,000원 + 480,000원 = 1,280,000원 • 연수합계법 　1차년도: (2,000,000원 − 200,000원) × 5/15 = 600,000원 　2차년도: (2,000,000원 − 200,000원) × 4/15 = 480,000원 　∴ 2차년도말 감가상각누계액: 600,000원 + 480,000원 = 1,080,000원

15	③	취득원가 50,000,000원 − 감가상각누계액 36,000,000원 = 14,000,000원 • 1차년도 감가상각비: (50,000,000원 − 5,000,000원) × 5/15 = 15,000,000원 • 2차년도 감가상각비: (50,000,000원 − 5,000,000원) × 4/15 = 12,000,000원 • 3차년도 감가상각비: (50,000,000원 − 5,000,000원) × 3/15 = 9,000,000원 • 3차년도말 감가상각누계액: 15,000,000원 + 12,000,000원 + 9,000,000원 　　　　　　　　　　　　 = 36,000,000원
16	②	정률법의 경우 매년 미상각잔액에 대하여 정해진 상각율을 적용하므로 상각액은 매년 감소한다.
17	③	(차) 감가상각비 ×××　　(대) 감가상각누계액 ××× 감가상각을 통해 비용 계상 ➡ 이익 감소, 자본 감소, 자산 감소
18	②	정액법이 정률법보다 초기감가상각비 금액이 작으므로 비용이 과소계상되고, 자산이 과대계상되므로 당기순이익이 과대계상된다.
19	①	① 은 수익적 지출, ②, ③, ④는 자본적 지출에 해당한다.
20	②	건설중인자산은 유형자산에 해당된다.
21	②	• 정률법: 1,000,000원 × 0.4 = 400,000원 • 연수합계법: (1,000,000원 − 100,000원) × 5/15 = 300,000원 • 정액법: (1,000,000원 − 100,000원) × 1/5 = 180,000원

1-5 무형자산 및 기타비유동자산

01	02	03	04	05	06	07	08
②	②	②	④	②	④	②	①

01	②	내부창출한 상표는 신뢰성 있는 측정이 아니므로, 무형자산에 해당하지 않는다.
02	②	• 개발비: 무형자산 • 경상개발비: 당기비용처리(판매비와관리비, 제조원가) • 연구비: 당기비용처리(판매비와관리비, 제조원가)
03	②	산업재산권(특허권, 실용신안권, 의장권, 상표권, 상호권 및 상품명 포함), 컴퓨터소프트웨어, 임차권리금 등이 무형자산에 해당된다.
04	④	전세권은 기타비유동자산, 나머지 항목은 모두 무형자산에 해당된다.
05	②	연구활동으로 인한 창업비, 개업비 등의 기타지출은 항상 당기 비용으로 인식한다.
06	④	무형자산은 합리적인 상각방법을 정할 수 없는 경우에 정액법을 사용하지만, 유형자산은 해당 사항이 아니다.
07	②	연구단계와 개발단계로 구분할 수 없는 경우에는 모두 연구단계에서 발생한 것으로 본다.
08	①	연구단계와 개발단계로 구분할 수 없는 경우에는 모두 연구단계에서 발생한 것으로 판단하므로, 모두 비용으로 처리한다.

1-6 부채

01	02	03	04	05	06
①	④	④	③	②	④

01	①	충당부채는 부채로 인식하지만, 우발부채는 부채로 인식하지 않고 주석으로 기재한다.
02	④	유동부채: 외상매입금 + 단기차입금 + 선수금 + 미지급비용 + 유동성장기부채 　　　　 = 610,000원
03	④	• 현금및현금성자산: 보통예금 + 자기앞수표 = 280,000원 • 매출채권: 외상매출금 + 받을어음 = 230,000원 • 매입채무: 외상매입금 + 지급어음 = 330,000원 • 유동부채: 외상매입금 + 지급어음 + 미지급금 = 450,000원
04	③	장기차입금, 퇴직급여충당부채는 비유동부채이다.
05	②	퇴직급여충당부채는 비유동부채에 해당된다.
06	④	부채는 1년을 기준으로 유동부채와 비유동부채로 분류한다. 다만, 정상적인 영업주기 내에 소멸할 것으로 예상되는 매입채무와 미지급비용은 보고기간종료일로부터 1년 이내에 결제되지 않더라도 유동부채로 분류한다.

1-7 자본

01	02	03	04	05	06	07	08	09	10	11	12	13	14	15
①	③	③	①	③	④	①	②	④	④	②	①	③	③	②

16	17
②	③

01	①	(차) 보통예금 등　　　　　1,400,000원　(대) 자본금　　　　　1,000,000원 　　　　　　　　　　　　　　　　　　　　　주식발행초과금　　　　400,000원 　✓ 주식발행초과금: 1,000주 × (1,500원 − 1,000원) − 100,000원 = 400,000원
02	③	주식할인발행차금은 자본조정항목이며 재무상태표에 표시된다. 이익잉여금처분계산서에서 확인할 수 있는 항목은 주식할인발행차금 상각액이다.
03	③	(차) 자본금　　　　　　20,000,000원　(대) 미처리결손금　　　18,000,000원 　　　　　　　　　　　　　　　　　　　　　감자차익　　　　　　2,000,000원 　✓ 자본금 감소액 = 100,000,000원 × 1/5 = 20,000,000원
04	①	이익 배당을 주식으로 하는 경우 자본금은 증가하고 이익잉여금은 감소한다. (차) 이익잉여금(미교부주식배당금)　×××　(대) 자본금　×××
05	③	• 자본금은 발행주식수 × 주당 액면금액으로 표시된다. • 기말 자본금 (50,000주 + 10,000주) × 1,000원 = 60,000,000원
06	④	• 자산(950,000원) − 부채(450,000원) = 자본(500,000원) • 자산: 현금 + 단기대여금 + 기계장치 − 감가상각누계액 • 부채: 선수금 + 미지급금 + 퇴직급여충당부채 + 임대보증금
07	①	자본금은 발행주식수 × 주당 액면금액으로 표시된다.
08	②	기말 자본금: (12,000주 + 2,000주) × 5,000원 = 70,000,000원
09	④	배당선언되었을 때 대변에 기록되었던 이익잉여금을 차변으로 대체해 감소시키고, 해당 금액만큼 회사가 주주에게 배당금을 지급할 의무를 부담한다.
10	④	자기주식을 소각하는 경우에 주식의 취득원가가 액면금액보다 작다면 그 차액을 감자차익으로 하여 자본잉여금으로 회계처리한다.
11	②	주식할인발행차금은 자본조정이다.
12	①	가: 주식발행초과금, 나: 자기주식처분이익, 다: 주식할인발행차금, 라: 이익준비금
13	③	자본금 10,000원 증가, 자산총액 및 자본총액 12,000원 증가, 당기순이익은 무관하다.
14	③	자본잉여금은 주식발행초과금과 기타자본잉여금으로 구분하여 표시하며, 법정적립금과 이익잉여금의 구분은 이익잉여금에 대한 설명이다.
15	②	신주발행시 회계처리 (차) 보통예금　　　　　5,000,000원　(대) 자본금　　　　　　10,000,000원 　　주식발행초과금　　　5,000,000원 　✓ 20X2년 기말 재무상태표상 자본금 100,000,000원, 주식발행초과금 5,000,000원, 총 자본은 105,000,000원으로 표시된다.
16	②	보유중인 주식에 대해 현금배당을 받은 경우 배당금수익(영업외수익)으로 처리하고, 주식배당을 받은 경우는 별도의 회계처리를 하지 않고, 수량과 단가만 새로 계산한다.
17	③	• 20X1.08.05.　단기매매증권 1,000,000원(100주, 10,000원/주) • 20X1.12.31.　단기매매증권　770,000원(100주, 7,700원/주) • 20X2.05.05.　단기매매증권　770,000원(110주, 7,000원/주)

1-8 수익과 비용

01	02	03	04	05	06	07	08	09	10	11	12	13	14	15
①	③	③	④	②	③	②	①	③	③	④	④	③	③	③

16	17	18	19	20										
①	③	③	①	①										

01	①	기타의 대손상각비는 영업외비용이다.
02	③	• 보험료 차기분 5,000원 ➜ 선급비용 계상(당기순이익 증가) • 이자수익 차기분 4,000원 ➜ 선수수익 계상(당기순이익 감소) • 수정 후 당기순이익: 수정 전 당기순이익(100,000원) + 증가(5,000원) - 감소(4,000원) = 101,000원
03	③	• 24개월 480,000원 ➜ 1개월 20,000원(480,000원 ÷ 24) • 20X1년 보험료: 10개월 200,000원(3월 ~ 12월) • 20X2년 보험료: 12개월 240,000원(1월 ~ 12월) • 20X3년 보험료: 2개월 40,000원(1월 ~ 2월)
04	④	계상하지 않은 회계처리: (차) 이자비용(비용)　　　　　　×××　　(대) 미지급비용(부채)　　　　××× ✓ 비용 과소계상, 부채 과소계상, 순이익이 과대계상 되어 자본 과대계상
05	②	자산의 인도시점에 수익인식 기준을 충족한다.
06	③	매출원가: 매출액(수익)에 대응하는 비용 감가상각비, 무형자산상각비, 사무직원 급여는 수익에 대응하지 않음
07	②	• 맞는 분개: (차) 선급금(자산)　　2,000,000원　　(대) 현금　　　　　　2,000,000원 • 틀린 분개: (차) 챠량유지비(비용)2,000,000원　　(대) 현금　　　　　　2,000,000원 ✓ 자산 과소계상, 비용 과대계상 ➜ 이익 과소계상, 자본 과소계상
08	①	매출원가: 판매가능상품(250,000원) - 기말상품(100,000원) = 150,000원
09	③	① 수익과 비용은 순액이 아니라 총액을 기준으로 기재한다. ② 매출액에서 매출원가를 차감한 것은 매출총이익이다. ④ 매출원가는 판매가능상품(기초상품재고 + 순매입)에서 기말상품을 차감한다.
10	③	• 순매출액: 35,000,000원 - 200,000원 - 200,000원 = 34,600,000원 • 순매입액: 18,000,000원 - 250,000원 - 300,000원 = 17,450,000원 • 매출원가: 500,000원 + 17,450,000원 - 450,000원 = 17,500,000원 • 매출총이익: 34,600,000원 - 17,500,000원 = 17,100,000원
11	④	기부금은 영업외비용에 해당한다.
12	④	상품권을 판매하면 수익으로 처리하지 않고, 부채(선수금)로 처리하여야 한다. 그런데 매출(수익)로 처리 하였으므로 부채가 과소계상되고 수익(자본)은 과대계상 된다. 단, 자산은 변함이 없다.
13	③	• 맞는 분개: (차) 현금　　　　　　×××　　(대) 선수금(부채)　　　　××× • 틀린 분개: (차) 현금　　　　　　×××　　(대) 매출(수익)　　　　　××× ✓ 부채 과소계상, 수익 과대계상 ➜ 이익 과대계상, 자본 과대계상

14	③	• 매출총이익: 1,000,000원 - 600,000원 = 400,000원 • 영업이익: 400,000원 - (100,000원 + 30,000원) = 270,000원 • 당기순이익: 270,000원 + 0원 - (50,000원 + 20,000원) = 200,000원
15	③	• 매출총이익: 매출액(15,000,000원) - 매출총이익(10,000,000원) = 5,000,000원 • 영업이익: 매출총이익 - 판매비와관리비(급여 + 접대비(기업업무추진비) = 1,000,000원
16	①	매출환입은 매출총이익에 영향을 주고 영업이익에 영향을 준다. 그 외의 계정과목은 영업외손익 항목으로 영업이익과는 무관한 계정이다. ✓ 영업이익은 매출원가와 판매비와관리비에 영향을 받는다.
17	③	판매관리비는 적절한 항목으로 구분표시 하여야 하며, 총액주의에 따라 수익과 비용은 상계하여 표시할 수 없다.
18	③	• 당초 분개: (차) 선급비용 ××× (대) 현금 ××× • 누락한 분개: (차) 보험료 ××× (대) 선급비용 ××× (비용 누락, 자산감소 누락) • 당기보험료 과소계상 ➡ 당기순이익 및 자본 과대계상 • 선급비용 과대계상 ➡ 자산 과대계상
19	①	누락된 분개: (차) 미수수익(자산) ××× (대)이자수익(수익) ××× ✓ 자산이 과소, 수익이 과소, 당기순이익 과소, 자본이 과소계상 됨.
20	①	총매출액에서 매출환입, 매출에누리, 매출할인을 차감하면 순매출액이 된다.

2-1　원가회계의 개념

01	02	03	04	05	06	07	08	09	10	11	12	13	14	15
②	③	②	③	④	②	①	①	④	④	②	④	④	④	①
16	17	18	19	20										
②	④	②	④	②										

01	②	공장 또는 제조와 관련된 차량운반구의 감가상각비는 제조원가이다.
02	③	광고선전비는 판매관리비이다.
03	②	원가의 추적가능성에 따른 분류는 직접원가와 간접원가이다.
04	③	400,000원은 600,000원으로 처분할 경우 발생하는 처분손실이고, 500,000원은 수선비로 투입할 수도 있는 금액이며, 1,200,000원은 수선 후 처분시 받을 수 있는 금액이다. 1,000,000원은 취득원가에서 감가상각누계액을 차감한 장부금액이므로 이는 현재의 의사결정과 무관한 과거원가, 즉 매몰원가가 되는 것이다.
05	④	매몰원가는 과거 원가로서 미래 의사결정과 관련이 없으므로 의사결정과정에서 고려하지 않는 비관련원가에 해당한다.
06	②	원가회계는 일반적 기업의 내부적 의사결정목적으로 작성된다.
07	①	직접노무비는 기본원가와 가공원가 모두 해당된다.
08	①	원가관리회계는 공장 또는 제조와 관련된 것이므로 제조업에 적용된다.
09	④	기회비용은 특정 선택으로 인해 포기해야 하는 것 중 가장 큰 것을 말한다.
10	④	원가회계는 기업내부 이해관계자의 관리적 의사결정에 대한 유용한 정보제공을 목적으로 한다.
11	②	관련원가란 의사결정에 영향을 미치는 원가로서 여러 대안 사이에 차이가 나는 미래원가이다.
12	④	제품생산량이 증가함에 따라 제품단위당 고정원가는 감소한다.
13	④	변동원가에 대한 설명으로 직접재료비는 변동원가에 해당된다.
14	④	가공비는 직접재료비를 제외한 직접노무비와 제조간접비(고정 + 변동)의 합이다. 400,000원 + 200,000원 + 150,000원 = 750,000원
15	①	원가의 분류중 원가형태에 따른 분류는 변동원가와 고정원가이다.
16	②	준고정원가란 관련범위에서는 일정한 금액으로 고정되어 있으나, 조업도가 관련범위를 벗어나면 일정액만큼 증가 또는 감소하는 원가로서 계단원가라고도 한다.
17	④	감가상각비, 재산세, 보험료는 고정비이며, 포장비용은 변동비에 해당된다.
18	②	조업도가 감소하는 경우 단위당 고정비는 증가한다.
19	④	① 고정원가, ② 변동원가, ③ 존재하지 않는 원가형태 이다.
20	②	관련범위 내의 고정원가로서 감가상각비, 보험료, 임차료 등이 있다.

2-2 원가의 흐름과 기장

01	02	03	04	05	06	07	08	09	10	11	12	13	14	15
④	③	④	①	④	③	③	③	④	③	②	①	①	③	④

16	17	18												
②	①	①												

01	④	원가의 흐름: 재료비 → 재공품 → 제품 → 매출원가
02	③	제조원가명세서에는 재공품 계정에 관한 정보가 표시되며, 매출원가는 손익계산서에 표시된다.
03	④	제조원가명세서에는 재공품계정의 내용이 반영되며, 기초제품 재고액은 손익계산서에 표시된다.
04	①	차변에는 "기초재고 + 당기총제조비용", 대변에는 "기말재고 + 당기제품제조원가"이며, 차변합계와 대변합계는 동일한 금액이므로 기말재고가 기초재고보다 크면 상대적으로 당기총제조비용이 당기제품제조원가보다 크다.
05	④	원재료비는 재무제표인 재무상태표를 통해 확인할 수 없고, 제조원가명세서를 통해 확인할 수 있다.
06	③	• 직접재료비: 기초원재료(100,000원) + 당기재료매입(600,000원) − 기말원재료(200,000원) = 500,000원 • 당기제품제조원가(4,000,000원) = 기초재공품(1,000,000원) + 당기총제조원가(XXX) − 기말재공품(500,000원) ∴ 당기총제조원가 = 3,500,000원 • 당기총제조원가(3,500,000원) = 직접재료비(500,000원) + 직접노무비(XXX) + 제조간접비(1,500,000원) ∴ 직접노무비 = 1,500,000원
07	③	• 당기총제조원가 = 기본원가(직접재료비 + 직접노무비) + 제조간접비 • 당기총제조원가(600,000원) = 기본원가(300,000원) + 제조간접비 ∴ 제조간접비 = 300,000원

08	③	재공품계정을 완성하여 당기제품제조원가를 계산한 후 제품계정을 완성한다.

<table>
<tr><td colspan="2" align="center">재공품</td><td colspan="2" align="center">제품</td></tr>
<tr><td>기초　　　　300,000원</td><td>당기제품제조원가</td><td>기초　　　　200,000원</td><td>매출원가</td></tr>
<tr><td>당기총제조원가</td><td>　　　　　900,000원</td><td>당기제품제조원가</td><td>　　　　　800,000원</td></tr>
<tr><td>　　　　1,000,000원</td><td>기말　　　400,000원</td><td>　　　　　900,000원</td><td>기말　　　300,000원</td></tr>
</table>

09	④	재공품계정의 차변합계와 대변합계가 동일하므로 당기총제조원가를 구할 수 있다.

<table>
<tr><td colspan="2" align="center">재공품</td></tr>
<tr><td>기초　　　　　　　　　　0원 "가정"</td><td>당기제품제조원가　　　1,500,000원</td></tr>
<tr><td>당기총제조원가　　　2,000,000원</td><td>기말　　　　　　　500,000원</td></tr>
</table>

당기총제조원가 = 직접재료비 + 가공원가(직접노무비+제조간접비)
당기총제조원가(2,0000,000원) = 직접재료비(2,000,000원 × 60%) + 가공원가
  ∴ 가공원가 = 800,000원

| 10 | ③ | 먼저 제품계정을 완성해서 당기제품제조원가를 계산한 후 재공품계정을 완성한다. |

먼저 제품계정을 완성해서 당기제품제조원가를 계산한 후 재공품계정을 완성한다.

재공품

기초	20,000원	당기제품제조원가	
			490,000원
당기총제조원가			
	505,000원	기말	35,000원

제품

기초	50,000원	매출원가	500,000원
당기제품제조원가			
	490,000원	기말	40,000원

| 11 | ② |

- 기초원가(기본원가): 직접재료비 + 직접노무비 = 1,500,000원
- 제조간접비: 기초원가(기본원가)를 제외한 다른 원가의 합계 = 700,000원
- 당기총제조원가: 기본원가 + 제조간접비 = 2,200,000원

| 12 | ① |

당기총제조원가: 200,000원 + 300,000원 + 300,000원 + 100,000원 = 900,000원
∴ 기말재공품원가: 250,000원 + 900,000원 − 850,000원 = 300,000원

재공품

| 기초 | 250,000원 | 당기제품제조원가 | 850,000원 |
| 당기총제조원가 | 900,000원 | 기말 | 300,000원 |

| 13 | ① |

- 가공원가: 직접노무원가 + 제조간접원가
- 변동제조간접원가: 총제조간접원가 × 40%
  ∴ 총제조간접원가: 변동제조간접원가 ÷ 40% = 1,500,000원
  ∴ 가공원가: 500,000원 + 1,500,000원 = 2,000,000원

| 14 | ③ |

제조지시서 #3만 미완성이므로 #1과 #2는 제품으로 완성된 것임

제품

| 기초 | 50,000원 | 매출원가 | 132,000원 |
| 당기제품제조원가 | 52,000원 + 70,000원 | 기말 | 40,000원 |

| 15 | ④ |

- 기본원가(직접재료비 + 직접노무비) = 150,000원 + 320,000원 = 470,000원
- 가 공 비(직접노무비 + 제조간접비) = 320,000원 + 160,000원 = 480,000원
- 기본원가(470,000원) + 가공비(480,000원) = 950,000원

| 16 | ② |

당기총제조원가: 기본원가(직접재료비+제조간접비) + 제조간접비

재공품

| 기초 | 150,000원 | 당기제품제조원가 | 1,300,000원 |
| 당기총제조원가 | 1,200,000원 + 200,000원 | 기말 | 250,000원 |

| 17 | ① |

- 직접재료비 소비액: 8,000원 + 45,000원 − 6,000원 = 47,000원
- 총제조원가(109,000원) = 직접재료(47,000원) + 직접노무비 + 제조간접비(27,000원)
  ∴ 직접노무비 35,000원

| 18 | ① |

당기총제조원가: 5,000,000원 + 4,000,000원 + 3,000,000원 = 12,000,000원

재공품

| 기초 | 2,500,000원 | 당기제품제조원가 | 13,000,000원 |
| 당기총제조원가 | 12,000,000원 | 기말 | 1,500,000원 |

2-3 원가의 배부

01	02	03	04	05	06	07	08	09	10	11	12	13
②	②	④	②	④	①	②	③	②	②	③	③	②

01	②	• 예정배부액 – 실제발생액(500,000원) = 100,000원(과대배부)
		  ∴ 예정배부액 = 600,000원
		• 예정배부액(600,000원) = 실제직접노무시간(20,000시간) × 예정배부율
		  ∴ 예정배부율 = 30원/시간

02	②	• 제조간접비 배부액: 2,150,000원 + 250,000원 = 2,400,000원
		  ∴ 제조간접비 예정배부율: 2,400,000원 ÷ 75,000시간(실제 노무시간) = 32원(시간당)
		  ∴ 제조간접비 예상액: 70,000시간 × 32원(시간당) = 2,240,000원

03	④	10,000원 × 800시간 + 1,000,000원 = 9,000,000원
04	②	• 직접노동시간당 제조간접비예정배부율: 6,000,000원 ÷ 120,000시간 = 50원/시간 • 10월 제조간접비예정배부액: 15,000원 × 50원 = 750,000원 • 배부차이: 750,000원 – 1,000,000원 = 250,000원 과소배부
05	④	• 제조지시서#1의 제조원가: 직접재료비 + 직접노무비 + 제조간접비 • 제조지시서#1의 제조간접비: 280,000원(제조간접비 총액) / 140,000원(재료비총액) × 50,000원(제조지시서#1의 재료비) = 100,000원
06	①	3,000,000원 × (제조지시서#2의 직접재료비 ÷ 1,500,000원) = 1,000,000원 ∴ 제조지시서 #2의 직접재료비 = 500,000원
07	②	• 가공비 = 직접노무비 + 제조간접비 • 직접노무비 = (직접노무비 + 제조간접비) × 0.2 • 제조간접비가 50,000원 이므로 직접노무비는 12,500원
08	③	• 가공비 = 직접노무비 + 제조간접비 • 직접노무비 = (직접노무비 + 45,000원) × 20% ∴ 직접노무비 = 11,250원
09	②	#101은 완성되었으므로 제품이고, #102는 미완성이므로 재공품에 해당됨 #101 제조간접비 배부액: 600시간 × 2,700원 = 1,620,000원 ∴ 단위당 원가: (1,620,000원 + 1,350,000원 + 2,880,000원) ÷ 1,000단위 = 5,850원
10	②	• 제조간접비 = 5,204,000원 × 24% = 1,248,960원 • 직접노무비 = 1,248,960원 ÷ 75% = 1,665,280원 • 직접재료비 = 5,204,000원 – 1,248,960원 – 1,665,280원 = 2,289,760원
11	③	• 제조간접비배부율: 제조간접비÷총직접노무비 = 160,000 ÷ 200,000 = 0.8 • A선박 당기총제조원가: 30,000원 + 60,000원 + 60,000원 × 0.8 = 138,000원
12	③	90원(배부율) × 43,000시간(직접노동시간) + 150,000원(배부차이) = 4,020,000원
13	②	• 제조간접비 배부액: 60,000시간 × 200원 = 12,000,000원 • 제조간접비 실제발생액: 12,000,000(배부액) – 300,000(과대배부) = 11,700,000원

2-4 부문별 원가계산

01	02	03	04	05	06
③	③	④	④	①	②

01	③	**재공품** 기초　　　　　　　0원(가정) ｜ 당기제품제조원가 800,000원 **당기총제조원가 1,200,000원** ｜ 기말　　　　　400,000원 당기총제조원가(1,200,000원)를 직접재료비, 직접노무비, 제조간접비로 1:2:3의 비율로 배분 ∴ 직접노무비 = 400,000원
02	③	노무관리부문은 종업원수로 배부하는 것이 합리적이다.
03	④	재고가 존재하지 않는다면 제품의 총원가는 어떤 방법으로 배부한다 하더라도 같기 때문에 회사의 총이익 역시 배부방법에 따라 달라지지 않는다.
04	④	보조부문(전력, 수선)의 제조간접비를 제조부문(조립, 절단)으로 배부하는데, 전력부문(200,000원)부터 먼저 배부한다. • 전력부문에서 수선부문으로 배부 　200,000원 × [200 ÷ (600 + 200 + 200)] = 40,000원 　∴ 수선부문의 제조간접비: 360,000원 + 40,000원 = 400,000원 • 수선부문에서 절단부문으로 배부: 400,000원 × [80 ÷ (20 + 80)] = 320,000원
05	①	② 보조부문간 용역수수 관계를 고려하지 않은 것은 직접배부법에 대한 설명이다. ③ 배부순서에 따라 배부하는 것은 단계배부법에 대한 설명이다. ④ 보조부문간 용역수수 관계를 완전하게 고려하는 것은 상호배부법에 대한 설명이다.
06	②	• 수선부문의 제조간접비를 제조부분(조립, 절단)으로 배부 　(조립으로 배부) 400,000원 × [600 ÷ (600 + 200)] = 300,000원 　(절단으로 배부) 400,000원 × [200 ÷ (600 + 200)] = 100,000원 • 전력부문의 제조간접비를 제조부분(조립, 절단)으로 배부 　(조립으로 배부) 200,000원 × [500 ÷ (500 + 500)] = 100,000원 　(절단으로 배부) 200,000원 × [500 ÷ (500 + 500)] = 100,000원 • 절단부분의 총원가: 500,000원 + 수선배부(100,000원) + 절단배부(100,000원) = 700,000원

2-5 제품별 원가계산

01	02	03	04	05	06	07	08	09	10	11	12
③	④	②	②	②	①	②	①	③	①	④	③

01	③	전기와 당기발생원가를 각각 구분하여 완성품환산량을 계산하기 때문에 보다 정확한 원가계산이 가능하고 원가통제 등에 더 유용한 정보를 제공하는 물량흐름의 가정은 선입선출법이다.
02	④	개별원가계산은 작업원가표, 종합원가계산은 완성품환산량 기준으로 배부한다.

03	②	• 완성품환산량(평균법) = 완성품수량 + 기말재공품환산량
		  ✓ 재료비: 완성품수량(30,000개) + 기말재공품환산량(10,000개 × 100%) = 40,000개
		  ✓ 가공비: 완성품수량(30,000개) + 기말재공품환산량(10,000개 × 40%) = 34,000개
		• 기말재공품수량: 기초재공품(5,000개) + 당기착수량(35,000개) - 당기완성품(30,000개)
		        = 10,000개

04	②	정상공손은 제품제조원가, 비정상공손은 영업외비용으로 처리한다.
05	②	평균법과 선입선출법의 차이는 기초재공품의 포함여부 이다. 기초재공품(200개 × 100%)의 환산량이 200개 이므로, 평균법과 선입선출법의 완성품환산량 차이는 200개이다. 단, 가공비의 경우는 200개 × 50% 이므로 100개 이다.

06	①	• 완성품수량: 기초재공품(500개) + 당기착수량(2,000개) - 기말재공품(300개) = 2,200개
		• 완성품환산량(선입선출법) = 완성품수량 - 기초재공품환산량 + 기말재공품환산량
		  ✓ 재료비: 완성품수량(2,200개) - 기초재공품환산량(500개 × 100%) + 기말재공품환산량
		        (300개 × 100%) = 2,000개
		  ✓ 가공비: 완성품수량(2,200개) - 기초재공품환산량(500개 × 20%) + 기말재공품환산량
		        (300개 × 50%) = 2,250개

07	②	기말재공품 완성품환산량 완성품수량(20,000개) + 기말재공품환산량(24,000개 × 0.4) = 29,600개
08	①	평균법과 선입선출법의 차이는 기초재공품의 포함여부 이다. 기초재공품(20,000개 × 20%)의 환산량이 4,000개 이므로, 평균법과 선입선출법의 완성품환산량 차이는 4,000개이다.
09	③	• 재료비완성품 환산량: 완성수량(400개) + 기말재공품(100개) = 500개 • 가공비완성품 환산량: 완성수량(400개) + 기말재공품(100개 X 50%) = 450개

10	①	• 완성품환산량(선입선출법) = 완성품수량 - 기초재공품환산량 + 기말재공품환산량
		  ✓ 가공비: 완성품수량(7,000개) - 기초재공품환산량(2,000개 × 30%) + 기말재공품환산량
		        (3,000개 × 30%) = 7,300개

11	④	• 완성품환산량(평균법) = 완성품수량 + 기말재공품환산량 ✓ 가공비: 완성품수량(20,000개) + 기말재공품환산량(20,000개 × 50%) = 30,000개

12	③	• 완성품환산량(선입선출법) = 완성품수량 - 기초재공품환산량 + 기말재공품환산량
		  ✓ 재료비: 완성품수량(30,000개) - 기초재공품환산량(10,000개 × 100%) + 기말재공품환산량
		        (20,000개 × 0%"공정 50% 미만") = 20,000개
		  ✓ 가공비: 완성품수량(30,000개) - 기초재공품환산량(10,000개 × 60%) + 기말재공품환산량
		        (20,000개 × 40%) = 32,000개

3-1 부가가치세 총론

01	02	03	04	05	06	07	08	09	10	11	12	13
②	②	④	④	③	③	③	③	②	③	①	①	③

01	②	거래징수에 대한 설명이다.
02	②	현행 부가가치세는 소비지국 과세원칙을 채택하고 있다.
03	④	간이과세자란 직전 연도의 공급대가가 1억 4백만원에 미달하는 사업자를 말한다.
04	④	공급자는 공급받는 자가 과세사업자이건 면세사업자이건 거래징수의무를 진다.
05	③	부가가치세는 이익발생과 관계없이 납부세액이 발생하면 납부해야 한다.
06	③	현행 부가가치세는 전단계세액공제법을 채택하고 있다.
07	③	사업자는 사업장마다 사업 개시일부터 20일 이내에 사업장 사업자등록을 신청하여야 한다. 다만, 신규로 사업을 시작하려는 자는 사업 개시일 이전이라도 사업자등록을 신청할 수 있다.
08	③	증여로 인한 사업자 명의 변경은 기존사업장 폐업과 신규사업자등록 사유이다.
09	②	신규사업자의 최초 과세기간은 사업개시일로부터 과세기간의 종료일까지이다.
10	③	관할세무서장에게 주사업장총괄납부 신청을 한 이후에 주된 사업장에서 총괄하여 납부할 수 있다.
11	①	부가가치세의 납세의무자는 영리사업자여부를 불문한다.
12	①	조기환급의 경우 조기환급신고 기한 경과 후 15일 이내
13	③	개인사업자에게 예정고지를 통해 징수하여야 할 금액이 50만원 미만이거나 간이과세자에서 해당 과세기간 개시일 현재 일반과세자로 변경된 경우에는 징수하지 아니한다.

3-2   부가가치세 과세거래

01	02	03	04	05	06	07	08	09
①	②	①	④	④	①	④	①	④

01	①	고용관계에 의하여 근로를 제공하는 경우 부가가치세법상 용역의 공급으로 보지 않으며, 사업자가 특수관계에 있는 자에게 사업용 부동산의 임대용역을 무상공급하는 경우 용역의 공급으로 본다.
02	②	특수관계가 없는 자에게 용역을 무상으로 공급하는 경우는 용역의 공급으로 보지 않으며, 국가 등에 무상으로 공급하는 재화는 과세하지 않는다.(단, 유상공급의 경우는 과세됨)
03	①	조세의 물납은 재화의 공급으로 보지 않는다.
04	④	폐업시 잔존재화는 폐업한 때를 공급시기로 본다.
05	④	간주임대료의 공급시기는 예정신고기간 또는 과세기간 종료일이다.
06	①	조건부 및 기한부 판매의 경우 조건성취 되는때, 기한경과 되어 판매확정시가 재화의 공급시기가 된다.
07	④	폐업시 잔존재화는 폐업한 때를 공급시기로 본다.
08	①	장기할부 판매의 원칙적인 공급시기는 대가를 받기로 한 때이다.
09	④	상품권의 판매는 재화를 인도하는 날이 공급시기이다.

3-3   영세율과 면세

01	02	03	04	05	06
③	③	③	④	③	①

01	③	신문사광고는 과세이고, 나머지 유형은 면세이다.
02	③	가공식료품은 과세이고, 나머지 유형은 면세이다.
03	③	수집용 우표는 과세대상이다.
04	④	항공기에 의한 여객운송 용역은 과세대상이다.
05	③	구매확인서에 의한 공급은 영세율(0%) 적용대상이다.
06	①	나대지는 토지의 일종이며, 토지의 임대는 원칙적으로 과세된다.

3-4 세금계산서

01	02	03	04	05	06	07	08
①	①	②	③	①	③	③	②

01	①	공급대가 4,800만원 미만 간이과세자는 세금계산서를 발급할 수 없다.
02	①	내국신용장·구매확인서에 의하여 공급하는 재화는 세금계산서를 발급해야 한다.
03	②	세금계산서의 필요적 기재사항은 공급자의 사업자등록번호와 명칭, 공급받는자의 사업자등록번호, 작성년월일, 공급가액과 세액이 해당된다.
04	③	공급연월일은 임의적 기재사항에 해당한다.
05	①	전자세금계산서는 발급일의 익일까지 전송하여야 한다.
06	③	간주공급(직매장 반출 제외)과 간주임대료, 소매업을 영위하는 업종은 세금계산서 발급의무 면제대상이며, 일반과세자는 전세버스운송사업자는 세금계산서 발급의무 대상자이다.
07	③	도매업을 영위하는 자가 공급하는 재화·용역을 공급하는 경우 세금계산서를 발급하여야 한다.
08	②	공급시기가 되기 전에 대가의 전부 또는 일부를 받고, 이와 동시에 그 받은 대가에 대하여 세금계산서를 발급하면, 그 세금계산서 등을 발급하는 때를 그 재화 또는 용역의 공급시기로 본다.

3-5 과세표준과 매출세액

01	02	03	04	05	06	07	08	09	10	11	12
②	④	④	①	①	②	①	③	④	③	②	④

01	②	• 공급시기 도래 전에 원화로 환가한 경우에는 그 환가한 금액 • 공급시기 이후에 외국통화 기타 외국환의 상태로 보유하거나 지급받는 경우에는 공급 시기의 기준환율 또는 재정환율에 의하여 계산한 금액
02	④	일반적으로 용역의 무상공급은 용역의 공급으로 보지 않는다.
03	④	관세의 과세가격, 관세, 개별소비세, 주세, 교육세, 농어촌특별세, 교통•에너지•환경세
04	①	과세표준은 상품(시가) 10,000,000원이 해당되고 토지의 공급은 면세대상이다.
05	①	대손금은 과세표준에서 공제하지 않는 항목이다.
06	②	50,000,000원 – 4,000,000원 – 3,000,000원 = 43,000,000원 대손금은 과세표준에서 공제하지 않는 항목이다.
07	①	• 납부세액 = 매출세액 – (매입세액 – 매입세액불공제) • 납부세액(1,500,000원) = 매출세액 – (15,000,000원 – 1,500,000원) × 10% ∴ 매출세액 = 2,850,000원
08	③	• 과세표준 = 일반과세표준 + 영세율과세표준(1,500,000원) • 납부세액 = 일반과세표준 × 10% – (매입세액 – 매입세액불공제) ✓ 27,000원 = 일반과세표준 × 10% – (620,000원 – 40,000원) ∴ 일반과세표준 = 6,070,000원 ∴ 과세표준: 일반과세표준(6,070,000원) + 영세율과세표준(1,500,000원) = 7,570,000원
09	④	과세표준 = 총매출 – 매출에누리 (8,000,000원 = 10,000,000원 – 2,000,000원) ✓ 대손금은 과세표준에서 공제하지 않는 항목이며, 총매입액과 신용카드발행공제는 매입세액과 관련된 항목이다.
10	③	• 세금계산서 교부분 과세표준: 10,000,000원 • 신용카드 매출 과세표준: 1,000,000원(부가가치세 10%를 제외함) ∴ 과세표준 = 세금계산서(10,000,000원) + 신용카드(1,000,000원) = 11,000,000원
11	②	할부판매, 장기할부판매의 경우 이자상당액은 과세표준에 포함된 항목이다.
12	④	(22,000,000원 + 11,000,000원 + 1,100,000원) × 10/110 = 3,100,000원 ✓ 3가지 항목 모두 대손세액공제 대상이며, 대손세액공제는 대손관련 금액의 10/110에 대하여 공제가능하다.

3-6 매입세액

01	02	03	04	05	06	07	08	09	10
④	①	①	①	①	④	③	③	③	②

01	④	매입자발행세금계산서상의 매입세액은 공제 가능하다.
02	①	접대비 관련 매입세액, 토지관련 매입세액, 비영업용 소형승용자동차 구입과 임차 및 유지관련 매입세액은 불공제매입세액이다.
03	①	접대비 지출, 면세사업 관련, 토지관련 매입세액 모두 매입세액 불공제대상 이므로, 매입세액공제가능액은 0원이다.
04	①	간이영수증에 의한 매입세액은 매입세액공제가 불가능하다.
05	①	면세사업(농산물 도매업)에 관련된 매입세액, 접대비관련 매입세액 및 세금계산서 등을 수취하지 않은 경우 매입세액이 불공제된다.
06	④	접대비 및 이와 유사한 지출은 부가세 매입세액공제가 불가능하다.
07	③	화물차 구입 관련 매입세액은 공제가능한 매입세액이다.
08	③	면세사업, 비영업용 소형승용차 구입과 유지, 사업과 직접 관련이 없는 지출은 매입세액 불공제대상이다.
09	③	• 재해손실은 재화의 공급으로 보지 아니하며, 간주공급은 시가로 과세한다. • 비영업용 소형승용차는 매입세액불공제의 대상일 뿐, 매각시에는 과세한다. ∴ (20,000,000원 + 1,200,000원 + 1,000,000원) × 10% = 2,220,000원
10	②	• 납부세액 = 매출세액 − 매입세액 • 매출세액(2,550,000원) = 28,050,000원 × 10/110 • 매입세액(1,800,000원) = 300,000원 + 1,500,000원 [거래처 선물구입비는 불공제] ∴ 납부세액(750,000원) = 매출세액(2,550,000원) − 매입세액(1,800,000원)

기출문제 풀이

01	02	03	04	05	06	07	08	09	10	11	12	13	14	15
①	④	②	③	①	④	④	①	①	①	③	④	④	②	④

01	①	유형자산을 역사적 원가로 평가하면 일반적으로 검증가능성이 높으므로 신뢰성은 제고되나 목적적합성은 저하될 수 있다.
02	④	재무상태표는 일정시점의 기업의 재무상태(자산총액, 자기자본, 타인자본)에 대한 정보를 제공하며, 경영성과 및 기업의 미래현금 흐름과 수익창출능력의 예측과 관련된 정보는 손익계산서에 나타난다.
03	②	새로운 상품과 서비스를 소개하는데 소요되는 원가는 취득원가에 포함하지 않으며, 판매관리비에 해당한다.
04	③	사채, 공채 등의 채권은 만기보유증권으로 분류될 수 있지만, 주식은 만기보유증권으로 분류될 수 없으며, 유가증권 취득시 보유목적에 따라 단기매매증권, 매도가능증권, 만기보유증권으로 분류된다.
05	①	감자차익은 주식발행초과금, 자기주식처분이익과 함께 자본잉여금에 해당한다.
06	④	권리의무확정주의는 소득세법과 법인세법상 총수입금액(익금)과 필요경비(손금)의 인식기준에 해당하며, 수익은 다음 조건을 모두 충족할 때 발생기준에 따라 합리적인 방법으로 인식한다. • 수익가득과정이 완료되었거나 실질적으로 거의 완료되었다. • 수익금액을 신뢰성 있게 측정할 수 있다. • 경제적 효익의 유입 가능성이 매우 높다.
07	④	• 매출원가: 기초상품(500,000원) − 순매입액(7,250,000원) − 타계정대체(300,000원) 　　　　　 − 기말상품재고액(1,500,000원) = 5,950,000원 • 순매입액: 총매입(8,000,000원) − 매입에누리(750,000원) = 7,250,000원 　∴ 재고자산의 타계정대체액은 매출원가에 포함하지 않으며, 판매대행수수료는 판매관리비에 해당한다.
08	①	2024년도에 누락어 재무제표에 반영되지 않은 회계처리는 다음과 같다. (차) 외상매출금 (자산증가) xxx　　　(대) 상품매출(수익발생) xxx 　∴ 2024년 재무제표에는 자산과 수익이 과소계상된다.
09	①	보기의 설명은 기본요금 및 사용량에 따라 요금이 부과되는 혼합원가(준변동비)에 대한 설명이며, 전화요금, 전력비, 가스요금 등이 해당된다. 　∴ ② 직접재료원가 ➜ 변동원가, ③ 감가상각비, ④ 화재보험료 ➜ 고정원가
10	①	개별원가계산은 다품종 소량생산 및 주문생산에 적합한 원가계산방법이며, 단일종류의 제품을 연속생산 및 대량생산하는 업종에 적합한 원가계산방법은 종합원가계산이다.

11	③	영업외비용으로 처리할 공손수량은 비정상공손 수량을 의미한다.

재공품

기초	400개	완성수량	(1,000개)
당기착수량	1,000개	공손수량	200개
		기말	200개

• 완성수량: 1,000개
• 완성수량의 5%가 정상공손이므로, 정상공손수량은 50개(1,000개 × 5%)이다.
∴ 비정상공손 수량은 공손수량(200개) 중 정상공손수량(50개)을 제외한 150개이다.

12	④	• 당기 총제조원가: 직접재료원가(180,000원) + 직접노무원가(320,000원) + 제조간접원가(xxx) • 제조간접원가: 공장 전력비(50,000원) + 공장 임차료(200,000원) = 250,000원 ∴ 당기 총제조원가 = 750,000원
13	④	부가가치세의 과세대상은 재화의 공급, 용역의 공급, 재화의 수입 이며, 용역의 수입은 과세대상에 해당하지 않는다.
14	②	사업자의 사업자등록은 사업개시 20일 이내에 신청하여야 하며, 관할 세무서가 아닌 다른 세무서에서도 신청 가능하다.
15	④	간이과세자는 부가가치세 환급사유가 발생하더라도 환급되지 않는다.

제106회 실무

문제 1 기초정보관리

01	• [계정과목및적요등록] 511.복리후생비 현금적요 9. 생산직원 독감 예방접종비 지급, 대체적요 3. 직원 휴가비 보통예금 인출
02	• 기초정보등록의 거래처등록 메뉴(일반거래처 탭)에 입력

03	• 전기분손익계산서 – 광고선전비(판) 3,800,000원 → 5,300,000원으로 수정
	                    – 당기순이익 88,020,000원 → 86,520,000원으로 변경 확인
	• 전기분잉여금처분계산서 – 당기순이익 88,020,000원 → 86,520,000원으로 수정(또는 F6불러오기)
	                            – 미처분이익잉여금 164,900,000원 → 163,400,000원으로 변경 확인
	• 전기분재무상태표 – 이월이익잉여금 164,900,000원 → 163,400,000원으로 수정
	                      – 대차차액이 없음을 확인

문제 2 일반전표입력

01	07월 18일	(차) 외상매입금(㈜괴안공구) 33,000,000원	(대) 지급어음((주)괴안공구)) 23,000,000원 보통예금 10,000,000원
02	07월 30일	(차) 대손충당금(109) 320,000원 대손상각비(판) 1,480,000원	(대) 외상매출금(㈜지수포장) 1,800,000원
03	08월 30일	(차) 임차보증금(형제상사) 5,000,000원	(대) 선급금(형제상사) 1,500,000원 보통예금 3,500,000원
04	10월 18일	(차) 단기차입금(대표이사) 19,500,000원	(대) 채무면제이익 19,500,000원
05	10월 25일	(차) 여비교통비(판) 2,850,000원 현금 150,000원	(대) 가지급금(누리호) 3,000,000원
06	11월 04일	(차) 퇴직급여(판) 2,000,000원 퇴직급여(제) 3,000,000원	(대) 보통예금 5,000,000원

🖱 문제 3 매입매출전표

01	07월 14일	16.수출, 공급가액 50,000,000원, 부가세 0원, HK사, 혼합 영세율구분: 1.직접수출(대행수출 포함) (차) 선수금　　　　　　　　10,000,000원　(대) 제품매출　　　　　　　　50,000,000원 　　　외상매출금　　　　　40,000,000원
02	08월 05일	11.과세, 공급가액 10,000,000원, 부가세 1,000,000원, ㈜동도유통, 전자: 여, 혼합 (차) 받을어음((주)서도상사)　10,000,000원　(대) 제품매출　　　　　　　　10,000,000원 　　　외상매출금　　　　　1,000,000원　　　　부가세예수금　　　　　1,000,000원
03	08월 20일	57.카과, 공급가액 4,400,000원, 부가세 440,000원, 함안전자, 신용카드사: 국민카드, 카드/혼합 (차) 비품　　　　　　　　　4,400,000원　(대) 미지급금(국민카드)　　　4,840,000원 　　　부가세대급금　　　　440,000원　　　　(또는 미지급비용)
04	11월 11일	53.면세, 공급가액 5,000,000원, 부가세 0원, ㈜더람, 전자: 여, 혼합 (차) 교육훈련비(판)　　　　5,000,000원　(대) 선급금　　　　　　　　　1,000,000원 　　　　　　　　　　　　　　　　　　　　　　보통예금　　　　　　　　4,000,000원
05	11월 26일	51.과세, 공급가액 10,000,000원, 부가세 1,000,000원, ㈜미래상사, 전자: 여, 혼합 (차) 개발비　　　　　　　　10,000,000원　(대) 보통예금　　　　　　　　11,000,000원 　　　부가세대급금　　　　1,000,000원
06	12월 04일	54.불공, 공급가액 750,000원, 부가세 75,000원, 차차카센터, 혼합 불공제사유: 3.비영업용 소형승용자동차 구입·유지 및 임차 (차) 차량유지비(제)　　　　825,000원　(대) 보통예금　　　　　　　　825,000원

🖱 문제 4 오류수정

01	08월 02일 일반전표 수정	수정전	(차) 외상매입금(온누리) 800,000원　(대) 보통예금　　　　　　　　800,000원
		수정후	(차) 미지급금(온누리) 800,000원　(대) 보통예금　　　　　　　　800,000원
02	11월 19일 일반전표 삭제 후 매입매출 전표 입력	수정전	(차) 운반비(판)　　　330,000원　(대) 현금　　　　　　　　　330,000원
		수정후	51.과세, 공급가액 300,000원, 부가세 30,000원, 차차운송, 전자: 여, 현금/혼합 (차) 원재료　　　　　　　300,000원　(대) 현금　　　　　　　　　330,000원 　　　부가세대급금　　　30,000원

문제 5 결산정리

01	12월 31일	(차) 재고자산감모손실	2,000,000원	(대) 제품(적요.8 타계정으로 대체)	2,000,000원
02	12월 31일	(차) 소모품	2,500,000원	(대) 광고선전비(판)	2,500,000원
03	결산자료 입력	• 선납세금 6,500,000원, 추가계상액 4,250,000원 입력 후 F3전표추가			
	또는 12월 31일	(차) 법인세등	10,750,000원	(대) 선납세금 미지급세금	6,500,000원 4,250,000원

문제 6 조회

01	[거래처원장] 기간: 01월 01일 ~ 06월 30일, 251.외상매입금 조회	다솜상사 63,000,000원
02	[부가가치세신고서] 기간: 04월 01일 ~ 06월 30일, 차가감하여 납부할세액(환급받을세액) 확인	11,250,700원
03	[총계정원장] 기간: 04월 01일 ~ 06월 30일, 833.광고선전비 조회	6월 5,000,000원

제107회 이론

01	02	03	04	05	06	07	08	09	10	11	12	13	14	15
③	②	①	②	①	①	②	③	④	④	①	③	④	④	③

01	③	① 자산: 과거의 거래나 사건의 결과로 현재 기업실체에 의해 지배되고, 미래에 경제적 효익을 창출할 것으로 기대되는 자원 ② 부채: 과거의 거래나 사건의 결과로 현재 기업실체가 부담하고 있고 미래에 자원의 유출 또는 사용이 예상되는 의무이며, 기업실체가 현재 시점에서 부담하는 경제적 의무 ④ 비용: 자산의 유출 또는 부채의 증가에 따라 자본의 감소를 초래하는 것으로, 정상영업활동의 일환이나 그 이외의 활동에서 발생할 수 있는 차손을 포함한다.
02	②	• 재고자산의 수량결정: 계속기록법, 실지재고조사법 • 재고자산의 단가결정: 선입선출법, 후입선출법, 이동평균법, 총평균법, 개별법
03	①	표기일까지 사용이 불가한 선일자수표는 받을어음으로 처리한다.
04	②	① 기업이 보유중인 토지는 목적에 따라 유형자산(토지), 투자자산(투자부동산), 재고자산(상품) 으로 분류된다. ③ 유형자산을 취득한 후에 발생하는 비용은 성격에 따라 당기 비용(수익적 지출) 또는 자산의 취득원가(자본적 지출)로 처리한다. ④ 유형자산 중 토지와 건설중인자산은 감가상각 대상이 아니다.
05	①	• A사 주식: 취득원가(500,000원) 〈 공정가액(700,000원) → 단기매매증권평가이익(200,000원) • B사 주식: 취득원가(300,000원) 〉 공정가액(200,000원) → 단기매매증권평가손실(100,000원) • C사 주식: 취득원가(250,000원) 〈 처분가액(300,000원) → 단기매매증권처분이익(50,000원) • 영업외수익: 단기매매증권평가이익 & 처분이익 + 배당금수익(50,000원) = 300,000원 • 영업외비용: 단기매매증권평가손실 = 100,000원 ∴ 영업외손익(영업외수익 - 영업외비용)은 200,000원
06	①	사채의 발행방법(액면발행, 할인발행, 할증발행)과 무관하게 액면이율에 따른 액면이자는 매년 동일하다. ② 사채의 할증발행시 유효이자는 매년 감소한다. ③ 사채발행시 발생하는 사채발행비는 사채발행가액에서 차감한다. ④ 사채의 할인발행 또는 할증발행 시 발행차금 상각액 및 환입액은 매년 증가한다.
07	②	① 주식발행초과금: 자본잉여금, ③ 자기주식: 자본조정, ④ 매도가능증권평가손익: 기타포괄손익누계액
08	③	자본적지출(자산의 증가)를 수익적 지출(비용의 발생)로 잘못 처리한 경우, 당기 비용이 과다계상되어 당기의 당기순이익은 과소계상되지만, 차기의 당기순이익은 과대계상된다. • 수익적 지출: 모든 지출액을 당기에 비용처리 • 자본적 지출: 모든 지출액을 자산의 취득원가에 가산후 내용연수에 걸쳐 비용처리 ∴ 차기에 감가상각에 의해 비용처리될 금액을 당기에 모두 비용처리 하게되어, 당기 당기순이익(과소 계상)과 차기 당기순이익(과대 계상) 모두에 영향을 주게된다.
09	④	• 매몰원가는 이미 발생하여 의사결정에 영향을 주지않는 원가이며, 대체 자산취득시 기존 자산의 취득원가는 대표적인 매몰원가에 해당한다. • 사용중인 자산을 다른 용도로 사용하기로 하고, 새로운 자산의 취득할 경우의 취득가능금액은 의사결정에 영향을 주는 원가에 해당한다.
10	④	변동원가는 관련범위 내에서 조업도가 증가할 경우 총원가는 증가하지만, 단위당 변동원가는 변하지 않고 일정하게 나타난다.

11	①	[평균법에 의한 완성품환산량 계산] • 재료원가 완성품환산량: 완성수량(1,800개) + 기말재공품 환산량(300개 x 100%) = 2,100개 • 가공원가 완성품환산량: 완성수량(1,800개) + 기말재공품 환산량(300개 x 70%) = 2,010개
12	③	• 매출원가: 기초제품(800,000원) + 당기제품제조원가(700,000원) − 기말제품(300,000원) • 당기제품제조원가: 기초재공품(500,000원) + 당기총제조원가(1,500,000원) − 기말재공품(1,300,000원) = 700,000원
13	④	택시, 우등고속, 전세버스, 항공기, 고속철도에 의한 여객운송 용역은 과세대상 이다.
14	④	사업장을 폐업하는 경우 폐업일이 속하는 달의 다음 달 25일까지 신고, 납부 하여야 한다.
15	③	법인사업자의 주주변동은 사업자등록 정정 사유에 해당하지 않는다.

제107회 실무

문제 1 기초정보관리

01	• [계정과목및적요등록] 842.견본비, 현금적요 2. 전자제품 샘플 제작비 지급
02	• 외상매출금: ㈜홍금전기 3,000,000원 → 30,000,000원으로 수정 • 외상매입금: 하나무역 12,000,000원 → 26,000,000원으로 수정 • 받을어음: ㈜대호전자 25,000,000원 추가 입력

03	• 전기분원가명세서 – 전력비 2,000,000원 → 4,200,000원으로 수정
	    – 당기제품제조원가 94,300,000원 → 96,500,000원 확인
	• 전기분손익계산서 – 당기제품제조원가 94,300,000원 → 96,500,000원으로 수정
	    – 제품매출원가 121,650,000원 → 123,850,000원 확인
	    – 수도광열비(판) 3,000,000원 → 1,100,000원으로 수정
	    – 당기순이익 88,200,000원 → 87,900,000원 확인
	• 전기분잉여금처분계산서 – 당기순이익 88,200,000원 → 87,900,000원으로 수정(또는 F6불러오기)
	    – 미처분이익잉여금 134,800,000원 → 134,500,000원으로 변경 확인
	• 전기분재무상태표 – 이월이익잉여금 134,800,000원 → 134,500,000원으로 수정
	    – 대차차액이 없음을 확인

문제 2 일반전표입력

01	07월 03일	(차) 선급금(세무빌딩)	600,000원	(대) 보통예금	600,000원
02	08월 01일	(차) 보통예금 수수료비용(판)	3,430,000원 70,000원	(대) 외상매출금(하나카드)	3,500,000원
03	08월 16일	(차) 퇴직급여(판)	8,800,000원	(대) 퇴직연금운용자산	8,800,000원
04	08월 23일	(차) 장기차입금(나라은행) 이자비용	20,000,000원 200,000원	(대) 보통예금	20,200,000원
05	11월 05일	(차) 받을어음((주)다원) 단기대여금((주)다원)	3,000,000원 1,000,000원	(대) 외상매출금((주)다원)	4,000,000원
06	11월 20일	(차) 차량운반구	400,000원	(대) 현금	400,000원

🖐 문제 3 매입매출전표

01	08월 17일	52.영세, 공급가액 15,000,000원, 부가세 0원, ㈜직지상사, 전자: 여, 혼합				
		(차) 원재료	15,000,000원	(대) 지급어음	5,000,000원
				외상매입금	10,000,000원
02	08월 28일	51.과세, 공급가액 1,000,000원, 부가세 100,000원, 이진컴퍼니, 전자: 부, 혼합				
		(차) 복리후생비(제)	1,000,000원	(대) 미지급금	1,100,000원
		부가세대급금	100,000원	(또는 미지급비용)	
03	09월 15일	61.현과, 공급가액 220,000원, 부가세 22,000원, 우리카센타, 현금/혼합				
		(차) 차량유지비(제)	220,000원	(대) 현금	242,000원
		부가세대급금	22,000원		
04	09월 27일	53.면세, 공급가액 200,000원, 부가세 0원, ㈜대한도서, 전자: 여, 혼합				
		(차) 도서인쇄비(판)	200,000원	(대) 미지급금	200,000원
		또는 교육훈련비(판)		(또는 미지급비용)	
05	09월 30일	54.불공, 공급가액 700,000원, 부가세 70,000원, ㈜세무렌트, 전자: 여, 혼합 불공제사유: 3.개별소비세법 제1조2항제3호에 따른 자동차 구입·유지 및 임차				
		(차) 임차료(판)	770,000원	(대) 미지급금	770,000원
				또는 미지급비용	
06	10월 15일	11.과세, 공급가액 -10,000,000원, 부가세 -1,000,000원, 우리자동차㈜, 전자: 여, 외상/혼합				
		(차) 외상매출금	-11,000,000원	(대) 제품매출	-10,000,000원
				또는 매출환입및에누리(405)	
				부가세예수금	-1,000,000원

🖐 문제 4 오류수정

01	07월 06일 일반전표 수정	수정전	(차) 외상매입금((주)상문) 3,000,000원	(대) 보통예금	3,000,000원
		수정후	(차) 외상매입금((주)상문) 3,000,000원	(대) 받을어음(상명상사)	3,000,000원
02	12월 13일 일반전표 삭제 후 매입매출 전표 입력	수정전	(차) 수도광열비(판) 121,000원	(대) 현금	121,000원
		수정후	51.과세, 공급가액 110,000원, 부가세 11,000원, 한국전력공사, 전자: 여, 현금/혼합		
			(차) 전력비(제) 110,000원	(대) 현금	121,000원
			부가세대급금 11,000원		

🖐 문제 5 결산정리

01	12월 31일	(차) 장기차입금(대한은행) 50,000,000원 (대) 유동성장기부채(대한은행) 50,000,000원

02	결산자료 입력	• 판매비와 일반관리비 무형자산상각비 특허권 6,000,000원 입력 후 F3전표추가 ✓ 특허권 당기 감가상각계상액: 24,000,000원 / 4년 = 6,000,000원 전기취득할 당시 내용연수가 5년이므로, 당기 내용연수는 4년이다.
	또는 12월 31일	(차) 무형자산상각비(판) 6,000,000원 (대) 특허권 6,000,000원

03	결산자료 입력	• 선납세금 6,800,000원, 추가계상액 6,700,000원 입력 후 F3전표추가
	또는 12월 31일	(차) 법인세등 13,500,000원 (대) 선납세금 6,800,000원 미지급세금 6,700,000원

🖐 문제 6 조회

01	[재무상태표] 제출용탭 기간: 6월, 6월 30일 284,609,000원 − 전기말 92,823,000원 = 191,786,000원	191,786,000원
02	[부가가치세신고서] 기간: 04월 1일 ~ 06월 30일 과세 세금계산서 발급분 공급가액 351,730,000원 + 영세 세금계산서 발급분 공급가액 38,450,000원 = 390,180,000원	390,180,000원
03	[거래처원장] 기간: 06월 1일 ~ 06월 30일, 251.외상매입금 차변금액 조회	40,000,000원

제108회 이론

01	02	03	04	05	06	07	08	09	10	11	12	13	14	15
④	①	②	③	①	②	④	①	③	④	①	③	③	④	②

01	④	자기주식을 취득가액보다 낮은금액으로 처분하는 경우에 발생하는 '자기주식 처분손실'은 자본조정에 해당한다.
02	①	• 타인이 발생한 당좌수표 ➡ 현금 • 제품을 판매하기로 하고 수령한 계약금 ➡ 선수금
03	②	기말재고자산을 과대계상한 경우 매출원가(과소), 매출총이익(과대), 당기순이익(과대), 자본(과대)에 영향을 준다.
04	③	무형자산의 감가상각은 독점적·배타적인 권리를 부여한 관계 법령이나 정해진 경우를 제외하고는 20년을 초과할 수 없다.
05	①	• 현금, 당좌예금, 우편환증서 ➡ 현금및현금성자산, 외상매출금 ➡ 매출채권 ∴ 투자자산: 정기예금(3,000,000원) + 단기매매증권(4,000,000원) = 7,000,000원
06	②	• 유동성장기부채, 선수금 ➡ 유동부채 ∴ 비유동부채는 사채, 퇴직급여충당부채 2가지
07	④	• 비누의 경우 취득원가보다 순실현가치가 하락하여 평가손실이 발생하지만, 세제의 경우 순실현가치가 취득원가를 초과하므로 저가법상 별도의 평가손익을 인식하지 않는다. • 비누: (취득원가(75,000원) - 순실현가치(65,000원)) X 수량(100개) = 1,000,000원 ∴ 재고자산평가손실 1,000,000원
08	①	② 예약판매: 공사결과를 신뢰성 있게 추정할 수 있을 때 진행기준을 적용하여 수익인식 ③ 할부판매: 자산을 판매하는 시점에 판매액을 수익으로 인식 ④ 위탁판매: 수탁자가 해당 재화를 제 3자에게 판매한 시점에 수익으로 인식
09	③	원재료비: 기초원재료(5억"가정") + 원료 매입(20억) - 기말원재료(2억) = 23억
10	④	기초재공품, 기말원재료, 당기제품제조원가, 기말재공품 등은 제조원가명세서의 구성요소이지만, 기말제품재고액은 재무상태표와 손익계산서의 구성요소이다.
11	①	• 제조간접비 예정배부액: 예정배부율(200원) x 직접노무시간(3,000시간) = 600,000원 • 제조간접비 실제발생액: 500,000원 ∴ 예정배부액이 실제발생액보다 크므로, 배부차이(과대배부 100,000원) 발생
12	③	종합원가계산에서 평균법과 선입선출법의 차이는 기초재공품의 포함여부에 있으므로, 기초재공품이 존재하지 않는 경우 평균법와 선입선출법의 당기완성품원가와 기말재공품원가는 일치하게 된다.
13	③	구매확인서에 의해 공급하는 재화는 영세율세금계산서 발급의무 대상이다.
14	④	부동산매매업의 사업장 범위는 법인의 경우 법인의 등기부상 소재지이며, 개인의 경우 부동산의 등기부상 소재지 이다.
15	②	재화를 수입하는 자는 개인, 법인(국가, 지방자치단체 및 지방자치단체조합 포함), 법인격이 없는 사단·재단 그 밖의 단체까지 부가가치세를 납부할 의무가 발생한다.

제108회 실무

문제 1 기초정보관리

01	• 기초정보등록의 거래처등록 메뉴(일반거래처 탭)에 입력
02	• [계정과목및적요등록] 186.퇴직연금운용자산, 　　대체적요 1. 제조 관련 임직원 확정급여형 퇴직연금부담금 납입
03	• 전기분재무상태표　　− 260.단기차입금 20,000,000원 추가입력 　　　　　　　　　　　− 293.장기차입금 20,000,000원 → 0원으로 수정 • 거래처별초기이월　− 260.단기차입금 기업은행 20,000,000원 추가입력 　　　　　　　　　　　− 293.장기차입금 신한은행 20,000,000원 → 0원으로 수정 또는 삭제

문제 2 일반전표입력

01	08월 01일	(차) 외화장기차입금(미국은행) 37,500,000원 (대) 보통예금 39,000,000원 　　　외환차손 1,500,000원
02	08월 12일	(차) 부도어음과수표((주)모모가방) 50,000,000원 (대) 받을어음((주)모모가방) 50,000,000원
03	08월 23일	(차) 미지급배당금 10,000,000원 (대) 보통예금 8,460,000원 　　　　　　　　　　　　　　　　예수금 1,540,000원
04	08월 31일	(차) 기계장치 5,500,000원 (대) 자산수증이익 5,500,000원
05	09월 11일	(차) 단기매매증권 4,000,000원 (대) 보통예금 4,010,000원 　　　수수료비용(984) 10,000원 　✓ 단기매매증권의 취득과 직접 관련된 거래원가는 비용(일반적인 상거래에 해당하지 　　않으므로 영업외비용 항목의 수수료비용)으로 처리한다.
06	09월 13일	(차) 현금 1,000,000원 (대) 외상매출금((주)다원) 4,000,000원 　　　받을어음((주)다원) 3,000,000원

문제 3 매입매출전표

01	07월 13일	17.카과, 공급가액 5,000,000원, 부가세 500,000원, ㈜남양가방, 신용카드사: 비씨카드, 카드/혼합
		(차) 외상매출금(비씨카드) 5,500,000원 (대) 제품매출 5,000,000원 부가세예수금 500,000원

02	09월 05일	51.과세, 공급가액 500,000원, 부가세 50,000원, 쾌속운송, 전자: 여, 혼합
		(차) 기계장치 500,000원 (대) 보통예금 550,000원 부가세대급금 50,000원

03	09월 06일	51.과세, 공급가액 10,000,000원, 부가세 1,00,000원, 정도정밀, 전자: 여, 혼합
		(차) 외주가공비(제) 10,000,000원 (대) 보통예금 11,000,000원 부가세대급금 1,000,000원

04	09월 25일	54.불공, 공급가액 3,500,000원, 부가세 350,000원, ㈜목포전자, 전자: 여, 혼합 불공제사유: 2.사업과 직접 관련 없는 지출
		(차) 기부금 3,850,000원 (대) 미지급금 3,850,000원 ✓ 국가 및 지방자치단체에 무상으로 공급하는 재화의 경우, 취득 당시 사업과 관련하여 취득한 재화이면 매입세액을 공제하고, 사업과 무관하게 취득한 재화이면 매입세액을 공제하지 아니한다.

05	10월 06일	57.카과, 공급가액 1,500,000원, 부가세 150,000원, ㈜Ok사무, 신용카드사: 하나카드, 카드/혼합
		(차) 비품 1,500,000원 (대) 미지급금(하나카드) 1,650,000원 부가세대급급 150,000원

06	12월 01일	51.과세, 공급가액 2,500,000원 부가세 250,000원, ㈜국민가죽, 전자: 여, 혼합
		(차) 원재료 2,500,000원 (대) 현금 250,000원 부가세대급금 250,000원 외상매입금 2,500,000원

문제 4 오류수정

01	07월 22일 매입매출 전표 수정	수정전	51.과세, 공급가액 15,000,000원, 부가세 1,500,000원, 제일자동차, 전자: 여, 혼합 (차) 차량운반구 15,000,000원 (대) 보통예금 16,500,000원 　　 부가세대급금 1,500,000원
		수정후	54.불공, 공급가액 15,000,000원, 부가세 1,500,000원, 제일자동차, 전자: 여, 혼합 불공제사유: 3.개별소비세법 제1조2항제3호에 따른 자동차 구입·유지 및 임차 (차) 차량운반구 16,500,000원 (대) 보통예금 16,500,000원
02	09월 15일 일반전표 수정	수정전	(차) 대손상각비 3,000,000원 (대) 외상매출금((주)댕댕오디오) 3,000,000원
		수정후	(차) 대손충당금(109) 1,500,000원 (대) 외상매출금((주)댕댕오디오) 3,000,000원 　　 대손상각비(판) 1,500,000원

문제 5 결산정리

01	12월 31일	(차) 외상매입금(하나무역) 2,500,000원 (대) 가지급금 2,550,000원 　　 잡손실 50,000원
02	12월 31일	(차) 단기대여금(필립전자) 6,000,000원 (대) 외화환산이익 6,000,000원 　　✓ 대여일 기준환율: 60,000,000원 ÷ \$30,000 = 2,000원/\$ 　　 외화환산이익: \$30,000 × (결산일 기준환율 2,200원 − 대여일 기준환율 2,000원) 　　　　　　　　　 = 6,000,000원
03	결산자료 입력	• 미수금 300,000원 입력 후 F3전표추가 　또는 상단의 [F8대손상각]을 클릭한 후 대손율 1%를 확인하고, 미수금 외 채권은 추가설정액 0원 입력 후 하단의 [결산반영] 　− 미수금: 40,000,000원 × 1% − 100,000원 = 300,000원
	또는 12월 31일	(차) 기타의대손상각비 300,000원 (대) 대손충당금(121) 300,000원

문제 6 조회

01	[매입매출장] 기간: 01월 01일 ~ 03월 31일, 구분: 2.매출, 유형: 17.카과, 분기 합계 확인	1,330,000원
02	[일계표/월계표] 월계표탭 조회 기간: 06월 ~ 06월, 영업외비용 차변 계 확인	131,000원
03	[부가가치세신고서] 기간: 04월 01일 ~ 06월 30일, 16.세액(공제받지못할매입세액) 금액 확인	3,060,000원

제109회 이론

01	02	03	04	05	06	07	08	09	10	11	12	13	14	15
④	④	②	②	①	④	③	③	①	③	②	③	④	①	②

01	④	① 관리자에게 경영활동에 필요한 재무정보를 제공하는 것은 관리회계의 목적이다. ② 국세청 등의 과세관청은 세무회계의 정보이용자에 해당한다. ③ 세무 보고서 작성은 세무회계의 목적이다.
02	④	단기매매증권은 유동자산 중 당좌자산으로 분류된다.
03	②	재고자산의 매입원가는 매입금액에 매입운임, 하역료 및 보험료 등 자산의 취득과정에서 정상적으로 발생한 부대비용을 가산한 금액이며, 매입과 관련된 할인, 에누리 등의 항목은 매입원가에서 차감하는 항목이다.
04	②	자본적지출(자산의 증가)을 수익적 지출(비용의 발생)로 잘못 처리한 경우, 당기 비용이 과다계상되어 당기의 당기순이익은 과소계상 되며, 자본이 과소계상 된다.
05	①	주식소각과 관련된 회계처리는 다음과 같다. (차) 자본금　　　1,000,000원　　　(대) 자기주식　　　1,400,000원 　　　감자차익　　　200,000원 　　　감자차손　　　200,000원 • 자기주식을 액면가액 이상으로 매입하여 소각(감자)하는 경우, 감자차익(자본잉여금)을 우선 상계처리후 감자차손으로 처리한다.
06	④	수익과 비용은 서로 상계하지 않고, 각각 총액으로 보고하는 것을 원칙으로 한다.
07	③	[올바른 회계처리] 　(차) 현금　　　500,000원　　　(대) 선수금　　　　500,000원 • 현금을 당좌예금으로 처리 ➡ 동일한 당좌자산으로 금액 차이 없음 • 선수금을 제품매출로 처리 ➡ 유동부채가 과소계상, 영업수익(당기순이익)이 과대계상
08	③	• 기초자본금: 50,000,000원 • 주식발행을 통한 자본금 증가액: 주식수(2,000주) × 액면금액(5,000원) = 10,000,000원 　　∴ 기말자본금은 60,000,000원(자본금 = 주식수 × 액면금액)
09	①	• 영업용 사무실의 전기요금과 마케팅부의 교육연수비 ➡ 판매관리비 • 기계장치의 처분손실 ➡ 영업외비용
10	③	보조부문원가를 배부하는 방법에는 직접배부법, 단계배부법, 상호배부법 등이 있다. • 직접배부법: 보조부문 상호간의 관계를 전혀 고려하지 않는 방법 • 단계배부법: 보조부문 상호간의 관계를 일부만 고려하는 방법 • 상호배부법: 보조부문 상호간의 관계를 완전히 고려하는 방법
11	②	직접재료원가: 기초원재료(1,200,000원) + 원재료매입(900,000원) - 기말원재료(850,000원) 　　　　　　 = 1,250,000원
12	③	• 총직접원가: 직접재료원가(800,000원) + 직접노무원가(200,000원) = 1,000,000원 • 제조지시서 no.1의 배부율: 총제조간접비(500,000원) ÷ 총직접원가(1,000,000원) 　　　　　　　　　　 = 직접원가당 0.5원 • 제조지시서 no.1의 제조간접비: no.1의 직접원가(550,000원) × 0.5 = 275,000원

13	④	간이과세자의 과세기간은 1년(1월1일 ~ 12월31일) 이지만, 일반과세자로 변경되는 경우 그 변경되는 해의 1월 1일부터 6월 30일까지 이다.
14	①	세금계산서의 필요적 기재사항은 공급자의 사업자등록번호 및 성명·명칭, 공급받는자의 사업자등록번호, 작성연월일, 공급가액과 세액이 해당되며, 공급연월일은 임의적 기재사항이다.
15	②	상품권 판매의 공급시기는 상품권이 판매되는 때가 이나라, 상품권이 현물과 교환되어 실제로 재화가 인도되는 때이다.

제109회 실무

🖐 문제 1 기초정보관리

01	• 기초정보등록의 거래처등록 메뉴(일반거래처 탭)에 입력
02	• 받을어음: ㈜원수 10,000,000원 → 15,000,000원으로 수정 • 단기차입금: ㈜이태백 10,000,000원 추가입력 　　　　　　㈜빛날통신 3,000,000원 → 13,000,000원으로 수정
03	• 전기분원가명세서　　　　　– 보험료(제) 1,000,000원 추가입력 　　　　　　　　　　　　　　 – 당기제품제조원가 93,000,000원 → 94,000,000원 금액 확인 • 전기분손익계산서　　　　　– 제품매출원가 당기제품제조원가 93,000,000원 → 94,000,000원으로 수정 　　　　　　　　　　　　　　 – 제품매출원가 금액 120,350,000원 → 121,350,000원 확인 　　　　　　　　　　　　　　 – 보험료(판) 3,000,000원 → 2,000,000원으로 수정 　　　　　　　　　　　　　　 – 당기순이익 356,150,000원 변동 없음 　　　　　　　　　　　　　　　 따라서 재무상태표, 잉여금처분계산서는 변동사항 없음

🖐 문제 2 일반전표입력

01	08월 20일	(차) 기부금　　　　　　　　2,000,000원　(대) 제품(적요8.타)　　　　2,000,000원
		✓ 제품을 기부하였을 경우 해당 비용은 원가의 금액으로 하며, 적요는 8.타계정으로 　대체 처리한다.
02	09월 02일	(차) 단기차입금(전마나) 20,000,000원　(대) 보통예금　　　　　　　15,000,000원 　　　　　　　　　　　　　　　　　　　　　　채무면제이익　　　　　5,000,000원
03	10월 19일	(차) 외상매입금((주)용인) 2,500,000원　(대) 현금　　　　　　　　　1,500,000원 　　　　　　　　　　　　　　　　　　　　　　받을어음((주)수원)　　1,000,000원
04	11월 06일	(차) 예수금　　　　　　　　270,000원　(대) 현금　　　　　　　　　601,500원 　　　보험료(제)　　　　　221,000원 　　　보험료(판)　　　　　110,500원
05	11월 11일	(차) 퇴직급여(판)　　　　6,800,000원　(대) 보통예금　　　　　　　7,000,000원 　　　수수료비용(판)　　　200,000원
06	12월 03일	(차) 보통예금　　　　　　4,750,000원　(대) 단기매매증권　　　　　4,000,000원 　　　　　　　　　　　　　　　　　　　　　　단기매매증권처분이익　　750,000원
		✓ 처분금액: 10,000원 × 500주 – 처분수수료 250,000원 = 4,750,000원 　장부금액: 8,000원 × 500주 = 4,000,000원 　처분손익: 처분금액 4,750,000원 – 장부금액 4,000,000원 = 처분이익 750,000원

👆 문제 3 매입매출전표

01	07월 28일	57.카과, 공급가액 200,000원, 부가세 20,000원, 저팔계산업, 신용카드사: 하나카드, 카드/혼합				
		(차) 복리후생비(판)	200,000원	(대) 미지급금(하나카드)	220,000원
		부가세대급금	20,000원	또는 미지급비용	

02	09월 03일	11.과세, 공급가액 13,500,000원, 부가세 1,350,000원, 보람테크(주), 전자: 여, 혼합				
		(차) 감가상각누계액	38,000,000원	(대) 기계장치	50,000,000원
		현금	4,850,000원	부가세예수금	1,350,000원
		미수금	10,000,000원	유형자산처분이익	1,500,000원

03	09월 22일	51.과세, 공급가액 5,000,000원, 부가세 500,000원, 마산상사, 전자: 여, 혼합				
		(차) 원재료	5,000,000원	(대) 받을어음((주)서울)	2,000,000원
		부가세대급금	500,000원	외상매입금	3,500,000원

04	10월 31일	12.영세, 공급가액 70,000,000원, 부가세 0원, NICE Co.,Ltd, 전자: 여, 혼합 영세율구분: 3.내국신용장·구매확인서에 의하여 공급하는 재화				
		(차) 외상매출금	35,000,000원	(대) 제품매출	70,000,000원
		보통예금	35,000,000원		

05	11월 04일	54.불공, 공급가액 1,500,000원, 부가세 150,000원, 손오공상사, 전자: 여, 혼합 불공제사유: 4.기업업무추진비 및 이와 유사한 비용 관련				
		(차) 기업업무추진비(판)	1,650,000원	(대) 미지급금	1,650,000원
				(또는 미지급비용)	

06	12월 05일	54.불공, 공급가액 50,000,000원, 부가세 5,000,000원, ㈜만듬건설, 전자: 여, 혼합 불공제사유: 6.토지의 자본적지출 관련				
		(차) 토지	55,000,000원	(대) 선급금	5,500,000원
				미지급금	49,500,000원

👆 문제 4 오류수정

01	11월 10일 일반전표 수정	수정전	(차) 수선비(제)	880,000원	(대) 보통예금	880,000원
		수정후	(차) 미지급금(가나상사)	880,000원	(대) 보통예금	880,000원
02	12월 15일 매입매출 전표 수정	수정전	16.수출, 공급가액 10,000,000원, 부가세 0원, ㈜강서기술, 전자: 부, 혼합 영세율구분: 1.직수출(대행수출 포함)		
			(차) 외상매출금	10,000,000원	(대) 제품매출	10,000,000원
		수정후	12.영세, 공급가액 10,000,000원, 부가세 0원, ㈜강서기술, 전자: 부, 혼합 영세율구분: 3.내국신용장·구매확인서에 의하여 공급하는 재화		
			(차) 외상매출금	10,000,000원	(대) 제품매출	10,000,000원

문제 5 결산정리

01	12월 31일	(차) 미수수익 2,250,000원 (대) 이자수익	2,250,000원
		✓ 50,000,000원 × 6% × 9/12 = 2,250,000원	
02	12월 31일	(차) 선급비용 900,000원 (대) 임차료(제)	900,000원
03	12월 31일	(차) 단기매매증권평가손실 2,000,000원 (대) 단기매매증권	2,000,000원

문제 6 조회

01	[총계정원장] 기간: 01월 01일 ~ 06월 30일, 801.급여 3월 8,400,000원 − 1월 5,400,000원 = 3,000,000원	3,000,000원
02	[거래처원장] 기간: 03월 01일 ~ 03월 31일, 404.제품매출, 대변합계 기간: 04월 01일 ~ 04월 30일, 404.제품매출 대변합계 3월 13,000,000원 − 4월 4,860,000원 = 8,140,000원	8,140,000원
03	[세금계산서합계표] 기간: 01월 ~ 03월, ㈜서산상사	6매 10,320,000원

제110회 이론

01	02	03	04	05	06	07	08	09	10	11	12	13	14	15
①	④	②	②	①	④	②	④	①	①	③	④	④	③	②

01	①	② 일정기간 동안의 수익과 비용에 대한 보고서는 손익계산서이다. ③ 일정기간 현금의 유입과 유출에 대한 정보를 제공하는 보고서는 현금흐름표이다. ④ 일정기간 기업의 자본변동에 관한 정보를 제공하는 재무보고서는 자본변동표이다.
02	④	임대보증금은 비유동부채에 해당한다.
03	②	내부적으로 창출된 브랜드, 고객목록과 같은 항목은 무형자산으로 인식할 수 없다.
04	②	시용판매의 경우 소비자가 매입의사를 표시하는 시점에 수익을 인식하게 된다.
05	①	자산의 매출 시점에 실제 취득원가를 기록하여 매출원가로 대응시켜 원가 흐름을 가장 정확하게 파악할 수 있는 재고자산의 단가 결정방법은 개별법이다.
06	④	영업이익은 매출총이익에서 판매관리비를 차감하여 계산하므로, 영업외수익과 영업외비용은 영향을 주지 않는다. ① 이자수익 ➡ 영업외수익, ② 재해손실 ③ 이자비용 ➡ 영업외비용
07	②	• 매도가능증권: 장부금액(5,000,000원) 〈 결산 공정가치(4,500,000원) = 매도가능증권평가손실 　　➡ 기타포괄손익누계액으로 당기순이익에 영향을 주지 않음 • 단기매매증권: 장부금액(3,000,000원) 〈 결산 공정가치(3,300,000원) = 단기매매증권평가이익 • 투자부동산: 장부금액(9,000,000원) 〈 처분금액(8,800,000원) = 투자자산처분손실 　∴ 단기매매증권평가이익(300,000원)과 투자자산처분손실(200,000원)로 인해 당기순이익 100,000원 증가
08	④	• 기초자본: 기초자산(900,000원) - 기초부채(500,000원) = 400,000원 • 당기순이익: 총수익(1,100,000원) - 총비용(900,000원) = 200,000원 • 기말자본: 기초자본(400,000원) + 추가출자(100,000원) - 이익배당(50,000원) 　　+ 당기순이익(200,000원) = 650,000원
09	①	외부의 정보이용자들에게 유용한 정보를 제공하는 것은 재무회계의 목적이다.
10	①	• 변동원가는 조업도가 증가할수록 총원가는 증가하지만, 단위당 변동원가는 일정하다. • 고정원가는 조업도가 증가하더라도 총원가는 일정하게 나타나지만, 단위당 고정비는 감소한다.
11	③	단계배부법의 경우, 보조부문이 배부순서에 따라 각 보조부문에 배부되는 금액은 차이가 난다.
12	④	여러 공정에 걸쳐 생산하는 것은 공정별 원가계산에 해당되며, 종합원가계산의 한 형태이다.
13	④	사업의 증여로 인하여 사업자의 명의가 변경되는 경우는 폐업 사유에 해당하며, 증여자는 폐업, 수증자는 신규사업자등록의 사유에 해당한다.
14	③	영세율은 매입세액이 공제되는 완전면세제도에 해당된다.
15	②	도매업은 영수증 발급 사업자가 될 수 없다.

제110회 실무 ///////////////////////////

🖑 문제 1 기초정보관리

01	• 기초정보등록의 거래처등록 메뉴(신용카드 탭)에 입력
02	• [계정과목및적요등록] 812.여비교통비, 현금적요 6. 야근 시 퇴근택시비 지급, 대체적요 3. 야근 시 퇴근택시비 정산 인출
03	• 전기분원가명세서 − 511.복리후생비 9,000,000원 → 10,000,000원으로 수정 − 당기제품제조원가 94,200,000원 → 95,200,000원 확인 • 전기분손익계산서 − 당기제품제조원가 94,200,000원 → 95,200,000원으로 수정 − 제품매출원가 금액 131,550,000원 → 132,550,000원 확인 − 복리후생비(판) 30,000,000원 → 29,000,000원으로 수정 − 당기순이익 61,390,000원 변동 없음 따라서 재무상태표, 잉여금처분계산서는 변동사항 없음

🖑 문제 2 일반전표입력

01	07월 04일	(차) 외상매입금(나노컴퓨터) 5,000,000원	(대) 외상매출금(나노컴퓨터) 3,000,000원 당좌예금 2,000,000원
02	09월 15일	(차) 보통예금 1,000,000원	(대) 배당금수익 1,000,000원
03	10월 05일	(차) 보통예금 4,945,000원 매출채권처분손실 55,000원	(대) 받을어음((주)영춘) 5,000,000원
04	10월 30일	(차) 세금과공과(판) 500,000원	(대) 보통예금 500,000원
05	12월 12일	(차) 사채 10,000,000원	(대) 보통예금 9,800,000원 사채상환이익 200,000원
06	12월 21일	(차) 보통예금 423,000원 선납세금 77,000원	(대) 이자수익 500,000원

👆 문제 3 매입매출전표

01	07월 11일	11.과세, 공급가액 3,000,000원, 부가세 300,000원 성심상사, 전자: 여, 혼합

| | | (차) 외상매출금 | 2,300,000원 | (대) 제품매출 | 3,000,000원 |
| | | 현금 | 1,000,000원 | 부가세예수금 | 300,000원 |

02	08월 25일	51.과세, 공급가액 200,000,000원, 부가세 20,000,000원, ㈜대관령, 전자: 여, 혼합

		(차) 토지	150,000,000원	(대) 선급금	37,000,000원
		건물	200,000,000원	보통예금	333,000,000원
		부가세대급금	20,000,000원		

03	09월 15일	61.현과, 공급가액 350,000원, 부가세 35,000원, 골드팜(주), 혼합 또는 62.현면, 공급가액 385,000원, 골드팜(주), 혼합

		(차) 소모품비(판)	350,000원	(대) 보통예금	385,000원
		부가세대급금	35,000원		
		또는			
		소모품비(판)	385,000원		

04	09월 30일	51.과세, 공급가액 15,000,000원, 부가세 1,500,000원, 경하자동차(주), 전자: 여, 혼합

		(차) 차량운반구	15,000,000원	(대) 미지급금	16,500,000원
		부가세대급금	1,500,000원		
		✓ 개별소비세 과세 대상 차량이 아닌 승용차는 매입세액 공제 대상이다.			

05	10월 17일	55.수입, 공급가액 8,000,000원, 부가세 800,000원, 인천세관, 전자: 여, 혼합

| | | (차) 부가세대급금 | 800,000원 | (대) 보통예금 | 800,000원 |

06	10월 20일	14.건별, 공급가액 90,000원, 부가세 9,000원, 현금/혼합

| | | (차) 현금 | 99,000원 | (대) 제품매출 | 90,000원 |
| | | | | 부가세예수금 | 9,000원 |

👆 문제 4 오류수정

01	08월 31일 일반전표 수정	수정전	(차) 이자비용	362,500원	(대) 보통예금	362,500원
		수정후	(차) 이자비용	500,000원	(대) 보통예금	362,500원
					예수금	137,500원

02	11월 30일 매입매출 전표 수정	수정전	51.과세, 공급가액 700,000원, 부가세 70,000원, 영포상회, 전자: 여, 혼합			
			(차) 건물	700,000원	(대) 보통예금	770,000원
			부가세대급금	70,000원		
		수정후	51.과세, 공급가액 700,000원, 부가세 70,000원, 영포상회, 전자: 여, 혼합			
			(차) 수선비(제)	700,000원	(대) 보통예금	770,000원
			부가세대급금	70,000원		

🖐 문제 5 결산정리

01	12월 31일	(차) 소모품비(제) 소모품비(판)	1,875,000원 625,000원	(대) 소모품	2,500,000원
		✓ 소모품비(판): (3,000,000원 − 500,000원) × 25% = 625,000원 소모품비(제): (3,000,000원 − 500,000원) × 75% = 1,875,000원			
02	12월 31일	(차) 차량유지비(판) 잡손실	150,000원 85,000원	(대) 현금과부족	235,000원
03	결산자료 입력	• 기말원재료재고액 9,500,000원 입력 • 기말재공품재고액 8,500,000원 입력 • 기말제품재고액 13,450,000원 입력 후 ⒡전표추가 ✓ 원재료 9,500개 × 1,000원 = 9,500,000원 (정상적인 수량차이는 원가에 포함한다.)			

🖐 문제 6 조회

01	[재무상태표] 기간: 05월, 외상매출금 107,700,000원 − 외상매입금 67,235,000원 = 40,465,000원	40,465,000원
02	[매입매출장] 기간: 04월 01일 ~ 06월 30일, 구분: 2.매출, 유형: 12.영세, 분기계 합계, 16수출, 분기계 합계 확인 [부가가치세신고서] 기간: 04월 01일 ~ 06월 30일, 과세표준및매출세액 영세 세금계산서발급분, 기타 금액 확인 ∴ 12.영세 38,450,000원 +16.수출 10,000,000원 = 48,450,000원	48,450,000원
03	[일계표/월계표] 월계표탭 조회 기간: 06월 ~ 06월, 도서인쇄비(판) 확인	도서인쇄비 10,000원

제111회 이론

01	02	03	04	05	06	07	08	09	10	11	12	13	14	15
④	①	②	①	④	②	②	①	③	③	①	④	③	②	③

01	④	회계정보의 질적 특성 중 목적 적합성에 관련된 설명이며, 예측가치, 피드백가치, 적시성이 이에 해당한다. 중립성은 표현의 충실성, 검증가능성과 함께 신뢰성에 해당하는 질적 특성이다.
02	①	당좌자산은 유동자산으로 분류된다.
03	②	원가흐름 가정 중 선입선출법은 먼저 입고된 자산이 먼저 출고된 것으로 가정하여 입고 일자가 빠른 원가를 출고 수량에 먼저 적용한다. 선입선출법은 실제 물량 흐름에 대한 원가흐름의 가정이 유사하다는 장점이 있으나, 수익·비용 대응의 원칙에 부적합하고, 물가 상승 시 이익이 과대 계상되는 단점이 있다.
04	①	현금및현금성자산: 배당금지급통지서(500,000원) + 타인발행수표(500,000원) = 1,000,000원
05	④	주식배당과 무상증자는 자본금은 증가하지만, 순자산(자본)의 증가는 발생하지 않는다.
06	②	• 대손상각비, 기부금, 퇴직급여, 이자수익 → 손익계산서 • 현금, 외상매출금 → 재무상태표
07	②	• 2024년의 경우 취득일이 7월 1일 이므로 6개월분에 대한 감가상각이 반영된다. • 2024년 감가상각비: (취득원가 10,000,000원) × 0.45 × 6/12 = 2,250,000원 • 2025년 감가상각비: (취득원가 10,000,000원 − 2024년 감가상각누계액 2,250,000원) × 0.45 = 3,487,500원
08	①	기업의 정상적인 영업활동의 결과로써 재고자산은 제조와 판매를 통해 매출원가로 대체되며, 재고자산이 외부 판매 이외의 용도로 사용될 경우 '타계정대체'라 하며 이때는 매출원가가에 반영되지 않는다. ② 재고자산평가손실 → 매출원가에 가산 ③ 정상적인 재고자산감모손실 → 매출원가에 가산(단, 비정상적 감모손실은 영업외비용으로 처리) ④ 원재료 구입시 운반비 → 원재료의 매입원가에 가산되어 매출원가에 반영
09	③	변동원가는 조업도가 증가할수록 총원가는 증가하지만, 단위동 변동원가는 일정하다.
10	③	• 건설업, 조선업, 항공기 등 소량 주문생산 → 개별원가계산 작용 • 제분업, 정유업, 식품가공업 등 대량생산 → 종합원가계산 적용
11	①	생산과정에서 나오는 원재료의 찌꺼기는 작업폐물에 해당한다.
12	④	• 제조간접비 예정배부율: 제조간접비 예상원가(2,500,000원) ÷ 예상 직접노무시간(50,000시간) = 50원/시간당 • 제조간접비 예정배부액: 예정배부율(50원) × 직접노무시간(5,000시간) = 250,000원 • 제조간접비 실제발생액: 300,000원 ∴ 예정배부액이 실제발생액보다 작으므로, 배부차이(과소배부 50,000원) 발생
13	③	면세제도는 부가가치세 세부담의 역진성 완화를 위한 목적으로 도입한 제도이며, 매입세액 공제는 받을 수 없는 불완전 면세에 해당한다.
14	②	제품의 외상판매는 재화의 공급에 해당하며, 담보제공, 조세의 물납, 법률에 따른 수용, 공매·경매, 사업의 포괄양도 등은 재화의 공급으로 보지 않는 특례에 해당한다.
15	③	• 과세표준에 포함되는 요소 → 할부이자, 대가의 일부로 받는 운송비, 하역비, 개별소비세, 주세, 교통세 등 • 과세표준에 포함되지 않는 요소 → 연체이자, 매출환입, 매출에누리, 매출할인, 공급받기전에 훼손·파손·멸실된 재화, 국고보조금, 공공보조금, 반환조건부 포장용기비용, 종업원에게 지급한 사실이 명확한 봉사료

제111회 실무

문제 1 기초정보관리

01	• [계정과목및적요등록] 831.수수료비용, 현금적요 8.결제 대행 수수료
02	• 기초정보등록의 거래처등록 메뉴(금융기관 탭)에 입력

03	• 지급어음 – 천일상사 9,300,000원 → 6,500,000원으로 수정
	           – 모닝상사 5,900,000원 → 8,700,000원으로 수정
	• 미지급금 – 대명㈜ 8,000,000원 → 4,500,000원으로 수정
	           – ㈜한울 4,400,000원 → 7,900,000원으로 수정

문제 2 일반전표입력

01	07월 10일	(차) 예수금	22,000원	(대) 보통예금	22,000원
02	07월 16일	(차) 선급금((주)홍명)	1,000,000원	(대) 당좌예금	1,000,000원
03	08월 10일	(차) 미지급금(비씨카드)	2,000,000원	(대) 보통예금	2,000,000원
04	08월 20일	(차) 여비교통비(판) 현금	380,000원 220,000원	(대) 전도금	600,000원
05	09월 12일	(차) 현금	8,000,000원	(대) 미수금(우리기계)	8,000,000원
06	10월 28일	(차) 보통예금	41,400,000원	(대) 외상매출금(lailai co. ltd.) 외환차익	39,000,000원 2,400,000원

👆 문제 3 매입매출전표

01	07월 06일	11.과세, 공급가액 23,000,000원, 부가세 2,300,000원, ㈜아이닉스, 전자: 여, 외상/혼합
		(차) 외상매출금 25,300,000원 (대) 제품매출 23,000,000원 부가세예수금 2,300,000원
02	08월 10일	14.건별, 공급가액 500,000원, 부가세 50,000원, 전자: 부, 혼합
		(차) 기업업무추진비(제) 350,000원 (대) 제품(적요8.타) 300,000원 부가세예수금 50,000원
03	09월 16일	11.과세, 공급가액 9,000,000원, 부가세 900,000원, 팔팔물산, 전자: 여, 현금/혼합
		(차) 현금 9,900,000원 (대) 제품매출 9,000,000원 부가세예수금 900,000원
04	09월 26일	51.과세, 공급가액 5,000,000원, 부가세 500,000원, 잘나가광고, 전자: 여, 혼합
		(차) 비품 5,000,000원 (대) 보통예금 5,500,000원 부가세대급금 500,000원
05	10월 15일	51.과세, 공급가액 2,500,000원, 부가세 250,000원, 메타가구, 전자: 여, 혼합
		(차) 원재료 2,500,000원 (대) 받을어음((주)은성가구) 1,000,000원 부가세대급금 250,000원 외상매입금 1,750,000원
06	12월 20일	54.불공, 공급가액 3,800,000원, 부가세 380,000원, 니캉전자, 전자: 여, 혼합 불공제사유: 2.사업과 직접 관련 없는 지출
		(차) 가지급금(한태양) 4,180,000원 (대) 보통예금 4,180,000원

👆 문제 4 오류수정

01	08월 17일 매입매출 전표 수정	수정전	58.카면, 공급가액 44,000원, 사거리주유소, 신용카드사: 비씨카드, 카드/혼합
			(차) 차량유지비(판) 44,000원 (대) 미지급금(비씨카드) 44,000원
		수정후	57.카과, 공급가액 40,000원, 부가세 4,000원, 사거리주유소, 신용카드사: 비씨카드, 카드/혼합
			(차) 차량유지비(판) 40,000원 (대) 미지급금(비씨카드) 44,000원 부가세대급금 4,000원 또는 미지급비용
02	11월 12일 일반전표 수정	수정전	(차) 기업업무추진비(판) 500,000원 (대) 현금 500,000원
		수정후	(차) 복리후생비(제) 500,000원 (대) 현금 500,000원

🖐 문제 5 결산정리

01	12월 31일	(차) 부가세예수금 49,387,500원 (대) 부가세대급금 34,046,000원 미지급세금 15,341,500원
02	12월 31일	(차) 선급비용 3,600,000원 (대) 보험료(제) 3,600,000원
03	결산자료 입력	• 감가상각 차량운반구(제조) 4,500,000원 입력 후 F3전표추가
	또는 12월 31일	(차) 감가상각비(제) 4,500,000원 (대) 감가상각누계액(209) 4,500,000원 ✓ 취득원가 30,000,000원 ÷ 내용연수 5 = 6,000,000원 6,000,000원 × $\frac{9}{12}$ = 4,500,000원

🖐 문제 6 조회

01	**[계정별원장]** 기간: 04월 01일 ~ 04월 30일, 108.외상매출금, 대변 월계금액 확인	40,000,000원
02	**[총계정원장] 월별탭** 기간: 01월 01일 ~ 06월 30일, 404.제품매출, 대변금액 확인 6월 매출액 147,150,000원 - 2월 매출액 29,520,000원 = 117,630,000원	117,630,000원
03	**[부가가치세신고서]** 기간: 04월 01일 ~ 06월 30일, 매입세액 세금계산서수취분 11.고정자산매입 세액 확인	6,372,000원

제112회 이론

01	02	03	04	05	06	07	08	09	10	11	12	13	14	15
③	④	②	①	①	③	④	④	①	④	②	①	②	③	③

01	③	재무제표는 재무상태표, 손익계산서, 현금흐름표, 자본변동표로 구성되며, 주석을 포함한다.
02	④	• 정액법: (취득원가 - 잔존가액) / 내용연수 • 생산량은 생산량비례법으로 계산할 때 필요한 요소이다.
03	②	자기주식은 자본조정 항목으로 이익잉여금처분계산서에는 나타나지 않는 항목이다.
04	①	위탁판매는 수탁자가 해당 재화를 판매한 시점에 수익으로 인식한다.
05	①	임차보증금은 기타비유동자산으로 분류되며, 산업재산권, 프랜차이즈, 소프트웨어 등은 무형자산 항목에 해당한다.
06	③	자기주식, 주식할인발행차금, 감자차손은 자본조정 항목에 해당하며, 자기주식처분이익은 주식발행 초과금, 감자차익과 함께 자본잉여금 항목에 해당한다.
07	④	기말재고자산을 실제보다 낮게 계상한 경우에는 매출원가가 과다계상 되므로, 매출총이익과 당기 순이익이 감소되고, 당기순이익이 감소하면 자본총계도 감소한다.
08	④	토지를 영업에 사용할 예정 없이 투자목적으로 구입한 경우, 투자부동산(투자자산) 계정으로 처리하 며, 중개수수료는 자산의 취득원가에 가산한다. [보기의 거래내용에 대한 회계처리는 다음과 같다.] (차) 투자부동산　　　5,200,000원　　　(대) 미지급금　　　　　　　5,000,000원 　　　　　　　　　　　　　　　　　　　　　현금　　　　　　　　　　200,000원
09	①	총고정원가는 관련 범위 내에서는 일정하지만, 관련 범위 밖에서는 일정하지 않을 수 있다.
10	④	매출원가는 손익계산서에서 확인되는 항목이다.
11	②	보조부문 원가중 공장 인사관리 부분 원가의 배부기준은 종업원 수를 적용하는 것이 합리적이다.
12	①	[평균법 완성품환산량] • 재료비: 완성품 수량(30,000개) - 월초재공품 환산량(5,000개 × 100%) 　　　　　+ 월말재공품 환산량(10,000개 × 100%) = 35,000개 • 가공비: 완성품 수량(30,000개) - 월초재공품 환산량(5,000개 × 70%) 　　　　　+ 월말재공품 환산량(10,000개 × 30%) = 29,500개
13	②	우리나라의 부가가치세법은 생산지국과세원칙이 아니라 소비지국과세원칙을 채택하고 있다.
14	③	폐업자의 경우 폐업일이 속하는 다음 달 25일까지 확정신고를 하여야 한다.
15	③	① 접대용 물품의 구입비용은 매입세액공제 대상이 아니다. ② 개별소비세가 부과되는 업무용 승용차(비영업용 & 1,000 초과승용차)는 매입세액공제 대상이 아니다. ③ 화물차의 수리는 매입세액공제 공제가 가능하다. ④ 적격증빙에 해당하는 세금계산서, 신용카드매출전표, 현금영수증에 기재된 매입세액은 공제가 가능하지만, 간이영수증에 포함된 매입세액은 매입세액공제 대상이 아니다.

제112회 실무

문제 1 기초정보관리

01	• 기초정보등록의 거래처등록 메뉴(일반거래처 탭)에 입력
02	• 거래처별초기이월 – 108.외상매출금 튼튼사무기 8,300,000원 → 3,800,000원으로 수정 – 110.받을어음 ㈜강림상사 20,000,000원 → 2,000,000원으로 수정 – 251.외상매입금 ㈜해원상사 4,600,000원 추가입력
03	• 전기분재무상태표 – 153.원재료 73,600,000원 → 75,600,000원으로 수정 • 전기분원가명세서 – 원재료비의 기말원재료재고액 73,600,000원 → 75,600,000원 확인 – 당기제품제조원가 505,835,000원 → 503,835,000원 확인 • 전기분손익계산서 – 제품매출원가의 당기제품제조원가 505,835,000원 → 503,835,000원으로 수정 – 당기순이익 131,865,000원 → 133,865,000원 확인 • 전기분잉여금처분계산서 – 당기순이익 131,865,000원 → 133,865,000원으로 수정 – 미처분이익잉여금 169,765,000원 → 171,765,000원 확인 • 전기분재무상태표 – 375.이월이익잉여금 169,765,000원→171,765,000원으로 수정

문제 2 일반전표입력

01	08월 10일	(차) 예수금 복리후생비(제)	340,000원 340,000원	(대) 보통예금	680,000원
02	08월 23일	(차) 부도어음과수표((주)애플전자)	3,500,000원	(대) 받을어음((주)애플전자)	3,500,000원
03	09월 14일	(차) 잡급(판)	420,000원	(대) 현금	420,000원
04	09월 26일	(차) 퇴직급여충당부채	5,000,000원	(대) 퇴직연금운용자산	5,000,000원
05	10월 16일	(차) 보통예금	37,000,000원	(대) 단기매매증권 단기매매증권처분이익	35,000,000원 2,000,000원
		✓ 단기매매증권의 취득과 직접 관련된 거래원가는 비용(일반적인 상거래에 해당하지 않으므로 영업외비용 항목의 수수료비용)으로 처리한다.			
06	11월 29일	(차) 보통예금 사채할인발행차금	49,000,000원 1,000,000원	(대) 사채	50,000,000원

🖐 문제 3 매입매출전표

01	09월 02일	11.과세, 공급가액 10,000,000원, 부가세 1,000,000원, ㈜신도기전, 전자: 여, 혼합
		(차) 받을어음　　8,000,000원　(대) 제품매출　　10,000,000원 　　외상매출금　3,000,000원　　　부가세예수금　1,000,000원
02	09월 12일	57.카과, 공급가액 450,000원, 부가세 45,000원, 인천상회, 신용카드사: 우리카드(법인), 카드/혼합
		(차) 복리후생비(제)　450,000원　(대) 미지급금(우리카드(법인))　495,000원 　　부가세대급금　45,000원　　　(또는 미지급비용)
03	10월 05일	16.수출, 공급가액 100,000,000원, 부가세 0원, PYBIN사, 혼합
		(차) 보통예금　100,000,000원　(대) 제품매출　100,000,000원
04	10월 22일	53.면세, 공급가액 1,375,000원, 부가세 0원, 영건서점, 전자: 여, 현금/혼합
		(차) 도서인쇄비(판)　1,375,000원　(대) 현금　1,375,000원
05	11월 02일	22.현과, 공급가액 8,000,000원, 부가세 800,000원, 혼합
		(차) 보통예금　8,800,000원　(대) 제품매출　8,000,000원 　　　　　　　　　　　부가세예수금　800,000원
06	12월 04일	57.카과, 공급가액 800,000원, 부가세 80,000원, 인천상회, 신용카드사: 우리카드(법인), 카드/혼합
		(차) 접대비(판)　550,000원　(대) 미지급금(국민카드)　550,000원 　　　　　　　　　　　(또는 미지급비용)

🖐 문제 4 오류수정

01	07월 31일 일반전표 수정	수정전	(차) 퇴직급여(판)　14,000,000원　(대) 보통예금　14,000,000원
		수정후	(차) 퇴직연금운용자산　14,000,000원　(대) 보통예금　14,000,000원
02	10월 28일 매입매출 전표 수정	수정전	51.과세, 공급가액 5,000,000원, 부가세 500,000원, 다다마트, 전자: 여, 현금 (차) 복리후생비(판)　5,000,000원　(대) 현금　5,500,000원 　　부가세대급금　500,000원
		수정후	54.불공, 공급가액 5,000,000원, 부가세 500,000원, 다다마트, 전자: 여, 현금/혼합, 불공제사유: 4.기업업무추진비 및 이와 유사한 비용 관련 (차) 기업업무추진비(판)　5,500,000원　(대) 현금　5,500,000원

👆 문제 5 결산정리

01	12월 31일	(차) 미수수익 150,000원 (대) 이자수익 150,000원
		✓ 5,000,000원 × 6% × 6/12 = 150,000원

02	12월 31일	(차) 외화환산손실 80,000원 (대) 외상매입금(상하이) 80,000원
		✓ 외화환산손실: (결산일 기준환율 1,040원 × \$2,000) - 장부금액 2,000,000원 = 80,000원

03	결산자료 입력	• 대손상각의 외상매출금 80,000원, 받을어음 -30,000원 입력 후 F3전표추가
	또는 12월 31일	(차) 대손상각비 50,000원 (대) 대손충당금(109) 80,000원 대손충당금(111) -30,000원

👆 문제 6 조회

01	**[매입매출장]** 기간: 01월 01일 ~ 03월 31일, 구분: 2.매출, 유형: 22.현과, 분기 공급가액 확인	700,000원
02	**[일계표/월계표] 월계표탭** 기간: 06월 ~ 06월, 제조원가 차변 현금 확인	3,162,300원
03	**[거래처원장]** 기간: 01월 01일 ~ 06월 30일, 외상매입금 잔액 확인	전설유통 700,000원

제113회 이론

01	02	03	04	05	06	07	08	09	10	11	12	13	14	15
③	③	③	④	①	②	④	①	①	②	②	④	③	②	④

01	③	• 현금이 유입되거나 유출될 때 수익과 비용을 인식하는 것은 현금주의에 대한 설명이며, 회계는 발생주의를 채택하고 있다. • ①, ②, ④는 회계의 기본가정 중 기업실체의 가정, 계속기업의 가정, 기간별보고의 가정을 설명하고 있다.
02	③	상품의 매입환출 및 매입에누리는 매출원가 계산시 총매입액에서 차감하는 항목이며, 매입수수료와 매입시 운반비는 상품의 매입액에 가산하여야 하는 항목이다.
03	③	• 건물의 취득원가: 매입금액(20억원) + 자본화대상 차입원가(1억 5,000만원) + 취득세(2억원) 　　　　　　　　= 23억 5천만원 • 관리 및 기타 일반간접원가는 판매관리비항목으로 비용처리 하여야 한다.
04	④	무형자산의 감가상각은 정액법을 원칙으로 하며, 특별한 경우를 제외하고는 20년 범위 내에서 감가상각을 진행하여야 한다.
05	①	재무제표는 재무상태표, 손익계산서, 현금흐름표, 자본변동표로 구성되며, 주석을 포함한다. ①: 합계잔액시산표, ②: 재무상태표, ③: 자본변동표, ④: 주석
06	②	유동성장기부채는 비유동부채중 보고기간 종료일 현재 만기가 1년 이내에 도래하는 부채를 의미하며, 유동부채로 분류된다.
07	④	• 포괄손익계산서는 경영관리활동에 따라 일정기간 동안 벌어들인 수익에서 이를 얻기 위해 부담된 비용에 기타포괄손익을 반영하여 어느정도의 이익 혹은 손실을 기록했는지를 나타내는 동태적보고서로 기업의 수익성을 파악할 수 있는 정보를 제공한다. • 매도가능증권평가이익은 기타포괄손익누계액에 포함되는 항목이며, 포괄손익계산서의 기타포괄손익에 영향을 미친다.
08	①	• 매출원가: 기초상품(219,000원) + 매입액(350,000원) − 기말상품(110,000원) = 459,000원 • 매출총손익: 매출액(290,000원) − 매출원가(459,000원) = 손실 169,000원 • 당기순손익: 매출총손실(169,000원) − 판매비와관리비(191,000원) = 손실 360,000원
09	①	고정원가는 조업도와 무관하게 총원가는 동일하지만, 조업도가 증가할수록 단위당 원가는 감소한다.
10	②	보조부문원가의 배부방법중 단계배분법은 보조부문 상호 간의 용역수수관계를 일부만 인식하는 방법이다.
11	②	• 당기총제조원가 = 직접재료원가 + 직접노무원가 + 제조간접원가 • 직접재료원가: 기초원재료(300,000원) + 원재료매입액(1,300,000원) − 기말원재료(450,000원) 　　　　　　　　= 1,150,000원 • 직접노무원가: 당기지급임금(350,000원) + 당월미지급임금(250,000원) 　　　　　　　　− 전기미지급액(150,000원) = 450,000원 ∴ 직접재료원가 + 직접노무원가 + 제조간접원가 = 2,300,000원
12	④	제조원가를 계산할 때 실제 조업도에 예정배부율을 반영하여 계산하는 것은 개별원가계산에 대한 설명이다.
13	③	사업자등록을 하지 않은 자는 세금계산서 발급이 불가능하며, 면세사업자는 계산서를, 간이과세자 중 직전 사업연도 공급대가가 4,800만원 미만인 경우는 간이영수증을 발행하여야 한다.
14	②	일반적으로 채권의 경우 회수기일이 2년을 경과하는 경우 대손사유에 해당하지만, 특수관계인과의 거래로 인해 발생한 채권은 해당되지 않는다.
15	④	위탁판매는 수탁자가 해당 재화를 판매한 시점에 수익으로 인식한다.

제113회 실무 ///

👆 문제 1 기초정보관리

01	• 기초정보등록의 거래처등록 메뉴(일반거래처 탭)에 입력
02	• [계정과목및적요등록] 134.가지급금 대체적요 8. 출장비 가지급금 정산

03	• 전기분원가명세서 – 임금 45,000,000원 → 47,200,000원으로 수정
	                      – 당기제품제조원가 398,580,000원 → 400,780,000원 확인
	• 전기분손익계산서 – 제품매출원가의 당기제품제조원가 398,580,000원 → 400,780,000원으로 수정
	                      – 제품매출원가 391,580,000원 → 393,780,000원 확인
	                      – 급여 86,500,000원 → 84,300,000원으로 수정
	                      – 당기순이익 74,960,000원 확인

👆 문제 2 일반전표입력

01	07월 15일	(차) 선급금((주)상수)	3,000,000원	(대) 당좌예금	3,000,000원
02	08월 05일	(차) 보통예금 선급비용	864,000,000원 36,000,000원	(대) 단기차입금(우리은행)	900,000,000원
03	09월 10일	(차) 미지급금((주)대운) 보통예금	1,000,000원 9,000,000원	(대) 임차보증금((주)대운)	10,000,000원
04	10월 20일	(차) 보통예금	1,300,000원	(대) 외상매출금((주)영광상사)	1,300,000원
05	11월 29일	(차) 매도가능증권(178)	20,240,000원	(대) 보통예금	20,240,000원
06	12월 08일	(차) 상품	7,560,000원	(대) 보통예금	7,560,000원

🖐 문제 3 매입매출전표

01	08월 10일	51.과세, 공급가액 950,000원, 부가세 95,000원, ㈜산양산업, 전자: 여, 현금/혼합
		(차) 소모품　　　　　　　　950,000원　(대) 현금　　　　　　　　　1,045,000원 　　　부가세대급금　　　　　 95,000원

02	08월 22일	52.영세, 공급가액 34,000,000원, 부가세 0원, ㈜로띠상사, 전자: 여, 혼합
		(차) 원재료　　　　　　　34,000,000원　(대) 지급어음　　　　　34,000,000원

03	08월 25일	53.면세, 공급가액 800,000원, 부가세 0원, 송강수산, 전자: 여, 혼합
		(차) 복리후생비(판)　　　　 500,000원　(대) 보통예금　　　　　　 800,000원 　　　기업업무추진비(판)　 300,000원

04	10월 16일	54.불공, 공급가액 2,100,000원, 부가세 210,000원, 상해전자(주), 전자: 여, 혼합 불공제사유: 2.사업과 직접 관련 없는 지출
		(차) 가지급금(황동규)　　 2,310,000원　(대) 미지급금　　　　　 2,310,000원

05	11월 04일	17.카과, 공급가액 700,000원, 부가세 70,000원, 김은우, 카드/혼합
		(차) 외상매출금(신한카드)　 770,000원　(대) 제품매출　　　　　　 700,000원 　　　　　　　　　　　　　　　　　　　　　부가세예수금　　　　　 70,000원

06	12월 04일	57.카과, 공급가액 800,000원, 부가세 80,000원, ㈜뚝딱수선, 카드/혼합
		(차) 수선비(제)　　　　　　800,000원　(대) 미지급금(하나카드)　　880,000원 　　　부가세대급금　　　　 80,000원　　　　(또는 미지급비용)

🖐 문제 4 오류수정

01	09월 09일 일반전표 수정	수정전	(차) 보통예금	5,000,000원	(대) 장기차입금(㈜초록산업)	5,000,000원
		수정후	(차) 보통예금	5,000,000원	(대) 장기차입금(㈜초록산업) 단기차입금(㈜초록산업)	3,000,000원 2,000,000원
02	10월 15일 일반전표 삭제 후 매입매출전 표 입력	수정전	(차) 차량유지비(판)	275,000원	(대) 현금	275,000원
		수정후	51.과세, 공급가액 250,000원, 부가세 25,000원, 바로카센터, 전자: 여, 현금/혼합			
			(차) 차량유지비(판) 　　부가세대급금	250,000원 25,000원	(대) 현금	275,000원

제113회 기출문제

문제 5 결산정리

01	12월 31일	(차) 외화환산손실 200,000원 (대) 외상매입금(NOVONO) 200,000원 ✓ 외화환산손실: (결산일 기준환율 1,200원 × $2,000) − (장부금액 기준환율 1,100원 × $2,000) = 200,000원
02	12월 31일	(차) 단기매매증권평가손실 2,000,000원 (대) 단기매매증권 2,000,000원
03	12월 31일	(차) 선급비용 1,200,000원 (대) 보험료(제) 1,200,000원 ✓ 3,600,000원 × 4/12 = 1,200,000원

문제 6 조회

01	[부가가치세신고서] 기간: 41월 01일 ~ 06월 31일, 과세표준 및 매출세액의 예정신고누락분 금액 및 세액 확인	5,100,000원 300,000원
02	[총계정원장] 월별탭 기간: 04월 01일 ~ 06월 30일, 511.복리후생비 확인	4월 416,000원
03	[거래처원장] 잔액탭 기간: 01월 01일 ~ 04월 30일, 253.미지급금 확인	세경상사 50,000,000원

제114 이론

01	02	03	04	05	06	07	08	09	10	11	12	13	14	15
②	④	②	③	②	④	①	③	①	④	④	②	②	④	③

01	②	① 외상매출금을 보통예금으로 수령하다. → (차) 보통예금(자산의 증가)　XXX　　(대) 외상매출금(자산의 감소)　XXX ② 기계장치를 구입하고 대금은 미지급하다. → (차) 기계장치(자산의 증가)　XXX　　(대) 미지급금(부채의 증가)　　XXX ③ 건물을 임대하고 임대료를 보통예금으로 수령하다. → (차) 보통예금(자산의 증가)　XXX　　(대) 임대료(수익의 발생)　　XXX ④ 장기차입금에 대한 이자를 보통예금에서 이체하여 지급하다. → (차) 이자비용(비용의 발생)　XXX　　(대) 보통예금(자산의 감소)　　XXX
02	④	약국의 일반의약품 및 전문의약품, 제조업 공장의 생산 완제품, 부동산매매업의 판매목적 토지 등은 판매용 자산으로 재고자산에 해당하지만, 병원 사업장 소재지의 토지와 건물은 영업에 장기간 사용을 위한 것으로 유형자산에 해당한다.
03	②	• 연수합계법 = (취득원가 − 잔존가액) x 잔존연수/내용연수의 합 • 기계장치의 연수합계법에 의한 1차년도 감가상각비 → (3,000,000원 − 300,000원) x 5년/(5년+4년+3년+2년+1년) = 900,000원(1년) • 기계장치의 현재 장부금액: 취득원가(3,000,000원) − 감가상각누계액(900,000원) 　　　　　　　　　　　　　　= 2,100,000원
04	③	• 무형자산: 특허권 구입(30,000,000원) + 상표권 구입(22,000,000원) = 52,000,000원 • 연구단계에서 발생한 비용 등은 기간비용으로 처리하여야 한다.
05	②	매도가능증권을 취득하는 과정에서 발생하는 수수료는 취득원가에 가산하여야 한다. (단기매매증권을 취득하는 과정에서 발생하는 수수료는 별도 비용으로 처리하여야 한다.)
06	④	자산의 채권 관련 계정의 차감적 평가항목은 대손충당금이 해당된다.
07	①	• 자본잉여금: 주식발행초과금, 감자차익, 자기주식처분이익 • 자본조정: 주식할인발행차금, 감자차손, 자기주식처분손실, 자기주식
08	③	• (가)는 이월이익잉여금 처분과 관련된 거래이며, 배당결의일에 회계처리 한다. • (나)는 배당결의된 배당금의 지급과 관련된 거래이며, 배당지급일에 회계처리 한다.
09	①	원가의 분류 중 원가행태에 따른 분류에는 고정원가, 변동원가, 혼합원가(준고정원가와 준변동원가) 등이 있다.
10	④	• 당기총제조원가 = 직접재료원가 + 직접노무원가 + 제조간접원가 • 매출원가(2,000,000원) = 기초제품(0원) + 당제품제조원가(XXX) − 기말제품(500,000원) → 당기제품(완성품)제조원가 = 2,500,000원 • 당제품제조원가(2,500,000원) = 기초재공품(0원) + 당기총제조원가(XXX) − 기말재공품(300,000원) → 당기총제조원가 = 2,800,000원
11	④	[평균법에 따른 완성품 환산량 계산] • 재료원가는 공정 초기에 전량 투입 되었으므로, 완성품환산량 계산시 적용할 완성도는 100%이다. • 완성품 환산량: 당기완성품수량(8,000개) + 기말재공품 완성품환산량(3,000개 X 100%) 　　　　　　　= 11,000개
12	②	제조공정별로 원가를 집계한 후 이를 생산량으로 나누어 단위당 원가를 계산하는 것은 종합원가계산에 대한 설명이다.
13	②	부가가치세법은 인적사항을 고려하지 않는 물세에 해당하며, 인세는 소득세의 대표적인 특징이다.
14	④	부동산임대사업자가 해당 사업에 사용하던 건물을 매각하는 경우는 과세 대상이 된다.
15	③	과세표준에 대한 설명이다.

🖐 제114회 실무 /////////////////////////

🖐 문제 1 기초정보관리

01	• 기초정보등록의 거래처등록 메뉴(일반거래처 탭)에 입력
02	• [계정과목및적요등록] 862.행사지원비 성격: 3.경비 현금적요 1.행사지원비 현금 지급, 대체적요 1. 행사지원비 어음 발행
03	• 전기분원가명세서 – 부재료비의 당기부재료매입액 3,000,000원 추가 입력 – 당기제품제조원가 87,250,000원 → 90,250,000원 확인 • 전기분손익계산서 – 제품매출원가의 당기제품제조원가 87,250,000원 → 90,250,000원 수정 – 당기순이익 81,210,000원 → 78,210,000원 확인 • 전기분잉여금처분계산서 – 당기순이익 81,210,000원 → 78,210,000원으로 수정(또는 F6불러오기) – 미처분이익잉여금 93,940,000원 → 90,940,000원으로 확인 • 전기분재무상태표 – 이월이익잉여금 90,940,000원으로 수정 – 외상매입금 90,000,000원으로 수정 – 대차차액이 없음을 확인

🖐 문제 2 일반전표입력

01	07월 05일	(차) 퇴직급여(판)	1,400,000원	(대) 보통예금	1,400,000원
02	07월 25일	(차) 보통예금 받을어음((주)고운상사)	4,400,000원 5,500,000원	(대) 외상매출금((주)고운상사)	9,900,000원
03	08월 30일	(차) 보통예금 매출채권처분손실	45,000,000원 5,000,000원	(대) 받을어음((주)재원)	50,000,000원
04	10월 03일	(차) 보통예금	2,300,000원	(대) 배당금수익	2,300,000원
05	10월 31일	(차) 급여(판)	4,900,000원	(대) 예수금 보통예금	381,080원 4,518,920원
06	12월 21일	(차) 당좌예금	8,450,000원	(대) 사채 사채할증발행차금	8,000,000원 450,000원

문제 3 매입매출전표

01	07월 20일	16.수출, 공급가액 6,000,000원, 부가세 0원, NDVIDIA, 외상/혼합
		(차) 외상매출금 6,000,000원 (대) 제품매출 6,000,000원
02	07월 23일	13.면세, 공급가액 65,000,000원, 부가세 0원, 돌상상회, 전자: 여, 혼합
		(차) 보통예금 30,000,000원 (대) 토지 62,000,000원 미수금 35,000,000원 유형자산처분이익 3,000,000원
03	08월 10일	57.카과, 공급가액 4,000,000원, 부가세 400,000원, 광고닷컴, 카드/혼합
		(차) 광고선전비(판) 4,000,000원 (대) 미지급금(현대카드) 4,400,000원 부가세대급금 400,000원 (또는 미지급비용)
04	08월 17일	51.과세, 공급가액 12,000,000원, 부가세 1,200,000원, (주)고철상사, 전자: 여, 혼합
		(차) 원재료 12,000,000원 (대) 지급어음 5,000,000원 부가세대급금 1,200,000원 외상매입금 8,200,000원
05	08월 28일	61.현과, 공급가액 5,000,000원, 부가세 500,000원, ㈜와마트, 현금/혼합
		(차) 비품 5,000,000원 (대) 현금 5,500,000원 부가세대급금 500,000원
06	11월 08일	54.불공, 공급가액 25,000,000원, 부가세 2,500,000원, 대박호텔(주), 전자: 여, 혼합, 불공제사유: 2.사업과 직접 관련 없는 지출
		(차) 가지급금(김영순) 27,500,000원 (대) 보통예금 27,500,000원

문제 4 오류수정

01	11월 12일 매입매출전 표 수정	수정전	51.과세, 공급가액 90,909원, 부가세 9,091원, 호호꽃집, 전자: 여, 혼합
			(차) 소모품비(판) 90,090원 (대) 보통예금 100,000원 부가세대급금 9,091원
		수정후	53.면세, 공급가액 100,000원, 부가세 0원, 호호꽃집, 전자: 여, 혼합
			(차) 소모품비(판) 100,000원 (대) 보통예금 100,000원
02	12월 12일 매입매출전 표 수정	수정전	51.과세, 공급가액 80,000,000원, 부가세 8,000,000원, ㈜베스트디자인, 전자: 여, 혼합
			(차) 수선비(판) 80,000,000원 (대) 보통예금 88,000,000원 부가세대급금 8,000,000원
		수정후	51.과세, 공급가액 80,000,000원, 부가세 8,000,000원, ㈜베스트디자인, 전자: 여, 혼합
			(차) 건물 80,000,000원 (대) 보통예금 88,000,000원 부가세대급금 8,000,000원

🖐 문제 5 결산정리

01	12월 31일	(차) 단기매매증권 2,500,000원 (대) 단기매매증권평가이익 2,500,000원
02	12월 31일	(차) 장기대여금(미국 GODS사) 140,000원 (대) 외화환산이익 140,000원
		✓ 외화환산이익: (결산일 기준환율 1,120원 × $2,000) − 2,100,000원 = 140,000원
03	결산자료 입력	• 선납세금 7,000,000원, 추가계상액 8,000,000원 입력 후 F3전표추가
	또는 12월 31일	(차) 법인세등 15,000,000원 (대) 선납세금 7,000,000원 미지급세금 8,000,000원

🖐 문제 6 조회

01	[일계표/월계표] 월계표탭 기간: 03월 ~ 03월, 판매비와관리비 차변 금액 확인	기업업무추진비 50,000원
02	[재무상태표] 기간: 02월, 미수금 22,530,000원 − 미지급금 16,800,000원 = 5,730,000원	5,730,000원
03	[부가가치세신고서] 기간: 04월 01일 ~ 06월 30일, 공제받지못할매입세액의 세액 확인	3,060,000원

제115 이론

01	02	03	04	05	06	07	08	09	10	11	12	13	14	15
④	④	②	③	①	①	③	③	①	③	③	①	③	④	③

01	④	재무제표의 기본가정(기업실체의 가정, 계속기업의 가정, 기간별 보고의 가정) 중 기말결산정리의 근거가 되는 것은 "기간별 보고의 가정"이다.
02	④	선수수익은 유동부채 항목이다.
03	②	재고자산의 평가방법중 먼저 입고된 자산을 먼저 출고하는 선입선출법에 대한 설명이다.
04	③	• 자본적 지출: 신규설비 설치, 내용연수 연장, 품질향상 등 ➜ 자산의 증가 • 수익적 지출: 원상회복, 능률유지등의 수선유지 지출 등 ➜ 비용의 발생 • 건물 내부의 조명기구 교체는 수선유지 지출에 해당하므로 비용의 발생(기간비용)으로 처리된다.
05	①	무형자산의 잔존가치는 일반적으로 "0원"으로 인식한다.
06	①	임차보증금은 기타비유동자산으로 자산계정에 해당한다.
07	③	• 자본잉여금: 주식발행초과금, 감자차익, 자기주식처분이익 • 자본조정: 주식할인발행차금, 감자차손, 자기주식처분손실, 자기주식
08	③	• 순매출: 총매출액(500,000원) − 매출할인(10,000원) = 490,000원 • 매출원가: 기초재고(50,000원) + 순매입(총매입 300,000원 − 매입에누리 20,000원) − 기말재고(0원) = 330,000원 • 매출총이익: 순매출(490,000원) − 매출원가(330,000원) − 160,000원 • 영업이익: 매출총이익(160,000원) − 판매비와관리비(60,000원) = 100,000원 (판매비와관리비: 급여 + 통신비 + 감가상각비 + 임차료) • 이자비용과 유형자산처분손실은 영업외비용, 배당금수익은 영업외수익 항목으로 영업이익에 영향을 주지 않는다.
09	①	보조부문의 원가배부 방법은 직접배분법, 단계배분법, 상호배분법 등이 있으며, 어떠한 배분방법을 선택하더라도 전체 보조부문의 원가는 동일하다.
10	③	• 원가행태에 따른 원가분류: 고정원가, 변동원가, 혼합원가(준고정원가, 준변동원가) • 원가추적가능성에 따른 원가분류: 직접원가, 간접원가 • 의사결정과의 관련성에 따른 원가분류: 관련원가 비관련원가, 매몰원가, 기회비용
11	③	• 제조간접비 예정배부율: 연간 예정제조간접원가(3,800,000원) / 예정작업시간(80,000시간) = 47.5원(기계작업시간) • 제조간접비 예정배부액: 제조간접비 예정배율(4.75) X 배부기준의 실제발생액(11,000시간) = 522,500원
12	①	• 평균법과 선입선출법에 의한 완성품 환산량의 차이는 기초재공품의 차이에서 발생한다. • 평균법에 의한 완성품 환산량: 완성품수량 + 기말재공품 • 선입선출법에 의한 완성품 환산량: 완성품수량 − 기초재공품 + 기말재공품
13	③	사업자단위과세사업자는 모든 사업장의 부가가치세를 총괄하여 주된사업장에서 신고 및 납부할 수 있다.
14	④	① 면세사업에 관련된 매입세액 ➜ 매입세액 공제대상이 아님 ② 개별소비세 부과대상 비영업용 소형승용자동차 관련 매입세액 ➜ 매입세액 공제대상이 아님 ③ 토지(면세)의 자본적 지출 관련 매입세액 ➜ 매입세액 공제대상이 아님 ④ 제조업에서 원재료로 사용하기 위해 농어민으로부터 매입산 면세관련 매입세액 ➜ 의제매입세액공제 대상으로 매입세액 공제 가능함
15	③	내국신용장 또는 구매확인서에 의한 공급의 경우 세금계산서(영세율) 발급 의무가 있음.

제115회 실무

문제 1 기초정보관리

01	• 기초정보등록의 거래처등록 메뉴(일반거래처 탭)에 입력
02	• [계정과목및적요등록] 821.보험료 현금적요 7.경영인 정기보험료 납부, 대체적요 5.경영인 정비보험료 미지급, 6.경영인 정가보험료 상계
03	• 거래처별초기이월 – 131.선급금 공상㈜ 1,873,000원 추가입력, 혜원전자(주), 1,320,000원 → 2,320,000원으로 수정 – 259.선수금 ㈜유수전자 210,000원 → 2,100,000원으로 수정 데회전자 500,000원 삭제(또는 금액을 0원으로 수정)

문제 2 일반전표입력

01	07월 28일	(차) 외상매입금((주)경재전자)	2,300,000원	(대) 지급어음((주)경재전자) 채무면제이익	2,000,000원 300,000원
02	09월 03일	(차) 단기차입금(하나은행) 이자비용	82,000,000원 2,460,000원	(대) 보통예금	84,460,000원
03	09월 12일	(차) 보통예금 외환차손	13,800,000원 200,000원	(대) 외상매출금(DOKY사)	14,000,000원
04	10월 07일	(차) 보통예금	7,000,000원	(대) 자본금 주식할인발행차금 주식발행초과금	5,000,000원 1,000,000원 1,000,000원
05	10월 28일	(차) 퇴직급여(제) 퇴직급여(판)	8,000,000원 4,000,000원	(대) 보통예금	12,000,000원
06	11월 12일	(차) 보통예금	2,500,000원	(대) 대손충당금(109)	2,500,000원

👆 문제 3 매입매출전표

01	07월 03일	57.카과, 공급가액 300,000원, 부가세 30,000원, 맛나도시락, 카드/혼합
		(차) 복리후생비(판)　　　300,000원　(대) 미지급금(현대카드)　　　330,000원 　　　부가세대급금　　　　30,000원　　　　(또는 미지급비용)
02	08월 06일	14.건별, 공급가액 1,200,000원, 부가세 120,000원, 최한솔, 현금/혼합
		(차) 현금　　　　　　1,320,000원　(대) 잡이익　　　　　　1,200,000원 　　　　　　　　　　　　　　　　　　부가세예수금　　　　120,000원
03	08월 29일	12.영세, 공급가액 5,200,000원, 부가세 0원, ㈜선월재, 전자: 여, 혼합 영세율구분: 3.내국신용장·구매확인서에 의하여 공급하는 재화
		(차) 현금　　　　　　　500,000원　(대) 제품매출　　　　5,200,000원 　　　외상매출금　　　4,700,000원
04	10월 15일	11.과세, 공급가액 10,000,000원, 부가세 1,000,000원, (주)우성유통, 전자: 여, 혼합
		(차) 받을어음(하움공업)　8,000,000원　(대) 제품매출　　　10,000,000원 　　　외상매출금　　　3,000,000원　　　부가세예수금　　1,000,000원
05	10월 30일	55.수입, 공급가액 6,000,000원, 부가세 600,000원, 인천세관, 전자: 여 또는 부, 혼합
		(차) 부가세대급금　　　600,000원　(대) 당좌예금　　　　　600,000원
06	12월 02일	62.현면, 공급가액 275,000원, 부가세 0원, 두나과일, 현금/혼합
		(차) 복리후생비(제)　　275,000원　(대) 현금　　　　　　　275,000원

👆 문제 4 오류수정

01	11월 01일 일반전표 수정	수정전	(차) 단기매매증권　12,120,000원　(대) 현금　　　　12,120,000원
		수정후	(차) 단기매매증권　12,000,000원　(대) 현금　　　　12,120,000원 　　　수수료비용(984)　120,000원
02	11월 26일 매입매출 전표 수정	수정전	51.과세, 공급가액 800,000원, 부가세 80,000원, (주)산들바람, 전자: 부, 혼합 (차) 소모품비(제)　　800,000원　(대) 현금　　　　　880,000원 　　　부가세대급금　　80,000원
		수정후	54.불공, 공급가액 800,000원, 부가세 80,000원, (주)산들바람, 전자: 부, 현금/혼합 불공제사유: 4.기업업무추진비 및 이와 유사한 비용 관련 (차) 기업업무추진비(제)　880,000원　(대) 현금　　　　　880,000원

🖐 문제 5 결산정리

01	12월 31일	(차) 부가세예수금 14,630,000원 (대) 부가세대급금 22,860,000원 미수금 8,230,000원
02	12월 31일	(차) 미수수익 525,000원 (대) 이자수익 525,000원 ✓ 30,000,000원 × 7% × 3/12 = 525,000원
03	12월 31일	(차) 장기차입금(신한은행) 13,000,000원 (대) 유동성장기부채(신한은행) 13,000,000원

🖐 문제 6 조회

01	[거래처원장] 잔액탭 기간: 01월 01일 ~ 06월 30일, 외상매입금 확인	민선전자 36,603,000원
02	[총계정원장] 기간: 01월 01일 ~ 03월 31일, 소모품비(판) 확인	2월 800,000원
03	[세금계산서합계표] 기간: 04월 ~ 06월, 매입 ㈜하이일렉 확인	2매 440,000원

제116 이론 ///////////////////////////

01	02	03	04	05	06	07	08	09	10	11	12	13	14	15
②	④	②	①	①	③	③	②	④	②	③	④	②	③	①

01	②	손익계산서는 일정 기간 동안 기업실체의 경영성과에 대한 정보를 제공하는 재무보고서 이다.
02	④	• 단기매매증권 취득시 발생한 비용은 취득원가에 가산하지 않고 당기비용(수수료비용)으로 처리하여야 한다. [단기매매증권 취득시 발생한 비용을 취득원가에 가산하면 재무제표에 미치는 영향] ➜ 자산의 과대계상으로 인한 자본의 과대계상, 비용의 과소계상으로 인한 당기순이익 과대계상
03	②	• 정액법 감가상각: (취득원가 − 잔존가액) / 내용연수 • 2024년 감가상각비: (10,000,000원 − 1,000,000원) / 5년 = 1,800,000원(1년분) • 2025년 감가상각비: (10,000,000원 − 1,000,000원) / 5년 X 6/12 = 900,000원(6개월분) • 처분시 장부가액(취득원가 10,000,000원 − 감가상각누계액 2,700,000원) = 7,300,000원 • 유형자산 처분손익: 장부가액(7,300,000원) − 처분가액(4,000,000원) = 처분손실 3,300,000원
04	①	• 현금및현금성자산: 현금시재액(200,000원) + 당좌예금(500,000원) = 700,000원 • 단기금융상품: 보고기간종료일부터 만기가 1년 이내에 도래하는 정기예금 = 1,500,000원
05	①	대손충당금은 채권에 대한 차감적 평가계정이다.
06	③	① 당기순이익 ➜ 이익잉여금 증가(자본증가) ② 현금배당 ➜ 이익잉여금 감소(자본감소) ③ 주식배당 ➜ 이익잉여금 감소 및 자본금 증가(자본총액에 영향 없음) ④ 유상증자 ➜ 자본금 증가
07	③	대가가 분할되어 수취되는 할부판매의 경우 이자부분을 제외한 판매가격에 해당하는 수익을 판매시점에 인식하며, 판매가격은 대가의 현재가치로서 수취할 할부금액을 내재이자율(현금의 유입과 유출을 일치시키는 이자율)로 할인한 금액이 된다.
08	②	재고자산을 취득하는 과정에서 발생하는 매입부대비용은 자산의 취득원가에 가산한다.
09	④	과거의 의사결정으로 이미 발생한 원가는 매몰원가에 대한 설명이다.
10	②	[부문별 원가계산에서 보조주문원가를 제조부문에 배부하는 방법] • 직접배분법: 보조부문 상호간의 관계를 고려하지 않으며, 보조부문 상호간의 관계가 중요한 경우 부정확한 원가배분의 결과가 나타날 수 있다. • 단계배분법: 보조부문 상호간의 관계를 일부만 고려하는 방법으로 배부 순서에 따라 원가가 달라진다. • 상호배분법: 보조부문 상호간의 관계를 완전히 인식하는 방법이다.
11	③	제조원가명세서에 당기총제조원가는 나타나지만, 제품의 제조원가와 무관한 기부금, 이자비용, 매출원가등은 손익계산서에 나타나는 항목이다.
12	④	[평균법에 따른 완성품 환산량 계산] • 가공원가는 공정 전반에 걸쳐 균등하게 발생하므로, 완성품환산량 계산시 완성도를 적용한다. • 완성품 환산량: 당기완성품수량(40,000개) + 기말재공품 완성품환산량(30,000개 X 60%) 　　　　　　 = 58,000개
13	②	면세사업자의 경우는 부가가치세법상 납세의무자에 해당하지 않지만, 영세율 적용 사업자는 납세의무자에 해당한다.
14	③	제조업의 경우 별도로 제품 포장만을 하거나 용기에 충전만 하는 장소는 사업장의 범위에 포함하지 않는다.
15	①	전자세금계산서는 당월의 거래에 대해 익월 10일까지 발행하여야 하며, 발행일의 익일까지 국세청장에게 전송하여야 한다.

제116회 실무

문제 1 기초정보관리

01	• 기초정보등록의 거래처등록 메뉴(일반거래처 탭)에 입력
02	• 거래처별초기이월 – 108.외상매출금 ㈜동명상사 5,000,000원 → 6,000,000원으로 수정 – 110.받을어음 ㈜남북 2,500,000원 → 1,000,000원으로 수정 – 252.지급어음 ㈜동서 1,500,000원 추가입력
03	• 전기분원가명세서 – 세금과공과금 3,500,000원 추가입력 – 당기제품제조원가 104,150,000원 → 107,650,000원 확인 • 전기분손익계산서 – 제품매출원가의 당기제품제조원가 107,650,000원으로 수정 – 판매비와관리비 세금과공과 3,500,000원 삭제 – 당기순이익 18,530,000원 변동 없음 확인

문제 2 일반전표입력

01	08월 05일	(차) 보통예금 매출채권처분손실	740,000원 260,000원	(대) 받을어음((주)기경상사)	1,000,000원
02	08월 10일	(차) 세금과공과(판) 수수료비용(판) 예수금	400,000원 8,000원 400,000원	(대) 미지급금(하나카드) (또는 미지급비용)	808,000원
03	08월 22일	(차) 비품	5,000,000원	(대) 자산수증이익	5,000,000원
04	09월 04일	(차) 선급금((주)경기)	1,000,000원	(대) 보통예금	1,000,000원
05	10월 28일	(차) 소모품비(판)	70,000원	(대) 현금	70,000원
06	12월 01일	(차) 단기매매증권 수수료비용(984)	2,500,000원 50,000원	(대) 보통예금	2,550,000원

문제 3 매입매출전표

01	07월 05일	17.카과, 공급가액 800,000원, 부가세 80,000원, 제일상사, 카드/혼합

(차) 외상매출금(삼성카드)　　880,000원　(대) 제품매출　　　　　　800,000원
　　　　　　　　　　　　　　　　　　　　부가세예수금　　　　　 80,000원

02	07월 11일	11.과세, 공급가액 30,000,000원, 부가세 3,000,000원, ㈜연분홍상사, 전자: 여, 혼합

(차) 외상매출금　　　17,000,000원　(대) 제품매출　　　　30,000,000원
　　받을어음　　　　15,000,000원　　　부가세예수금　　 3,000,000원
　　현금　　　　　　 1,000,000원

03	10월 01일	62.현면, 공급가액 1,100,000원, 부가세 0원, 대형마트, 혼합

(차) 복리후생비(제)　　1,100,000원　(대) 보통예금　　　　 1,100,000원

04	10월 30일	16.수출, 공급가액 70,000,000원, 부가세 0원, Nice Planet, 혼합 영세율구분: 1.직접수출(대행수출 포함)

(차) 보통예금　　　　28,000,000원　(대) 제품매출　　　　70,000,000원
　　외상매출금　　　42,000,000원

05	11월 30일	51.과세, 공급가액 3,000,000원, 부가세 300,000원, ㈜제니빌딩, 전자: 여, 혼합

(차) 임차료(판)　　　　3,000,000원　(대) 미지급금　　　　 3,300,000원
　　부가세대급금　　　 300,000원

06	12월 10일	54.불공, 공급가액 60,000,000원, 부가세 6,000,000원, (주)시온건설, 전자: 여, 혼합, 불공제사유: 6.토지의 자본적지출 관련

(차) 토지　　　　　　66,000,000원　(대) 받을어음((주)선유자동차 66,000,000원

문제 4 오류수정

01	09월 01일 일반전표 삭제 매입매출 전표 입력	수정전	(차) 차량유지비(판)　110,000원　(대) 현금　　　　　　110,000원

		수정후	61.현과, 공급가액 100,000원, 부가세 10,000원, ㈜가득주유소, 현금/혼합

(차) 차량유지비(제)　　100,000원　(대) 현금　　　　　　110,000원
　　부가세대급금　　　 10,000원

02	11월 12일 일반전표 수정	수정전	(차) 퇴직연금운용자산　17,000,000원　(대) 보통예금　　17,000,000원
		수정후	(차) 퇴직급여(판)　17,000,000원　(대) 보통예금　　17,000,000원

🖐 문제 5 결산정리

01	12월 31일	(차) 미수수익	225,000원	(대) 이자수익	225,000원
		✓ 10,000,000원 × 4.5% × 6/12 = 225,000원			
02	12월 31일	(차) 장기차입금(경남은행)	50,000,000원	(대) 유동성장기부채(경남은행)	50,000,000원
03	12월 31일	(차) 부가세예수금 미수금	52,346,500원 402,500원	(대) 부가세대급금	52,749,000원

🖐 문제 6 조회

01	[거래처원장] 기간: 01월 01일 ~ 03월 31일, 외상매출금 잔액 확인	양주기업 50,000,000원
02	[계정별원장] 기간: 01월 01일 ~ 12월 31일, 배당금수익 확인	4월
03	[부가가치세신고서] 기간: 04월 01일 ~ 06월 30일, 과세 세금계산서 발급분 공급가액 290,395,000원, 영세 세금계산서 발급분 공급가액 5,000,000원 확인	295,395,000원

제117 이론

01	02	03	04	05	06	07	08	09	10	11	12	13	14	15
③	④	①	①	③	②	④	④	①	②	④	②	②	③	①

01	③	재무상태표에는 자산, 부채, 자본의 정보가 나타나며, 연구단계에서 지출한 비용은 당기비용(연구비)으로 처리한다.
02	④	단기차입금은 유동부채 항목에 해당한다.
03	①	무형자산은 특별한 경우를 제외하고는 20년범위 내에서 정액법으로 상각한다.
04	①	• 도착지 인도기준으로 판매한후 운송중인 자산은 판매자의 재고자산으로 분류된다. • 위탁판매를 위해 위탁받은 적송품은 판매되기 전까지 위탁자의 재고자산으로 분류된다. • 기말재고자산: 재고자산 실사금액(300,000원) + 운송중인 자산(20,000원) - 적송품(30,000원) 　　　　　　　　 = 290,000원
05	③	단기매매증권 취득시 발생하는 수수료 등의 거래원가는 취득원가에 가산하지 않고, 별도의 당기비용으로 처리하여야 한다.
06	②	이익잉여금 ➜ 자본, 미지급배당금 ➜ 부채, 법정적립금(이익준비금) ➜ 이익잉여금 ∴ 부채 증가액은 200,000원
07	④	주식배당과 무상증자는 순자산(자본)의 증감이 발생하지 않는다.
08	④	기업의 주된 영업활동 과정에서 발생하는 매출액은 영업수익 항목이다.
09	①	• 제조간접비 예정배부율: 연간 예정제조간접원가(3,000,000원) / 예정작업시간(50,000시간) 　　　　　　　　　　　　= 60원(직접노무시간) • 제조간접비 예정배부액: 제조간접비 예정배율(60) X 배부기준의 실제발생액(3,000시간) 　　　　　　　　　　　　= 180,000원 • 제조간접비 배부차이: 실제발생액(500,000원) - 예정배부액(180,000원) 　　　　　　　　　　　= 과소배부(320,000원)
10	②	① 제품의 제조에 사용하는 원재료 ➜ 변동원가 ② 매월 일정하게 발생하는 임차료 ➜ 고정원가 ③ 시간당 지급하기로한 노무비 ➜ 변동원가 ④ 사용량에 따라 발생하는 전기료(기본원가 없음) ➜ 변동원가
11	④	가공원가: 직접노무원가(2,500,000원) + 제조간접원가(1,800,000원)
12	②	[부문별 원가계산에서 보조주문원가를 제조부문에 배부하는 방법] • 직접배분법: 보조부문 상호간의 관계를 고려하지 않으며, 보조부문 상호간의 관계가 중요한 경우 부정확한 원가배분의 결과가 나타날 수 있다. • 단계배분법: 보조부문 상호간의 관계를 일부만 고려하는 방법으로 배부 순서에 따라 원가가 달라진다. • 상호배분법: 보조부문 상호간의 관계를 완전히 인식하는 방법이다.
13	②	약사의 제조의약품은 면세 대상이지만, 일반의약품은 과세 대상이다.
14	③	부가가치세법상 장기할부판매는 대가의 각 부분을 받기로 한 때를 공급시기로 한다.
15	①	영세율제도는 주로 수출하는 기업에 매출액에는 영세율을 적용하고, 매입세액은 환급해주는 완전면세 제도에 해당하여 수출을 지원하는 효과가 있다.

제117회 실무

문제 1 기초정보관리

01	• [계정과목및적요등록] 812.여비교통비 대체적요 3.교통비 가지급금 정산

02	• 거래처별초기이월 − 108.외상매출금 ㈜장전전자 2,000,000원 → 20,000,000원으로 수정
	    − 251.외상매입금 구서기업 23,000,000원 → 30,000,000원으로 수정
	    − 110.받을어음 20,000,000원 추가입력

03	• 전기분원가명세서 − 운반비 5,500,000원 추가입력
	    − 당기제품제조원가 74,650,000원 → 80,150,000원 확인
	• 전기분손익계산서 − 제품매출원가의 당기제품제조원가 74,650,000원 → 80,150,000원으로 수정
	    − 당기순이익 24,030,000원 → 18,530,000원 확인
	• 전기분잉여금처분계산서 − 당기순이익 24,030,000원 → 18,530,000원으로 수정(또는 F6불러오기)
	    − 미처분이익잉여금 42,260,000원 → 36,760,000원으로 수정
	• 전기분재무상태표 − 이월이익잉여금 42,260,000원 → 36,760,000원 수정
	    − 대차차액이 없음을 확인

문제 2 일반전표입력

01	07월 20일	(차) 기부금	20,000,000원	(대) 제품(적요8.타계정으로 대체) 20,000,000원
		✓ 제품을 기부하였을 경우 해당 비용은 원가의 금액으로 하며, 적요는 8.타계정으로 대체 처리한다.		
02	08월 28일	(차) 당좌예금	1,500,000원	(대) 선수금((주)나른물산) 1,500,000원
03	10월 01일	(차) 대손상각비	2,000,000원	(대) 외상매출금((주)부곡무역) 2,000,000원
04	11월 11일	(차) 매도가능증권(178)	40,115,000원	(대) 보통예금 40,115,000원
05	12월 04일	(차) 교육훈련비(제)	2,500,000원	(대) 예수금 220,000원 보통예금 2,280,000원
06	12월 28일	(차) 외상매입금((주)온천전기)	6,900,000원	(대) 외상매출금((주)온천전기) 6,900,000원

👆 문제 3 매입매출전표

01	07월 11일	12.영세, 공급가액 16,500,000원, 부가세 0원, ㈜전남, 혼합 영세율구분: 3.내국신용장·구매확인서에 의하여 공급하는 재화
		(차) 선수금 5,000,000원 (대) 제품매출 16,500,000원 받을어음 11,500,000원
02	08월 25일	51.과세, 공급가액 5,000,000원, 부가세 500,000원, 빛나는간판, 전자: 여, 혼합
		(차) 비품 5,000,000원 (대) 현금 500,000원 부가세대급금 500,000원 미지급금 5,000,000원
03	09월 17일	11.과세, 공급가액 5,000,000원, 부가세 500,000원, 한수상사, 전자: 여, 혼합
		(차) 외상매출금 3,500,000원 (대) 제품매출 5,000,000원 보통예금 2,000,000원 부가세예수금 500,000원
04	10월 02일	22.현과, 공급가액 1,000,000원, 부가세 100,000원, 나누리, 현금
		(차) 현금 1,100,000원 (대) 제품매출 1,000,000원 부가세예수금 100,000원
05	11월 19일	55.수입, 공급가액 2,600,000원, 부가세 260,000원, 부산세관, 전자: 여, 현금/혼합
		(차) 부가세대급금 260,000원 (대) 현금 260,000원
06	12월 01일	57.카과, 공급가액 3,000,000원, 부가세 300,000원, (주)광고나라, 카드/혼합
		(차) 광고선전비(판) 3,000,000원 (대) 미지급금(우리카드(법인)) 3,300,000원 부가세대급금 300,000원 (또는 미지급비용)

👆 문제 4 오류수정

01	07월 13일 일반전표 수정	수정전	(차) 보통예금　　　12,000,000원　(대) 장기차입금((주)정모상사)　12,000,000원
		수정후	(차) 보통예금　　　12,000,000원　(대) 장기차입금((주)정모상사)　12,000,000원 　　　　　　　　　　　　　　　　　　단기차입금((주)정모상사)　2,000,000원
02	11월 10일 매입매출전 표 수정	수정전	51.과세, 공급가액 10,000,000원, 부가세 1,000,000원, 다온테크(주), 혼합
			(차) 수선비(제)　　10,000,000원　(대) 보통예금　　　　　　11,000,000원 　　　부가세대급금　1,000,000원
		수정후	51.과세, 공급가액 10,000,000원, 부가세 1,000,000원, 다온테크㈜, 혼합
			(차) 건물　　　　　10,000,000원　(대) 보통예금　　　　　　11,000,000원 　　　부가세대급금　1,000,000원

👆 문제 5 결산정리

01	12월 31일	(차) 현금과부족　　　670,000원　(대) 선수금((주)은비상사)　340,000원 　　　　　　　　　　　　　　　　　　잡이익　　　　　　　　330,000원
02	12월 31일	(차) 선급비용　　　　600,000원　(대) 임차료(제)　　　　　600,000원 　✓ 1,200,000원 × 6/12 = 600,000원
03	12월 31일	(차) 퇴직급여(제)　22,000,000원　(대) 보통예금　　　　40,000,000원 　　　퇴직급여(판)　18,000,000원

👆 문제 6 조회

01	[세금계산서합계표] 기간: 01월 ~ 03월, 매출 ㈜행복, 공급가액 65,500,000원 + 세액 6.550.000원 = 공급대가 72,050,000원	9매 72,050,000원
02	[일계표/월계표] 월계표탭 기간: 06월 ~ 06월, 가장 많은 계정과목: 이자비용 1,460,000원, 가장 적은 계정과목: 기부금 500,000원	960,000원
03	[거래처원장] 기간: 04월 01일 ~ 04월 30일, 외상매출금 리제상사 대변 합계 금액 확인	16,300,000원

저자 이원주

▌약력
- 고려대학교 법학석사(조세법)
- 고려대학교 법학박사(수료)
- 한국세무사회 자격시험팀 차장
- 한양여자대학교 겸임교수
- 웅지세무대학교 겸임교수
- 지방공무원시험 출제위원
- 한국산업인력공단 NCS 심의위원
- 경찰공무원 경력경쟁채용 심의위원
- 국세청 바른세금지킴이 탈세감시위원
  - (현) 경일세무회계사무소 대표세무사
  - (현) 한국세무사회 자격시험 출제위원
  - (현) 고려사이버대학교 외래교수
  - (현) 에듀윌 전임교수
  - (현) 한국사이버진흥원 강사
  - (현) 한국세무사회 도서편집 및 국제협력 위원

▌주요저서
- I CAN 전산세무 2급 (「삼일인포마인」, 2025)
- I CAN 전산회계 1급 (「삼일인포마인」, 2025)
- I CAN 전산회계 2급 (「삼일인포마인」, 2025)
- 초급세무회계(「경영과회계」, 2014)
- 1타 전산회계(「e배움터」, 2021)
- 유튜버와 BJ의 세금신고가이드(「삼일인포마인」, 2021)

저자 김진우

▌약력
- 경남대학교 경영학석사(회계전문가 과정)
- 경남대학교 경영학박사(회계전공)
- 한국생산성본부 ERP 공인강사
- 영남사이버대학교 외래교수
- 영진전문대학교 외래교수
- 창원문성대학교 외래교수
- 경남도립거창대학 세무회계유통과 초빙교수
- 거창세무서 국세심사위원회 위원
- 한국공인회계사회 AT연수강사
  - (현) (주)더존에듀캠 전임교수
  - (현) 울산과학대학교 세무회계학과 겸임교수
  - (현) 경남대학교 경영학부 겸임교수
  - (현) 서원대학교 경영학부 겸임교수

▌주요저서
- I CAN 전산세무 2급 (「삼일인포마인」, 2025)
- I CAN 전산회계 1급 (「삼일인포마인」, 2025)
- I CAN 전산회계 2급 (「삼일인포마인」, 2025)
- ERP정보관리사 회계 (「삼일인포마인」, 2025)
- ERP정보관리사 인사 (「삼일인포마인」, 2025)
- ERP정보관리사 물류 (「삼일인포마인」, 2025)
- ERP정보관리사 생산 (「삼일인포마인」, 2025)
- 바이블 원가회계(「도서출판 배움」, 2021)
- 바이블 회계원리(「도서출판 배움」, 2023)

감수 김윤주

▌약력
- 영남대학교 경영대학원 석사 졸업(회계학)
- (주)더존비즈온 근무
- 영진전문대학교 경영회계서비스계열
  전산세무회계전공 교수
- 한국공인회계사회 AT연수강사
- 국가직무능력표준(NCS) 학습모듈 집필위원
  (한국직업능력 개발원)
  (현) (주)한결경영 대표
  (현) 영진전문대학교 회계금융창업과 겸임교수
  (현) (주)더존에듀캠 전임교수

▌주요저서
- I CAN FAT 회계실무 2급 (「삼일인포마인」, 2025)
- I CAN FAT 회계실무 1급 (「삼일인포마인」, 2025)
- I CAN TAT 세무실무 2급 (「삼일인포마인」, 2025)
- I CAN TAT 세무실무 1급 (「삼일인포마인」, 2025)
- 포인트 전산세무/회계 1급, 2급 (「경영과회계」, 2011)
- 포인트 ERP정보관리사 회계/인사 1, 2급
  (「경영과회계」, 2009)
- 전산세무실무, 전산회계실무, 기업자원관리실무
  (서울시 교육감 인정)

감수 김혜숙

▌약력
- 홍익대학교 교육대학원 석사 졸업(상업교육)
- 홍익대학교 일반대학원 박사 수료(세무학)
- 홍익대학교 외래교수
- 한국공인회계사회 AT연수강사
  (현) (주)더존에듀캠 전임교수
  (현) 해커스 TAT(세무실무) 1급 전임교수
  (현) 서울사이버대학교 세무회계과 겸임교수
  (현) 안양대학교 글로벌경영학과 겸임교수

▌주요저서
- I CAN FAT 회계실무 2급 (「삼일인포마인」, 2025)
- I CAN FAT 회계실무 1급 (「삼일인포마인」, 2025)
- I CAN TAT 세무실무 2급 (「삼일인포마인」, 2025)
- I CAN TAT 세무실무 1급 (「삼일인포마인」, 2025)
- ERP정보관리사 회계 (「삼일인포마인」, 2025)
- ERP정보관리사 인사 (「삼일인포마인」, 2025)
- ERP정보관리사 물류 (「삼일인포마인」, 2025)
- ERP정보관리사 생산 (「삼일인포마인」, 2025)
- SAMIL전산세무2급 (「삼일인포마인」, 2011)
- SAMIL전산회계1급 (「삼일인포마인」, 2011)
- SAMIL전산회계2급 (「삼일인포마인」, 2011)

I CAN 전산회계 1급

발 행	2023년 3월 8일 초판 발행	
	2025년 2월 18일 3판 발행	
저 자	이원주·김진우	
발 행 인	이 희 태	
발 행 처	삼일피더블유씨솔루션	
주 소	서울특별시 한강대로 273 용산빌딩 4층	
등 록	1995. 6. 26 제3-633호	
전 화	(02) 3489-3100	
팩 스	(02) 3489-3141	
정 가	26,000원	
I S B N	979-11-6784-344-9 13320	

저자와의
협의하에
인지생략